走遍全球
RAVEL GUIDEBOOK

夏威夷

日本大宝石出版社 编著

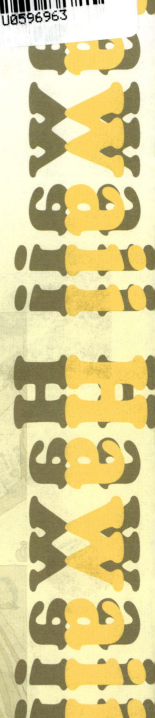

中国旅游出版社

致"夏威夷综合征"的患者朋友们:

"夏威夷综合征"是什么?

病　　　名:夏威夷综合征(一般称"疯狂喜欢夏威夷")

症　　　状:发病初期,脑海中会不断闪现"我想去夏威夷"的想法。其中也有不少重症患者,每年若不去一次夏威夷就会感到身心都不舒服。末期症状的具体表现,曾有患者整日处于梦游状态,等回过神来的时候已经身在火奴鲁鲁国际机场了。

预估患者数量:2011 年前往夏威夷旅游的中国游客有近 8 万人。其中还有部分至少去过两次夏威夷。从中我们也可以推断感染这一综合征的患者正在急剧增加。

治 疗 方 法:不治之症,至今尚未发现有效的治疗法。目前的应对疗法:只能去一次夏威夷,使症状暂时得到缓解。

本书是指导"夏威夷综合征"患者在夏威夷专注治疗的指南。为取得良好的治疗效果，并尽量降低治疗费用，请患者注意以下几点：

将消费用于有价值的治疗中

该节约的地方就要捂紧钱包，切记要将钱花在对自己有益的方面。为了增强体质需要在"运动"（体育或户外项目）方面进行消费，或者将重点放在"住院费"（酒店的住宿费）上以养精蓄锐……总之要结合自身的治疗方式，决定消费的重点。

延长在夏威夷的停留时间

尽量延长在夏威夷的疗养时间。希望你能有足够的时间充分体验夏威夷的美丽。在夏威夷停留时间越长，你越能感受到身心的愉悦。

自主安排会降低费用

夏威夷是旅游胜地。建议游客将酒店、旅游、联运票等，都交由综合医院（旅行社）安排。若你有时间和精力，亦可自行安排预约，以便降低费用，使你的夏威夷之旅更加愉快，最终实现有效治疗。

附注：致重症患者们

对于那些一想到夏威夷就坐立不安的"夏威夷综合征"末期患者，我们也会提供有效处方。祝你早日康复！

使用本书之前

本书信息栏中所使用的符号

- ☎ 电话
- ᴵᴬˣ 传真
- ᵀ Toll free（美国国内免费电话）

  ※ 本书中，7 位电话号码及传真号码均为夏威夷。
- 🖳 网页

  （省略了 Http：//）
- 📧 邮箱
- 🏠 地址
- ⏰ 营业时间、开馆时间、接待时间等
- 休 休息日、休馆日
- 费 入场费、入馆费、团费、住宿费等
- Ⓒ/Ⓒ 可以使用的信用卡

  （Ⓐ 美国运通卡、

  Ⓓ 大莱卡、

  Ⓙ JCB 卡、

  Ⓜ 万事达卡、

  Ⓥ 维萨卡）
- 🚌 公共汽车线路
- 🚗 汽车线路
- Ⓟ 停车场
- 备 备注
- ❶ 旅游信息咨询处

来自编辑室的附加信息

来自读者的重点建议

关于地图

为了便于大家了解景点、餐馆、酒店等的地理位置，"地图 p.oo"指明了其在地图中的位置。

大部分地图都用拉丁字母和数字组成的坐标进行了区域划分，通过纵轴和横轴的交叉了解详细位置。（例如："Map p.64-A1" "Map 怀基基 -A1"）

※ 地图中的简略符号如下：

- B.P.=BEACH PARK（海滨公园）
- S.C.= 购物中心
- G.C.= 高尔夫球场 / 高尔夫俱乐部
- C.C.= 郊区俱乐部
- PT.= 海角（道路相关的称"~ 路"）

HWY.=HIGHWAY	RD.=ROAD	CIR.=CIRCLE
BLVD.=BOULEVARD	DR.=DRIVE	LP.=LOOP
AVE.=AVENUE	PL.=PLACE	PKWY.=PARKWAY
ST.=STREET	LN.=LANE	

商店

- 🈯 要预约
- 👔 希望穿正装
- 👕 休闲装可以。但是有时紧身短背心或沙滩鞋是不允许的（没有图标的情况下可以穿泳衣、光脚）

餐厅&酒吧

酒店

酒店的住宿费是指个人预约时的费用。费用上还要加收税（约 4.166%、瓦胡岛约 4.712%）和 9.20% 的酒店税。

地图泛例

H-1	免费高速公路
20A	收费公路
92	主要干线道路和线路（州道）号码
WAIKIKI ST.	道路名称
3.1	区间距离（单位：英里，1 英里≈1.6 公里）
	加油站
P	停车场
	景点、购物中心
	海滨公园、公园
	高尔夫球场
M	酒店
C	酒店公寓
	餐馆

（其他标识请参照文前地图及带有泛例的地图）

关于特殊图标

优惠券

本书中带有如下符号的店铺，会有打折、赠送礼品等各种面向读者的优惠活动。外出时，请务必携带本杂志及优惠券。

等候区

供集合用的怀基基和阿拉莫阿纳购物中心等便利场所附在地图及说明图片后，请参考利用。

室内的设施

	阳台		室内保险箱
	电视		浴缸
	带闹钟的广播		吹风机
	冰箱		洗发液·护发素·香皂
	咖啡机		高速网络

酒店的设施

	停车场		网球场
	餐厅		烧烤设施
	酒吧		投币式洗衣机
	客房服务		旅游咨询柜台
	游泳池		带厨房的房间
	按摩浴缸		配残障设施的房间
	健身房		
	高尔夫折扣		
	Spa		

关于书内信息的使用

本编辑部竭力刊载最新的正确信息，但因当地规则、手续时常变更，或者读者对于相同的内容会出现不同理解，所以在使用本书时产生损失及不便等，在本出版社无重大过失情况下，出版社将不承担责任。在使用本书时，请自行判断相关信息及建议等是否适合自身的情况。

关于货币单位和夏威夷州税

夏威夷流通货币为"$"（美元）

（1 美元 =100 美分）

在夏威夷购物时要负担大约 4.166%（只有瓦胡岛约为 4.712%）的州税。另外，酒店等住宿费用中除了上述的州税，还要缴纳 8.25% 的酒店税。本书中用美元表示的费用等，如不做特别说明，均为不含税的数据。

走遍全球　第2版
夏威夷
Contents

夏威夷
Hawaii

州旗

左上为英国国旗标志、另外由 8 条红蓝白三色横条（代表 8 岛）构成的图案

正式州名

夏威夷州（美利坚合众国第 50 个州）

州歌

Hawai'i Pono'i（卡拉卡瓦国王作词，曾为夏威夷王国国歌）

面积

夏威夷群岛的总面积为 16634.5 平方公里

人口

128.8198 万人

州府

火奴鲁鲁

州长

尼尔·埃伯克伦比

政治体制

3 级的政治机构（联邦政府、州政府、市郡政府）

民族构成

白种人 24.3%，亚洲系 41.6%，2 个民族以上的混血 21.4%

语言

通用语言为英语，夏威夷语通用程度也较高。

→旅行用语 p.562

货币与汇率

流通货币为美元"$"和美分"¢"。

1 美元 =100 美分 ≈ 6.24 元人民币。主要流通纸币有 1 美元、5 美元、10 美元、20 美元、50 美元、100 美元；硬币有 1 美分、5 美分、10 美分、25 美分。另外，从 2007 年 2 月开始，印有历届总统肖像的新版 1 美元硬币也开始流通。

→钱款的准备 p.546

$ 100 $ 50

$ 20 $ 10

$ 5 $ 1

¢ 25   ¢ 10

¢ 5   ¢ 1

营业时间

以下一般为标准营业时间。每家商店、餐馆等各不相同，怀基基附近的时装店等一直营业到晚上十点或十一点。由于夏威夷是旅游胜地，因此即使是节假日，很多店铺、餐馆等也照常营业，商店多在元旦、复活节、感恩节、圣诞节休息。

【银行】
周一～周四 9:00～16:00，周五 9:00～18:00，周六、周日、节假日休息

【百货商店、店铺】
周一～周六 10:00～21:00，周日 10:00～17:00

【餐馆】
早餐 7:00～11:00、午餐 11:30～14:30、晚餐 17:00～22:00，酒吧营业至深夜

电压和插头

夏威夷的电压为 110/120 伏，60 赫兹。与中国不同，要带转换插头。

小费

很多餐馆都是打出包含服务费的发票，请注意不要重复支付。

【出租车】 计程表显示价格的 15% 左右

【餐馆】 账单的 10%~15%

【酒店】 服务生搬送行李时按照每件行李 1 美元付费，房间服务员按照每张床 1 美元付费。叫房间服务时按照用餐费用的 15% 左右付费。

→小费 p.560

饮料水

酒店内的自来水可以放心饮用。当地喜欢饮用矿泉水的人也不在少数。

气候

"常夏之岛"是一直以来人们对夏威夷的认识，但实际上这种认识是错误的，夏威夷虽然没有什么冷热差，但也四季分明。11 月至次年 3 月雨水比较多，早晚较凉需要添加外套。夏天炎热的天气会持续一段时间。尽管如此，可以肯定的一点是，夏威夷一年到头气候宜人。白天水温舒适，几乎每天都可以游泳，从东北吹来的信风使夏威夷在盛夏里湿度也很低。晚上无须空调就可以惬意入睡。

从中国到夏威夷的飞行时间

从中国主要城市没有飞火奴鲁鲁国际机场的航班，都需要换乘 1~2 次，耗时较多，一般也要 12 小时以上。

中国与夏威夷的时差

18 小时。中国深夜 24:00 夏威夷为前一天早上 6:00。

邮政

往中国寄送航空邮件时，收信地址可以使用中文。但不要忘记用英文添加"China"、"Air Mail"标。邮局的营业时间因地而异，游客可委托酒店前台寄送。

【邮资】

寄送中国的航空邮件普通明信片约为 98 美分，信件 28 克（信封 +3 张 A4 纸左右）以内为 98 美分。

出入境签证

中国公民赴美旅游，应申办 B2（旅游探亲）签证。申办时，护照的有效期须至少比预定在美停留期限多出 6 个月以上，并向美驻华使馆或有关总领馆办理。预约签证面谈或咨询有关签证的问题，可拨打签证话务中心电话：4008-872-333。

→入境审查与关税审查 p.552
→动、植物检疫 p.554

税金

在夏威夷购物、饮食时，收取大约 4.166%（瓦胡岛约为 4.712%）的州税（公交车的车票为含税后价格）。酒店的住宿费用除了州税还加算 8.25% 的酒店税。

→州税一览表 p.560

从中国往夏威夷拨打电话的方法

国际电话识别号码	+	美国的国家代码	+	区号（去掉前面第一个0）	+	对方的电话号码
00		1		808		××××××

从夏威夷往中国拨打电话的方法

国际电话识别号码	+	中国的国家代码	+	区号（去掉前面第一个0）	+	对方的电话号码
00		86		×××		××××××

安全与纠纷

夏威夷是美国各州中治安较好的。只要具备最基本常识，以及拥有身处异国的意识，大部分的纠纷都可以避免。怀基基海滨有美国难得一见的警察局，一旦卷入纠纷请务必报警。

→旅行中的事故对策 p.568

节假日

大多与美国本土相同，但也有夏威夷特殊的节假日（库欧王子日、卡美哈美哈国王日、州立纪念日）。

元旦	1月1日
马丁·路德金牧师诞生日	1月的第三个周一
总统日	2月的第三个周一
库欧王子日	3月26日
好运星期五	复活节之前的周五
复活节	每年都不同
战亡者纪念日	5月的最后一个周一
卡美哈美哈国王日	6月11日
美国独立纪念日	7月4日
州立纪念日	8月的第三个周五
劳动节	9月的第一个周一
哥伦布节	10月的第二个周一
复员军人日	11月11日
感恩节	11月的第四个周四
圣诞节	12月25日

年龄限制

夏威夷未满21岁者禁止饮酒。因此无论是在酒吧饮酒，还是在酒店购买酒类，或者在进入迪厅、俱乐部时，都必须出具有本人照片和记录出生年月日的ID（身份证）。另外，无论年龄是否符合要求，都不能在深夜（零点前后）到早上（6:00）之间在超市购买酒类。

在夏威夷参加驾照考试须满21岁，租车也有年龄限制，未满25岁通常需要按照各租车公司的规定增加相应的租金。

→ ID 相关 p.194
→租车的年龄限制 p.79

计量单位

与美国本土相同，长度一般用英寸 inch（≈2.54厘米）、英尺 feet（≈30.48厘米）、英里 mile（≈1.6公里），重量一般用磅 pound（≈453.6克）、盎司 ounce（≈28.35克）等来表示。购物时请注意尺寸表示的差异等。

旅行礼仪

夏威夷的礼仪与中国有不同之处，请特别注意。

→旅行礼仪 p.564

禁烟条例

从2006年11月起夏威夷开始实行新禁烟法，餐馆酒店、购物中心、酒店等公共场所一律全面实行禁烟。

→夏威夷的新禁烟法 p.572

美国简介

【正式国名】
美利坚合众国 The United States of America
【国旗】
星条旗 Stars and Stripes
【国歌】
《星条旗永不落》Star Spangled Banner
【面积】
约937.26万平方公里
【人口】
约3.0875亿
【首都】华盛顿 D.C. District of Columbia
哥伦比亚特行政区 / 不属于全美50州的联邦政府直辖行政区
【总统】贝拉克·奥巴马 Barack H.Obama, jr.
【政治体制】总统制 联邦制
【人种构成】
白种人75.1%，非洲系12.3%，原住民0.9%，亚洲系3.6%，夏威夷、太平洋群岛系0.1%，其他8%。
【宗教】
基督教（新教56%，罗马天主教28%），犹太教2%，其他4%，无宗教信仰者10%。
【语言】
无法定通用语言，但一般通用英语，南部广泛使用西班牙语。美国是一个多民族国家，每个地方自治团体都使用各自的母语。

An Overview of the Hawaiian Islands

夏威夷群岛概况

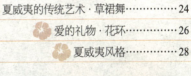
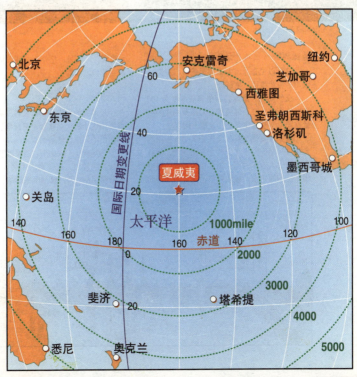

地理·地形

经过漫长岁月侵蚀而成的考爱岛山脉，鬼斧神工般的杰作不由得让人心旷神怡

夏威夷曾与日本相连?！

这可以说是非常非常遥远的事，我们可以用"板块漂移"来解释。

众所周知，地球表面覆盖着厚度为100公里的板块，在下部流淌有岩流圈的地幔力量推动下不断发生移动（参照下图）。

例如，夏威夷群岛所在的太平洋板块的大部分，面向太平洋向西北方面移动，从日本海沟潜入地球内部。根据极为精确的射电望远镜的测定值，板块的移动速度为每年约6厘米。即经过一亿年后，在茨城的海面上将会出现考爱岛。

神话时代

夏威夷的火山活动以及各岛的形成，也可以用这个板块漂移理论来解释。从地球内部涌出的岩浆，聚集到板块的最下面（这里成为热板块），从这个"岩浆堆积处"冲破板块发生喷发。由海底火山喷发造成隆起，接着喷出的岩浆冷却后形成岛屿。

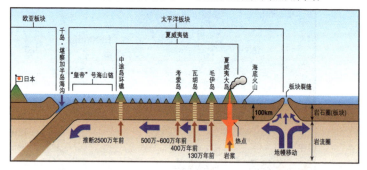

但是，由于板块不断向西北发生漂移，岩浆的供应停止，使火山停止活动。然后再次蓄积了能量的热板块，再将岩浆送至地上，不断地形成新的岛屿。

学术上认为约在 2500 万年前（地质学上所称的第三纪中期），由于海底火山喷发隆起形成中途岛群岛，此后，与板块运动方向相反，在东南方向依次形成了连续的岛屿，也就是现在夏威夷群岛的状态。这一火山山脉称为"夏威夷链"。

如果说夏威夷是火山列岛，大家可能会担心是否会发生地震，但实际上这里地震感的情况每年平均只有两次左右。

夏威夷最近的一次地震发生在 2006 年。

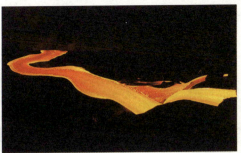

岩浆有"玄武岩浆"和"花岗岩浆"两种。"玄武岩浆"是在800℃以下的低温状态下合成的玄武岩性质的浆，由于含有大量矿渣和天然气等，冷却后呈现轻石状。而"花岗岩浆"是850℃以上的高温液态岩浆，天然气含量少，冷却后呈现糖稀状。"玄武岩浆"和"花岗岩浆"都是学术用语里罕见的夏威夷语之一。图片为火海一样流动的"花岗岩浆"

火山岛的过去、现在和未来

这里有常年遭受侵蚀形成的考爱岛上的山峰、溪谷等，也有现在仍然不断喷发着"地球的热血"的夏威夷岛的活火山，用人类来比喻的话就分别处于人类的老龄期和幼年期。在夏威夷我们可以看到火山岛的一生。

那么，夏威夷岛的东南部会不会有新的岛屿出现呢？

根据 1982 年在夏威夷岛的海里用水下照相机进行的调查，现在海底仍有火山喷发现象，其喷出的岩浆虽然只积累了很少的量，却是每年都在增加着（被命名为海底火山）。

在不远的将来，这些隆起的部分就会出现在海面上，到时候新的岛屿就形成了。

夏威夷各岛的面积和人口

	面积（km²）	人口（人）
考爱岛	1430.4	58303
尼豪岛	179.9	160
瓦胡岛	1545.3	876151
摩洛凯岛	673.4	7404
拉奈岛	364.0	3193
毛伊岛	1883.5	117644
卡霍奥拉韦岛	115.5	0
夏威夷大岛	10432.5	148677
西北群岛（总计）	8.05	5
合　计	16634.5	1211537

以上的表格选自 2000 年实行的人口普查。此后，根据 2009 年 7 月州政府报告，瓦胡岛（含西北群岛在内）907574 人，夏威夷大岛 177835 人，考爱岛（含尼豪岛在内）64529人，茂宜、摩洛凯、拉奈各岛合计 145240人，夏威夷州合计 1295178 人，人口增加了

现在，人们常说的夏威夷群岛，是指夏威夷岛链最东南端的 8 个岛屿。西北方向与之相连的是夏威夷西北群岛。随着岛的下沉、湖面的上升、下降等，这些被珊瑚礁覆盖的部分露出水面。现在，这里已成为"夏威夷国立野生动物保护区"。夏威夷西北群岛的北端位于北纬 28° 左右，考爱岛位于北纬 22°，瓦胡岛位于北纬 21°，夏威夷大岛位于北纬 20°，都同样属于北回归线以南，也就是说在盛夏的中午这里的阳光从北面照射下来

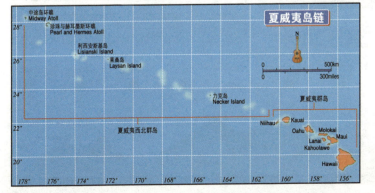

Physical Features

1

2

3

4

比较山与山之间的不同也是夏威夷观光的一大乐趣。
❶ 用人类的生命来比喻，处于老龄期的考爱岛·怀梅阿溪谷
❷ 瓦胡岛处于中年期。有名的钻石头山也呈现火山喷发后的痕迹
❸ 处于成年期的毛伊岛的哈莱阿卡拉火山口
❹ 夏威夷大岛的西侧为少年期，东侧的基拉韦厄火山喷发频繁，正处于幼年期

海 拔

岛	山 名	高（m）
考爱岛	卡韦基尼山	1598
	怀阿莱阿莱山	1569
瓦胡岛	卡阿拉山	1220
	科纳胡阿努伊	960
	坦特拉斯山	614
	钻石头山	232
	庞奇包尔	152
	可可头山	196
摩洛凯岛	卡玛库	1512
拉奈岛	拉奈哈莱山	1026
毛伊岛	哈莱阿卡拉	3055
	伊欧针山	686
	普宙纳拉努伊	452
夏威夷大岛	冒纳凯阿山	4205
	冒纳罗亚山	4169
	基拉韦厄火山	1248
	哈雷冒火山	1116

主要山脉的海拔比较

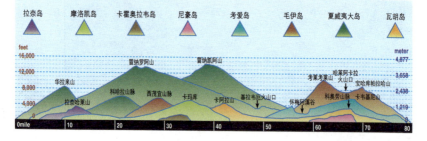

拉奈岛　摩洛凯岛　卡霍奥拉韦岛　尼豪岛　考爱岛　毛伊岛　夏威夷大岛　瓦胡岛

夏威夷群岛简介

夏威夷大岛
(→p.315)
最大最高的岛。也是卡美哈美哈国王诞生的岛，这里是一座很大的岛屿。

毛伊岛
(→p.381)
连接了两座火山岛的类谷，是夏威夷群岛中最美丽的第二大岛。

摩洛凯岛
(→p.505)
这里是夏威夷系人口最多、夏威夷风情最浓的岛屿。卡劳帕帕半岛上曾发生过隔离麻风病患者的历史悲剧。

拉奈岛
(→p.525)
曾经有"菠萝之岛"之称，但随着人工费暴涨，菠萝种植的主力逐渐转到菲律宾，这里如今是一座观光岛屿。

瓦胡岛
(→p.31)
聚集了全州人口约7成的瓦胡岛，是集中了州政府等政府机关以及大型企业的主要办公大楼等。

考爱岛
(→p.459)
被花草覆盖的美丽岛屿。因卡美哈美哈国王没有攻占这座岛，又被称为"未被征服之岛"。

夏威夷州的州花是黄色的朱槿 (pua aloalo)，州鸟乌是夏威夷鹅，州树是石栗 (kukui)，州鱼是有着罕见夏威夷名字的 humuhumu-nukunuku-a-pua'a，意为有着猪头尖嘴的 humuhumu。

Climate 气 候

夏威夷是彩虹之国，美丽的彩虹桥总会悬挂在天边

白雪皑皑的冒纳
凯阿山山顶

得益于气候的"彩虹桥"

夏威夷被称为南国天堂、常夏之岛。实际上夏威夷有着非常适合人居的气候。这里是接近北回归线附近的海岛，几乎一年到头都会有信风从东北方向吹来。每座岛中央都有高山耸立，信风遇到群山后变成上升气流从而形成雨云，因此海岛的东北部降雨频繁。

越过高山吹向海岛西南部的风变得干燥，因此每座岛的南部和西部都相对少雨。度假村均集中在这些方位，也跟这里稳定的天气有很大的关系。

信风带来的雨水过后，每天都会出现彩虹。因此夏威夷州也被称为"彩虹州"。连自行车的车牌上甚至也有彩虹。此外，正因为有信风，夏威夷很多房子都没有空调，或者即使有空调也用不着。

在夏威夷能滑雪吗？

岛的北侧或是南侧、平原或是山脉，根据地理、地形等不同，气候也大不相同。

平原上一年到头都是夏天，而海拔超过3700米的冒纳凯阿山和冒纳罗阿山山顶上，到了冬季就会覆盖着皑皑的白雪。因此在夏威夷，一天之内你既可以滑雪也可以游泳。

在夏威夷大岛上，东侧的希洛降雨量每年超过3200毫米，而在西侧的南科哈拉海岸，每年只有250毫米，约为西洛的13%。

另外，在夏威夷降水最多的地带，考爱岛的怀阿莱阿莱山山顶附近，年降雨量则会超过16000毫米。

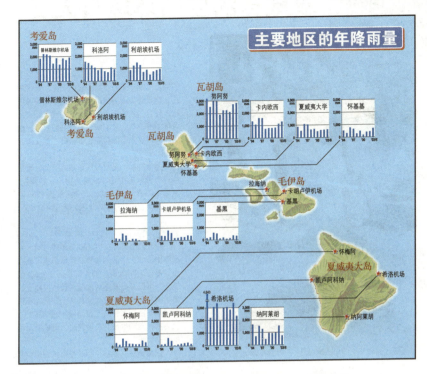

主要地区的年降雨量

考爱岛
普林斯维尔机场
科洛阿
利胡埃机场

瓦胡岛
努阿努
卡内欧西
夏威夷大学
怀基基

毛伊岛
拉海纳
卡胡卢伊机场
基黑

夏威夷大岛
怀梅阿
凯卢阿科纳
希洛机场
纳阿莱胡

考爱岛的怀阿莱阿莱山是有名的世界多雨地带

主要机场的天气

（2008 年度）

		希洛	卡胡卢伊	火奴鲁鲁	利胡埃
气温（℃）	平均气温	23.3	24.3	25.3	24.3
	月平均最高气温	27.2	29.1	29.3	27.3
	月平均最低气温	19.3	19.6	21.2	21.3
	过去的最高气温	34.4	36.1	35.0	32.2
	过去的最低气温	11.7	5.6	11.7	10.0
早上 8 点的平均湿度（%）		80	74	72	77
年平均降雨量（mm）		3265	475	522	1049
日照预期率（%）		41	67	71	59

希望可以避免海啸与台风

尽管如此，也不能说全年都是温和的天气。火山喷发和地震等会给夏威夷群岛带来很大的灾难——海啸和台风。近些年来浪高 10 米以上的海啸记录有：

1946 年 4 月 1 日 浪高 17 米 死亡 159 人
1957 年 3 月 9 日 浪高 16 米 死亡无
1960 年 5 月 22 日 浪高 10.5 米 死亡 61 人
1975 年 11 月 29 日 浪高 14.6 米 死亡 2 人

每个月的 1 日（如果 1 日为休息日则改为 2 日）中午，夏威夷全岛会进行海啸警报的测试演习。四面八方突然响起的警笛声，也许会使初次来访夏威夷岛的人们大吃一惊。

此外，据统计，在发生厄尔尼诺现象的年份，夏威夷岛上往往降雨量减少，台风增多。

台风带来的灾难不容忽视。1992 年 9 月 11 日，袭击考爱岛的 "Iniki" 号台风的瞬间最大风速为 64 米。这次台风的破坏程度极大，虽然之后的重建工作稳步开展着，但仍然残留了很多问题，8 年后的 2000 年，有很多酒店甚至放弃了重新运营。

Climate

Environment Hawaii

夏威夷的自然环境与人类

夏威夷的动植物主角为外来物种

各种动植物的存在无疑给夏威夷美丽的景色增添了更加丰富多彩的一笔。如鸡蛋花、扶桑等美丽的南国花卉、枝条成荫的雨树，还有白色的鸽子、红脑袋的红衣凤头鸟等可爱的小鸟。它们愉悦着我们的眼睛，也正因为有了它们的存在，夏威夷才如此富有魅力。

但这些都不是夏威夷原来就有的，而是从外部带来的生物。根据生物学者的调查，夏威夷原有的动植物，如今在海拔1200米以下的环境中已经基本上看不到了。

鹅莺们曾经的乐园——夏威夷

距今几百万年前到100万年前之间，太平洋中部的火山活动频繁，逐渐形成了夏威夷群岛。它距离最近的大陆也有4000公里以上，可以说是真正的孤岛。其他大陆上的陆生植物无法漂洋过海来到岛上，只能靠极低的概率由飞来的鸟儿或随海流漂到岛上的植物物种延续生命，并最终成为夏威夷最早的生物。

夏威夷岛上最初生存的是以植物果实和

表1 带入夏威夷的动植物与自然环境的变化

公元500年前后	迁入岛内的波利尼西亚人带来了猪、老鼠、鸡等物种
1791年	带来了最早的羊
1793年	带来了最早的牛。为了让牛繁殖，卡美哈美哈国王下令10年内禁止捕牛
1825年	带来了番石榴的一种，最后开始腐蚀热带雨林
1832年	开始砂糖的商业生产，几万英亩的土地被开发为甘蔗农场
1883年	由于老鼠严重破坏甘蔗农场，为了驱除老鼠引进了猫鼬。但是猫鼬也开始攻击夏威夷原有的鸟类
19世纪下半世纪	菠萝产业兴旺，各地开始开辟菠萝耕地
20世纪初	修造了很多灌溉用渠以用于制糖业
1920年	夏威夷砂糖甘蔗种植协会为了造林从亚速尔群岛引入了树木的种子，但它们猛烈的繁殖能力开始侵自原有的森林
1921年	在夏威夷岛上发现了不利于香蕉生长的野生杂草
1932年	为了驱除危害甘蔗的蜈蚣等害虫，从波多黎各引入了牛蛙
1933年	夏威夷岛上首次发现了蛇。应该是从引进的木材中混入的。此后每年都会在机场附近发现几条蛇，每次发现都会被驱除
1982年	夏威夷原有的红衣凤头鸟的一种"kauaioo"灭绝

表2 主要保护活动

1949年	由于夏威夷原有的鹅"nene（读音）"（夏威夷州鸟）频临灭绝，州政府开始了饲养繁殖的尝试
1985年	美国自然保护协会开设了夏威夷办公室，开始了夏威夷原产物种的保护活动
1987年	由麦克阿瑟财团提供基金，夏威夷自然保护团体事务所成立。此外，游隼基金开始了对夏威夷原有鸟物种"alala（读音）"的繁殖计划
2001年	夏威夷西北群岛被指定为野生动植物保护区，禁止一般人入内

夏威夷特有的海豹——夏威夷僧海豹。也有一部分研究报告指出，其个体数量略有增加
照片提供者：
※1 osamu yunoki
※2 海洋活动中心

花蜜等为食物的小型鸟——红衣凤头鸟科。这个时候的夏威夷甚至连陆栖动物如哺乳动物、爬虫类，以及以病菌为媒介的蚊子都不存在。在外敌极少的孤立世界中，红衣凤头鸟以及各种植物们一边适应着夏威夷的自然环境，一边实现着进化。

随着人类的迁入，夏威夷的生态系统也发生着改变

然而，约 1500 年前，波利尼西亚人经过漫长的航海最后到达夏威夷后，夏威夷原住民们的乐园也开始发生很大的改变。在此之前岛上不曾存在的猪、老鼠、鸡，以及 20~30 种植物被带入岛内，人们为了开发农田开始了烧荒。从那以后，鸟儿们栖息的森林生态系统开始发生变化。

1778 年库克船长抵达夏威夷岛，进一步让夏威夷变得世人皆知，也加速了对这里的破坏。

18 世纪末，羊和牛等也被带进岛内，当地人开始了家畜的放养。不久，恢复了野性的家畜开始啃食草木的嫩芽，这成为夏威夷原始森林遭到破坏的一个重要原因。

而转变家畜这种状况的，就是帕克牧场的创始人约翰·帕克。

改变与大自然的相处方式

夏威夷固有的红衣凤头鸟等动植物，对这种环境的变化没有丝毫的抵抗力，在来自世界各地的动植物慢慢定居夏威夷的过程中（→上页表 1），它们所乐居的森林却渐渐消失了。夏威夷固有的这些红衣凤头鸟，经过自身的进化，派生出 50 多个物种，但从公元 500 年波利尼西亚人踏上夏威夷岛开始，到 1800 年西欧人到达岛上，在此期间，约有一半的物种灭绝了。

如今，人们开始开展各种活动寻找夏威夷原本的美（→上页表 2），但已经失去的自然能这么容易回来吗？

在这座南海孤岛夏威夷，自从所谓的文明人出现，到现在已经过了 2 个多世纪。在这个有限的空间里，红衣凤头鸟和植物等与人类的相处方式，可以看作地球生态系统和人类关系的缩小版。

Environment Hawaii

历　史

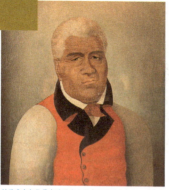

利用库克船长带来的近代火器实现了夏威夷统一的卡美哈美哈国王

海上旅人的安居地——夏威夷

夏威夷和其他的岛如波利尼西亚一样，在西欧人到来之前并没有文字。因此，古夏威夷史也没有相关记载。我们只能依据考古学方法，或者民间故事和传说等来进行推测。

按照今天的定论，现在的夏威夷居民，是原来地处东南亚的民族向东迁移，并于6世纪前后从马克萨斯群岛北上形成的，后来到了10~12世纪，从塔希提又有很多人移居到这里，并形成了夏威夷人的社会制度，最终成为今天的夏威夷人。从塔希提迁来的人们，拥有高超的航海技术，并往来于夏威夷与塔希提之间。这和维京人从北欧航行至北

大西洋正好是同一时期。

那时，夏威夷与外界的交流，在詹姆斯·库克航海到来之前是断绝的，成为太平洋中的一座孤岛。

只用了200年就从原始社会发展为近代社会

随着夏威夷古代社会制度的建立，部族间的争斗也出现了，流血冲突时有发生，这时的武器及工具等是用木头和石头制成的原始器具。

随后，卡美哈美哈国王统一了夏威夷，各地发生的部族间的斗争暂时停止了，而卡美哈美哈国王对夏威夷的统一过程中，库克船长带来的大炮等火器的作用不容忽视。

詹姆斯·库克到来后，夏威夷作为太平洋捕鲸船的基地开始繁荣起来，大量的船来港停靠。当时捕鲸的目的，主要是从鲸的脂肪中提取原料制成纺织机器用油以及上等的灯油等。

从18世纪后半期开始，夏威夷仅用了100年的时间就实现了从原始社会到产业革命后社会的变革。

接下来的100年，随着欧美列强殖民地扩张和霸权主义的洪流，王朝终于颠覆了，夏威夷王国这个民族国家消失了，经过共和国→美属殖民地→美国第50个州的历史变迁，最终形成了今天的夏威夷。

夏威夷的历史概括起来，仅经历了200年，却是2000年西欧史的压缩版，意义非常深刻。

夏威夷最后的女王莉莉·乌卡拉尼。她因是夏威夷民歌 *Aloha Oe* 的作曲者而为人熟知

卡拉卡瓦国王的侄女卡伊乌拉妮公主。1893年，其阿姨莉莉·乌卡拉尼女王退位后，她到了美国见到了克利夫兰总统，控诉了白人军事政变的暴行。然而她的努力最终白费，夏威夷最终成为美国的一个州

夏威夷历史年表

6 世纪前后波利尼西亚人迁入	
1753	卡美哈美哈国王在夏威夷岛上出生
1778	詹姆斯·库克来到夏威夷，并将夏威夷命名为"三明治群岛"
1795	卡美哈美哈国王统一了夏威夷，创建了夏威夷王国
1819	卡美哈美哈国王去世
1820	从波士顿来了最早的传教士
1840	夏威夷承认基督教
同年	夏威夷宪法公布，规定夏威夷为君主立宪国（卡美哈美哈三世）
1843	英国海军乔治擅自宣布夏威夷为英属并实施统治（2~7 月），但英国政府经过调查，将政权还给了卡美哈美哈三世
1845	首都从拉海伊那（毛伊岛）迁到火奴鲁鲁
1848	夏威夷王国土地改革（The Great Mahele），然而导致夏威夷人相继失去土地
1852	从中国迁来移民
1861~1865	美国南北战争（南部的砂糖无法运到北部，夏威夷的砂糖收购成为需要）
1868	从日本迁来最早的移民
1872	卡美哈美哈血统断绝，通过选举威廉姆·卢纳利洛王子即位
1873	卡拉卡瓦国王即位 此后，在卡拉卡瓦国王统治期间，白人势力抬头，国王成为傀儡。这一时期阁僚的大部分都由白人担任
1875	签订《美国夏威夷互惠条约》
1887	新宪法（国王在枪剑威胁下签字），俗称《枪剑宪法》
1889	发生反叛运动，但遭到了白人势力的镇压 美国政府提出签订条约，实际上是要成为夏威夷的保护国，结果招致了夏威夷人的反对
1892	卡拉卡瓦国王客死洛杉矶，莉莉·乌卡拉尼女王即位
1893	女王积极筹划公布新宪法以恢复王权，但在 1 月份，计划被泄露给了当权的白人势力，白人发动军事政变并软禁了女王 美国海军军队 160 人登陆，开展示威活动 白人势力设立了"临时政府"，逼迫女王投降 女王没有向"临时政府"，而是向美国政府暂时投降
1894	夏威夷共和国成立，都乐担任总统 莉莉·乌卡拉尼女王成为平民
1898	美国西班牙战争 为了菲律宾战线开始考虑将夏威夷作为美国的前线基地
同年	8 月 12 日 夏威夷成为美利坚合众国的领土
1941	12 月 7 日 日本偷袭夏威夷（珍珠港）
1959	夏威夷成为美利坚合众国的第 50 个州，直至今天

History

P eople 人 文

民族统计（2010 年）/ 总人口 1360301 人

2 个民族以上
的混血
320629 人
(23.6%)

白种人 336599 人
(24.7%)

单一民族
1039672 人
(76.4%)

亚裔 525078 人
(38.6%)

其他
42573 人
(3.1%)

夏威夷原住民及太平洋
群岛住民
135422 人 (10.0%)

用寄托着夏威夷精神的花环欢迎游客

美丽的她会是哪国与哪国的混血呢？

民族拼图

据说当詹姆斯·库克到达夏威夷时，夏
威夷的人口有 30 万或者更多。然而，随着
西方文明以及传染病的传入，生活方式一经
改变，缺乏抵抗力的夏威夷人纷纷倒下，在
短短 100 年左右的时间里人口就减少到 7 万
人以下。结果就是造成劳动力不足，夏威夷
开始接受移民劳工，最终形成了今天多民族
多文化交杂的夏威夷。

除了夏威夷，世界上还有很多多民族
交杂的社会，但夏威夷的特点是没有多数
派。附表是 2000 年进行的人口普查中的民
族统计数据，2 个民族以上的混血超过了
20%。其中，2 个民族的混血约 17.5 万人，
3 个民族的混血约 7 万人，4 个民族的混血
约 1 万人，可以说是各民族构成的一幅拼
图。

没有多数派的夏威夷，可以说是现在
世界上种族摩擦最少的地方。其根源在于
夏威夷自古以来的阿罗哈精神（体恤他人的
心）。或许这也是夏威夷成为世界乐园的最
大原因。

顺便一提，夏威夷州人口的 7 成以上都
集中在瓦胡岛。

P eople

Language 语　言

没有文字的古夏威夷人，如图所示在岩石上雕刻进行交流。这种雕刻除了夏威夷，还分布于南太平洋一带

西方人到来以前，夏威夷人当然是使用夏威夷语。但是，他们没有自己的文字，只有自己的语言。

夏威夷语，与印度尼西亚语、马来语、波利尼西亚语属于同一语系，可以说是地球上覆盖面积最广的一种语言。但是，这些地区的大部分都是海洋，并没有人类居住。从这一点我们也可以证明在远古时代，人们是在海上漂移并最终定居在太平洋群岛上的。

中国人不容易发音的语言

19世纪上半期，传教士将文字带到夏威夷，开始用罗马字标记夏威夷语，夏威夷语得以文字化。

夏威夷语，分别用5个母音"a、e、i、o、u"和7个辅音"h、k、l、m、n、p、w"，以及闭锁音（glottal stop）"'"表示。

在用7个辅音表示外来语后，"merry christmas"就变成了"mele kalikimaka"，"daiamond"变成了"kaimana"。著名的夏威夷歌曲 *Kaimana Hila* 意为钻石头山，"hila"为英语"hill"在夏威夷语中的发音。

夏威夷语文艺复兴

带来文字的传教士们，首先着手的是《圣经》的夏威夷语翻译。

在用罗马字标示夏威夷语的同时，夏威夷语的文字也可以印刷了，于是，1825年夏威夷语的诗篇、1832年夏威夷语《新约圣经》出版了。

然而1840年，夏威夷正式成为基督教为国教的君主立宪制国家，学校教育以英语为主。这样随着夏威夷急剧西化，夏威夷语也渐渐淡薄，1893年夏威夷王朝颠覆，次年伴随夏威夷共和国的成立夏威夷的通用语实际上成为英语。

现在，日常生活中仍然使用夏威夷语的只有少数居住在尼豪岛上的人。

后来，夏威夷人掀起了继承发扬本民族自古以来语言的运动，并开设了14所以夏威夷语进行初等教育的学校。据说1999年有1300多名儿童完成了夏威夷语的学业，并顺利毕业。另外，用夏威夷进行的新闻广播，每天也会定点播送。即使在今天，古典草裙舞（草裙舞·卡西库）也是伴随着夏威夷语的咏唱翩翩起舞的。

记住夏威夷语

在夏威夷使用的英语当然是美式英语，然而夏威夷语单词也经常和夏威夷口音的英语混用。经常使用的夏威夷语单词有：

Mauka= 内陆一侧
Makai= 靠海一侧
Kane= 男性、丈夫
Wahine= 女性、妻子
Keiki= 孩子
Hana= 工作
Ohana= 家庭、朋友
Holoholo= 散步
Aloha= 爱（作为寒暄语可以包含各种意思）
Nahalo= 谢谢
Pau= 结束
Make= 死

这些都是经常会听到的词。

Language

Politics 政 治

夏威夷州旗左上角为英国国旗，下方为红蓝白条的设计。曾经是夏威夷王国的国旗。另外，卡拉卡瓦国王作词的夏威夷王国国歌现在成为夏威夷州歌

左边是刻有夏威夷州政府大楼（照片上）正面的夏威夷州徽章。这里刻有的夏威夷语"Ua mau ke ea oka aina i ka pono"是卡美哈美哈国王三世的话，意思是"大地的生命用正义来维护"（正式译语为 The life of the land is perpetuated in righteousness），已经成为夏威夷州的标语

三级政治机构

夏威夷州民，也和其他的美国国民一样，需要交纳两种所得税。一种是联邦政府收取的，一种是州政府收取的。相当于国税和地方税。就是说，夏威夷州也和美国其他各州一样，处于一种三级政治机构当中。

第一层为美国联邦政府，第二层为州政府，第三层为县级行政机构。形式上与我们的国家、省、市概念是一样的，不同的是，美国各州都是拥有各自宪法的自治体。

联邦政府和州政府

在联邦政府下，夏威夷州民除了可以参加总统、副总统选举，还可以选出联邦议会2名上议院议员及2名下议院议员。另外，除了联邦政府机关的派出机构及办事处，还要在夏威夷设置联邦地方法院。夏威夷大学里的东西方研究中心是为了推进美国与亚太地区的相互理解，由美国议会设立并运营的机构。

第二层州政府级别，在夏威夷宪法之下实行行政、司法、立法三权分立，立法院是拥有25名上议院议员、51名下议院议员的州议会，州长、副州长和上、下议院议员都

通过选举产生。

1962年以后，民主党派的州长一直连任，直到2002年选举产生了50年以来首位共和党女性州长。

县政府

第三层的县级别中，夏威夷整个州分为火奴鲁鲁县（檀香山县）、卡拉沃县（瓦胡岛）、夏威夷县（夏威夷大岛）、毛伊县政府（毛伊、摩洛凯、拉奈、卡霍奥拉维四岛）、考爱县政府（考爱岛、尼豪岛）5部分。

在这一级别中，情况各不相同。古代王国时代，在主要岛屿上设置州长，这是作为上通下达的支配体系的一部分。而作为自治体制定郡宪章的，火奴鲁鲁为1959年，正是夏威夷州升格的年份，剩下的县都是在10年后制定的宪章。相比火奴鲁鲁，其他各县获得自治权都相当晚。

另一方面，火奴鲁鲁县在制定宪章以来，曾进行过多次修订，最终确立了有力的自治权。如：市长（公选产生）可以任命市政府的各局、部长等，但法务局长的任命必须得到市议会的承认。

另外，为了避免小政治团体陷入政党间争斗的漩涡，从1994年开始，市长、市议会议员选举不再与政党关联。

Politics

E conomy 经 济

砂糖价格的长期低迷，造成近年来制糖工厂纷纷倒闭，曾经作为毛伊岛拉海纳岛标的 Pioneer Mill（砂糖工厂），也于 1999 年收获甘蔗以后倒闭。夏威夷尚在经营的制糖公司，仅剩毛伊岛与考爱岛上各一家，已经没有了往日的繁荣景象（图片为毛伊岛的亚历山大＆鲍德温制糖工厂）

少之又少的农业收入

    大约 200 年前，进入 19 世纪后，由于欧美人开展的土地使用及经济活动等，夏威夷走上了高速现代化发展的道路。

    作为捕鲸基地一度繁荣的夏威夷，随着捕鲸业的衰退捕鲸基地也渐趋萧条，受南北战争的影响，美国南部的砂糖运输成为难题，很多人开始从夏威夷索取砂糖，以此为契机，夏威夷的制糖业得到迅猛发展。

    另一方面，劳动力不足的夏威夷，开始接受大量的外国劳动移民到甘蔗农场劳动。此外，菠萝产业也发展起来，20 世纪 30 年代，这里的菠萝罐头已经占据世界总产量的 85%。然而，随着夏威夷社会的现代化发展，人工费不断上涨，特别是战后世界砂糖供过于求，夏威夷的制糖业及菠萝产业也逐渐经营困难，现在已经转向菲律宾等国外。

    夏威夷的农作物产量（如下一页图 1 所示），甘蔗、菠萝逐渐衰退，其他作物（咖啡、坚果类、鲜花等）产量增长并最终超过甘蔗产量，但总的来说，农业收入与全部收入相比只占一小部分。

停泊着军舰的珍珠港口。夏威夷在美国军事战略上占有重要的地位

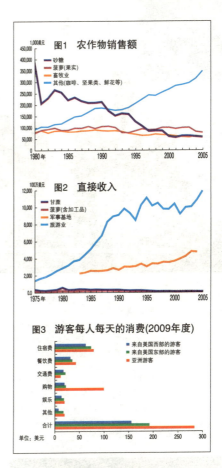

图1 农作物销售额

1,000美元
450,000
400,000
350,000
300,000
250,000
200,000
150,000
100,000
50,000

砂糖
菠萝(果实)
畜牧业
其他(咖啡、坚果类、鲜花等)

1980年 1985 1990 1995 2000 2005

图2 直接收入

100万美元
12,000
10,000
8,000
6,000
4,000
2,000
0.0

甘蔗
菠萝(含加工品)
军事基地
旅游业

1975年 1980 1985 1990 1995 2000 2005

图3 游客每人每天的消费(2009年度)

住宿费
餐饮费
交通费
购物
娱乐
其他
合计

来自美国西部的游客
来自美国东部的游客
亚洲游客

0 50 100 150 200 250 300
单位：美元

旅游业成为夏威夷经济发展中心

根据过去的统计，如图2所示，夏威夷州的收入中，居于第一位的是旅游收入，第二位是军事基地收入，菠萝及甘蔗的销售额微乎其微。政府大力发展并招揽附加值高、收益高的制造业，但并没有取得较大的成果。

关于夏威夷经济依赖最大的旅游收入，我们来看一下图3中对亚洲和美国游客每天的花费比较。与亚洲游客相比，美国游客给人一种捂紧钱包的感觉。"交通费"比亚洲游客高，这应该体现在利用租用车的差异上。另外，亚洲游客消费的最大特点是"购物"。亚洲游客购买的商品中，皮革制品约34美元，时装约27美元、珠宝手表等约13美元（每人每天）。怀基基和阿拉莫阿纳的盛况则从统计上就能明显看出。

菠萝丰收的场景。不久，所有的都再也看不到了吧（毛伊岛）

科纳咖啡获得了咖啡达人的极大支持。最近产自考爱岛、摩洛凯等岛的咖啡也陆续上市并深受好评，2003年7月科纳咖啡被白宫的菜谱采用

Economy

使人联想起夏威夷和古波利尼西亚人的精彩表演深受游客欢迎

古代夏威夷的信仰

从神话传说中我们可以了解到，古代夏威夷人们的生活，总是从自然中获得当天所需的食粮，而需要以外的东西则是禁止采摘的。

例如，为了制作古代的王族佩戴的羽毛披风及帽子，夏威夷人会从一只小鸟上只取下几根羽毛然后放生，而不会将小鸟杀死然后把它所有的羽毛都拔下来。这些都可以说是来自生活智慧的禁忌。

古代的夏威夷人，按照这种禁忌，在自然中与自然和平共处。然而，随着基督教在夏威夷的传播，以及夏威夷现代化的推进，自古以来的禁忌也逐渐淡化，夏威夷进入了文化的混乱期，许多历史建筑都遭到破坏。为了获取羽毛甚至使夏威夷固有的鸟类灭绝，这与夏威夷禁忌的缺失也不无关系。

按照古代夏威夷人的信仰，神灵寄于山川草木及各种动物中，此外还有农耕之神、狩猎之神等。与基督教绝对唯一的神不同，夏威夷有着众多的神，夏威夷的神话传说都很有趣。

迅速走上现代化道路的夏威夷

在古代夏威夷，山民与渔民之间会进行山珍与海味的交换，那个时候还没有采取"几条鱼换几个芋头"这样的方法。直到从西方社会导入货币经济为止，夏威夷人的社会里还不存在等价交换的概念，这对于理解后来夏威夷社会的发展是极为重要的。

1948 年，夏威夷开始实行"The Great Mahele"土地改革，所有的夏威夷人都拥有了土地。

然而，从祖辈开始，夏威夷人就认为土地和水、空气一样，都是早就存在的公共物品，再加上货币经济尚不成熟，没有意识到土地私有制的夏威夷人纷纷让出土地，结果到白人掌管所有土地只经过了不长时间。

你认为的夏威夷不只是这个光景吧

在欧美人开展的土地使用及经济活动下，夏威夷迅速走上了现代化发展的道路。随着夏威夷制糖业的迅猛增长，劳动人口不足的夏威夷，开始接受大量外国劳动移民进入砂糖甘蔗农场，并最终形成了一个独特的多民族多文化混合的夏威夷社会。

乐园品牌形象

夏威夷开始成为旅游胜地、度假胜地是 20 世纪初期，而怀基基酒店林立的时候，是 20 世纪后半期。

最早在怀基基开业的酒店是 1901 年的莫阿那酒店，从此开始了海滨度假的时代。20 世纪 20 年代，连接美国本土和夏威夷之间的大型定期客船通航，1936 年加利福尼亚至夏威夷间每周一班的定期航班也开始运行了。

夏威夷州政府为了积极开发旅游，面向美国本土打造了"南海乐园夏威夷"这一品牌形象。

如今，用钢琴演奏的夏威夷音乐，也被白人们用于乐园宣传演出及唱片产业，并被称为"Hapa haore 音乐"。Hapa 是英语单词 half 的夏威夷说法，而 Haore 则是白人的意思，合起来就是"半白人音乐"之意。

此外，在好莱坞影片中经常出现半裸的草裙舞女跳舞的场景，这种"太平洋乐园"的品牌形象，大多是在美国本土形成的。虽说如此，对于重视旅游业的夏威夷来说，不得不迎合，或者说是积极地迎合这种乐园形象。

例如，今天我们在火奴鲁鲁机场等地看到的用力扭动腰身的舞蹈是塔希提舞蹈，而并不是夏威夷舞蹈。另外，尤克里里源于 19 世纪末葡萄牙移民带来的小型吉他，而阿罗哈衫则是 20 世纪 30 年由华裔移民创作的。

这样，在"观光立州夏威夷"的另一面，夏威夷原住民文化被观光用这一需求扭曲了。

迷惘的乐园？！

然而，从 20 世纪 70 年代后半期开始，夏威夷兴起了重新认识本国传统文化的"夏威夷文艺复兴"运动。

19 世纪末，受到列强霸权竞争的波及，夏威夷王朝最终颠覆了，而这是由当时的美国人阴谋策划的。1993 年 11 月 23 日，美

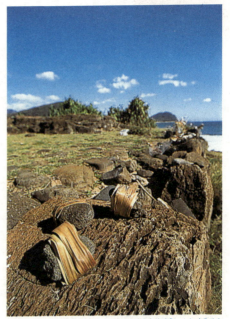

在夏威夷，大家认为神是有灵魂的。石头当然也成为对象，人们对着石头制成的祭坛祈祷、供奉。现在大家也深信着进行供奉（瓦胡岛）

国在 130~150 法案上签字，正式承认阴谋策划。

但这并不是"将夏威夷还给夏威夷人"就可以解决的问题。历史的指针不可逆转。在恢复夏威夷主权问题上从激进派到稳健派，有着众多的群体。这一主权恢复运动也是夏威夷文艺复兴运动的一方面。

"常夏乐园夏威夷"，一步之差就可能变成"迷惘乐园夏威夷"。

得天独厚的气候、完备的设施、人类的夏威夷精神，等等，夏威夷的确是世界上首屈一指的度假胜地。卡美哈美哈国王雕像以及伊奥拉尼皇宫，每天都吸引大量的游客前来拍照留念。然而，一踏进伊奥拉尼皇宫，听着导游的解说，很多夏威夷人都会对王朝的末期感慨万千，泪流满面。

对我们来说，目的就是享受度假胜地夏威夷。然而，离开本国，在遥远的夏威夷考虑一个民族、国家消亡的世界历史潮流，也许对生活于瞬息万变的现代人来说也是一种需要。

Society

夏威夷的传统艺术·草裙舞

与夏威夷人关系密切的舞蹈

在古代夏威夷，为讲述传说及史实，或者在王称帝王称帝时为了歌颂其伟业总是会跳草裙舞。在本来没有文字的夏威夷，草裙舞的舞者和咏唱者，同时是历史的叙述者。

到了现代，由于受 20 世纪 70 年代兴起的"夏威夷文艺复兴"运动影响，许多小学孩子们都会学习草裙舞，草裙舞人口及教室急剧增加，各种比赛也如火如荼地开展起来。

此外，在旅游业界也有让游客看到"真正的草裙舞"的趋势，因此在怀基基的草裙舞舞台等场所游客可以轻松欣赏到草裙舞。

草裙舞所寄托的东西

欣赏草裙舞表演时请注意它的动作。脚部的动作是几十步的组合，而上半身的动作则代表了想要叙述的史实及自然现象等。

例如，两手高举向上看去的话表示地位高贵的人或神，一只手放在眼睛旁边，另一只手伸向前方则表示看的动作，或者在头顶上水平画圆圈似的转手意味着风……当然表现的方法千姿万态，根据舞蹈师傅的不同意思也不尽相同。据摩洛凯岛传承古典草裙舞的草裙舞师傅 John Kaimikaua 先生说，古代摩洛凯岛流传下来的舞蹈中，单是风就有 100 种以上的表现方法。从岛上各地刮来的风都有不同的名字，表现这些风的舞蹈也各不相同。

这也体现了古代夏威夷人对自然现象敏锐的洞察力，以及草裙舞里所寄托的深刻含义。

颠覆草裙舞印象的卡西库

夏威夷的草裙舞分为两种。

一种是称为卡西库的古典草裙舞，是以古代到夏威夷王朝时代的舞蹈形式为基础形成的。它不使用尤克里里及歌曲等，是用叫作 ipuheke 的葫芦打击乐器伴着佛经式的咏唱表演的舞蹈。奉给神或王族的卡西库，力道十足，饱含肃穆之情，初次欣赏卡西库的游客，一定会颠覆之前对草裙舞的印象。

特别是男性跳的卡西库导入了古代战士们的格斗术，被称为"卡拉乌"的一边敲击木棒一边舞蹈的草裙舞等，勇猛无比，让人浑身立起鸡皮疙瘩。卡西库的服装男性有叫作"马罗"的兜裆布，前面下垂有布条的那种，以及在腰部蓬松展开的那种。

优雅愉悦的阿乌阿阿那（意为流浪）

另一方面，一说到草裙舞，很多人会联想到穿着夏装的女性优雅舞蹈着的画面，这其实是称为"阿乌阿阿那"的现代草裙舞。在 20 世纪 20 年代前后的豪华客船时代，风靡

草裙舞使用的道具

◀ 葫芦鼓（ipuheke，是葫芦制作的一种打击乐器）
舞者一边跳舞一边叩击的打击乐器

▶ 螺号（Pu，海螺的一种）
吹响海螺以提示仪式开始

沙铃（uliuli）
用一种类似葫芦的植物——Laamea 与羽毛制成的打击乐器。里面装有美人蕉的种子，音色类似沙槌

▶ 竹棒（puili）
用竹子切割而成的打击乐器。卡西库使用 1 根，阿乌阿那使用 2 根交替敲击，敲在肩膀上发出声音

一时的身着玻璃纸裙的金发女郎扭动性感腰身舞蹈的草裙舞则是"好莱坞草裙舞"，它并不是夏威夷人传承下来的舞蹈。现在在夏威夷面向游客的表演中有一部分是"好莱坞草裙舞"，但夏威夷人并不认为那是他们自己的舞蹈。

阿乌阿纳，是卡拉卡瓦国王恢复了被传教士禁止的草裙舞后产生的。它是伴着尤克里里或吉他，和着歌曲跳的舞蹈，歌词多为歌唱恋人之间的爱情等浪漫的内容。

像《蓝色夏威夷》、《哈娜妮月亮》等英语歌词的歌曲则被称为"半白人音乐"。在夏威夷跳舞时的伴乐，比起这种英语歌曲，Pua Lililehua、Hi'ilawe 等夏威夷语歌占了绝对多数。

女性跳的阿乌阿纳舞姿优美，展示了完美的身段，而男性的则多伴随轻快的歌曲及旋律，并且会加入很多冲浪动作，是非常快乐的舞蹈。

上／优雅的阿乌阿纳代表性舞者卡诺・米拉女士表演的舞台位于哈莱克阿尼
下／在一些海滨公园能看到练习草裙舞的情景

※Text and Photos*by Miyuki Seto ※ 草裙舞的舞台、主要比赛相关信息请参考 p.138

Lei 爱的礼物·花环

这也是很受欢迎的植物花环，价格也很合适

黄花稔是夏威夷王朝之花同时也是瓦胡岛岛花，荠墩果状念珠藤是绿色花环的代表

散发着香甜味道的"lei"花环

表现"夏威夷之心"的花环

到达火奴鲁鲁国际机场后，前来接机的人就会将用香气扑鼻的鲜花制成的花饰挂到游客脖子上，然后在脸颊上轻轻一吻。这种花饰叫作"lei"，花环和香吻是夏威夷才有的欢迎方式。

夏威夷人从孩提时代就开始学习花环制作，也像穿西装一样自然地佩戴着花环。生日、毕业典礼、结婚典礼等纪念日的祝福，以及表达对去世的人的哀悼时都会赠送花环。可以说它与夏威夷人的生活已经密不可分。

花环与草裙舞的关系

传统艺术草裙舞与花环有着密不可分的关系。

在草裙舞中，根据曲目的不同准备的花环也不同。原因是草裙舞表演中往往会展开各种故事，而将其题材用花环表现出来。

例如，由于夏威夷人认为maire的叶子中寄有神灵，因此它就是歌颂神灵的草裙舞中必不可少的素材。再如将戴在身上的花朵比喻为恋人，把对他（她）的思念寄托于花环中，这样观众就可以深刻领会歌曲的本意。

古典草裙舞中经常会戴绿色花环，但为了采集这种绿叶，需要付出艰辛的劳动。舞者必须首先拜山，向神灵祈祷宽恕自己采集树叶，然后才能进山。一旦天气变化，下雨刮风时，夏威夷人就认为这是神灵不允许他们进山采集树叶。

就是说对他们而言，花环就是神，是他们崇拜的对象。

各种各样的花环

说到花环，可能大家会想到用美丽的鲜花制成的花环，其实还有许多用其他材料制成的花环。

每年5月1日举行的花环节。在卡皮欧拉妮公园里有花环公主的表演、草裙舞以及夏威夷音乐演出等，从中午开始可以欣赏花环比赛中胜出的作品。详情请咨询火奴鲁鲁公园&娱乐 ☎768-3041

■ 绿色花环

用树木的叶子或草制成的花环，自古以来在夏威夷神圣的舞蹈和咏唱中是作为献给神灵而使用的。即绿色花环才是原本的花环形式。代表性的绿色花环有 maire、riko、palapalai 等。

其中有只有在山里才能采集到的树叶，而"海岸星蕨"（lauae）是凤尾草的一种，在购物中心的人工种植的草丛中经常能看到。

■ 树木果实花环

用树木的果实也能做成装饰环

树木的果实也在花环素材中非常受欢迎。酒店的男性店员经常佩戴这种花环。代表性的树木果实为库奎这种树的坚果。库奎的果实类似于桃核，是用它壳中的果仁加工制成的。

比红豆略大一点的夏威夷珊瑚桐也很常见。阿拉莫阿纳公园里经常落下这种果实，颜色为分为红豆色、红色和黄豆色三种。

■ 贝壳花环

在夏威夷整个岛上可以采集到各种各样的贝壳，用这些贝壳可以制成美丽的贝壳花环。

最为珍贵的贝壳花环是产自尼豪岛上的贝壳花环。据说它是采集几千、几万个2~3毫米大小均匀的贝壳，将它们串联至

堪称艺术品的贝壳类饰环

120~130厘米的长度制成的，需要付出艰苦的劳动才能完成。

由于光是采集贝壳就需要1年以上，到完成还需要好几年的时间，所以它的标价在几千美元也就不足为怪了。

■ 羽毛花环

羽毛花环珍藏一生

如果去主教博物馆，就能看到展示着的用夏威夷固有的鸟羽制成的花环。这些羽毛的装饰品，是只有王族才能佩戴的神圣之物。一般人是禁止佩戴的。

这种花环需使用几千、几万根羽毛，而现在这种匠人几乎很少了。制作起来非常辛苦，自然羽毛花环的价格也极高。

■ 丝带花环

近年来，人气不断上升的是用彩色丝带制成的花环。作为素材的丝带在色彩和形状选择上范围很广，因此可以做出丰富多彩的花环，深受大家喜爱。

Lei

27

夏威夷风格

20 世纪 40 年代制作的图片所示的阿罗哈标价 1000 美元。绝对是收藏款。

有着夏威夷音乐象征之称的尤克里里，竟然是源自葡萄牙的乐器

花费时间缝成的夏威夷花纹的拼布

夏威夷独特的民族文化

与古代传入夏威夷的草裙舞与花环等传统文化不同，在那个激荡的历史和社会剧变中孕育了夏威夷独特的风格。

概括来说就是"多民族多文化混合文化"。19 世纪初涌入夏威夷的外国劳动移民，在夏威夷定居的同时，也将从各国带来的生活方式的种子播撒到这片土地上，或者说在与他国文化进行异种交配的同时，"夏威夷风格"之花绽放开来。

比如穿着夏威夷衫、弹奏着尤克里里的当地男孩儿，或是穿着夏威夷穆穆袍、一身珠光宝气缝制夏威夷拼布的当地女孩儿，这些都是足以代表夏威夷风格的景象，但他们身上所穿戴的这些在 200 年前的夏威夷却是根本不存在的。

■夏威夷珠宝→ p.294
■夏威夷衫→ p.301
■尤克里里→ p.307
■夏威夷拼布→ p.311

有趣的地方食物

食物也是如此。夏威夷作为漂浮于太平洋中的一座岛屿，这里的食物的种类却是惊人的丰富。其中既有正宗的夏威夷食物，同时，作为一个旅游胜地又汇聚了各国食物，使人眼花缭乱。

在当地可以制作酱油、豆腐等，游客在这里可以享受和在国内别无二致的饮食生活。左上图为当地的"夏威夷豆腐"工厂。左下图为产品之一

这也是夏威夷特色小吃之———"烤鸡"

菜单例。炸鸡块用"CHICKEN KATSU"，而炸牛排是用"VEAL CUTLET"来表述，很是有趣

夏威夷风格的代表——汉堡盖饭（→ p.198）

度假地的酒一般以热带饮料居多，而夏威夷烹饪法也很常见

但除此之外，夏威夷还有"细面"、"汉堡盖饭"、"午餐肉寿司"等，在其他国家没有见过或没有听说过的食物。甚至遍及世界的麦当劳也有细面菜品。然而即使是这些当地食物，也具有多文化融合后产生的独特味道。

可以说，仅仅用了两个世纪的时间，夏威夷的饮食文化就发生了翻天覆地的变化。

■夏威夷食品→ p.196

瓦 胡 岛
Island of OAHU

爱称	The Gathering Place
人口	876151 人
面积	1545.3 平方公里
海岸线	约 180 公里
岛屿最高峰	卡拉 1220 米
岛花	Ilima

贝拉阿姨的花环店

瓦胡岛全图

Kahuku pt.

海龟湾度假村
Kawela Bay

Kawela
Waialee

日落海岸

怀梅阿湾海滨公园
Waimea Bay

Waimea
怀梅阿峡谷

Kawailoa PRIVATE ROAD

哈莱瓦海滨
Waialua Bay
Haleiwa Boat Harbor
Kaiaka Bay

Haleiwa
哈莱瓦镇
哈莱瓦绕行公路

Kaena pt.
Kauai Channel

Kaena Point State Park

STOP

Mokuleia

莫库莱亚
Dillingham Air Force Base

Waialua

都乐种植园

STOP

横滨湾

Makua

KANEANA CAVE

WAIANAE
1934

KAALA
4040

WAIANAE RANGE

Wahiawa

Wheeler Air Force Base

马卡哈海滨公园

Makaha

FARRINGTON HIGHWAY

Waianae Boat Harbor

Pokai Bay

Waianae

Mililani Town

MILITARY

Maili

怀克莱中心
Waipahu
夏威夷种种植园

Pearl City

珍珠港
Pearl Harbor

Luahualei

Nanakuli

PRIVATE ROAD

Honouliuli

FARRINGTON HIGHWAY

Ewa

夏威夷湖野水上乐园
科奥利纳度假村

夏威夷汽车赛道公园

Naval Air Station Barbers Point

伊娃海滩
Keahi pt.

Barbers pt.

N

0 ————— 10km
0 ————— 5miles

32

各部分地图索引

驾车里程

p.42~43　p.45

p.41

p.44

p.40

p.38~39　p.36~37

LAIE
HALEIWA
MAKAHA　WAHIAWA
NANAKULI　PEARL CITY　KANEOHE
KAILUA
HONOLULU
HAWAII KAI
* 数字为英里数

从怀基基开始的旅行里程

	英里	公里
恐龙湾	9	14
海洋生物公园	14	22
凯卢阿(经由61号线)	15	24
至卡内欧西(经由63号线)	15	24
波利尼西亚文化中心	36	56
市中心	3	5
主教博物馆	5	8
阿罗哈体育馆	12	19
都乐种植园	25	40
哈莱瓦	34	54
落日海岸	43	69
科奥利纳度假村酒店	30	48
马卡哈海滨公园	41	66
火奴鲁鲁国际机场	9	14

＊数字为概算。1英里约为1.6公里

KOOLAU RANGE

Kahuku

Laie Bay
Laie

波利尼西亚
文化中心

Lelani Bay

Hauula

Punaluu

Kahana Bay

Kanawa　Kahana
狮子岩

库阿罗阿海滨公园

Kualoa pt.　中国男人斗笠岛

Waikane

Waiahole

Kaneohe Bay

MOKU MANU ISLAND

Kahaluu

Kaneohe
Marine Corps
Air Station

Mokapu pt.
ULUPAU CRATER

KAMEHAMEHA HWY.

Heeia Kea
Boat Harbor

Heeia

CORAL
GARDENS

风尚购物中心

Kokokahi

Kaneohe

Kailua Bay

凯卢阿镇

凯卢阿海滨公园

Kailua

Lanikai

珍珠岭中心

Aiea
Halawa
Heights

U.S. Naval
Base

阿罗哈体育馆

亚利桑那纪念馆

Salt
Lake

JOHN H.WILSON
TUNNEL

努阿努帕利
观景台

NUUANU PALI
TUNNEL

Waimanalo

Waimanalo Bay

Hickam
Air Force
Base

火奴鲁鲁国际机场
Honolulu
International Airport

Keehi
Lagoon

主教博物馆

艾玛女王博物馆

庞奇包尔

Honolulu
Harbor

SAND
ISLAND

市中心

夏威夷大学

可可海洋购物中心

Kuliouou

KOKO
CRATER

可可头山沙滩公园

哈罗纳喷火孔

Mamala Bay

Honolulu

怀基基

阿拉莫阿纳购物中心

WAIKIKI BEACH
KAPIOLANI PARK

卡哈拉购物中心

钻石头山
DIAMOND HEAD

Black pt.

艾纳海纳S.C.
Aina
Haina

Maunalua Bay

恐龙湾

可可头山
KOKO HEAD

Kaiwi Channel

瓦 胡 岛 简 介

在这座人群聚集的岛上凝聚了夏威夷的魅力

州府火奴鲁鲁所坐落的瓦胡岛，居住了整个夏威夷的 70% 的人口，约 90 万人，是夏威夷的政治、经济中心。火奴鲁鲁国际机场作为夏威夷的门户，每年接待来自世界各地的游客约 730 万人次。正如瓦胡岛的别名"Gathering Place"一样，这里是人们欢笑、欢聚的地方。

瓦胡岛的旅游资源不胜枚举。怀基基兼具现代城市度假的便利性和海滨度假的奢华；火奴鲁鲁市中心的历史遗迹诉说着它历经的波澜的过去；还有散布的白色海岸、浓郁的绿色高尔夫球场，令人心神荡漾的自然景观，等等。当然，在这里游客可以品尝来自各国的美食，任意挑选从国际品牌到夏威夷原产的各式商品。

傍晚，坐在酒店的凉台上看夕阳西下，看着白天那么强烈的阳光魔法般地被习习凉风吹散，听着不知何处传来的悠扬的夏威夷音乐……此刻，游客也许会不由得喃喃自语"夏威夷，我还会再来的"。

怀基基海滩

地势和气候

　　瓦胡岛的面积在夏威夷群岛中位居第三，约为 1545 平方公里，位于北纬 21°15'~21°44'，西经 157°40'~158°18' 之间，同其他的岛屿一样也是因为火山的造山运动产生的。

　　瓦胡岛各地的气温和降雨量因地区和海拔各不相同，火奴鲁鲁地区包括怀基基在内，全年温度适中，气候稳定。2 月份最冷，平均最低气温为 18.6℃，即使是最热的 8、9 月份，温度也维持在 23.7℃左右，不会有很大的变化。火奴鲁鲁地区晴天的比例每年平均在 71% 左右，非常适合旅游。

卡美哈美哈
国王像

岛内交通

　　在瓦胡岛上，游客无须担心交通是否顺畅。岛上拥有被评为美国最便捷的公共交通机构之一的公共交通（市公交），公交线路几乎覆盖岛内的所有干线。交通费用也非常便宜，乘坐一次 2.25 美元。作为当地居民的交通手段深受喜爱。

　　火奴鲁鲁中心区作为游客主要的活动区域，出租车、无轨电车等不会让人感到有一丝不便。

　　如果想自由周游岛内，我们建议游客租车。在主要的租车公司里，各种各样的车型一应俱全。

　　如果游客想参加自由旅游项目等，当地有众多的旅行社可供参考。游客可以咨询酒店的旅游咨询台。

住宿设施

　　面向游客的住宿设施大都集中在怀基基。考虑到餐饮、购物、交通等各方面的便利性，住在怀基基应该是瓦胡岛旅游计划的主线。

　　当然，如果你不是第一次来夏威夷，而又想逃离闹市的喧嚣，你也可以选择北海岸的海龟湾度假村、西海岸的科奥利纳度假村。在这些地方，你可以度过一个安静舒适的假期，但必须要租车。

　　※ 瓦胡岛的酒店、休闲公寓等信息请参照 p.573。

度假计划

　　由于旅游资源、项目种类繁多，一份完美的旅行计划就不得不对其中的信息进行筛选，否则即使有再多的时间也不够用。

　　如果对夏威夷的历史感兴趣，我们建议你重点参观火奴鲁鲁市中心、珍珠港的亚利桑那纪念馆。主教博物馆、火奴鲁鲁美术馆等颇有意思的博物馆也不容错过。家庭旅行时可以参观动物园、水族馆、夏威夷海洋生物公园等孩子们喜爱的设施，夏威夷潮野水上乐园也能使成年人乐在其中。

　　恐龙湾等海滨公园里，你可以任意选择北部海滨冲浪、钻石头山登山等活动。

钻石头山是夏威夷的标志

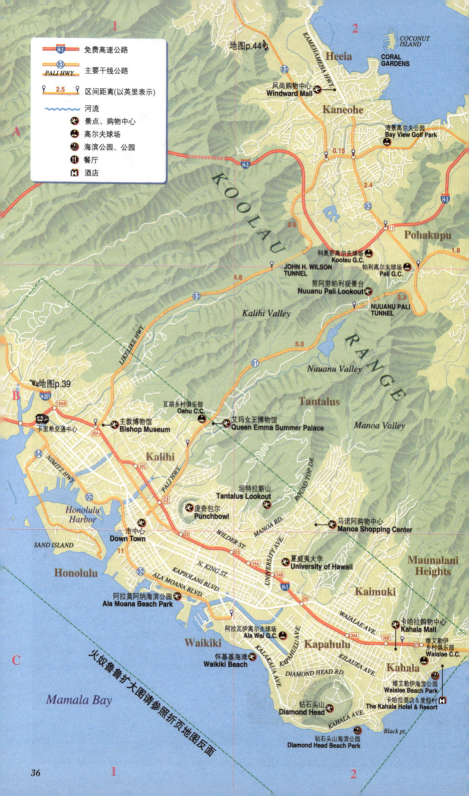

图例

- H1 免费高速公路
- 83 PALI HWY. 主要干线公路
- 2.5 区间距离(以英里表示)
- 河流
- 景点、购物中心
- 高尔夫球场
- 海滨公园、公园
- 餐厅
- 酒店

地图p.44

Heeia
COCONUT ISLAND
CORAL GARDENS
Kaneohe
风尚购物中心 Windward Mall
湾景高尔夫公园 Bay View Golf Park

KOOLAU

Pohakupu
科奥劳高尔夫球场 Koolau G.C.
帕利高尔夫球场 Pali G.C.
JOHN H. WILSON TUNNEL
努阿努帕利观景台 Nuuanu Pali Lookout
NUUANU PALI TUNNEL

Kalihi Valley

RANGE

Nuuanu Valley

Tantalus
Manoa Valley

地图p.39
卡里希交通中心
主教博物馆 Bishop Museum
瓦胡乡村俱乐部 Oahu C.C.
艾玛女王博物馆 Queen Emma Summer Palace

Kalihi

坦特拉斯山 Tantalus Lookout
庞奇包尔 Punchbowl
马诺阿购物中心 Manoa Shopping Center

Honolulu Harbor
SAND ISLAND

市中心 Down Town

夏威夷大学 University of Hawaii

Maunalani Heights

Honolulu

Kaimuki
卡哈拉购物中心 Kahala Mall
维艾勒乡村俱乐部 Waialae C.C.

阿拉莫阿纳海滨公园 Ala Moana Beach Park

Waikiki
阿拉瓦伊高尔夫球场 Ala Wai G.C.
怀基基海滩 Waikiki Beach

Kapahulu
Kahala
维艾勒海滨公园 Waialae Beach Park
卡哈拉酒店&度假村 The Kahala Hotel & Resort

Mamala Bay
火奴鲁鲁扩大图请参照折页地图反面

钻石头山 Diamond Head
钻石头山海滨公园 Diamond Head Beach Park
Black pt.

36

东南部

瓦胡岛

● 分区图

A

p.42~43   p.45

p.41

p.44

p.40

p.38~39

N

0   4km

0   2miles

Kailua Bay

凯卢阿地图(p.100)

凯卢阿海滨公园
Kailua Beach Park

POPOIA ISLAND

拉尼凯海滩
Lanikai Beach

Kailua

凯卢阿
Kailua

1.9

MOKULUA ISLANDS

61

Lanikai

72

卢瓦纳山乡村俱乐部
Luana Hills C.C.

KEOLU RD.

Olomana

Bellows Air force Station

贝洛斯菲尔德海滨公园
Bellows Field Beach Park

4.7

欧罗玛纳高尔夫球场
Olomana G.C.

怀马纳洛购物中心
Waimanalo S.C.

曙太郎横纲铜像

Waimanalo Bay

B

72

怀马纳洛湾州立公园
Waimanalo Bay State Rec. Area

KALANIANAOLE HWY.

怀马纳洛海滨公园
Waimanalo Beach Park

MANANA ISLAND

马纳纳岛 (兔岛)
Nanana Island

KAOBIKAIPU ISLAND

Waimanalo

3.4

考波海滨公园
Kaupo Beach Park

夏威夷海洋生物公园
Sea Life Park Hawaii

玛卡普吾角
Makapuu Pt.

玛卡普吾海滨公园
Makapuu Beach Park

4.5

Aina Haina

Kuliouou

夏威夷·凯市中心
Hawaii Kai Towne Center

夏威夷·凯购物中心
Hawaii Kai S.C.

夏威夷·凯高尔夫球
Hawaii Kai G.C.

Hawaii Kai

可可火山口
Koko Crater

可可头山海滨公园
Koko Head Sandy Beach Park

艾纳海纳购物中心
Aina Haina S.C.

72

喷水孔
Blowhole

KALANIANAOLE HWY.

KEAHOLE AVE.

LUNALILO HOME RD.

HAWAII KAI DR.

3.3

毛纳鲁尔海滨公园
Maunalua Beach Park

2.3

可可海洋购物中心
Koko Marina S.C.

0.8

拉奈观景台
Lanai Lookout

摩洛凯观景台
Molokai Lookout

Niu

纽谷购物中心
Niu Valley S.C.

瓦伊卢佩海滨公园
Wailupe Beach Park

恐龙湾
Hanauma Bay

Maunalua Bay

可可头山
Koko Head

C

Kaiwi Channel

珍珠港

p.42~43 p.45
p.41
p.44
p.40
p.36~37

N

WAIANAE RANGE

0   4km
0   2miles

地图p.41

KUNIA RD.

米利拉尼高尔夫俱乐部
Mililani G.C.

夏威夷乡村俱乐部
Hawaii C.C.

Waipahu

地图p.40

N NANAKULI AVE.

怀帕胡购物广场
Waipahu Shopping Plaza

怀帕胡镇中心
Waipahu Town Center

海威苑
生鱼沙拉站

Nanakuli

纳纳库里海滨公园
Nanakuli Beach Park

西湖高尔夫球场
West Loch G.C.

5.8

FARRINGTON HWY

93

93

卡亥角海滨公园
Kahe Point Beach Park

Makakilo

夏威夷潮野水上乐园
Wet'n Wild Hawaii

埃瓦村庄高尔夫球场
Ewa Villages G.C.

天堂湾
Paradise Cove

科奥利纳大道
Ko Olina Fairways

JW万豪伊希拉尼度假村和
水疗中心
JW Marriott Ihilani Resort & Spa

科奥利纳高尔夫俱乐部
Ko Olina Golf Club

H-1

卡珀雷购物中心
Kapolei S.C.

卡珀雷高尔夫球场
Kapolei G.C.

FARRINGTON HIGHWAY

2

1B

4.1

科奥利纳度假村
Ko Olina Resort

1A

夏威夷铁道学会
Hawaiian Railway Society

RENTON RD.

卡拉埃洛阿港

KALAELOA BLVD.

珊瑚河高尔夫球场
Coral Creek G.C.

FORT WEAVER RD.

Barbers Point
Naval Air Station

Barbers pt.

巴伯斯角海滨公园
Barbers Point Beach Park

3   4

Mililani

瓦胡岛

![H-1]	免费高速公路	
PALI HWY.	主要干线公路	
2.5	区间距离(以英里表示)	
～～	河流	
	景点、购物中心	
	高尔夫球场	
	海滨公园、公园	
	餐厅	
	酒店	

分区图

A

K O O L A U   R A N G E

5.2

怀克莱高尔夫俱乐部
Waikele G.C.

怀克莱品牌折扣商场
Waikele Premium Outlet

怀克莱中心
Waikele Center

夏威夷种植园村
Hawaii's Plantation Village

怀帕胡交通中心

珍珠高地中心
Pearl Highland Center

卡姆汽车影院旧址
Kam. Drive-inn Theater

珍珠岭中心
Pearlridge Center

珍珠乡村俱乐部
Pearl C.C.

地图p.44

泰德玛卡勒那高尔夫球场
Ted Makalena G.C.

Pearl City

Waiau

Aiea

Halawa Heights

B

珍珠凯中心
Pearl Kai Center

Pearl Harbor

珍珠港游客中心/"暴风"号潜水艇博物馆
Pearl Harbor Visitor Center / U. S. S. Bowfin(Pacific Submarine Museum)

U.S. NAVAL BASE
FORD ISLAND

阿罗哈体育馆
Aloha Stadium

茂纳鲁亚高尔夫球场
Moanalua G.C.

太平洋航空博物馆
Pacific Aviation Museum

"密苏里"号战舰纪念馆
The Battle Ship Missouri Memorial

亚利桑那纪念馆
U.S.S. Arizona Memorial

塔吉特
Target

Salt Lake

Salt Lake

茂纳鲁亚花园
Moanalua Garden

Ewa

夏威夷王子高尔夫俱乐部
Hawaii Prince G.C.

新埃瓦海滨国际高尔夫俱乐部
New Ewa Beach International G.C.

Keahi pt.

SALT LAKE BLVD.

地图p.36

凯埃希泻湖海滨公园
Keehi Lagoon Beach Park

卡里希交通中心

Hickam
Air Force Base

火奴鲁鲁国际机场
Honolulu International Airport

Keehi Lagoon

C

埃瓦海滨公园
Ewa Beach Park

Mamala Bay

3   4   39

此路前方不通

1

2

卡埃纳角州立公园
Kaena Point State Park

Makua

A

卡埃纳洞
Kaneana Cave

WAIANAE
1934

WAIANAE RANGE

KAALA
4040

5.4

卡耐阿基神庙
Kaneaki Heiau

凯阿奥海滨公园
Keaau Beach Park

马卡哈山谷塔
Makaha Valley Tower

马卡哈高尔夫俱乐部
Makaha G.C.

KILI DR.

马卡哈海滨公园
Makaha Beach Park

马卡哈山谷乡村俱乐部
Makaha Valley C.C.

93

1.5

MAKAHA VALLEY RD.

B

Makaha

曾纳拉希拉希海滨公园
Mauna LahiLahi Beach Park

马卡哈冲浪滩
Makaha Surfside

FARRINGTON HWY.

Waianae

3.1

Pokai Bay

怀阿纳埃港
Waianae Boat Harbor

波凯湾海滨公园
Pokai Bay Beach Park

奎利奥罗阿神庙
Kuilioloa Heiau

以色列·卡马卡威沃尔塑像

怀阿纳购物中心
Waianae Mall

N

卢阿卢阿莱海滨公园
Lualualei Beach Park

迈利海滨公园
Maili Beach Park

2.8

Maili

0   4km
0   2miles

3.1

西海岸

乌莱哈瓦海滨公园
Uiehawa Beach Park

Nanakuli

C

p.42~43   p.45

p.41

p.44

p.38~39

p.36~37

纳纳库利购物摩尔
Nanakuli Mall

93

NANAKULI AVE.

纳纳库利海滨公园
Nanakuli Beach Park

地图p.38

40

1

2

瓦希阿瓦

p.42~43 | p.45
p.44
p.40
p.38~39 | p.36~37

瓦胡岛

A

分区图

B

C

哈莱瓦海滨公园
Haleiwa Beach Park

地图p.43

Waialua Bay

Haleiwa

哈莱瓦阿里怡海滨公园
Haleiwa Alii Beach Park

哈莱瓦
Haleiwa

北海岸交易市场
North Shore Market Place

KAMEHAMEHA HWY.

哈莱瓦晚行公路

地图p.42

KAMEHAMEHA HWY.

N

KAUKANAHUA RD.

都乐种植园
Dole Plantation

瓦希阿瓦植物园
Wahiawa Botanical Garden

CALIFORNIA AVE.

诞辰石
Birth Stones

KILANI AVE.

Wahiawa

瓦希阿瓦购物中心
Wahiawa S.C.

Wheeler
Air Force
Base

KUNIA RD.

MEHEULA PKWY.

WAIANAE RANGE

KAMEHAMEHA HWY.

米利拉尼购物中心
Mililani S.C.

米利拉尼高尔夫俱乐部
Mililani G.C.

Mililani

夏威夷乡村俱乐部
Hawaii C.C.

地图p.38

免费高速公路

主要干线公路

区间距离（以英里表示）

河流

景点、购物中心

高尔夫球场

海滨公园、公园

41

北海岸

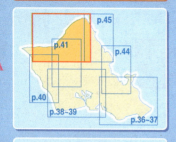

p.45
p.41
p.44
A
p.40
p.38~39
p.36~37

免费高速公路	
PALI HWY. 主要干线公路	
2.5 区间距离(以英里表示)	
河流	
景点、购物中心	
高尔夫球场	
海滨公园、公园	
餐厅	
酒店	

B

N

0　　　　　　　　4km
0　　　　　　2miles

哈莱瓦农贸市场
哈莱瓦海滨公园
Haleiwa Beach Park

Waialua Bay

Haleiwa Boat Harbor

哈莱瓦阿里怡海滨公园
Haleiwa Alii Beach Park

哈莱瓦
Haleiwa

Kaiaka Bay

莫库莱亚海滨公园
Mokuleia Beach Park

莫库莱亚马球场
Mokuleia Polo Field

哈莱瓦地图(→P.103) 1.2

Haleiwa

此路前方不通

Dillingham
Air Force Base

滑翔机与浮潜中心
Glider Rides & Skidiving Center

Mokuleia

WAIALUA BEACH RD.

FARRINGTON HWY.

530

Waialua

4.2

1.1

C

W A I A N A E

R A N G E

WAIANAE
1934

204

3

4　Kahuku pt.

海龟湾度假村
Turtle Bay Resort 🏨

海龟湾庄园
The Estates of Turtle Bay

Kawela Bay

帕尔默球场
The Palmer Course 🎯

乔治法齐奥球场
The George Fazio Course

83　KAMEHAMEHA HWY.　2.4

Kuilima

Kawela

地图p.45

Waialee

A

分区图

3.4

日落海岸
Sunset Beach 🏄

Sunset Beach

艾胡凯海滨公园
Ehukai Beach Park 🏄

日落海岸小学
北海岸乡村市场

3.5

Pupukea

普普克阿海滨公园
Pupukea Beach Park 🏄

美食天地

Waimea

Waimea Bay

PUPUKEA RD.

马胡卡神庙
Puu O Mahuka Heiau 🏛

怀梅阿湾海滨公园
Waimea Bay Beach Park 🏄

拉尼奇海滩
Waimea Valley 🏄

83

拉尼奇海滩
Laniakea Beach 🏄

4.5

K O O L A U   R A N G E

B

北海岸市场
North Shore Market Place 🏪

麦基兹 🏨

KAMEHAMEHA HWY.

99

C

3　地图p.41　4

地图p.45

卡哈纳湾海滨公园
Kahana Bay Beach Park

Kahana Bay

狮子岩
Crouching Lion

斯旺基湾海滨公园
Swanzy Beach Park

Kaaawa

卡哈纳谷州立公园
Kahana Valley State Park

Kahana

卡阿阿瓦海滨公园
Kaaawa Beach Park

卡拉埃欧伊欧海滨公园
Kalae Oio Beach Park

3.7

库阿罗阿牧场
Kualoa Ranch

库阿罗阿海滨公园
Kualoa Beach Park

Kualoa pt.

中国男人斗笠岛
Chinaman's Hat

Waikane

怀霍尔海滨公园
Waiahole Beach Park

5.6

Waiahole

邝参议员种植园
Senator Fong's Plantation

Kaneohe Bay

拉艾纳尼海滨公园
Laenani Beach Park

Ahumanu

Kahaluu

Kaneohe Marine Corps
Air Station

Heeia Kea
Boat Harbor

乌卢玛乌村
Ulu Mau Village

COCONUT
ISLAND

夏威夷大学海洋实验室
U.H. Marine Lavoratory

5.4

Heeia

平等院
Byodo-in Temple

4.6

CORAL GARDENS

Kaneohe

卡内奥赫海滨公园
Kaneohe Beach Park

风尚购物中心
Windward Mall

卡内奥赫海滨公园
Bay View Golf Park

KANEOHE BAY DR.

0.5

地图p.39

地图p.36

K O O L A U   R A N G E

p.42~43   p.45

p.41

p.40

p.38~39

p.36~37

A

免费高速公路

主要干线公路
PALI HWY.

2.5   区间距离(以英里表示)

河流

景点、购物中心

高尔夫球场

海滨公园、公园

N

0   4km

0   2miles

B

C

KAMEHAMEHA HWY.

KAMEHAMEHA HWY.

KAHEKILI HWY.

HAIKU RD.

44

1   2

温德华②

瓦胡岛

分区图

p.42~43

p.41

p.44

p.40

p.38~39

p.36~37

A

H1 免费高速公路

83 主要干线公路

PALI HWY. 2.5 区间距离(以英里表示)

河流

景点、购物中心

高尔夫球场

海滨公园、公园

地图p.43

卡胡库糖厂
Kahuku Sugar Mill

卡胡库高尔夫球场
Kahuku G.C.

Kahuku

Malaekabana Bay

4.1

GOAT ISLAND

Laie Bay

83

Laie

摩门教教堂
Mormon Temple

拉耶购物中心
Laie S.C.

波利尼西亚文化中心
Polynesian Cultural Center

4.5

拉耶海滨公园
Lale Beach Park

Lelani Bay

N

0   4km

2miles

B

豪乌拉海滨公园
Hauula Beach Park

阿乌凯海滨公园
Aukai Beach Park

Hauula

KAMEHAMEHA HWY.

KOOLAU

3.1

普纳卢海滨公园
Punaluu Beach Park

Punaluu

83

2.9   Kahana Bay

卡哈纳湾海滨公园
Kahana Bay Beach Park

狮子岩
Crouching Lion

卡哈纳谷州立公园
Kahana Valley State Park

Kahana

Kaaawa

C

地图p.44

RANGE

瓦胡岛地区概况

South-eastern Shore
瓦胡岛东南部

岛的东南部，由于考奥拉乌山系阻挡了从东北方向吹来的潮湿空气，使得这里的晴天的比例很高，空气干爽宜人。碧波荡漾的港口、风光明媚的海岸线，还有众多的历史遗迹和风景名胜。可以说这里就是瓦胡岛旅游的中心地。

火奴鲁鲁
Honolulu

夏威夷旅游的中心地

从夏威夷的空中门户火奴鲁鲁国际机场到夏威夷的象征钻石头山之间的区域，凝缩了所有旅行的乐趣。

国际度假村——怀基基则是这一区域的中心，是旅行的据点。大家所熟悉的怀基基海岸常年游客络绎不绝。附近的火奴鲁鲁动物园和卡皮欧拉妮公园，成为葱葱郁郁的度假城。

与怀基基西侧相邻的阿拉莫阿纳地区有夏威夷最大的购物中心以及个性化购物中心的集合体——维多利亚沃德购物中心，是喜欢购物的游客必去的场所。

沿海一侧有慢跑圣地阿拉莫阿纳海岸公园，是供游客以及当地居民休憩的场所。

从阿罗哈塔看到的城市的高楼大厦。这里是夏威夷州的中心

众多有趣的景点

再稍微远一点就到了市中心。这里是夏威夷政治、经济的心脏，州政府大厦和政府办公厅等建筑错落有序，同时这里也有代表伊奥拉尼皇宫的夏威夷王国时代的历史名迹，以及热闹的唐人街，可谓火奴鲁鲁的中心。这是一处值得我们留出时间细细品味的城市。

再来看靠山的一侧，这里也有很多精彩不容错过的景点，像因国立太平洋纪念墓地而闻名的庞奇包尔，以及夏威夷大学、夏威夷仅有的几个博物馆、主教博物馆等。

※ 详见火奴鲁鲁概略图→ p.54

左 / 庞奇包尔作为观景台也非常有名
右 / 吸引游客涉足的主教博物馆能够让你更为深刻地理解夏威夷

VOICE 怀基基水族馆可以免费租借解说耳机。游客可以进行详细的参观。此外，老年人门票有打折。

瓦胡岛魅力无穷且富有多样性。租一辆车或乘坐公交车到火奴鲁鲁来感受一番吧！本土风情十足的小城、散发着浓郁气息的大自然、意蕴深厚的历史遗迹、欢快的节日活动等都在等着你！

自然景色优美的恐龙湾全貌。在将全身的防晒霜冲洗干净后，你可以下海，但要注意将垃圾带回，并不要给鱼儿喂食

舒适的海边兜风

恐龙湾的尽头、72路车沿线，这里有瓦胡岛代表性的风景胜地以及美丽的自然景致，你可以一边享受兜风的乐趣，一边将大海尽收眼底。

可可头山海滨公园有着蔓延1公里长的白色沙滩，是这一地区规模最大的海滨公园。这里作为冲浪胜地，吸引着众多的冲浪爱好者来此竞技。

夏威夷·凯
Hawaii Kai

Map p.37

夏威夷屈指可数的高级住宅区与海洋保护区

这里是位于火奴鲁鲁东侧的一处风光明媚的地区，距怀基基很近且线路简单，是你兜风游览的绝好去处。

夏威夷·凯开发于20世纪60年代初期，并与风平浪静的毛纳鲁夫湾相连。它作为瓦胡岛屈指可数的高级住宅区而闻名，内陆运河边上你可以看到一栋栋漂亮的房屋，以及拴在河边的家用船只。

夏威夷·凯的住宅区过后，沿着陡坡行驶约1英里（约1.6公里），就到了瓦胡岛最为有名的海岸——恐龙湾的入口。海湾漫过死火山的火山口，内海书写着优美舒缓的弧线，构成了一处美丽的海洋保护区。

儿童与大人都喜爱的海洋公园

从夏威夷·凯区到考奥拉乌山系纵穿的北部地区，有不容错过的夏威夷城市生活公园的精彩演出。你可以报名团队游览海洋公园，观赏海洋公园中的各种海族馆及海底动物的表演，也可以近距离接触海豚等海洋生物，团队游览非常火爆，必须提前预约，否则无法参加。

左／在夏威夷城市生活公园里与海豚一起游泳
上／在热闹的玛卡普吾海滨公园冲浪

VOICE 参加海洋生物公园的皇家海豚水中表演。游客可以抓着海豚鳍在水中游泳。这是一项可以使游客接触海豚、尽兴游玩的选择性旅游项目。

Around Pearl Harbor
珍珠港周边

珍珠港是太平洋战争中美国遭到日本军队突袭的舞台，直到今天它仍是美军的重要据点，这里散布着美军的各个保障设施。另外，靠山一侧的住宅区得到开发，建起了许多大型的购物中心，这里成为西瓦胡首屈一指的商业地带。

珍珠港
Pearl Harbor
Map p.39

和平的重要性感同身受

在这里，游客一定要去的地方是海湾中央福德岛边的亚利桑那纪念馆。

1941年，由于日本军队突袭珍珠港，导致乘坐有1100名船员的战舰"亚利桑那"号沉入大海。至今船体中仍有燃油流出，使目睹这一景象的人感慨万千。

纪念馆旁边有战舰密苏里纪念馆，而亚利桑那纪念馆中心附近，是潜水舰"北美鱼"号博物馆，欢迎游客前往参观。

珍珠港全貌从中央的桥可以通向福德岛（右）边的亚利桑那纪念馆

怀帕胡
Waipahu
Map p.38/39

跨越时空的
20世纪30年代移民区

时间追溯至太平洋战争时代以前，20世纪初期夏威夷制糖产业兴起，而最能反映这一时期的室外博物馆，则是怀帕胡地区的夏威夷种植园村。

怀帕胡直到1995年仍是制糖厂运作的"砂

糖镇"。第二年春天，岛上唯一残留的一家怀阿卢阿（岛的北部）制糖厂关闭，瓦胡岛的制糖业终结。如今，参观这个村落，我们仿佛跨越时空，回到了夏威夷制糖业最盛时期的20世纪30年代。

上／夏威夷种植业村
左／威严的战舰"密苏里"号

VOICE 参观密苏里战舰纪念馆时，手提包可以交由工作人员保管。费用为每件行李3美元。

West Coast
西海岸

　　瓦胡岛的西海岸，是岛上天气最为稳定的地区。白色的海岸和富于个性的城镇构成了瓦胡岛的内客厅。这里流传着众多的民间传说，保存了大量的历史遗迹，你可以悠闲地在海边度假。

从卡珀雷到科奥利纳
Kapolei~Ko Olina
Map p.38

全新的地方自治体卡珀雷

　　在珍珠港的西侧，曾经种植了大片大片甘蔗的地区，现在已经发生了翻天覆地的变化。铺上了新的公路，崭新的房屋鳞次栉比，这座新兴的住宅区卡珀雷（→ Map p.38-C2），如今已成为西瓦胡的代表性地方自治体。城中公园、学校、图书馆等设施齐全，

酒店

科奥利纳度假村的人工泻湖。在这里可以充分享受私人海岸的乐趣。"Ko Olina" 在夏威夷语中是"欢喜的结晶"之意

周边有银行、邮局、大规模的购物中心、复合电影院、高尔夫球场等。附近的 H-1 公路上早晚经常堵车，非常热闹。

　　位于卡珀雷西侧的奥利那度假村，是瓦胡岛最大的高级度假村。

西海岸
West Coast
Map p.40

在美丽的白色海岸上晒日光浴

　　岛的南海岸向西延伸的 H-1 公路，在经过卡珀雷后改为法灵顿高速公路，并沿着海岸线一直北上。

　　在西海岸（从南往北依次）有纳纳库利、迈利、怀厄奈等城镇，这些城镇附近都散布着白色的海岸。由于这里不是怀基基那样的旅游胜地，因此来到这里，为了避免陷入与当地居民之间的纠纷，请一定妥善管理好个人的贵重物品。

瓦胡岛的终端卡埃纳角

　　西海岸治安较好的地方是马卡哈海滨公园（→ Map p.40-B1）。对于冲浪爱好者来说，这里是长板冲浪的胜地，曾经举办过很多次冲浪活动。

从洞窟所在地卡埃纳遥望卡埃纳海角

怀厄奈地方自治体中心前的以色列卡马卡威沃尔的铜像。昵称"兄弟"，为人们所喜爱，是 2003 年为了纪念 1997 年去世的这名歌手而建的

　　马卡哈海滨公园再往前，就是瓦胡岛的最终端。经过卡埃纳洞（→ Map p.40-A1），就是卡埃纳角州立公园的入口，也是公路的终点。

Inland Oahu
瓦胡岛内陆地区

在去往北海岸（→ p.52）的途中，我们可以充分享受瓦胡岛内部地区的风景。一望无际的菠萝地，渐渐收入眼底的北海岸的茫茫海原。作为旅途的美好回忆打动我们的心灵。

瓦希阿瓦
Wahiawa

Map p.41

乘坐 H-2 线，向着北海岸，出发！

前往北海岸的行车线路，通常是按顺时针方向沿 H-1、H-2 两条免费高速公路行驶。

途中，如果游客想顺便参观一下瓦希阿瓦（→ Map p.41-B2），可以在 H-2 的 8 号出口下高速，驶入 80 号线卡美哈美哈高速即可。瓦希阿瓦有"治愈石"和"诞辰石"等历史名迹。

用酸甜可口的菠萝汁振作精神

行车途中绝佳的休息场所就是都乐种植园（→ p.156）。

如果游客感到口渴，在游客服务中心备有熟透的菠萝以及酸甜可口的菠萝冰激凌可供品尝。此外，这里还有别处买不到的都乐公司原创商品及 T 恤等。

这里毗邻世界最长的巨星迷宫。观光火车穿行于广阔的菠萝种植园中，非常适合家庭旅行的游客们。

穿过都乐种植园，卡美哈美哈高速公路就出现在眼前。公路两旁是一望无际的菠萝地。看到这幅景象，游客一定会怀疑自己是否置身于一座岛上。再往前就可以看到北海岸及浩瀚的大海了。这将是游客在内陆驱车期间欣赏到的最精彩的瞬间。

迎着凉爽的风前行的观光列车、菠萝园巡游等都可以尝试一下

左上／都乐种植园有许多夏威夷出产的礼品，是游客选购礼物的最佳场所
左／广阔的菠萝地。但近年来菠萝的产量逐年减少

VOICE 火奴鲁鲁郊外有许多步行上山的线路。游客在这里可以体验与海边截然不同的夏威夷。建议爱好走路的游客来一次穿越树林的徒步旅行。

Windward

大风口

位于南北纵穿瓦胡岛的考奥拉乌山脉东北侧。Windward（意为风前方），顾名思义，这里常年刮东北信风。被强风侵蚀成手风琴形状的山体高耸，白色的海岸遍布于海岸线上。

凯卢阿
Kailua

Map p.37

距离瓦胡岛
第一海滨最近的城镇

凯卢阿是火奴鲁鲁的近郊住宅区，近年来得到了开发与发展。奢华的购物中心、帆板冲浪商店星罗密布，是悠闲步游的好去处。

从城镇驱车 5 分钟左右可到达凯卢阿海滨公园，这里蓝天碧海、绿树白沙，是环境优美的瓦胡岛上屈指可数的海滨公园。同时，这里的帆板冲浪也很有名。

美丽的凯卢阿海滨公园。

卡内奥赫
Kanaohe

Map p.36

丰富多彩的卡内奥赫

凯卢阿附近的卡内奥赫是一个充满活力的城镇。这里以商品房为主，有着包括岛上第三大规模的风尚购物中心（→ Map p.44-C2）在内的众多购物中心、汽车餐馆、汽车经销店等。

在呈现独特形状的莫卡普半岛上，除了美国海军部队的航空维修站，漂浮于卡内奥赫海湾

从天空俯瞰古兰尼溪谷。这里的景色非常适合"侏罗纪公园"等电影的外景拍摄

中的可可岛上还有夏威夷大学开设的海洋实验室（→ Map p.44-C2），以及深受欧美游客青睐的平等院（→ Map p.44-C1）等。在卡内奥赫，风格各异的游人织成了一幅丰富多彩的生活画卷。

古夏威夷人的故乡

从卡内奥赫到北部的卡哈纳，被风雨侵蚀后的山脉面向崖下的海岸线，给人一种强大的震慑力。

深邃的溪谷身披绿衣，成为著名的外景拍摄地。在古兰尼溪谷曾经拍过《侏罗纪公园》、《迷失》等电影，吸引着大量的游客及骑马爱好者前来旅游，获得了极大的人气。

古兰尼有着适合骑马及四轮马车行驶的古兰尼牧场

 VOICE　安静的怀马纳洛海岸（→ Map p.37-B4）。白沙碧海，色彩鲜明。在这里经常可以看到穿着婚纱拍照留念的人们。在去往岛的东南部途中请一定来看一下。

51

North Shore
北海岸

　　这里有着极富地方气息的乡村小镇，有波利尼西亚村风格的主题公园，有岛上最大的神殿遗址，有引无数冲浪爱好者蜂拥而至的海岸。北海岸是瓦胡岛魅力的浓缩。在这里，游客可以留出充足的时间来尽情享受这里的一切。

哈莱瓦
Haleiwa
Map p.42

乡村小镇依稀可见
老夏威夷的景象

　　沿 99 号线卡美哈美哈高速公路北上，直到与海滨沿线 83 号线相交后的第一个小镇就是哈莱瓦。在不足 3 公里长的小镇主干道路旁，排列着 20 世纪初常见的木结构建筑，有冲浪用具店、各种商铺及步廊等。尽管随着时间的流逝，这里也在慢慢地发生着改变，但直到今天，我们仍能从这里感受到浓浓的夏威夷风情。在这个小镇，游客可以一边欣赏着路边的橱窗，一边细数这些古老建筑历经的沧桑。

上／哈莱瓦的岛标。怀阿卢阿新教徒教会于 1832 年创建。现在的建筑修建于 1961 年　左下／正在举办的冲浪淘汰赛。照片展示了三冠王冲浪大赛的一个场景　右下／哈莱瓦小镇的主大街。建造于 20 世纪初的房屋勾起游客无限乡愁

在北海岸游客可以欣赏到世界顶级水平的比赛

VOICE　从玛卡普吾海滨公园（→ p.120）前面的停车场，步行 40~50 分钟就到了海角边上。这里的海景非常美丽。如果是合适的季节还能在这里看到鲸。

日落海岸
Sunset Beach

Map p.43

世界顶级比赛的举办地
——"巨浪王国"

　　一提到"北海岸",对于冲浪选手而言就是指瓦胡岛的北海岸。每年9月中旬,来自遥远的阿留申群岛的浪潮就会在岛附近形成20英尺(约6米)以上的巨浪。因此北海岸每年都吸引着世界各地的冲浪选手前来。这里无疑就是冲浪爱好者的天堂,是一个冲浪王国。

　　从怀梅阿一直延伸的海岸线上,有着众多的冲浪场地。其中最为著名的就是日落海岸。这里是超一流冲浪选手才允许进入的练习场。到了冬季,在这里会举办大型冲浪比赛,前来观看顶级赛事的游客络绎不绝,使得海岸喧闹无比。

　　日落海岸,顾名思义,在这里游客可以欣赏到绝美的日落景象,因此得名。

冲浪胜地日落海岸

怀梅阿
Waimea

Map p.43

古夏威夷的故乡

　　在北海岸,经常会有30英尺(约9米)高的巨浪涌来。怀梅阿湾海滨公园目前已成为高难度冲浪运动的著名场所。在这里会定期举办以冲浪选手艾迪·艾考的名字命名的冲浪比赛。据说他曾经成功挑战过30英尺(约9米)高的巨浪。

　　靠山一侧的怀梅阿溪谷等地,曾是夏威夷原住民聚集过的地方,这一带遗留了大量珍贵的历史遗迹。

波浪不断袭来的北海岸

卡胡库
Kahuku

Map p.45

夏威夷寻根之旅
——波利尼西亚体验

　　来到北海岸,游客一定要去的一个地方是位于卡胡库的波利尼西亚文化中心。占地42英亩(17万平方米)的广阔的土地上,再现了夏威夷、萨摩亚、斐济、汤加、马克萨斯、新西兰等国家的村落,是一处非常有趣的景点。各个村落里都建造了极富地域特色的建筑,身着民族服饰的工作人员随时会带给游客美轮美奂的表演及节目等。

能欣赏到瓦胡岛最精彩表演的波利尼西亚文化中心

VOICE　在北海岸潜水时请注意盗窃事件的发生。如果是团队请让导游将行李存放在车里,如果是自己租车去,请不用随身携带贵重物品。

了解火奴鲁鲁

火奴鲁鲁的全景

　　来到夏威夷，我们首先要做的是了解火奴鲁鲁中心地区的主干道路。不管是租车，还是乘坐公交，如果提前了解了道路情况，就会清楚自己所处的方位，以便于做出准确的判断。

东西方向移动

　　火奴鲁鲁的市中心，以城中心为起点东西（图中 N 表示北、S 表示南）走向的国王大道（King St.）和波尼塔尼亚路（Beletania St.）是火奴鲁鲁市民的主要生活道路，国王大道为由西向东，波尼塔尼亚路为由东向西，两条路都是单行线，有的部分设有四五条车道，是驾车行驶非常舒适的道路。

　　即使游客错过了目的地也大可不必担心。从以下的简图可以看出，两条道路之间还平行着一条两边都可以通行的青年路（Young St.），你可以左拐或右拐后利用这条路返回。

　　从火奴鲁鲁国际机场往东沿海滨线路高速公路 Nimitz Hwy. 行驶，经过市中心后，这条公路变名为"阿拉莫阿纳路（Ala moana Blvd.）"，直到抵达怀基基。卡皮欧拉妮路（Kapiolani Blvd.）从市中心经过阿拉莫阿纳购物中心及怀基基北部后，与维艾勒伊路（Waialae Ave.）相连。

火奴鲁鲁概略图

VOICE　国际商场（→ p.255）的二楼有邮局。

沃德路购物中心

火奴鲁鲁市中心（→p.95）

　　以上的4条路道（国王大道、波尼塔尼亚路、阿拉莫阿纳路、卡皮欧拉妮路）都与卡拉卡瓦路相连，从怀基基去往郊外，以及返程时，游客可以在东西方向自由地选择这些道路。

H-1

　　第二步，就是要熟练利用H-1免费高速公路。
　　游客可以从 University Ave.、Mc Cully st.、Punahou st.、keeaumoku st.、piikoi st.、Ward Ave. 等南北走向的道路驶入 H-1，这些道路，也都与上述东西走向的主要干路相连。
　　只要记住东西、南北走向的这几条主要道路，在火奴鲁鲁的旅程就会变得轻而易举。游客迷路

时，只要找到上述的任何一条道路即可。火奴鲁鲁的道路建设就是如此简单明了而具有系统性。
　　※ 详细的道路请参看折页地图的火奴鲁鲁地图

H-1 免费高速公路

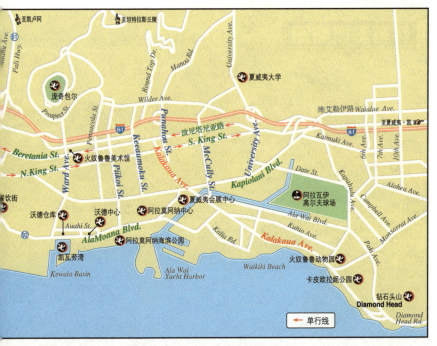

怀基基海滩和钻石头山

到达酒店后，就让我们开始以酒店为据点的怀基基之旅吧。

怀基基，北部、西北与阿拉瓦伊运河相邻，东部毗邻卡皮欧拉妮公园，是一座东西仅有3公里长的小城。其中心就是怀基基海岸和卡拉卡瓦路。

华丽的卡拉卡瓦路

关于怀基基海岸的白色沙滩和钻石头山（→p.160）的景色，我们经常会在明信片中看到。

卡拉卡瓦路，是通往钻石头山的单行线。随处可见五光十色的商店橱窗、高耸林立的现代酒店群、极富异国情调的餐馆、风中摇曳的林荫树以及泳衣装扮悠闲自得的少女们。

热闹的怀基基之夜

卡拉卡瓦路与1区靠山一侧的库希欧路，即使到了午夜也人流不息。

怀基基概略图

Kapiolani Blvd.

夏威夷会展中心

卡拉卡瓦国王广场

奢华街

阿拉莫阿纳中心

福特底若思公园

邮局

Ala Moana Blvd.

希尔顿·夏威夷度假村

Ala Moana Blvd.

阿拉瓦伊游艇港湾

阿拉莫阿纳海滨公园

魔幻岛

VOICE 从阿拉莫阿纳购物中心去往华特地区，如果选择从阿拉莫阿纳海滨公园穿行，游客将会感到十分惬意，并且转瞬就到了。

霓虹灯闪烁的购物中心及 ABC 便利店，即使到了午夜也到处可见手提购物袋的游客。

俱乐部和酒吧里也熙熙攘攘，不知何处传来的波利尼西亚风格的曲调给店里增添了一种异国情调。

请时刻保持警惕

人多，这就意味着各种纠纷也容易发生。卖淫女、强制捐款、偷窃等随时会发生在游客身上。虽然这里是商业路，但也有注意不到的死角。因此，请游人尽量远离昏暗的路巷、无人通行的道路及停车场等场所。

万一不幸卷入纠纷中，请立即到卡拉卡瓦路旁边的怀基基警察局求助。千万不要因为语言不通就犹豫不定。在一定的时间内警察局也会安排通晓汉语的警察或翻译值勤。

迷路时

虽说怀基基度假村道路整然有序，但只要走错一条路，游客就会迷路，因为这里到处都是相似的建筑。

这时我们就要靠道路的名称来辨识。在

繁华的主街——卡拉卡瓦路

各个十字路口，都有标有各条道路名称的标识牌，请参照折页地图，尝试回到主干道路上。

此外，钻石头山也是身处怀基基时便利的标志性参照物。钻石头山位于怀基基的东侧，这一点请游客们牢记。

※ 详细的道路请参看折页地图的火奴鲁鲁地图。

阿拉瓦伊高尔夫球场

阿拉瓦伊运河
Ala Wai Blvd.

Kuhio Ave.

Kapahulu Ave.

DFS怀基基商业街　国际商场　国王村

Kalakaua Ave.　凯悦酒店

皇家夏威夷中心　莫阿纳冲浪者酒店威斯汀度假村

怀基基海岸步行街　皇家夏威夷酒店　怀基基海滨

Kalia Rd.　怀基基喜来登酒店

火奴鲁鲁动物园

卡皮欧拉妮公园

在怀基基迷路了就找
Aloha Ambassadors 吧

N

← 单行线

0　　　　　500m
0.3miles

公交车利用方法

The Bus

尾气排放量为普通公交车 90% 以下的油电混合车亮相了

信息
■ 经营交通运输的火奴鲁鲁公共交通局的联系方式如下：

※ 相关公交时刻 ☏ 848~5555
（每天接待时间 5:30~22:00）
※ 寻找公交车内的遗失物品 ☏ 848~4444
（周一～周五 7:30~16:00）

🌐 www.thebus.org

交通中心
■ 随着 2008 年 8 月实行的线路变更，换乘点、交通中心（以下简称 TC）也进行了重新装修。瓦胡岛西部高速的住宅开发促进了人口急剧增长，与之相适应，怀帕胡、埃瓦海岸、卡珀雷、怀厄奈四地，以及市中心的卡里希（Middle 路沿线）交通成为主要的换乘地。利用从 A~C、E 的快速线路到达 TC（交通中心），相比换乘400 多辆循环公交来说，游客可以节约更多的时间。此外，东南部的夏威夷·凯地区也设置有交通中心。

■ 夏威夷也是美国的一个州，车辆是靠右行驶。

乘坐公交车游遍瓦胡岛

遍布瓦胡岛的城市公交"The Bus"，是夏威夷最经济且与生活密切相关的交通工具。这一点，从岛上平均每天约有 24 万人利用公交车就足以证明。

瓦胡岛合理规划的各条公交线路，共分为以下五类：

▶ **1~77 路车**：这是以火奴鲁鲁为中心，几乎遍布瓦胡岛全境的 47 条主要线路。除部分外，多数公交每天运行，且车次较多。其中，70 路车为支路公交，与从火奴鲁鲁始发的线路相连。

▶ **80~203 路车、PH1~6 路车**：这是当地人上学、上班时使用的快速公交（共 34 条线路），除部分外，多数公交只在早晚运行。上午和下午，去程和回程线路正好相反。

▶ **231~235 路车**：这几路车在连接卡哈拉购物中心周边（→ p.266）和夏威夷·凯交通中心的同时，在各地区循环运行（共 3 条线路）。

▶ **401~504 路车**：这是从瓦胡岛西部 4 个交通中心出发的循环公交（14 条线路），与下述的快速线路相连。

▶ **A~C、E 线路**：这是连接火奴鲁鲁和瓦胡岛西部的快速公交。共有夏威夷大学到市中心之间的城市快速公交 A、从怀基基到市中心之间的城市快速公交 B、从阿拉莫阿纳到马卡哈之间的乡村快速公交 C，以及从怀基基到埃瓦海岸之间的乡村快速公交 E 共 4 条线路。

车站和乘车

车 站
在怀基基的公交车道上，几乎每隔 1~2 个路区就能看到用鲜艳的黄色标记的"The Bus"牌子，这里就是公交车站点。但与中国的公交站点不同，这里并没有标明"○○站"等站名。因此，在出行前，请游客在地图上提前确认好哪个站点离住宿酒店最近（→折页地图的怀基基地图）。

火奴鲁鲁市里重要的站点中，几乎都设置有石椅及简单的候车亭等，因此非常容易辨认。然而一旦离开闹市来到郊区，有的站点会在路旁的树木或电线杆上标有"The Bus"的标识，第一次遇到这种情况的游客可能会不知所措。

公交旅程的出发地
来夏威夷的绝大多数游客，都会选择入住怀基基的酒店。如果看一下怀基基的折页地图就会发现，从怀基基中心一直到东部，库希欧路是公交旅程的出发点。（只有城市快速公

车站的标识

🔆 iCHECK ※p.62~63 有主要公交车的线路图。

交 B 的一部分和乡村快速公交 E 可从卡拉卡瓦路乘车。）

如果游客住在怀基基西部（希尔顿、伊丽凯、王子酒店等）及萨拉托加路附近的酒店，则需从卡利亚路或阿拉莫阿纳路乘车。

公交车的乘坐与费用

公交车需从前门上车。请游客注意女士优先、老人优先等礼仪。

每次乘车平均需要 2.25 美元 ※。硬币投入驾驶座旁边的投币箱里。投放硬币时请让司机确认后再行投放。儿童（6~17岁）费用为 1 美元，未满 6 岁的幼儿如有成人陪伴可免费乘车，但两个孩子及以上时则需收费。司机不备有零钱，请在乘车前准备好零钱。

公交下车时

下车时，乘客可拽一下车窗附近的连动杆，这样驾驶座旁边的铃会响起，以提示司机准备停车。根据车型的不同，有的车需要按下车窗上的黄色按钮通知司机。

下车时可选择前门，一般来说尽量选择车辆中间的门。待门上的绿灯亮了以后，轻轻推下门把，车门就会自动打开。下车后，一旦手离开门把，车门就会自动关闭。为了方便下一位乘客下车，请在下车时保持车门处于打开状态。

下车时间

乘坐公交最让人感到不安的，是能否在正确的地点顺利下车。

所幸，火奴鲁鲁附近运行的几条主要线路中，都有司机广播（或录音广播）下一站站名（道路名称、酒店名称、风景名胜等），所以游客尽可放心。但广播均为英语广播，也有可能会出现听错的情况，甚至有的线路公交上没有广播。

因此，为了确保在正确的站点顺利下车，游客可在上车时提前告知司机自己想去的地点。公交司机平日接触大量的游客，他们会充分理解并欣然接受游客的请求（注意事项请参照栏外信息）。乘车时，请学会"Please tell me when the bus stops at ○"等英语表达方法。

下车时，请在头顶上方的绿灯亮了后推把手

线路标识

■ 为了保险起见，在乘车前，请先确认公交车的行驶方向。公交车的号码和行驶方向标在车辆的正面上方以及面向车门时的左上方两处位置。然而，即使是同一路的公交车经过线路及目的地等也有所差异，这点请游客务必了解清楚。详情请参照 p.64 开始的各条线路介绍。

线路标识

轮椅使用者也可畅通无阻的公交之旅

■ 带有如下标识的车辆中设置有专用升降梯，因此即使是轮椅使用者也可以自由地上下车。上车后，司机会安置一处轮椅专用的空间，一般的乘客乘车时需注意礼让。主要线路中几乎所有的车辆都有接待轮椅乘客的系统。

轮椅乘客也可乘坐的公交车上有如图所示的标识，希望得到大家的协助

电子显示屏公交

■ 新型公交设置有可显示站名的电子显示屏。车内广播也可以通知乘客酒店名称、道路名称等。像 8 路车等游客利用率较高的线路中，开始纷纷使用新车型。

司机交替驾驶时的注意事项

■ 长途公交行驶过程中，司机往往会采取交替驾驶的形式。游客在将目的地告知第一位司机后，如换司机时，还需确保他传达给下一位司机。

2 小时内可随意换乘的通票（左图）。乘车时，需将标有有效时刻的部分剪切上交（右图）。但时限有时也会根据司机的心情来决定。

运行时刻表

■ 游客可以从阿拉莫阿纳购物中心一层靠山一侧的卫星城市大厅、卡拉卡瓦路和莉莉·乌卡拉尼路拐角的麦当劳等处领取公交运行时刻表。

时刻表并不那么精准，建议游客提前出发，或乘坐比原定早一班的公交等。选择公交旅行时，请尽量留出充足的时间。

公交车的时刻表

公交+自行车之旅

■ 许多线路的公交车，前方都设置有附加的载物台。也许有人会好奇它的用途。其实这是用来放置自行车的。大件行李无法携带，而自行车却可以运载，这种奇怪的系统想必也只有在美国的公交车上才能见到了。

选用自行车＋公交上班、上学的人也很多

换乘券

熟练地使用换乘券，可以使游客的公交旅程的活动范围大大扩大。请一定尝试使用。

换乘券限当天有效，且时限为取得换乘券的 2 小时以内。原券与边栏左侧所示的车票，使用后将换乘的有效时间部分剪掉上交（边栏右侧图片）。

此券只有时间限制这一项限制条件。2 小时以内，游客可以用来换乘其他的线路，下车后可以继续乘坐同一条线路的公交，也可以换乘同一条线路的往返公交。

换乘券请在乘车时索取，下车时索取的话，只会让人反感。

从哪里乘车从哪里换乘

实际上，游客在使用换乘券时分三种情况。

①从怀基基经由阿拉莫阿纳去往郊外。

②从怀基基经市中心去往郊外。

③从郊外乘坐标有"火奴鲁鲁—阿拉莫阿纳购物中心"线路的公交返回时。这班公交的终点是阿拉莫阿纳购物中心，在购物中心必须再换乘标有"怀基基—海滨及酒店"的公交。

火奴鲁鲁最大的车站——阿拉莫阿纳购物中心

在火奴鲁鲁有好几处主要的换乘站，其中最大且具有始发或终点功能的车站就是"阿拉莫阿纳购物中心"站。

阿拉莫阿纳是购物派以外的游客也必去的场所。如果游

阿拉莫阿纳购物中心靠海一侧的车站

VOICE　使用瓦胡发现之旅通票（→ p.61）乘坐公交。公交车里的空调温度很低，非常冷。如果是长时间乘坐请携带外套。

客制订了一份公交旅游计划，那无论如何都会在这里换乘。反之，如果能在阿拉莫阿纳畅通无阻地进行换乘，那就说明已经掌握了公交之旅的诀窍。

阿拉莫阿纳购物中心的公交车站点

阿拉莫阿纳购物中心附近共有 11 处公交车站点（参考下面地图）。

其中最容易混淆的是地图中③号所标示的站点。从怀基基去往北海岸时，从这个③号站点下车后，再乘坐后文提到的郊外公交车。当然，从怀基基乘车时请不要忘记索要换乘券。

从怀基基出发的公交车（8 路），从阿拉莫阿纳路右拐到 Piikoi Blvd.，再在科纳路右拐，就会围绕购物中心顺时针运行一周。

从③号站点出发的公交，除了 8 路车，还有 5、6、17、18、19、20、23、24 路等。想利用 19、20 路等公交车返回怀基基时，也需要从这一站点乘车。

出发去往郊外

去往火奴鲁鲁郊外的公交之旅的始发点，是地图上标记的的①与②号站点。

①号站点运行有去往瓦胡岛西部的 40A 路公交车，经过瓦胡岛中心去往北部的 52 路和 62 路公交车，以及去往西海岸的乡村快速公交 C 等。

②号站点运行有经由巴黎高速公路去往凯卢阿及卡内欧西的 56、57 路车，以及去往北部的 55 路公交车。

从郊外返回怀基基时，从各线路乘坐标有"火奴鲁鲁—阿拉莫阿纳"的公交车，在①、②号站点下车，再从③号站点换乘标有"怀基基—海滨&酒店"的公交车即可。

这样，从①、②号到③号，以及从③号到①、②号的换乘，游客们会体验很多次。如果时间允许，在换乘等车期间，游客可以去附近的大型购物中心购购物，或选择在附近用餐，总之可以灵活利用这段时间。

公交通票

■ 对于长期在夏威夷停留的人，以及习惯乘坐公交的乘客来说，选用 1 个月内随意乘坐的公交通票会很合适。通票可以用于所有线路，游客也不必再费力索取换乘券。费用为成人 50 美元、6~17 岁的未成年人为 25 美元。通票在每个月的 1 日到月底有效，并从前一个月的 20 日开始发售。售票点为美食天地、7-11、明星市场等各店铺、阿拉莫阿纳购物中心一层靠山一侧的卫星城市大厅，以及 Middle 路的卡里希交通中心等地。

瓦胡发现之旅通票

■ 这是 4 天以内可随意乘坐的通票，可用于所有线路。费用为 25 美元。非常适合停留时间为 4~6 天的游客。使用方便，只需用硬币划掉反面的使用月份和日期即可。乘车时请出示给司机。售票点为怀基基和阿拉莫阿纳购物中心和 ABC 便利店等，便于游客购买。

The Bus
主要公交车线路图

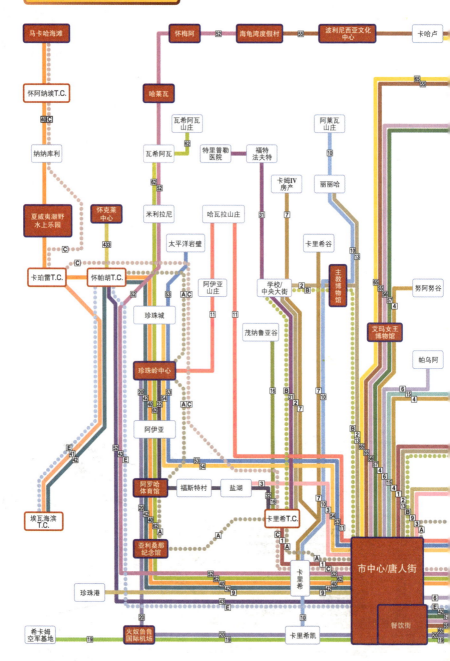

马卡哈海滩

怀阿纳埃T.C.

怀梅阿　52　海龟湾度假村　55　波利尼西亚文化中心　卡哈卢

40C

哈莱瓦

瓦希阿瓦山庄　62

纳纳库利

瓦希阿瓦　52　特里普勒医院　福特法夫特　阿莱瓦山庄　10

卡姆IV房产　丽丽哈

52

夏威夷野水上乐园　怀克莱中心

米利拉尼　哈瓦拉山庄　31　卡姆IV房产　7

433

太平洋岩壁

阿伊亚山庄　卡里希谷

卡珀雷T.C.　怀帕胡T.C.

C

C

52　53　AC

珍珠城　11　11

努阿努谷

主教博物馆

学校/中央大街　2　B

阿伊亚山庄

茂纳鲁亚谷

艾玛女王博物馆

65　55　56　57　4

帕乌阿

珍珠岭中心

20　42　54　40　62　AC

16　B　31　2　7

7　10

阿伊亚

E　41　42

52　43　E

53　54

阿罗哈体育馆　福斯特村　盐湖　3

埃瓦海滨T.C.

20　42　40　62　A

卡里希T.C.

亚利桑那纪念馆

A

C　1　A

市中心/唐人街

珍珠港　52　32　40　42　A

卡里希

52　32　40　42　A

6　E　19

餐饮街

希卡姆空军基地　19

火奴鲁鲁国际机场　20　19

卡里希凯

20　19

★ VOICE… 北海岸的海边就是一个私人海滩！游客稀少，可以在此悠闲休假！

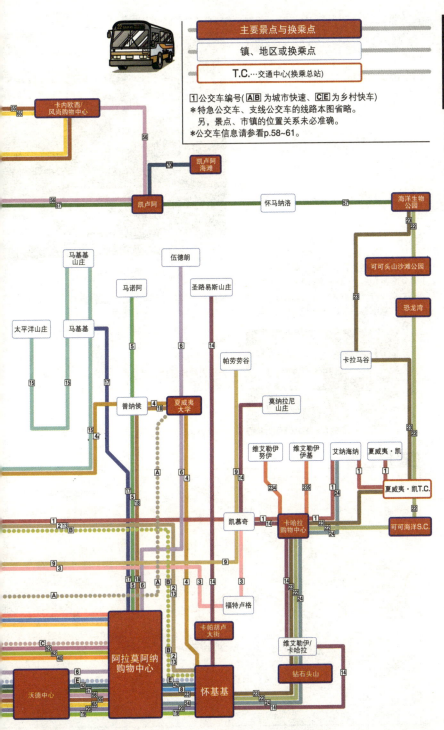

主要景点与换乘点

镇、地区或换乘点

T.C.…交通中心(换乘总站)

1 公交车编号（AB为城市快速、CE为乡村快车）
*特急公交车、支线公交车的线路本图省略。
另，景点、市镇的位置关系未必准确。
*公交车信息请参看p.58~61。

卡内欧西/
风尚购物中心

凯卢阿
海滩

凯卢阿

怀马纳洛

海洋生物
公园

马基基
山庄

伍德朗

马诺阿

圣路易斯山庄

可可头山沙滩公园

恐龙湾

太平洋山庄

马基基

帕劳劳谷

卡拉马谷

普纳侯

夏威夷
大学

莫纳拉尼
山庄

维艾勒伊
努伊

维艾勒伊
伊基

艾纳纳

夏威夷·凯

夏威夷·凯T.C.

凯慕奇

卡哈拉
购物中心

可可洋S.C.

福特卢格

卡帕胡卢
大街

维艾勒伊/
卡哈拉

阿拉莫阿纳
购物中心

钻石头山

沃德中心

怀基基

VOICE 有活动举办时，卡拉卡瓦路（→p.90）往往会变成热闹的商业街，这时公交车及怀基基无轨电车
（→p.88）的行驶线路就会很不规则，这一点请游客注意。

Route 8

8路公交车

公交旅行的基本线路

在怀基基最常见的就是8路公交。在连接怀基基东部的卡皮欧拉妮公园里的蒙萨拉特路与阿拉莫阿纳购物中心的线路上，平均每天运行70班以上。可以说8路车是夏威夷交通旅行中基本中的基本。让我们先从乘坐8路公交车开始吧。

公交车的行驶顺序

从蒙萨拉特路公交站点（具有始发/终点功能）始发的公交。

按照巴基路—卡帕胡卢路和火奴鲁鲁动物园的顺序逆时针行驶一周，右拐到库希欧路上。去往阿拉莫阿纳路时，游客可在离库希欧路最近的公交站点（靠山一侧）等车。

公交车从库希欧路左拐至Olohana路，再从卡拉卡瓦路稍微往东返回一点，沿着萨拉托

在怀基基最繁华的地方行驶的8路公交车

阿拉莫阿纳购物中心靠山一侧的公交车站。傍晚都是购物后返回的游客。

加路南下，最后右拐到卡利亚路。

在此期间，游客看看窗外的风景也许会担心，这不是又回去了吗？但由于卡拉卡瓦路是单行线，只能这样行驶。

根据目的地选择公交站点

从卡利亚路左拐至阿拉莫阿纳路，穿过阿拉瓦伊运河后，游客马上就能看到"Main Seas"的牌子。这里就是目的地阿拉莫阿纳购物中心（→p.252），左侧是广阔的阿拉莫阿纳海滨公园。

线路图

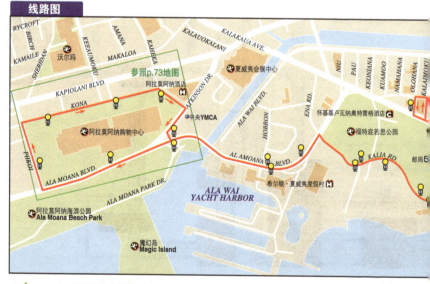

★ VOICE　最好携带一条抓绒毛毯。在飞机上的毛毯不够时，或孩子在购物途中睡着时，以及晚上睡觉时都可以发挥很大的作用。

阿拉莫阿纳购物中心靠海一侧的车站。
去海滨公园的话在这里下车

公交车在购物中心靠海一侧的站点停车后，大部分乘客会从这里下车。

如果想来这里购物或者去海滨公园，也可以从这个站点下车，但如果是从这里换乘公交去往郊外，就要再等一会儿才能下车。公交车从阿拉莫阿纳路右拐到 Piikoi 路，再右拐到科纳路，然后在购物中心靠山一侧的站点停车。去往郊外的公交线路的始发站就在附近，从这里下车换乘的话会很方便。（→ p.61）

从靠山一侧的站点返程

从阿拉莫阿纳返回怀基基时，选择靠山一侧的车站非常方便。傍晚满载游客返程的 8 路公交会从这里始发，如果提前去等车还可能会有座位。向东行驶（怀基基）的公交标示为"8 WAIKIKI/Beach & Hotels"。乘客较多时也可以乘坐 19 路或 20 路公交（→ p.68）。

有一点请游客注意。去往怀基基的 8 路公交上经常发生偷窃事件。尤其是挎有名牌商品购物袋的女性，经常会成为偷窃事件的受害者。一旦两手拎着购物袋，就会放松对手提包的警惕。购物是一件极耗精力的事情，在顺利抵达酒店前，请游客尽量一直保持警惕性。

时刻表

■ 向西行驶（阿拉莫阿纳方向）：每天 7:24 从蒙萨拉特路始发，每隔 3~30 分钟一班，末班车时间为 21:53。

■ 向东行驶（怀基基方向）：每天 8:14 从阿拉莫阿纳购物中心始发，每隔 5~30 分钟一班，末班车时间为 22:17。

线路图

Route 2 & 13 2路与13路公交车

一部分2路车会在怀基基海族馆前停车

横穿火奴鲁鲁的40分钟旅程

2路公交与13路公交车，是以怀基基东部的卡皮欧拉妮公园为起点，连接怀基基与市中心的线路。由于途中两条线路几乎相同，因此想去市中心的游客，乘坐这两路车都可以。

一旦过了市中心，两路车就分开了。2路车开往中途的车站，而13路车则开往高台的住宅区丽丽哈（Liliha）。2路车会经过主教博物馆附近，想去这里的游客，就请告别13路公交。2路车目的地表示为"2 School.St./Middle. St."，13路车则表示为"13 Liliha/Puunui Ave."。

探访市中心的历史遗迹

由于这是横断檀香山中心的线路，因此在库希欧路，除了8路车，2路车和13路车也是能频繁见到的。在经过线路上，涵盖了美术馆、历史遗迹等许多名胜古迹，因此出行前请游客定好目的地，并充分制订计划。

无论2路车，还是13路车，都经过阿拉莫阿纳购物中心，请游客们注意这一点。

波尼塔尼亚路沿线的景观

从怀基基出发向西行驶的公交车，与8路车不同，它们不是从库希欧路去往阿拉莫阿纳方向，而是沿着卡拉卡瓦路直行。穿过阿拉瓦伊运河，在道路左侧会看到夏威夷会展中心，以及堂吉河德超市，然后一直北上。不久在到达波尼塔尼亚路时左拐。

这条波尼塔尼亚路是从东向西的单行线，它与从西向东的单行线国王大道一样（波尼塔尼亚路的第2个路区靠海一侧），是火奴鲁鲁重要的主干道路，请游客们一定记住这两条线路。

从怀基基出发大约20分钟，行驶到波尼塔尼亚路，在与第5路区的沃德路的交叉口右侧，静静地矗立着火奴鲁鲁美术馆。

去往市中心请乘坐2路车

线路图

唐人街的酒店路为公交车专用道路

名胜古迹与市中心

公交车沿波尼塔尼亚路再往西行驶 2 分钟左右，经过庞奇包尔路后，右侧是华盛顿市场，左侧是州政府大楼。再往里是伊奥拉尼皇宫等夏威夷历史名胜的聚集区，在车站Ⓐ（→Map p.125）下车后就可以参观各处史迹，非常便利。

公交在理查德路左拐后，这时右侧我们能看到 YMCA，接下来就到了酒店路。前方是高耸林立的现代高楼，这里有夏威夷主要的企业办公楼，是火奴鲁鲁经济的中心地区。

再往前就是唐人街。与现代化的写字楼氛围截然不同，这里是木造或砖瓦结构的古老建筑。中国餐馆、干货店、理发店、花店、中药店、果蔬店、精肉店等应有尽有，空气里弥漫着生活的味道。

从唐人街到主教博物馆

包括唐人街在内的整个市中心都具备公交中转站的功能，游客可以在这里自由换乘。但请尽量选择有行人经过的地方活动。平日里白天这里很安全，到了下午晚些时候，或是傍晚，以及节假日即使白天时，这里也不再有行人通行了。

公交车经过市中心后，从国王大道沿丽丽哈路北上，就到了一片宁静的住宅区，不久到达学校后左拐，从这里开始最好数一下信号灯的数量，左拐后，在经过第五个信号灯后下车，就到了主教博物馆。

返程乘坐标有"WAIKIKI/Beach & Hotels"的公交车即可。经过市中心后，公交沿着国王大道向东行驶，游客可以体验与去程不同的火奴鲁鲁的另一番景象。

时刻表（2路车）

■ **向西行驶（市中心方向）**：每天 5:36 从 Paki 路始发，每隔 5~30 分钟一班，末班车时间为 23:45；周六、节假日都是 5:57 始发，每隔 15~30 分钟一班，末班车时间为 23:40；周日 5:55 始发，每隔 15~30 分钟一班，末班车时间为 23:44。

■ **向东行驶（怀基基方向）**：每天 4:40 从 karihi 交通中心始发，每隔 5~40 分钟一班，末班车时间为 24:02；周六、节假日都是 5:00 始发，每隔 10~30 分钟一班，末班车时间为 23:03；周日 5:55 始发，每隔 15~30 分钟一班，末班车时间为 23:55。

线路图

MAKIKI

KING ST.

McCULLY ST.

KEEAUMOKU ST.

堂吉诃德

KAPIOLANI BLVD.

KALAKAUA AVE.

ALA WAI BLVD.

怀基基

KUHIO AVE.

PIIKOI ST.

阿拉莫阿纳购物中心

ALA MOANA BLVD.

阿拉莫阿纳海滨公园

阿拉瓦伊高尔夫球场

KAPAHULU AVE.

CAMPBELL

LEAHI

MONSARRAT AVE.

PAKI AVE.

怀基基海滩

卡皮欧拉妮公园

怀基基水族馆

KALAKAUA AVE.

— 2路公交车
--- 13路公交车

如果是带着 2 个以上的孩子，建议游客租用 2 部手机。在换尿布或出去买东西时，往往会分散行动，这时比较容易发生意外，如果有手机的话就方便多了。

Route 19&20 19路与20路公交车

火奴鲁鲁国际机场的车站

从机场到珍珠港

19路公交（目的地标示为"19 Airpot/Hickam"）在火奴鲁鲁的中心部位沿海边行驶，是连接火奴鲁鲁国际机场西部的希卡姆空军军基地与怀基基的线路。20路公交（目的地标示为"20 Airpot/Pearlridge"），在去往火奴鲁鲁国际机场时与19路车几乎是相同的线路，其重点是珍珠港购物中心，这两路车都经过怀基基，如果去阿拉莫阿纳可以换乘8路车，如果去市中心可以换乘2路车，换乘非常便利。

两路车分别始发于卡皮欧拉妮公园和火奴鲁鲁动物园附近的蒙萨拉特站。从这里经过库希欧路去往阿拉莫阿纳购物中心的线路与8路车几乎相同。

但与8路车有所区别的是，他们不经过阿拉莫阿纳购物中心靠山一侧的车站，而是沿阿拉莫阿纳路直行，并在沃德购物中心和沃德仓库停车。

海滨沿线的景观

阿罗哈塔楼购物商场（→ p.267），是这条线路中的第一个景点。

公交车经过市中心后，从Nimiz高速公路驶入Iwilei路。这附近有K商场和希洛·哈蒂等购物派游客不容错过的场所。

从珍珠港到阿罗哈体育馆

经过K商场，公交沿着尼米兹高速公路快速向西行驶。驶入高速公路H-1的高架路后，不久就抵达火奴鲁鲁国际机场，最终到达机场出发大厅所在的二层。

去往火奴鲁鲁国际机场时也可以乘坐19路车，但如果目的地是更远的珍珠港，就要乘坐20路车。

经过机场后行驶不长时间，左侧会看到"珍珠港"的标识牌。在穿过一座小桥后下车，这里就是珍珠港的入口。亚利桑那纪念馆是美国本土游客访问最多的景点，该从哪里下车一目了然。

再前行两分钟左右就能看到阿罗哈（夏威夷问候语）体育馆，这里的跳蚤市场深受人们欢迎。

线路图

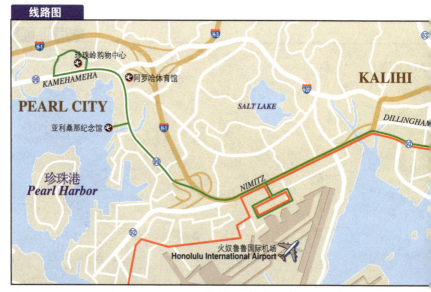

VOICE 从火奴鲁鲁国际机场到酒店，建议游客利用酒店的接送服务，机场里有班车（→ p.553），单程9美元可送游客到怀基基。

经过亚利桑那纪念馆后，右侧可以看到阿罗哈体育馆

时刻表（19 路）

■ **向西行驶（火奴鲁鲁国际机场方向）**：每天 4:46 从蒙萨拉特路始发，每隔 20~45 分钟一班，末班车时间为 23:57；周六、日都是 5:25 始发，每隔 30~60 分钟一班，末班车时间为 23:57；节假日 5:04 始发，每隔 15~50 分钟一班，末班车时间为 23:57。

■ **向东行驶（怀基基方向）**：每天 4:55 从火奴鲁鲁国际机场（或罗杰斯路站）始发，每隔 15~50 分钟一班，末班车时间为 23:31；周六、日都是 5:10 始发，每隔 30~50 分钟一班，末班车时间为 23:39；节假日 5:10 始发，每隔 30~60 分钟一班，末班车时间为 23:39。

时刻表（20 路）

■ **向西行驶（珍珠港方向）**：每天 5:46 从蒙萨拉特路始发，每隔 40~60 分钟一班，末班车时间为 17:24；周六、日、节假日 6:00 始发，每隔 50~60 分钟一班，末班车时间为 17:15。

■ **向东行驶（怀基基方向）**：每天 5:14 从珍珠港购物中心始发，每隔 40~50 分钟一班，末班车时间为 18:15；周六、日都是 5:49 始发，每隔 50~60 分钟一班，末班车时间为 17:41；节假日 5:09 始发，每隔 50~60 分钟一班，末班车时间为 17:41。

去往珍珠港的 90 分钟旅程

从怀基基乘坐公交约 1 个半小时后，就到了终点珍珠港购物中心。这里的规模丝毫不逊于阿拉莫阿纳购物中心，且商铺密集，是以购物为目的的游客值得一去的场所。

购物中心西侧有卡姆汽车剧院遗址。每周三、五、六、日会在这里举办跳蚤市场（→ p.136）。与阿罗哈体育馆不同，这里的交易商品多为二手货，跳蚤市场的色彩极为浓厚。

20 路车不在珍珠港购物中心停车，而是沿着卡美哈美哈高速直行，并围着购物中心顺时针行驶一周后，再向火奴鲁鲁返程。

线路图

 VOICE 公交车上空调温度很低。如果要环岛一周或长时间乘坐公交时，建议游客坐到车的最后部。发动机的温度可以避免我们的臀部和背部受寒，即使穿得薄一点也没关系。

Route 22&23 22路与23路公交车

22 路巴士的始发车站——怀基基哥特威公园

这就是夏威夷！海滨公交之旅

22 路公交车的目的地标示为"海滨公交 / 夏威夷·凯恐龙湾海洋生物公园"。显然，它的终点为海洋生物公园，因为它全程几乎都是沿着海边行驶的，又被称为"海滨公交"。这是公交线路中唯一可以乘车进入恐龙湾入口的，所以在游客中人气很高。但这路车车次较少，在旅游旺季会出现如同上下班高峰期时的混乱。

从怀基基西部始发

22 路公交，从库希欧路西段的怀基基哥特威公园（折页地图怀基基 -A5）始发，此后只在两三个站点停车。由于这路车通常很快就会满座了，所以游客如果在怀基基东部的站点等车，往往上不了车。游客确实想乘坐这路车，就请到这路车的始发站点乘车。步行的话稍微远一些，游客也可以乘坐 8 路车前往。

几乎沿着海边行驶的 22 路海滨公交

公交经过怀基基后，驶入钻石头山路，分别路过钻石山入口和卡哈拉购物中心，然后沿着 72 号线快速向东行驶。

车窗外的景色

海滨公交经过可可海购物中心后，继续沿着卡拉尼阿那欧里路行驶，在恐龙湾的入口处右拐，最后一直驶向恐龙湾观景台（星期二除外）。

车窗外景色宜人，尤其是恐龙湾的最前面。公交右侧是一望无际的大海，波光粼粼的海面，晴天时还会隐约看到远处的摩洛凯岛。大海的色调层次分明，给人一种珊瑚岛的实感。右侧还有赛艇的圣地可可头山海滨公园。汽车最后会在终点海洋生物公园停车。

根据目的地不同游客也可选择乘坐 23 路车

旅游旺季时 22 路公交车会异常拥挤，因此如果游客的目的地是钻石头山、卡哈拉购物中心，或夏威夷海洋生物公园时，也可以乘坐 23

线路图

CHECK **24 路车：**连接阿拉莫阿纳购物中心和艾纳海纳购物中心的线路。当 22、23 路车非常拥挤时游客可以选用 24 路车。只是这路车每隔 1 个小时一班且数量很少。

23 路公交车有些车次只到卡哈拉购物中心，所以要注意

路车。23 路车从阿拉莫阿纳购物中心始发，从怀基基以后的线路几乎和 22 路车相同。不同的是 23 路车不沿着夏威夷海走滨海线路，而是穿行于内陆的住宅区。

返程需知事项

与去程一样，返程时也有需要注意的地方。从恐龙湾乘坐 22 路车返回时，根据时间的不同，以及海洋生物公园乘车的游客不一定都能顺利上车。因此，请游客提前到达站点，尽量选择早一班车乘坐会比较保险。

时刻表（22 路车）※ 周二停运

■ 东向行驶（夏威夷海洋生物公园方向）：平日 8:00 从怀基基哥特威公园始发；每 20~72 分钟一班，末班时间为 16:02；周六 8:15 始发，每 25~30 分钟一班，末班时间为 16:45；周日 8:20 始发，每 25~30 分钟一班，末班时间为 16:45。

■ 西向行驶（怀基基方向）：平日 10:38 从夏威夷海洋生物公园始发，每 15~65 分钟一班，末班时间为 17:15；周六 10:50 始发，每 25~30 分钟一班，末班时间为 17:45；周日 10:51 始发，每 15~35 一班，末班时间为 17:50；节假日 10:55 始发，每 25~30 分钟一班，末班时间为 17:50。

时刻表（23 路车）

（只精选夏威夷海洋生物公园方向的线路）

■ 东向行驶（夏威夷海洋生物公园方向）：平日和节假日 6:50 从阿拉莫阿纳购物中心始发，每 30~70 分钟一班，末班时间为 18:05；周六 7:01 始发，每 35~80 分钟一班，末班时间为 19:10/ 周日 7:58 始发，每 50~70 分钟一班，末班时间为 19:20。

■ 西向行驶（怀基基方向）：平日和节假日 6:00 从夏威夷海洋生物公园始发，每 20~80 分钟一班，末班时间为 19:22；周六 5:52 始发，每 50~70 分钟一班，末班时间为 17:05；周日 6:50 始发，每 50~75 分钟一班，末班时间为 19:15。

线路图

Country Express E&433 乡村快速公交E&433路公交车

行驶在卡拉卡瓦路上的乡村快速公交E路。停车站只限皇家夏威夷处中心前、弗拉舞台前等。（折页地图怀基基－B6~7）

穿梭于卡拉卡瓦路的公交车

命名为快速公交的特快公交分为4种，游客可以便捷乘坐的则是乡村快速公交。与19路、20路公交相同，它也是从怀基基经由阿拉莫阿纳购物中心，从维多利亚沃德购物中心、市中心等向西行驶。途中的线路与19路、20路车略有不同，以这些地方为目的地的游客，也可以选择其他的公交车搭配乘坐。

返程（向东行驶）沿着卡拉卡瓦路行驶，因此对于住在海边酒店的游客来说极为便利。

驶往怀克莱的特快公交

乡村快速公交E的重要之处并非上述情形，而是它能够快速从怀基基通往怀克莱购物中心和怀克莱奥特莱特的换乘地点怀帕胡交通中心。

经过市中心后，汽车驶入H-1免费高速公路，并一路不停驶往怀帕胡。从怀基基到怀帕胡交运中心大约需要1小时。

换乘须知

从怀帕胡交运中心向周边发出有各路支线公交，去往怀克莱购物中心怀克莱奥特莱特请乘坐433路车。433路车每隔30分钟运行一班，因此游客可以慢慢等候，交运中心里设有洗手间。

从怀基基乘坐乡村快速公交E后，在p.73图中③所示的位置下车，穿过马路后在⑤处的433路车站换乘，大约10分钟就到达怀克莱。

返程时乘坐在怀克莱循环行驶的433路车，在⑤处车站下车，去④号换乘车返回。

顺便提示，如果想去夏威夷种植园村，则需在③处乘坐43路车。

线路图

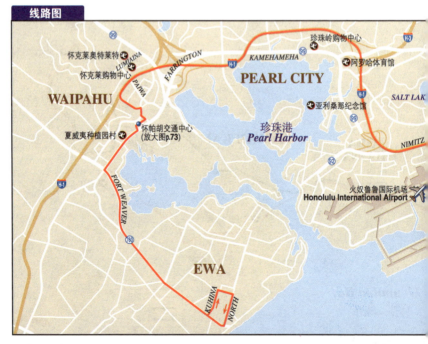

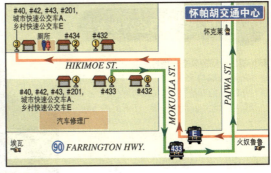

```
#40、#42、#43、#201,
城市快速公交车A、
乡村快速公交车E        #434    #432

③  厕所     ②      ①
            HIKIMOE ST.
                    ④      ⑤      ⑥
#40、#42、#43、#201,
城市快速公交车A、     #433    #432
乡村快速公交车E

        汽车修理厂

埃瓦
⑨⓪ FARRINGTON HWY.        433
                                            火奴鲁鲁
```

怀帕胡交通中心

怀克莱

MOKUOLA ST.

PAIWA ST.

E

去怀克莱的换乘处——怀帕胡交通中心

驶往怀帕胡的 42 路车

怀基基与怀帕胡交通中心之间，除了上述车辆，还有 42 路公交也在运行，但它不像乡村快速公交 E 那样走高速公路，为此行驶时间过长，较为不便。

但 42 路车经过阿罗哈博物馆、亚利桑那纪念馆、珍珠港、购物中心等地，以这些地方为目的地的游客选乘 42 路车将非常便利。

时刻表（乡村快速公交 E）

■ **西向行驶（怀帕胡方向）**：平日 4:21 从卡帕胡卢 / 库希欧路始发，每 25~45 分钟一班，末班时间为 22:03；周六 4:21 始发，每 25~45 分钟一班，末班时间为 21:15；周日 5:20 始发，每 25~45 分钟一班，末班时间为 21:15；节假日 5:59 始发，每 25~45 分钟一班，末班时间为 22:03。

■ **东向行驶（怀基基方向）**：平日 4:37 从怀帕胡交通中心始发，每 25~50 分钟一班，末班时间为 21:50/ 周六 4:34 始发，每 25~50 分钟一班，末班时间为 21:55；周日 5:05 始发，每 25~45 分钟一班，末班时间为 21:55；节假日 4:41 始发，每 25~40 分钟一班，末班时间为 22:03。

线路图

KALIHI

BERETANIA

DILLINGHAM

MAKIKI

HONOLULU

KING

BISHOP

ALAKEA

唐人街
阿罗哈塔

阿拉莫阿纳购物中心

ALA MOANA

KUHIO

KALAKAUA

KAPAHULU

怀基基

0   5km
0   3miles

VOICE 想要拍照时，将相机举到对方面前说 "Can you"；想要外卖时，可以指着菜单说 "May I"，对方就能明白了。

73

Route 52 & 55　52路与55路公交车

环瓦胡岛一周的公交车旅行

乘坐 52 路与 55 路车，中途不停车，且只需付 2.25 美元就能绕瓦胡岛环行一周。下面让我们打开地图，粗略地看一下我们的行程。（→ p.75）

52 路车，从阿拉莫阿纳购物中心靠山一侧的始发站出发，向着市中心行驶。随后经由 H-1 & H-2 公路，顺时针环岛一周，最后返回阿拉莫阿纳购物中心。车头的目的地标识为 "52 WAHIAWA / Circle Island"。

在中转地，公交车编号发生变化

需要注意的是，在海龟湾度假村中转站 52 路车的标识变为 "55 KANEOHE / Circle Island"。同样，返程时的 55 路车，在从阿拉莫阿纳购物中心出发时为 "55 KANEOHE / Circle Island"，到达海龟湾后再变为 "52 Honolulu VIA Perlridge"，然后回到阿拉莫阿纳购物中心。此外 52 路和 55 路车中有行驶到市中心的公交车，请在确认好 Circle Island 的标识后再行乘车。

驶往菠萝海洋

下面让我们试乘顺时针走向的 52 路车吧。汽车从阿拉莫阿纳购物中心出发，经由市中心驶入 H-1 高速公路，再经 H-2 高速公路北上，围绕米科拉尼城一圈后北上。

经过瓦希阿瓦城后，我们的眼前会呈现一片菠萝地，犹如一片菠萝的海洋，我们沿着菠萝地中的一条笔直的道路前行。不由得产生乘着美国灰狗长途汽车游玩美国的错觉。

不久右侧开始出现红瓦房建筑都乐种植园。进去参观一下，我们还可以喝到冰凉可口的菠萝汁。

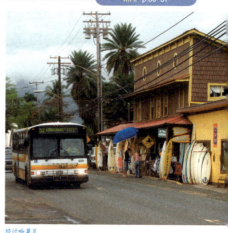
经过哈莱瓦

观赏北部的巨浪

经过都乐种植园后，汽车会沿上坡行驶一段，抵达山坡顶部后，从汽车的前玻璃开始看到海的轮廓。驶至下坡时，前面的海开始慢慢地变大、变清晰，宛如一幕电影场景。

从山坡上下来后，汽车就到达了哈莱瓦（→ p.102）。从哈莱瓦经过怀梅阿，再到日落海滨附近，我们会从汽车的右侧看到大大小小的海岸，泛着白沫的巨浪力量大小远超过国内的。

在瓦胡岛最北端稍事休息

瓦胡岛的最北端是海龟湾度假村。这里是以酒店为主的度假村，高尔夫、网球、骑马等运动项目一应俱全，是一处休闲娱乐的乐园。游客可以在酒店的大堂稍事休息，或去一下洗手间。

目的地标识变为 55 路的汽车沿着东海岸南下，进入拉耶城后，右侧就能看到波利尼西亚文化中心了。经过卡内欧西后，面前开始出现山脉时，汽车就驶入了巴黎高速公路，公路两旁山崖耸立，仿佛向着我们袭来一般。下了高速，再穿越市中心，就抵达了阿拉莫阿纳购物中心。

观察游人也很有趣

环岛公交的最大魅力，就是可以体验瓦胡岛的丰富多彩。上下车的乘客各式各样，蓄着胡须的冲浪爱好者，提着购物袋用力挤上公交的老太太……只是观察这些人群都不会让人厌烦。这种旅行满载着异域氛围，非常难得。

确认好车的行驶方向后再乘坐

Kawela *Kahuku pt.*
Kawela Bay
日落海岸
Waialee
海龟湾度假村

怀梅阿湾海滨公园
Waimea Bay
Waimea
Kahuku

怀梅阿峡谷
Laie Bay
Laie
波利尼西亚文化中心

哈莱瓦海滨
公园
Waialua Bay
Haleiwa
Lelani Bay

Kaiaka Bay
Waialua
哈莱瓦镇
哈莱瓦绕行公路
Hauula

Punaluu

都乐种植园
Kahana Bay
Kaaawa
Kahana

Wahiawa
狮子岩

米利拉尼城 Mililani Town
Waikane
库阿罗阿海滨公园
Kualoa pt.

Pearl City
Waiahole

Kaneohe Bay

Waipahu
Kahaluu

Honouliuli
Waiau
珍珠港
Pearl Harbor
U.S. NAVAL BASE
Aiea
Heeia Kea Boat Harbor
Marine Corps Air Station Kaneohe Bay
MOKU MANU ISLAND

风尚购物中心
Kaneohe
Heeia
Kokokahi
Molapu pt.

Kailua Bay
Kailua

Honolulu
JOHNH. WILSON TUNNEL
NUUANUPALI TUNNEL
Lanikai

火奴鲁鲁国际机场
Honolulu International Airport
艾玛女王博物馆
Waimanalo
Waimanalo Bay

SAND ISLAND
市中心

Mamala Bay
阿拉莫阿纳购物中心
怀基基
参照下图

52路公交车
55路公交车

N
10km
5miles

VINEYARD BLVD.
DILLINGHAM BLVD.
N.BERETANIA
KUKUI
NUUANU
QUEEN
EMMA
H-1

S.BERETANIA
S.KING
MAUNAKEA
HOTEL
BISHOP
N.KING
ALAKEA
RICHARDS
PUNCH BOWL
ALAPAI
PIIKOI

NIMITZ
HWY.
SOUTH
WARD AVE.
KAPIOLANI BLVD.
KONA
KONAIKI
阿拉莫阿纳购物中心

ALAMOANA BLVD.
阿拉莫阿纳海滨公园

52路公交车
55路公交车

乘坐去往郊外的公交时请提前确认公交的时间和班数，并提前去下洗手间。必要时也要做好防晒措
施，准备好饮用水。■ www.thebus.org

75

以大海为背景行驶的 52 路公交车

时刻表

■ **52 路公交车（环岛）**：平日，6:30 从阿拉莫阿纳购物中心始发，每 30~60 分钟一班，末班时间为 20:15；周六、节假日 6:35 始发，每 25~60 分钟一班，末班时间为 20:10；周日 6:36 始发，每 25~60 分钟一班，末班时间为 20:15。

■ **55 路公交车（环岛）**：平日，5:55 从阿拉莫阿纳购物中心始发，每 20~55 分钟一班，末班时间为 18:35；周六、节假日 5:55 始发，每 25~50 分钟一班，末班时间为 18:35；周日 5:55 始发，每 25~60 分钟一班，末班时间为 18:35。

当然，并不是说就必须要进行环岛一周的旅行，游客都可以根据自己想去的地方，或是乘坐 52 路，或是乘坐 55 路，方便地利用公交车出行。

※ 根据公交的运行时刻表，中途不停车环行一周的汽车行驶时间不全同，大约需 4 个半小时到 5 小时。由于交通状况等不确定因素，汽车不一定会按时返回，因此建议游客留出充足的乘车时间。

为实现舒适的旅行，
请在汽车内注意以下事项

注意事项

①除禁止吸烟、饮酒外，车内也禁止饮食。
②不能携带超大行李。仅限于可以搁至腿上的。冲浪板及高尔夫装备禁止携带入车内，但有的汽车备有装载自行车的设施。另外，可折叠式婴儿车可以携带入内。
③禁止使用收音机，但便携式音频播放器没有问题。
④请注意 "Couurtesy Seating（老弱病残孕妇座位）"。
⑤汽车行驶途中不要在车内移动，请抓好扶手。
⑥汽车行驶途中不要和司机交谈。

礼仪

①上下车时，请注意女士优先、老人优先等礼仪。
②距离前门及驾驶座较近的座位，相当于老弱病残孕妇座位，由于标识为英文且标签较小，不容易被发现，因此经常会有游客坐在这些座位上，请游客注意。另外，即使是普通的座位，给残障人士、老年人、孕妇让座也是常识。
③身着泳裤或湿衣物乘车会遭拒绝。请在乘车时烘干衣物，泳装乘车也违背一般常识。
④带婴儿乘车时，请在上车前带婴儿去洗手间，婴儿车请折叠收好，请不要让孩子在车内喧闹。

纠纷对策

贵重物品请随身携带。公交车内经常会发生偷窃事件，特别从阿拉莫阿纳购物中心到怀基基的汽车，两只胳膊都提着购物袋的女性请留意自己的手提包，它很容易成为小偷们行窃的对象。

留出充足的时间用来行动

乘坐公交车去郊外时，最重要的一点是制订计划时，要留出充裕的时间。

汽车的运行时刻表不一定准确，另外更主要的原因是太阳下山后各个站点就成为非常危险的场所。特别是一定不要在无人通行的晚上在市中心（即使是白天也要注意不要选择周日、节假日等）等车。另外，在靠近繁华路的阿拉莫阿纳公园和卡皮欧拉妮公园，夜间也要格外注意。在出发去往北海岸等地时，请一定计划在日落之前返回怀基基。

据火奴鲁鲁警察称，身带贵重物品（照相机、宝石等）的个人旅行者及只有女性的团队游客最容易成为盗窃的对象。

PLEASE ALLOW ELDERLY AND
PERSONS WITH DISABILITIES
TO USE THESE SEATS

老人、残障人士优先席的标识

VOICE　公交上的优先座位如果空着时可以乘坐，当然，有老年人或残障人士上车时要注意礼让。

出租车信息

Taxies

便利的出租车

出租车也是夏威夷重要的交通手段，虽然夏威夷的出租车费用较高，但费用计算系统准确，短途移动的话还是最放心的交通工具。

主要的出租车公司

- The cab ☎ 422-2222
- 城市出租车 ☎ 524-2121
- 查理斯出租车 ☎ 531-1331

请确认计费器是否在准确运作

与中国大为不同的是，夏威夷几乎没有流动的出租车，虽说在卡拉卡瓦路有时可以打到出租车，但在主要的酒店或购物中心的出租车乘车场等车是最便捷的选择。

如果运气不好，在出租车乘车场里也打不到车，游客还可以电话叫车。在酒店及购物中心里都有写有"TAXI"的出租车专用电话，非常便利。只要拿起电话说一句"Taxi, Please"，然后告知对方自己的姓名即可，然后游客就可以在电话旁等待出租车前来。

如果用公用电话叫车，则需要告知对方自己准确的位置。例如，"Taxi, Please, in front of Ward Warehouse, Ala Moaha Blvd."（我想叫车，我在阿拉莫阿纳路的华特仓库前面）等。接下来，对方会告诉你前来的出租车车牌号，游客可留意出租车车身或车顶上的车牌号等车。如果不堵车的话，通常10分钟左右就能到。另外，若是在餐馆，可以委托收银员叫车。若是在酒店，可以委托前台或服务生叫车，但都需要小费，一般来说为2美元。

华特仓库设置有出租车专用电话

选择满意的司机

出租车费用起步价（1/8英里≈200米以内）为2.20美元，超出后每1/8英里（约200米）加收40美分。出租车等候期间15分钟6美元，1小时48美元（出租车公司不同，价格也有差异）。

此外，请注意一定要给出租车司机小费。一般需车费的15%。

如果游客有满意的出租车司机，可以要一下电话号码，以后继续使用他的出租车。或许他能告诉你出租车司机经常光顾的餐馆，另外夜间出行也会安全。

出租车使用提示

■ 乘坐出租车被多收取费用，这种情况即使在怀基基也时有发生。甚至从一流的酒店乘车时也会被收取法定费用以外的运费。下面是我们提供给游客避免多付费用的提示。也就是在酒店让服务生叫车时，若无其事地向他询问一下到目的地的运费价格（当然不要忘记付小费）。出租车由于是从酒店接客人，通常要付给服务生回扣（原本是违法行为，但多半被默认），因此即使司机提出高昂的价格，游客也可以以"服务生说没有那么贵"来反驳。另外，如果感觉到危险，请记下驾驶座附近提示的出租车号码、照片、司机姓名等。此外，收据（发票）上也记录有出租车牌号，不要忘记索取。

租车技术篇

Rent-a-Car

在夏威夷租车旅行非常方便。不仅会使你的行动半径大为扩大，在夏威夷停留的重要装备就是租用车。

租车的最大优点就是可以节省时间和金钱。乘坐公交虽然只需 2.25 美元，但时间太长。再加上选择旅游项目的费用，途中又不能随便下车去某个地方。出租车虽然方便，但如果一直利用出租车出行，就要付相当高的费用。这么想来，租用车无疑是最佳的行动方案。

夏威夷从小型汽车到豪华房车，车种丰富，不愧是汽车王国。游客可以租用自己喜欢的车，体验身处夏威夷的乐趣。

租用车的预约

作为旅游旺地兼汽车社会夏威夷，目前有包括专业出租公司在内的十多家租车公司。游客可以任意挑选，有些游客也许到达夏威夷后再选，但提前预约会省事得多。

特别是在出租旺季，好车及便于驾驶的车都已经出租了，好不容易跑到租车公司，却租不到希望的车型，很浪费时间。因此还不如在国内时就预约好车。

舒服的夏威夷高速公路

在国内提前预约很便捷

可以预约的租车公司在 p.80~81 有介绍。这些租车公司都是大型公司，车种丰富。车的保养也值得信赖，相比较而

言，还是希望租用的车有所保障，费用也是，比起在当地直接租用，利用针对外国游客的折扣费用更为合算。

如果行程未定，临时想租车时该怎么办呢？

这种情况下建议游客利用大型租车公司，这样在很多方面都可以放心。怀基基各地都有大型租车公司的柜台、分店，其中也有使用中文的公司，游客事先通过电话确认是否有车后再去即可。

带孩子旅行时租车也很方便

 VOICE 去往哈莱瓦（→ p.102）时，请尝试一下乔瓦尼餐馆的蒜蓉大虾和库阿爱娜（→ p.213）的汉堡包。

租用车协议

如果持有预约确认书的话，协议就简单多了。只需在窗口提交这些文件，店员就能做成协议交给游客，在记录前，店员会对几个必要项目进行口头确认。提问非常简单，主要包括：

①使用天数；
②车在哪里返还；
③住宿酒店名称；
④中国的地址和电话号码；
⑤有无保险等。

由于对方的英语语速过快或者口音等，游客可能难以听懂。对英语没有自信的游客，可以提前做好表格提交即可。另外，如果有协议方以外的人驾驶时，请告知原因。

签协议时，请向工作人员提交国内新版驾照中英文版（后述）、在美国可以使用的信用卡。没有信用卡的话需要按每天 50 美元付定金（存款）。另外，根据公司不同，有的会对未满 25 岁的游客收取附加费用（每天 15~25 美元）（一般来说 21 岁以上可以有驾驶资格）。

最后在协议上签上全名，有保险的话在已申请保险栏里填上名字英文拼写完成协议，领取车钥匙。

关于驾驶执照

前往美国进行自驾游，在出发前还有一件必备证件：国外（国际）驾照。

中国游客可以在出国前前往公证机构，用目的地国家的语言公证驾照，并随身携带公证件。

以北京市为例：

携带本人的户口本原件、驾照原件、护照复印件，到公证处办理。

公证书出证周期是普通件 5 个工作日；加急件 3 个工作日。

办公时间一般为周一至周日上午 8:30~11:30，下午 13:30~16:30。

火奴鲁鲁国际机场租车方法

■ 在机场租车时（→ Map p.552~553），有一点与怀基基不同。简单来说，办理手续的各租车公司营业处，都集中在离汽车站较远的区域。虽然也能步行前往，但还是建议游客乘坐循环往返于机场与各社区之前的免费班车。往返班车的停车点固定，离国际出发大厅出口最近的，是从机场大厅的一般出口出来，向右步行 50 米左右的中央分离带。预约租车公司的班车来了后，举手示意乘车，去往营业处。

从机场大厅前的中央分离带乘坐租车公司班车

怀基基免费接送

■ 大型租车公司，通常都提供从住宿酒店到办事处的免费接送，请方便利用此项服务。

Alamo Rent A Car 阿拉莫租车公司

●阿拉莫简介

包括美国在内，阿拉莫在加拿大、欧洲等 43 个国家拥有 1000 多个营业所。

阿拉莫只能在当地使用信用卡付费，且必须是美元。因此，利用网站或打电话直接预约的情况下，一旦取消和变更预约，就不需要支付费用。可以在中国付费的通票，可在旅行社进行办理。

阿拉莫是迪士尼乐园（加利福尼亚州）和奥兰多迪士尼乐园（佛罗里达州）的官方汽车租赁公司，因此在这两地阿拉莫是唯一拥有营业所的汽车租赁公司。

阿拉莫汽车租赁与其他大型公司的保险名称有所不同，但包括的项目基本相同。

LDW：汽车碰撞损坏减免险（碰撞险）

LP：追加汽车损坏赔偿保险（对人、对物）

CPP/PERSPRO：乘坐人员伤害、随身物品赔偿、紧急援助制度

●阿拉莫汽车租赁公司的卖点

■ 紧急情况下，可以提供 24 小时中文援助

Free (1-800) 803-4444

■ 可以从预约的车型中，挑选出自己喜欢的车。在主要机场的营业所内，都提供这种"阿拉莫选择"

■ 在主要的国际机场内，可以使用中文导航仪

■ 享受与其合作的各公司的优惠活动，还可享受与其合作的航空公司的增加里程服务等

在美国的预约、咨询方法

Free (1-877) 222-9075

Aves Rent A Car 艾维斯租车公司

●艾维斯简介

艾维斯租车是拥有 60 多年历史的国际品牌，它代表着租车行业的顶尖水准，业务遍及世界 175 个国家和地区，拥有 10000 多个经营网点。在中国，它已成为规模最大、连锁网点最多、各类服务功能最全的全国著名专业汽车租赁服务品牌。目前已覆盖上海、北京、广州、苏州和深圳等 31 个城市的上百个服务网点。

●卖点

艾维斯租车进入中国后，选择的是一条规模化发展的道路，以其一体化、网络化、技术化的服务建立了中国汽车租赁业的新标准，同时开启了中国汽车租赁高科技的新时代。

在中国的预约咨询方法

24 小时全国租车热线：

Free 400 882 1119

网上预约咨询：

URL www.avischina.com

在美国的预约、咨询方法

Free (1-800) 230-4898

■ 取车 / 还车流程

旅客取车时需要提供有效的护照 / 驾照原件 / 翻译件（部分欧洲国际需要提供公证件）/ 双币或外币信用卡到艾维斯柜台提供确认单或者确认号码就可以顺利地拿到车钥匙。

还车需还到艾维斯指定停车位（有艾维斯标识），工作人员会检查车辆外观，是否满油，如无须额外费用，则完成取车时的预售权。

■ 中国驾照公证

目前艾维斯在美国和法国可以直接使用中国驾照取车，旅客仅需参照翻译模板自行翻译即可取车。其他国家需要到公证处办理公证，费用根据时间不等。

公证处地址及联系方式请参照：

北京——http://www.bjsf.gov.cn

上海——http://www.aibang.com

广州——http://www.gd-notary.com

Budget Rent A Car 巴吉特租车公司

● 巴吉特汽车租赁公司简介
在 128 个国家分布着 1800 多个营业所，是世界三大汽车租赁公司之一。特别是在夏威夷，其功能特别强大，在美国本土也分布着多家营业据点。包括各种保险、各种税金在内的 "Super Go! Budget USA" 方案特别受欢迎。

● 巴吉特汽车租赁公司的卖点
■ 紧急情况下，可提供翻译服务
Free (1-800) 890-0046

■ 合作的有信誉的公司会实施打折等优惠活动
■ 网站上公布有汽车租赁方法的动画

在美国的预约、咨询方法
Free (1-800) 527-0700（24 小时）

Hertz Rent A Car 赫兹租车公司

● 赫兹汽车租赁介绍
在全美范围内，该公司拥有约 3000 个营业所，是规模最大的汽车租赁公司之一。游客可以通过上网预订的 "超级实惠" 方案，包括各种保险、汽油费等，不过需要使用美元支付。而旅行公司推行的 "交给我吧！USA 通票"，同样是一种包括各种保险、汽油费的方案。它可以在中国直接进行支付，因此更为便利。另外，搭载有导航仪的 "交给我吧！navi USA 通票" 也非常受欢迎。

● 赫兹汽车租赁的卖点营业所数量多
■ 车辆数量多，车型丰富
■ 带导航仪的车辆多
■ 在中国设有分公司，归国后的善后工作更为完善
■ 在中国进行预约、在柜台办理相关手续时，必填栏采用英语和中文两种语言标注
■ 发生故障、事故等麻烦时，可以提供 24 小时中文紧急援助 Free (1-800) 654-5060。可以要求 "Chinese, please" 等
■ "在线登记" 深受好评，登录网站上的必填项目，可以轻松办理当地的手续。另外，在主要机场的营业所里，还引进了自助办理手续的系统

在中国的预约、咨询方法
赫兹汽车租赁：
住 北京朝阳区京顺路 101 号人济大厦 B 座一层 01 室
■ 100102

	周一至周五	8:00~20:00
	周六至周日	9:00~18:00
	法定假期	9:00~18:00

在美国的预约、咨询方法
Free (1-800) 654-3131（可提供中文服务）

● GPS 导航系统 "永不迷路"
可以借到搭载提供中文服务导航系统 "永不迷路" 的汽车。收费为每天 12.99 美元。
特征：
■ 包括中文在内的多国语言向导
■ 容易看懂的 3D 画面显示箭头和道路
■ 简单明了地显示目前所在地
■ 体积设计得非常小巧
■ 新手也容易搞懂，操作简单
■ 拥有丰富的数据库，不仅包括酒店、餐厅、观光胜地，还几乎覆盖全美所有街道
■ 输入地址可方便地搜索到目的地
■ 按照最短时间、最短距离等行驶方法，选择路线
■ 可以从专用网站（URL www.neverlost.com）上，事先将目的地下载到 USB 存储器上
■ 万一拐错路口，仍可从新位置指引前往目的地

※ 所有公司都没有行驶距离限制。另外，有时也会发生没有通知游客就变更费用、车种等的情况，请在出发前进行确认。

Dollar Rent A Car 美元租车公司

● Dollar 汽车租赁公司简介

Dollar 汽车租赁公司在全美和加拿大拥有大约 350 家营业所。

其中在当地使用美元支付租车费的"安逸方案"和"零售价格方案"非常受欢迎。

● Dollar 汽车租赁公司的卖点

■ "安逸方案"包括任意保险、税金，归还汽车时也不需要加满汽油

■ 在加利福尼亚州、亚利桑那州和内华达州的拉斯维加斯之间"弃车"，不需要支付相关费用

■ 在紧急情况下，可以提供 24 小时翻译服务

☏ (1-877) 244-9933

■ 在部分州，可以提供选择收费道路预付卡的服务

■ 随时享受合作公司的促销活动

在美国的预约、咨询方法

☏ (1-800) 800-3665

额外费用

■ 假设汽车的租金为每天 30 美元，游客不要以为租 3 天只需 90 美元，还需要加算如下的附加费用。

● 任意保险（参考本文）

● 增加驾驶员费用

如果有协议以外的驾驶员同行时，若有隐瞒万一发生了事故就不能使用保险。费用每天 12 美元。

● 超时费用

每天的协议为 24 小时。如果超过还车时间就要付超时费。每超过 1 小时收取每天租金的 1/3 左右。

● 儿童座位费

根据夏威夷州法，未满 4 岁的儿童乘车时，需要交纳儿童专用座位费。每天付 12 美元左右。

● 单程费

租车地与还车地不同时，还要收取单程费。又称 one way 租车或 drop off 租车。例如在怀基基租了车后从火奴鲁鲁机场返还或在夏威夷大岛的希洛租用后在科纳返还等情形。根据地点不同需交纳 20 美元~120 美元。

● 税金

① 州税／汽车的租金＋上述附加条件合计金额的 4.166%（瓦胡岛为 4.712%）

② 车辆税／每天 3 美元

③ 车辆注册税／根据车种不同每天需交 26 美分~75 美分

④ 机场税／从各机场租车时，汽车的租金 × 州税的合计金额，火奴鲁鲁机场及其他机场另加算合计金额的 11.11% 的机场税。

※ 上述费用包括所有租用车的情况。

儿童须坐在汽车后面固定座位

■ 根据夏威夷规定法律，"未满 4 岁的儿童应坐在儿童专用座上"，"4 岁以上 8 岁以下（身高 145 厘米以下、体重 18 公斤以下）的儿童应坐在助推专用座上"，"8 岁至 15 岁的儿童坐在汽车后部座位上也要系好安全带"，请游客在租车时注意这一点。

关于保险

即使严格遵守交通规则，小心驾驶，运气不好的话也有可能发生交通事故。为以防万一，应提前了解相关赔偿制度。

① 任意保险

签订租车协议时，工作人员必定会问一句："你要加入保险吗？"这里所说的保险，是指 C.D.W.（Collision Damage Waiver）。有的公司又叫 L.D.W.（Loss Damage Wavier）及 P.P.P.（Personal Passenger Protection）等。C.D.W.（或 L.D.W.），是指汽车在交通事故时受到损害，当事人免交维修费的制度。准确来说这不是保险，但如果发生对方肇事逃逸、刮擦等经常遇到的事故时，这项制度会很好地发挥效力（后视镜的破损、车胎、车轮盖的破损情况等除外）。保险金为每天 25.99~27.99 美元。

P.P.P. 是协议人（驾驶员）及其同行者受伤后支付医疗费的伤害保险，以及租用车中行李被盗（现金和有价证券除外）支付赔偿的保险。死亡保险金额为驾驶员 10 万美元，同行者 1 万美元。医疗费均为 1000 美元，急救费均为 100 美元（赔偿金上限为 125000 美元）。另外，被盗物品的赔偿金上限为每人 500 美元，每起事故的赔偿金上限为 1500 美元。保险金根据车种不同均在 6.99 美元左右。

上述数据（包括栏外信息）是 Dollar（美元）租车公司的相关数据。租车公司不同费用多少也会有所差异，这一点请游客注意。

② 对人、对物事故的情况

如果只是自己受伤还好，但如果和其他的车相撞，伤到他人的话就比较麻烦了。

大型租车公司，租金中一般已经包含汽车损害赔偿保险。如某家租车公司规定，对人事故按每人 20000 美元，每起事故

※ 其他保险 /P.A.I.= 搭乘人伤害保险、P.E.P. 或 P.E.C.= 手提行李保险

请注意安全驾驶，不要成为交通事故的当事人

最高可支付 40000 美元，对物事故按最高 10000 美元的额度进行赔偿。

但是仅仅如此还不能让人放心。对物事故还好，当若是刮到行人并使其受伤的话，考虑到最坏的结果，这样一个额度就远远不够了。

夏威夷和中国相比，是一个医疗费用高得惊人的地方。例如，住院费仅房间和饮食每天就平均需花费 200 美元，加上 X 光、检查费、手术费、备用物品使用费、药物等 300 美元，每天光住院就要花费至少 500 美元，再加上急救车也是收费的，考虑到后遗症等情况，即使可能白花钱也要入保险。

能够较好地满足上述需求的是附加汽车损害赔偿保险。像 L.I.S. 这种保险（根据公司不同又称为 S.L.I. 或 A.L.I.※），对人、对物造成伤害时，最高可以赔偿 100 万～200 万美元。保险金每天 13 美元左右。大型租车公司中，都有包含这种附加保险的产品供游客选择。

这样是不是就可以出发了呢？还是需要等一下？

好不容易租了车，在半路上遇到纠纷的话，就会陷入进退两难的境地。在遇到这种事之前，游客先要检查一下汽车的安全性能。

即便是机械盲，像轮胎是否爆胎、是否有备用轮胎、汽车底部是否漏水漏油这种检查，还是能做的吧。

如果连这些都觉得麻烦，那索性坐到驾驶座上试一下。用左手试握方向盘感觉一下是否有异常，而且游客还会感觉到车上各种开关、操纵杆等也和中国不同。有时如果不往脚下看就找不到车前灯的开关，变速杆位置在前显示板上显示。在强风较多的夏威夷，我们还要确认一下雨刷开关是否好用。总之在出发前请将所有的开关试着操作一遍。

不懂使用方法的话可以询问工作人员。他们会耐心给游客解答。接下来，就让我们安全行驶吧。出发！

行驶途中的礼仪及注意事项

①前面有学校班车停车时，一定要在后面等待，直到班车开

※ L.I.S.=Liability Insurance Supplement
S.L.i.=Supplemental Liability Insurance
A.L.I.=Additional Liability Insurance

横穿马路时请注意！

■ 2005 年 9 月横穿马路法实施。这是为了防止发生行人死亡事故而颁布的州法。这部法律规定"行人若在驾驶员所在车道的人行横道范围内时，驾驶员必须完全停车"。

在车道较多的道路或是单行线上左右拐弯时请一定注意安全。任何时候都要礼让行人。这样就不会出事。否则，违反交通规则则要罚款 150 美元。

另外，在这部州法中还规定，如果行人在人行横道以外的地方横穿马路，也将成为处罚的对象。在怀基基的卡拉卡瓦路等，甚至从路中走到人行横道，或从人行横道中途走到车道也是禁止的。这种情况会罚款 120 美元。

发生交通事故时

①马上停车，如果有人受伤马上求助。
②用警示工具提示其他车辆此处发生事故。
③通知高速公路交警或警察。
④向租车公司报告事故。
⑤根据租车公司的指示，填写规定的事故报告书，并于 24 小时内提交。

如果购买了国外旅行伤害保险，请与各保险公司联系。

即使外语流畅也要避免私下和解。如果不小心说错话，很有可能会负全部责任。特别是不要轻易说抱歉等词语。彼此交换事故当事人双方的姓名、地址、驾驶证号、车牌号等，随后根据租车公司的指示行动。

主要标识

停车

禁止通行

有优先道路

前方双向行驶

仅可左转或直行

单行线

禁止停车

只可右转

禁止掉头

禁止左转

医院

最高时速 50 英里

禁行

驾驶途中严禁使用手机
■ 夏威夷于2009年7月1日开始禁止驾驶途中使用手机。即使在红灯停车时也不能用手机，但可以使用耳机进行通话。违反这一规定，第一次处罚款67美元，连续3次违反最高可处500美元的罚款。

一旦发生非法停车情况
■ 非法停车的处罚是非常严厉的，只要在禁止停车场所一停车，1~2分钟之内就会有交警赶来。不论你说什么，都会在雨刷上夹一张违规单。违规金必须在一周内交纳。如未在限期以内交纳，还要加收滞纳金。违规金的交纳方法有2种。在火奴鲁鲁可以直接到市中心阿拉凯阿路的法院里的交通违法局缴纳，也可邮寄。邮寄时可在信封内放入旅行支票或填写信用卡信息寄出。☎538~5500

一旦租用车被拖车拖走了
■ 如果发生非法停车导致被拖车拖走时，请沉着冷静地到附近公用电话拨打☎911。只要说出停车位置和车牌号，对方就会告诉拖车公司的地址，游客去那缴纳相关费用（拖车费和保管费），就可以将车开走。违规单交给拖车公司，不会说英语也没有关系，☎911中有中文话务员，游客大可放心。

停车计费器
■ 根据硬币不同投币口也不同
怀基基的停车计费器在卡拉卡瓦路与库希欧路交叉口的南北走向的道路上。但一般方便的地方通常都被车占用了，要找空的计费器还是比较困难的。

动。一定不能超越校班车。另外，对面车道有校车停下时，也要停车等待（这一点经常出问题请游客注意）。

②在包括夏威夷在内的美国，信号灯即使是红色也可以右拐。但不要忘记停车慢行，礼让行人。一部分标有"No Turn On Red"的十字路口，信号灯变红时则不能右拐。

③夏威夷的司机，经常有不打转向灯就突然改变车道的。因此请注意留出充足的车间距。

④有的汽车只有左右视镜。在夏威夷，如果并行的两辆车发生触碰，责任在于沿行车方向右侧的车。也就是说游客一定要特别注意左侧靠近的车辆。

⑤决不能搭载其他人。有不少搭车人看起来很和善，但实际上却是盗窃犯。一旦搭载外人，驾驶员和搭车人都要被处以罚款。

⑥禁止随便乱扔垃圾、烟蒂。相关罚款也很严格。

⑦下车时不能将贵重物品留在车内。最近在怀基基的购物中心及酒店的停车场内时有发生贵重物品被盗事件，即使下车时锁好车门也会被盗窃犯轻易打开。

⑧亚洲人出现最多的违反交通规则情形是超速行驶和非法停车。由于这里道路宽阔，不常发生拥堵现象，很容易导致超速行驶。再加上时速用英里表示，即使看着计速器，也感觉不到已经超速。市内的最高时速为25英里（40公里），免费高速公路最高时速为55英里（88公里），部分区间为60英里（96公里）。游客要经常关注计速器，确认自己是否超速。

怀基基周边的停车信息

超过了规定的时间还停着车的话就要收到罚单了

游客往往会担心停车的问题。

首先要记住的是，在怀基基可以免费停车的地方几乎没有。请务必停在酒店或购物中心的收费停车场，以及道路上的停车位上。

怀基基对非法停车的处罚是国内所无法比拟的。也许游客刚停了1分钟，马上就会有交警跑来给你警告。回到车上发现被贴了非法停车的单子的情况在怀基基是家常便饭，请一定注意按规定停车。

关于怀基基的收费停车场的费用，其中，皇家夏威夷购物中心每停20分钟为1.5美元（最高20美元）。平均每小时4~6美元。

此外游客需了解的是"有效停车"系统。即只要在酒店或购物中心内部的店铺有所消费，就可以免费（或优惠）使用停车场。请务必持停车券并在结算处出示，盖上印章或贴上标签后生效。这证明游客已经在店铺内进行了消费。

马路上的车位，比较适用于购物时做短暂停留的情形。使用方法非常简单，只需将硬币投入投币口，转动拨号盘。根据硬币种类不同停放时间也不同。同时和停车地点有关，如怀基基等繁华区5美分硬币可停2分钟，10美分可停4分钟，

25美分可停10分钟。但最长只能停放1小时（郊外最长可停2~4小时）。

最后来说一下住宿酒店的停车场。并不是酒店客人就一定能免费停车。由于土地有限，怀基基的酒店99%都要收取停车费。根据酒店的位置不同费用不等，一晚在10~25美元之间。

需要注意的是，到达酒店时请不要忘记跟前台说明自带车，也不要忘记

停车计费器，根据硬币大小选择投入口

跟停车场管理员说明自己是酒店的客人。游客可以在前台或停车场出入口购买标记有退房日期的停车券。购买后只需将其贴在车内前玻璃窗上即可。这样每天可以无限次出入酒店，不再收取额外费用。

加油与汽油价格

汽油价格与加油站有关。价格会用大大的数字标记在广告牌上。因此游客可以自行选择便宜的加油站。标记的数字为每加仑（约3.8升）或每升的价格（2012年上半年，汽油价格含税约为4.2美分/加仑）。

汽油分为标准、无铅两种。无铅汽油按质量又分为2~3种。租用车请必须使用无铅汽油。

服务方式有三种：

让店员加油的方式称为迷你服务。"请加满油"时只需讲"Fill it up, please"就可以。也配有擦玻璃以及检查电池及油箱的全套服务。

最受欢迎的是自助式加油站。自助式加油站的加油方法请参照下文。

①首先，请到收费处告诉对方要加的油号，交定金。加满箱时，根据车型与汽油剩余量不同费用不等，但20~30美元就足够了。

②取下喷嘴，将加油站的操纵杆从off拉至on（有上下拉杆式，有滑动式，也有按钮式等多种类型）。待显示数字（费用与升数）归零后，将喷嘴插入油箱口。

③紧压喷嘴，汽油就开始注入油箱。一边注意加油站的显示数字一边加油。如果只想加5美元的，或只想加20升汽油，待数字显示至目标数字时停止用力压喷嘴。如果想加满油，可以继续加油，待汽油满箱后会自动停止加油。

④加完油后，请将喷嘴放回原处，并将操纵杆按至off。到收费处结算。加油站显示的数字与收费处是共享的。

怀基基附近的加油站，在怀基基的西部、卡拉卡瓦路与库希欧路的交叉点附近。另外，东部的卡帕胡卢路沿线也很近。

停车场不足

■ 随着租车派数量的激增，酒店停车场地不足的问题越来越严重。在旅游旺季或有大型会议时，即使是酒店的客人，如果返回酒店时间太晚也就没有车位了。这时酒店会告诉游客附近的停车场。这样一来，租车的方便性就大打折扣了。只能这样的话，我们可以委托服务生代客泊车。虽然要支付消费，但考虑到不必从其他的停车场再走回酒店，这样还是方便多了。

无铅汽油选用最便宜的就可以

请确认显示数字归零后再开始加油

可用信用卡结算的加油站非常多。将信用卡插入，根据画面提示操作即可。无须提前交定金

VOICE 在丽丽哈面包房（→p.199）尝试一下抹茶味的可可泡芙。稍带咸味非常可口。量也很大，感觉好像鼓鼓的泡芙。

高速公路

Freeway

熟练利用高速公路

出入高速公路的方法与中国相同，即需要彻底确认安全后再行驶入或驶出。掉头、停车、随意改变车道、超车、乱扔物品等禁止事项也和国内相同。另外，有最高限速和最低限速。

值得一提的是，虽然称为高速公路，但这些公路是完全免费的，因此无须在入口处转来转去地寻找收费站。

瓦胡岛的免费高速公路有 H-1、H-2、H-3 三条。H-1 从怀基基北部到西部的马卡洛市。H-2 在珍珠城与 H-1 分离后一直延伸到瓦希阿瓦。H-3 则是连接卡内欧西美军基地与珍珠港的线路。

高速公路的进出

进出高速公路，首先需要记住的是，从西往东依次为卡拉卡瓦路、麦卡利路、卡帕胡卢路等干线路道。每条路道都与怀基基相连，即使迷路了只要能回到这三条路上就没问题了。

①驶入从东往西方向的 H-1

从怀基基驶入阿拉威路，到麦卡利路后右拐，然后一直

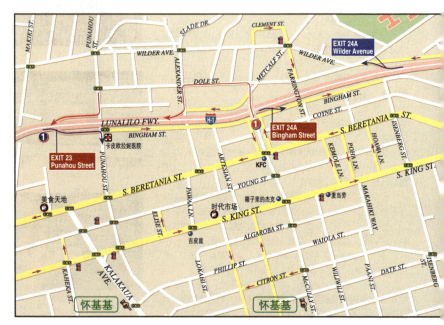

VOICE   IHOP 餐厅（→ p.223）的招牌甜品草莓薄煎饼非常美味。菜单上带图片，即使不擅长英语也可以放心点菜。

北上。经过 H-1 高架后在多尔路左拐，然后在亚历山大路左拐驶入。（p.86 图①→）

如果是在怀基基东部，可以从卡拉卡瓦路或库希欧路驶至卡帕胡卢路后右拐，然后北上。沿着中央车道行驶，钻过 H-1 高架后左拐。接着转入右车道一直向右行驶，最后自然驶入高速公路。（下图②→）

②驶入从西往东方向的 H-1

最简单的方式是下图的③→，在怀基基从阿拉威路驶至麦卡利路右拐，在第一个信号灯右拐就到了卡皮欧拉妮路。

即使没有从这里驶入也不必惊慌。沿着卡皮欧拉妮路直行，由于它与维艾勒伊路相连，只要一直走下去就能驶入 H-1。

③从 H-1 驶出

下高速时，我们可以通过标识进行识别。

返回怀基基时，如果是从东向西方向，那么 23 Punahou St. 最近（p.86 图①→）。当然没有从这里下高速的话还可以从 24A Bingham St. 或 24B University Ave. 下高速。如果想去往怀基基东侧，则应从 25A King St. 下（下图②→），经由卡帕胡卢路。

从东往西方向的话可以从 25B Kapiolani Blvd.（下图③→）或 25A King St.（下图④→）下高速。

导航仪的重要作用

■ 通常人们在惊慌的状态下难以做好事情。首先，至少要对交通规则有一个了解，希望游客能心平气和地安全行驶。

还有比较重要的一点是我们要对夏威夷的道路结构有一个大体的把握。看着夏威夷的地图，我们不仅要知道自己大概在哪个位置行驶，还要能做到行车途中，坐在副驾驶座的人能给驾驶员以明确的指示。

可以说，比起驾驶员的驾驶技术来，对于导航仪中地图的把握能力更能成为安全驾驶的决定性因素。即使走错了路也无须慌张，只要按照导航仪上的地图仔细查找就好。

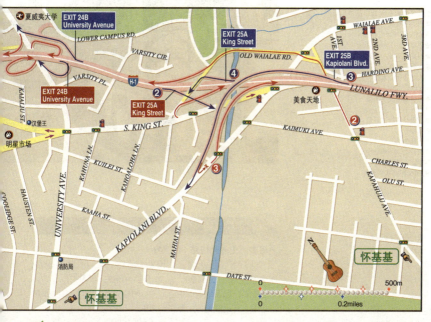

怀基基无轨电车

Waikiki Trolley

通风舒适的无轨电车

怀基基无轨电车已经成为怀基基的重要标志。这是19世纪曾行驶于加利福尼亚州路上电车的复制品。彩色的车身上点缀着金色的文字，使用了橡木材料的室内用具，车内的装饰也极具古典色彩。由于没有玻璃窗，游客可以一边感受习习凉风，一边欣赏火奴鲁鲁的街景。

这几年，无轨电车的线路和班次都明显增多，这无疑成为游客很好的交通工具。主要线路为以下三条再加上怀克莱的接送服务。不同的线路会在车上插上不同颜色的旗子，因此很易于辨认。

费用
■ 本文的常规版3条线路通票中，1天使用券为30美元（4~11岁14美元），4天使用券为52美元（4~11岁20美元），7天使用券则需58美元（4~11岁22美元）。2条线路通票为红线＋粉线，或绿线＋粉线组合，1天通票为22美元（4~11岁10美元）。怀克莱往返票为26美元（4~11岁9.50美元）。只乘粉线可以乘车时付现金，单程乘车费为2美元（4~11岁也2美元）。3岁以下儿童免费乘车。
■ 车票需在DFS怀基基商业街（→p.260）的怀基基无轨电车（→Map p.261）附近的票务中心（DFS怀基基商业街大厅内）领取（9:00~22:00），周日最晚到21:00。
■ 团队预约、咨询请拨打☎593~7064

夏威夷历史观光线路的停车场所
● 伊丽凯酒店
● DFS怀基基商业街
● 皇家夏威夷购物中心
● 杜克·卡哈纳莫库像
● 阿斯顿怀基基海景酒店
● 火奴鲁鲁美术馆
● 州政府大楼　伊奥拉尼皇宫
● 阿罗哈塔交易市场
● 唐人街
● 卡美哈美哈国王像
● 沃德仓库
● 沃德中心
● 阿拉莫阿纳购物中心（面海一侧站点）
● 伊丽凯酒店
● DFS怀基基商业街

很多人在阿拉莫阿纳购物扬靠海一侧的站点上下车

常规线路

夏威夷历史观光线路（线路颜色：红色）

从DFS怀基基商业街出发（部分从伊丽凯酒店始发，DFS始发每8:45~16:20，每35分钟一班），伊奥拉尼皇宫及卡美哈美哈国王像等市中心地方、阿罗哈塔、阿拉莫阿纳购物中心等，在火奴鲁鲁主要景点停车。

 怀基基无轨电车上，司机半带着玩笑给游客讲解各处景点，我没有选择观光公交而是选乘了无轨电车。

怀基基—阿拉莫阿纳购物中心线路（线路颜色：粉色）

这是一条直接连接怀基基和阿拉莫阿纳购物中心的线路。从 DFS 商业街怀基基始发，9:38~21:08（周日、节假日末班车为 19:08）之间，每 10 分钟运行一班。但这条线路也是最容易受交通状况影响的线路，因此早晚它并非一定准时到站，这一点请游客注意。

从 DFS 怀基基商业街到阿拉莫阿纳购物中心去程大约 40 分钟，返程大约 20 分钟。

除通票外，单程乘车 2 美元（儿童费用相同，乘车时交现金给司机）。

钻石头山观光线路（线路颜色：绿色）

包括钻石头山登山、卡哈拉购物中心等，以及瓦胡岛东南部大受欢迎的景点。始发是在 DFS 怀基基商业街（部分从希尔顿·夏威夷度假村始发，从 DFS 始发的 8:25~15:30 之间，每 35 分钟一班）。途经怀基基海族馆、人气钻石头山市场 & 烧烤（→ p.210），周六还会在引人注目的 KCC 农贸市场（→ p.104）停车。

从钻石头山火山口（内侧）停车场返回 DFS（怀基基）时，即使没有提前购买 1 日券等，付给司机 5 美元就能乘坐无轨电车。

【怀基基—阿拉莫阿纳购物中心线的停车点】
● DFS 怀基基商业街
● 皇家夏威夷购物中心
● 杜克·卡哈纳莫库像
● 阿斯顿怀基基海景酒店
● 希尔顿怀基基王子库西欧
● 欧哈纳西部酒店
● 卡拉卡瓦国王广场
● 怀基基海滨漫步
● 希尔顿·夏威夷度假村
● 阿库尔棕榈温泉酒店
● 阿拉莫阿纳购物中心（面海一侧站点）
● 伊丽凯酒店
● 希尔顿·夏威夷度假村
● 萨拉托加路
● DFS 怀基基商业街

【钻石头山观光线的停车点】
● 希尔顿·夏威夷度假村
● DFS 怀基基商业街
● 皇家夏威夷购物中心
● 杜克·卡哈纳莫库像
● 火奴鲁鲁动物园
● 怀基基水族馆
● 钻石头山冲浪观景台
● 卡哈拉购物中心
● 钻石头山火山口（内侧）
● 钻石头山观景台（外侧）
● KCC 农贸市场（限周六）
● 钻石头山市场 & 餐厅
● 卡拉卡瓦国王广场
● DFS 怀基基商业街

品牌折扣店购物，
请参加怀克莱观光团

怀基基无轨电车，在常规 3 条线路基础上，还有一条通往怀克莱高级品牌折扣店的电车线路。每天一班，上午发车，游客可以在怀基基的主要 8 个站点上车，返程是 14:30 从怀克莱发车，可以在怀克莱体验一整天的购物，比乘出租车要便宜得多。费用往返 26 美元，4~11 岁 9.50 美元。

怀克莱线的时刻表	
站点	停车时间
伊丽凯	8:45
希尔顿·夏威夷度假村	8:51
DFS 怀基基商业街	9:00
杜克·卡哈纳莫库像	9:08
阿斯顿怀基基海景酒店	9:11
怀基基海滨万豪度假村	9:13
怀基基欧哈纳西部酒店	9:18
怀基基哥特威酒店	9:22
抵达怀克莱	10:22

规模巨大的奥特莱特

道路观光 *Street Excursions*

旅行的乐趣之一，在于可以悠闲地逛马路，观察观察行人，逛逛商店，这都是非常有意思的事情，下面我们向游客介绍一下瓦胡岛的主要城市、路道等。

卡拉卡瓦路 Kalakaua Avenue
怀基基

Map 怀基基～阿拉莫阿纳

繁华的怀基基主干道路

怀基基的观光巴士

在夏威夷度假，最基本的旅游项目之一就是逛卡拉卡瓦路。整洁便利的南国都市，高耸林立的高层酒店群，鳞次栉比的名牌商店……不愧为夏威夷代表性的道路。

最为热闹的地方是从卡皮欧拉妮公园到西部的怀基基哥特威公园之间，直线距离不过 2 公里左右。游客可在此悠闲漫步。

购物天堂卡拉卡瓦路

说到在卡拉卡瓦路最大的乐趣，就是欣赏各家商店的橱窗。不管是专卖名牌的女士，还是想给朋友带礼物的游客，这里有你所需要的所有店铺。如果想高效地购物，游客可在各大购物中心的中间地带行动。

怀基基的中央有横跨 3 个路区之大的皇家夏威夷购物中心（→ p.248），以及已成为风景名胜的国际商场（→ p.255）。

在怀基基购物广场（→ p.259）、君悦购物中心店等地方，游客可随意选择商品。当然，西部的 DFS 怀基基商业街（→ p.260）、怀基基海岸步行街等也非常值得一看。

能一边感受着大海一边散步是卡拉卡瓦路的魅力

VOICE 阿斯顿怀基基海滩酒店（→ p.586）海岸早餐，备有丰富的饭团、味噌汤、咸菜、水果等，非常非常棒。

观光景点INDEX

*具体地点请参看p.36~45的分区图

怀梅阿
- 怀梅阿湾海滨公园
- 马胡卡神庙

- 海龟湾度假村
- 波利尼西亚文化中心

- 马胡卡神庙
- 哈莱瓦

- 都乐种植园

珍珠港周边
- 亚利桑那纪念馆
- 阿罗哈体育馆
- 跳蚤市场
- "密苏里"号战舰纪念馆
- "暴风"号潜水艇博物馆
- 太平洋航空博物馆
- 珍珠岭中心
- 夏威夷种植园村
- 怀克莱中心
- 怀克莱品牌折扣商场

- 库阿罗阿牧场

凯卢阿
- 凯卢阿镇
- 凯卢阿海滨公园

- 努阿努帕利观景台
- 艾玛女王博物馆

- 夏威夷潮流水上乐园
- 科奥利纳度假村

- 主教博物馆

- 玛卡普吾海滨公园
- 夏威夷海洋生物公园

夏威夷·凯
- 可可头山沙滩公园
- 恐龙湾

火奴鲁鲁中心区域

- 坦特拉斯丘陵
- 马诺阿购物中心

- 时代美术馆
- 夏威夷大学

- 卡哈拉购物中心

- 庞奇包尔

- 国王大道

- 卡帕胡卢街
- 卡帕葫卢街
- 卡皮欧拉妮公园
- 火奴鲁鲁动物园
- 怀基基水族馆

- 麦卡利购物中心
- 卡皮欧拉妮路

- 阿拉瓦伊路

- 卡拉卡瓦路

- 钻石头山

- 阿拉莫阿纳路

阿拉莫阿纳地区
- 阿拉莫阿纳海滨公园
- 阿拉莫纳中心
- 沃德中心

怀基基地区
- 美国陆军博物馆
- 国际交易市场
- 卡拉卡国王铜像
- 卡拉卡瓦路
- 国王村
- 库希欧路
- **DFS**怀基基商业街
- 杜克·卡哈纳莫库像
- 君悦购物中心
- 草裙舞演出
- 奢华街
- 皇家夏威夷中心
- 怀基基购物广场
- 怀基基的魔法石
- 怀基基海滩
- 怀基基海岸步行街
- 怀基基古道

- 钻石头山海滨公园

- 卡卡阿寇滨水公园
- 儿童科教中心

市中心区域
- 阿里怡欧拉尼哈雷
- 阿罗哈塔
- 阿罗哈塔市场
- 伊奥拉尼皇宫
- 卡美哈美哈国王像
- 卡韦阿哈奥教堂
- 州政府大楼
- 戴冠仪式台

- 唐人街
- 夏威夷州立美术馆
- 福斯特植物园
- 火奴鲁鲁市中心
- 火奴鲁鲁美术馆
- 传教士博物馆
- 华盛顿交易市场

在逛这些购物中心之余，游客可捎带转一下中间的精品店、商场、便利店等，会使你的旅程更加高效。

但是，卡拉卡瓦路的物价总的来说偏高（包括餐馆）。因此旅行时间充裕的话，游客也可去郊外的商店对比一下再选择购物。

令人兴奋的卡拉卡瓦路之夜

不知游客是否知道，在卡拉卡瓦路沿线还分布着许多历史古迹。游客往往很容易就被五光十色的商店橱窗所吸引，从而忽视了这些景点。但实际上这些承载

卡拉卡瓦路面朝钻石海角

着怀基基历史的事与物，总是发人深省。这可以说是购物以外的另一种情趣。

卡拉卡瓦路的夜景也是只有在夏威夷才能体会到的。一直喧闹到深夜的餐馆和酒吧、俱乐部、电影院……霓虹灯闪烁，远处隐隐传来波利尼西亚风格的旋律。每到夜晚，这里就如同节日、庙会般热闹。

有很多街头艺人表演人体雕塑艺术

夜里也很热闹的怀基基的主大街

  酒店的早餐，服务员多在客人面前煎鸡蛋或煎蛋卷等。游客可以从各种各样的材料中选择自己喜欢的夹到煎蛋卷中。

库希欧路 Kuhio Avenue
怀基基

以生活的感觉旅行

除了卡拉卡瓦路，离山更近的库希欧路也是一条繁华路。但这里的店铺仅仅集中于从卡伊乌拉妮路到皇家夏威夷路交易中心或怀基基城市中心（国际商场旁边）的地方。即使到了深夜，这里行人也络绎不绝。

餐具店、怀基基特莱德购物中心、怀基基城购物中心（国际市场）等里面有很多漂亮的店。

在几个站点中，最为热闹的就是食品柜前站

食品柜适合选择带厨房式酒店的游客

公交旅程的起始点

说到库希欧路不得不和游客提起的一点是，这条路上聚集了很多便宜的酒店以及酒店式公寓。因此，在这里多见美国本土居民和从加拿大过来的长期居住者。亚洲游客则多集中于卡拉卡瓦路。

如果游客希望尽量长久、尽量经济地在夏威夷停留，或者游客带着孩子，希望选择带厨房的酒店时，库希欧路就是你最佳的选择。

从这里的酒店里看不到大海，但到海滨只需步行 3~4 分钟。在靠山一侧的屋顶还可以欣赏到美丽的夜景。

库希欧路有公交通行，每隔几个路区就有一个站点，因此对于想外出购物或观光的游客，这里无疑拥有极佳的地理位置。

去往海洋生物公园等东海岸景点的公交从这里经过，每天早上车站都异常拥挤

库希欧路的新标志性建筑。卡伊乌拉妮公主雕像（→ Map 怀基基 -A7）。前面就是站点，很适合在这里碰头

公交穿行的库希欧路，路道名称源于卡拉卡瓦国王的外甥库希欧王子

不会游泳的或老年人也请带上泳衣。吹着夏威夷的习习凉风，在酒店的浴池里泡一个澡，长途飞行的疲惫定会一扫而光。

93

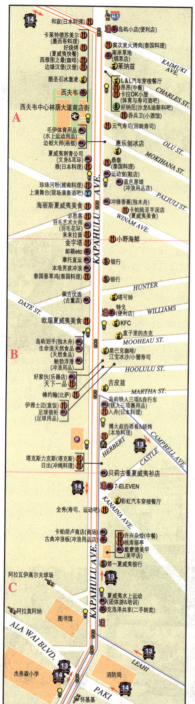

卡帕胡卢路
Kapahulu Avenue

Map 火奴鲁鲁 -B,C7

每天都想逛的美食路

　　卡帕胡卢路位于怀基基东侧，从卡皮欧拉妮公园沿阿拉威高尔夫球场一直向北延伸。这里有中国菜、泰国菜、菲律宾菜、韩国菜、夏威夷菜等民族风味餐馆和日本料理店，是一条美食街。

　　每家店都弥漫着浓郁的家庭氛围，一旦进到里面游客就会深深喜欢上这个餐馆。经营夏威夷料理"欧瑞夏威夷美食"以及"海丽斯夏威夷美食"的除了酒壶亭酒馆，还有雷纳德等，经常有回头客光顾。

享受别具一格的购物

　　在卡帕胡卢路上还有令各种发烧友垂涎的专卖店。有铁杆粉丝必看的岛国铁人三项&摩托车，有火奴鲁鲁马拉松爱好者常常聚集的长跑屋，还有卖皮划艇的"冲锋香蕉"，以及以"古董夏威夷博物馆"的别名命名的"贝莉古董夏威夷衫店"等。如果是这些方面的达人，那就绝对不要错过这里。

　　对在酒店式公寓里自己解决一日三餐的游客，我们向你推荐食材丰富的西夫韦。

　　这些餐馆和商店，店与店之间都有一定的距离，从怀基基一路走来的话怕有难度。如果利用公交车，则需从库希欧路乘坐13路车（只能乘坐标有"13WAIKIKI/campbell Ave."文字的车）一直到坎贝尔路。走到雷亚西路后再乘坐14路车就能到达凯慕奇路了（见左面地图）。

路上并排着如此裊围的店铺（图片为欧瑞夏威夷美食）

VOICE　在好恶分明的欧美等国，仅仅试穿但不买衣服也不会招来店员的愤怒。在这里，有很多喜欢交流、详细地为游客讲解商品的店员。

火奴鲁鲁市中心 Honolulu Downtown   Map 火奴鲁鲁 -B,C4

怀基基的西部

多姿多彩的夏威夷中心位置

说起火奴鲁鲁的中心，游客们大多认为是怀基基，但实际上"火奴鲁鲁"本意为市中心。正如当地人只称呼"town"一样，火奴鲁鲁市中心不就是聚集了夏威夷人能量，展示真正夏威夷风采的"地方"吗？

到这里交通非常方便（后面也会提到），所以请游客一定要到这里来看看。

感觉稍微有点奇怪的普尔酒吧

政治、经济的中心——老市中心

自从 1845 年火奴鲁鲁正式成为夏威夷首府以来，作为政治、经济的中心得到长足发展的市中心，开始分为老市中心和唐人街两大块。

老市中心以火奴鲁鲁港为核心，包括向北延伸的努阿努、沃德、主教各大道及办公楼、政府路、购物区等。

白天充满活力的街道

这里汇集了长期以来垄断夏威夷经济界的大企业"五大企业"等，成为各大金融、流通的中心，现代化的高楼大厦鳞次栉比。尽管如此，这里也有记载着一个多世纪历史的混凝土建筑，游客可以在此体味古老港口风情。

身着夏装的职业女性英姿飒爽走在路头，仿佛这里不再是南国的度假地。然而有"夏威夷星期五"之称的每周五到来时，我们又能看到穿着夏威夷衬衫以及夏威夷式便服的女性工作人员的身影，让人觉得这才是真正的夏威夷。

主教路的东侧，是包括州政府、联邦大厦、最高法院、税务署、司法局在内的行政区。这里种植有大片的草坪，散布着伊奥拉尼皇宫、卡美哈美哈国王的史迹，是悠闲漫步的好去处。

面朝火奴鲁鲁的商业区

荣光的 "BOAT DAYS"

让我们把目光转向老市中心的靠海一侧，这里是曾经的夏威夷门户火奴鲁鲁港。古老的港口景象与先进的时尚街区并存，这里就是引人注目的滨水地区。

20 世纪初，每当载有美国本土游客的豪华客船抵达港口时，就是当时的火奴鲁鲁市民最值得庆祝的时刻。船一到港口，夏威夷皇家乐队就开始演奏"夏威夷"并跳起草裙舞，整个港口全是游客以及欢迎他们的人们，纪念品商店里人声鼎沸。而空气中弥漫着欢迎花环的香气。这就是荣光的"BOAT DAYS"。

海港的景色能增进食欲

从空中看到的海滨

市中心地图

单行线
一般停车场
信号灯
2路、13路公交车线路
2路、13路公交车站点
公交车站点
禁止一般车辆通行(酒店街)
100 1000 街道号
景点
广域地图见火奴鲁鲁地图B、C-4

HONOLULU HARBOR

N. KUKUI ST. NUUANU AVE.
MAUNAKEA ST.
COLLEGE WALK
RIVER MALL

Chinatown Cultural Plaza
唐人街文化广场
皇家厨房
传奇海鲜餐厅

N. BERETANIA ST.
奥特蛋糕
古巴灵魂咖啡

NUUANU STREAM
RIVER ST.
PAUAHI ST.

阿阿拉公园
Aala Park

China Town Gateway Park
唐人街哥特威公园
家乡小馆

毛纳凯阿市场
Maunakea Market Place

N. KING ST.
N. HOTEL ST.
SMITH ST.
NUUANU AVE.
BETHEL ST.

瓦胡岛市场
Oahu Market
MAUNAKEA ST.
N. KING ST.

KEKAULIKE ST.
AWA ST.
MARIN ST.

N. NIMITZ HWY.

N. NIMITZ HWY.

和平圣
Our La
福特街
FORT ST. MALL

步行者
Walke

0   200m

VOICE 怀基基购物广场（→ Map 怀基基 -A6）的幕山一侧，拉乌乌拉路的鸡蛋花夏威夷拼布品牌折扣店可以买到便宜的拼布制品。

1926 年作为港湾的管制塔建成的夏威夷塔，是当时最高的建筑，随着游船慢慢靠近陆地，我们不难想象它逐渐映入游客眼中的光景。

然而，随着航空时代的到来，曾经的繁华已经消失，褪了色的仓库和工厂静静地排列着，这里已经成为被人遗忘的区域。这时，想要再现"BOAT DAYS"荣光的"夏威夷塔再开发计划"出现了。1994 年，夏威夷交易市场建成了，怀旧的外观和独特的商铺使游客仿佛回到了曾经的"BOAT DAYS"时代，不仅受到游客，而且受到当地人的大力支持，这里最终成为时尚区。

阿罗哈大厦的市场处会经常举办活动

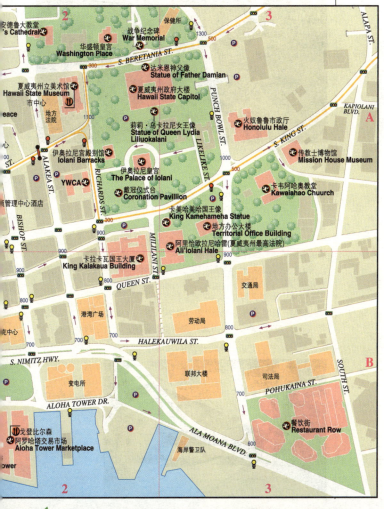

小店林立

充满活力的唐人街

老市中心的西边，以国王大道和冒纳凯阿路为中心的区域就是唐人街。

路上排列着中国人经营的餐馆、干货店、古董店、理发店、花店等木结构、石结构、砖瓦结构的建筑。虽然杂乱无章，但是里面夹杂着一股生活的味道，仿佛一个多世纪以来这里从来没有变化过。

来到唐人街最大的乐趣就是逛市场，以及品尝地道的中国小吃。瓦胡岛市场（→ Map p.96-B1）、冒纳凯阿市场（→ Map p.96-A1）里，有肉、鱼、蔬菜等所有的生鲜食品、各种知名的不知名的香辛料和中药等堆成小山，整个店铺回荡着店员的叫卖声。中午时分，人气餐馆外面会排起长长的队列。游客容易进入的是唐人街文化广场（→地图 p.96-A1）里的餐馆。从拥有5000年文明的大国来的人们对食物有着细腻的感受，并有着强大的胃。可以说唐人街就如同夏威夷的华人的厨房。

充满活力的唐人街里的市场

漫步市中心

旁边的小路会有一些不怎么风光的店铺，尽量不要往里走。

只要在有行人通过的地方活动，白天还是安全的（当然也要时刻注意身边的物品）。

一旦过了16:00，或是在周日，人群就奇迹般地消失了，给人以不安的感觉。不要靠近没有灯光的地方，不要去无人通行的地方（不光是唐人街），这是想要安全享受海外旅行的最低标准。晚上去餐馆时我们建议游客利用租用车或出租车。

整个市中心，就像一座大的车站系统，里面也包含怀基基无轨电车的线路。即使驾车去也会有好几处停车场（→ Map p.96~97），确实非常方便。我们建议游客留意前面提到的事项，请一定到市中心体验一番。

公交车专用道路的酒店大街。最方便

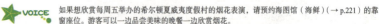
VOICE 如果想欣赏每周五举办的希尔顿夏威夷度假村的烟花表演，请预约海图馆（海鲜）（→ p.221）的靠窗座位。游客可以一边品尝美味的晚餐一边欣赏烟花。

旨在复兴市中心的文艺复兴运动 First Friday

火奴鲁鲁的市中心，总体上划分为以主教路为中心的商业路区，以及以运河周边为中心的唐人街。几乎从中间穿过的努阿努路沿线，聚集了很多文艺长廊及餐馆等，这里被称为"艺术大街"。

位于努阿努路与 Pauahi 路交叉口附近的 The Art at Marks Garage 是这一区域的中心，2003 年掀起了一项"First Friday"运动。

每个月的第一个星期五，市中心的各大文艺长廊与周边的餐馆、商店等相结合，从 17:00 到 21:00 举办各种各样的活动。一到晚上就变得空无一人的市中心，每个月的这天也会成为艺人们聚集的热闹场所。

The Art at Marks Garage

最初发起"First Friday"这一运动的 The Art at Marks Garage，在每个月的第一个周五都会举办新的展览会或活动。这里除了长廊展览，还举办绘画班。只要交纳费用谁都可以参加。

夏威夷剧院

市中心复兴运动中的核心所在，是 1922 年建成的夏威夷剧院。这是一座有着"太平洋的卡内基音乐厅"美誉的剧院，于 2004 年完成了所有的装修。在这里定期举行音乐会及演奏会，每个月的第一个周五，通常会举办免费的小型管风琴演奏会和免费馆内参观（馆内举办活动时除外）。

🏠 市中心的努阿努路周边（→ Map p.96-A~B）
🕐 每个月的第一个周五 17:00~21:00
📋 The Art at Marks Garage 及努阿努路周边的长廊，均备有免费的长廊步游地图
🌐 www.artsdistricthonolulu.com

静夜中的市中心也有热闹的一面

可以饶有兴趣地边欣赏画作边散步

灯光闪耀的夏威夷剧院是市中心的标志

漂亮的咖啡馆和餐馆林立

活动的中心 The Art at Marks Garage

凯卢阿 Kailua

Map p.37-A3

瓦胡岛东南部

凯卢阿的中心街

帆板冲浪之城

凯卢阿周边有许多非常适合帆板冲浪的海岸，因此被称为"帆板冲浪之城"。

这个城镇里的居民，以有着"哈莱奥"之称的白人居多。岸边全是平房式的住宅，每家每户都备有小船、皮划艇、帆板等海水运动所需的工具，非常富有海滨城市的情调。

悠闲漫步于凯卢阿镇

凯卢阿镇的商业街也不拥堵，游客也很少，处处呈现一幅美国乡村的景象。

城镇中心的繁华地凯卢阿购物中心于2001年重新装修过。

哈哈尼路两边有西夫韦超市、电影院等场所，最近前来这里的游客较多。特别是像凯卢阿商店、凯卢阿广场等地全都是时尚的时装店、美味可口的汉堡店等，直到深夜车辆也往来不绝。

凯卢阿购物中心

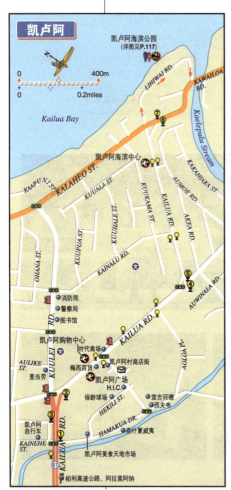

凯卢阿城商店

DATA

🚌 从阿拉莫阿纳乘57路车（标志为 KAILUA/ Sea Life Park）。从左侧地图的①②站点下车。如果是去海岸，则有以下方法：（1）在①②站点换乘70路车（目的地标识为70 Lanikai），在海岸附近的⑥站点下车（返程在⑦站点换乘70路，在③站点换乘57路）。但70路车很少，如果错过了就需要在站点等1个多小时。

（2）如果需要在站点等公交，游客也可以步行至海岸。从城中心步行至海岸约20分钟。

（3）如果不打算换乘70路车，则可以乘57路车在凯卢阿路和瓦那奥路的交叉点所在的④站点下车，然后从这里步行到海边。既可以节省换乘时间，步行距离又短。返程也可以同样从⑤站点乘坐57路车。

🚗 从怀基基走H-1、61号线约需30分钟

⭐ VOICE 参观亚利桑那纪念馆时，建议游客早上早点出发。我们是9:00过后到达的，等了3个小时。

科奥利纳度假村 Ko Olina Resort

瓦胡岛西部

DATA

🚌 从怀基基走 H-1 行驶约 45 分钟

瓦胡岛

● 旅游景点 道路观光

令人期待的新度假村

如今尚不为游客所知的埃瓦地区正在筹划着一场大的改变。从火奴鲁鲁乘车约 20 分钟，我们就来到了被称为西海滨的地区，这里正在建设着比怀基基规模还要庞大的度假村。

在名为科奥利纳（夏威夷语种为"欢喜的结晶"之意）度假村的 260 万平方米广阔的土地上，有拥有 18 洞球场的科奥利纳高尔夫俱乐部，拥有夏威夷屈指可数的温泉的高级度假酒店 JW 万豪科奥利纳度假村＆水疗中心，能容纳 400 只船的船坞以及礼拜堂等，2003 年豪华的 JW 万豪科奥利纳海滨俱乐部正式开业。

科奥利纳高尔夫俱乐部

受到阳光祝福的人工湖

度假村里有 4 处巨大的人工泻湖，微波粼粼非常受小孩子的喜爱。这里也有礁岩，非常适合潜水。

这里厕所、淋浴等设施齐备，周围的草坪很适合郊游。再加上使用客人较少，会非常舒适。缺点是这里的停车场数量有限。游客可以选择清晨或下午晚一点来。

度假村于 2004 年开始第 4 次开发计划，开始建设别墅、城市旅馆等，今后还会陆陆续续开发户外海族馆、夏威夷文化中心、购物中心等各种计划。这些设施构成的度假城很有可能会给夏威夷的人口分布以及经济地图等带来较大的影响。

豪华的万豪酒店

天气晴朗、令人心旷神怡的科奥利纳海岸

★ VOICE 在恐龙湾，需携带潜水镜。海岸附近的浅湾里有大鱼游来游去。

DATA

🚌 从阿拉莫阿纳坐 52 路
巴　士（52WAHIAWA / Cirde
Island）

🚗 经由 H-1、H-2、99 号
公路约 60 分钟

哈莱瓦 Haleiwa

瓦胡岛北部

路标

**自驾去哈莱瓦
要注意**

租车去哈莱瓦要注意高速
的出口。如走 99 号卡美
哈美哈公路北上的时候，
一直跑就容易错过去哈莱
瓦的出口。照片（右上）
是标志。

老夏威夷的景象依稀可见

　　卡美哈美哈高速公路纵穿瓦胡岛的正中央。这条道路在岛的北岸的终点处有一座小城，这就是哈莱瓦。这里是冲浪之城，也是深受游客喜爱的小城。

　　来到这里，游客会发现这里果然有许多冲浪商店，很多店都在门外挂着荧光色鲜艳的 T 恤。但最能俘获游客心灵的，应该还是城市中弥漫着的那种悠闲自得的氛围吧。被阳光暴晒失去光泽的木建筑房屋、古香古色的广告牌、店前快乐微笑着的人们。每个人都没有那种忙忙碌碌的感觉。建筑也好人也好，一切似乎都融进了流逝的时间中。

有很多冲浪用品店

制糖业曾经繁荣一时的哈莱瓦简史

　　虽然我们不是很清楚北海岸的历史，但考虑到这里曾是绝佳的渔场，我们不难想象夏威夷的祖先波利尼西亚人移居到夏威夷群岛后，不久就在这片土地上形成了村落。

　　18 世纪 70 年代，按照后来成为国王的卡美哈美哈的命令，神官卡奥普尔普尔在怀梅阿建立了瓦胡岛最大的圣殿，夏威夷统一后也一直在这里举行各种仪式，直到 1819 年。

莉莉·乌卡拉尼也爱过的城市

　　西方文化开始传入瓦胡岛北部是在 1832 年。当时，亚马逊夫妇率领传教士团来到这里，与当时的拉阿努伊酋长进行了会谈。酋长们很快就接受了他们，并允许在阿纳胡尔河沿线建设教会和教会学校。

　　这座茅屋建筑称为"军舰鸟之家"，后来发展成为城市的名字。阿纳胡尔河的河口附近曾有莉莉·乌卡拉尼女王的避暑山庄，女王在此避暑期间曾在这座教堂做过礼拜，1892 年还赠送了一块钟表给教堂。

　　19 世纪末从各国来到夏威夷的移民，在附近大兴砂糖甘蔗产业。不久开通了到火奴鲁鲁的铁路，出口了甘蔗还带来了各种物资以及大量游客。注入活力的哈莱瓦朝着商业城市发展着，市场、餐馆、理发店等迅速崛起，最好的哈莱瓦酒

店据说还建造了 9 洞的高尔夫球场。

　　然而随着 20 世纪 40 年代铁路的废止，以及"二战"的开始，哈莱瓦的发展也停滞了。战后，20 世纪 50 年代后，冲浪爱好者们开始涌入这里，但哈莱瓦一直没有什么太大的变化。现在在这座城镇里依然残留着制糖业发达时代建造的房屋，空气中弥漫着当年的那种气息。

因末代女王名字得名的莉莉·乌卡拉尼教堂。现在的建筑修建于 1961 年

1921 年在阿纳胡尔河的河口架起的阿纳胡尔桥是哈莱瓦的地标

品尝一下刨冰

用不了 5 分钟就能驾车穿行的这座小城，最有名的数松本便利店的刨冰。将日本的刨冰融入美国风味制成的刨冰，用一个圆锥形纸杯盛满冰块递给客人。鲜艳的糖浆浇在上面，给人十足的夏威夷感觉。小杯的刨冰量也足够多。

店前前来购买刨冰的游客络绎不绝，足量又美味的刨冰绝对超值。除了刨冰，这里还卖自制 T 恤，以及冲锋衣。

松本便利店向南走 50 米就是 Aoki's Shave Ice，可以说是松本便利店的竞争对手。这里零食、T 恤种类繁多，前来购买的游客也很多。

离开海滨，游客既可以体验挑战冲浪的欢喜与失落，也可以逛逛冲浪商店等。北海岸的这座小城，最适合在这里度过悠闲的一段时光。

哈莱瓦城的中心街

最热闹的北部市场所在地

松本便利店有名的刨冰

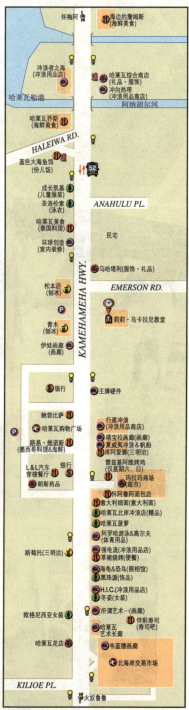

怀梅阿

海边的詹姆斯（海鲜美食）

冲浪者之海（冲浪用品店）

哈莱瓦综合商店（礼品・服饰）

冲向冲带（冲浪用品商店）

哈莱瓦船港

阿纳胡尔河

哈莱瓦乔斯（海鲜美食）

HALEIWA RD.

蓝色大海鱼馆（份儿饭）

成长凯基（儿童服装）

52

ANAHULU PL.

圣洛伦索（泳衣）

哈莱瓦美食（泰国料理）

环球创造（室内装修）

民宅

马哈塔利（服饰・礼品）

松本（刨冰）

P

EMERSON RD.

青木（刨冰）

莉莉・乌卡拉尼教堂

伊娃画廊（画廊）

KAMEHAMEHA HWY.

银行

王牌硬件

鲍勃比萨

哈莱瓦购物广场

行星冲浪（冲浪用品商店）

P

塔宝拉画廊（画廊）

路易・维诺斯（墨西哥料理&海鲜）

夏威夷冲浪&帆船

库阿可爱娜（三明治）

L&L汽车穿梭餐厅

雷兹基阿维烤鸡（仅星期六・日）

银行

玛拉玛商场（超市）

朗斯药品

怀阿鲁阿面包店

意大利细面（意大利面）

哈莱瓦北岸冲浪店（精品）

哈莱瓦菠萝

阿罗哈游泳&高尔夫（体育用品）

斯萄托（三明治）

强电流（冲浪用品店）

草裙烧烤（便餐）

海龟&恐鸟（照相馆）

黑珠（饰品）

欧格尼西亚女装

H.I.C.（冲浪用品店）

冬姿（女装）

所谓艺术…（画廊）

伴彩寿司（寿司吧）

哈莱瓦花店

哈莱瓦艺术长廊

韦蓝德画廊

北海岸交易市场

KILIOE PL.

火奴鲁鲁

夏威夷制造的宝库
——农贸市场
Farmers' Market

现如今，农贸市场不仅受到当地人，甚至也受到越来越多的游客的喜爱与关注。这原本只是农家聚集的直接销售新鲜的蔬菜、水果的早市，现在扩展到夏威夷特产、流行小吃、夏威夷式礼品等，是一个很受欢迎的景点。人气商品可能销售得很快，建议游客一定早起转转这里。

店铺每天都不同，请提前在网上确认好

Map 火奴鲁鲁－B8

KCC
农贸市场

KCC Farmers' Market

居民和游客同乐的大规模早市

据说这是火奴鲁鲁最为成功的农贸市场。于每周六早上在夏威夷大学的分校、卡皮欧拉妮社区高校的停车场上举行。

这个早市原本是夏威夷的农家或牧场主，为了支持夏威夷物产生产者而组织的非营利团体，发展到今天店铺在大学的停车场里围了好几圈，来访的当地人和游客络绎不绝、摩肩接踵。

这里不仅有新鲜的蔬菜水果，还有鲜花、植物、咖啡、蜂蜜、果酱、辣酱、巧克力，以及各种饭、汉堡包、饮品等，参加的农家及店铺有60家以上。大家一边体会购物的乐趣，一边试吃种类丰富的夏威夷产食品，耳边缓缓流淌着夏威夷现场演奏的音乐，早市已经发展为人们生活必不可少的内容之一。

毛伊岛的库拉地区栽培的阿里怡库拉薰衣草精华制成的薰衣草提取液售价 10.50 美元，宠物用洗发水售价 11.75 美元。每个月一次参加早市活动

左/每次都有不同的音乐家表演　右/深受喜爱的 PANIOLO 爆米花

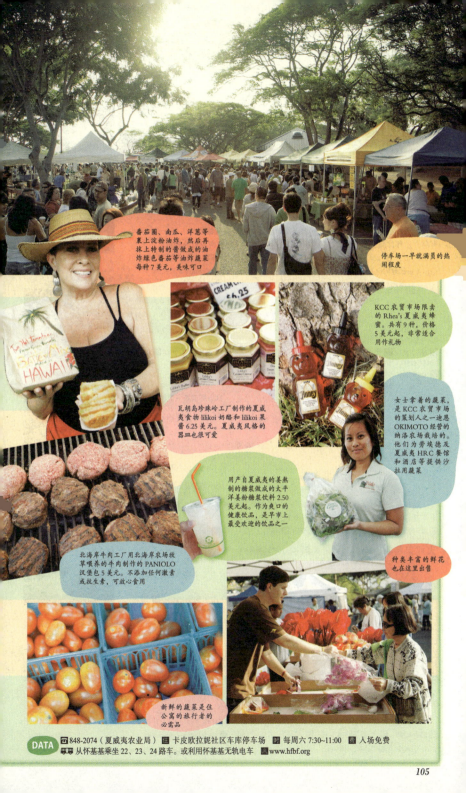

番茄圈、南瓜、洋葱等裹上淀粉油炸，然后再抹上特制的酱做成的油炸绿色番茄等油炸蔬菜每种7美元，美味可口

停车场一早就满员的热闹程度

KCC农贸市场限卖的Rhea's夏威夷蜂蜜。共有9种，价格5美元起，非常适合用作礼物

瓦胡岛珍珠岭工厂制作的夏威夷食物lilikoi奶酪和lilikoi果酱6.25美元。夏威夷风格的器皿也很可爱

女士拿着的蔬菜，是KCC农贸市场的策划人之一迪恩OKIMOTO经营的纳洛农场栽培的。他们为劳埃德及夏威夷HRC餐馆和酒店等提供沙拉用蔬菜

用产自夏威夷的姜熬制的糖浆做成的太平洋姜粉糖浆饮料2.50美元起。作为爽口的健康饮品，是早市上最受欢迎的饮品之一

北海岸牛肉工厂用北海岸农场牧草喂养的牛肉制作的PANIOLO汉堡包5美元。不添加任何激素或抗生素，可放心食用

种类丰富的鲜花也在这里出售

新鲜的蔬菜是住公寓的旅行者的必需品

DATA ☎848-2074（夏威夷农业局）🏠卡皮欧拉妮社区车库停车场 🕐每周六 7:30~11:00 💰入场免费
🚌从怀基基乘坐 22、23、24路车。或利用怀基基无轨电车 🌐www.hfbf.org

其他主要农贸市场

哈莱瓦农贸市场
Haleiwa Farmers' Market

Map p.42-B2

　　哈莱瓦附近举行的大规模集市。这里专门卖太阳能利用、垃圾回收等与节能环保相关的产品。请不要忘记携带环保袋。

☎ 388-9696　🏠 哈莱瓦支线与 83 号线交叉的信号灯附近　🕐 每周日 9:00～13:00
🚌 从阿拉莫阿纳乘坐 52 路车（目的地标识为 52WAHIAWA/Circle Island）🔗 haleiwafarmersmarket.com

左／这里设置有餐桌，买好的饭可以坐在这里慢慢享用　中／玻璃及塑料等可以进行回收再利用，剩饭剩菜及生活垃圾可以成为猪的饲料等，对垃圾的分类非常彻底　右／这里是哈莱瓦的新景点农贸市场。值得游客前往参观

北海岸乡村市场
North Shore County Market

Map p.43-A3

　　这里是在瓦胡岛北海岸、日落海滨小学开办的地方氛围浓厚的市场。不仅有生鲜品，还有首饰、绘画等当地艺术家的作品，游客可以在这淘到意外的宝贝。

☎ 237-7022　🏠 北海岸的日落海滨小学　🕐 每周六 8:00～14:00　🚌 从阿拉莫阿纳乘坐 52 路车（目的地标识为 52WAHIAWA/Circle Island）🔗 www.northshorecountrymarket.org

令人无拘无束的市场。游客可在 Plate Lunch 用餐，也可在观看冲浪比赛之余来这里逛逛

人民公开市场
Peoples Open Market

Map 火奴鲁鲁 -C7

　　这是从 1973 年延续至今的早市。由火奴鲁鲁市主办，在这里可以用合适的价格买到安全的农产品。瓦胡岛各地都有这种农场，最方便的一处是位于卡皮欧拉妮公园内部的蒙萨拉特路上。

☎ 768-3003　🏠 卡皮欧拉妮公园内，蒙萨拉特路与帕基路交叉点的停车场内　🕐 每周三 10:00～11:00（节假日休息）　🚌 从怀基乘坐 4、8、19、20、22～24、42 路车等
🔗 www.honolulu.gov/parks/puograms/pom

以蔬菜和水果为主的市场。每周前来购物的以常客居多

马西库农贸市场 @ 国际交易市场
Mahiku Farmers' Market @ International Market Place

Map 怀基基～阿拉莫阿纳 -A7

　　在旅游景点国际交易市场举办。有产自当地的蔬菜、水果、夏威夷快餐等。这个市场在傍晚举办，非常方便游客前往。

☎ 225-4002　🏠 怀基基的国际交易市场　🕐 每周四 16:00～20:00
🔗 mahikufarmersmarket.com

位于怀基基的中心，因此非常受游客的欢迎

马西库农贸市场 @ 沃德仓库
Mahiku Farmers' Market @ Ward Warehouse

Map 怀基基～阿拉莫阿纳 -C1

　　这也是在极具人气的购物中心举办。商品有蔬菜、水果、干果、糖果、鲜花等。刚炸好的炸鸡块和夏威夷快餐柜台经常排起长蛇阵。

☎ 225-4002　🏠 阿拉莫阿纳地区的沃德服饰屋　🕐 每周三 9:00～13:00　🔗 mahikufarmersmarket.com

购物中心的阿乌阿西路一侧摆有露天店铺

火奴鲁鲁农贸市场 @ 布莱斯德尔购物中心
Howolulu Farmers' Market @ Blaisdell Center

Map 怀基基～阿拉莫阿纳 -A1

　　与 KCC 同样，是由夏威夷农业局主办的农贸市场。这里几乎都是深受欢迎的店铺，每次都人满为患。傍晚举办非常方便。

☎ 848-2074（夏威夷农业局）　🏠 阿拉莫阿纳地区的布莱斯德尔购物中心　🕐 每周三 16:00～19:00　🚌 从怀基基乘 2、13 路车、城市快速公交 B　🔗 www.hfbf.org

即使早上不方便也可以有机会体脸的市场

农贸市场 @ 怀基基社区中心
Farmers' Market @ Waikiki Commuuity Center

Map 怀基基～阿拉莫阿纳 -A8

　　在怀基基非常便利的场所怀基基社区中心举办。除了产自当地的蔬菜、水果等商品，还有烤鸡块等。位于怀基基步行圈范围内，游客可以很方便地前往。

☎ 923-1802　🏠 怀基基的怀基基购物中心　🕐 每周三、周五 7:00～11:30　🔗 www.waikikicommunitycenter.org

农贸市场 @ 国王村
Farmers' Market @ King's Village

Map 怀基基～阿拉莫阿纳 -A7

　　在怀基基名胜地之一的国王村举办的农贸市场始于 2010 年 2 月。位于怀基基的正中央，非常方便。

☎ 237~6340　🏠 怀基基的国王村　🕐 每周五 16:00～21:00　🔗 www.kings-village.com

海滨公园与休闲区
Beach Parks & Recreational Areas

在这座常夏之岛夏威夷，大家最先想到的就是去海边游玩吧！

夏威夷的海岸、公园等井然有序，在这里，游客一定能够度过一段愉快舒适的时光。

怀基基海滨 Waikiki Beach

Map 怀基基～阿拉莫阿纳

怀基基

夏威夷海滨的代名词

说到夏威夷的海滨，大家最先想到的应该都是怀基基海滨。

缓缓延伸的白色海岸线。时而热烈、时而柔和的阳光。碧波荡漾蔚蓝色的大海、透过海边摇曳的椰子树隐隐望到的钻石头山。在海岸阔步的冲浪爱好者们⋯⋯在我们眼前展示出一幅最具夏威夷色彩的画面，充满着度假的氛围。

脚边的海岸，实际上是为了观光从别的地方搬运来的，游客听到这些也许会觉得扫兴，但这又有什么呢？就让来到夏威夷的感动带领我们尽情地享受怀基基海滨吧。

然而，我们总说怀基基海滨，那么它到底在哪里？是哪一块海岸？下面就让我们来看看这片全长3公里的海岸吧。

在他们的辛勤劳动下，游客们才能心情愉快地在海边度过每一天

怀基基海滨的后台工作人员

每天早晚，如果你在怀基基海岸散步，就会发现这片海岸一点垃圾都没有，都被清理得干干净净了。火奴鲁鲁市公园管理科委托了一批清洁工每晚进行清理。每天深夜零点左右，清洁工们会用耙子将垃圾堆集在一起，然后用专门清扫海滨的专用清扫车将垃圾收集起来，最后清理地面。为了保护夏威夷美丽的大海，请一定不要在海滨乱扔烟蒂以及易拉罐等垃圾。另外，在公共海岸、公园里禁止饮酒。

这里是真正的怀基基海滨

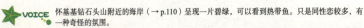

VOICE　怀基基钻石头山附近的海岸（→p.110）呈现一片碧绿，可以看到热带鱼。只是同性恋较多，有一种奇怪的氛围。

绿意盎然的卡皮欧拉妮公园

在钻石头山一侧，wo- 纪念碑及海族馆附近是女王冲浪海岸，再接下来是卡皮欧拉妮海滨公园。

因为有卡皮欧拉妮公园和火奴鲁鲁动物园做伴，在从海岸一直延伸过来的草坪上，有午睡的，有读书的，有来郊游的一家人，也有来野外烤肉的团队，大家的休闲方式多种多样。在这里没有冲浪爱好者的身影（也几乎没有游泳的游客），到处散发着一种沉着的气息。

这里附近礁岩较多，海水的透明度也很高，是一处绝佳的潜水场所。总之，非常适合想安静度日的游客。

海滨名称的由来——库希欧王子的铜像

风平浪静的库希欧海滨公园

推荐给全家旅行的库希欧海滨公园

从卡帕胡卢防波堤到怀基基凯越酒店前面的海水是由防波堤围起来的一处异常平静的海水，叫作库希欧海滨公园。由于这里是夏威夷最早的美国议会议员——有"庶民王子"之称的库希欧王子拥有的土地，因而得名。

库希欧海滨公园于 2001 年进行装修升级。增加了草坪空间，同时在各处建造了小水池、瀑布、草裙舞舞台等。

在这个舞台上，每到周二、周四、周六、周日的晚上，就会举行草裙舞表演。

游客可以免费欣赏草裙舞表演

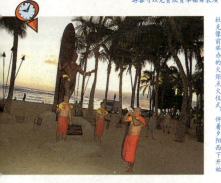

太阳落山之前现场表演气氛热烈的海岸落日

杜克像前举办的火炬点火仪式,伴着夕阳西下开始

海岸落日

多数的周六、周日在卡皮欧拉妮海滨公园里会举办海岸落日活动(Sunset on The Beach)。以路边摊的形式,设有地摊小吃、桌椅等设施。通常会有夏威夷音乐现场表演,日落前在户外的大屏幕上还会播放电影。地摊小吃从16:00左右开始,电影从18:30开始播放。根据情况有的周六、周日主办方也可能不举办这一活动(怀基基以外地区也举办这种活动)。

※ 海岸落日活动免费

时间表请参考🌐:www.sunsetonthebeach.net

　　太阳落山后,从18:30(11月至次年1月为18:00)左右开始在杜克·卡哈纳莫库像前进行火炬点火仪式,然后开始约1小时的表演,展示夏威夷音乐以及地道的草裙舞等。

　　另外,附近还举办海滨落日活动等,给人一种愉悦的度假体验。

　　这里就是满载着快乐的怀基基中心地区。

OHUA AVE.

圣奥古斯丁教堂

怀基基海岸万豪度假酒店&水疗中心

PAOAKALANI AVE.

阿斯顿怀基基海滨酒店

怀基基公园海岸

KAPAHULU AVE.

卡欧拉妮公园

ABC ABC ABC

KALAKAUA AVE.

库希欧王子像

厕所

广场

文体馆

文体馆

海豹与浪尖上的少年像

日落海滩

浪尖上的冲浪者雕像

防波堤

文体馆

Kuhio Beach Park

VOICE
每年4月份的最后一个周六是怀基基火腿果酱节。这时卡拉卡瓦路就变身为步行街,到处都是娱乐活动及用火腿做成的美味食物。

海滨租赁

帆板租赁1小时10美元起，奥特雷格酒店皮划艇3次15美元，标准桨叶式冲浪板1小时20美元（海岸男孩☎699-3750）。

**怀基基的
同性恋海滨**

女王冲浪海滨靠近钻石头山一侧的是钻石海滨。这附近的海滨，是有名的同性恋聚集区域。在这里经常见到一对对帅气的男士们在此休憩。游客如果不了解这些可能会感到很吃惊。

这就是怀基基海滨

这里是从最能展示怀基基风情的库希欧海滨公园，到格蕾丝海滨之间的海岸线（到哈莱库拉尼酒店的约1公里的地域）。实际上这就是通常被称为怀基基海滨的区域。它处于库希欧海滨与格蕾丝海滨之间，是真正的怀基基海岸。

从怀基基凯悦酒店前到奥特雷格礁石海滩酒店前的海岸，排列着许多海岸晒台以及租赁柜台，深受运动派喜爱。这里离各个酒店很近，海滨酒吧之类的休闲设施也很完备，可以说是最适合游玩的海岸。

因此这里游客很多，有时会非常拥挤。相比之下格蕾丝海滨更为成熟，欧美游客的比例很大。

西侧是广阔的海岸

怀基基的西侧，从美国陆军博物馆前到希尔顿夏威夷乡村，是一片广阔的海岸。附近的海岸租赁柜台以游艇和皮划艇租赁为主。这里波浪不算高，是帆板冲浪者大显身手的绝佳场所。

沙滩排球，以及在靠山一侧的福特底若思公园里滑旱冰、滑板等都很流行，另外，也许是在军事设施附近的关系，这里并不是让人很放松（军事博物馆海岸）。但随着越来越靠近希尔顿（杜克·卡哈纳莫海岸），就越来越像轻松活泼的美国式海岸了。

在海面上乘风破浪的海岸男孩

拥有潟湖的希尔顿前面的海滨

海水安全标识

巨浪　急流　禁止游泳
涌到岩石上面的波浪　深海区　禁止帆板冲浪
危险水域　易滑岩石　禁止跳水
放电水母　刃状珊瑚礁　禁止风帆冲浪

VOICE 我参加了飞行体验团。由丈夫操控，我是同乘者。我们从空中看到了钻石头山的背面，非常震撼。

卡皮欧拉妮公园 Kapiolani Park

Map 火奴鲁鲁 -C7

怀基基东侧

运动派也可以尽兴的公园

这里是面积达 60 万平方米左右的夏威夷最古老的公园，与怀基基的酒店群相连，游客可步行前往。卡皮欧拉妮，是卡拉卡瓦国王爱妻的名字。

公园入口处的卡西哈鲁阿阿罗哈。它是 2000 年进行怀基基整修工程时出土的埋葬有古夏威夷人遗骨的纪念场所

广阔的绿草坪、到处可见的菩提树、夏威夷松树、雨豆树。在这些大树下面，陈列着郊游用的桌椅等设施。这是一处可以让市民轻松休憩回归自然的场所。

这里还是运动派们的运动场地。网球场到了晚上在照明设施下宛如白昼，很多人都来到这里挥汗运动。附近是女王冲浪海滨，环境宜人，非常适合慢跑。公园是火奴鲁鲁马拉松比赛的终点，同时也是体育活动的圣地。

此外，公园里还有火奴鲁鲁动物园、怀基基海族馆等景点，在卡皮欧拉妮乐队中心会举办演奏会，每到周末还会开展艺术展等活动。

不要给鸟儿喂食

在卡皮欧拉妮公园等的图片标识牌上都会有"在公园内喂食鸟儿将处以 500 美元罚款或拘留"的警告。这是火奴鲁鲁市颁布的条令，原因在于喂食会导致鸟类繁殖过剩，从而破坏生态系平衡。特别是繁殖力超强的鸽子激增问题越来越严重。象征着和平的鸽子，在夏威夷竟然成为麻烦。

卡皮欧拉妮公园的松树林荫道

公园靠海一侧的卡拉卡瓦路，是一条带给游客凉意的松树林荫道，这是 1890 年种植的。1885 年，来到夏威夷的官方移民第一批船员种植了这些树。这里的"松树"和中国的不同，是成长极快的铁木树。

能够欣赏钻石头山景色的大公园

新装修的卡皮欧拉妮乐队演出中心。每周周日的14:00 到 15:00 都会在这里举办皇家夏威夷乐队的免费演出

这里还建有卡皮欧拉妮女王像

公园前往钻石头山一侧的入口处有一座白色的大门。游客很容易错过这里，但实际上这是一座非常有来头的历史建筑。1934 年，时任美国总统的富兰克林·罗斯福初次来访夏威夷，而这座门源此得名。战后，这里曾进行过大规模的扩建工程，公园扩大了很多，唯独这座门至今还保留着当初的名字。

DATA

从怀基基乘 8、19、20、23、24、42 路车

阿拉莫阿纳滨海公园
Ala Moana Beach Park

怀基基西侧

最受欢迎的公园

这里是怀基基西侧占地近 30 万平方米的公园。里面设有排球场、垒球场、网球场等，运动爱好者可以在这里一展身手。

作为有名的慢跑场地，不管何时都会看到慢跑者围着公园慢跑的身影。这里经常举办慢跑比赛。

运动完出了一身汗后，游客们可以来到附近的白色海岸。周围绵延着约 2.5 公里的珊瑚礁，很适合游泳。海水虽然有点浑浊，但比起日本的海来还算干净的。

每到夏天海岸上就挤满了冲浪爱好者。这里是南海岸唯一可以潜水的冲浪场所。

让我们把视线转到靠山一侧，这里就是夏威夷最大的阿拉莫阿购物中心。公园里设有野炊用的桌椅，待从购物场所采购完食料后，我们不妨在这里举办个烧烤派对。

从空中俯瞰的魔幻岛

能够观赏到高水平的沙滩排球

　　　　※ 等人的话可以选择在魔幻岛的分叉点附近的卫生间处，这里比较容易找到。

恐龙湾 Hanauma Bay Preserve

瓦胡岛东南部

DATA

☎ 396-4229/394-6633（24 小时自动语音解说·英语）

費 7.5 美元，12 岁以下免费

P 停车费用每辆 1 美元

時 6:00~19:00
（冬季~18:00）

休 周二、1/1、12/25
恐龙湾全面禁烟。

蓝色的夏威夷世界

瓦胡岛东南部最精彩的地方，就是这个恐龙湾。

"恐龙湾"是"弯道"之意，顾名思义这里是有着舒缓曲线的海滨。只需从悬崖上往下看一眼，我们就能明白为什么猫王埃尔维斯·普雷斯利主演的电影《蓝色夏威夷》要在这里拍摄了。

首先要通过展示物了解恐龙湾的自然环境

恐龙湾拥有着大片的珊瑚礁，并被命名为海洋保护区。在这里，鱼类同样也得到了保护，因此鱼儿们丝毫不畏惧游人。即使在岸边的浅滩里它们也可以悠然地游来游去。

来到恐龙湾请不要总是躺在海岸上，让我们和鱼儿们一起来个水中漫步吧。即使不是真正的深海潜水，只要有水下口罩和吸管，就能简单地体验珊瑚生存的世界了。

恐龙湾海洋教育中心

据说恐龙湾每年约有 109 万的游客来访，在夏威夷也是人气很旺的旅游景点。然而另一方面，周边环境污染的加剧也随之越来越严重。

因此，为了保护美丽的恐龙湾，遏制环境污染，2008 年 8 月海洋教育中心正式成立。

为了保护周围景观不受破坏，在这里建造了用人工岩石覆盖的建筑，在入口旁还并建了饮食吧以及礼品店等。进入正门后，就会看到展示自然环境及海洋生物保护内容的展馆，在展馆内侧的影院中会让初次来访的游客观看一部时长约 7 分钟的教育录像（观看一次后，一年之内不用再观看）。虽说是"教育性质的录像"，但也并非枯燥的内容，录像以夏威夷有名的乐队组合"纳欧莱"的优美乐曲为背景音乐，浅显地向游客介绍海底世界，以及和鱼类和平共处的方式等（使用专用耳机，有中文解说）。

租赁

海滨租赁柜台 ☎ 396-9956，可租借潜水三件套（8:00~18:00，冬季~17:00）。费用根据种类 9 美元起。租赁时需交 30 美元（或信用卡以及车钥匙、驾驶证的任意一项）押金。此外救生衣 5 美元，存物柜 5 美元。

拥有美丽景观的恐龙湾全景

保护我们美丽的大海

VOICE 看了宣传册去打高尔夫。宣传册写着从怀基基出发约需 15 分钟，然而早上我们坐出租车却花了 35 分钟，返程时花了 40 分钟。所以请游客一定提前确认所需时间。

113

恐龙湾游览车

从悬崖到海边，游客要从一处 500 米左右长度的陡坡下来。下坡还好说，而从海边游玩归来时的上坡路对游客来说是一个挑战。当感到疲惫时，游客可以利用连接悬崖至海边的游览车。8:00~18:30（冬季~17:30），每隔 10~15 分钟一趟，下坡费用 75 美分，上坡费用 1 美元（1 天内不限次数乘坐票价为 2.50 美元）。车型较大，因此可携带器材等（水箱等 1 美元，大件行李 25 美分）。婴儿车租金为 1 美元，营业时间 7:00~17:00（冬季~16:30），17:30 之前还车。

保护恐龙湾的自然风貌

观看了海洋教育中心的展览以及教育录像后，游客们就能充分地了解到，恐龙湾的自然环境已经遭到了巨大的破坏。

如：恐龙湾的珊瑚 90% 已经消亡了。这是由于人类使用的石油使得珊瑚无法正常呼吸，或者人类随意地站到珊瑚礁上，再或者冲浪时卷起的沙子落到珊瑚上造成了对它们的破坏。因此下海时，请游客一定先进行沐浴，不能使用水溶解不了的物品，不能站到附着有珊瑚的岩石上面。

另外，人类制造的垃圾问题也越来越严重。特别是塑料袋。在恐龙湾生息的海龟往往会将塑料袋当成它们喜食的水母吃下，每年因为塑料袋造成的海龟死亡事件时有报道。由于即使将塑料袋扔进垃圾箱内也可能会被风吹起，因此请游客返回时一同带回。

恐龙湾并不是海水浴场

上面提到，这里的鱼儿不怕游客，甚至会游至游客身边来。但请一

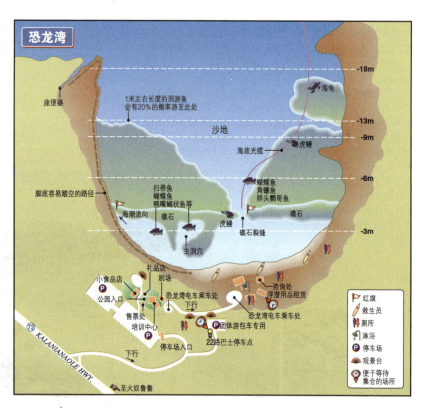

恐龙湾

- 座便器
- 1米左右长度的洄游鱼会有20%的概率游至此处
- 沙地
- 海龟
- 虎鳗
- 海底光缆
- 脚底容易踏空的路径
- 蝴蝶鱼 角镰鱼 卵头鹦哥鱼
- 礁石
- 扫帚鱼 蝴蝶鱼 鸭嘴鲡状鱼等
- 海潮流向
- 礁石
- 虎鳗
- 礁石裂缝
- 主洞穴
- -18m
- -13m
- -9m
- -6m
- -3m

- 小食品店
- 礼品店
- 剧场
- 公园入口
- P
- 恐龙湾电车乘车处 下行
- 咨询处
- 浮潜用品店租赁
- 恐龙湾电车乘车处
- 售票处
- 培训中心
- P
- 团体游包车专用
- 22路巴士停车点
- 停车场入口
- 下行
- 至火奴鲁鲁
- KALANIANAOLE HWY.
- 72

图例：
- 红旗
- 救生员
- 厕所
- 淋浴
- P 停车场
- 观景台
- 便于等待集合的场所

VOICE 在古兰尼牧场，身高未达 140 厘米不能参加骑马活动，海龟湾休闲度假村（→ p.165），带孩子的游客可以放心了，只要身高在 132 厘米以上都可以。

定不要给鱼类喂食。人类的残羹剩饭以及喂给鱼类的鱼饵等，不仅会造成海水污染，还会引来大型的鱼类进入海湾内，从而使得在此生存的热带鱼遭到驱逐（喂鱼属违法行为，恶意违法者将处最高罚金 1000 美元或监禁 30 天的处罚）。

说到由于人类的原因产生的生态的变化，其中之一就是鸽子的问题。恐龙湾原本是海鸟的生息地，但因人类的剩余食物而使鸽子激增，导致海鸟灭绝，只剩下鸽子粪带来的灾害。

海岸上的租赁柜台。这里可以租赁潜水用三件套

寻找失去的恐龙湾自然风貌

也许有许多人都不知道，恐龙湾并不是一个公园，而是一个保护区。也就是说，它并不是一个海水浴场。"将垃圾带回"、"不要喂食鱼类"、"卸妆后游泳"等谁都能做到的事情，需要游客一一践行。

美丽的珊瑚礁群伸向远处，小鱼、海龟们在水中遨游，空中海鸟飞过——这些原本属于恐龙湾的景象，在我们每个人的行动中，最终会变成现实。

在恐龙湾很可能会看到海龟

去往恐龙湾

恐龙湾即使是一般的旅行团也可以来访，但只能在海湾的观景台上远眺，不能走到海岸上来。正如上文介绍的那样，这是因为恐龙湾属于海洋保护区，所以禁止"海水浴旅游团"入内。

然而，在路边的广告牌上经常会光明正大地贴有"恐龙湾潜水团费用 0 美元"等旅行社的广告。旅游汽车往海滨送客属于违法，但出租车是可以的。很多人正是利用了这一盲点想出了这个办法。具体做法是，旅行社用大巴将客人带到附近的购物中心后，再由私下协议好的出租车送到海滨。

乘坐租用车前往

租车前往虽然最舒服，但由于停车站的车位有限，必须提早去，否则没有车位。淡季时上午 10:00，旺季时 8:00 或 9:00 左右到达即可。

另外，等上午来的游客 14:00~15:00 间开始返回时，这时候再来也会有车位。

当然也可以租用摩托车前往，但由于途中交通拥堵现象较严重，游客制造的交通事故时有报道，因此游客最好不要选择这种方式。

乘坐公交前往

乘坐公交前往时可乘坐 22 路车。单程只需 2.25 美元就可前往，是最便宜的方式。

22 路公交从怀基基西部的怀基基哥特威公园前站点（→ Map 怀基基～阿拉莫阿纳 -A5）发车。平日 8:00 发车，每隔 35 分钟到 1 小时运行一班。

乘坐公交的难点是没法计划时间。公交不一定正点到站，再加上 22 路车班次很少，乘客满了的话司机可能会拒载。即使运气好上了车也可能没有座位，去程还好，返程时由于游泳游累了会更加疲惫。

从观景台上看到的 22 路车站点

DATA

🚌 从怀基基乘 19、20 路车。在华特服饰屋的下一站下车，向海边步行 5~6 分钟

🚗 从怀基基经阿拉莫阿纳路，在 koula st. 左拐。有免费停车场，但休息日最好提前前往

公园入口。目前正在实施大规模的喷泉公园化计划

卡卡阿蔻滨水公园 Kakaako Waterfront Park　Map 火奴鲁鲁 -C4~5

怀基基西侧

令人心旷神怡的海景

这是位于凯瓦劳船港与火奴鲁鲁港之间的一座新建公园。这里虽然没有海岸，但起伏有致的假山遍布于公园中，绿意盎然，是一处干净整洁的休闲公园。

步道沿着海边延伸，到处可见带着屋顶的野炊用桌椅。前面可以看到 180 度的海景，面向大海的左侧是钻石头山，右侧是火奴鲁鲁机场一带。

一到周末当地人会准备好便当或烧烤的材料全家来到这里，使得公园异常热闹。在这里有长满草坪的小山，可供游客玩滑行游戏。虽然是很简单，但是怎么玩都不会腻。如果是和幼儿园以上的孩子一起玩，不要忘记在玩的时候使用纸板。

院内以及附近都没有商店，参观时请自带食物、饮料等。

深受当地家庭喜爱的公园

从这里欣赏广阔无垠的海景

⭐ VOICE　建议游客最好自己买帆板，但购买时需要根据冲浪地点来选择不同的帆板。

凯卢阿海滨公园 Kailua Beach Park

Map p.37-A3

瓦胡岛东南部

向游客大力推荐的海滨

这是工作人员自信满满向游客推荐的瓦胡岛首屈一指的海滨。

推荐理由1：从怀基基驾车只需30分钟。由于这里位于郊外，因此有足够的停车场。

理由2：附近有美食天地之类的市场，购物方便。公园里还设有饮食店。

理由3：海岸非常美丽。大海很干净，景色也异常美丽，草坪、树荫空间充足，海滨公园设施齐备。

理由4：环境舒适。海岸所在的凯卢阿，是欧美人以及悠闲自得的退休老年人居住的城镇，即使来到海岸游玩的人们也会感觉这里不像怀基基那种旅游景点。仿佛这里才是地地道道的美国。

鉴于上述理由，如果游客来到凯卢阿，那在此期间制造的美好回忆一定会列于整个夏威夷之旅的前几位。因此，游客在制定行程时，请一定留出时间在凯卢阿海岸好好地享受一番。

还有一点不得不提的是，凯卢阿海岸还是帆板冲浪的绝佳场所。

DATA

🚌 公交车线路请参照p.100

🚗 从怀基基走 H-1、61 号高速公路。离凯卢阿镇约 5 分钟路程。这里有充足的免费车位

家庭游客居多

风帆冲浪及皮划艇运动盛行的海滨

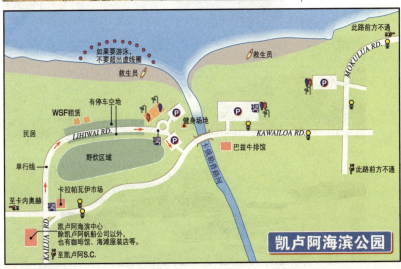

此路前方不通

如果要游泳，不要超出虚线圈

救生员

救生员

MOKULUA RD.

有停车空地

WSF租赁

民居

LIHIWAI RD.

健身场地

KAWAILOA RD.

巴兹牛排馆

此路前方不通

单行线

野炊区域

不良勿游勿利

卡拉帕瓦伊市场

至卡内奥赫

KAILUA RD.

凯卢阿海滨中心
除凯卢阿帆船公司以外，也有咖啡馆、海滩服装店等。

至凯卢阿 S.C.

凯卢阿海滨公园

CHECK 凯卢阿海滨公园是帆板冲浪的胜地，这里一年到头都刮有强风。因此被风卷起的沙粒等也可能会进入人人眼或盒饭里。特别是带着小孩子的家庭要格外注意这点。

DATA

🚊 从卡帕胡卢路的怀基基
侧站点乘 14 路车，或怀基
基无轨电车

🚗 沿卡拉卡瓦路往东，并
沿钻石头山路的海边道路行
驶。几乎没有停车位

为了磨炼技艺来到这里的男孩
们。海里有鲨鱼游来游去

钻石头山海滨公园
Diamond Head Beach Park

怀基基东侧

帆板冲浪者的钟爱

如果想去离怀基基较近，而且景色优美的地方，最好的选择就是这
里了。

沿着卡拉卡瓦路一直向东直行，穿过卡皮欧拉妮公园后，道路就和
钻石头山相连了。再往前行驶一段沿着上坡缓缓前行，经过灯台右侧
就是能够停车的观景台。山崖的下面就是钻石头山海滨公园。一路过来
的线路，就是火奴鲁鲁的马拉松线路，或许游客也可以一路慢跑过来。

从这个观景台上远眺，景色非常精彩。在这里我们可以清楚地欣赏
海岸的曲折，以及大海随着深度的变化颜色也在发生变化。回头望去便
是钻石头山雄伟的身姿。海风习习，格外舒适。

停车沿着台阶下来，就可以欣赏到穿梭在巨浪之间的帆板冲浪者
们的绝技。这里作为冲浪者的喜爱地而成为深受欢迎的海岸。然而，由
于这里浪大水急，又没有营救人员，所以并不适合游泳。

DATA

🚊 从怀基基乘 22 路车

🚗 从怀基基走 H-1、72 号高
速公路约 40 分钟。这里有
足够的免费车位

可可头山海滨公园
Koko Head Sandy Beach Park

瓦胡岛南东部

从夏威夷·凯经过恐龙湾，一直到夏威夷海洋生物公园的途中，我们
会路过这个沙滩海滨公园。顾名思义，这是一个纯白色沙滩绵延约 1 公

一年到头刮有强风

  CHECK 参加从阿罗哈塔出发的鲸观察团。2 小时内我们看到座头鲸喷了 6 次水柱，还看到了 2~3 只座头鲸并
排游泳的英姿，特别激动。

里长的人气海滨公园。

这个海岸，与夏威夷海洋生物公园对面山崖下面的玛卡普吾海滨公园（→ p.120）一起，都非常适合帆板冲浪。岸边经常会涌来不大不小的浪，许多帆板冲浪者们都会来这里竞技。

按照夏威夷的常识，"有冲浪的地方，就有强风"。沙滩海滨公园这里也不例外，但是这里并没有防风林，却在广场上种植了大片大片的草坪，最近作为放风筝的绝佳场所深受人们喜爱。

在夏威夷放风筝可以说是一项艰苦的体力运动。用尽全力将风筝放飞后，静静地欣赏天空里彩色多样的风筝让人感觉很快乐。这里还会时不时地举办放风筝比赛。

怀梅阿湾海滨公园 Waimea Bay Beach Park　Map p.43-B3
瓦胡岛北部

向游客推荐这片夏季静静的大海

说起北海岸的海岸，游客可能会马上会想到高达十几英尺的巨浪，然而，一旦到了夏季，冬季的巨浪神奇般地复归平静，北海岸就成为游泳的最佳海滨。

其中最有魅力的就是这个怀梅阿海岸。只要看一下地图就会发现，怀梅阿海湾是一处呈现 U 字形的内海，所以到了夏天才会像湖水一样地宁静。这里海水的透明度最好。

那么冬季来到这里的人又会做些什么呢？当然是挑战帆板冲浪了。由于海底都是沙子，因此即使是初学者也可以放心游玩。只是，比起从海岸上看到的，实际的波浪力量要大得多，如果感觉到危险就不要勉强自己，还是尽早上岸为好。

有时候，怀梅阿还会有超出想象的巨浪袭来，那时，会在这里举行以冲浪选手艾迪·艾考冠名的冲浪比赛，据说是他首次成功挑战了高度为 30 英尺（约 9 米）的惊人巨浪。

瓦胡岛

旅游景点　海滨公园与休闲区

可可头山海滨公园

DATA

🚌 从阿拉莫阿纳乘 52 或 55 路车

🚗 从哈莱瓦沿 83 号线北上，约 4 英里。停车位有限

怀梅阿湾海滨公园

公园入口处立有艾迪·艾考纪念碑

夏季和冬季截然不同的海岸景象

风光明媚的玛卡普吾海滨公园

DATA

🚌🚌🚌 从怀基基乘 22 路或 23 路公交到夏威夷海洋生物公园下车。但必须横穿交通量较大的拉尼阿那欧里高速公路，因此不建议游客选用

🚗 从怀基基经由 H-1、72 号线约需 50 分钟。有停车场

玛卡普吾海滨公园 Makapuu Beach Park　Map p.37-B4
瓦胡岛东南部

无论个人旅游还是家庭旅游都能尽兴

与可可头山沙滩海滨公园相同，这里的帆板冲浪也很出名。特别是到了夏季，由于波浪太大，仅允许技术最好的冲浪者进入这里。对游泳没有太大自信的游客，就静静地欣赏在美丽的大海与海岸边时隐时现的马纳纳岛（兔岛）的美丽景色吧。

在玛卡普吾海滨公园的西北方向，有一片被称为"小玛卡普吾"的风平浪静的海岸。这里被岩石围成了一个天然的泳池，海水也很安静。退潮时经常能在这里发现小鱼及寄居蟹等，非常适合同小孩子游玩。但这里也没有营救人员，请时刻注意孩子的行动。

从海面上可以看到玛纳纳岛，景色优美的小玛卡普吾

拉尼奇海滩 Laniakea Beach　Map p.43-B3
瓦胡岛北海岸

自从 1999 年前后许多野生的海龟开始上岸进行日光浴开始，这片海岸就一举成名。

来到这里的海龟受到保护团体的观察与保护，现在已经认识了 18 只海龟并给它们分别取了名字。请注意不要触摸及追逐海龟。

冬季波浪稍大不适合游泳，到了夏季甚至可以潜水。但游客需要注意这里没有营救人员，也没有厕所及淋浴等设施等。

海龟的午睡场所——拉尼奇海岸

⭐ **VOICE** 在怀基基海岸冲浪时，当天最关键的一点就是，游客一定要选择有皮划艇的地方。

名胜古迹
Famous Sites

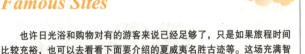

　　也许日光浴和购物对有的游客来说已经足够了，只是如果旅程时间比较充裕，也可以去看看下面要介绍的夏威夷名胜古迹等。这场充满智慧的探寻夏威夷之旅会让游客的思绪随着夏威夷逝去的岁月一同驰骋。

杜克·卡哈纳莫库像
Duke Kahanamoku Statue

Map 怀基基～阿拉莫阿纳 -B7

怀基基中部

海边的冲浪之神

　　杜克·卡哈纳莫库有"冲浪之神"的美誉，是夏威夷的英雄。1990年为了纪念他诞生100周年，在怀基基海滨建造了一座塑像，如今这里已经成为绝佳的纪念照拍摄地。

　　1890年，杜克·卡哈纳莫库作为一个警察的长子出生，并且渐渐成长为一名保护游客安全的海滨男孩。人们被他展示的完美冲浪技巧——背向冲浪、倒翻冲浪、从这一帆板跳向另一帆板等所折服，并惊异于他出色的游泳水平。

　　渐渐地，杜克·卡哈纳莫库在怀基基的名声越来越大，特别是世人对他作为一名游泳健将的承认与好评，使得他在美国本土也开始名声大噪。1912年，杜克终于取得了参加斯德哥尔摩奥运会的机会。

　　在这场比赛中，杜克在100米自由泳的预选赛中，游出了良好的成绩，接下来又在决赛中，以3秒以上的成绩刷新了当时的世界纪录保持者查尔斯·丹尼斯创造的纪录并夺得金牌。人们在观看了他的精彩表演后，都亲切地称他为"人鱼"。

有空也可以转转

　　更让人惊讶的是，8年后的1920年，在安特卫普举行的奥运会上，他又一举夺冠，并在30岁的年龄，将自己创造的纪录又缩短了2秒。

　　如今，在怀基基最好的位置——怀基基凯悦酒店的正面、怀基基海滨警察局附近，矗立着当年拥有着壮硕身材的杜克塑像，与怀基基蔚蓝色的大海是如此协调。背对着大海站立的杜克，仿佛在对他的后人们诉说着他"热爱大海、热爱冲浪"的生动故事。

绝佳的拍照留念地点——杜克像

怀基基的魔法石
Wizard Stones of Waikiki

怀基基中部

拥有超自然力的玉石

　　在怀基基海滨警察局的钻石头山一侧，有4块安坐在椰子树荫下的石头。传说，在这几块石头中，蕴藏着一种超自然的神力。

　　在夏威夷王朝崛起的远古时代，16世纪前后，有4位魔术师从塔希提来到夏威

可能会使人受益的魔法师

夷。在离开夏威夷之前，他们把一种能够治愈人们疾病的神力转移到了这些石头中。

　　现在，这些石头都静静地矗立在树荫下，能够留意到它们的游客少之又少了。还有一些游客甚至将衣服挂在围在石头外面的栅栏上。如果想旅途平安的话，还是怀着虔诚之心靠近它们吧。

卡拉卡瓦国王铜像
King Kalakaua Statue

怀基基中部

"开朗的国王"

　　很多人也许不知道，卡拉卡瓦路得名于一位夏威夷国王的名字。这位卡拉卡瓦国王的铜像就建在怀基基哥特威公园里。

　　大卫·卡拉卡瓦继承王位是在1874年。当时夏威夷王国已经走向末期，而他曾尝试在夏威夷掀起文艺复兴运动，进行了环球旅游，并

卡拉卡瓦国王铜像

室内装饰有王族曾经使用过的卡里希

被评为"非常出色且拥有智慧"（作家罗伯特·史蒂文森）的一位国
王。他威严而又不拘一格，被称为"开朗的国王"，深受当时人们的
喜爱。

莫阿那酒店 Moana Hotel
Map 怀基基 ~ 阿拉莫阿纳 -B7

怀基基中部

令人怀旧的夏威夷最古老酒店

世界闻名的度假圣地怀基基，从建立第一栋酒店至今不过才经历了
100 年左右的时间。在此之前，人们都是在市中心的酒店留宿，很多人会
乘坐每天一次的马车前往怀基基海滨游泳。

1901 年，在葱葱郁郁的怀基基突然出现了莫阿那酒店（现在为
Moana Surf Rider Western Resort & Spa）。优雅的 5 层英式建筑，在当时
属于最为时尚的建筑因此又被称为"怀基基第一夫人"，长期以来深受游
客喜爱。

树龄长达一个世纪以上的大树，至今仍在庭院里留下斑驳的树影。
优雅的英式白色柱子及阳台也一如从前。即使不在这座酒店里留宿，也
可以在这座怀基基最古老的酒店的庭院中，品一杯下午茶，细细体会这
里的怀旧氛围。

"今天，在这美丽的夏威夷，我们会感慨，如果还有听收音机的游客
该有多好。请游客们一定来这里看看。欢迎你们来夏威夷！"

也许你还能听到，"夏威夷·广播"的主持，拥有"金嗓音"之称的
"夏威夷之声"韦布雷·爱德华经常说的这句话。

皇家夏威夷酒店
Royal Hawaiian Hotel
MAP 怀基基 ~ 阿拉莫阿纳 -B6

怀基基中部

荣光的粉色皇宫

有着怀基基标志之称的皇家夏威夷酒店（现在为皇家·夏威夷·豪
华·度假群·怀基基），是于 1927 年由 Matson 船舶与准州酒店公司建
成的。

当时投入 400 万美元巨资建成的这座西班牙样式的皇家夏威夷酒店，
在夏威夷社交界的心目中犹如一座"粉色的宫殿"。

从那天起，皇家夏威夷作为夏威夷最豪华的酒店备受瞩目。总统、
各国的皇族、财政界大臣，甚至好莱坞的明星们都云集于此，交杯换盏，
谈笑风生。

如今，粉色基调的酒店内，洋溢着一种华丽且厚重的氛围。犹如美
术馆般的回廊、奢华的地毯、古香古色的家具和装饰、中庭的静谧与餐
厅"帝王室"的稳重……徜徉在酒店里，游客可以深刻感受到粉色宫殿
的历史以及那种荣誉感。

伊奥拉尼皇宫 Iolani Palace
Map 火奴鲁鲁 -B4

市中心

令人遐想无限的夏威夷王朝

这是美国国内能够反映夏威夷王朝之繁华的少数宫殿之一。它是受
第七代国王卡拉卡瓦之命，于 1882 年建成的。直到 1893 年王朝颠覆，
卡拉卡瓦国王和他的妹妹莉莉·乌卡拉尼都一直将这座宫殿当成他们的

夏威夷·广播

莫阿那酒店的历史意
义在于，从 1935 年
到 1972 年间，在这座酒店
庭院里的榕树上挂的广
播器播放了"夏威夷·广
播"这一广播节目。这
是世界上最早的、收听
范围最广的节目，共计
1900 次的"夏威夷·广
播"节目，被 600 家广播
局进行了转播，在世界
范围内进行了广播。至
此，原本只是美国的一
个农村的夏威夷，通过
这个节目一跃成为令人
憧憬的度假胜地。

传说中的晚会

至今仍作为话题常常被
人们提起的是，在酒店
竣工仪式纪念晚会上，
共招待了 1200 多名身着
正装的绅士、淑女。开
业仪式伴随着夏威夷王
家的卡瓦纳纳考阿王子
的指挥与演出开幕。主
题是卡美哈美哈国王登
陆怀基基。晚会中的化
装舞会中，身着制服的
战士们在怀基基的海上
乘风破浪勇往直前。

DATA

咨询 ☎ 522-0832（接待时间
为周一～周六的 8:00～16:00）

🕐 开放时间为周一～周六
（及每个月的第一个周日），
皇宫（一、二楼）9:00～16:30，
长廊（地下）~17:00，皇宫
商店营业时间为周一～周六
的 9:30～17:00

🚫 周日、感恩节、12/25、1/1

🎧 语音导游团为每周一
9:00～15:30，周二、周四
10:30 开始，周三、周五、周
六 12:00 开始，每 10 分钟一
批，13 美元（5～12 岁 5 美元，
未满 5 岁不能参加）。只参
观地下的自主团"长廊团"
每周一～周六 9:00～17:00,6
美元（5～12 岁 3 美元、未满
5 岁不能参加）

📷 馆内禁止照相及录像。
禁止携带食物、饮料入内，
禁止使用圆珠笔、手机等。
大件行李请存至投币式储
物柜。

🚌 从怀基基乘坐 2、13 路
公交、城市快速公交 B 或怀
基基无轨电车

🚶 从怀基基经由波尼塔尼亚
路或阿拉莫阿纳路到达市中
心。从国王大道进入。

🅿 区域内的停车计费器

🌐 www.iolanipalace.org

宅邸。按照当时的货币来算它耗费
了约 36 万美元，处处散发着历史的
厚重感。

宫殿外围可以自由参观，馆内
则只能通过跟导游团或旅行团才能参
观。团队游客先从副楼伊奥拉尼宫殿
别馆购票，然后从宫殿靠山一侧的入
口进入。为了不损伤馆内的地板，参
加者需要在鞋子外面套上布制的鞋
套，然后入馆。

一楼有挂着夏威夷王朝历代国王
肖像的"大厅"，有音乐会等使用的
洛可可式建筑"青之厅"，有可以彻
夜舞蹈狂欢的"王座厅"。此外，还
复原了在当时极为新潮的冲水式厕所。

以皇宫为背景拍张照吧

二楼是起居室及客厅等，装有淋浴的国王王妃的寝室，再现了 19 世
纪 80 年代时拥有尚属罕见的电灯、电话等设备的办公室，到处可见世界
各国皇室赠送的美术工艺品等。

这一层中，还有莉莉·乌卡拉尼女王的"幽闭厅"。朴素的室内装饰，
仿佛将这里与外界隔绝的百叶窗，房间中间展示着的女王亲手制作的被
子，仿佛在静静地诉说着夏威夷王朝的凄凉历史。

团队最后将去往地下，在这里可以参观古代王位的象征物、各种
精美绝伦的勋章及宝物、饰品等，以及摄影长廊、侍从长的办公室、
厨房等。这里还有博物馆商店，可以购买纪念品。整个行程约需 1 个
半小时。

必看项目——星期五音乐会

伊奥拉尼皇宫里的戴冠仪式台建造于 1883 年，用于卡拉卡瓦国王和
卡皮欧拉妮王妃举行戴冠仪式。仪式台的基础部分是 1919 年和 1920 年
用混凝土还原后的，用铜制成的圆顶部分则保留着当时的样子。

每个周五正午一过，在围绕着这个戴冠仪式台的广场上就会举办由
皇家夏威夷乐队演奏的免费音乐会，时间为约 1 小时（7、8 月会休演）。

这支乐队源于 1836 年由卡美哈美哈国王组建的约有 60 名成员的
乐队。除了大众熟悉的 *Aloha Oe*，乐队还会演奏夏威夷州歌 *Hawai`i
Pono`i* 等，附近写字楼林立的路道上到处可见熙熙攘攘的职员与游客。

皇家夏威夷乐队演奏的蓝天音乐会

卡美哈美哈国王像
King Kamehameha's Statue
市中心

DATA
🚍 从怀基基乘 2 路、13 路车、城市快速公交 B、或怀基基无轨电车
🚗 从怀基基经由波尼塔尼亚路或阿拉莫阿纳路到达市中心。从国王大道进入
🅿 伊奥拉尼皇宫内或附近的停车计费器停车场

众所周知的夏威夷国王

在夏威夷最高法院正面有一座金碧辉煌的铜像，这就是夏威夷王朝的始祖——卡美哈美哈国王的铜像。可以说这里是夏威夷人气最旺的纪念照拍摄地，每天都有大量的游客来此观光摄影。每年 6 月 11 日卡美哈美哈日（国王诞辰）是夏威夷州的法定节日，铜像上总是用色彩斑斓的花环装扮着。

实际上这座国王像是一件赝品，真品建在夏威夷大岛科哈拉的旧法院前面。然而，其实这座铜像的原型并非卡美哈美哈国王本人，而是他宫廷好友中最帅的一名男子，所以说，这座铜像就是赝品的赝品了？！

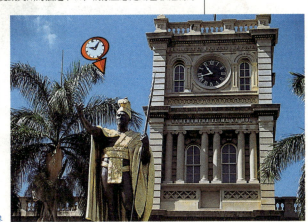

非常帅气的卡美哈美哈国王像

DATA
🚌 从怀基基乘坐 2、13 路公交、城市快速公交 B 或怀基基无轨电车
🚗 从怀基基经由波尼塔尼亚路或阿拉莫阿纳路到达市中心
🅿 伊奥拉尼皇宫占地内或利用附近的停车计费器

莉莉·乌卡拉尼女王的铜像建于州政府大楼的伊奥拉尼皇宫一侧

DATA
🚌 从怀基基乘坐 2、13 路公交、城市快速公交 B 或怀基基无轨电车
🚗 从怀基基经由波尼塔尼亚路或阿拉莫阿纳路到达市中心
🅿 停在伊奥拉尼皇宫占地内或利用附近的停车计费器

会给人印象深刻的州政府大楼

华盛顿皇宫 Washington Place

`Map p.97-A2`

市中心

一边哼唱"Aloha Oe……"

与州政府隔着波尼塔尼亚路建造的是华盛顿皇宫。这是一座被绿色环绕的白色宅邸。

据说被剥夺了皇位的莉莉·乌卡拉尼女王就是在这里度过余生的。喜欢音乐的她，经常邀请身边的人，听她自己弹奏的钢琴和吉他等。著名的 *Aloha Oe* 就是她的创作。

华盛顿皇宫周围全是郁郁葱葱的树木，建于 1846 年

直到今天皇宫里还保留着她曾使用过的钢琴和吉他等，提前 48 小时预约（☎ 586-0248）的话，可以参加皇宫内部参观团。当天需要携带附有照片的 ID（身份证）。参观团免费，请一定参加。

州政府大楼 The State Capitol

`Map 火奴鲁鲁 -B4`

市中心

夏威夷政治中心

州政府大楼建于伊奥拉尼皇宫的靠山一侧。如果说伊奥拉尼皇宫是能代表繁华的夏威夷王朝时代的建筑，那么这座州政府大楼则是现代夏威夷权力的象征。

州政府大楼是一座回廊式的现代化建筑。中心是通透的，从一楼大厅抬头看去，能够看到四角形的蓝天。仿佛我们正置身火山内部。

最高层为五层，这里有州长的办公室。为了体现州长的"阿罗哈精神"，人们可以自由出入州长办公室。然而，无论何时去州长似乎都不在……

每次去都能见到的是达米恩神父。他是夏威夷最受尊敬的人物之一，他曾经在摩洛凯岛上与麻风病患者共度一生。他的铜像建于州政府大楼靠山一侧的中庭里，以一副庄重的面孔迎接着每一位游客。

内部

脸是四方形的、心是圆形的达米恩神父的铜像

卡韦阿哈奥教堂 Kawaiahao Church Map p.97-A3

市中心

火奴鲁鲁最初的新教教堂

从卡美哈美哈国王雕像往怀基基方向步行一个路区左右就是新教教堂，它的墙壁材料使用了珊瑚石，是一座非常美丽的教堂，建于1842年，是火奴鲁鲁最初的新教教堂。

3000根管组成的引以为傲的巨大管风琴。二楼回廊里挂有夏威夷历代君王的肖像画。透过彩色玻璃射入的斑驳的阳光，这一切都给这里增添了许多庄严的气氛。

内部参观时间为每周一～周六 8:30~16:00，如果有机会，游客还可以参加一下周日 10:00 开始的弥撒。伴随着圣歌队的歌声神父出场，随后是祈祷、圣歌、洗礼仪式，整个过程是英语和夏威夷语的结合。根据仪式内容会发放乐谱，游客可以参照乐谱试唱夏威夷语的圣歌。

阿里怡欧拉尼哈雷（夏威夷州最高法院）
Ali'iolani Hale 市中心 Map p.97-A3

市中心

王朝颠覆的舞台——梦幻皇宫

这是卡美哈美哈五世当时想作为皇宫建成的，于1874年完工。对面的伊奥拉尼皇宫于1882年建成，因此这里可以说是皇宫的鼻祖。

然而不等皇宫建成，1882年卡美哈美哈五世驾鹤西去。在经历了短命的卢纳利欧国王后，卡拉卡瓦国王继位，由于后来他又建了伊奥拉尼皇宫，使得这座建筑从来都没有作为皇宫使用过。此后1893年白人势力发生政变时，曾在此设立了临时政府，并成为讨伐君主势力的据点。

如今，这里已成为夏威夷州最高法院。一楼为司法历史中心，展示有夏威夷审判的历史，游客可免费参观。

这里是展示有夏威夷审判历史的微型博物馆。入馆时需进行安全检查。

DATA

🚌 从怀基基乘坐2、13路公交、城市快速公交B或怀基基无轨电车（→p.88）

🚐 从怀基基经由波尼塔尼亚路或阿拉莫阿纳路到达市中心。从国王大道进入

🅿️ 利用附近的停车计费器

聆听少女的叹息之声

DATA

🕐 内部参观周一～周五 9:00~16:00

休 周六、周日、主要法定节假日

💲 入场免费

🚌🚐🅿️ 请参考卡美哈美哈国王像信息

位于卡美哈美哈国王像身后的承载有历史厚重感的建筑

远景

127

Waikiki Historic Trail

怀基基
史迹之旅

怀基基史迹周游线路

　　一提到怀基基，游客可能会想到华丽的商店橱窗、时尚的餐厅等，但实际上在这座城里，流传着许多浪漫的历史佳话。我们在探寻这些史迹时，可以参考怀基基到处可见的帆板形状的纪念碑。帆板上描绘着古代的图片，还记录有这些地方的历史背景说明，非常有趣。让我们去寻访古老的怀基基吧。

※ 建有帆板形纪念碑的详细地址，请参照卷首的怀基基折页地图
※ 为方便起见，在各个地点都标上了数字，但实际上纪念碑上没有数字。

纪念碑能够激发游客对知识的渴求，很适合作为纪念照片拍摄地

❶ 怀基基海滩
Map 怀基基～阿拉莫阿纳 -B8

　　史迹之旅让我们从怀基基东侧的卡皮欧拉妮公园开始吧。在"Surf on The Wave"雕像靠海一侧的纪念碑上，刻着怀基基等海滨的历史。

位于卡皮欧拉妮公园入口靠海一侧

❷ 怀基基海滨
Map 怀基基～阿拉莫阿纳 -B8

　　这里曾是从考奥拉乌山脉流下的河流的河口所在地。一到夏天这里便波浪翻腾，王公贵族们在怀基基建起住房，在这里体验冲浪的乐趣。

旁边就是海豹和挑战巨浪的少年雕塑

❸ 莉莉·乌卡拉尼女王的住宅遗址
Map 怀基基～阿拉莫阿纳 -A8

　　这里是夏威夷末代女王莉莉·乌卡拉尼女王的住宅所在地，她曾经在此作了一首离别之曲 Aloha Oe。

位于阿拉瓦伊运河东侧，游客可以在早上散步时游览

❹ 库希欧海滨
Map 怀基基～阿拉莫阿纳 -B8

　　库希欧王子是作为政治家参加美国议会的第一人。他被称为"庶民王子"，深受人们喜爱。他的诞辰（3月26日）定为夏威夷的法定节日。

位于繁华的卡拉卡瓦路边

❺ 杜克·卡哈纳莫库像
Map 怀基基～阿拉莫阿纳 -B7

　　杜克·卡哈纳莫库不愧是生于夏威夷的英雄。他曾活跃于三届奥运会，也是一名演员，曾出演过电影。晚年在火奴鲁鲁担任郡长。

总是挂有花环的杜克像。可见人们对他十分尊敬

❻ 卡哈纳莫库的魔法石
Map 怀基基～阿拉莫阿纳 -B7

　　通常又称"怀基基的魔法石"。传说16世纪来自塔希提的4位神官曾将一股神力注入了石头中。

非常灵验的魔法石

这里现在成了国际交易市场

9 艾玛女王的住宅遗址
Map 怀基基～阿拉莫阿纳 -A7

这是卡美哈美哈国王四世的妃子埃玛女王的住宅所在地。女王是能讲一口熟练的英语，骑马水平高超，歌声十分甜美，钢琴与舞蹈都非常出色的才女。

7 卡拉卡瓦国王的住宅遗址（Uluniu）
Map 怀基基～阿拉莫阿纳 -A7

这是大卫·卡拉卡瓦国王的住宅所在地。国王喜欢草裙舞和华尔兹，经常在这座房子里举办大型派对。

建于国王村旁边

10 莫阿纳酒店
Map 怀基基～阿拉莫阿纳 -B7

这是怀基基最早建立的真正意义上的酒店。它优雅的建筑吸引了无数游客前往留宿。

让游客渴望留宿的酒店

8 卡伊乌拉妮公主的住宅遗址
Map 怀基基～阿拉莫阿纳 -A7

据说美国小说家罗伯特·路易斯·史蒂芬森经常来到此地，在黄槿树下读诗给卡伊乌拉妮公主听。

建有卡伊乌拉妮公主塑像的三角公园里立着这座纪念碑

11 阿普阿凯哈乌河与海滨男孩
Map 怀基基～阿拉莫阿纳 -B7

阿普阿凯哈乌河曾在这里流过，据说古夏威夷人会在游泳后下到河里洗掉身上的盐水。这里也是海滨男孩们曾经聚集的地方。

位于奥特富格怀基基海滩酒店旁边

Waikiki Historic Trail

现在是古老的酒店皇家夏威夷的所在地

16 卡利亚鱼塘
Map 怀基基～阿拉莫阿纳 -B5

在湿热地带怀基基有着众多的养鱼池，其中最大的鱼池，位于这座纪念碑所在的军事博物馆附近的靠山一侧。

在卡利亚路上静静矗立的纪念碑

12 卡美哈美哈国王的住宅遗址
Map 怀基基～阿拉莫阿纳 -B7

卡美哈美哈国王征服瓦胡岛之时，在这里建造了前线基地。这里还是国王的孙子卡美哈美哈国王五世等人的邸宅。

13 卡外艾外艾的疗养圣水
Map 怀基基～阿拉莫阿纳 -B6

哈埃莱库拉尼酒店前面的大海称为"卡外艾外艾"，据说人们浸过这里的海水后就能治愈疾病和伤口等。

从海底不断涌出神圣的真水

17 彩虹塔＆希尔顿潟湖
Map 怀基基～阿拉莫阿纳 -B5

于1968年开业的希尔顿夏威夷度假村的彩虹塔上，刻有世界上最大的镶嵌式壁画，并成为怀基基的新标志。

遥望潟湖的纪念碑

14 赫尔莫（皇家椰林）
Map 怀基基～阿拉莫阿纳 -A6

被称为"赫尔莫"的皇家椰林曾经在怀基基繁茂一时。据说椰树约有1万棵，是卡美哈美哈国王以及许多王公贵族们钟爱的避暑胜地。现在在皇家夏威夷酒店中心，再现了这一景象，打造了阴凉的树荫。

卡拉卡瓦路边，好莱坞行星的附近建立的纪念碑

18 卡利亚故事
Map 怀基基～阿拉莫阿纳 -B5

这曾是王公贵族的邸宅聚集之地。皇家夏威夷酒店开业以后，面向游客的大型酒店纷纷建立。

位于阿拉莫阿纳路与卡利亚路的交叉点，以希尔顿皇家村的卡利亚塔为背景建立

15 陈芳故居遗址
Map 怀基基～阿拉莫阿纳 -B6

中国富豪陈芳的旧居所在地。他于1849年来到夏威夷，靠投资房产、砂糖、米成为了巨富。

位于美国陆军博物馆靠海一侧

19 卡利亚湾
Map 怀基基～阿拉莫阿纳 -B4

这里现在是伊丽凯套房酒店所在地，以前曾是比伊纳伊欧河的河口，是在怀基基也能捕到大量海鲜的地方。

位于酒店林立的阿拉威帆船港对面的步道上

20 水田与养鸭池遗迹
Map 怀基基～阿拉莫阿纳-B4

到了19世纪后半期，怀基基的芋头种植地和养鱼池等，被中国人用来养鸭子，这座纪念碑所在之地曾为一大片养鸭池。

位于阿拉莫阿纳海滨公园东侧入口附近

21 阿拉瓦伊运河
Map 怀基基～阿拉莫阿纳-A4

20世纪初，随着夏威夷住宅的增加，养鸭池的臭味、蚊蝇、积水问题越来越突出，政府为寻求解决方法建立了阿拉瓦伊运河。

位于夏威夷会展中心旁边，运河边上

22 军事博物馆
Map 怀基基～阿拉莫阿纳-A5

20世纪初在此建立了要塞。现在则成为纪念"二战"战亡者的场所对外开放。其中一角有美国陆军博物馆。

纪念碑位于阿拉莫阿纳路与卡拉卡瓦路的交叉点

23 卡拉卡瓦国王铜像
Map 怀基基～阿拉莫阿纳-A5

路径的终点。卡拉卡瓦国王又被称为"开朗的君主"。

国王深受大众喜爱

怀基基历史路道之旅
Waikiki Historic Tour

怀基基历史路道之旅，可以让游客游览本文介绍的帆板形纪念碑中位于怀基基中部的几处，了解怀基基耐人寻味的历史。

讲解不局限于纪念碑周边，还包括酒店内部装饰的航海术、广播节目"夏威夷·广播"中的趣闻，让游客仿佛置身于一个个"怀基基故事"中。

游客们随意看到的酒店、购物中心也会有令人意外的故事，了解这些后，游客们再看夏威夷的景色时，一定也会和之前大不相同。

有实物对照的解说更容易理解

DATA
怀基基历史路道之旅 Waikiki Historic Tour
集合地点／怀基基业务广场（→ Map 怀基基～阿拉莫阿纳-A6）的喷泉前
时间／每周四的9:00。所需时间约2小时
费用／10美元（12岁以下免费）
咨询／sayuri 罗伯特 ☎ 258-7328
💻 www.hawaii-historic-tour.com

见证火奴鲁鲁港历史之塔

DATA

🕐 10 楼的观景台开放时间为
9:00~17:00

🚫 无休

🎫 免费入场

🚌 从怀基基乘 19、20 路车，
或怀基基无轨电车

🚗 从怀基基驶入阿拉莫阿纳
路，经过 Lou 餐厅以后准备
左拐。"Pier7" 的广告牌为
参照物

🅿️ 利用交易市场或市中心的
收费停车场

阿罗哈塔 Aloha Tower

市中心

火奴鲁鲁港的岛标

1926 年阿罗哈塔建成以来，一直作为火奴鲁鲁港的标志为人所熟知。航空时代到来之前，这里无疑是夏威夷的门户。每当外国船只入港，就能听到皇家夏威夷乐队演奏的 *Aloha Oe*，游客以及送行的人们挤满了纪念品商店。

港口一侧的购物中心

然而，自从火奴鲁鲁国际机场建成以后，曾经的喧闹消失殆尽，这里静静地藏在市中心林立的高楼之间。

但到了 1994 年，这里又发生了翻天覆地的变化。作为大规模滨水计划的环节之一，新的阿罗哈塔交易市场开业，附近重现了旧日的繁华景象。

位于塔上 10 楼的观景台免费对公众开放，游客在这里可以欣赏到美丽的夕阳。

庞奇包尔
National Memorial Cemetery of The Pacific

市中心靠山一侧

庄严之情油然而生

庞奇包尔和钻石头山以及可可头山一样，是由火山喷发活动造成的高台。现在这里成为国立太平洋纪念墓地，埋葬着在"一战"、"二战"、朝鲜战争、越南战争中战死的 2 万余名军人。

美国游客来到庞奇包尔一定会去看一看的是，号从军记者欧内斯特·泰勒即欧尼·派尔的墓碑（墓碑编号 D-109）。他报道战斗的士兵，受到人们极大的欢迎。他是一名英雄记者，于 1945 年牺牲。

墓碑东侧，是 1986 年因宇宙飞船"挑战者"号事故身亡的夏威夷籍航天员埃里森·S. 鬼冢的墓碑（墓碑编号 D-1），这里也经常会摆放着鲜花。

从庞奇包尔的观景台，可以眺望钻石头山和火奴鲁鲁市内的美丽景色，但游客们需时刻谨记这里是一处庄严的墓地。

像公园一样美的庞奇包尔

VOICE 乘坐公交去往怀克莱高级品牌折扣店、怀克莱购物中心时，不必到怀帕胡交运中心，只要利用 H-1
南侧的车站，路程就会更近。快速公交 E 和 433 路公交都在那停车，车内还有广播。

夏威夷大学 University of Hawaii

怀基基靠山一侧

聚集了夏威夷的栋梁之才

夏威夷大学是由散布于夏威夷各岛的10所学校共同组成的州立大学。全校共拥有学生6万人左右，是一所综合大学。

夏威夷大学的核心，是位于瓦胡岛南部的、离怀基基较近的一座山丘上的马诺阿校园。它背向马诺阿溪谷，校园占地面积122万平方米。

校内长有500种热带植物，来自世界各国的学生川流不息。在这里学习的学生约2万人。从东西方文化在夏威夷进行交会

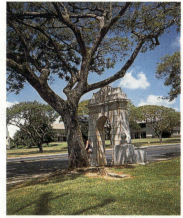

这块石柱就是大学的正门。标志很明显

的地理性学科，到语言学、社会学、文化人类学等，学生们的水平都相当高。

旅游业以及热带农业等与夏威夷产业直接相关的讲座也很受学生欢迎。每年7~8月的夏季讲座开始时，总会有夏威夷语讲座以及草裙舞讲座等特色项目，吸引了全世界近1万名学生前来观摩。

校园里还有以亚太各国与美国的教育研究为目的的国立东西研究中心等。

位于学校中央的复合型大楼为校园中心。它是管理夏威夷大学的活动信息、用餐、购物的综合中心。针对一般游客的设施也很多，可方便使用。

从一楼入口旁边的大台阶上去后，就能看到一处形状复杂的桩基。左侧是咖啡厅，中心靠里一点是书店入口。

DATA

🚌 从怀基基乘4路车，在下面地图中的站点A或C处下车。返程请于B或D处乘车

🚗 从怀基基经由卡皮欧拉妮路驶入大学路。穿过H-1后即是

🅿 大学里的收费停车站经常满车，附近有很多停车计费器的停车场

🌐 www.hawaii.edu

游客也可利用的校园中心里的咖啡馆及书店等

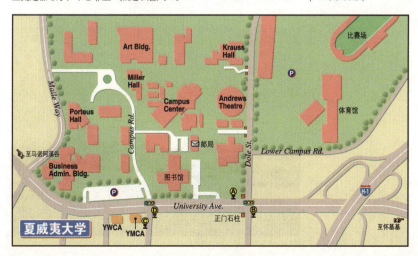

DATA

☎ 422-3300
開 亚利桑那纪念中心参观时间为每天8:00~17:00，午餐游船每天7:45~15:00运营（无法预约，按照到达顺序）
休 感恩节、12/25、1/1
費 免费，但希望游客捐赠
巴士 从怀基基乘20、42路车，从阿拉莫阿纳乘40、62路车（在下面地图的A站下车，返程从B站乘车）
車 从怀基基走H-1或阿拉莫阿纳，驶入99号线卡美哈美哈高速公路。在哈拉瓦路，经过哈拉瓦河的第一个信号灯（与卡拉洛阿路的交叉点）的左侧就是入口
P 免费
網 www.nps.gov/usar/

DATA

備 根据美国海军规定，需要实行严格的警戒检查，所有的手提包等都禁止带入轮渡船舱（相机可以）。游客服务中心有手提行李寄存处（根据大小需3~5美元），提包类请在此寄存（但贵重物品请自身携带）。请不要将物品遗留在车中。

亚利桑那纪念馆 U.S.S.Arizona Memorial　Map p.39-B3
珍珠港

对战争不了解的人要去的地方

　　1941年12月7日清晨（夏威夷时间），日本山本五十六联合舰队司令长官，命令南云忠一海军中将率领的第一航空舰队，对美国太平洋舰队的重要据点——珍珠港发动了突袭。成为太平洋战争导火线的珍珠港事件，其活生生的证人便是亚利桑那纪念馆。

相邻的潜水艇博物馆

　　载有1100多名船员的"亚利桑那"号战舰，在日军的攻击下，就这样沉入海底。如今白色的纪念馆跨过整个船体，矗立在珍珠港内。横卧于海上的船体至今仍有石油流出，仿佛在不断传递着超越了70多年时光的信息。

关于战争的思考

　　从亚利桑那纪念中心旁边的栈桥，有去往海边的纪念馆的免费轮渡。
　　乘坐轮渡前，剧场里会播放反映事件当时的重要电影，这部电影有着强烈的冲击力，给人以肃穆的感觉。

白色的亚利桑那纪念馆。右侧靠里是可一同参观的战舰"密苏里"号

"密苏里"号战舰纪念馆
Battleship Missouri Memorial

Map p.39-B3

珍珠港

见证历史的"迈提摩（Mighty Mo）"

这是在"二战"、朝鲜战争以及海湾战争中，作为美军的主战舰活跃在战场上的"密苏里"号战舰，它有着"迈提摩（Mighty Mo）"的爱称，并深受美国人民的欢迎。1992年"密苏里"号退役，1998

仪表堂堂的战舰"密苏里"号

年保存于珍珠港。如今，见证了20世纪半个世纪历史的"密苏里"号，作为历史博物馆对公众开放。

"密苏里"号姿态威严，全长270米，宽33米，从船底到桅杆的高度达64米，有口径16英寸的主炮，以及发射"战斧""鱼叉"等的导弹发射台等，只是看这些实物，就能让人感觉到无比的震撼。

要去往"密苏里"号，需从"暴风"号潜水艇博物馆入口乘坐专用无轨电车前往（参照上页地图）。

阿罗哈体育馆 Aloha Stadium

Map p.39-B4

珍珠港附近

夏威夷最大的球赛场

这是最多可容纳5万人的可变动式多功能体育场。只要按一个按钮，就可以从棒球场地转换成足球场地，在这里每年会举行200场以上的体育赛事。

夏季大学生棒球，冬季美式足球。每年12月举办的夏威夷美式足球赛（全美大学生联盟决赛），是夏威夷美式足球爱好者们最大的庆典。

此外，每周三、周六、周日上午8点还有跳蚤市场。

可以举办各种活动的多功能体育场

DATA

☎ 973-2494
🕐 9:00~17:00
🚫 感恩节、12/25、1/1
💰 含税 20 美元（4~12 岁10美元）、门票请在"波分"号潜水艇博物馆的售票厅（~16:00）购买。
公交车、自驾车：公交和自驾车的线路请参照上一页。
🌐 www.ussmissouri.com
ℹ️ 根据美国海军规定，需要实行严格的警戒检查，所有的手提包等都禁止带入无轨电车及轮渡船舱（相机可以）。无轨电车出发站附近有手提行李寄存处（每件行李3美元），提包类请在此寄存（但贵重物品请自身携带）。

DATA

🚌 从怀基基乘 20、42 路车，从阿拉莫阿纳乘 40、62 路车（在上面地图的 A 站下车，返程从 B 站乘车）
🚗 从怀基基走 H-1、78 号线茂纳鲁亚路，在"STADIUM"出口出来
🌐 www.alohastadium.hawaii.gov

从跳蚤市场淘宝

Swap Meet 是夏威夷的露天跳蚤市场。或许也可以翻译为交换市场。这种形式原本是在个人的车库等地进行，将自己用不着的旧衣服等和别人交换，或以同等的价格进行买卖。这个露天跳蚤市场，就是交易旧"商品"的宝库。

特色商品琳琅满目

宽敞的停车场里停满了车，并摆满了各式商品。只要交一定的费用，谁都可以成为"店主"，因此这里聚集了许多特色摊位。

主要"商品"是旧衣服、旧家具、旧鞋子、旧厨房用品等旧货。但是有很多东西，虽然是旧的，但看了之后仍会让人点头称赞。

能淘到的宝贝，以阿罗哈衫、帆板、军用包、手制饰品等特色商品居多。特别是阿罗哈衫等，花纹素雅，与怀基基附近卖的阿罗哈衫相比别有一番风味。

折扣商品乐趣十足

出售木瓜等水果、蔬菜的店也不少。大概多是从自家采摘的果蔬。游客一定能在这找到既便宜又好吃的果蔬。像这种店，通常都是全家出动共同经营，其乐融融。还有的店里卖自家制作的泡菜和中药等。

为了能够更畅销，这里的物品都很花了一番心思，有的看上去根本不知道是做什么的，还有的形状打磨得非常完美，游客在这里一定能够淘到意外的宝贝。当然，如果会砍价，还可以买到很便宜的商品。

市场每周三、周五、周六、周日5:00~12:00左右。早上商品数量较多，淘宝的机会更大一些。

此外，在阿罗哈体育馆，每周三、周六、周日（8:00~15:00）也有跳蚤市场。这里的顾客以游客为主。

■ Kam.Drive Inn Theatre

公交车、自驾车的行车线路：请参照→p.270 珍珠岭购物中心的相关信息。入场费50美分。

■ Aloha Stadium

公交车、自驾车的行车线路：请参照→p.135 阿罗哈体育馆的相关信息。入场费1美元（11岁以下免费）

🔗 www.alohastadiumswapmeet.net

买卖双方都怡然自得

这个，便宜点唄

大蒜与滑板同时在卖的柜台

这是阿罗哈体育馆的跳蚤市场。最近也出现了能使用信用卡的商店

⭐ VOICE 阿罗哈体育馆的跳蚤市场非常有趣！店铺每天都不同。我们围着体育场转了一圈，非常适合购买礼物。

夏威夷文化的常规项目

　　草裙舞是夏威夷的民族舞蹈。可以说它是夏威夷传统艺术的代表。草裙舞源于礼拜式仪式的一部分，如今早已成为夏威夷与日常生活紧密联系的文化象征。

　　说到草裙舞，也许有人认为必须要参加酒店举办的夜间表演才能看到，其实在怀基基附近就能看到，游客如果有兴趣可以体验一下。

欣赏真正的草裙舞

　　如今，作为怀基基海岸的最新娱乐项目，并且深受人们喜爱的就是库希欧海滨公园的日落草裙舞。

　　每个周二、周四、周六、周日，夕阳西下的同时在卡哈纳莫铜像前举行点火仪式，随后在草裙舞舞台会有一场夏威夷音乐及草裙舞的现场表演。背景的蓝天渐渐失去色彩，眼前的表演更趋于梦幻。一到周末这里还会成为当地人都很喜爱的草裙舞教室的舞台，舞台前的草坪挤满了欣赏舞蹈的游客，如果想找到靠前的位置建议游客提早出发（免费，有时会停演）。

库希欧海滨公园的日落草裙舞表演中也有儿童草裙舞的展示环节

梦幻的库希欧海滨公园的日落草裙舞

酒店的晚上表演

傍晚散步之余，游客也可以欣赏怀基基各个酒店举行的晚上表演。只是站在旁边看的话是免费的，附近的酒吧里也大都有表演，游客可以一边喝酒一边度过一个美好的夏威夷之夜。■怀基基凯悦酒店（→ p.585）：三楼的中心舞台每晚17：00和19:00（周五、周六19:30）共2场。■喜来登卡伊乌拉妮公主酒店（→ p.594）：在池边餐馆的莱莉露台每晚18:15开始■希尔顿·夏威夷度假村：除周五以外的每个晚上，在池边餐馆18:00开始。每周五还有戏剧版的草裙舞表演"国王纪念日"（根据季节不同有时从18:30或19:00开始，约5分钟后有烟花表演，为星期五之夜增添异彩（根据季节不同有时从19:30或20:00开始）。
※ 所有表演都可能因为季节不同时间也有所变更，游客可跟各酒店进行确认。

优雅的日落草裙舞

即使在怀基基一流的酒店，也能欣赏到草裙舞表演。日落时走在怀基基海岸上，到处都能听到夏威夷吉他的音色。表演通常在酒吧或咖啡馆举行，游客可以一边品尝开胃酒一边看表演。

其中最为有名的，是在哈莱库拉尼酒店（→ p.583）池塘边餐馆、不上锁的房间（→ p.240），每天18:00开始的日落草裙舞表演。在怀基基海滨仅剩一棵的树龄超过100年的基阿维树下，沐浴着夕阳的舞者的身姿，极具艺术性，令人叹为观止。

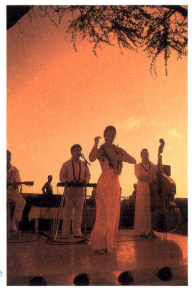

怀基基最负盛名的哈莱库拉尼酒店的日落草裙舞

主要的草裙舞大赛

快乐君王节
Merrie Monarch Festival
（4月中旬/夏威夷岛·希洛）

草裙舞大赛的最高峰。从有名的草裙舞教室里选20组出场，女性solo、女性和男性的古典草裙舞与现代草裙舞类别，是历经3天时间的一场比赛。即使在夏威夷也很难买到入场券，但连续3天晚上现场直播，因此游客在瓦胡岛上可以通过电视观战。❶快乐君主节 ☎935-9168

卡美哈美哈国王草裙舞大赛
King Kamehameha Hula Competition
（6月下旬/瓦胡岛·沃德地区）

会场位于从怀基基驱车10分钟的布莱斯戴尔中心体育场。以瓦胡岛为中心，各草裙舞教室分别进行现代、古典、咏唱等类别的比赛。现代草裙舞比赛中，还有老年类别。入场券比较容易买到。❶州夏威夷遗产委员会 ☎536-6540

罗托王子草裙舞大赛
Prince Lot Hula Festival
（7月中旬/瓦胡岛·茂纳鲁亚）

和输赢结果相比，它的节日色彩更强。在曾经跳过神圣草裙舞的大树下的舞台上，举行古典草裙舞以及现代草裙舞的表演。会场在广告中"此树为何树"所在的茂纳鲁亚花园。入场免费。❶茂纳鲁亚花园基金 ☎839-5334

莉莉·乌卡拉尼女王凯基少儿草裙舞大赛
Queen Liliuokalani Keidi Hula Competition
（7月下旬/瓦胡岛·沃德地区）

"凯基（Keiki）"在夏威夷语中为"孩子"之意。因为这一比赛为6~12岁的孩子参加的草裙舞比赛。在这里游客可以欣赏到不逊于成年人的精彩草裙舞。分为solo、现代、古典等类别。❶卡里希巴拿马文化艺术 ☎512-6905

草裙舞世界邀请赛
World Invitational Hula Festival
（11月中旬/瓦胡岛·怀基基）

在卡皮欧拉妮公园的怀基基·谢尔举办的一场历经3天的比赛，来自世界各国的草裙舞爱好者云集于此享受比赛。❶☎486-3185 www.worldhula.com

爱上夏威夷！
夏威夷文化讲堂

现在，在夏威夷最受欢迎的活动就是学习草裙舞、尤克里里、花环制作等的夏威夷文化讲堂了。现在的很多旅行团就安排有这些内容的学习，尤其是人们对草裙舞的喜爱使得这些旅行团非常有人气。

购物中心课程

具有代表性的是皇家夏威夷购物中心的免费课程。在这里会举办草裙舞、尤克里里、夏威夷拼布、花环制作以及较罕见的洛美洛美（按摩）的学习及展示。

此外，在怀基基购物广场，除了草裙舞、尤克里里、夏威夷拼布（收取材料费），还开设有瑜伽课程。

这是安排有草裙舞课程的旅行团

怀基基购物广场的草裙舞课程

在凯悦酒店的阿罗哈星期五拍到的一个场景。贝蒂姑妈和她的学生们正在开展草裙舞课程

酒店课程

在主要酒店里，针对游客也开发了各种课程，多数情况下酒店客人免费参加。游客也可以根据课程的有无选择酒店。代表酒店为：

希尔顿·夏威夷度假村

■花环制作：周三、周五13:30开始，周三、周四10:00开始

■尤克里里课程：周三、周五14:30开始，周二、周四11:00开始

■草裙舞课程：周三、周五14:15开始，周二、周四10:45开始

阿罗哈星期五

每周五16:30~8:00在怀基基凯悦酒店（→p.585）会举办免费的庆典活动。酒店客人以外的游客也可以参加，游客可以去看一看。

活动内容，除了草裙舞、花环制作等，还有草裙舞表演时使用的打击乐器的表演。游客可以一边欣赏草裙舞一边体验夏威夷的文化及手工艺。

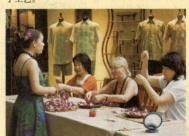

阿罗哈星期五也有花环制作课程

DATA

🚗 从哈莱瓦出发沿 83 号线卡美哈美哈高速公路北上，越过瓦伊梅阿湾大约 0.8 英里（约 1.3 公里），在普普克阿公路右转（在拐角处有小吃路）。行驶过一段上坡路程后看到右侧出现标有"神庙"的指示牌时右转，在一段颠簸的小路上开行约 10 分钟以达目的地

🅿 有

📄 该地均为具有历史意义的珍贵建筑，当地的人民至今仍守护着这片圣域，因此切勿攀登石基、进入建筑内，以及触碰贡品。另外，到访此地的人相对较少，请勿逗留太晚。参观时请不要在车内留下贵重物品

沿着能绕神庙一周的小路参观

马胡卡神庙 Puu O Mahuka Heiau   `Map p.43-B3`

岛的北部

瓦胡岛规模最大的神殿遗迹

"神庙"是古代酋长为了祈求战争胜利而修建的神殿，代表着祭祀场所。

当时，"卡夫拉"（神官）指导人们在神庙举行各种仪式，并会用活人来供奉战争之神。在夏威夷群岛上已经发现多座神庙遗迹，不过瓦胡岛上的这座马胡卡神庙是至今保留下来的规模最大的一座神庙遗迹。

虽然没有得到历史学家的证实，但居住在夏威夷的考古学家鲁迪·米切尔博士经研究后发现，在 18 世纪 70 年代，当时的神官卡奥普鲁普鲁接受了国王卡美哈美哈的命令修建了这座神庙。

在那之后，卡美哈美哈国王统一了整个夏威夷，并开始在这座神庙中举行各种各样的仪式，这样的祭祀活动一直持续到了 1819 年。据说在 1794 年，一艘英国船只的船员来到瓦伊梅阿河的河口装运淡水，夏威夷当地的土著人发现并抓住了他们。不幸的是这些船员们后来被当作祭祀品供奉给了这里的神。

弥漫着神秘气氛的夏威夷人圣域

虽然现在神庙只有大约 160 米 ×45 米的石基残留下来，不过当人们置身于祭坛状的石级之上时，仍能感觉到夏威夷人的圣域所具有的那一份神秘感。

在这座神庙周围随处可见用朱蕉叶包裹的石头散落于地，据说这是当时人们供奉给神的物品。1819 年，卡美哈美哈二世废除了夏威夷自古以来一直施行的宗教禁忌制度，虽然在那之后这座神庙便不再用来举行宗教活动，但是时至今日这里对夏威夷当地的土著居民来说仍然是最神圣的场所。

从神庙中的高坡上眺望瓦伊梅阿湾，连绵不断的北岸形成了一道绝美的风景。自然风光与古代遗迹这种颇具神秘感的组合绝对会让游客们感到不虚此行。

"泊哈库"中栖息的"马纳"

夏威夷人一直认为自然界中的万物都具有"马纳（灵魂）"。本章所提到的神庙中的"泊哈库（石头）"中也被认为有"马纳"栖息其中，因此而受到众人的膜拜祈祷。这种具有不可思议力量的"泊哈库"在怀基基岛也被当地的居民当作魔法石，而在瓦伊阿瓦则被当成了治愈石和诞辰石（→ Map p.41-B2）。当地人相信只要触摸过治愈石后全身的伤病便会好转。诞辰石也就是"产床石"，据传说王族的女性均是在这上面生产的。

博物馆·美术馆
Museums

在海外旅游的过程中通过与不同文化的接触，让自己得到启发也是其目的之一。

游客来到当地的博物馆与美术馆，可以加深对夏威夷历史与文化的了解。在接受心灵洗礼的同时也能让自己有一个充实的旅途。

美国陆军博物馆 U.S.Army Museum Hawaii
Map 怀基基～阿拉莫阿纳 ·B6

怀基基西部

极富临场感的体验

在怀基基的德鲁西堡公园的一角，有一处重现了"二战"悲壮历史的博物馆。这座建筑物最初是为了防卫珍珠港于1911年修建的，其中安装有兰多夫炮台等军事设施。战争结束后被改建成了美国陆军博物馆。

这座由厚实的混凝土修建而成的坚固建筑物，甚至能禁受住炮弹的直接轰击。在建筑物前方展示了货真价实的美军军用战车和迫击炮等。此外，在屋顶还停放着军用直升机。

博物馆内部不仅展出了第二次世界大战时使用的军事设备，还陈列着从古代夏威夷战争到朝鲜战争、越南战争的相关资料和展示品。在由钢筋混凝土搭建而成的博物馆内，幽暗的灯光映衬着一件件历经岁月的陈列品，让前来参观的人们切实感受到战争的临场感。

DATA
☎ 955-9552
🕐 10:00-17:00
休 周日、周一、12/25、1/1
💰 免费参观，可存放物品
🚌 在怀基基中央区域搭乘8路巴士等
🅿 使用萨拉塔加公路路边的停车场及公园内的停车场
🌐 www.hiarmymuseumsoc.org

博物馆屋顶上的大炮

参观该博物馆后人们会更加认识到和平的宝贵

141

DATA

☎ 847-3511

🏠 1525 Bernice St.

🕐 9:00~17:00

🚫 周二、12/25

💰 包括天文馆在内，含税
共 17.95 美元，4~12 岁儿童
及 65 岁以上老人 14.95 美元，
3 岁以下免费

🚌 在怀基基搭乘 2 路巴
士或者城市特快 B（表示为
"SCHOOL/Middle St."）在下
面地图的 A 处下车，走 5~6
分钟。回程时从 B 处乘车。

🚗 从怀基基出发 H-1。从
出口 20B 出来，在公路尽头
处右转，然后在第二个路口
（Bernice St.）左转

🅿 免费停车

📷 开设体验夏威夷文化的多
种观光项目

🔗 www.bishopmuseum.com

主教博物馆 Bishop Museum

市中心西侧

可以享受一整天的夏威夷最大博物馆

确切地说应该是伯尼斯·帕瓦西·主教博物馆（Bernice Pauahi Bishop Museum）。B. P. 主教是卡美哈美哈王室直系末裔有关的女王，其丈夫 C. R. 主教为了悼念亡妻于 1889 年修建了这座博物馆。馆内收藏了包括夏威夷在内的波利尼西亚文化圈的人类学、生物学、自然科学等学科的学术收品品，同时也是世界上首屈一指的对太平洋地区进行研究的机构。

提到"博物馆"也许大家立刻会有一种庄重的感觉，不自觉地变得拘谨起来。但是在这座主教博物馆内的游客们却一点儿也不会有这样的感觉。来到夏威夷后首先到这里参观一下，在了解原汁原味的夏威夷历史的同时，也许会对怀基基的这片沙滩有不一样的认识。

展示象征王室权威的"卡西利"的房间

展示莉莉·乌卡拉尼女王生前
使用物品的一角

极具历史厚重感的建筑物

以往主教博物馆只在圣诞节放假，但是自 2009 年 5 月以后每周二也会闭馆

包括卡伊乌拉妮公主作为送给父亲礼物的苏格
兰风景画等，在这个画廊中收藏了大量珍贵的
18~19 世纪初有关夏威夷的艺术作品

LIKELIKE HWY.

卡姆购物中心

主教博物馆　卡帕拉玛小学

MAKUAHINE

入口

PALAPALA PL.

民居

提示

KAPALAMA ST.

提示　民居　民居

BERNICE ST.　N. SCHOOL ST.

墓地

不容错过的夏威夷大厅

如果从入口右侧处的特别展示厅进入，将来到这座博物馆的核心部分，夏威夷大厅（Hawaiian Hall）。该大厅采用回廊式结构，在走廊的两边陈列着各种各样的展品。

大厅一层作为引导部分，将带领游客们以夏威夷人的世界观看待这里的神灵、传说和神话。在这一层古代的房屋和神庙（→ p.140）得以再现。置身于此的游客也许会感到自己经过了时光穿梭回到了古代的夏威夷。

大厅二层展示了普通夏威夷人所使用的生活工具、装饰品以及装饰了"草裙舞"的乐器。让参观者见识到与大自然共生共存的夏威夷人的日常生活。

大厅三层陈列了大量自卡美哈美哈国王以来的历代国王和女王所使用的物品。其中甚至包括迄今为止很少被公开的珍贵藏品。

值得一提的是古代酋长所穿戴的由羽毛制成的头盔和斗篷。据说卡美哈美哈一世所穿的斗篷总共耗费了大约 45 万根羽毛。而且这些羽毛全部采集于一种夏威夷特有的蜜鸟科鸟类 Honey Creeper 身上。这种鸟身上的羽毛黄色部分被当地人称为 Mamo，红色部分称为 Liwi、Apapane。每次采集羽毛时，从一只鸟身上采集 5~6 根后便会将其放走，因此制作 1 件这样的斗篷将不得不捕捉数万只这种蜜鸟。

体验型夏威夷自然科学中心

除了享受自然风光，夏威夷群岛的自然科学也会让游人感受到乐趣无穷。

在夏威夷自然科学中心里，人们注意的焦点当然是基拉韦厄火山的巨大模型。进入火山模型的内部，基拉韦厄火山的喷发历史与结构在这里都有详细展示。除此之外，还有按下按钮便有硫黄味气体喷出的装置，以及重现熔岩洞窟实景的

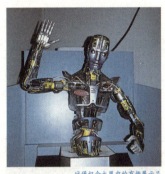

城堡纪念大厦中的有趣展示品

平台等，孩子们将可以在这里轻松愉快地学习知识。在该中心内还设有介绍火山喷发过程的实验室、小型影院、位于夏威夷大岛东南部的海底火山——罗伊菲的模型等，让游客可以在这里对夏威夷丰富独特的自然体系有所了解。

观光活动介绍

在主教博物馆每天都会安排各式各样的观光活动。

■ 推荐游客参加博物馆的观光活动。在该活动中博物馆的工作人员会对展品进行详细介绍，使游客通过最准确的描述对各种历史展品有更深刻的理解。此外，来到这里的游客千万不可错过天文馆和熔岩秀（14:00）。

■ 紧邻夏威夷大厅的城堡大厅也趣味十足。在这里将每隔数月举办一次不同主题的特别展览，每到周末就有当地的小学生团体前来参观，其人气可见一斑。2010年6月19日~9月6日围绕有1000年悠久历史的冲浪运动举办了展览会。同年9月29日~2011年1月9日以地球最后的神秘地——深海为主题，举办了一场"深海生物展"。其间展出了与实物相同大小的巨型鸟贼模型。（预告的展览时间可能会出现变更。）

每隔数分钟便会有浓烟喷出的基拉韦厄火山模型。按动按钮还会有岩浆涌出（右上）
设有大银幕的实验区。游客可以通过影像观察基拉韦厄火山喷发时的情景（右下）
夏威夷最古老的木结构房屋（左）

DATA

☎ 531-0481

🕐 10:00~16:00

休 周日、周一，各主要节假日

💰 含税 10 美元，55 岁以上 8 美元，6~18 岁 6 美元，5 岁以下儿童免费

🚌 在怀基基搭乘 2、13 路巴士，城市特快 B，或者搭乘怀基基无轨电车

🚗 从怀基基出发经贝勒塔尼阿公路或者阿拉莫阿纳公路前往市中心。国王大道的靠海一侧便是目的地

🅿 使用卡瓦伊阿哈奥公路的路边停车场

🌐 www.missionhouses.org

传教士博物馆 Mission House Museum

市中心

为夏威夷现代化做出了巨大贡献

在 19 世纪以前的夏威夷，森严的社会等级制度（包括男女不平等）和宗教上的禁忌制度相互交织，统治着这片土地。直到欧美的传教士们来到这里，才使得这里的陈旧社会制度和古代宗教制度得以变革。

这些传教士们带来的不仅仅是基督教，还给夏威夷人民带来了文字、学校和制造砂糖的甘蔗种植园

传教士的生活场所

等，使夏威夷开始了现代化发展。位于市区的博物馆也对这些传教士们的功绩进行了介绍。

1820 年，从新英格兰出发的传教士们，随船装运着木材等材料来到夏威夷修建了这座建筑物。这也是夏威夷第一栋木结构建筑。在这座两层的博物馆内，忠实地再现了传教士们当时的起居生活，并还原了他们曾生活过的房间面貌。

从 11:00、13:00、14:45 起分别有配备导游进行讲解的参观团。

还原历史的室内摆设，仿佛现在仍然有传教士生活在这里

办公桌。纪念馆内设有礼品店、餐厅等，游客可以悠闲地参观

1832 年，《圣经》作为夏威夷最早的印刷品在这里诞生。观光活动中，工作人员将还原当时印刷《圣经》的场景

夏威夷的种植园村
Hawaii's Plantation Village

Map p.39-B3

珍珠港附近

还原 20 世纪 30 年代的移民住宅区

在岛中央附近的乌伊帕夫镇，这里的制糖工厂一直运作到了 1995 年的春季。这座工厂的旧址生动地再现了 20 世纪初作为夏威夷支柱产业的制糖业的情况。现在这里已经被改建为一处室外博物馆。

支撑夏威夷制糖业的主要是从日本、韩国、菲律宾、葡萄牙、波多黎各等世界各地来到这里的移民。在展览馆内对他们曾经生活过的大约 30 间种植园宿舍进行了还原，游客们可以尽情参观。

在路道两旁忠实再现了当年所使用的路灯，同时还展示了浴室、杂货店、理发店、车库等设施，使来到这里的游人们情不自禁地追忆起当年这些移民们的生活情景。

1996 年春天，岛上剩余的唯一一座制糖工厂关闭，这也宣告了瓦胡岛制糖产业的终结。不过只要你来到这个村庄，就会感觉仿佛穿越到了 20 世纪 30 年代的移民住宅区。

DATA

☎ 677-0110

⏰ 8:00~16:30（配备导游的参观团 10:00~14:00，每小时一次）

休 周日、各主要节假日

￥ 含税 13 美元，62 岁以上老人 10 美元，4~11 岁 5 美元，3 岁以下儿童免费

🚌 在怀基基搭乘国营高铁 E。到瓦伊帕夫运输中心换乘 43 路巴士或者 432 路巴士

🚗 从怀基基出走 H-1，从 7 号出口出（有茶色指示牌）经帕伊瓦公路和瓦伊帕夫公路

P 免费

🌐 www.hawaiiplantation village.org

村庄的小路上昔日的路灯得以再现

艾玛女王博物馆
Queen Emma Summer Palace

Map p.36-B1

市中心靠山一侧

古老的女王别墅

现在公开参观的博物馆曾经是卡美哈美哈四世的王妃——艾玛女王夏季避暑的别墅。

在夏威夷王朝史中，像艾玛女王一样拥有辉煌灿烂一生的人物实在是凤毛麟角。博物馆内展出了女王在其巅峰时期所穿的结婚礼服、佩戴过的宝石、带木雕的床和家具，以及王妃所生的 4 岁时便夭折的阿卢巴托王子的遗物等。

此外，对于爱好古董的游客来说，1869 年访问夏威夷的英国爱丁堡公爵所居住的布满了豪华装饰品的"爱丁堡屋"也是不可错过的景点。

DATA

☎ 595-3167

⏰ 9:00~16:00

休 各主要节假日

￥ 含税 6 美元，65 岁以上老人 4 美元，5~17 岁 1 美元，5 岁以下儿童免费

🚌 在怀基基搭乘 4 路巴士直达，或者从阿拉莫阿纳搭乘 55~57 路巴士。在左侧地图的 A 处下车。回程时在 B 处搭乘（由于车流量很大，过路到 C 处乘车较危险）

🚗 从怀基基出走 H-1 上 61 号线帕利高速公路。过第一个提示板后从右侧有指示牌处开出

P 免费

🌐 www.daughtersofhawaii.org

女王喜爱的白色别墅

Statues in Waikiki
怀基基的铜像

在怀基基各地矗立着众多铜像，包括卡拉卡瓦国王（→p.122）、卡皮欧拉妮女王（→p.111）、库希欧王子（→p.108）、卡伊乌拉妮公主（→p.93）等夏威夷王朝的历代皇室成员的铜像，以及杜克·卡哈纳莫库（→p.121）等名人的铜像。在此对部分铜像予以介绍，既可以作为拍照留念的地方也可以作为会合点的标志。

骑乘海豹的踏浪少年像

2001年怀基基海岸举办庆典时创作的作品。海豹是夏威夷特有的僧海豹。

位于卡拉卡瓦路与卡帕弗卢公路的交会点附近（→Map p.109）。

马哈托马·甘地像

位于火奴鲁鲁动物园入口附近（→Map 怀基基～阿拉莫阿纳-B8）。

国际甘地协会在全美12座城市里放置。1990年建造。

巴尼斯·帕乌阿西·主教王妃像

皇家夏威夷购物中心（→p.248）的皇家园林内的主教王妃像。

根据她的遗志，中心收益的一部分将用于教育经费。

浪尖上的冲浪者雕像

火奴鲁鲁市文化艺术协会于2003年建造。

位于卡皮欧拉妮公园的海岸附近（→Map 怀基基～阿拉莫阿纳-B8）。

"暴风"号潜水艇博物馆
U.S.S.Bowfin/Pacific Submarine Museum

珍珠港

Map p.39-B4

DATA
- ☎ 423-1341
- 🕐 7:00~17:00（艇内~16:30）
- 休 感恩节、12/5、1/1
- 💰 含税 10 美元，65 岁以上老人 7 美元，4~12 岁儿童 4 美元，4 岁以下不能进入
- 🚌 乘坐巴士、自驾线路参照 p.134 的亚利桑那纪念馆
- 🌐 www.bowfin.org

参观潜水艇的内部

　　"暴风"号潜水艇博物馆是位于珍珠港的亚利桑那纪念馆附近的珍贵博物馆。游客们可以踏进真正的军用潜水艇"暴风"号，体验一番艇内生活。

　　舱内分布着鱼雷发射管、寝室、厕所、厨房等设施，在这与其说紧凑不如说狭窄的环境中，想到船员们必须在这里生活数天甚至数月，就能感受到战争的残酷。

　　在室外展示了导弹和鱼雷等，值得注意的是其中有一具"二战"时日本曾使用过的人肉鱼雷"回天"，它正静静地躺在那里无言地警示着没有经历过战争的后辈们。

人肉鱼雷让人们感受到战争的愚蠢

极具震撼力的军用潜艇

太平洋航空博物馆
Pacific Aviation Museum

珍珠港

Map p.39-B3

DATA
- ☎ 441-1000
- 开 9:00~17:00
- 休 感恩节、12/5、1/1
- 💰 含税 15 美元，4~12 岁儿童 8 美元
- 🚌 乘坐巴士、自驾线路参照 p.134 的亚利桑那纪念馆
- 🌐 www.pacificaviationmuseum. org

飞机爱好者们不容错过的航空博物馆

　　珍珠港另一处一定要参观的地方便是太平洋航空博物馆。

　　该博物馆由珍珠港福特岛上的原美军仓库改建而成。馆内展示了太平洋战争中登场的日本零式战斗机、B-25 轰炸机、F4 野猫战斗机等共 7 架飞机。此外，馆内陈列的攻击珍珠港时在尼伊哈岛迫降的零式战斗机残骸也引来无数观光者。

　　另外，博物馆内还设有飞行模拟器，以及出售航空相关礼品和百货的商店、餐厅等设施。

飞机爱好者们的天堂——航空博物馆内的礼品店

感受军用飞机带来的震撼

瓦胡岛

● 旅游景点 博物馆 · 美术馆

DATA

☎ 532-8700

🏠 900 S.Beretania St.

🕐 周二～周六 10:00~16:30,
周日 13:00~17:00（每月第二
个周二延迟闭馆 ~21:00）

🚫 周一、感恩节、12/25、1/1

🎫 含税 10 美元, 13~17 岁
及 62 岁以上 5 美元, 12 岁
以下儿童免费（每月第一个
周三及第个周日免费入馆）

🚌 在怀基基搭乘 2、13 路
巴士, 城市特快 B。在上面
地图的 A 处下车, 回程时到
B 处乘车返回。另外, 还可
乘坐怀基基无轨电车

🚗 从怀基基出发延卡拉卡瓦
路北上, 在贝勒塔尼阿公路
处左转。与瓦德公路交会点
的靠山一侧便是目的地

🅿 正面的公园, 托马斯广场
的东侧及艺术中心内均有专
用停车场（付费）

🖥 www.honoluluacademy.org

火奴鲁鲁美术馆
The Honolulu Academy of Arts

市中心

在夏威夷最大的美术馆中享受优雅一刻

这间夏威夷最大的美术馆位于贝勒塔尼阿公路边一片安静的住宅区中。馆内收藏了来自欧洲、美国、日本、中国、韩国、印度、伊斯兰、波利尼西亚等国家和地区的美术品, 是一座极具夏威夷地方特色的美术馆。

进入美术馆后, 展品大致按照入口右侧陈列西欧美术品, 入口左侧陈列东方美术品的布局进行划分。并且按照时代和国家进一步细分为 30 个展出部分。主要藏品有毕加索、莫奈、凡·高、高更的绘画以及罗丹、爱泼斯坦的雕刻等。此外, 美国收藏的部分东方艺术品也值得一看。游客们可以在此多作停留慢慢欣赏一番。在位于二楼的剧场内, 每天都会有电影进行放映, 或者由当地的艺术家展示自己的作品。

在美丽的中央庭院设有露天咖啡厅, 让游客可以安静地享受片刻悠闲时光。

雕刻的庭院, 室外美术品也非常值得一看

环境清静的美术馆

展品包括凡·高、毕加索等作品在内的珍贵艺术品

美术馆内部的露台咖啡厅。周二～周六仅在午餐时间营业（11:30~13:30）, 如果不提前预约可能需要等待很久才能用餐（☎532-8734）

夏威夷州立美术馆
Hawaii State Art Museum

市中心

Map p.97-A2

DATA

☎ 586-0900/586-0304

🏠 250 S.Hotel St.

🕙 10:00~16:00

休 周日·周一，大部分节假日

💰 免费（欢迎捐赠）

🚌 在怀基基搭乘 2、13 路巴士，城市特快 B，或者怀基基无轨电车

🚗 从怀基基出发经贝勒塔尼阿公路开往市中心。在理查德公路左转

🅿 使用附近的付费停车场

💻 www.hawaii.gov/sfca

感受阿罗哈精神的夏威夷风格的美术馆

该美术馆位于这一行政地区的 1 号大楼（No.1 Capitol District Building）的二楼，并作为美国的历史文化财产进行了登记。

馆内所展出的艺术作品全部出自夏威夷本地艺术家之手。这些作品是由 APP（参照边栏）从大约 1400 名艺术家那里收集得到的总共约 5000 件作品中的一部分。日常展出部分是由 284 名艺术家所创作的 360 件作品。

这些作品几乎都是从 1960 年至今所创作的。作品类型包括油画、亚克力画、水彩画、青铜雕刻、照片、玻璃作品、串珠、瓷器等。作品风格也从古典到现代各式各样。但所有这些作品都有一个共同点，那就是表达对夏威夷的"热切眷恋"。欣赏着这些艺术家们用灵魂通过不同视点对夏威夷自然景色、人物、过去及未来进行描绘的作品，游客们在进一步了解夏威夷文化之余，还能深切体会到艺术的重要性。如果你喜欢夏威夷文化，请一定要到这里来走走。

除了常设展品，美术馆还会定期举办特别展览。另外，馆内的餐厅也值得推荐。

APP是什么？

由州立文化艺术财团提出的"Art in Public Place Program（公共设施中的艺术事业）"。这是根据 1967 年夏威夷州议会通过的《Art in State Building》法案而开展的公共事业。该法案规定在州内修建建筑物时，必须将建设费的 1% 用于美化环境的视觉艺术上。该法案在美国历史上具有划时代的意义，自那之后多数州与地方自治团体均效仿此法制定了类似的法案。通过 APP 收集到的作品不仅仅收藏于美术馆内，政府大楼、学校、机场以及医院等大约 500 处州立设施内均陈列有展品。可以说正是这种"无边界美术馆"为夏威夷的日常生活添姿加彩。

收藏仅由红、绿两种颜色并经过电脑绘制而成的《蒙娜丽莎》等当代艺术作品的展览馆

美术馆的入口。从 13:00 开始有英语讲解的参观团（左）
席格·亚马达的作品 *Maui Releasing the Sun* 青铜像（右）

以各种各样的方式描绘并展示夏威夷的自然风光

DATA

☎ 526-1322

🕐 周二～周六 10:00~16:00，
周日 12:00~16:00

🈴 周一、4/7、感恩节、
12/25、1/1、4/24※

💰 含税 8 美元，13~17 岁与
62 岁以上 6 美元，12 岁以
下儿童免费（每月第 3 个周
四免费入馆）

🗺 参照右下地图

🚌 从怀基基出发经阿拉莫阿
纳、卡匹奥拉尼、贝勒塔尼
阿等公路，沿匹伊科伊公路
北上，通过莫特·史密斯公
路、马基基高速公路之后可
以在右侧看到美术馆

🌐 www.tcmhi.org

△ 立于翠绿环绕的高地之上的
美术馆

时代美术馆
The Contemporary Museum

市中心的靠山一侧

让心灵安静地放松一下

在市中心的靠山一侧，科沃拉乌山脉平缓的山脚下有一处与火奴鲁鲁遥相呼应的高级住宅区，这就是马基基高地。位于这里的时代美术馆安静地向人们展示着艺术家们创作的现代艺术作品。跨越了类型的各种作品陈列其中，在一片耀眼的绿色中构筑出一片不可思议的艺术空间。

该美术馆由夏威夷报社火奴鲁鲁广告社的老板瑟斯顿·特威格·史密斯创建。它是美国屈指可数的主要收藏现代艺术作品的美术馆之一。该美术馆创建时的目标是在夏威夷进行高水准的现代美术创作。目前共有超过 4000 件的美术作品收藏在该馆以及火奴鲁鲁广告社画廊（Honolulu Advertiser Gallery → Map 火奴鲁鲁 -B5）和史密斯的住宅（未公开）内。

除了美术作品，庭院也很值得参观。园内种植了大约 80 种草木，而且每一株植物都挂上了标牌，使游人们能够带回美好的回忆。

展出作品中的一部分。上边的照片为霍克尼的作品《小孩与咒文》。中间的照片为用汽车零部件为原材料创作的马的雕刻作品。下方照片为庭园中的活动雕像。会根据风向改变造型的不可思议的雕刻作品，作者是乔治·里奇

在享受了庭园漫步之后，于馆内的露台咖啡馆"现代咖啡馆"中点上一杯清凉的冰茶稍息片刻，回味一番美术鉴赏的余韵也是不错的享受。

主要换乘点/阿拉派交通中心

游乐地 *Popular Attractions*

动物园、水族馆、海洋公园，
对于全家一起旅游的游客们来说这里是绝佳的去处。
孩子们对这里流连忘返自不必说，让人感到意外的是大人们常常也乐在其中。

火奴鲁鲁动物园 Honolulu Zoo　　Map 怀基基～阿拉莫阿纳 -B8

怀基基东侧

大人和小孩都乐在其中

从入口处的火烈鸟开始算起，园内总共饲养了1230种动物，同时它也是瓦胡岛上唯一的动物园。

在这里游客可以体验到置身于非洲大草原的感觉。在这片人工造就的大草原上，游客们可以看到鬣狗、河马、斑马、长颈鹿的身影。但是需要提醒的是，中午时这里将会非常炎热，带着孩子一起旅游的游客需要特别注意。

在儿童动物园内。山羊把小朋友的裙子当成食物吃了

另外，推荐家庭旅游的游客们去一趟儿童动物园。在这里饲养着动物们的幼崽以及各种小型动物。由于可以和这些动物近距离地接触，在和动物的友好相处中，对提升孩子们的情操将有所助益。

在每周的周五、周六从傍晚到夜里这里还将进行一系列的黄昏观光活动（每周五、周六 17:30~19:30，票价 14 美元，4~12 岁儿童 10 美元）。

DATA

☎ 971-7171
🕐 9:00~16:30
休 12/25
💰 含税 12 美元，4~12 岁 3 美元，3 岁以下免费。有效期 1 年的家庭套票 45 美元
备 从周六、周日 10:00 起，动物园的围墙外的绘画市场（Art Market）开始
🅿 利用延卡帕弗鲁公路沿线的停车场
🌐 www.honoluluzoo.org

儿童动物园的入口（儿童动物园内禁止吸烟）

人气最高的还要数大象了

DATA

☎ 923-9741

🕐 9:00~17:00（入场~16:30）

休 12/25（感恩节和 1/1 的开园时间有变动）

💰 含税 9 美元，65 岁以上老人 6 美元，13~17 岁 4 美元，5~12 岁 2 美元，4 岁以下免费

🚌 从怀基基的库西欧公路靠海一侧的站台搭乘 2 路巴士（有 "WAIKIKI/Kapiolani Park" 标识）

🚗 沿卡拉卡瓦路向前。穿过卡皮欧拉妮网球场的靠海一侧

🅿 利用附近的停车场

🌐 www.waquarium.org

怀基基水族馆 Waikiki Aquarium

怀基基东部

感受夏威夷丰富的海洋生物

观光客们能从中感受到夏威夷海域丰富的海洋生物种类。该水族馆是美国历史上第 3 座水族馆（1904 年），馆内饲养并展示了 400 种以上的鱼类及贝类。并且馆内还出租对设施和鱼类进行说明的讲解机（免费）。

出售各种各样玩具的礼品店

密封水族箱、僧海豹都是不可错过的夏威夷水族馆特有风景。另外还定时安排了给动物投饵的观光项目。

在这里还有将珊瑚礁的复杂生态环境进行人工还原的杰作。在容积达到 150 加仑（约 568 升）的玻璃缸中可以看到天然的岩礁、珊瑚及各种鱼，使游客可以充分了解海洋生态环境的组成。

展示西、南太平洋海洋生物与珊瑚的长廊已经作为新的展示项目对游客开放。其中最引人注目的当然是重达 75 公斤，据称在水族馆中生活的世界最年长巨型海蚌（25 岁以上！）。另外，长廊中还安装有带触摸屏的电脑，只需轻轻点击屏幕便可了解到这种鱼的名字等信息。

从水面或者透过玻璃观赏的室外水池

在怀基基水族馆中还设有介绍"马希马希（海豚）"成长过程的知识角，同样非常有趣。如果从怀基基出发，只需徒步便能到达这里，因此游客们可以轻松体验这一观光项目。

被珊瑚包围的镇馆之宝——巨型海蚌

展示了过去所使用的钓具和各种珍贵的标本

定时为僧海豹投饵

152

夏威夷海洋生物公园 Sea Life Park Hawaii   Map p.37-B4

瓦胡岛东南部

轻松享受表演的海洋公园

瓦胡岛东南部最让人期待的旅游地点便是这个海洋公园。从招人喜爱的海豚，到海狮、企鹅、海龟、鳐鱼，到世界上唯一的海豹与鲸所生的小孩——小"沃尔芬"，各种各样的海洋生物等待着游客前来观赏。

这里的一大亮点是海豚表演。在碧蓝的天空和大海衬托下，海豚们接连做出华丽的跳跃，非常吸引人。而讲解内容同样非常丰富。

在夏威夷海洋剧场中，游客可以从不同的角度去观察在大水族箱里来回游动的海豚，讲解员还会详细介绍它们接受训练时的情况。

另外，不得不提到的是这里的夏威夷水族箱。将夏威夷的海洋生态环境原封不动地移到圆柱形水槽中，在这里游客们可以尽情观赏夏威夷近海的热带鱼、鲨鱼和海龟等。除此之外还有海狮池、海龟池以及企鹅馆等各种各样的有趣展示。这里是一个家庭成员们享受欢乐时光的绝佳去处。

DATA

☎ 259-7933
时 10:30~17:00
休 无
费 含税 31.40 美元，3~12 岁儿童 20.93 美元，2 岁以下儿童免费
交 在怀基基搭乘 22、23 路巴士
从怀基基出走 H-1 上 72 号线卡拉尼亚那奥雷高速公路
P 5 美元
www.pacificresorts.com/hawaii/sealifepark

海豚湾的观众席带有遮阳棚，即使长时间观看表演也会感觉很舒适

夏威夷水族箱中的潜水项目（8 岁以上，含公园门票共 104.70 美元）

海豚们正在表演华丽的跳跃动作

和海豚来一场亲密接触

慈态可掬的海狮们居住的水池

可以和海龟等海洋生物近距离接触

DATA

☎ 522-7066
🕐 9:00~16:00
休 12/25、1/1
料 含税 5 美元，6~12 岁 1
美元，5 岁以下免费，有效
期一年的家庭票 25 美元。
🚗 参照下面地图
🚌 从怀基基出发经贝雷塔尼
亚公路前往市中心。在内瓦
内公路右转，在宾亚德公路
的第二个路口左转
Ⓟ 有区域限制，不过容易
停放
🌐 www.co.honolulu.hi.us/
parks/hbg

福斯特植物园 Foster Botanical Garden   Map 火奴鲁鲁 -B4
市中心的靠山一侧

享受森林浴般的惬意

19 世纪中叶，曾担任皇室医师的德国人 W. 希勒布兰德博士的庭园被改造成了占地 20 英亩（约 8 万平方米）的植物园，或者称之为森林公园更恰当。当时，博士受国王委托从亚洲各国采集来了夏威夷所没有的热带木材和树脂。

在这里，你将无法看到色彩鲜艳的热带鲜花，取而代之的是可以在长满百岁以上大树的森林中，沐浴着

位于道路中央的约会天堂

透过树叶和树冠洒下的阳光悠然自得地散步。由于植物园周围环绕着 H-1 和宾亚德公路，所以仍能听到一些车辆往来的声音，但是当舒适的微风拂面而来，聆听着鸟儿的鸣叫，幸福之感便会油然而生。在这里，不仅能通过森林浴使游客们精神焕发，种满了草药和香料的园地也别具特色，这些都是不可错过的旅游行程。从周一～周六的 13:00 开始有配备导游的参观团（英语，需要预约）。

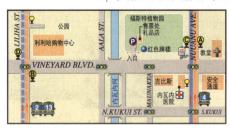

从怀基基搭乘 4 路巴士前往的话，在 A 处车站下车会花费较多的时间。而从怀基基搭乘 2 路或 13 路巴士，在 B 处车站下车虽然步行距离稍远却能更快到达。回程时相比在 C 处车站搭乘 4 路巴士，更推荐在 D 处车站搭乘 2 路或者 13 路巴士

儿童科教中心 Children's Discovery Center   Map 火奴鲁鲁 -C5
怀基基西面

DATA

☎ 524-5437
111Ohe St.
🕐 9:00~13:00（周六、周日
10:00~15:00）
休 周一、节假日、劳动节（9
月第一个周一）开始的一周
料 含税 10 美元，62 岁以上 6
美元，婴幼儿（1 岁以下）免费
备 海滨、公园等可以停放
车辆。
🌐 www.discoverycenter
hawaii.org

孩子们感兴趣的体验学习

在这处博物馆内孩子们可以通过实际体验学习知识，因此这里拥有很高人气。位于海滨、公园停车场入口对面。

从一楼到三楼的各个楼层，有各种各样的可供孩子们触摸或者会自动变化的展示品。一楼放置了模拟人的心脏和眼睛等功能的展示品，同时还陈列了展现美国普通道路风貌的展示品。让孩子们体验如何从 ATM 取出现金购买玩具或者让孩子们变身成为一名消防队员，来到这里游玩的人们无不乐在其中。二楼展示了包括酒店工作人员、鲜鱼店员、乘务员等在内的夏威夷普通劳动者的面貌。三楼则展示了在夏威夷居住的土著民族的习俗及日常生活情景。只要置身于馆内便可以听到孩子们的欢声笑语从各个方向传来。

了解人体结构的学习区

⭐ VOICE 个人安排旅行满意度较高，费用相对较低，然而一旦有意外情况发生时，大旅行社的团队旅行可以立即采取应对措施，游客可以从中得到很多帮助。另外，如果在当地租用汽车，有时可以 ➡

夏威夷潮野水上乐园
Wet'n Wild Hawaii
（原来的夏威夷水上冒险乐园）

Map p.38-C1

瓦胡岛西部

夏威夷最早的水上世界主题公园

　　夏威夷最早的水上世界公园占地约 115500 平方米，位于瓦胡岛西部卡珀雷地区。

　　该主题公园拥有惊险刺激的可搭乘 4 人的浮艇"龙卷风"，可制造 1.2 米高波浪的泳池"飓风湾"，全长 240 米的漂流泳池"卡珀雷库拉"，半管状的滑道"沙加"，供家庭娱乐的"家庭浮艇"，体验冲浪运动的"巨浪骑士"等 12 种娱乐项目，同时配备了餐厅、礼品店、投币储物柜等配套设施。此外，园内还有供儿童玩耍的专用泳池和滑道，这些泳池的平均深度为 90 厘米并配备了救生员，因此受到了家庭旅行者的一致好评。

　　到达火奴鲁鲁当天有多种休闲方式可供选择，例如可以选择直接到酒店休息以调整时差，或者选择到瓦克雷中心等地方游玩。

DATA

☎ 674-9283（内线 107/108）

🕐 10:30~16:00（根据季节及星期数有所调整）

休 9 月~次年 5 月的周二、周三。另外，从 1 月下半段到 2 月中旬为维护期，暂停开放。

💰 39.99 美元（3~11 岁儿童 31.99 美元）。

观光活动费用豪华套票（门票、冲浪课程、午餐、随意饮用饮料、接送）85 美元（3~11 岁儿童 69 美元），标准套票（门票、接送、随意饮用饮料）65 美元（3~11 岁儿童 49 美元）。参加此活动离开酒店时间 8:30~9:30，返回酒店时间 15:45~16:00

🚌 从阿拉莫阿纳出发乘坐 40、40A 路巴士

🚗 走怀基基 H-1 大约花费 40 分钟，从 1 号出口处开出。

🅿 5 美元

备 禁止携带其他食物饮料或者泳圈（园内免费出租）进入园内。

🔗 www.wetnwildhawaii.com

微型高尔夫球场也已开启（11:00~18:00，周五~周日 11:00~22:00。门票 11 美元，3~11 岁儿童 9 美元）

➡ 免费租用手机，还可能会包含许多增值服务，值得一试。虽然租车的费用比较高，但总的算来，还是比其他方式划算。

在这里一定要品尝的菠萝冰激凌。杯装 3.75 美元，甜筒 3.95 美元

DATA

☎ 621-8408
🕐 9:30～17:00
休 12/25
🎫 游客中心和农场免费进入。"巨大迷宫"大人 6 美元，4～12 岁儿童 4 美元
🚌 在阿拉莫阿纳乘坐 52 路巴士
🚗 从怀基基出发走 H-1、H-2、99 号公路约 50 分钟
Ⓟ 免费

菠萝特快列车
🕐 9:30～16:30，每隔 30 分钟发车（20 分钟乘坐游览）
🎫 7.75 美元，4～12 岁儿童 5.75 美元
Ⓟ 免费
🌐 www.dole-plantation.com

这里拥有泡菜风味和青海苔风味的澳洲坚果等极少见到的特产

都乐种植园 Dole Plantation

瓦胡岛中部

品尝着新鲜的菠萝享受悠闲假期

从怀基基出发沿 99 号线驶往北岸的途中，有一处极具夏威夷特色的景观，那就是这片一望无垠的菠萝地。都乐种植园最早作为种植水果销售的农场建立于 1950 年。自那以后，逐渐成为观光景点拥有很高的人气。

在游客中心，观光客们可以购买到各种各样只有这里才有的正宗都乐公司的土产。例如菠萝茶、夏威夷产的果酱等，这些都是馈赠亲友的最佳土特产。在园区内有一块用于展示的种植园，在这里游客们可以参观都乐社所栽培的各种各样的水果。

在展示馆的旁边是一个被称为"巨大迷宫"的地方。在这片约 9300 平方米的区域内，由木槿所围成的迷宫总长度达到了 3 公里，被公认为世界最长的迷宫收进了吉尼斯世界纪录。

除此之外，乘坐"菠萝快车"进行短途观光旅行也是极具人气的旅游项目。在遥望科沃拉乌山脉及瓦伊阿那鄂山脉的地方，由 4 节车厢组成的柴油动力火车缓缓驶过承载着夏威夷历史的这片菠萝农场，带领游客们开始一段愉快的短途观光。

由开满鲜花的围墙所包围的巨大迷宫。内部共有一个个检票处，如果收集齐全部 6 处的印章将能得到《征服迷宫》的证明书

造型可爱的观光列车。可以乘坐游览种植木瓜、咖啡等果树的农场

游客中心内收藏了菠萝的所有相关资料

库阿罗阿牧场 Kualoa Ranch Map p.44-A1

瓦胡岛东海岸

拥抱瓦胡岛大自然的一天

该牧场位于瓦胡岛的东海岸、卡内奥赫湾前方。被热带丛林和溪谷所包围的库阿罗阿牧场结合当地的自然环境开展了多项游乐活动并提供了完善的综合活动设施。

在这里最让人兴奋的当然是骑马、四轮越野车等陆上运动，以及环游卡内奥赫湾、神秘岛探险等活动。此外，由于《侏罗纪公园》、《哥斯拉》、《迷失》等好莱坞电影均在库阿罗阿溪谷取景，早已使这里名声在外。前往这些电影拍摄地的巴士观光、吉普观光等探险活动也备受关注。对夏威夷文化感兴趣的游客还可以挑战一下草裙舞课程，在这里留下美好的回忆。

想要体验这里的游玩活动，游客可以根据需要选择参加从怀基基出发负责接送的半日游或者一日游活动（均包含自助午餐）。

瓦胡岛的"路边小站"

这里的自助餐厅出售拥有很高人气的特制汉堡。此外礼品店、展示牧场历史与背景的博物馆（历史展示馆）、干净的厕所等服务设施也一应俱全。这些设施都免费为游客开放，当驾驶汽车感觉到疲劳的时候不妨到这些瓦胡岛特有的"路边小站"歇息片刻。

230克的库阿罗阿汉堡分量十足，每份售价6.50美元。绝无农药残留的牛肉美味多汁

DATA

☎ 237-7321（预订）

🕐 8:00~17:00

休 12/25、1/1

💰 半日游团 105 美元（3~11 岁儿童 59 美元），1 日游团 145 美元（3~11 岁儿童 79 美元）。均包括接送和自助午餐。

7:00~8:00 左右从怀基基出发，返回时间为半日游14:00左右，1日游16:00左右

🎫 活动项目有骑马（最多1小时）、四轮越野车、电影基地巴士观光、吉普观光、夏威夷鱼群与花园观光、传说与民俗观光、环游卡内奥赫湾、神秘岛探险（分为两种项目）、草裙舞课程等。半日游可以从上述项目中选择2项参与，1日游可以从上述项目中选择4项参与。

🚌 在阿拉莫阿纳搭乘 55 路巴士

🚗 从怀基基出发走 H-1、63 号公路约 50 分钟

🅿 免费

🌐 www.kualoa.com

DATA

☎ 924-1861

🕐 12:30~18:00（表演~21:00）

休 周日、感恩节、12/25

💲 入场费 45.99 美元，3~11 岁儿童 35.77 美元。还有其他附带表演项目和包餐的套票。岛内观光与 PCC 组合的环岛观光 &PCC 共 135.93 美元。关于其他观光项目请电话咨询

🚌 在阿拉莫阿纳搭乘 55 路巴士

🚗 从怀基基出发走 H-1、63 号公路行驶约 70 分钟

P 1 天 6 美元

🚭 摩门教有禁烟禁酒的戒律，因此园内的餐厅不提供酒类。吸烟需在指定场所

🖥 www.polynesia.com

波利尼西亚文化中心（PCC）
Polynesian Cultural Center

Map p.45-B1

瓦胡岛东北部

体验奇特的波利尼西亚文化

位于瓦胡岛拉伊艾镇的波利尼西亚文化中心（以下简称 PCC），在这片占地约 17 万平方米的广阔土地上再现了原汁原味的波利尼西亚村景象。在该文化中心内到处都可以看到引人入胜的娱乐活动和表演。

园内分为夏威夷、萨摩亚、斐济、汤加、新西兰、塔希提等村庄。各个村落都有其独特的建筑，在这里游客除了能体验传统游戏、四弦琴演奏和草裙舞，还能享受各式特色料理。

此外，游客们还可以选择乘坐皮划艇绕园参观一周。大型皮划艇上，当地的居民带着游客悠悠前行，船工兼导游的小伙子诙谐地介绍起波利尼西亚的风土人情。只需约 30 分钟的行程（免费）游客就能对中心的大小和布局有个大体的了解。随后游客便可以一边漫步一边欣赏各个村庄的景点。

在这被重现的古老村庄中，居民在各个屋内现场制作手工艺品，或邀请客人加入他们的舞蹈，音乐表演……游客们还可以和穿着漂亮传统服装的村民合影留念。

在 PCC 观光最重要的事情也许就是在自己的行程中记录下一场表演的时间。

热闹的独木舟穿梭于水面

皮划艇盛会（彩虹大会）

彩虹大会于 14:30 开始，是不容错过的精彩表演！在这里游客可以欣赏到表演者们穿着色彩艳丽的民族服装，于划艇之上演绎一场令人愉快的水上秀。

晚会（感受生命的气息）

（Ha：Breath of Cife）

这场表演将气氛推向最高潮，是 PCC 引以为傲的节目，说它是夏威夷的骄傲也绝不为过。大约 100 人的演出阵容参加表演，精彩的内容激动人心。晚会 19:30 开始。

装扮可爱的表演者，当然她们都是学生

合理安排行程

该中心的独特之处在于，它是由附近摩门教的杨百翰大学分校的学生们经营的。不少游客在听说这里的表演者、音乐演奏家以及导游都是学生之后，纷纷露出惊讶的表情。拉伊艾镇上也有摩门教神殿。

火奴鲁鲁每天都有观光巴士发往 PCC。租车或者坐巴士（巴士线路 → p.62~63）去的朋友请注意，最迟请在 14:00 以前达到，否则将会错过太多精彩的表演。

另外，晚会将在 21:00 结束，这时再乘巴士返回怀基基的话可能会比较辛苦。如果游客的目的就是来看表演，参加团队观光会比较好。

位于拉伊艾东北岸的小镇

在独木舟上表演各民族的舞蹈

各个村庄的展示品也很有特色

当地土产

观景地 *Scenic Places*

美丽的景色，单靠照片，是无法传达那份感动的。

只有亲自去看，让美丽的景色置身眼前，我们才能充分感受夏威夷大自然的丰富和城市的造型美。

DATA

■ 1 美元（含税），2 岁以下免费

■ 从怀基基乘 22、23、24 路公交车。在下图的 A 站点下车，从车站到火山口里的停车场步行大约 20 分钟。返程在 B 站点乘车，或在怀基基无轨电车车站乘车

■ 从怀基基经卡拉卡瓦路、蒙萨拉特路驶入钻石头山路。经过玛卡普吾路后右侧会看到一个指示牌。离卡皮欧拉妮公园大约 1.5 英里的路程（约 2.4 公里）

■ 1 辆 5 美元

钻石头山 Diamond Head　　　　　Map p.36-C2

怀基基东侧

绝佳的徒步游线路

钻石头山可以说是夏威夷的标志。明信片上经常会选用钻石头山的照片。

由火山喷发形成的火山口，在夏威夷语里是"金枪鱼的眉毛"之意，据说它是在 19 世纪初由英国船员发现并命名的。他们将遍布山体的方解石结晶体误认为钻石，因此取名为钻石头山。钻石头山为世人皆知的景点，但从海拔 232 米的山顶眺望整个火奴鲁鲁的壮观，却意外地不为人所知。不管是小学生还是老年人，都可以轻松爬上的登山路，游客可以在此挑战一下。

钻石头山的火山口每天 6:00~16:30 对游客开放（根据季节不同多少有所差异）。登山路的入口在火山口停车场旁边。从停车场到山顶单程为 0.7 英里（约 1.1 公里）。成人步行需 25~30 分钟。游客穿运动鞋就可以。

从山顶望到的怀基基让人终生难忘

VOICE　登山路入口处摆放有"钻石头山（雷亚西）州自然纪念公园"的宣传册，游客读了后会更激起对登山的兴趣。

在山顶上饮用冰水特别可口，建议游客自带矿泉水登山。从酒店房间的冰箱里取出冰冻的矿泉水，用毛巾裹好带在身上，到达山顶时正好达到合适的温度。

登山路附近有信息咨询中心、洗手间和公用电话等。登山路及山顶禁止吸烟。

观景台。常年都伴有强风。停车费每辆 3 美元

努阿努帕利观景台
Nuuanu Pali Lookout
Map p.36-B2

瓦胡岛东南部

欣赏美景体验强风的场所

从火奴鲁鲁沿着横穿瓦胡岛后方的帕利高速公路行驶约 7 英里（约 11.3 公里）后到达的山峰。由于这里位于考奥拉乌山脉的中轴线，从东北方向常年吹来强风，因此这里的风非常出名。历史上，这里是 1795 年卡美哈美哈国王攻占瓦胡岛时的重要舞台。从怀基基登陆的军队，横穿平原后到达努阿溪谷，并在那里与严阵以待的瓦胡军队对峙。卡美哈美哈国王拥有 2 座夏威夷人都没有见过的大炮，对他们而言，瓦胡军队根本不是对手。据说当时瓦胡岛惨败，士兵被追到帕利的断崖处，最终从 300 米高的崖上跳下。

山顶附近的 99 层台阶是最大的难关。山顶前方的隧道和螺旋台阶如照片所示都设有电灯，无须使用手电筒

据说努阿努帕利的强风，如果人从断崖上探出身体，就会被强风吹回来，其力度之大可见一斑。强风仿佛在劝说着如今的人们，不要再选择当年瓦胡军败兵那样的命运。

从观景台上看下去，景色非常美丽。跌宕起伏的山峰、暗红色的土壤、绿油油的田地、蔚蓝色的大海，这里无疑是瓦胡岛屈指可数的绝美景致。

 去往坦特拉斯山

如果是第一次或是晚上去 Round Top Dr.，游客将很难找到它的入口，关键是要在 Makikai st. 右拐。从 Wilder Ave. 与 Punahou St. 交叉点起第三条路为 Makiki St.，只要顺利右拐，前行至第五个路口就能到达坦特拉斯山（地图→火奴鲁鲁 A/B5）

从努阿努帕利眺望凯卢阿

坦特拉斯山 Tantalus
Map 火奴鲁鲁 -A5

市中心靠山一侧

享受美丽的夜景

考奥拉乌山脉的一部分山脚，在火奴鲁鲁市中部北侧形成了一座小山丘。山顶的普乌阿拉卡州立公园可以野炊，从这里眺望火奴鲁鲁的景色，丝毫不逊于庞奇包尔。

这里的夜景之美让人惊叹。但山顶公园在日落时分（根据季节不同会有所差异）就关门了。游客可以利用山腰路侧的停车场。

去往坦特拉斯山，我们只推荐驾车技术高超者前往。由于途中陡坡和急转弯较多，请驾驶员谨慎驾驶。Round Top Dr. 的入口也非常难找，驾车技术不是很娴熟的话请尽量选择出租车。

从 Round Top Dr. 看底下的夜景，星星点点宛如宝石般熠熠生辉

 VOICE
钻石头山（→p.160）的登山路入口处有公交型的小卖店，出售有矿泉水、刨冰、汉堡包、热狗等商品。

旅行途中想去的其他美丽景点

瓦胡岛东南部（→ Map p.37-B/C4）

恐龙湾的前端有摩洛凯观景台和拉奈观景台。天气晴朗时游客可以眺望横卧于水平线上的摩洛凯岛和拉奈岛。另外，冬季（12月～次年4月）游客还能看到一边在海面上吐气一边游泳的座头鲸的身姿。

再往前是潮吹洞。波浪涌进冰冷坚硬的熔岩洞穴中，发出"咚"的一声巨响，同时卷起一堆浪，越是肃杀的冬季这里激起的海浪越高。

海洋生物公园的前面，从一座小小的山丘上，游客可以欣赏到玛卡普吾海滨公园和与之相连的兔岛的景色，定能冲走游客旅行的疲惫。

需要注意的是，这两座观景台都建在车速容易加速的下坡途中。观景台前方有"Scenic Point"的指示牌，游客可提前做好减速行驶的准备。

东海岸（→ Map p.44-A/B1）

考奥拉乌山脉高耸入云的山峰，景色宜人，极具震撼力。经过久远岁月的冲刷，山体都受到了严重侵蚀，并造化出了卡阿胡阿瓦狮子岩等形状奇特的岩石。这头猛狮如同熟睡般，岩石的正下方，有一家汽车餐厅，旅行途中，游客可以在此休息片刻。

附近的古兰尼海滨公园里有一座山看起来像个尖帽子，又称"Chinaman's Hat"，非常适合拍照留念。

中部（→ Map p.41）

从 H-1 经过 H-2 驶向瓦胡岛北海岸。经过都乐种植园后，沿着99号线直行，不久就能看到一片广阔的菠萝地及远处隐约可见的大海。这幅景观，想必足以打动每一位游客的心灵，给游客们留下美好的旅行回忆。由于这附近是长长的坡路，游客在行驶时务必注意车速。这里经常会见到高速公路巡逻警察的身影。

北海岸（→ Map p.43-A3）

不容游客错过的还数日落海滨。层层激起的巨浪仿佛在诉说着大自然的惊异，而冲浪者抱着一张冲浪板勇敢地冲入海中的场景更是让人感动。每年冬季在这里举办的世界冲浪比赛，是冬季夏威夷最精彩的表演。

海滨名字的由来，是因为在这里可以看到最美的夕阳。租车旅行的游客，几乎都会来这里欣赏夏威夷首屈一指的日落景色。

冬季可以看到鲸鱼的地方

仿佛一顶尖帽子

都乐的菠萝种植园值得一看

冲浪爱好者们的天堂——日落海滨

行动不便者的交通工具

公交车上设有如图所示的斜面，轮椅使用者也可轻松乘车

公交车
（→ p.58）

多数车辆都装备有可供轮椅使用的升降梯（主要线路的公交车几乎100％）。

乘车后，司机会设置一处轮椅专用的空间。

怀基基 无轨电车
（→ p.88）

也有部分无轨电车设置有可供轮椅使用的升降梯。怀基基阿拉莫阿纳购物中心专线的74班里有37班车设有升降梯。夏威夷历史观光

专线与钻石头山观光专线的各14班中分别有7班是考虑了轮椅使用者设计的车辆。

怀基基无轨电车的轮椅专用升降梯。

关于停车场

夏威夷停车场里必定会有残疾人专用车位。使用时需出示"残障人士用许可证"。事先配英语译文及标有"轮椅"的标签，同许可证一起置于汽车的风挡玻璃下即可。

车内有固定轮椅的设置

怀基基无轨电车的轮椅专用升降梯

车顶非常高，属于特别定做，可以方便乘客上下车

租车
（→ p.78）

游客从主要的租车公司都可以租到手动式挂挡汽车，但需要提前预约。

另外，也有轮椅使用者可以直接坐轮椅进入车内的面包车。

DATA
- ☎ 256-4848
- FAX 395-9296
- kurumaisuhawaii.com
- suzuki@kurumaisuhawaii.com

Optional Tours & Activities

可选旅游团及娱乐活动 ▶ 应用指南

Orientation

大多数团队游都是上门接送的，游客不必再为交通问题而费心。比如，如果你想去北海岸，如果对当地的地理信息不了解，就很难租赁到汽车自驾游；而乘坐公交车，则会浪费大量的时间；坐出租，又太贵了。这个时候，若选择团队游，问题就迎刃而解了。

同时，很多团队游本身就有会中文的翻译，你可以听到观光景点的相关介绍，也能够了解到当地的一些信息。虽然有时间的限制，但是同很多人一起旅游，也会让人获得一种安全感，如果是几个朋友随团共同出游，则整个游程就更加其乐融融了。

团队游的行程安排

除晚宴秀、夕阳巡航之旅等行程外，团队游的出发时间大部分为早上七八点离开宾馆。虽然其中也有上午发2班、3班的团队游，但为了能有效利用一天的时间，还是早点起床，参加早上的团队游吧。除

花费时间较长的团队游，一般情况下，若早点出门，则下午14:00~15:00就可以返回宾馆了。这样，回来之后还可以去购物，或者在海滩或宾馆的泳池畅游，也有时间参加傍晚的相关团队游了。

怀基基的购物中心、小店等，很多都是营业至深夜。白天参加团队游，参与各种娱乐活动，夜晚则悠闲购物。如果能把握这个基本规律，保证你的旅游时间会得到充分利用。

参加团队游时的注意事项

■ 怀基基交通流量很大，接送的班车不能准点到达之类的事情，是司空见惯的。或许你会心中不安，但最好的办法就是在指定地点耐心等待。如果等了30分钟，汽车还不到，这时就该联系你申请的旅行社了。

■ 虽说接送的班车经常迟到，但你也不能因此不准时到达指定的集合地点。班车往返于怀基基的各个宾馆之间去接送客人，有时一个人迟

到，会影响到之后的整个行程。

■ 一般，接送班车内是禁止饮食的。当然，喝点矿泉水，吃点小点心还是无妨的。自然会禁止吸烟。

■ 包括接送班车，很多地方的空调开得特别凉，拿上一件薄衣御寒，则有备无患。

■ 厕所的问题应尽早解决。特别是带小朋友时，更不要因为上厕所的问题，给他人添麻烦。

■ 参加海上运动时，毛巾、换洗的衣物、防晒霜等是不可或缺的。

■ 儿童票的适用，每个团队游会有些差别，但一般截至11~12岁。一般说来，小学生以下为儿童票，中学生以上需要购买成人票。另外，儿童免费的年龄上限一般为2~5岁，间隔幅度颇大。

■ 解除旅游预约时，预约日期前48小时以内的，一般会被收100%的违约金。因此，请注意不要白白浪费你的旅游费用。

Optional Tours

骑 马

一说到骑马，大家常会认为是比较特殊的运动，似乎也要花很多钱。但是在夏威夷，你可以轻松地在马背上摇动着，享受迷人的自然风光。

轻松体验骑马的乐趣

在夏威夷，骑马是项轻松的运动。初学者都可以马上一试身手。这项体育活动具有令人不可思议的魅力，只要骑上一次，就会上瘾的。

海龟湾休闲度假村

位于瓦胡岛里侧的一家休闲度假酒店，其中的海龟湾骑马项目颇受人欢迎。你可以在靠近海边的线路上骑乘45分钟。能够耳听大海的波涛，享受习习的海风，恐怕只有在夏威夷才能体会到这份浪漫。也有适合小朋友的矮马骑乘项目。

■ Turtle Bay Resort

費 45 分钟 67 美元（7岁，身高 133 厘米以上）
时 8:30、9:30、12:30、13:30 出发
备 面向 7 岁以下儿童的矮马骑乘项目 14:30 出发，25 美元
❶ 海龟湾休闲度假村
☎ 293-6000（需预约）

在海龟湾骑乘，只要求 7 岁以上，初学者也无妨

古兰尼牧场
Kualoa Ranch

在马背上享受丰富多彩的自然

古兰尼牧场是位于瓦胡岛东海岸的一个大牧场，在这里也可以体验到骑乘的快乐。即使你是第一次骑马，也请放心，因为在这里骑乘前会用英语进行简要的说明。骑在马背上，一摇一摆，映入眼帘的是陡峭悬崖下的山谷美景，以及卡内欧西湾、中国男人斗笠岛的风情，令人心旷神怡。独乐乐不如众乐乐，大家一起排着队的马队，有说有笑，不亦乐乎。参加条件为 140 厘米以上、104 公斤以下。建议

穿着长裤及不怕脏的鞋子。

需要说明的是，上述只是古兰尼牧场团体游中的一部分。除此之外，另有单独预约的 2 小时线路 93 美元，以及 3~9 岁儿童为对象的儿童骑乘活动（需在当地预约，12:00 开始，5 美元）和骑乘心理疗法（需问询）等项目。

☎ 237-7321（预约）
✉ akira@kualoa.com

观光游

※ 费用为指导价格，与当地实际价格有差异，请在当地实地确认。

豪华包车
Limousine Charter

以奢华之感品味瓦胡岛风光

瓦胡岛的交通工具，大致包含公交车、汽车租赁、出租车等，还有一种推荐给大家的便是车体超长的豪华包车。一说到豪华包车，马上给人一种费用高昂的感觉，但如果人数合适的话，价格是绝对可以接受的。而且能充分满足你的个人需求，使个性旅游成为可能。

豪华包车令你体验奢华之旅。费用低廉到出人意料

🚗（8人座）3小时包车240美元起，怀凯莱奥特莱斯购物接送250美元，瓦胡岛周游包车（6~7小时）390美元等。 🈶 无　🕐 酒店出发、到达的时间及花费的时间因旅程的差异而不同　🈺 需给司机乘车费用10%~15%的小费

瓦胡岛给你力量
治愈之旅
Healing Tour

感受圣地的能量，享受治愈的乐趣

本旅游让你巡览分布于瓦胡岛的7处能量点、古神坛、能量岩石等。由怀基基出发，途经夏威夷·凯区、玛卡普吾、艾亚、北海岸等，探访存在于各地的能量点。据说，各处圣地都蕴含着带给人力量的能量，所以，对于处于亚健康的人、想得到治愈的人来说，这大概就是不二的选择了。

位于玛卡普吾的巨石，通称为"配莱的座椅"，令人震撼

🚗 85美元，3~11岁55美元，2岁以下28美元（含酒店接送、导游、原创图册、小礼品）　🈶 周日　🕐 8:20~9:00酒店出发，15:30左右返回　🈺 不含午餐

黄金海岸东部半日观光游
Half Day East Coast Excursion

高效地领略人气景点

本线路能够高效地游览瓦胡岛东部的人气景点。能够参观钻石头山观景台、恐龙湾（展望区）、喷潮洞、玛卡普吾景点、横纲曙铜像、茂纳鲁亚花园 ※、卡美哈美哈国王铜像等，几乎覆盖了瓦胡岛景点中所有最精彩之处。

茂纳鲁亚花园中有大家耳熟能详的大树——"这棵树是什么树？"

🚗 60美元，3~11岁50美元（含酒店接送）　🈶 周二、12/25　🕐 7:30~8:20酒店出发，12:30~13:00返回
🈺 ※ 周六时茂纳鲁亚花园仅可从车窗观看

可选团体旅游中，最具代表性的便是游览著名观光景点了。可不要忘记带上照相机、录像机啊。如果你是第二次来夏威夷，不想再看那几个固定的景点，不妨选择如下的线路。

夏威夷特色美食游
Hawaiian Locoloco Tour

雷纳德位于卡柏胡卢大道，它的人气由来已久。旅行线路中也包含在凯慕奇周边散步的时间

尝遍夏威夷的 B 级美食！
本线路让你花 4 小时的时间，遍尝夏威夷当地的美食。包括丽丽哈面包店的可可泡芙、彩虹穿梭餐厅的夏威夷式米饭汉堡、雷纳德的葡式甜甜圈、芭比滋的冰激凌等，样样都是超级人气的 B 级美食（→ p.199）。各家店铺若不是自驾车，往往都很难到达，而本线路恰恰能圆你美食之梦。

💰 62 美元（儿童费用相同，2 岁以下免费。含午餐、宾馆接送） 休 周一、11/25、12/25、12/31、1/1、1/7 时 10:00~10:30 宾馆出发，14:00~14:30 返回。

水上运动半日游
Half Day Marine Sports

充分享受三种水上运动的乐趣
本半日游能让你在瓦胡岛东海岸的卡内欧西湾高效地享受到三种水上运动。备有 3 种线路，分别是：A 线路（水上摩托、香蕉船、水上碰碰船）、B 线路（潜水体验、香蕉船、水上碰碰船）、C 线路（海底漫步、香蕉船、浮潜），可根据你的喜好自由选择。

愉快的香蕉船（照片仅供参考）

💰 A 线路 99 美元，4~12 岁 74 美元／B&C 线路 99 美元（限 12 岁以上）。均含酒店接送、救生衣、水上运动费、饮料 休 周日、主要节假日 时 上午团 7:00~8:00 酒店出发，14:00 左右返回／下午团 11:00~11:30 酒店出发，17:00 左右返回 备 请穿着泳衣，携带毛巾、上衣、防晒霜、帽子等。同行（不参加水上运动者）成人、儿童均为 53 美元

邻岛一日游
Neighbor Island Tour

富于变化的夏威夷群岛
邻岛一日游，是分别游览各具特色的邻岛。去哪个岛，可根据你的喜好决定。能够领略到群岛中的代表性景点，如哈莱阿卡拉国家公园、拉海纳（毛伊岛）、奇劳威亚火山（夏威夷岛）、羊齿洞穴及怀梅阿峡谷（考爱岛）等。

哈莱阿卡拉国家公园的壮丽风光，不容错过

💰 295 美元(含接送、飞机票、各场馆门票、午餐) 休 无 时 5:00 左右宾馆前乘车，19:00~20:00 返回酒店 备 务必携带护照

体验夏威夷之旅

拉库莱阿
La Kulea

喜欢夏威夷的话就快乐过每天吧

　　主教博物馆（→ p.142）主办着各种文化体验活动。如果你想在轻松的氛围中学习草裙舞和尤克里里，其中的拉库莱阿（在夏威夷语中是"愉快的一天"的意思）就是你的不二选择。

　　活动内容是，9:00左右从酒店出发，9:45~10:45学习草裙舞（或尤克里里）。课程由资深教师集中授课，时长1小时。课堂上同时也可以学习到夏威夷的历史、歌曲的背景、舞蹈、歌词含义等。初学者也可以参加，每一次课程集中学习一首曲子。学习结束后，会授予结业证，相当不错。

　　行程安排上，授课结束后，是用夏威夷石栗果或茶树叶（随季节不同略有差异）制作夏威夷花环的时间。之后，是自由活动。12:30左右返程。此团体游需要事先预约，两人起组团成行。

上 / 1小时的草裙舞课程，运动量可不小，足以令你流汗。草裙舞的裙子可以免费租赁
右一 / 尤克里里琴的课程集中授课，让你1小时学会弹奏一首曲子。在这里可以借到尤克里里，不必自己携带
右二 / 夏威夷园林之旅可以参观到各种各样的植物
下 / 使用专用工具制作的夏威夷石栗果花环，可以作为礼品带回

🎫（均含门票、州税）
■拉库莱阿（包接送）75美元（周一、周三、周五组团）9:00左右从怀基基出发，13:30左右返回
■夏威夷园林之旅包接送50美元，不包接送40美元（除闭馆日外每天组团），9:00左右从怀基基出发，13:00左右返回 ❶需预约
☎ 847-8291

旅游团不仅可以带你参访夏威夷的历史及传统文化，还可以进行实际体验。通过活动，你可以充分领略你所不知道的夏威夷，让你更加喜欢夏威夷。多次到访过夏威夷的游客也不妨试试！

超级大使套装行程
Super Ambassador Package

专任导游带你游览园区的 VIP 之旅

瓦胡岛最具代表性的娱乐活动，当数位于岛屿东北部的波里尼西亚文化中心了。从怀基基出发的团体游有很多，而其中的"超级大使套装行程"颇受度蜜月者及夫妇们的欢迎。

导游陪同，限定人数的特殊旅行

受人欢迎的秘密，就在于其无微不至的奢华服务。当专用客车到达中心后，工作人员会为你戴上贝壳花环欢迎你。进入园区，专任的导游负责接待你。晚餐在 VIP 区享受餐桌服务。在最精彩的晚宴秀环节，你可以坐到会场中央的最前排。甚至你还可以参观到绝对不向一般公众开放的晚宴秀表演的后台。离开时还会有礼品相赠。这样的团体游，会让你体会到什么是"我就是中心"，极尽奢华！

也有很多小朋友可以参加的活动

229.5 美元，3~11 岁 178.85 美元，2 岁以下免费 12:00~12:30 左右酒店前乘车，22:30 左右返回。 另有周游瓦胡岛之旅＋PCC（135.93 美元起）等各种团 03-3544-5170

考阿罗哈工厂之旅
KoAloha Factory Tour

让你感到仿佛到了夏威夷的亲戚家

考阿罗哈这个牌子，恐怕尤克里里爱好者无人不晓吧？就有能参观这家工厂的愉快的团体游呢。工厂位于商业区，并不很大。工厂创建者阿尔文·奥卡米（Alvin Okami）和他的家人将热情迎接你的到来。多达 300 多道的尤克里里制作工序，令人兴致盎然。

活动的最精彩之处是奥卡米一家的小型音乐会。据说团体游的名字就叫作"夏威夷后花园音乐会"，仿佛就是为了让游人欣赏自家的演奏，才组织的团体游一样。自然，

可以参观尤克里里的制造过程

他们也愉快地歌唱、兴奋地演奏。不过，这的确是让人通过尤克里里来感受"阿罗哈精神"（待客之道）的好机会。

奥卡米父子的小型演唱会。这是由阿尔文（中）与他的两个孩子艾伦（左）及保罗经营的家族企业

15 美元，5~12 岁 10 美元。团体游 9:00 开始（4 人起组团） 周六、周日、主要节假日 考阿罗哈工厂 847-4911（请提前 24 小时预约） www.koaloha.com

和海豚、夏威夷黑胡椒鱼一起嬉戏的团体游
Special Programs in Sea Life Park

亲近海豚，回归自然

如果你喜欢动物，可一定不要错过海洋公园（→ p.153）举办的与海豚、夏威夷黑胡椒鱼亲密接触的各种活动。每项活动都人气鼎沸，还请提早预约。当然也不要忘了带泳衣、毛巾。

能够和海豚同游的海豚骑游探险

■邂逅海豚

海豚，大家都太熟悉了。这个项目就是让你体验如何调教海豚的。在接受培训后，就可以实际触摸海豚，确认它的健康状况，也可以发出指令让海豚跳跃，让你充分感受到海豚驯养师的乐趣。这项活动，小朋友也可以参加，建议一家人旅游的朋友们体验一次。

此项活动每天举办 4 次，所需时间为 45 分钟。7 岁以下的儿童，需有 1 位大人陪同参加。每位大人可以免费带 1 名 2 岁以下的儿童参加（需事先预约）。

■海豚骑游探险

此项目能让你与海豚一起畅游。

能够实际触摸到海豚、了解它的身体结构特点，这一点与"邂逅海豚"毫无二致，但此项活动中，极度令人兴奋的就是，能够近距离地和海豚一起在泳池内畅游。广受好评的环节，自然是抓扶着海豚的腹鳍或背鳍畅游了。能够和海豚一起游泳，定会令你终生难忘。

此项活动每天举办 4 次，所需时间为 45 分钟。8 岁以上就可以参加，但 8~12 岁儿童参加时，要求必须有大人陪伴参加。

■双豚伴驾皇家游

此项活动的内容更是刺激，令人震撼。你既可以抓住两头海豚的背鳍一起"极速奔游"，也可以让两头海豚用吻推着你的脚掌，体验"海豚火箭游"，实在刺激无比。即使是狂热的海豚爱好者，也一定可以从中得到充分的满足！

此项活动每天举办 4 次，所需时间为 45 分钟。8 岁（身高 100 厘米）以上就可以参加，但 8~12 岁儿童参加时，要求必须有大人陪伴参加。

对海豚爱好者来说，是如梦如幻的体验

近年来，生态旅游人气日渐高涨。特别是能与海豚亲密接触的项目，更极受欢迎，若不提前预约，甚至无法参加。另外，也有邂逅野生海豚之旅、野外远足之类的活动，尽请体验。

双豚伴驾皇家游项目中的「极速奔游」（左下）与「海豚火箭游」（左）。两头海豚，推力足够大，极速体验！

在"海狮探险游"项目中，可以喂食海狮，也可以亲密合影留念，还可以接受海狮的亲吻（每天举办 2 次，所需时间约 30 分钟。含门票 104.870 美元（8 岁以上））

在"海底漫步探险游"项目中，可以潜至夏威夷珊瑚礁岩生态水槽水深 5.5 米处，在水中与夏威夷黑胡椒鱼、海龟等漫步嬉戏，喂食热带鱼群［每天举办 3 次，所需时间约 30 分钟。含门票 104.870 美元（8 岁以上）］

■亲密接触夏威夷魟鱼

夏威夷魟鱼与海豚一样，也是人类容易亲近的一种海洋生物。此项目能让你在特制水槽中和夏威夷黑胡椒鱼同游。

首先，在水比较浅的地方，接受驯养员的培训，可以触摸夏威夷魟鱼，也可以给它们喂食。因为夏威夷魟鱼没有牙齿，所以不必担心被它咬伤。慢慢熟悉之后，就可以进一步深入到夏威夷魟鱼集中的深水区，可以边戴着面罩海底漫步，也可以边享受游泳的快乐。

此项活动每天举办 5 次，所需时间为 30

分钟。身高 100 厘米（4 岁）以上就可参加。

■ 均含门票及接送，所需时间约 6 小时。
■海豚骑游探险：104.70 美元（1 岁以上）■邂逅海豚：183.24 美元（8 岁以上）■双豚伴驾皇家游：235.59 美元（8 岁以上）■亲密接触夏威夷黑胡椒鱼：15.70 美元（不含门票，无接送），36.64 美元（不含门票，含接送）☎ 259-2500 ■ 请穿着泳衣，带毛巾、防晒霜等 ■ www.pacificresorts.com/hawaii/sealifepark

夏威夷黑胡椒鱼摸起来似橡胶

阿罗哈艾那生态之旅
Aloha Aina Eco-tours

左／在坦特拉斯山顶，可以远眺从钻石头山至商业区的全景
右上／沿路的植被，令人兴致勃勃 右下／沿途为大家解说夏威
夷植物的导游凯尔先生

野外远足，感受夏威夷自然之美

来到夏威夷，自然要享受海滩的嬉戏，但行走在夏威夷山间的远足之游，也极受欢迎。但如果不熟悉当地环境就贸然上山，也极易招致不必要的麻烦。在导游带领下，畅游瓦胡岛不为人知的自然山水的生态之旅，就是你最好的选择了。

生态之旅中包含多种团体游。相对而言，去往坦特拉斯山的"丛林探险之旅"比较容易参加。坦特拉斯山距离瓦胡岛较近，而且原生林植被丰富，保存较好。这项活动从海拔440米的登山入口出发，行至海拔613米的山顶，全程约4公里。路径平缓，儿童也可行走。登山途中，可以观赏到夏威夷特有的稀有物种及外来物种的植物，登上山顶，瓦胡岛的美景更是尽收眼底，令人陶醉。

本团体游是经夏威夷州森林局特别许可的，有人数上的限制，所以整个行程令人感觉像私人观光线路。

另外，前往瓦胡岛东南部的玛卡普吾角（→ Map p.37-B4）的团体游也较轻松。海角处矗立着灯塔。从此处远眺玛卡普吾海滩、

去往玛卡普吾海角的团体游，儿童也可参加

兔子岛以及一望无际的东海岸，美景尽收眼底，令你忘却旅途的劳顿。冬季则可以在此赏鲸。

除此之外，巡着南瓦胡岛的海岸线探访神庙，寻找夏威夷神话传说的源头之地，这样的考古＆自然探访之旅也别有情趣。

🏞 丛林探险之旅 含税70美元，12岁以下45美元（年龄不限，只要能坚持走到终点，都可参加），含导游、接送、零食、饮料、背包、雨具等 ⏰7:30左右从酒店出发，12:30左右返回（徒步行走时间约3小时）🗓 根据团体游线路差异而不同（丛林探险之旅周六、周日、节假日休息）☎595-6651 💻www.alohaainaecotours.com

Optional Tours

海上巡航

夏威夷四面环海，这里最具代表性的活动自然是海上巡航了。海上巡航也有各种各样的项目，有的船还提供美食、表演秀、休闲娱乐等。到了冬季，海上观鲸是不错的选择。

"火奴鲁鲁之星" 号客轮
Star of Honolulu

在此度过最浪漫的一夜

美食、表演秀、落日余晖映照的海面、乘船旅游，所有这一切，报名参加"夕阳巡航之旅"就可以实现。火奴鲁鲁的"夕阳巡航之旅"不计其数，推荐大家体验从玛卡普吾海滩8号码头驶出的火奴鲁鲁之星号客轮。

"火奴鲁鲁之星"号客轮是艘大型观光游轮，共有4层，全长70米，最大核载人数高达1500人，船上残疾人专用设施完备，设有特殊的防摇晃装置，航行平稳。

其最大的特色是能够根据自己的预算自由选择旅游套餐。根据饮食和表演秀的内容差异，共设有4个旅游套餐。如果想在此度过最具浪漫之夜，建议您体验"五星夕阳巡航之旅"。

而且，在"火奴鲁鲁之星"号客轮上，白天安排夏威夷文化巡航之旅，冬季则有观鲸巡航之旅，也承办婚宴。

在夏威夷文化巡航之旅中，你可以学习到制作花环，也有尤克里里的教程

（均含税）
■星级夕阳巡航晚宴＆表演秀：海蟹＆牛肉晚宴，含一杯饮料大人88美元，儿童53美元。如需接送另加10美元
■三星夕阳巡航晚宴：迎宾起泡葡萄酒、嫩牛排与龙虾晚宴，含2杯饮料，大人128美元，儿童77美元，如需接送另加10美元
■五星夕阳巡航晚宴＆爵士：法国大餐晚宴、迎宾香槟酒、含3杯饮料等172美元（如需接送另加10美元，专用豪车轿车接送另加60美元）。12岁以下者不可参加。建议男性穿着夹克、衬衫、长裤

※ 以上各行程均巡航约2小时，费用内含税。17:30左右出航，16:20左右接送。
■夏威夷文化＆午宴超级观鲸之旅：午餐自助、含软饮料56美元，儿童34美元。如需接送另加10美元。行程巡航约2小时。12:00出航，（14:30左右归航）
www.starofhonolulu.com

平稳航行的"火奴鲁鲁之星"号

"亚特兰蒂斯"号潜水艇
Atlantis Submarine

梦幻般的海底秀

此项活动全世界也极其少见，是乘坐"亚特兰蒂斯"号观光潜艇在怀基基的海底漫步。潜水艇有 2 种类型，而其中的"高级版潜水艇"是艘大型舰艇，全长 30 米，总重 160 吨，核载 64 人。

潜水艇设计周到，内部空调完备，乘坐舒适，座席前方有圆窗，能让每一名游客都惬意享受海底世界。窗外的白色海沙，还有翩翩起舞的鱼儿，宛若生动的表演秀。团体游每天发 7 班，需要注意的是，如果海底状况不允许航行，有时会中止。

上／透过清晰的圆窗，可以一窥夏威夷神秘的海底世界 下／"亚特兰蒂斯"号潜水轮廓鲜明

📞 标准潜艇游 99 美元（12 岁以下 45 美元）、高级潜艇游 115 美元（12 岁以下 53 美元）。均含接送（费用内不含州税及 3% 的港湾使用费）。身高 92 厘米以下的儿童不可以乘坐。

轻松体验帆船吧

海上远眺怀基基，清新靓丽

停泊在怀基基海滩的色彩艳丽的双体船

停泊在怀基基海滩上的双体船，不需预约，就可以让你轻松体验海上巡航的乐趣。

希尔顿夏威夷度假村、喜来登怀基基大酒店、怀基基奥特雷格酒店、莫阿纳冲浪者酒店等这些一流大酒店门前的海滩上，停放着许多帆船，蓝的白的红的黄的，五颜六色的船帆随风招展。但这些船并不是专为酒店客人准备的，只要付钱给其附近的管理人员，任何人都可以乘坐。1 天 4~5 次，约 1 小时的航游，收费是每人 20~30 美元。费用含软饮料。有的季节也可以在海边畅游。

请不要小看怀基基的海。这里的海水透明度超群，幸运的话，你甚至可以看到海龟乘风破浪游泳的憨态，也可能会邂逅到海豚群。不过，最令人陶醉的，还是从海滩远眺，映入眼帘的怀基基出众的美景。

趣味游

这里介绍的项目，很难归入其他类别，但都各具特色。如果你想有与众不同的体验，建议多多关注。

体验操纵小型飞机
Training Flight

当一回飞行员，在怀基基上空徜徉

有一种活动，在国内几乎是没有机会体验的。那就是操纵小型飞机。完完全全的初学者（我想大多数人是如此的）都可以体验一次当飞行员的感觉，简直是梦幻时刻。

组织实施这一活动的，是位于火奴鲁鲁机场附近的沃信航空。采用的机型是比赛斯纳更稳定、更强力、操控更简便的派珀弓箭手型飞机。

活动首先要在教室内接受 20 分钟的培训。之后就要进入飞机了，由于教官会坐在副驾驶席上，这令初学者也比较安心。每名教官都是通过 FAA（美国联邦航空局）认证的内行高手，尽可放心。

实际操控中，除了难度较大的起飞、着陆（这些有教官辅助操控）外，全部由自己驾驶完成。一边上下旋转、左右飞行，一边从空中欣赏怀基基的美景，其乐无穷（有 30 分钟套餐和 1 小时套餐可选）。除了飞行体验外，也有观光飞行的套餐。

教官在旁边为你确认安全，完全可沉着应对

🛩 单发飞机 30 分套餐 149 美元，1 小时套餐 261 美元；双发飞机 30 分套餐 279 美元，1 小时套餐 445 美元。乘员单发飞机 30 分套餐 109 美元，1 小时套餐 139 美元；双发飞机 30 分套餐 119 美元，1 小时套餐 145 美元。观光飞行套餐 99 美元起。费用内含税，含酒店接送 🕐 操纵体验 7:30～，10:30～，13:30～ ☎ Washin Air 836-3539 🌐 www.washin-air.com

鸭子船之旅
Duck Tours

极具震撼力的水陆两用车之旅

DUKW 水陆两用车，在太平洋战争期间也曾被利用。如今被用于旅游。此项活动极富特色。基本行程是从怀基基出发，从钻石头山穿过卡哈拉，然后从恐龙湾附近的毛纳鲁湾海滨公园实际驶入大海。不用换乘就可以从陆地进入海洋，是一种相当狂野的体验。车上没有窗户，是开放式的，所以会有水飞溅过来的。设有基本线路＋恐龙湾海洋公园等各色套餐供选择。

不论在陆地还是海洋，这种交通工具都令人刮目相看

🚐 基本线路 54 美元（2~11 岁 42 美元）＋恐龙湾 77 美元（2~11 岁 54 美元），加 1 种海上运动美元 110（2~11 岁 100 美元），加 2 种海上运动 159 美元（2~11 岁 149 美元）等 🕐 根据套餐而定 ☎ 951-5131

冲 浪

首先从伏板冲浪开始学起

在怀基基宾馆一条街的美景陪伴下，尽享海
上约会的浪漫

首先挑战伏板冲浪

冲浪，是必须亲自用身体去记忆的。首先，重要的就是要了解波浪如何旋转。因此，推荐从容易掌握的伏板冲浪学起。所谓伏板冲浪，它的浮板只有一般冲浪板的大约一半，人趴伏在上面，脚上套上脚蹼，用双手、双脚滑水前行，能很快捕捉到波浪。而且，浮板是用发泡塑料制作的，即使断裂了，也不用担心会伤到人。

怀基基有处叫作"城墙（Wall）"的景点，在动物园前面，是伏板冲浪者的专用练习场地。当地的孩子们经常在此地练习伏板冲浪，你只要模仿他们的动作，不出30分钟，就一定可以学会在波浪的斜面上冲浪了。

在怀基基成为冲浪高手

在掌握了伏板冲浪后，就可以挑战真正的冲浪了。建议大家早上应尽早（8:00过后，就会人满为患了）来到喜来登莫阿纳冲浪者酒店前的冲浪地点"独木舟"，在这里接受海滩男孩的单独指导。

费用含冲浪板租赁费在内，1小时30~40美元。如果认真听取他们的建议的话，1小时内至少有两三次机会能站在冲浪板上冲浪的。至此，你也就成为怀基基冲浪者中的一员了。

三冠王冲浪大赛中的一个镜头。在此可以欣赏到令人震撼的绝妙冲浪技巧

夏威夷最具代表性的体育运动，非冲浪莫属。历史上，夏威夷的王族们在怀基基乘风破浪，如今，职业的冲浪高手们来此北海岸挑战大风大浪。夏威夷，是冲浪爱好者心中的圣地。

冲浪者的圣地——北海岸

从阿留申群岛席卷而至的 20 英尺（约 6 米）高的大浪，大约在 9 月中旬到达这里。与此同时，北海岸会更加活力四射，所有的话题都集中到向汹涌波涛挑战的勇士身上。

每位冲浪爱好者都憧憬的北海岸

进入 11 月，ASP（Association of Surfing Professionals）巡回赛事之一的三冠王冲浪大赛（Triple Crown）会在此举行。这包括夏威夷职业杯赛（Hawaiian Pro）、冲浪世界杯（World Cup Of Surfing）和筒浪大师赛（Pipeline Masters）三项赛事。

即使你不亲自下海冲浪，但能够目睹参加比赛的冲浪高手们的精彩表演，也极具价值。

购买冲浪板

■ 夏威夷的冲浪板销售店栉次鳞比，最好是多逛几家，寻找到符合自己的目的、喜好及合体的冲浪板（推荐店家 →p.305）。

租赁冲浪板

■怀基基海滩等地，有很多可以租赁冲浪板的店铺，都是长板，且大多有破损。在这一点上，冲浪板销售店的租赁业务比较完善。但还是建议大家购买冲浪板，价格便宜。

Triple Crown of Surfing
www.triplecrownofsurfing.com

消防员冲浪学校
Hawaiian Fire Surf School

现役的消防员教你冲浪

夏威夷有多种多样的冲浪学校，其中，由现役的消防员教授学习冲浪，这是非常独特的。火奴鲁鲁消防局的消防员们希望能"提供人生之中难忘的冲浪教学体验"，出于这样一个朴素的想法，这个教学项目就应运而生了。不愧是救助人命的专家在教授，不论是老人还是孩子，我们都可以在课程中感受到安全第一的冲浪的魅力。

课程在位于瓦胡岛西部的卡珀雷南部海滩上进行。这里的海滩只有本地人才会到访，非

每 3 名学习者配备一名指导教练，通过一次学习，就有很高的概率可以站立冲浪

儿童当然也可以。也有私人授课

常安静。因为不像怀基基那般拥挤，在学习时，让人感觉仿佛是在接受私人教程。

首先在海滩上模拟练习

45 分钟的海滩授课及 1 小时 15 分钟的海上授课 109 美元（11~17 岁 99 美元）。另外，教练 1 对 1 的私人练习 189 美元（5~10 岁 139 美元）。均包含从怀基基接送、冲浪板、防磨衣、沙滩鞋。仅接送 30 美元。共有 7:00 酒店出发 11:30 返回，及 9:30 酒店出发 14:00 返回两个团 737-3473 www.hawaiianfire.com

Surfing 冲 浪

冲浪板制作师对夏威夷的波浪了如指掌，通过他们的努力，冲浪板也在不断进化。照片中的人物就是一位著名的冲浪板制作师——凯里·索先生。照片中的这种冲浪板为 500~550 美元，今后可能还会提价

波利尼西亚人的冲浪体育

"he'enalu" 这个词在夏威夷语中就是指冲浪。这个词是何时产生的，就无从考证了（其中的 "he'e" 意思是滑行，"nalu" 意思是波浪）。

但毫无疑问的是，波利尼西亚人很早就已经开始冲浪了。1778 年，到访夏威夷的詹姆斯·库克船长，作为西方人，第一次目睹了冲浪。夏威夷人灵活地在波涛上滑动的样子，对这位西方人冲击很大。他在日记中写道："我们所见到的这种运动危险且灵敏，勇敢无畏，令人惊讶到难以置信。"

冲浪曾经是生活的一部分

古代夏威夷最具代表性的娱乐活动就是冲浪。每当适合冲浪的波涛涌过来时，全村出动去冲浪，甚至中止当天的农活、放下手中的各种工作也不奇怪。据夏威夷历史学家戴维·马洛的研究说，冲浪甚至是博彩的对象。

下至普通百姓，上至王公大臣，都很喜欢冲浪。特别是卡美哈美哈三世国王，更是一位知名的冲浪高手。王公大臣们使用相思树或刺桐制作的冲浪板，而庶民百姓则使用随手可得的香蕉树等材料来制作。据说，为了让冲浪板更耐用，当时人们一般会在冲浪板表面上涂上一层夏威夷果烤

令人震撼的长板
挑战巨浪的冲浪者（摄于哈莱瓦阿里怡海滨公园）。夏威夷有很多描述波浪的词汇，如"Kuanalu"（崩塌之前的大浪）、"kuapa"（正在崩塌的大浪）、"lalahalaha"（冲涌起来的大浪）等。由此我们也可以知道冲浪在夏威夷人生活中的特殊地位

焦后的黏液。

冲浪板共有 3 种，一种是中间厚、两端薄的"噢咯"（olo），一种是长达四五米的"基考奥"（kiko'o），还有一种是前端宽、整体薄的"阿拉依阿"（alaia）。

冲浪运动的衰退与复兴

对于 19 世纪初移民到此的传教士们来说，冲浪运动就是恶魔的运动。他们跳将出来，大肆否定夏威夷的固有文化，对那些不工作、几乎赤身裸体地在海上嬉戏的冲浪者们进行迫害。至 1900 年前后，冲浪者几乎销声匿迹了。

但进入 20 世纪，冲浪开始朝一个崭新的方向发展。白人游客大量访问夏威夷，马克·吐温、杰克·伦敦等名流作家也将冲浪运动介绍给全世界。

另外，被称作"现代冲浪运动之父"的杜克·卡哈纳莫库的出现，也为冲浪运动的复兴添薪加柴。杜克作为夏威夷友好大使，在全世界范围内展示他的冲浪技术。慢慢地，冲浪运动就被全世界所了解了。

与时俱进的冲浪板

真正让冲浪运动火起来，是在 20 世纪 50 年代之后。此时，合成材料制造的冲浪板，代替了传统的木质冲浪板，其价格低廉，用起来也容易上手，使更多的年轻人能够有机会轻松享受冲浪的乐趣。

后来，随着技术的发展，冲浪板的原材料也逐渐进化为聚氨酯、环氧树脂等，尾鳍的数目、板头、板尾的形状等都发生了变化。据说如今介于长板和短板中间的半长板、小长板颇受欢迎。

Surfing

179

水肺潜水

推荐水肺潜水服务机构

清风夏威夷
（ Breeze Hawaii ）
☎ 735-1857
📠 737-4736
🖥 www.breezehawaii.com
体验水肺潜水 岸潜 1 型
73 美元起（含接送、器材租赁）
兴趣潜水 船潜 2 型 99 美元起（含接送）等
潜水认证资格服务 2 天（水肺潜水课程）300 美元（含接送、器材、教材、申请费等）

阳光潜水
（ Sunshine Scuba ）
☎ 593-8865
📠 593-8864
🖥 www.sunshinescuba.com/
体验水肺潜水 岸潜 1 型
80 美元，船潜 1 型 150 美元（含接送、器材租赁、午餐）
兴趣潜水 岸潜 2 型 90 美元，船潜 2 型 120 美元（含接送、午餐）
潜水认证资格服务 2 天 360 美元（含接送、午餐、器材、教材、申请费等）

还是从浮潜开始吧

能让我们不用换气就可以在海水中漫步的，是浮潜呼吸管（ J 字形的呼吸管）。如果再有潜水面镜、脚蹼，我们就可以在水下欣赏珊瑚礁以及南海的鱼群了。

浮潜的技术不难。最初令人感到不习惯的是换气的方法。如果没有适应的话，会吸进水，而吸不进气去。换气的关键在于，呼气时用力，吸气时要缓慢、平稳。万一将水吸进了呼吸管，不要惊慌，用力吹出去就可以了。

在较浅地方的，不穿着脚蹼也可以，有时脚蹼甚至还起到干扰作用。但是，如果适应了用脚蹼拍水，再到深水区潜水就方便得多了。

之后，只要会游泳，谁都可以享受到浮潜的魅力了。在这个过程中，如果你被夏威夷的海洋深深吸引了，就需要进入下一步——水肺潜水了。

如何才能更好地享受水肺潜水呢？

进行水肺潜水运动时，首先要取得国际专业潜水教练协会（PADI, Professional Association of Diving Instructors）、国际潜水教练协会（NAUI, National Association of Underwater Instructors）等机构发行的认证资格证。

这些资格证书是授予那些学过最最基础潜水知识，即所谓"开放水域潜水员"的。其中要学习到潜水器材的使用方法、潜水时的耳压平衡、面镜排水以及在海里如何处置等。

据说，只要会一些游泳，再加上一点毅力，任何人都可以获得认证。

通过夏威夷之旅取得相关的认证资格，也是个不错的主意。

海豚 & 你
Dolphin & You

与海豚同游！

本项目从瓦胡岛西部的怀阿纳埃港，乘坐核载 30 人的"梅雷凯（ Mele Kai ）"号双体船出航。可以从船上看到海豚跳跃、游泳的样子。也可以和充满活力的野生海豚一起邀游，和海龟、热带鱼群漫步海底。还可以体验独木舟，在船上欣赏草裙舞及夏威夷音乐，或者学习草裙舞。到了冬天，你甚至可以看到座头鲸的雄姿！

也可以参加观海豚的单项活动，全家一起参加也不错。深谙"阿罗哈精神（夏威夷待客之道）"的工作人员，会带你畅游夏威夷。

💰 154 美元，4~12 岁以下 124 美元（含酒店接送、午餐、饮料、必要器材）
ℹ 清风夏威夷 ☎ 737-1857 🖥 www.breezehawaii.com

夏威夷四面环海。自然，大海是夏威夷第一位的活动空间。在海面下窥探大海姿态各异的表情，是与大海亲近时的最好方法。

如何找到实惠的水肺潜水店

当地的很多资讯杂志中，可以找到很多广告。但需要注意的是，教练一般不懂中文，所以最好你能有基本的英语能力，保证人身安全。

在各家潜水服务中，都有"体验水肺潜水"的项目，能让没有取得认证资格的你，也可以享受到水肺潜水的快乐。请尝试挑战一次，作为进入海底之旅的初体验。

海洋小姐潜水探险
（Miss Marine Diving Adventures）
☎ 734-0195
URL www.missmarine.com

体验水肺潜水 船潜1型120美元，船潜2型140美元（含接送、器材租赁、小吃、饮料、水下摄像，含税）

兴趣潜水 船潜2型120美元起（含接送、器材租赁、水下摄像、小吃、饮料，含税）

潜水认证资格服务3天450美元（含接送、器材、教材、申请费、水下摄像、小吃、饮料，含税）

太平洋岛潜水
（Pacific Island Scuba ）
☎ & FAX 373-7193
URL www.pacificislandscuba.com（网络预约优惠10美元）
体验水肺潜水 （恐龙湾）90美元（含接送、器材租赁、饮料＆小吃）
兴趣潜水 岸潜1型88美元（含接送）恐龙湾潜1型90美元（含接送、器材等）
潜水认证资格服务 OW教程3天1人500美元（含接送、器材、教材、申请费、首日午餐等）

在指定水域（游泳池等）掌握基本技能

风帆冲浪

1970 年诞生于加利福尼亚的风帆冲浪运动（以下简称 WSF），与夏威夷特有的巨浪和强烈的季风相遇后，进化为一种新型的体育运动。

夏威夷造就的剧烈运动项目

WSF 这项运动，原本是基于在平稳的海面滑行这个前提设计的，所以很难直接适用于巨浪环境。夏威夷的本地冲浪者们在原本与冲浪板同样光滑的 WSF 船体上加上了脚带。这个主意虽然简单，但如此一来，冲高跳、巨浪冲浪就成为可能，使得 WSF 一下子就变成了剧烈的运动。

由此诞生的"用短板来进行浪上帆船航行"这样一个新的理念，逐渐被世界各地接受。现如今，夏威夷依然引领着风帆冲浪运动的发展，每年移居至此进行"风帆冲浪修行"的人都络绎不绝。

初学者也可以享受到的夏威夷 WSF

对于 WSF 的初学者，首先应该在平静的海面上练习。而场地则非瓦胡岛东海岸凯卢阿莫属。这里一方面季风平稳，海湾内也风平浪静，最适合学习。稍远一些的海面也有适合的滑浪点，既适合初学者学习，也适合高手游玩。美丽而平静的海滩，也是当地人休闲的好去处。

在凯卢阿的教学店接受适合初学者的课程

适合初学者的推荐店铺

奈什夏威夷
Naish Hawaii
155-A Hamakua Dr.
262-6068
■这家店非常知名，以至于全世界有很多风帆冲浪运动者特意远道而来到凯卢阿拜访这家店。这也在情理之中。因为这家店就是风帆冲浪运动者无人不晓的罗比·奈什（Robbie Naish）开设的。其位置在哈玛库亚大道上。店里面颇受好评的独家制作的帆板及脚蹼价格便宜。每天都教的私人授课教程 1 小时 30 分钟，再加上 30 分钟的器械租赁每人 75 美元或每 2 人 100 美元。营业时间为 9:00~17:30。

凯卢阿帆板 & 独木舟公司
Kailua Sailboards & Kayaks Inc.
凯卢阿海滩购物中心内
262-2555
■该公司位于凯卢阿海滨购物中心，其距离凯卢阿海滨公园也不远，是一家 WSF 的百年老店。以初学者为对象的课程分陆上模拟课程和海上课程两个部分，3 小时，整个上午非常充实。下午则可以免费租赁到装具，你可以尽情在波涛中嬉戏。包括怀基基—凯卢阿的接送及午餐共 129 美元，价格合适。如果你想在夏威夷学会 WSF，绝对推荐这家店。营业时间为 8:30~17:00。

这项一般性的运动可不一般

一年四季都风力适当的凯卢阿是 WSF 的圣地

Optional Tours 网 球

在休闲胜地，网球是不可或缺的运动。夏威夷的公共（公营）网球场仅瓦胡岛就有大小 30 家以上。场地大多是硬式的。

清晨打网球，一天心情舒畅

怀基基周边的公营网球场中，钻石头山网球俱乐部（Diamond Head Tennis Club）、卡皮欧拉妮网球场（Kapiolani Tennis Courts）、阿拉莫阿纳网球场（Ala Moana Tennis Courts）是其中代表性的 3 家。这些公营网球场有以下 3 个特点：

1. 免费（！！）。
2. 非预约制，First Come, First Play（先到先打）。
3. 每一场可以打 45 分钟。

（虽然不是法律规定的，但是是约定成俗的惯例）

正因为免费，自然，在旅游旺季往往也比较拥挤。平日及清晨是好时机。

主要的公营网球场

▶钻石头山网球俱乐部

如场地名称所示，这家球场位于钻石头山麓的帕基大道（Paki Ave.）上。共有 10 个网球场地。设有饮料自动售货机。这家网球场在瓦胡岛是景色最美丽的，周围绿树成荫，热带花卉争奇斗艳，美不胜收。此地有钟表显示，让你可以立即知道需要等待多长时间。

▶卡皮欧拉妮网球场

位于卡皮欧拉妮公园内。共 4 个场地。因为这里距离怀基基的宾馆很近，经常比较拥堵。也可以打夜场。因为必须要排队等候，切记排队等待时一定要坐到场地一边的长椅上。然后，询问正在打球的人还剩几组。如果后面没有其他人时，一定要大声宣布："下一组我们打！"因为这里不像钻石头山网球俱乐部那样显示等待时间，如果默默等待，有可能后边进来的人反倒先打了。

另外，打完球以后对下一组的人说一声"请"，也是公共场合的重要礼仪吧。

▶阿拉莫阿纳网球场

位于阿拉莫阿纳公园内。它是怀基基最大的网球场，共有 10 个网球场地。可以打夜场。打球打得汗流浃背之后，不远处就是阿拉莫阿纳海滨公园，也可以穿过马路到对面的阿拉莫阿纳购物中心轻松购物。

钻石头山网球俱乐部，清晨是最好的时机

■ Diamond Head Tennis Club
（Map 火奴鲁鲁 -C7）
从怀基基出发时，可以在库希奥大道沿海一侧车站乘坐 2 路公交车
（注意 "2WAIKIKI/KAPIOLANI PARK" 的识标）

■ Kapiolani Tennis Courts
（Map 火奴鲁鲁 -C7）
从怀基基出发时，可以在库希奥大道沿海一侧车站乘坐 2、4、8、13、19、20、22、23、24、42 路公交车，在蒙萨拉特（Monsarrat）车站下车步行 5 分钟即可到达

■ Ala Moana Tennis Courts
（Map 火奴鲁鲁 -C5）
从怀基基出发时，可以在库希奥大道沿海一侧车站乘坐 19、20、42 路等公交车，在沃德中心（Ward Center）站下车

阿拉莫阿纳网球场的夜场

阿拉莫阿纳网球场总是人满为患

高尔夫

关于电瓶车

■ 电瓶车为载客 2 人的电动汽车。大部分球场都有，租赁费 10~20 美元。大多都包含在球场使用费中。驾驶时需要踩踏加速踏板和脚刹。

■ 有电瓶车专用道路时，不要在球道上驾驶。禁止驶入果岭和发球区域，就自不必说了。即使有些球场可以驶入球道，也要将电瓶车开到专用道路距离高尔夫球直线距离最近的地方，然后直角拐入。另外要注意，不要驶入距果岭 50 码以内的区域。

首先要在高尔夫练习场进行特训！

■ 面向太平洋，打出漂亮的一杆球，想想就让人心动。但是如果进入场地后，接连出界，那就太令人沮丧了。为了不影响后面打球的人，同时也为了不让自己丢丑，就只有多加练习了。建议在阿拉瓦伊高尔夫球场（→ Map 火奴鲁鲁 -B6）的练习场内猛练习一阵。练习场入场免费，70 个高尔夫球 4.50 美元，价格低廉。盛放高尔夫球的盒子上面标的数字就是你的练习场打球位置。球杆租赁费每杆 2 美元。由于只有 40 个打球位置，大多情况下需要等待。6:00~23:45 开放。

☎ 738-4653

夏威夷高尔夫球场使用指南

夏威夷高尔夫球场的特征是，几乎没有球童。因此，打球时，要么自己驾驶四轮的电瓶车，要么使用手推车。

球场共有 3 种：公共球场、私人球场、美军专用球场。私人球场，如果没有会员偕同，原本是不可以打球的，但夏威夷有

驾驶电瓶车时要小心谨慎

很多私人球场可以称作准私人球场，对于一般游客也是开放的。在公共球场中，特别是公营球场（18 洞 45 美元这样的球场），本地的高尔夫爱好者的利用率很高，预约或许会比较困难。

最近，似乎有很多游客自己携带高尔夫球杆去打球，但大多数球场都提供球杆租赁。1 场球 20~30 美元。虽说是租赁，但出人意料的是，其中多为高级球杆，实在不可小觑。虽说也有租赁高尔夫球鞋的地方，但大多与亚洲人的脚尺寸不符，所以球鞋还是自己携带为好。

放松为主的高尔夫也要讲究礼仪

亚洲人在这里的高尔夫球场似乎有些讨人嫌。至少，以下几条请务必遵守。

（1）打球不要拖拉。基本要求是半场打 2 小时。不要影响后面的人。另外要注意，等前一组完全结束，给出可以开始打球的提示（挥动旗子或者用双手作出指示）之后，再开始打球。

（2）电瓶车是用来转换地点的。不要把电瓶车开到车道外玩耍。

（3）有烟灰缸的地方才可以吸烟。

（4）打高尔夫的人，往往会炫耀自己的成绩，相互评论。打球时这样

夏威夷王子高尔夫俱乐部

在气候舒适的夏威夷，高尔夫也是一项推荐的娱乐活动。不仅一年四季能打球，高尔夫球场的费用也比其他地方合理得多。

做倒也无妨。但在会所内大声计算成绩，就需要三思了。旁若无人的行为更要避免。

（5）跟亚洲不同，这里的人不会在半场时休息，吃些零食。应该简单喝点饮料，马上进入后半场。

最后一点，目前，最招人讨厌的就是高尔夫门外汉们了。和中国不同，这里的环境似乎让人感到可以轻松、悠闲地打球，但如果你没下场打过，就不要独自下场打球了。这可就不是什么球场礼仪的问题了。一定要和打过球的人一起，在2小时之内打完半场。

严防盗窃

■最近，据说发生在高尔夫球场内的盗窃案件接连不断。或许有人会说，这怎么可能。但还是提醒大家千万要注意，在高尔夫俱乐部会发生盗窃、调包事件的。不要携带贵重物品、大量现金到高尔夫球场，就更不必赘言了。

阳光明媚的夏威夷高尔夫球场。左边是珊瑚河高尔夫球场的第18号洞及会所。右为马卡哈山谷乡村俱乐部的8号洞

自己安排享受高尔夫的基本要领

要想真正体验夏威夷独到的高尔夫，最好是自己来预约打球。打场高尔夫只花费45美元，如果不自己安排预约，是不可能的。只要稍加了解，你就可以切实体会到，在夏威夷，高尔夫是项平民运动。

1. 交通工具的问题。如果租赁汽车，就没有问题了。如果没有汽车，建议乘坐出租车。要点是尽可能3~4个人一起乘坐。如果一个人打车，有时候出租车费甚至比高尔夫球场费用还要高。

2. 一定要电话预约。过去，周末和节假日之外的时间，很多情况下直接去球场到前台申请就可以了，但最近随着游客高尔夫爱好者的增多，如果不预约，几乎没有打到球的可能。打电话告知对方你预约打球的日期、时间、人数、预约者姓名、住宿宾馆的名称及房间号等，并确认开始的时间。

3. 当天，时间安排要留有余地。这是因为，夏威夷不像国内，路边没有大幅的指示高尔夫球场位置的广告板，不容易找到；另外，如果是初次到访，为防止找不到路，也要留出富裕的时间来。有很多球场有轻击区或练习场，早去练习一会儿也不错。

4. 到达球场后，到前台申请缴费。夏威夷的高尔夫球场，电瓶车或手推车较为常见。当然也可以背着包打球。但这里白天光照强烈。如果你平时就经常运动，自然不在话下，平时运动量不太大的朋友，还是驾乘电瓶车为好。和手推车比起来，两者消耗的体力可谓天壤之别，大概也会影响到你的成绩吧。帽子是必备物品。另外，打球之前，该租赁的球杆、球鞋等也请准备好，也要买好球，做到万事俱备。

5. 打球的时候，切记不要打慢球。虽然不需要急匆匆地打，但亚洲高尔夫爱好者往往会会慢条斯理，影响后面打球的人。瞄准距离后，就毫不犹豫地打出去。只要遵守基本的规则要求就可以了。

6. 和国内相比，最大的差异就是中场休息时间。在国内，中场结束后，可以慢慢用完午餐，再接着打下半场，夏威夷一般可不会这样。在饮料处喝点饮料润润喉咙，稍吃点热狗之类的快餐，就即刻开始打下半场了。

遵守规则，尽享高尔夫之乐

怎样才能打到高尔夫

大体说来，有3种方法：1. 参加旅游团；2. 自己安排打高尔夫；3. 经介绍人介绍到私人球场打球。对于一般旅行者，第三种方法恐怕一般不太容易现实。

应该早点到球场，多加练习！

最简单的方法是第一种。只要你申请预约了旅游团，工作人员就会为你预约高尔夫球场，也不用担心语言不通。也会为你准备好所需的器械，费用当中也包括接送至高尔夫球场的费用。有的线路，接送是凯迪拉克高级汽车，甚至有专业教练指导练习。服务如此周到，价格自然也略高，为100~200美元。

另外，如果是完完全全的初学者，可以参加包含所谓短训班的团体游［夏威夷·凯的高管球场（Executive Course），价格在50~80美元之间］。

在夏威夷期间，如果打算打两次、三次以上，你可以首先参团，熟悉一下夏威夷的高尔夫，之后就可以选择第二种方式自己安排打高尔夫了，这也相当不错。

公营球场的预约方法

与一般球场不同，公营球场的预约一般都是通过自动应答电话完成的。听着语音介绍，按照其指示按电话按钮，就可以预约了。非常方便。游客可以在打球的3天以前，完成预约。

虽然预约全部使用英语，但不需要预约者自己讲，所以有一定英语基础的人，应该问题不大。

预约方法如下：

1 首先拨打预约中心的电话296-2000。开始有些简单的说明，之后开始预约。

2 开始预约前，需要按"1"号键确认。

3 输入自己的联系方式。按"#"键后，输入所住酒店的电话号码，然后按"1"。

4 下一步，优先选择球场时按"1"，优先选择开始时间时按"2"。

5 优先选择球场时，按下面的号码选择对应的球场。
1 阿拉瓦伊高尔夫球场
2 帕利高尔夫球场
3 泰德玛卡勒那高尔夫球场
4 卡胡库高尔夫球场
5 西湖高尔夫球场
6 埃瓦村庄高尔夫球场

6 按下面的对应关系选择日期。
1 周日　**2** 周一　**3** 周二
4 周三　**5** 周四　**6** 周五
7 周六

7 输入4位数字，确认开始时间
例 7:30 → 0730/15:30 → 0330

8 按下面的对应关系选择球洞数（有的球场这一步会省略）
1 18洞　**2** 9洞

9 按下面的对应关系选择打球人数
1 1人　**2** 2人
3 3人　**4** 4人

10 进行到这一步后，有时会自动检索最接近你愿望的条件，但一般会播放如下说明：当回答为"No Available（无法预约）"，按"1"返回，重新预约；如回答为"Available（可以预约）"，按"2"确认（也可以变更预约或取消预约）；按"3"可以接通信息中心。

公共球场中最新的埃瓦村庄高尔夫球场的7号洞

瓦胡岛的主要高尔夫球场

※具体位置请参照p.36~45的地图

卡胡库高尔夫球场 Kahuku Golf Course
球场费用30美元。周末、假日39美元(无电瓶车)。
手推车3美元(18洞)。
9洞/2700码标准杆数35/☎ 293-5842

哈尔默球场 The Palmer Course
球场费用一般175美元。实键人住客人153美元(含电瓶车费用)
18洞/72/6814码标准杆数72/☎ 293-8574

法齐奥球场 The Fazio Course
球场费用160美元。实键人住客人125美元(含电瓶车费用)
18洞/6535码标准杆数71/☎ 293-8574

柯劳高尔夫球场 Koolau Golf Course
球场费用130美元。13:00以后80美元(均含电瓶车费用)
18洞/406码/标准杆数72/☎ 236-4653

湾赛高尔夫公园 Bay View Golf Park
球场费用平日88美元。周末、假日98美元(含电瓶车费用)
18洞/3399码标准杆数60/☎ 247-0451

帕利高尔夫球场 Pali Golf Course
球场费用65美元。电瓶车费用19美元。
18洞/6524码标准杆数72/☎ 266-7612

卢瓦纳山乡村俱乐部 Luana Hills Country Club
球场费用125美元(含电瓶车费用)
18洞/6164码标准杆数72/☎ 262-2139

欧罗玛纳高尔夫球场 Olomana Golf Links
球场费用90美元。13:30分以后60美元(均含电瓶车费用)
18洞/6326码标准杆数72/☎ 259-7926

夏威夷·凯高尔夫球场 Hawaii Kai Golf Courses
☎ 395-2358
●Championship Course
球场费用平日100美元。周末、假日、假日110美元(含电瓶车费用)
18洞/6222码标准杆数72
●Executive Course
球场费用28.50美元(不含电瓶车费用)
38.50美元(含电瓶车费用)~
18洞/2223码标准杆数54

怀皮奥高尔夫俱乐部 Waikele Golf Club
珍珠球场费用平日90美元(含电瓶车费用)
18洞/6663码标准杆数72/☎ 676-9000

珍珠乡村俱乐部 Pearl Country Club
周六、周日 书费120美元(含电瓶车费用)
18洞/6787码标准杆数72/☎ 487-3802

米利拉尼高尔夫俱乐部 Mililani Golf Club
球场费用99美元(均含电瓶车费用)
18洞/6455码标准杆数72/☎ 623-2222

阿拉瓦伊高尔夫球场 Ala Wai Golf Course
球场费用46美元。电瓶车费用19美元。
18洞/5861码标准杆数70/☎ 733-7387

泰德·马卡勒那高尔夫球场 Ted Makalena Golf Course
球场费用45美元。电瓶车费用19美元。
18洞/5976码标准杆数71/☎ 675-6052

埃瓦海滩高尔夫俱乐部 Ewa Beach Golf Course
球场费用平日90美元。12:00以后65美元(含电瓶车费用)
18洞/6711码标准杆数72/☎ 689-6665

夏威夷乡村俱乐部 Hawaii Country Club
球场费用平日75美元。周末、节日日80美元(含电瓶车费用)
18洞/5591码标准杆数72/☎ 621-5664

皇家库尼亚高尔夫俱乐部 The Royal Kunia Country Club
球场费用80美元(含电瓶车费用)
18洞/6633码标准杆数72/☎ 688-9222

马卡哈山乡村俱乐部 Makaha Valley Country Club
球场费用85美元。11:00以后65美元。
18洞/6369码标准杆数71/☎ 695-9578

马卡哈高尔夫球俱乐部 Makaha Golf Club
球场费用一般130美元。
12:00以后95美元(含电瓶车费用)
18洞/677码标准杆数71/☎ 695-7519

西湖高尔夫球俱乐部 West Loch Golf Club
球场费用45美元。电瓶车费用19美元。
18洞/5307码标准杆数72/☎ 675-6076

卡波雷高尔夫俱乐部 Kapolei Golf Course
球场费用平日150美元。周末、周日、节日160美元(含电瓶车费用)
18洞/7001码标准杆数72/☎ 674-2227

埃瓦村庄高尔夫球场 Ewa Village Golf Course
球场费用45美元。电瓶车费用19美元。
18洞/6808码标准杆数72/☎ 681-0220

珊瑚河高尔夫球场 Coral Creek Golf Course
球场费用平日30美元。12:00以后45美元(均含电瓶车费用)
18洞/6455码标准杆数72/☎ 441-4653

科奥利纳高尔夫球俱乐部 Ko Olina Golf Club
球场费用度假村客人159美元、一般179美元(含电瓶车费用)
18洞/6867码标准杆数72/☎ 676-5300

夏威夷王子高尔夫俱乐部 Hawaii Prince Golf Club
球场费用一般90美元。王子酒店人住客人65美元(含电瓶车费用)
27洞/A赛道3138码、B赛道3099码、C赛道3076码/☎ 944-4567

187

在海水中尽享欢乐之后，也不要忘记给皮肤做一下护理
治愈天堂夏威夷令你容光焕发

美容中心或水疗中心已经成为度假胜地的必修课。来到夏威夷，很多女性不仅享受水上运动的快乐、晒晒日光浴，而且喜欢保健、美容的夏威夷休闲度假。怀基基的主要宾馆内都设有正规的水疗中心，在这里，你可以体验各类美容美疗，如通过各式按摩进行身体护理、面部按摩、脱毛、头发护理、美甲等。

据说也有很多奔航空服务，让你一下飞机就可以直奔上述的美容中心，护理飞行中干燥的皮肤，或者解除工作中的劳顿。据说这对倒时差似乎也非常有效。

※ 各家美容中心均需预约，几种主要的信用卡都可以使用。另外，做完美容后，不要忘了付给美容师适当的小费。

Healing Paradise In HAWAII

Mandara Spa
蔓达梦水疗

Map 怀基基～阿拉莫阿纳 -B5

源于巴厘岛的高级 Spa。这是一家综合美容美疗中心，设有 25 间美疗室及美容沙龙、健身中心等，在这里可以体验到芳香疗法、夏威夷洛美洛美按摩为代表的各式按摩、身体护理等各项服务。由两位美容师同时美疗的蔓达梦四手按摩，只有在此才可以体验到。另外，这里也有宽敞的室外游泳池以及咖啡休息室。在此美疗的当天，所有设施全天都可利用，请安排好你的日程，在此悠闲度过。

🏠 希尔顿·夏威夷度假村内卡利亚塔 4F
☎ 945-7721
🕐 9:00~21:00
休 无
💰 艾丽美瞬间亮采精华素面部护理 60 分钟 165 美元，蔓达梦四手按摩 50 分钟 240 美元等
🌐 www.mandaraspa.com

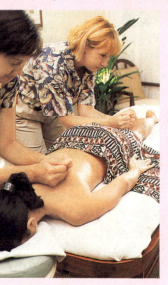

上／亚洲风格的美疗室
右／两位美容师同时美疗的蔓达梦四手按摩。两人同步按摩使人血脉通行更加顺畅

Abhasa
阿巴莎

Map 怀基基～阿拉莫阿纳 -B6

这是一家坐落于怀基基知名宾馆内的花园式水疗中心。在椰子树、热带花卉环绕的庭院中接受美疗，是这家店给人的一种独尊享受。广受好评的"孤岛余生"项目，包含头发护理、头皮按摩、身体洁净护理、全身乳液按摩等全套服务，相当奢华。另外还有美体套装"木槿花"可供选择，其中包括身体洁净护理、按摩、面部按摩各 50 分钟，也非常受欢迎。

🏠 夏威夷皇家酒店怀基基豪华度假村
☎ 922-8200
🕐 9:00~21:00　休 无

💰 孤岛余生 80 分钟 190 美元，木槿花（美体套装）3 小时 355 美元
🌐 www.abhasa.com

室内有双人间等 12 间美疗室

Moana Lani Spa, A Heavenly Spa by Westin

莫阿纳拉尼天梦水疗

▶ Map 怀基基 ~ 阿拉莫阿纳 -B7

该水疗中心位于怀基基海滩的前庭，环境优美舒适。在此处，倾听着波浪拍打海岸声音的过程中，身体就恢复原有的能量，感觉器官的机能也得到提高。水疗中心高达 1500 平方米的宽敞空间内，拥有大小 16 间美疗室、美甲沙龙等。另外，这里也拥有健美中心，在此美疗的宾客，桑拿浴、蒸汽房、冲浪按摩浴缸等各种设施均可免费使用。

住 莫阿纳冲浪者酒店威斯汀度假村及水疗馆 2F ☎ 237-2535 营 9:00~20:00 休 无 费 各式按摩 50 分钟 145 美元起，天梦全身熏蒸美疗 50 分钟 145 美元起，天梦经典按摩 50 分钟 145 美元起等 网 jp.moana-surfrider.com/spa.htm

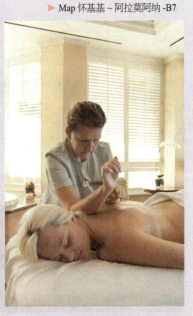

上／拥有浴室、冲浪按摩浴缸的邻滨观海房 右／洛美洛美按摩，用肘部以下部位如流水般滑过全身

Spa Khakara

卡卡拉水疗

▶ Map 怀基基 ~ 阿拉莫阿纳 -B6

2008 年 11 月新开业的一家水疗中心。统一的房间内饰，雅致、现代、时尚。推荐你体验美体项目"魔幻岛屿"，它价格合适，将面部按摩和身体按摩搭配在一起，能为干燥的皮肤充分补水，并通过按摩使全身放松，对缓解长途飞行后身体疲劳效果极佳。

住 喜来登怀基基大酒店 4F ☎ 685-7600 营 9:00~21:00 休 无 费 魔幻岛屿 50 分钟 125 美元，卡卡拉驻颜面部按摩 80 分 220 美元等 网 www.spakhakara.com/J

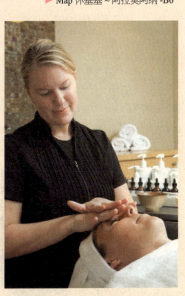

上／8 个美疗室中有 4 个是双人间 右／魔幻岛屿项目中包含面部按摩、面膜、反射疗法、头皮按摩等内容

Na Ho'ola Spa
娜毫奥拉水疗

► Map 怀基基～阿拉莫阿纳 -B7

该店是怀基基规模最大的水疗中心。中厅的休息区挑空两个楼层，宽敞明亮，由此远眺大海，景色怡人。置身于此，令人充分享受休闲度假的快乐，一整天都不想离开。该店使用热石疗法、朱蕉叶熏蒸美疗等独特的手法，提供各种服务，让你从美疗师们的双手中，感受到阿罗哈精神和治愈天堂夏威夷的力量。

住 凯悦怀基基海滩度假酒店及水疗馆 5F
☎ 237-6330
时 8:00～21:00
休 无
费 洛美洛美按摩 50 分钟 145 美元起，洛美热石按摩 50 分钟 155 美元起等
网 www.hyattwaikiki.com

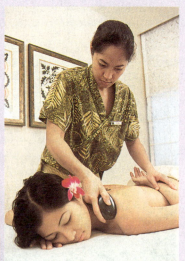

上 / 热石按摩。夏威夷果油和石头的热量深入肌肤深处
左 / 挑空的休息区视野开阔

Spa Olakino
奥拉基诺水疗中心

► Map 怀基基～阿拉莫阿纳 -B8

该店的主人保罗·布朗（Paul Brown）是世界著名的发型师。10 间美疗室清新凉爽，让人仿佛感到置身于熔岩洞穴。美疗中使用的按摩油和磨砂清肤液都是采自夏威夷本地物品的浓缩精华，包括诺丽果、夏威夷果、番木瓜、夏威夷盐等。再采用芳香疗法，放松效果更是出类拔萃。

住 怀基基海滩万豪度假酒店及水疗馆 2F
☎ 924-2121 时 8:00～21:00
休 感恩节、12/25
费 各式按摩 50 分 110 美元起，芳香疗法面部按摩 50 分钟 120 美元等 网 www.spaolakino.com

按摩室内的亚麻布上的夏威夷印刷图案令人印象深刻

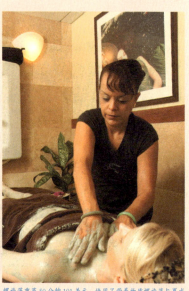

螺旋藻熏蒸 50 分钟 101 美元，使用了营养物质螺旋藻与夏威夷果油

Waikiki Plantation Spa
怀基基农场水疗中心
▶ Map 怀基基～阿拉莫阿纳 -B7

该水疗中心位于酒店的顶层。最受欢迎的手法是洛美热石。加热后的熔岩石刺激人体内的能量源，提高放松的效果。室外的休闲区叠放着石块，水疗之后，来到这里远眺怀基基的大海，景色美不胜收，感觉心旷神怡。也有美甲沙龙，据说光顾者中情侣较多。

从休闲区远眺，景色美不胜收

🏠 怀基基海滩奥特雷格酒店 17F
☎ 926-2880　🕐 9:00～21:00　休 无
💰 洛美热石按摩 80 分钟 175 美元，阿育吠陀 50 分钟 120 美元等 www.waikikiplantationspa.com

Salon Wax 5
Wax 5 沙龙 ▶ Map 怀基基～阿拉莫阿纳 -A6

这是一家日本人经营的沙龙。由于美剧《欲望都市》而广为人知。从脸部到身体，都可以做令人安心的脱毛。使用法国产 Soy 的优质脱毛膏。

美容师

🏠 阿拉莫阿纳购物中心靠山的一侧，科纳大街上，二层　☎ 284-7419　🕐 9:00～19:00（电话预约～17:00）　休 无　💰 身体 65 美元～、脸 40 美元、眉 10 美元等（只能用现金支付）
www.salonwax5.com

Aloha Hands
阿罗哈妙手 ▶ Map 怀基基～阿拉莫阿纳 -A6

该按摩沙龙由获得夏威夷州认证资格的美容师经营。这里的传统的夏威夷洛美洛美按摩，如行云流水般在身体滑过，解除身体的酸痛，也可以和面部美容、足疗、指压按摩等自由组合，非常舒服，据说有不少人在享受按摩的过程中更是酣然入睡。这里的费用收取也简单明了，完全依据按摩时间计算，颇受那些既想放松，又想美容的朋友们欢迎。

也有房间可供情侣、家人同时利用。和蔼可亲的员工也令人安心，吸引了很多回头客

🏠 在路易·威登的后面，瓦图木（Watumull）大厦 8F
☎ 551-0428/0465　🕐 9:00～22:00（上门服务～23:00）　休 无　💰 60 分钟 60 美元，90 分钟 90 美元，120 分钟 120 美元（有可选项目，如追加芳香疗法等），酒店上门服务加 5 美元 www.alohahands.net

The Massage Way
按摩之道 ▶ Map 怀基基～阿拉莫阿纳 -B5

2000 年开业以来，虽不显山不露水，但极受当地人和游客们的喜爱。有 3 间美疗室。据说一些知名人士经常光顾。

设有瑞典式按摩、指压按摩、深层按摩、运动按摩、洛美洛美按摩或者上述手法的组合疗法等服务项目

🏠 威拉那大厦 F1　☎ 949-0238　🕐 10:00～22:00
休 感恩节、12/25、1/1、4/24
💰 各式按摩 60 分钟 55 美元起，酒店上门服务 60 分钟 110 美元等 www.massageway.com

The Kahala Spa
凯海兰水疗馆

Map 怀基基～阿拉莫阿纳 -B5

该店是位于凯海兰酒店及水疗馆内的高档水疗中心，远离怀基基市区的喧嚣。共有 10 间美疗室，均绿树环绕，仿佛是建于植被丰富的森林中的山间小屋般。美疗室内淋浴、浴槽、化妆间、更衣室等完备，充分保证顾客的隐私。推荐你体验凯海兰招牌面部按摩，90 分钟的按摩时间中，花费 30 分钟时间，彻底解除眼部疲劳。

🏠 凯海兰酒店及水疗馆内
☎ 739-8938 🕐 8:00～21:00 🈺 无
💰 卡奈阿丽（Kane Ali'i）身体护理 90 分钟 280 美元，凯海兰招牌面部按摩 90 分钟 295 美元等
🌐 www.kahalaresort.com/spa/

Spa 使用指南

除了此处介绍的水疗馆，夏威夷还有很多充满魅力的水疗中心。虽说每家水疗馆流程并非相同，但事先了解水疗的大体过程，能帮助你减少不必要的担心与紧张，增加美疗效果。另外，熟悉按摩及美容护理的相关术语，选择套餐时也可以做到轻车熟路了。

Spa 的利用流程

■预约：大部分实行完全预约制。通过电话、传真、网页、电子邮件等预约较好。

■登记：因为还要更换衣服，应该在预约时间 15 分钟前到达店内。有的店铺，迟到之后，会相应地缩短美疗的时间。

■等候：在更衣室更换完衣物后，就可以到等候室等待美疗了。在这里可以喝些饮料放松一下。在此，也要将手机的电源关闭。之后，就会被引领到各自的美疗室了。

■关于小费：美疗结束后可以在休息室充分放松后返回。不过，很多人忘了给小费。可以把相当于美疗费用 15% 的小费直接交给美容师，也可以在结账时一并计入。

■关于取消预约：尽可能遵守预约。如果迫不得已必须取消，一定要联系店家。有时不联系的话，需要全额支付美疗费。

需要掌握的术语（按摩篇）

■洛美洛美按摩：夏威夷传统的按摩方法。通过这种方法，将自然界的能量输送至人体虚弱的部位。用肘部来轻轻击打，可以加速血液循环。

■热石按摩：将温度各异的玄武岩或熔岩放在人体穴位上，或加热或冷却，从而进行按摩。石头压在身上，它的重量感却给人带来一种意想不到的平静。据说玄武岩也有一种调节体内能量的作用。

■瑞典式按摩：通过有节奏的轻击和揉压来在人体上画圆圈的一种按摩方式。

■指压按摩：用手指和手掌按摩，通过挤压穴位来将人体调整到正常状态。在夏威夷也非常盛行。

■淋巴按摩：沿着淋巴和血液流通的方向进行按摩，将血液循环一周至心脏后再加速血液流动，促进新陈代谢。

■反射疗法：刺激足心的一种按摩方式。有台湾式的刺激脚掌穴位和英旧式的涂擦精油后按摩足部反射区两种方式。

需要掌握的术语（美容护理篇）

■身体洁净护理：用草药、椰子果、天然海盐等将皮肤上的陈旧角质物去除，保持皮肤滑美。

■全身熏蒸美疗：用古代祈祷使用的树叶，或者浸泡了海藻溶液的棉布将全身裹住，促进新陈代谢的一种美疗方法。

■去角质：去除皮肤老化的角质物的美容方法。使用水晶或者其他化学物质。

■微晶磨皮：喷射微晶颗粒于皮肤表面，通过打磨去除毛孔的污垢和绒毛，刺激角质细胞和胶原蛋白再生，减少痤疮疤痕及细小皱纹。

Nail Salon Koko
可可美甲沙龙 ▶ Map 怀基基~阿拉莫阿纳-A7

　　源自悉尼的一家美甲沙龙。同时，也可以提供欧美人士难以企及的细腻的美甲艺术、指甲修理、指甲护理等各种服务，令人心安。店内装饰极具亚洲风格，能让人在轻松的氛围中满足你的要求，同时宽大的沙发也可以尽情放松。

要想得到满意的美甲，必须得相互交流

🏠 441 Walina St.（食品柜超市靠近山一侧，前行约150米右侧）☎ 923-4044 🕐 9:30~19:30 休 无 热石修甲35分钟35美元，有机指甲护理约40分40美元等
🌐 www. nailsalonkoko.com

Beauty Salon Classy
时尚美容沙龙
▶ Map 怀基基 ~ 阿拉莫阿纳 -B4

　　位于伊丽凯酒店内。游客对这家店评价很高。这里的美容服务非常丰富，有美甲、头发护理、脸部按摩、眉毛整形等。费用合理也是吸引人的一个地方。

指甲彩绘约1小时30分钟50美元起，美甲每个5美元起

🏠 伊丽凯酒店 1F ☎ 791-1212
🕐 9:00~19:00 休 无
💰 美甲 & 彩绘 20 美元，指甲修理 35 美元，眉毛整形 43 美元，剪发 38 美元起等
🌐 beautysalonclassy.com

Naillabo
美甲坊 ▶ Map 怀基基 ~ 阿拉莫阿纳 -B6

　　木槿花艺术美甲已经成为夏威夷风格美甲的代表，就是由此家店开发出来的。作为怀基基最早的一家美甲店，该店铺 1995 年开始营业，自此，他们的水平和设计都颇受好评。夏威夷的女性，不论年龄大小，均喜欢美甲。所以，你来到夏威夷之后，也模仿一下当地人，来美甲坊体验一次吧。

凯悦怀基基度假酒店 1F 有分店

🏠 喜来登怀基基大酒店 1F，靠近游泳池 ☎ 926-6363
🕐 9:00~23:00 休 无 美甲印染 1 个 10 美元起，自然美甲标准套装 30 美元等 🌐 naillabo.net

Nadine Hawaii
内丁·夏威夷 ▶ Map 怀基基 ~ 阿拉莫阿纳 -A6

　　这家店是由广受众多模特、艺人信赖的一流美甲师创立的一家美甲沙龙。一方面，该店位于怀基基的中心地带，位置极佳，同时，双人沙发可以让亲朋好友、情侣一起享受美甲的乐趣，这样的安排也令人高兴。也有母女一起美甲的特色项目可供选择。

这里也提供男性美甲艺术，建议情侣们试试

🏠 334 Seaside St., #304 🕐 10:00~19:00 休 周日、主要节假日 💰 水疗护甲 45 分钟 30 美元，新婚美甲约 1 小时 60 美元，母女美甲 49 美元（两人费用）等
🌐 www.nadine-hawaii.com

Restaurants & Bars

餐馆 & 酒吧 ▶ 应用指南

Orientation

"TO GO" 是什么?

夏威夷虽然是岛屿,但菜品的分量并不少。有时候恐怕是实在吃不了,不需要客气,要求打包就可以了。

不过,在夏威夷,比起"Take out"来,说"To go"更普遍。打包用的容器叫作"Doggy Bag",需要打包时,说声"To go, please"或者"Doggy bag, please"就可以了。Doggy Bag 有各种形状,甚至有用来盛放汤汁的。有的店服务员会为客人打包,有的就需要自己动手了。需要说明的是,自助餐类型的餐馆自然是不允许打包的了。

泰国料理也可以"To Go"。当然,泰式冬荫功酸辣汤也不例外

关于 ID

迪斯科舞厅或酒吧等处,有严格的入场年龄限制。在夏威夷,不满 21 岁严禁饮酒。如果店家向未成年人提供酒精饮料,会受到严格的处罚。因此,带有本人免冠照片和出生年月的 ID(Identification= 身份证明)是很重要的。护照、国际驾照、国际学生证、青年旅舍会员证、潜水 C 证等都是有效证件。

夏威夷的餐馆全面禁烟

根据夏威夷的法律,所有餐厅、酒吧、夜总会实行全面禁烟。爱吸烟的人士需要注意。

水需要向服务员点

在夏威夷的一些餐馆,不向服务员要求时,他们不会给你端水过来。这是夏威夷州政府为节约用水而做出的规定,还请理解。如果你需要,可以向服务员说声"Ice water, please",水免费。当然,并不是所有的店家都遵守这个规定,有的地方你刚坐下,就有人端水来了。

餐馆注意事项

1 在餐厅、咖啡店、宾馆餐

应该品尝一次夏威夷料理

价格适中的汉堡也可以自由选择

关于服装的符号:p.204 开始的服装符号是以下意思:📖 =较正式打扮。男性阿罗哈衫及长裤子 / 💺 =休闲装也 OK。需要注意的是,有的店家规定不可以穿大圆领背心、沙滩鞋等。

海屋餐厅（一→p.219）

厅等的入口处，工作人员往往会询问客人的人数然后将客人引导到适当的席位。不要看到有空位就自作主张地过去坐下。当然，在吧台处，只要有空就可以自由落座。

2 每个服务员有自己固定的服务范围，不会为范围外的其他桌位的客人服务。要记住最初过来点餐时的服务员的面孔。催促饭菜或追加订单时，要找这个固定的服务员。

3 晚餐还是预约为好。如果不是非常有名的餐馆，一般在当天预约就可以。如果有两位客人在19:00就餐，你可以打电话说："I want to make a reservation this evening at 7 o'clock（时间）for 2 persons（人数）. My name is ○○ ."

4 小费是总费用的15%左右，一般将它放在桌子的一角就可以了。如果结账时有服务费这一项，就不需要单独给小费了。要好好看看账单。最近，考虑到亚洲游客等没有给小费的习惯，有很多店

会预先在账单上加上服务费这一项。

在夏威夷该如何穿着

不同的酒店，衣着要求也不尽相同。女性穿着夏天的裙子，或者穿件夏威夷风格的"穆穆袍"就什么场合都适合了。鞋子还是带跟的好一些。如果进一步在头上别上一朵花，就更有休闲气氛了。

男性自然还是阿罗哈衫最好了。长袖比短袖、质地有光泽（涤纶、人造丝等）的比纯棉的更显正式。裤子，只要不是特别脏，或者不是有很多洞就行。

穿牛仔裤也可以。当然，还是纯棉长裤与阿罗哈衫更搭配一些。还有一个好的秘诀，如果戴上一个夏威夷的花环，一下子就让人感觉正式了。

另外，除非是开放式的餐馆，否则，其中99%的店你会感觉空调温度低。因此，不管男女，还是随身携带一件夏季夹克好，同时可以御寒。

有些店会禁止穿着休闲服

饰的客人进入，比如短裤、T恤衫、沙滩鞋这类白天游玩的服装。虽然气氛休闲，但有的店禁止男性穿大圆领背心进入。

另外，有时候在靠近海滩的餐馆，经常会看到亚洲游客穿着游泳衣就堂而皇之地往里走。或许是把这当成了国内海滩上的大排档了，但这是违反这里的规矩的。至少上身也要披件衣服。

如果举棋不定的话，就干脆穿上夏威夷风格的服装去就餐（照片摄于卡哈拉）

Restaurants & Bars Orientation

Hawaiian Foods

夏威夷食品

Traditional Hawaiian Foods
夏威夷的传统食品

主要的
夏威夷
传统食品

夏威夷人的"灵魂料理"

　　海外旅行来到一个陌生的地方，自然想品尝一下"当地味道"的菜品了。夏威夷传统的菜品，多是凸显食品材料本来的风味为主的做法，味道清淡，很适合亚洲人的口味。如果有机会，一定请品尝一次。能品尝到正宗夏威夷料理的餐馆请参看后文的介绍。参加鲁奥烤猪晚宴（下页）的话，除了夏威夷料理，也可以欣赏到夏威夷岛舞。

芋头泥（Poi）

这个菜品真正是夏威夷人的"灵魂料理"。将芋头捣成泥后制作而成。因为卡路里含量高，也经常用来喂食离乳期的婴儿。正确的吃法是用手指蘸起来吃。那种难以名状的味道，不知道是否合你的口味？

椰奶沙司（Haupia）

这是夏威夷代表性的甜点。用玉米淀粉将椰奶凝固而成的椰奶布丁。滑口的感觉是种享受。

卡卢阿烤猪（Kalua Pig）

夏威夷最好的菜品。在结婚仪式、大的庆祝宴会上会制作。猪肉抹上粗盐，用朱蕉叶裹扎起来，放进在土里挖出的烤炉，上下两面用烧热的石头熏蒸。需要花费数小时慢慢熏制，所以肉质柔软清香。能品尝到猪肉本来的香味。

洛美三文鱼沙拉（Lomi Salmon）

"洛美"在夏威夷语中指按摩。将咸三文鱼用冷水冲洗后，和西红柿等一起凉拌而成。清淡爽口。正如它的名字所示，真正的做法是用手揉搓着拌。

芋叶蒸猪肉（Laulau）

用芋头叶包裹住猪肉后蒸制而成。一直蒸到肉变柔软为止，所以很费事。也有用同样的做法蒸鱼的。

夏威夷熏牛肉干（Pipikaula）

在夏威夷语中，"Pipi"指牛，"kaula"指晾干。这种菜品正是源于这两个词语的一种夏威夷风格牛肉干。适合作为啤酒的下酒料。

生鱼沙拉（Poke）

夏威夷风格的生鱼片。将章鱼或金枪鱼切成小块后，和夏威夷盐（天然盐）以及海藻拌在一起。这也需要用洛美按摩制作。最适合喝啤酒时食用。超市也卖酱油味或韩国泡菜味的。

Hawaii Regional Cuisine
夏威夷地方美食

夏威夷地方美食的发起者——皮特·梅里曼。夏威夷岛怀梅阿有他的餐厅

用轻烘焙方法制作的金枪鱼，是夏威夷地方美食的代表。外焦里嫩，煞是好吃。厨师会根据自己的喜好使用不同的酱和配料

夏威夷地方饮食文化

引领现代夏威夷餐饮业的是被叫作夏威夷地方美食的菜系。这个菜系组织是1991年由12位年轻厨师发起成立的，其目的在于"不拘泥形式、传统，确立夏威夷独特的饮食文化"。

当时的参与创立者，如今都是知名的烹饪界领袖人物，如山口罗伊（Roy Yamaguchi）、王艾伦（Alan Wong）、崔萨姆（Sam Choi）、乔治·马弗罗（George Mavrothalassitis）等。在此之后，他们开设的餐馆（→p.204~p.205）一直独享当地的美食大奖，同时也令美国本土的美食家们啧啧称赞。

大厨们出生于不同的地方，其文化背景也有差异，自然，他们创作的美食也各具特色。但他们有一点是相同的，即"绝对使用夏威夷本地原材料"。他们的菜品，以欧洲烹调方法为基础，融合了亚太地区的民族风格，因此也常被称作"环太平洋美食"。

将夏威夷传统烹饪——芋叶蒸猪肉的方法进行时尚改进，制作了芋叶蒸海鲜

鲁奥烤猪晚宴是夏威夷的盛大宴会

在鲁奥（Luau）烤猪晚宴上，你可以体会到古代夏威夷风情。鲁奥烤猪晚宴是夏威夷独特的美食宴会，自古就有。每当在婚礼、祝寿的场合，亲朋好友就欢聚一堂，举行鲁奥烤猪晚宴。

目前，作为品尝夏威夷民族美食的活动，它已经成为大受游客欢迎的旅游项目。瓦胡岛有众多的鲁奥烤猪晚宴团体游，其中非常受欢迎的有以下两家。都可以在品尝了有代表性的夏威夷传统美食后，观赏大溪地草裙舞、火焰舞，愉快地度过充满异域风情的波利尼西亚之夜。

将卡卢阿烤猪从地面挖出来的环节——伊姆仪式，是鲁奥烤猪晚宴的最精彩之处

杰曼鲁奥烤猪晚宴（Germaine's Luau）
☎ 949-6626
1976年开始营业的老牌鲁奥烤猪晚宴旅游点。宴会场位于瓦胡岛西部的埃瓦海滩。含接送、3杯饮料共72美元，14~20岁62美元，6~13岁52美元，5岁以下免费

在天堂湾民俗村鲁奥烤猪晚宴上你可以尽情享受夏威夷独特的室外晚宴秀

天堂湾民俗村鲁奥烤猪（Paradise Cove Luau）
☎ 842-5911
宴会场也位于瓦胡岛的西部，在科奥利纳度假村内。含接送、含税共80美元，13~18岁70美元，4~12岁60美元

Hawaiian Foods · Traditional Hawaiian Foods & Hawaii Regional Cuisine

Local Flavor
品尝大众美食

　　对夏威夷饮食文化影响巨大的是移民们从世界各地带来的其本国饮食文化。各种民族美食汇聚夏威夷，在此融合，升华为一种独特的美味。而且价格便宜、轻便的小食品也种类繁多，是绝对的大众美食！夹杂在当地人中间，品尝一下他们的美味佳肴吧。

午餐拼盘（Plate Lunch）

这是一种套餐，在纸质的盘子上盛放各种肉、鱼、蔬菜等。一般会有堆成圆形的米饭（一个圆团米饭叫 1 Scoop）和通心粉沙拉。一个盘子上就盛放着各国美味，这恐怕只有在夏威夷这个"人种七巧板"才可以看得到。
※ 推荐的午餐拼盘店→p.206~p.207

一个盘子上就盛放着各国美味！这才是夏威夷午餐拼盘的美妙之处（美味韩国烤肉→p.206）

夏威夷细面（Saimin）

汤味清淡、面有些卷曲的夏威夷细面也体现了日本移民众多的夏威夷的特色。类似过去的中华面或者拉面，虽说不是"味道好极了"，但味道令人怀念。当你的胃也开始产生审美疲劳时，吃上一碗细面，会荡气回肠。在各种餐馆，包括肯德基快餐店，都可以吃到。例如在吉皮兹（→p.209），小碗 2.50 美元，便宜实惠。

和进化了的日本拉面可不一样，味道朴实，令人感觉踏实

汉堡盖饭（Loco Moco）

这种快餐简直是夏威夷造就的杰作。它产生于夏威夷岛希洛地区。在米饭上面放上一块汉堡肉饼和半熟的荷包蛋，最后淋上咖啡色的特制浓稠肉汁酱。夏威夷吃法是，将它们搅拌在一起食用。除了地道的夏威夷美食餐馆（→p.200），很多餐馆的菜单上也都有这款菜品。

吃起来就不要在乎什么卡路里了！照片中的米饭汉堡拍摄自被称作发祥地的夏威夷岛希洛地区的"咖啡 100"

午餐肉饭团
（Spam Musubi）

午餐肉是味道很咸的加工牛肉。在美国它是非常普通的食物。一般吃法是早餐时代替培根或火腿吃。然而在夏威夷，人们把它切成片，用照烧酱炒过后用紫菜把它和米饭块卷在一起就像寿司那样吃。简直就是美日折中的夏威夷料理啊。ABC 商店（→p.314）等便利店和超市有售。1 个 2 美元左右。

有些地方稍加变化，在午餐肉的下面加块鸡蛋饼

夏威夷的甜蜜诱惑

Sweet Sweet

引人入胜的本地甜点

夏威夷有各种各样的糕点、甜点，让你吃上一次就上瘾。而且这里的甜点大多是你在别的地方没有听说、不曾目睹的混合文化的产物。

年糕冰激凌
年糕和冰激凌结合，成为当地的人气甜点。夏威夷大学生极其喜爱的"芭比兹（Bubbies）"店里，就有绿茶、杜松、草莓、豆沙等13种口味，1个2.95美元，6个5.60美元。
Bubbies　Map 火奴鲁鲁-B6
☎ 949-8984　🏠 1010 University Ave.
🕐 12:00~24:00（周五、周六~次日凌晨1:00，周日~23:30）
休 感恩节、12/25

夏威夷甜甜圈
老字号蛋糕店——Leonard's 面点。
这是源自葡萄牙的一种面点，是一种味道淳朴的油炸面包，仅在表面撒上糖而已。砂糖的颗粒感、酥脆的皮、松软的瓤，味觉三重奏，可谓美妙和谐。1个70美分。也有桂皮味的。
Leonard's Backery　Map p.94-A
☎ 737-5591　🏠 933 Kapahulu Ave.
🕐 5:30~20:00（周五、周六~22:00）
休 12/25、1/1

彩虹刨冰
在繁重的农活间歇用来滋润喉咙的刨冰，如今已成为夏威夷甜点的代表。最有名的是哈莱瓦的松本店（→p.103），在怀基基附近，则推荐维奥拉刨冰店。这里的刨冰是用细腻如雪的冰末制作的，公认比任何一家店都好吃。小的2.25美元起。卡帕胡卢大道（Map→p.94-A）有分店。
Waiola Shave ice　Map 火奴鲁鲁-B6
☎ 949-2269　🏠 2135 Waiola St.　🕐 7:30~18:00
休 无

恩塞麻达 & 泡芙
夏威夷代表性的超甜甜点心。在蓬松的奶油面皮中塞满巧克力、卡士达酱的可可泡芙1.20美元（照片右侧），在香甜蓬松的面包里塞满甜奶油酱制作的恩塞麻达1.55美元（照片中间），都是当地人喜爱的甜点。请一定到老字号咖啡店——丽丽哈面包房品尝一下。
Liliha Bakery　Map 火奴鲁鲁-B4
☎ 531-1651　🏠 515 N. Kuakini St.
🕐 24小时（周日~20:00，周二6:00~）
休 周一

夏威夷叉烧包
传统的夏威夷肉包。唐人街的皇家厨房店的"叉烧煎包"最有名。有叉烧、咖喱牛肉、椰果等8种口味，每一种都馅料充足。手工制作的皮口感松软。1个1.10美元。
Royal Kitchen　Map p.96-A1
☎ 514-4461　🏠 唐人街文化广场 1F
🕐 5:30~16:30（周六6:30~，周日6:30~15:00）　休 主要节假日

※ 照片仅供参考

199

可以说，能够品尝到当地特有的美食，是海外旅行的妙趣所在。来到夏威夷，也请体验当地人极其喜欢的原汁原味的美食。很多菜品味道淳朴，能充分品味到原材料的特色味道，这完全符合亚洲人的饮食嗜好。以下推荐店铺虽然都距离怀基基稍远，但都是绝对值得一去的名店。

探访本地传统美味

夏威夷美食推荐餐馆

Hawaiian Restaurants

海威苑
Highway Inn

1947 年开业的老字号夏威夷美食餐馆

长达 60 年的历史，别有一番风味

瓦胡岛西部、怀帕胡　Map p.38–B2

☎ 677-4345

住 94-226 Leoku St.（邻接怀帕胡镇购物中心）

时 9:00~22:00（周日 11:00~14:00）

休 复活节、感恩节、12/25、1/1

C/C M V

P 店铺门前有免费停车场

URL www.myhighwayinn.com

怀帕胡的知名店铺

◆ 这是一家历史悠久的夏威夷美食与本地美食餐馆，是怀帕胡的地标性店家。由于颇受顾客好评，自 2007 年起，连续三年被授予"人民选择奖"。食品用塑料托盘盛放，就像学校的份餐，但味道却一点都不含糊。

　　紧邻的商店也是由该家族经营的，也可以在这家商店购买芋叶蒸猪肉、30 多种生鱼沙拉、生鱼片、生鱼沙拉盖浇饭等丰富多彩的饭菜在餐馆吃。

相邻商店内的人气商品——生鱼沙拉盖浇饭

左／由芋叶蒸猪肉、洛美三文鱼沙拉、夏威夷熏牛肉干、椰奶沙司加上米饭或芋头泥构成的芋叶蒸猪肉组合套餐 9.65 美元　右／据说每天要做 130 个芋叶蒸猪肉。将猪肉和黄油鲜鱼用芋头叶卷起来，再用来蕉叶卷起来后上锅蒸 2 小时，就完成了

生鱼沙拉站
Poke Stop

大厨专注生鱼沙拉和海鲜美食的餐馆

瓦胡岛西部、怀帕胡　Map　p.38-B2

☎676-8100
🏠 怀帕胡镇购物中心内
🕐 8:00~19:00（周日 9:00~16:00）
休 无　C/C M V
P 购物中心内的免费停车场

照片中间者为艾尔玛大厨，右边为其夫人萨曼莎

点完菜品后，可以到店外的餐桌食用

◆ 这家店的大厨艾尔玛曾师从王艾伦、崔萨姆以及夏威夷最负盛名的大厨之一——艾梅里尔门下，菜品中仅生鱼沙拉就有 20 多种。另外，生鱼片、海鲜拼盘也很有名。虽然价格适中，但这里的菜品质量比之高档餐馆也丝毫不差，经常被夏威夷的报纸、杂志介绍。

2008 年，他们在米利拉尼也开设了一家拼盘午餐的店铺，提供熟食。据说在不久的将来计划要开设一家真正的餐馆。

左／图下方的金枪鱼生鱼沙拉 10.95 美元，图上的三文鱼生鱼沙拉 11.95 美元，图右侧的蝴蝶 10.95 美元（均为约 1 镑的价格）上／图下方为艾尔玛大厨推荐的炸马鲛鱼拼盘 11.95 美元。马鲛鱼过去只有皇亲贵族才可食用，将它炸了之后，上面撒上由 12 种香辛料调成的艾尔玛大厨香料。味道嘛，艾尔玛大厨绝对保证!

小野海鲜
Ono Seafood

接到订单后才开始调味的生鱼沙拉专业餐馆

火奴鲁鲁、卡帕胡卢大道　Map p.94-B

☎732-4806
🏠 747 Kapahulu Ave.
🕐 9:00~18:00（周日 10:00~15:00）
休 感恩节、12/25
C/C M V
P 店面前有两个停车位

◆ 这家店自 1996 年开业以来，一直专注于生鱼沙拉的制作，从未改变。

夏威夷有很多销售生鱼沙拉的店铺，但很少有店家在接到订单后才开始将新鲜的鱼块放入盐、圆葱、葱、海藻、香辛料等进行制作。同时，也可以根据客人需要调整放入的辅料及调味品，可以品尝到自己定制的生鱼沙拉。在大约 10 种生鱼沙拉中，最受欢迎的是金枪鱼生鱼沙拉和章鱼生鱼沙拉。据说午餐时分，在米饭上盛上生鱼沙拉制作成的生鱼沙拉盖浇饭极为畅销。加上免费的水或苏打，价格 6 美元，非常合适。

左上／图中央为最受欢迎的酱油味金枪鱼生鱼沙拉 1 磅 14 美元。另有章鱼生鱼沙拉 1 磅 13 美元等 右下／接到订单后，立刻将各种材料放入盆中调制生鱼沙拉　上／店面毫不张扬，切莫错过

海丽斯夏威夷美食
Haili's Hawaiian Foods

家族经营的知名老字号搬迁开业

☎ 735-8019
住 760 Palani Ave.
时 9:00~19:00（周五、周六 ~20:00，
周日 10:00~15:00）
休 12/25、1/1　C/C 不可
P 有免费停车场
🖥 www.mybackyardluau.com

◆这是一家老字号的夏威夷美食餐馆，从20世纪50年代至今的60年间，一直在沃德农贸市场营业，最近搬迁到卡帕胡卢大道重新开张。和以前一样，现依然销售外卖和熟食，新的店面中增加了就餐区域，客人们可以在店内悠闲就餐。柜台后面整面墙上全是附有照片的菜单，点起菜来更容易。

最受欢迎的是组合套餐"巨浪"，里面包括涵盖夏威夷美食精华的卡卢阿烤猪、芋叶蒸猪肉、洛美三文鱼沙拉、鸡肉粉丝汤、生鱼沙拉等，价格是12美元。

由下至上顺时针，依次为蟹爪1磅7.95美元、夏威夷海螺与海菜9.95美元、杜里椰奶沙司1.75美元，海菜猪肉1磅7.50美元

除了本店铺，午餐车中心前的乐停车场也在沃德误

复古气围浓郁的店内可静心清享美食

海伦娜夏威夷美食
Helena's Hawaiian Foods

传承传统夏威夷美食的名餐馆

☎ 845-804
住 1240 N. School St.
时 17:30~22:00
休 周六~周一、主要节假日
C/C 不可
P 店面前有几个免费停车位
🖥 www.helenashawailarfood.com

这家老字号的夏威夷美食店于2000年获得了"詹姆斯比尔德美食大奖"。这个奖项被誉为美国餐饮界的最高奖，在夏威夷也仅有山口罗伊、王艾伦等顶级餐馆才曾获过此奖。

1946年开业以来，一直备受本地人们的喜爱。曾经的店主兼主厨海伦娜的家人继承了她的传统，使服务和口味历久弥新。卡卢阿烤猪、芋叶蒸猪肉、夏威夷熏牛肉干、洛美三文鱼沙拉等均为手工制作，吃过一次就令人难以忘怀。需要注意，此家店铺休息日比较多。

左上／极受欢迎的D菜单，内含卡卢阿烤猪、洛美三文鱼沙拉、夏威夷熏重排骨、墨鱼鲁奥汤，还有芋头泥，17美元。将芋头泥换成米饭则为16.05美元。分量正好够两个人分开食用　左下／海伦娜的女儿伊莱恩及孙子克雷格，他们很好地继承了海伦娜极为重视的家庭风格和手工制作的传统
右上／从主教博物馆步行5分钟即可到达
右下／开放式的厨房飘来阵阵美食浓郁的香气，令人感受到家庭的温馨

杨氏鱼市场
Young's Fish Market
有叉烧肉等中餐的夏威夷餐馆

◆ 1951 年从一家鱼市场开始经营。店主是华裔杨先生。因此，除了卡卢阿烤猪、芋叶蒸猪肉，也有叉烧肉、烤猪肉、炒面条等菜品。芋叶蒸猪肉每天都供应，周四是鸡肉、周五是鱼、周六是芋叶蒸牛肉，敬请品尝。

菜品盛放都采用快餐盘的形式，一个拼盘就可以有芋叶蒸猪肉、洛美三文鱼沙拉、卡卢阿烤猪等成套的菜品，点起来比较方便。也有种类稍少的迷你拼盘。

火奴鲁鲁、依维莱地区　Map 火奴鲁鲁 -B3
☎ 841-4885
住 城市广场购物广场内
时 8:00~17:30（周六 ~16:00）
休 周日、主要节假日　C/C M V
P 使用购物中心的免费停车场

上／位于商业区西侧的一家老字号
下／店主的儿子丹尼尔和已经在此工作 25 年以上的员工们

下方为豪华的组合拼盘套餐，涵盖了所有的夏威夷代表性美食，14.45 美元。上方右侧为酱油味的金枪鱼生鱼沙拉 1 磅 9 美元、左侧为纯牛肉，附带米饭、通心粉沙拉 8.25 美元

欧瑞夏威夷美食
Ono Hawaiian Food
令人能充分感受到夏威夷的餐馆

◆ 夏威夷语中，"好吃极了"的说法是"欧瑞"。这家店一直以来，都以其美味的夏威夷菜品而闻名。冷冰冰的餐桌和塑料薄膜覆盖的座位，共有 7~8 套。虽谈不上华丽，但每当午餐时刻，门前就会排起长队。

除了一次就可以品尝到芋头泥、卡卢阿烤猪、芋叶蒸猪肉的组合拼盘套餐，还有夏威夷风味炖牛肉等，样样菜品都足以体会真正的夏威夷。

火奴鲁鲁、卡帕胡卢大道　Map p.94-B
☎ 737-2275
住 726 Kapahulu Ave.
时 11:00~20:00
休 周日、感恩节、12/25、1/1
C/C 不可
P 利用附近的投币停车场

组合拼盘套餐 18.85 美元。从 1960 年开业以来，已拥有半世纪的历史

威罗斯
The Willows
初次体验夏威夷美食的人也可选择的自助式餐馆

◆ 这家店虽然位于住宅区内，但空间宽敞、绿树成荫，是家花园式餐馆。

自助式餐馆，菜品多样，有上等肋条、寿司及本地美食等。费用为自助午餐 19.95 美元（4~10 岁 9.95 美元），自助晚餐 & 周日早自助餐 34.95 美元（4~10 岁 17.50 美元），周六自助午餐 24.95 美元（4~10 岁 12.50 美元）。所有套餐 65 岁以上打 9 折。

火奴鲁鲁、茂伊里里地区　Map 火奴鲁鲁 -B6
☎ 952-9200
住 901 Hausten St.
时 11:00~14:00（周六、周日 10:00~14:30），17:30（周六、周日 17:00）~21:00
休 无
C/C A D J M V
P 有免费停车场
🖥 www.willowshawali.com

可以品尝到美国菜和夏威夷美食

夏威夷地方美食以欧洲烹调方法为基础，融合了亚洲和太平洋地区的民族风格，在夏威夷掀起了一道新浪潮。这是被称作"人种七巧板"的夏威夷颇具特色的美食新领域。请在这块神奇的土地上领略各具大厨特色的美餐吧。

夏威夷地方美食 *Hawaii Regional Cuisine*

罗伊斯怀基基店
Roy's Waikiki
极具创意的地方美食

◆罗伊斯几乎可以说是夏威夷地方美食的代名词，它的第 34 号店就是令人期待的怀基基店。融合东西方精华的无国界美食，舍罗伊斯其谁？预算每位 20~50 美元。

时尚的店内布置。休息区也极具人气

怀基基中心区域　　　　Map p.257

☎ 923-7697　🚇 怀基基海岸步行街之下

🕐 11:00~14:00、14:00~17:00（浦蒲菜单）17:00~22:00

休 无　Ⓒ Ⓐ Ⓓ Ⓙ Ⓜ Ⓥ

🅿 利用恩巴西甜点的停车场。需验证

🌐 www.roysrestaurants.com

蝴蝶坊
Mariposa
像蝴蝶一样美丽的餐馆

◆位于尼曼·马库斯百货内。坐在宽敞平台上的桌位，阿拉莫阿纳海滨公园美景尽收眼底。属于新感觉派的菜品全部选用本地出产的新鲜海鲜、蔬菜，充分凸显原材料的本来味道。预算午餐每位 25 美元左右。

你知道吗？马里波沙在西班牙语中是"蝴蝶"的意思

阿拉莫阿纳地区　　　Map AMC-4F

☎ 951-3420

住 尼曼·马库斯百货 3F

🕐 11:00~21:00

休 感恩节、12/25、复活节

Ⓒ Ⓐ Ⓓ Ⓙ Ⓜ Ⓥ

🅿 使用百货店的免费停车场

🌐 www.neimanmarcus.com

凤梨屋
The Pineapple Room
以低廉的价格品味 HRC 的美味

◆这是目前夏威夷最炙手可热的大厨王艾伦打理的餐馆。特别是用基阿维树木炭烤制的比萨，人气鼎沸。也请在此品尝早餐。预算午餐每位 20 美元左右。

不仅享口福，也可以享眼福

阿拉莫阿纳地区　　　Map AMC-4F

☎ 945-6573

住 阿拉莫阿纳购物中心、梅西百货 3F

🕐 周　六 8:00~10:30、11:30~20:30，周日 9:00~10:30、11:00~15:00

休 感恩节、12/25、复活节

Ⓒ Ⓐ Ⓓ Ⓙ Ⓜ Ⓥ

🅿 使用中心的免费停车场

🌐 www.alanwongs.com

王艾伦
Alan Wong's
最具人气的名店

◆ 1995 年开业以来，一直获得当地美食家们的莫大支持。推荐菜品是海鲜。蒸海鲜 38 美元。法式海产什锦烩风格，浓缩了海鲜的精美味道。

尽早预约为好（也可从网站主页预约）

火奴鲁鲁、国王大道　　Map 火奴鲁鲁 -B6

☎ 949-2526

住 1857 S.Kng St.

🕐 17:00~22:00（最后下单 21:30）

休 感恩节、12/25、1/1

Ⓒ Ⓐ Ⓓ Ⓙ Ⓜ Ⓥ

🅿 有代客泊车服务

🌐 www.alanwongs.com

好客士
Hoku's
经常获得美食奖的名店

◆这家店作为"当代岛屿美食"先驱者而闻名。大量使用新鲜的夏威夷本地原材料制作的特色美食，令当地美食家大快朵颐。冷盘 14 美元起，主菜 32 美元起。

位置绝佳，任何一个座席都可一览大海美景

火奴鲁鲁、卡哈拉地区　　Map 火奴鲁鲁 –A8
- ☎ 739-8780
- 住 卡哈拉度假宾馆内
- 时 17:30~22:00
  （周日早午餐 10:30~14:00）
- 休 无　C/C A D J M V
- P 利用酒店的代客泊车服务
- 🖥 www.kahalaresort.com

舞台
Stage
拥有内饰华丽的餐厅

◆该餐厅位于火奴鲁鲁最新的超大型购物中心的 2F。室内装饰黑色基调，彰显现代风格。就餐的同时，也可欣赏华丽的内饰。造型美丽的冷盘 5 美元起，主菜 17 美元起。

店内装饰时尚现代

火奴鲁鲁、卡皮欧拉拉大道　Map 怀基基 – 阿拉莫阿纳 –A2
- ☎ 237-5429
- 住 1250 Kapiolani Blvd.，2F
- 时 11:30~13:30、18:00~20:30
- 休 感恩节、12/25、1/1
- C/C A D J M V
- P 备有免费停车场
- 🖥 www.stagerestauranthawaii.com

大厨马弗罗
Chef Mavro
夏威夷与普罗旺斯美食的完美融合

◆大厨马弗罗经营的餐厅。他是夏威夷地方美食大厨的领袖人物。菜品富有普罗旺斯美食特色，大量使用橄榄油和香草。推荐 4 号套餐晚宴 78 美元。

该餐厅经常获得当地美食大奖

火奴鲁鲁、国王大道　　Map 火奴鲁鲁 –B6
- ☎ 944-4714
- 住 1969 S.King St.
- 时 18:00~21:30
- 休 周日、周一、感恩节、7/4
- C/C A D J M V
- P 代付客泊车服务
- 🖥 www.chefmavro.com

现代探戈咖啡
Tango Contemporary Cafe
新鲜触摸北欧风格的美食

◆来自芬兰的大厨主理的餐厅。不用口味重的酱料，采用本地新鲜食材烹饪，关注健康，口感清新。北欧风格的内饰，简约沉稳。

明亮的室内

卡卡阿蔻地区　　Map 怀基基 – 阿拉莫本阿纳 B2
- ☎ 593-7288
- 住 1288 Ala Moana Blvd.（霍克阿 1F）
- 时 7:00~10:00（周六、周日
  8:00~10:30）
- 休 无（有些节假日休息半天）
- C/C A J M V
- P 使用霍克阿停车场，需验证（免费）
- 🖥 www.tangocafehawaii.com

小镇餐厅
Town
目前最有实力的餐厅

◆人气极旺的餐厅，每到就餐时刻，宾客排队等候就餐。每一样菜品都能充分凸显原材料的特色，味道鲜美。对原材料一丝不苟，严格选用本地有机栽培的蔬菜、健康家畜的鲜肉。

公认最好的晚宴菜单。图下方为半只烤鸡 24 美元，图上方为泰塞诺风味蒸贻贝

火奴鲁鲁、维艾勒伊大道　Map 火奴鲁鲁 –A7
- ☎ 735-5900
- 住 3435 Waialae Ave.
- 时 7:00~14:30、17:30~21:30（周五、周六~22:00）
- 休 周日、主要节假日
- C/C A J M V
- P 店铺背面有免费停车场
- 🖥 www.townkamuki.com

拼盘午餐是简单轻便的就餐方式。这是一种套餐，在纸质快餐盘上，盛上各种肉、鱼、蔬菜等。阿拉莫阿纳、唐人街等地有很多家味道香美、营养充足的拼盘快餐店。打包来到室外，在太阳底下吃是夏威夷风格的吃法。

拼盘午餐

Plate Lunch Shops

瓦府鲜鱼玉米面卷
Wahoo's Fish Taco

轻便健康的墨西哥风味

◆墨西哥风味的快餐连锁店。材料全部使用新鲜食品，绝不使用一切脂肪成分，菜品贯穿健康主题。软玉米面卷 3.25 美元，经典拼盘 6.25 美元等，价格也适中。

图中下为最畅销的菜品 #2 组合 8.99 美元。含玉米面卷 2 个、黑豆、米饭

阿拉莫阿纳地区	Map 怀基基 ~ 阿拉莫阿纳 –B1

☎ 591-1646
住 沃德哥特威购物中心内
时 11:00~21:00（周五、周六 ~22:00）
休 复活节、12/25、1/1
C/C A D J M V
P 有免费停车场
URL www.wahoos.com

美味韩国烤肉
Yummy Korean Barbeque

轻便健康的墨西哥风味

◆评价很高的韩式烤肉店。带甜辣酱的排骨很有人气，激发食欲。米饭两勺，配 4 种喜欢的蔬菜，营养丰富又平衡。

香辣烤肉与米饭完美搭配

阿拉莫阿纳地区	Map p.208

☎ 946-9188
住 阿拉莫阿纳购物中心 1F 马凯市场内
时 9:00~21:00（周日 10:00~19:00）
休 感恩节、12/25、复活节
C/C M V
P 使用购物中心的免费停车场

蓝水虾 & 海鲜
Blue Water Shrimp & Seafood

闻名遐迩大虾小货车开到了怀基基

◆在北海岸闻名遐迩的销售大虾菜品的小货车，出现在了怀基基。不用走远路，就可以品尝到香喷喷、热乎乎的大虾。菜品以吃一次就上瘾的大虾美食为主。

10 只大虾用奶油蒜和马槟榔、西红柿一起炒制的奶油蒜味虾 12.95 美元。带蔬菜沙拉、玉米、米饭

怀基基中心区域	Map 怀基基 ~ 阿拉莫阿纳 –A6

☎ 926-8981
住 2145 Kuhio Ave.
时 10:00~22:00
休 无
C/C 不可
P 有免费停车场

商业区
Down Town

只选用有机栽培原材料的健康食品

◆它是对有机栽培原材料严格要求的"小镇餐厅"（→上页）的姐妹店。因为位于美术馆内，可以边吃边欣赏艺术作品。推荐选择鸡蛋和奶酪完美结合的 3 种猪油火腿蛋糕，以及盛满新鲜蔬菜的沙拉。

多种有机栽培蔬菜烹制而成的猪油火腿蛋糕拼盘 10.25 美元

市区	Map p.97–A2

☎ 536-5900
住 夏威夷州立美术馆内 1F
时 11:00~14:00
休 周日、主要节假日
C/C A J M V
P 使用附近的投币停车场

凯悦海滨
Hyatt On the Beach
味道绝对有保证的宾馆直营快餐店

◆在怀基基的海滨畅游之后，很适合到这家店来。特制热狗、BBQ烤鸡等本地丰富多彩的菜品，天天以不同的种类轮番上阵。因为是威基基凯悦酒店直营的，味道自然没的说。

最畅销的是照片中的米饭汉堡7美元。下单之后等2~3分钟就做好了，速度之快也是这家店的骄傲

怀基基中心区域　Map 怀基基～阿拉莫阿纳 –B7
- ☎ 924-8646
- 🏠 怀基基海滩派出所后面
- 🕐 7:00~18:00
- 休 无
- 💳 A J M V
- 🅿 使用附近的收费停车场
- 🌐 www.hyattwaikiki.com

L＆L 汽车穿梭餐厅
L & L Drive Inn
夏威夷拼盘快餐的基本形式

◆炸鸡排、米饭＆通心粉色拉这样的组合几乎是这家店的代名词了。这正是夏威夷拼盘快餐的制胜之道。女性只要点米饭和通心粉色拉各一份的迷你拼盘5.65美元就足够吃。

图中下方即为传说中的炸鸡排。外酥里嫩，吃着吃着就容易吃多

阿拉莫阿纳地区 Map 怀基基～阿拉莫阿纳 –B1
- ☎ 597-9088
- 🏠 沃德娱乐中心
- 🕐 9:00~21:00（周五、周六~23:00）
- 休 感恩节、12/25
- 💳 M V
- 🅿 有免费停车场
- 🌐 www.hawaiianbarbecue.com

他康美味烧烤
Tacone Flavor Grill
蔬菜多多的健康菜谱任你选

◆这是一家健康菜谱非常丰富的快餐店，口味适合亚洲人，有蔬菜多多的蔬菜卷、三明治、帕尼尼三明治、沙拉等。如果感觉分量不足，可以要一个安格斯牛肉奶酪汉堡。

使用1/2磅肉饼制作而成的他康奶酪汉堡8.99美元。特制炸薯条也很好吃

怀基基中心区域　Map p.208
- ☎ 926-6500
- 🏠 皇家夏威夷购物中心 B 馆 2F 帕依娜露天景台内
- 🕐 10:00~22:00
- 休 无
- 💳 A J M V
- 🅿 使用中心的停车场。需验证
- 🌐 www.tacone.com

超市里的拼盘午餐

除了专门制作拼盘快餐的店铺，绝对推荐你在超市里的熟食店购买。据说这非常受本地商务人士的欢迎，本地家庭主妇也经常光顾。

特别是卡帕胡卢大道的西夫韦和全食超市Whole Foods（→p.313）等有机栽培系列的超市更是博得人们的好评。种类丰富的沙拉、手工制作的菜品等，关注健康的产品很受人欢迎。

例如，在全食超市的沙拉售区，五颜六色的新鲜蔬菜制作的沙拉就多达30种以上。仅豆类就有多种。热食出售区，烤鸡肉、烤牛肉等热气腾腾的食品更是排成一字长龙。当然也不会缺了汤类、米饭、面包、意大利面等。不仅种类多，而且分量足。不论要什么，都是1磅（约454克）8.99美元，绝对不算贵。

不仅有午餐，选好自己喜欢的食品带回住处，在酒店的露台上就着喝点啤酒也很惬意。

上／全食超市的沙拉区　右／在沙拉区＆热食区选购组合的拼盘。这一份7美元左右

这是西夫韦的熟食区。除了沙拉区，也有寿司区等

马凯市场
Makai Market
夏威夷最大的美食街

◆夏威夷最大的美食街。中央广场上有很多桌椅，在广场的四周，分布着泰国、菲律宾、韩国、中国、日本等来自世界各地的美食，共有20多家。白天多为商务人士光顾，到了夜晚，家人、恋人，还有游客不分时节地纷沓而至，将各种自己喜欢的美食盛到托盘上，兴高采烈地边吃边谈。20~30人的长队是毫不稀奇，甚至有时候桌椅上坐不下了，人们就端着托盘坐在花坛边、楼梯上，场面甚是热闹。每家店都是1样菜7~10美元，价格便宜，分量十足。

阿拉莫阿纳地区　　　　　**Map AMC-1F**
☎946-2811
住 阿拉莫阿纳购物中心 1F 沿海一侧
时 9:30~21:00（周日 10:00~19:00）但不同的店铺稍有差异
休 感恩节、12/25、复活节
C/C 店铺不同，要求不一
P 利用中心的免费停车场

主菜＋副菜＋米饭或通心粉沙拉是最基本的（照片内容是美味韩国烧烤的拼盘）

宽敞的店内简直就是食品万国博览会

帕依娜露天景台美食街

帕依娜露天景台
Paina Lanai
怀基基的美食街就选这里了

◆位于皇家夏威夷购物中心二楼的美食街。漫步怀基基的过程中吃午餐或者稍事休息时，这里是个不错的选择。共有 10 家店铺。除了大家已经熟悉的美味韩国烧烤，还有卖中国菜的熊猫快递、美式墨西哥风格的茂伊塔考斯、拉面和日本料理的翠菊等，都很合亚洲人的口味。

怀基基中心区域　　　　　**Map p.251**
☎922-2299（客服席）
住 皇家夏威夷购物中心 B 馆 2F
时 10:00~22:00
休 无
C/C 店铺不同，要求不一
P 需验证

墨西哥卷很好吃的茂伊塔考斯也开业了

卡卡阿蔻厨房
Kakaako Kitchen

美食家们高度评价的拼盘快餐

◆夏威夷的美食家们评价很高的专业拼盘快餐。可以从炖牛肉、排骨、鸡肉等当中选择两种自由搭配的混合拼盘午餐，售价8.99美元，非常受本地人的喜爱。另外，这里的三明治类也强烈推荐。

用含有芋头面的小圆面包制作的三明治也很受欢迎

	阿拉莫阿纳地区	Map p.265

☎ 596-7488
住 沃德中心内
时 8:00~21:00（周五、周六~22:00，周日~17:00）
休 感恩节、12/25、1/1
C/C A D J M V
P 使用沃德中心的免费停车场

38 号码头的尼科斯
Nico's at Pier 38

让人特意驱车前往的人气店铺

◆这是一家知名大厨打理的拼盘快餐店。虽然地方不好找，但是一到饭点总是顾客盈门。能够边进餐，边欣赏栈桥美景。从尼米兹高速公路下来时，入口处的"Pier 38"广告牌是一个标志。

图下方的烤鸡肉售价7.85美元，的确也很好吃，但特别推荐图中上方的嫩煎金枪鱼（9.20美元）等鱼类美食

	火奴鲁鲁依维莱地区	Map 火奴鲁鲁 –C3

☎ 540-1377
住 1133 N.Nimita Hwy.
时 6:30~17:00（周六~12:30）
休 周日、感恩节、12/25、1/1
C/C A D J M V
P 有免费停车场
🔲 www.nicospier38.com

吉皮兹
Zippy's

人气超群的家庭餐馆

◆仅瓦胡岛就有超过20家连锁店的家庭餐馆。价格便宜，分量足，而且品种丰富，总是挤满了举家前来就餐的当地客人。距离怀基基最近的就是这家位于卡帕胡卢大道店了。

图中下方为几乎成为夏威夷盒饭代名词的吉皮套装，8.48美元。有炸鸡块、炸麒鳅、午餐肉、照烧牛排等，分量十足

	哈莱瓦	Map p.94–B

☎ 733-3725
住 601 Kapahulu Ave.
时 24 小时
休 无
C/C A M V
P 有免费停车场
🔲 www.zippys.com

雷兹基阿维烤鸡
Ray's Kiawe Broiled Chicken

周末到此啃个烤全鸡

◆一到周末，从哈莱瓦的玛拉玛市场前，会远远传来基阿维木炭的味道。这就是本地美食烤全鸡的知名摊点。外焦里嫩的烤全鸡朴素的香味让人吃上瘾。

烤全鸡9美元。摆放整齐的全鸡，烤得香喷喷。米饭单买，1美元

	哈莱瓦	Map p.103

☎ 637-9124
住 哈莱瓦的玛拉玛市场前
时 8:00~17:00
休 周一~周五
C/C 不可
P 使用市场的停车场

麦基兹
Macky's

肥肥的大虾手抓着吃

◆在哈莱瓦地区的入口处，有一个非常受人欢迎的"鲜虾午餐卡车"。用卡胡库养殖的新鲜大虾加工的拼盘午餐12美元，大虾个个肥大，确实好吃。味道可以选择柠檬胡椒味或奶油蒜味。

基本吃法是蘸略箩汁吃，也可以尝试各种口味

	瓦胡岛东北部、哈莱瓦	Map p.43–C3

☎ 780-1071
住 66-632 Kamehameha Hwy.
时 9:30~19:00
休 主要节假日
C/C A J M V
P 有免费停车场
🔲 mackysshrimptruck.com/default.aspx

⭐ VOICE　在哈莱瓦试着吃过多家店，还是麦基兹最好吃。我推荐大家吃奶油蒜味的和撒上椰子粉的椰子大虾！

猪岛
Hog Island

少见的孟菲斯风格 BBQ 烧烤

◆这家店烧烤前不将酱汁淋到肉上，这种独特的孟菲斯风格 BBQ 烧烤受人喜爱。刷上香辛料，在摆放在店铺前的烧烤架上仔细烤。这里的烤肉表皮酥香，含在嘴里却鲜嫩多汁，煞是好吃。

广受欢迎的嫩肋排拼盘快餐 13.95 美元。包括烘豆等两种副菜

☎ 734-1333
住 1137 11th Ave.
时 11:00~19:30
休 周一、周二、感恩节、12/25、复活节
C/C A J M V
P 利用店铺后方的公共停车场
URL www.hogislandbbq.com

钻石头山市场 & 烧烤
Diamond Head Market & Grill

受人欢迎的烧烤拼盘和手工甜点

◆从火奴鲁鲁动物园旁边穿过，朝钻石头山方向步行几分钟就可到达。这家店是冲浪爱好者们饥肠辘辘时饱餐一顿的好地方。精挑细选的原材料和自家调制的酱料颇具特色。

推荐菜品是辣根姜汁与三文鱼绝妙搭配的三文鱼拼盘（12.75 美元），夹着牛排菇和鲜嫩多汁的牛肉饼，以及烤圆葱的汉堡（8 美元）等。旁边有家超市，那里各种菜肴、沙拉品种丰富，可单盘购买，而且油酥点心、甜点类也好评如潮。

☎ 732-0077
住 3158 Monsarrat Ave.
时 7:00~10:30、11:00~21:00（超市 6:30~21:00）　休 1/1
C/C A J M V
P 店铺前有免费停车场（约15个车位）
URL www.diamondheadmarket.com

左上／这家烧烤拼盘店虽然外观极其普通，但菜品质量很高　左／沙拉量足、糙米饭健康的三文鱼拼盘和蘸着日本橙醋吃的手工牛肉饼汉堡　下／超市销售的菜肴、盒饭

先锋餐厅
Pioneer Saloon

拼盘快餐店

◆店主曾在纽约、佛罗里达、夏威夷等地做过职业寿司制作师，之后在此开设了拼盘快餐店。这里的菜品多基于日本料理制作，如糯米粉鸡肉、豆酱奶油鱼等，也很受本地人的喜爱。

瑠里大厨的推荐菜品是每天不同的特制拼盘。干炸墨鱼腿、盐烤远东多线鱼、重达1磅的牛腰肉排、炸鸡块等，每天有3款左右菜单上没有的菜品会轮番上阵，每天都不会重样。米饭不仅有白米饭，也有健康的紫苏裙带紫米饭及五谷米饭。种类繁多的酱料也都是本店秘制的。

位于蒙萨拉特大道沿线的拼盘快餐店

☎ 732-4001
住 3046 Monsarrat Ave.
时 11:00~20:00
休 周一、7/4、感恩节、12/25、1/1
C/C D J M V
P 店铺的左侧有免费停车场（3个车位）

左边是盐烤三文鱼（含土豆沙拉、五谷米饭）6 美元。右边是肉汁炸猪排饼（含土豆沙拉、紫苏裙带菜米饭）、绿蔬沙拉

去餐馆时该如何停车

对于租车旅行的人来说，去餐馆时，停车位是令人担心的事情。大家应该会比较在意要去的那家餐馆有没有停车场，或者能不能把车停在餐馆附近。

结论就是：无须担心。美国毕竟是汽车社会，大多数的餐馆都会为客人们准备停车位的。

但是，也有一些需要注意的地方，在此简单地介绍一下相关的基本知识。

❶ 有免费停车场的餐馆

这自然是指在餐馆的前面或后面有停车场的情况。

怀基基由于土地面积狭小，此类情况相对较少，主要集中在国王大道、卡皮欧拉妮大道等主干道路沿线的店铺以及火奴鲁鲁郊外的店铺。如果有类似"For Customers／○○ Restaurant"这样的广告牌就可以在那里的停车位上停车。

另外，位于怀基基以外的购物中心内的餐馆，当然都可以免费停车。

❷ 代客泊车服务（Valet Parking）

代客泊车的服务，就是当客人把车开到店铺入口附近时，负责的服务生会替客人将车停到停车场。

提供这种服务的场所，代表性的就是位于酒店内的餐厅。酒店的服务生会帮客人泊车。当你在酒店里的餐厅吃饭时，就灵活地利用这种代客泊车服务吧。因为利用酒店内的设施，自然是免费的。当然，也有个别收费的，价格也比较便宜，一般为 2~5 美元。

需要注意的是不要在车内放置贵重物品。你到达时，服务生会给你停车券的存根，请务必保留好。如果你在酒店内的餐馆就餐，结账时不要忘了拿出存根让餐厅的人给你盖上章（或贴上贴纸），这样可以证明你的确利用了酒店的设施。

离开时，将存根交给服务生，让他们把车

开过来。车开来以后，不要忘记给服务生小费（1~3 美元）。

❸ 验证停车（Validated Parking）

这有两种情况。

一种情况是没有专用停车场的情况。此种情况下，餐馆会跟附近的停车场签约，允许客人免费（或打折）停车。此时，不要忘了拿停车券。和 ❷ 的宾馆内餐厅同样，结账时让餐馆盖章后，停车费就会免费或打折。注意有时间限制（2~4 小时）。预约是要注意确认一下将车停在哪家停车场。皇家夏威夷购物中心、怀基基贸易中心等位于怀基基的购物中心内的餐馆一般是此种情况。

另一种情况是在 ❶ 中位于干线沿线的店铺用晚餐时。因为晚上客人比白天多，停车位不够用，此时会配备专职服务员，高效地为客人停车。

当然是免费停车了，但由于要将车钥匙交给服务人员，离开的时候不要忘了给他们小费（1~3 美元）。

还是接受酒店服务生的泊车服务吧

郊外的餐馆店铺前能确保停有车位（照片拍于国王大道上的 JIMBO）

认真看完停车场的说明后再停车

夹着大块的肉饼、蘸上番茄酱或芥末酱后张开大嘴啃上一口的超级大个的汉堡，这时你可以体会到什么是"真正的美国餐饮"。美国尺寸的块头之大，让人惊讶不已。希望你能体验一次这种令人震撼的感觉，也请享受各种口味。

汉堡 & 三明治 *Hamburger & Sandwich Shops*

岛屿味美汉堡 & 饮料
Islands Fine Burgers & Drinks
在阿拉莫阿纳要吃汉堡就到这里

◆ 1982 年诞生于加利福尼亚的餐馆，全美国共有超过 50 家的连锁店，主要提供便捷美味的汉堡。火奴鲁鲁店内的顶棚上点缀着冲浪板，尽显南国风情。

图片下方为大个汉堡"巨浪"，10.09 美元。右侧的炸薯条 3.49 美元。

阿拉莫阿纳地区	Map AMC-4F

☎ 943-6670
住 阿拉莫阿纳购物中心 4F 靠山一侧
时 11:00~22:00（周五、周六 ~23:00，周日 ~21:00）
休 感恩节、12/25
C/C A J M V
P 利用中心的免费停车场
URL www.islandsrestaurants.com

W&M BBQ 汉堡
W&M Bar-B-Q. Burger
威尔弗雷德先生的秘制口味

◆ 非常受人喜欢的一家汉堡专卖店，每到午餐时分店里就会排起长队。蘸上降低了甜度的 BBQ 酱料烤制的肉饼恰到好处，口感好，味道美。拼盘 3.20 美元，加了蔬菜的豪华版 3.35 美元等。

请品尝这里非常讲究的 BBQ 酱料的美味

火奴鲁鲁、维艾勒伊大道	Map 火奴鲁鲁-B7

☎ 734-3350
住 3104 Waialae Ave.
时 10:00~16:30（周六、周日 9:00 开始）
休 周一、周二、7/4、感恩节、12/25、1/1、复活节、母亲节
C/C 不可
P 有免费停车场

泰迪大汉堡
Teddy's Bigger Burger
距离海滩极近的便捷汉堡店

◆ 从怀基基海滩徒步 1 分钟就可到达的餐车风格汉堡店。享受了冲浪乐趣而饥肠辘辘的人们接踵而至。受欢迎的是重约 255 克的特大汉堡和实惠的薯条、饮料构成的组合套餐 3# 售价 10.98 美元。

人气一流的 3# 组合套餐售价 10.98 美元。刚出锅的薯条分量十足

怀基基东部	Map 怀基基~阿拉莫阿纳-B8

☎ 926-3444
住 怀基基大酒店 1F
时 10:30~21:00
休 无
C/C A J M V
P 使用卡帕胡卢大道的投币停车场
teddysbiggerburgers.com

天国芝士汉堡
Cheese Burger In Paradise
毛伊岛闻名的汉堡店来到了怀基基

◆ 毛伊岛拉海纳的知名汉堡店开设的 2 号店。从各种古董装饰的店内可以将怀基基海滩的美景尽收眼底，享受绝佳的氛围。这家店引以为豪的芝士汉堡 8.95 美元，鲜嫩多汁，十分好吃。

最受欢迎的自然是芝士汉堡，8.95 美元（图片下方）

怀基基中心区域	Map 怀基基~阿拉莫阿纳-B8

☎ 923-3731
住 2500 Kalakaua Ave.
时 7:00~23:00（周五、周六 ~24:00）
休 无 C/C A D J M V
P 使用附近的投币停车场
URL www.cheeseburgerland.com

库阿爱娜三明治
Kua'aina Sandwich
不论是分量还是口味都绝对让你满意的人气店铺

◆北海岸知名的汉堡店的 2 号店铺。肉饼可以自己选择 1/2 磅或 1/3 磅，请根据胃口自主决定。汉堡 7 美元起，鲯鳅（mahimahi）汉堡 7.40 美元等。

总店位于哈莱瓦

阿拉莫阿纳地区　　　Map p.265
☎ 591-9133
住 沃德中心内
时 10:30~21:00（周日 ~20:00）
休 感恩节、12/25
C/C M V
P 有免费停车场
备 外卖需加 10 美分

柜台
The Counter
自由组合定制你喜欢的汉堡

◆人气旺盛的定制汉堡餐馆。肉饼、面包、装饰配品、酱料等可以自由选择，填写点餐单。价格 8.95~13.95 美元。

柜台汉堡 10.95 美元。炸圆葱、蘑菇、生晒番茄干等分量十足

火奴鲁鲁、卡哈拉地区　Map p.266
☎ 739-5100
住 卡哈拉购物物摩尔内
时 11:00~21:00（周五、周六 ~23:00）
休 感恩节、12/25、1/1
C/C A J M V
P 使用购物中心的免费停车场
URL thecounter.com

可以轻松食用的快餐之王
更好地利用汉堡店的建议

在夏威夷，也随处可见诸如麦当劳、汉堡王、玩偶匣（Jack in the Box）等连锁店。既不需要小费，又很便宜，得到游客莫大的喜爱。

不过，当你实际点餐时会发现，有些商品和中国不同，或者名称不同，而且菜品的丰富程度也令人意外。而且使用英语点餐，动作稍微一慢，服务员或者后面的客人就开始面露不悦。恐怕有不少人经历过此类挫败感吧。

不会失败的点单秘诀

首先要仔细阅读张贴在店门口或者柜台上的菜单，决定了点什么之后再去排队。

用英语点餐也没什么难的。只要说清数量、种类，之后加上 "Please" 就可以了。就是例如 "One Cheeseburger, please" 这样。只要排列上单词基本就可以。如果点饮料，不要忘了说 "大杯" 还是 "小杯"。饮料分成 "大（Large）"、"中（Medium）"、"小（Small）" 三种，如 "One medium Coke, please" 这样点餐就可以了。需要注意的是，夏威夷的饮料尺寸也和美国大陆一样。"大" 可以十足的大，很多时候都喝不完。

"To go" 是什么？

在夏威夷，外卖叫作 "To go"。点餐时，服务员会问："Eat here, or to go?"（你在店内就餐还

是带走呢？）据实回答就可以了。

如果你实在用英语说不出口，或者对自己的英语很不自信，比较保险的做法是写在纸上交给服务员。特别是大量点餐时，采用此种方法保证可以点好餐。

点汉堡不是什么难事

汉堡是快餐美食之王

瓦胡岛

餐馆 & 酒吧／汉堡 & 三明治

观光或在海边玩累了，购物走累了，这时就会想喝上一杯香美的咖啡，吃点甜点，稍事休息。近年来，怀基基以及阿拉莫阿纳等地开设了一批纯正的咖啡店以及味道上乘的甜点店，不仅游客，也是本地人休憩的好去处。

咖啡 & 甜点

Cafeteria & Sweets Shops

阳台
The Veranda

品下午茶，体验小资风情

◆ 1918 开始营业的一家历史悠久的下午茶店。能够感受着海风拂面的惬意，在此度过美好的午后时光。6 种自制茶＋各种三明治及甜点售价 32.50 美元。

提供一口就可以吃下的小片三明治以及惟致的甜点类

怀基基中心区域 Map 怀基基 ~ 阿拉莫阿纳 –B7
☎ 921-4600 住 阿拉莫阿纳冲浪者酒店威斯汀度假村内
时 6:00~11:00、12:00~15:00、17:30~21:00
休 无 CC A D J M V
P 有代客泊车服务
jp.moana-surfrider.com/banyanver.htm

茶室
Cha no Ma

似乎有排毒效果的茶

◆ 在这家专业茶室，能够品尝到地道的台湾茶。所有的茶叶都是有机栽培，价格因品种而定，为 6~15 美元。加水后大约可以泡 5 杯。也有豆沙水果凉粉（4.95 美元）等甜点。

推荐金萱茶，15 美元。其特点是被称为乳香的类似椰菜味的甜美的香气。据说有美肤功效

怀基基中心区域 Map 怀基基 ~ 阿拉莫阿纳 –B7
☎ 393-8238 住 国王村 2F
时 11:00~23:00
休 无
CC A D J M V
P 使用附近的收费停车场

潘雅意式咖啡馆
Panya Bistro

可以当作咖啡店利用的面包店

◆ 店铺门口摆放着刚刚出炉的油酥点心及各式熟食面包，售价在 55 美分到 3.95 美元之间。可以点杯茶吃点点心，3.50 美元起，也可以正儿八经地坐下吃些咖喱饭，12.95 美元起，等。绝对适合购物间隙，到此小憩片刻，点杯饮料充充电。

时尚的店内装饰。也推荐虹吸式咖啡壶冲出的炭烧咖啡

阿拉莫阿纳地区　　Map AMC–2F
☎ 946-6388 住 阿拉莫阿纳中心
时 7:30~22:00（周日 8:00~20:00）
休 感恩节、12/25
CC A D J M V
P 利用中心的免费停车场
www.panyagroup.com

有机咖啡
Organic Cafe

大量使用有机栽培原材料的健康咖啡店

◆ 作为专门使用本地生产的有机原材料的咖啡店，这家店是处于先驱地位的。除了以青蔬思慕雪（4.95 美元）为代表的各类不使用砂糖的思慕雪，也有蔬菜汉堡（7.95 美元）等品类，各类健康菜品琳琅满目。

加有大量水果的蔬食埃塔棕思慕雪，6.45 美元（小），10.95 美元（大）。图中上方为饮用咖啡果冻，4.95 美元

怀基基中心区域 Map 怀基基 ~ 阿拉莫阿纳 –B6
☎ 921-2320 住 怀基基购物广场 B1F
时 10:00~22:00（周日 12:00~20:00）
休 无
CC A D J M V
P 使用购物广场的收费停车场（购物满20美元以上有 30 分钟优惠，需验证）
www.marieshealth.com

鲁·贾尔坦
Le Jardin
法风的漂亮咖啡店

◆有巴黎货车商店的感觉，非常适合小憩利用。推荐这里的鲜果汁，可以自由选择水果或蔬菜搭配。主料除了果汁，还可以选择酸奶、豆酱等，共有7种。

☎ 921-2236
住 君悦购物中心 1F
时 7:00~23:00
休 无
C/C A D J M V
P 利用酒店的收费停车场

图中下方为健康的可丽饼，9.95 美元。草莓汁（图中上方）和杧果 & 菠萝汁均为 5.95 美元

岛屿年份咖啡
Island Vintage Coffee
只选用科纳圆豆的专业咖啡店

◆这家专业咖啡店只选用在科纳咖啡中也算是凤毛麟角的圆豆，它收获量少，非常贵重。为了保持口味的新鲜，每天只烤制一点点。另外，夏威夷流行的蔬食埃塔棕思慕雪（7.85 美元）也很受好评。

☎ 926-5662
住 皇家夏威夷中心 C 馆 2F
时 7:00~22:30
休 无
C/C A D J M V
P 利用中心的停车场
URL www.islandvintagecoffee.com

多元酚含量很高的蔬食埃塔棕思慕雪。点缀品采用各种季节的时令水果

咖啡豆 & 茶叶
The Coffee Bean & Tea Leaf
可以全家人一起喝咖啡的咖啡店

◆有着 40 年以上历史的咖啡 & 茶饮料的老字号。这里的菜单按照自己独特的范畴分组排列，有意大利浓咖啡、各种咖啡饮料、茶拿铁等。拿铁全部使用脱脂奶。

☎ 926-4951
住 怀基基海滨漫步
时 5:30~22:00
休 无
C/C A J M V
P 附近的收费停车场
URL www.coffeebean.com

各种油酥点心均为本店特制。由右至左，分别是好好吃蛋糕（2.40 美元）、红色天鹅绒蛋糕（1.99 美元）等。卡布奇诺 3.75 美元

太平洋茶园
The Pacific Place Tea Garden
品清香红茶，享轻松时刻

◆售货亭风格的茶屋。这里提供的都是高品质的茶叶。也有好吃的点心，非常适合购物途中小憩时利用。也销售各种非常适合用作礼品的花茶。

☎ 944-2004
住 阿拉莫阿纳中心 3F 中央
时 9:30~21:00
时 （周日 ~19:00）
休 感恩节、12/25、复活节
C/C M V
P 使用中心的免费停车场

左边是浮冰荔枝茶，5.76 美元。图中上方的马卡龙每个 1.83 美元

火奴鲁鲁咖啡公司
Honolulu Coffee Co.
享受一杯新鲜冲泡的清香咖啡

◆店内设有煎焙机器，每天煎焙手工摘取自夏威夷岛的顶级科纳咖啡豆，非常受人欢迎。意大利浓咖啡单杯 2.25 美元起，每天不同的咖啡 2 美元。红茶也种类丰富。

☎ 949-1500
住 阿拉莫阿纳中心 3F 靠山一侧
时 8:30~21:00（周日 9:00~20:30）
休 无
C/C D J M V
P 使用中心的免费停车场
URL www.honolulucoffee.com

也销售咖啡豆

拉·帕尔姆·德姆
La Palme D'or
像珠宝一样漂亮的甜品

◆店内简洁，放在盒子里的蛋糕像宝石般美丽。蛋糕有25种之多，价格1.95~4.99美元，与品质相比物有所值。

种种点心 2~80 美元。咖啡可以续杯

阿拉莫阿纳地区　　　　**Map AMC-2F**
☎ 941-6161
住 阿拉莫阿纳中心 2F 靠山一侧
时 9:00~21:00（周五、周六 ~21:30，周日 ~19:00）
休 感恩节、12/25
C/C A D J M V
P 使用中心的免费停车场
URL www.la-palmedor.com

奥特蛋糕
Otto Cake
艺术家创作的 N.Y. 风格芝士蛋糕

◆由奥特先生，这位知名的音乐家兼艺术家手工制作，具有纽约风格的芝士蛋糕店。滑爽的奶油芝士做成的基饼，口感好，与酥脆的蛋糕酥皮绝妙搭配，自开业以来，多次夺得火奴鲁鲁杂志奖等大奖。

口味多达80种以上，有蓝莓、西番莲、柠檬等各类水果及巧克力、吮指花生等。每天提供大约6种口味，多次去也不会厌烦。

市中心　　　　**Map p.96-A**
☎ 834-6886
住 1160 Smith St.
时 10:00~18:00（周五、周六 ~20:00，周日 ~15:00）
休 感恩节、12/25
P 使用附近的收费停车场
URL www.ottocake.com

上／据说母亲节时自己制作的芝士蛋糕大受好评，从而有了开家芝士蛋糕店的想法
左／菠萝、澳洲坚果、椰蓉芝士蛋糕。小尺寸15 美元，大尺寸30 美元，1 小块 5 美元

西纳邦
Cinnabon
吃一次就让人信服的味道

◆人们耳熟能详的西纳邦，全世界共有 600家连锁店。店名来自肉桂卷。这家店的肉桂卷，口感滑润的面包基饼，加上足量的茶色特制酱料，是畅销的秘诀。应该刚买到就趁热吃！

肉桂的美味洋溢在你的口中，1 个 3.29 美元。尺寸小一些的小肉桂卷 1 个 2.69 美元

火奴鲁鲁、卡哈拉地区　　　　**Map p.266**
☎ 737-6454
住 卡哈拉购物中心 1F
时 6:30~21:00（周日 ~18:00）
休 感恩节、12/25
C/C A J M V
P 使用购物中心内的免费停车场
URL www.cinnabon.com

门其兹
Menchie's
制作一份世界上唯一的酸奶吧

◆ 发源于洛杉矶的特许经营型店铺。采用自助服务的形式，可以从16种口味的酸奶冰激凌中选取个人喜欢的口味，再从50种谷物、水果中随意选取配料加以装饰。1盎司（约28克）43美分。

1杯 4~6美元。如图中用年糕等装饰的华夫筒 6.52美元

莫阿纳地区   Map p.264
- ☎ 592-9292
- 🏠 沃德仓库 1F 靠海一侧
- 🕐 11:00~22:00（周五、周六 ~23:00）
- 休 感恩节、12/25
- C/C M V
- P 使用中心的免费停车场
- 🌐 menchies.com

汉克时尚热狗
Hank's Haute Dogs
让人还想再吃一次的美食热狗

◆ 人气旺盛中的热狗专卖店。除了100%使用牛肉肠的"芝加哥"，也有以炭烤鸡肉加甜杧果为卖点的"鸡肉"，以及每天不同的菜单等，能够品尝到比其他店味道略胜一筹的热狗。

左边是"芝加哥"热狗，4.95美元。图中下方为炸洋葱卷，3.75美元

火奴鲁鲁、卡卡阿蔻地区   Map 火奴鲁鲁 -C4
- ☎ 532-4265
- 🏠 324 Coral St.
- 🕐 10:00~16:00（周六、周日 11:00~17:00）
- 休 感恩节、12/25、1/1
- C/C 不可
- P 备有免费停车场
- 🌐 www.hankshautedogs.com

奶油锅
Cream Pot
法式手工咖啡

◆ 多数菜品使用本店秘制的绝品奶油，店名就是来自加工制作时用的奶油锅。有法式风格的煎蛋卷等早餐 & 法式早午餐，华夫饼和可丽饼等甜点类是这家店代表性菜品。

使用产自毛伊岛的草莓制作的比利时华夫饼，11.50美元

怀基基西部   Map 怀基基 ~ 阿拉莫阿纳 -A5
- ☎ 429-0945
- 🏠 夏威夷君主酒店大厅
- 🕐 6:30~14:30
- 休 周二
- C/C J M V
- P 使用宾馆停车场，需验证（2美元）
- 🌐 www.creampotrestaurant.com

凯拉咖啡
Cafe Kaila
以丰盛的早餐迎接舒爽的一天

◆ 本地女孩凯拉小姐开设的咖啡店。有煎蛋卷和华夫饼等，早餐菜品丰富多彩。特点是一整天都可以在这里吃。几乎每款菜品都配有沙拉或水果，注重健康，令人喜爱。

甜面包加上可以自由选择自己喜欢的水果的法式烤面包，7.50美元

火奴鲁鲁、卡皮欧拉尼大道   Map 火奴鲁鲁 -B6
- ☎ 732-3330
- 🏠 市场城购物中心内
- 🕐 7:00~15:00（周六、周日 8:00 开始）
- 休 无
- C/C 不可
- P 使用中心的免费停车场

好不容易来到夏威夷，总得拿出一个晚上，打扮一下，吃一顿豪华大餐吧。这时，你可以利用海滨的美食餐厅。大多位于高级酒店内，口味、服务都一流。欣赏着怀基基的海上美景，带走对夏威夷的美好回忆。

海滨美食餐厅　　*Restaurants by the Beach*

大海
La Mer
哈莱库拉尼引以为傲的餐厅

◆夏威夷最具代表性的浪漫餐厅。请一定打扮一下到此一试。菜单只有套餐。共有5种套餐，套餐＆甜点2号90美元起，人头马路易十三套餐190美元等。

套餐菜品一例。烤鹅胸脯肉，加上甜点等共90美元起

怀基基中心区域　Map 怀基基 ~ 阿拉莫阿纳 -B6
☎ 923-2311（宾馆主机）
🏨 哈莱库拉尼酒店内
🕐 18:00~22:00
休 无
C/C A D J M V
P 使用酒店的停车场，需验证
URL www.halekulani.com

兰花
Orchids
海边的美食餐馆

◆雅致的海边美食餐馆。正如店名所示，店内装饰着争奇斗艳的兰花，非常美丽。菜品是使用了新鲜海鲜制作的现代海鲜料理，周日的早午餐也久负盛名。

怀基基中心区域　Map 怀基基 ~ 阿拉莫阿纳 -B6
☎ 923-2311（酒店主机）
🏨 哈莱库拉尼酒店内
🕐 7:30~11:00、11:30~14:00、18:00~22:00（周日早午餐 9:30~14:00）
休 无
C/C A D J M V
P 使用宾馆的停车场，需验证
URL www.halekulani.com

莫阿纳海滨小屋
Beachhouse at the Moana
令人沉浸在优雅气氛中的牛排馆

◆雅致的牛排别屋。使用顶级安格斯牛肉、有机喂养的鸡肉以及夏威夷本地产的新鲜蔬菜制作而成的精美创造美食种类丰富。预算大约是，冷盘12美元起，主菜18美元起。

用夏威夷产金枪鱼制作的炸排32美元。生姜＆芝麻酱料，让人感觉清爽

怀基基中心区域　Map 怀基基 ~ 阿拉莫阿纳 -B7
☎ 921-4600
🏨 莫阿纳冲浪者酒店威斯汀度假村内
🕐 17:30~22:00
休 无
C/C A D J M V
P 利用酒店的代客泊车服务
URL www.moana-surfrider.com/beachhouse.htm

冲浪露天景台
Surf Lanai
以慵懒的心情享用早餐和午餐

◆位于皇家夏威夷酒店游泳池旁边的一家餐厅。能够在眼前就是怀基基海滩的绝佳位置上享用早餐和午餐。早餐除了典型的美式菜肴，也有日式早餐。

图中下方为产自夏威夷岛哈玛库亚的西红柿、番红花与普罗旺斯风味烤针尾鸭

怀基基中心区域　Map 怀基基 ~ 阿拉莫阿纳 -B6
☎ 923-7311（酒店主机）
🏨 皇家夏威夷酒店 1F
🕐 6:30~11:00、11:30~14:00
休 无
C/C A D J M V
P 使用酒店停车场，需验证
URL www.royal-hawaiian.com/daining/surflanai.htm

  "兰花"餐厅的周日早午餐（周日 9:30~14:00）有200多种菜品可供选择，样样奢华。非常受欢迎，甚至被当地杂志选为"瓦胡岛最佳早午餐"。

巴厘肉排 & 海鲜
Bali Steak & Seafood ☎ 📖
极受社会名流推崇的雅致美食餐厅

◆ 位于希尔顿夏威夷度假村与水疗中心的海边巴厘餐厅，以它怀基基海滩尽收眼底的开放空间而闻名遐迩。重装开业后改为现名。

依然保持了过去大量使用夏威夷本地原材料的风格，也进一步加强了肉排方面的实力，提供包括羊排、牛里脊、上等肋条、肉眼牛排在内的7种肉排供您选择。可自由选择酱料和配菜。令人关注的是，每款菜品都包含了厨师的独具匠心。

怀基基西部 Map 怀基基 ~ 阿拉莫阿纳 –B5
☎ 941-2254
住 希尔顿夏威夷度假村内
时 18:00~21:30
休 周日
C/C A D J M V
P 使用酒店的停车场，需验证
URL www.hiltonhawaiianvillage.com

海屋餐厅
The Ocean House Restaurant ☎
眺望大海，享用新鲜海鲜

◆ 全部餐位都能够看到大海。能够感受着海风轻抚，享用美食。采用夏威夷本地的新鲜金枪鱼、鲯鳅、姬鲷等制作的菜品，由于使用了辣根和生姜等调料，让人感觉新奇。

在这家餐厅，能够真实感受到待在怀基基才能体会到的幸福

怀基基中心区域 Map 怀基基 ~ 阿拉莫阿纳 –B6
☎ 923-2277
住 奥特雷格礁石海滩酒店 1F
时 17:00~22:00
休 无
C/C A D J M V
P 利用酒店的代客泊车服务

怀基基呼拉烧烤
Hula Grill Waikiki ☎
能够看到大海的露天景台餐位受人欢迎

◆ 地处海边，身处餐厅，就可以听到大海的涛声。采用火奴鲁鲁市场上刚刚收获的海鲜以及每天早上从北海岸或者怀马纳洛送来的新鲜蔬菜制作的菜品，每天菜谱不同，极受欢迎。

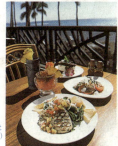

白色肉质的烤剑鲅鱼26.50美元（下方），透熟西红柿和毛伊岛圆葱沙拉7.50美元（右侧）等，菜品大多使用产自本地的原材料

怀基基中心区域 Map 怀基基 ~ 阿拉莫阿纳 –B7
☎ 953-4852
住 奥特雷格礁石海滩酒店 2F
时 6:30~10:30、17:00~22:00
休 无
C/C A D J M V
P 利用欧哈纳东部酒店的停车场，需验证
URL www.tsrestaurants.net

黄槿露天景台
The Hau Tree Lanai ☎
美好的清晨从这里开始

◆ 这家店就建在巨大的黄槿树下，据说作家罗伯特·史蒂文森就是在这棵树下，写就了他的名著《金银岛》。特别推荐在海风撩人醉的早餐时刻在此就餐。欧式早餐12美元等。

此情此景，令人心旷神怡，难以言表。还是早点起床到此一游吧

卡皮欧拉尼公园东侧 Map 火奴鲁鲁 –C7
☎ 923-1555
住 新大谷凯马纳海滨酒店 1F
时 7:00~10:45、11:45~13:45（周日 12:00~）
休 无
C/C A D J M V
P 有代客泊车服务（3美元）
URL www.kaimana.com/dining.htm

CHECK ☎ =需预约（或预约较为保险）/ 📖 =服装代码

瓦胡岛

● 餐馆 & 酒吧／海滨美食餐厅

牛排 & 海鲜　*Steak & Seafood Restaurants*

比起在中国吃，分量更大且价格实惠。这样一来，还是想大口地吃一次厚厚的牛排。如果说只吃牛排有点腻了，你也不用担心。在夏威夷，也有很多餐馆可以同时吃到各种新鲜海鲜，且价格适中。

东京的田中
Tanaka of Tokyo　大厨的表演也令人期待

◆这家铁板烧烧餐馆，可以一边吃着刚刚烤制好的美食，一边欣赏大厨的表演、听大厨的谈笑。晚宴推荐点包含大虾、里脊牛排、龙虾的套餐——将军特别版 58.95 美元。

阿拉莫阿纳地区　　Map AMC–4F
☎ 945-3443
住 阿拉莫阿纳中心 4F
時 11:00~14:00、17:00~（根据预约，结束营业时间会有所变更）
休 感恩节、12/25、复活节
CC A D J M V
P 使用中心的免费停车场
URL www.tanakaoftokyo.com

哈艾斯
Hy's Steak House　洋溢着厚重感的牛排馆

◆店内装饰大量使用红木，令人感觉雅致，有一种书斋的厚重感。用基阿维木炭烤制的顶级上等肋条牛排，鲜嫩多汁。

照片中的牛排重 7 盎司（约 198 克），39.95 美元

怀基基东部 Map 怀基基~阿拉莫阿纳–A7
☎ 922-5555
住 怀基基公园山庄 1F
時 18:00~22:00（周六、周日 17:30 开始）
休 无
CC A D J M V
P 利用酒店的代客泊车服务
URL www.hyshawaii.com

滨鸟餐厅 & 海滩酒吧
Shore Bird Restaurant & Beach Bar　在海边自助调理美食

◆这家店可以用店里的大型烧烤架自助调理。肉眼牛排 25.95 美元，鲼鳅 19.95 美元等。所有的菜品都含沙拉，可以说很实惠。也推荐自助早餐。

在此海滨餐厅能够听到海浪拍打海岸的声音

怀基基中心区域 Map 怀基基~阿拉莫阿纳–B6
☎ 922-2887
住 奥特雷格礁石海滩酒店 1F
時 7:00~ 次日 2:00
休 无
CC M V
P 使用酒店的收费停车场

茹丝葵牛排馆
Ruth's Chris Steak House　挑战极具震撼的美式牛排！

◆美国最具代表性的高档牛排馆。切成厚块的高档牛排经高温煎烤，外焦里嫩。店内装修洋溢着高档感。有可以容纳 14 人的私人包间。

饱含肉汁的里脊牛排约 340 克售价 37.50 美元。配菜需另外加钱

怀基基中心区域　　Map p.257
☎ 440-7910
住 怀基基海岸步行街 2F
時 17:00~22:00
休 无
CC A D J M V
P 大使套房酒店，需验证
URL www.ruthschris.com

沃尔夫冈牛排馆
Wolfgang's Steakhouse By Wolfgang Zwiener

 品尝顶级熟成牛排

◆纽约最具人气的牛排馆登陆怀基基。此店最引以为傲的是专用排酸室。牛排在烹制之前，会在此放置约一个月，充分排酸。预算午餐 25 美元，晚餐 75 美元左右。

将味道最美的一块牛排切给我们的那一刻，让人感到无上的幸福

怀基基中心区域　　　Map p.250
☎ 922-3600
住 皇家夏威夷中心 C 馆 3F
时 11:30~23:00（周五、周六 ~23:30）
休 无
C/C A D J M V
P 利用中心的停车场，需验证
URL www.wolfgangssteakhouse.com

海图馆
Chart House

走进这里，让人感受一份怀念

◆自 1969 年开业以来，作为一家能眺望海港的餐馆，这家老字号的海鲜餐馆一直备受好评。傍晚时分，停泊在阿拉瓦伊帆船港的帆船剪影呈现在你眼前时，令人感到无上的浪漫。

图下方为轻焙金枪鱼，32.50 美元。蘸着略微黏稠的日本橙醋调制的酱料吃

怀基基西部 Map 怀基基 ~ 阿拉莫阿纳 -B4
☎ 941-6660
住 1765 Ala Moana Blvd.
时 17:00~21:00（周六 18:00~20:30，周日 17:00~20:30）
休 无
C/C A D M V
P 使用伊丽莎海滨停车场，需验证
URL www.charthousewaikiki.com

布巴阿甘
Bubba Gump Shrimp Co.

电影迷们毫不犹豫，直接到达！

◆电影《阿甘正传》的主题餐厅。店内也展示着电影中出现的服装、道具。如"阿甘网到的虾"（啤酒蒸大虾）11.99 美元，菜品的命名也独具匠心。

也不要忘了追追入口旁边的电影主题商店

阿拉莫阿纳地区　　　Map AMC-4F
☎ 949-4867
住 阿拉莫阿纳中心 4F 沿海一侧
时 10:30~22:00（周五、周六 ~23:00）
休 感恩节、12/25
C/C A D J M V
P 使用中心的停车场
URL www.bubbagump.com

芝加哥莫尔顿牛排坊
Morton's of Chicago

典雅的老牌牛排连锁店

◆诞生于芝加哥的美食餐馆。大块的顶级上等肋条制作的牛排，不论味道还是分量，都可谓压轴力作。外焦里嫩的牛排，越嚼越香。

24 盎司（约 680 克）那么大的上等腰肉牛排 53 美元

阿拉莫阿纳地区　　　Map AMC-4F
☎ 949-1300
住 阿拉莫阿纳中心，入口在 2F 沿海一侧
时 17:30~23:00（周五、周六 17:00 开始，周日 17:00~22:00）
休 主要节假日
C/C A D J M V
P 使用中心的停车场
URL www.mortons.com

大城餐馆
Big City Diner

块头大得惊人！

◆这家店以其十足的分量而自豪。仔牛背脊是其招牌菜品。分量一个人吃不了的"Big Slab"售价 23.03 美元，略小一号的"Not-So-Big Slab" 18.84 美元。

照片中是"Big Slab"。图中上方是牛仔鸡沙拉 11.51 美元

阿拉莫阿纳地区 Map 怀基基 ~ 阿拉莫阿纳 -B1
☎ 591-8891
住 沃德娱乐中心 1F
时 7:00~22:00（周五、周六 ~24:00）
休 无
C/C A J M V
P 使用中心的免费停车场

瓦胡岛

●餐馆 & 酒吧／牛排 & 海鲜

美国料理中，不论是牛肉料理、海鲜料理，还是甜点，样样都营养十足。如果每天都吃会让人生腻，但既然来到夏威夷，至少应该找一个晚上，饱餐一顿吧。不扭捏作态、豪爽地享受美食的休闲气氛也是这里的魅力所在。

美式西餐厅

American Style Restaurants

奶酪蛋糕工厂
The Cheesecake Factory
总是排着长队的人气餐厅

◆作为一家每天都排着长队的人气餐厅，已经成为怀基基的新景观。1400平方米的店内共设有565个席位，共有425名员工。规模之大，令人咋舌。厚达18页的菜单，载有250种菜品。

据说每天客流量高达3300人次

怀基基中心区域	Map p.251
☎ 924-5001
住 皇家夏威夷中心，C馆1F
时 11:00~23:00（周五、周六~24:00，周日10:00~23:00）
休 感恩节
C/C A J M V
P 使用中心的停车场，需验证
URL www.thecheesecakefactory.com

码之屋
Yard House
总是排着长队的人气餐厅

◆这是能品尝到全世界110种生啤的餐馆。以前都是按1码（约90厘米）的杯子来喝啤酒，因此得名。菜品也都是很配啤酒的时尚菜，有100种之多。

略带甜味的橙子风味橙子啤酒鸡，17.95美元。普通尺寸的啤酒4美元起

阿拉莫阿纳地区	Map AMC-4F
☎ 923-9273
住 怀基基海岸步行街
时 11:30~次日1:00（周五、周六~次日1:20）
休 无
C/C A J M V
P 使用大使套房酒店停车场，需验证
URL www.yardhouse.com

卡尼卡皮拉烧烤
Kani Ka Pila Grill
在怀基基，每天都可以欣赏到夏威夷音乐

◆休闲气息浓郁的西餐厅＆酒吧，开设在酒店泳池的旁边。知名的本地音乐家们的演唱会每天晚上都会上演。这里是充分感受夏威夷特色最好的地方之一。

人气料理生鱼沙拉13美元，怀马纳洛菠菜沙拉9美元。请用充满夏威夷风情的鸡尾酒一起享用

怀基基中心区域	Map 怀基基-B6
☎ 924-4990
住 奥特雷格礁石海滩酒店1F
时 6:30~10:30、11:00~22:00
休 无
C/C A D J M V
P 利用酒店的代客泊车服务，需验证
URL jp.outriggerref.com

巨浪里的吉米·巴菲特
Jimmy Buffett's at the Beachcomber
不论大人还是孩子都可以满足

◆著名歌手兼词曲作家吉米·巴菲特经营的餐馆。室内装修设计以夏威夷为主题，整面墙构成的大屏幕播放着夏威夷美丽的自然景色。有很多设置让全家人都可以从中获得满足。

餐位分为熔岩、洞窟、波涛等几个区域，去几次都不会厌烦

怀基基中心区域	Map 怀基基-A7
☎ 791-1200
住 怀基基欧哈纳巨浪酒店2F
时 7:00~24:00
休 无
C/C A J M V
P 利用酒店的代客泊车服务
URL www.jbabc.com

提基士烧烤 & 酒吧
Tikis Grill & Bar

怀基基最具代表的烧烤 & 酒吧

◆ 能够在较轻松的氛围中享受美食的餐厅 & 酒吧。用芋头以及在夏威夷近海捕到的海鲜等本地原材料，通过现代时尚的手法制作的菜品，既享口福，又饱眼福，分量之大也令人满足。傍晚时分有夏威夷歌手和草裙舞的现场表演。

图中下方为提基士名吃招牌三文鱼，28美元（晚餐菜品）

怀基基东部　　Map 怀基基 ~ 阿拉莫阿纳 –B8
☎ 923-8454
佳 阿斯顿怀基基海滨酒店 2F
时 10:30~22:00
休 无
C/C A D J M V
P 利用酒店的代客泊车服务
🖥 www.tikisgrill.com

鲁鲁怀基基冲浪俱乐部
Lulu's Waikiki Surf Club
可以看到大海的阳光休闲餐厅

◆ 即使在夏威夷也比较少见的可以一览大海风光的休闲餐厅。推荐经典芝士汉堡 10 美元起等。坐在能看到大海的餐位上，吹着海风，享受美食吧。

外面吹来的风惹人醉，不经意间便在此流连忘返

怀基基东部　　Map 怀基基 ~ 阿拉莫阿纳 –B8
☎ 926-5222
佳 怀基基海岸公园酒店 2F
时 7:00~次日 2:00
休 无
C/C A J M V
P 利用附近的投币停车场
🖥 www.luluswaikiki.com

海洋水族馆
Oceanarium

有水族馆的餐厅

◆ 这家家庭餐馆内设有世界知名的巨大水族箱，有 3 层楼高。菜品以自助为主，特别是牛排 & 海鲜自助晚餐34.95 美元（周五~周日 36.95 美元起），5~10 岁 15.25 美元，更是受人喜欢。

超过 70 种热带鱼悠闲地在水中游，每天可以看到数次投饵秀

怀基基东部　　Map 怀基基 ~ 阿拉莫阿纳 –A7
☎ 926-6111
佳 太平洋海滨酒店
时 6:00~10:00、11:00~14:00（周六、周日 ~14:30）、16:30~22:00
休 无
C/C A D J M V
P 利用酒店的验证停车
🖥 www.pacificbeachhotel.jp

萨米兹
Sammy's
给人以家的感觉的怀基基西餐厅

◆ 洋溢着一些时尚氛围的西式餐馆。除了一般的西餐，也请尝试夏威夷风光的西餐，如使用了菠萝和卡玛库产大虾的炒饭、浓醇的肉汁酱米饭汉堡等。

店内宽敞明亮，自助早餐和午餐也营业

怀基基中心区域　　Map 怀基基 ~ 阿拉莫阿纳 –A7
☎ 971-8888
佳 怀基基米拉玛酒店 5F
时 6:00~9:30、11:30~14:00、17:30~21:00
休 周六~周一的午餐
C/C A J M V
P 利用酒店的验证停车（2 美元）

IHOP 餐厅
IHOP Restaurant
想品尝美食热松饼就到这里

◆ 一家连锁家庭餐馆，在美国全国共有1300 多家分店。有大量的松软热松饼、华夫饼、法式煎蛋卷等适合早餐的美食，每一种全天都可以点餐。

图中下方为 4 个热松饼+水果多多的水果热松饼，10.99美元。图中上方为大个的米饭汉堡，12.99 美元

怀基基中心区域　　Map 怀基基 ~ 阿拉真阿纳 –A6
☎ 921-2400
佳 怀基基欧哈纳玛莉亚酒店大厅
时 6:00~22:00
休 无
C/C A D J M V
P 利用怀基基欧哈纳玛莉亚酒店停车场
🖥 www.ihop.com

艾格森小店
Eggs'n Things
总是排着长队的法式煎蛋卷人气店

◆一大早就排起长队的知名餐馆。这里有松软的法式煎蛋卷、酥脆的华夫饼等超级美味。香肠鸡蛋 8.50 美元，法式煎蛋卷 9 美元起等，所有的早餐份饭都包含 3 片黄油牛奶热松饼或者米饭、薯条。

烤到什么酥脆程度完全由你决定，草莓华夫饼 10.75 美元

怀基基中心区域　Map 怀基基 ~ 阿拉阿莫阿纳 -A6
☎ 923-3447
住 343 Saratoga St.,2F
时 6:00~14:00，17:00~22:00
休 无
CC J M V
P 使用附近的投币停车场
URL www.eggsnthings.net

戴夫 & 巴士特
Dave & Buster's
愉快的娱乐餐厅

◆能够品尝到美国南部区域特色美食的餐馆。餐馆的楼上是游戏厅，有超过 100 种的游戏可供娱乐，让你有种身在拉斯维加斯的感觉。作为大人们娱乐的地区，天天盛况。

宽敞的餐厅流露出雅致

阿拉莫阿纳地区　Map 怀基基 ~ 阿拉莫阿纳 -B1
☎ 589-2215　住 沃德娱乐中心
时 11:00~24:45（周三、周五、周六、次日 1:45）
休 无（但节假日时营业世界有所变更）
CC A D J M V
P 设有免费停车场
URL www.daveandbusters.com

瑞安
Ryan's
装成本地人到此舒闲用餐

◆这家店一半是酒吧，一半是餐厅。客人不仅有年轻人，也有老人，非常受欢迎。最受人喜爱的菜品是菜蓟沙司珍宝蟹，15 美元。正好适合做种类丰富的啤酒的下酒菜。

仅利用这里的酒吧主意也不错。充分享受火奴鲁鲁的夜生活

阿拉莫阿纳地区　　　　　　Map p.265
☎ 591-9132
住 沃德中心
时 11:00~24:00
　（周日早午餐 11:00~15:00）
休 12/25
CC A D J M V
P 使用中心的免费停车场
URL www.r-u-i.com/rya

金凯德
Kincaid's Fish Chop & Steak House
在此远眺落入港口的夕阳

◆这家店顺着海滩的方向狭长伸展，而且靠山一侧的餐位高出一段，所以无论从哪个餐位都可以将近邻的凯瓦劳船港尽收眼底。牛排、帝王蟹等美式料理，受人喜爱。

美景尽收的店内。周四~周六的 20:00~23:00 有夏威夷人的歌舞表演

阿拉莫阿纳地区　　　　　　Map p.264
☎ 591-2005
住 沃德仓库 2F
时 11:00~24:00(酒吧营业 ~ 次日 0:30）
休 12/25
CC A D M V
P 使用中心的免费停车场
URL www.kincaids.com

热带酒吧 & 烧烤
Tropics Bar & Grill
令人心旷神怡的海滨餐厅

◆在这家餐馆 & 酒吧，海滩就在眼前，可以充分体验南国风情。大量使用夏威夷本地食材制作的休闲风格的环太平洋地区美食可供选择。周五可以看烟火，但因为不接受预约，只能早点去占位。

下方为带有韩国泡菜的夏威夷米饭汉堡，17 美元，上方为可以自由选择面包和芝士的热带汉堡，15 美元

怀基基西部　Map 怀基基 ~ 阿拉莫阿纳 -B5
☎ 949-4321
住 希尔顿·夏威夷度假村内阿里怡塔海滨
时 7:00~10:00，11:00~22:00
休 无
CC A D J M V
P 使用酒店的停车场，需验证
URL www.hiltonhawaiianvillage.com

夏威夷居住着来自世界各国的人们。除了纯正的传统菜品，在当地人聚集的大众餐馆，也提供融合了各国美食特色的本地风味菜肴，令人兴趣盎然。每款都分量十足，清空肚肠，快乐出发做个本地人吧！

本地风味菜品
Local Style Restaurant

埃塞尔烧烤
Ethel's Grill

32 年来一直被卡里希的人们热爱着

◆ 自 1978 年开业以来，这家大众餐馆就一直以低廉的价格提供分量十足的美味食品。虽然价格可与拼盘午餐相媲美，但附带有沙拉、大酱汤、米饭和饮料，实惠得令人惊讶。

知名菜品——轻焙金枪鱼套餐 8.75 美元。本店自制酱料味道鲜美。左上为日式汉堡牛排，7.50 美元。

火奴鲁鲁、卡里希大街	Map 火奴鲁鲁 -C3
☎ 847-6467
住 232 Kalihi St.
时 5:30～14:00
休 周日及主要节假日
C/C 不可
P 使用大楼 1F 的免费停车场

朝日烧烤
Asahi Grill

在附近就可以喝到美味的牛尾汤

◆人气料理店。除了本地人喜欢的荷包蛋炸米饭、米饭汉堡、牛尾汤等菜品，也有盖浇饭、份饭、面类、咖喱饭等菜品。

牛尾汤小份 10.25 美元，大份 12.35 美元

阿拉莫阿纳地区	Map 怀基基～阿拉莫阿纳 -B1
☎ 593-2800
住 515 Ward Ave.
时 6:30～22:00（周五、周六 ~23:00）
休 感恩节、12/25、1/1
C/C M V
P 店铺前设有免费停车场

凯慕奇烧烤
Kaimuki Grill

设在凯慕奇的便捷餐厅

◆凯慕奇地区有很多便宜好吃的大众餐厅，而这家店的风格就是非常适合凯慕奇的一家休闲餐厅 & 酒吧。

　　菜品有蒜味牛排、酸味鸡肉、汉堡、卡卢阿烤猪、炒饭、炒面等，样样都非常受本地人的喜欢。份量都分量十足，大多数菜品都在 10 美元以下，价格实惠。另外，店内设有多台大尺寸电视，一直播放着体育节目。到了晚上，这些电视就成了卡拉OK 的屏幕，转身化作练歌房了。这一点颇受人喜欢。

上／从下方顺时针分别是盛在食盒里的大蒜鸡（8.75 美元），大份的卡卢阿烤猪玉米脆片（10 美元），藕切成薄片后炸制的炸莲藕片（6 美元）右／不加修饰的家庭氛围也令人喜欢。每到夏威夷大学橄榄球队的比赛实况转播时，本地人就围坐在这里，气氛热闹

火奴鲁鲁、维艾勒伊大街附近	Map 火奴鲁鲁 -A7
☎ 732-2292
住 1108 12th Ave.
时 11:00～14:00、17:00～22:30（周五 ~23:30，周六 14:00~23:30，周日 12:00~20:30）
休 周一晚宴、周六午餐、主要节假日
C/C D J M V
P 使用店铺后面的公共停车场

一点都不含糊的意面，地道的肉、鱼美食，不论是午餐还是晚餐，都受人欢迎的意大利料理。

意大利料理使用橄榄油的健康食品也很多，不论哪个年龄层都能得到满足。夏威夷有众多的意大利餐厅，从中选择符合亚洲人口味的味道清淡的店铺吧。

意大利料理

Italian Restaurants

阿兰迪诺迪马莱
Arancino di Mare

能望到怀基基傍晚景色的露台十分有人气

◆喜欢嚼劲十足的意面的朋友一定会喜欢的一家店。菜品丰富的冷盘及面饼酥脆的比萨售价 11 美元起，也非常受欢迎。推荐尝试在空气清新的露天景台享受美味的自助早餐，17美元。

| 怀基基东部 | Map 怀基基~阿拉莫阿纳-B8 |
☎ 931-6273
住 怀基基海岸万豪度假酒店＆水疗中心 1F
时 7:00~10:30、10:30~14:30、17:00~22:30　休 无　C/C A D J M V
P 使用酒店停车场，需验证
URL www.arancino.com

贝拉米亚
Bella Mia

布鲁克林风格的意大利料理店

◆在这家大众餐馆可以品尝到手工制作的布鲁克林风格意大利美食，价格合理，分量十足。除了大家熟悉的意大利面、比萨、意大利饺子以及烤意式宽面，附赠的本店自制面包也很好吃。

选择自己喜欢的材料烤制"创造你自己的比萨"（7.50美元起）和意式油焖虾（17.95美元起）

| 火奴鲁鲁、维艾勒伊大道附近 Map 火奴鲁鲁-A7 |
☎ 737-1937
住 1137 11th Ave.
时 11:00~21:00
休 感恩节、12/25、1/1
C/C A D J M V
P 使用店铺后面的公共停车场

加利福尼亚比萨厨房
California Pizza Kitchen

要想吃美式比萨就到这里

◆本地人也非常喜欢的一家比萨饼店。有 25 种以上的比萨饼可选，也有辣味的花生＆姜味、芝麻酱味泰国鸡比萨等极具特色的菜品。代表性菜品是蘑菇＆意大利辣香肠比萨12.29 美元。

椰子造型的雕刻是其标志。卡哈拉购物中心等处也有分店

| 阿拉莫阿纳地区 | Map AMC-4F |
☎ 941-7715
住 阿拉莫阿纳中心 4F
时 11:00~22:00（周五、周六~23:00）
休 感恩节、12/25
C/C A D J M V
P 使用中心的免费停车场
URL www.cpk.com

罗曼诺麦可罗尼烧烤
Romano's Macaroni Grill

分量超大的意大利餐馆

◆全世界有多达 240 家店铺的大型连锁店。店面宽敞舒适，适合全家人一起或和朋友一起组队前来热热闹闹地就餐。菜品注重健康，每 2 个月就会有大厨特制菜品登场。

下方是二次烘烤意式宽面，15.99 美元。6 层宽面之间加上波隆拿肉酱和肉团后在烤箱里烘烤两次而成

| 阿拉莫阿纳地区 | Map AMC-4F |
☎ 356-8300
住 阿拉莫阿纳中心 4F 靠山一侧
时 11:00~22:00（周五、周六~23:00）
休 感恩节、12/25
C/C A J M V
P 使用中心的免费停车场
URL www.macaronigrill.com

  ※11/25 为感恩节（2010）。此节日不固定，每年有所变动

隆基兹
Longhi's

大人们社交的好场所

◆ 店内设计中白与黑相辉映，彰显现代气息。适合穿上你平时舍不得穿的时装，到这家美食餐厅来就餐。晚餐的预算冷盘 9.50 美元起，意大利面 15.50 美元起。作为酒吧来喝一杯也不错。

将阿拉莫阿纳海滨公园美景尽收眼底的时尚店铺

阿拉莫阿纳地区　　　Map AMC –4F
☎ 947-9899
住 阿拉莫阿纳中心 4F 靠海一侧（入口在 2F）
时 8:00~22:00（周六、周日 7:30 开始）
休 无
C/C A J M V
P 使用中心的免费停车场
URL www.longhis.com

安古洛·皮埃特罗
Angelo Pietro Honolulu

想吃有嚼劲的日式意面就到这里

◆ 这家店的卖点就是很有嚼劲的意大利面和味道清爽的清淡酱料。因为总店位于福冈，自然这里的菜品就有很多使用明太子、高菜等的日式意大利面。也有可以根据个人口味自由选择酱料和配料的菜品。

中下方是茄子肉末意面（12.75 美元），右侧为名吃生鲜土豆沙拉（7.25 美元）

阿拉莫阿纳地区　　Map 怀基基 ~ 阿拉莫阿纳 –A3
☎ 941-0555
住 1585 Kapiolani Blvd.
时 11:00~22:00（周五、周六 ~23:00）
休 7/4、感恩节、12/25、1/1
C/C A D J M V
P 使用大楼 1F 的停车场，需验证
URL www.pietro.co.jp

布卡荻贝坡
Buca di Beppo

谁都会为分量之大而惊讶的

◆ 意大利南部家庭风味的餐馆。这家店的菜品分量十足，几乎每一张餐桌都会传来惊叹的声音。这里还提供店内参观的旅游项目，可以看到员工们忙碌工作的厨房现场和这里的酒柜。

意式海鲜扁面 35.75 美元，这还是一份的量呢

阿拉莫阿纳地区　　Map 怀基基 ~ 阿拉莫阿纳 –B1
☎ 591-0800
住 沃德娱乐中心 1F
时 11:00~22:00（周五、周六 ~23:00）
休 无
C/C A D M V
P 设有免费停车场
URL www.bucadibeppo.com

陶尔米纳西西里美食
Taormina Sicilian Cuisine

地道南意大利料理

◆ 正宗的西西里美食餐厅。几乎不使用黄油或奶油，而多用橄榄油和西红柿、柠檬等。既有室内餐位，也有包厢及露天景观餐位，可以分别体会到不同的风情。

时尚现代的店内装饰。也有露天景台餐位

怀基基中心区域　　　　Map p.257
☎ 926-5050
住 怀基基海岸步行街 1F
时 11:00~22:00（周五、周六 ~23:00）
休 无
C/C A D J M V
P 使用大使套房酒店的停车场，需验证
URL www.taorminarestaurant.com

夏威夷的唐人街等地也有很多中国餐厅。而且可以品尝到广东、上海、四川、北京、香港等各地的美食。大家围坐在圆桌边就餐，其乐融融，这是只有吃中餐才能体会得到的。也一定请体验一次货车服务的正宗广东早茶。

中国餐厅

Chinese Restaurants

北京海鲜酒家
Beijing

☎ 📶 位于怀基基正中心的海鲜中餐名店

◆使用精挑细选的夏威夷产新鲜海鲜，用大火快速翻炒后制成的正宗海鲜餐厅。菜单品种丰富，几乎挑选不尽，如果你犹豫难定，可以根据自己的预算，选择套餐（1人30美元起）。

位于怀基基非常方便的场所的高档中餐店

	怀基基中心区域	Map p.250
☎ 971-8833
住 皇家夏威夷中心 C 馆 3F
时 11:30~14:30、17:00~21:30
休 周六的午餐
C/C A J M V
P 使用中心的停车场，需验证
URL www.beijnghawaii.com

传奇海鲜餐馆
Legend Seafoof Restaurant

☎ 这里的广东饮茶堪称绝品

◆这家风味绝佳的广东饮茶店总是排着长长的队伍。每一份2.40美元起，即使吃到肚饱，也不过每人消费15~20美元。饮茶时间一直营业到15:00，也可以稍晚一点到这里吃午餐。晚餐则可以品尝到正宗的海鲜美食，7美元起。

包括刚刚出笼的烧卖在内，共有50多种饮茶菜品

	市中心	Map p.96–A1
☎ 532-1868
住 唐人街文化广场内
时 10:30~14:00（周六、周日 8:00 开始）
休 无
C/C J M V
P 需验证

P.F. 张华馆中国餐馆
P.F. Chang's China Bistro

☎ 📶 新潮、新式样的中餐店

◆这家连锁店 1993 年设立于亚利桑那州，之后又在拉斯维加斯、加利福尼亚等地开设了大量分店。店内风格时尚，和传统的中餐馆风格迥异，非常符合小酒馆之名。

店内设计雅致，入口、店内等处摆放着马的雕刻，墙上描绘着讲述爱情的大型壁画。菜品外观精美，与其说是纯正中餐，倒不如归到亚洲美食中更合适。

用完餐后，可以吃一些颇具特色的西式甜点，如叫幸运八的点心、香蕉春卷等。

图中下方为胡椒炒大虾 20.50 美元，蒙古牛排 17.95 美元，生菜鸡肉卷 10.50 美元

	怀基基中心区域	Map p.251
☎ 628-6760
住 皇家夏威夷中心 A 馆 1、2F
时 11:00~23:00（周五、周六 ~24:00）
休 无　C/C A D J M V
P 使用中心的停车场，需验证
URL www.pfchangshawaii.com

一、二层的两侧有露天景台餐位。虽说是中餐，但更给人一种雅致小酒馆的感觉

位于国际商场（→ p.255）库希奥大道一侧的新新大排档（Fatty's Chinese Kitchen）的价格低、味道美、分量足。

麒麟餐厅
Kirin Restaurant

盛况连连的中餐馆

◆在这家著名的中餐馆，你可以花在怀基基难以想象的价钱，品尝到北京、上海、四川美食。吃什么都不会令你失望，但特别推荐蒸卡胡库大虾（1磅35美元），以及培根卷4个14美元等。

比在怀基基吃要实惠得多。周末最好要预约

☎ 942-1888
住 2518 S.King St.
时 11:00~14:00、17:00~24:00（周日 ~22:30）
休 无
C/C A D J M V
P 白天免费停车，晚上需验证

大三元酒楼
Panda Cuisine

在阿拉莫阿纳品尝正宗广东饮茶

◆推荐这里的午餐茶点。点心种类丰富，除了菜单上40种固定品种，每天还会特别提供10~15种不同的美食。从阿拉莫阿纳中心步行就可以到达，在购物的间隙在此吃午餐是最好不过的。

广东茶菜品每盘 2.75~5.50 美元

☎ 947-1688
住 641 Keeaumoku.St.
时 10:30~14:30、17:30~ 次日 1:00（周日 ~22:00）
休 无
C/C J M V
P 使用大楼的地下停车场。1 小时 1美元，夜晚免费（需要小费）

德运
Happy Day

百姓氛围浓郁的人气餐馆

◆给人以家的温馨感觉的一家人气店铺。推荐菜品是蚝油炒蒸牡蛎 12.95美元，以及干贝味道浓郁的奶油海鲜豆腐汤 10.95 美元等。午餐时分也提供广式饮茶（2.45 美元起）供选择。

烧卖、春卷、牛肉卷、奶黄包等各 2.68 美元

☎ 738-8666
住 3553 Waialae Ave.
时 8:00~22:30
休 无
C/C A D J M V
P 使用店铺后面的公共停车场

明园美食之家
Mini Garden

除了面条，也想品尝其他的中餐

◆在美食家圈中知名的本店引以为傲的面条类，竟有60种之多。午餐的时候，可以看到很多本地华人在此津津有味地品尝嚼劲十足的汤面。除此以外，也有来自香港的大厨制作的种类丰富的原创米饭里、肉类美食。

劲道面确实好吃。照片为叉烧肉馄饨面条，7.50 美元

☎ 946-3828
住 2065 S.Beretania St.
时 10:30~22:00（周五、周六 ~23:00）
休 无
C/C M V
P 在相邻的面包店旁边有专用的免费停车场

家乡小馆
Little Village Noodle House

在中餐竞争激烈的地方生存着的人气家庭风味餐馆

◆本地人们熟悉的一家中餐馆。很多菜品都为素食主义者着想，并进行了改进，也可以选择放辣椒的多少。厨房前面的黑板上写着使用新鲜蔬菜及海鲜制作的特别菜谱，可不要忽视了。

橙味鸡（9.85 美元）等菜品是这里的引以为傲的菜品，用厨师特制的橙味甜辣酱炒制而成

☎ 545-3008
住 1113 Smith St.
时 10:30~22:30（周六、周日 ~24:00）
休 无
C/C A J M V
P 在靠山一侧有免费停车场相邻

 CHECK ☎ =需预约（或预约较为保险）/ M M =服装代码

要说营养丰富，代表性的膳食自然有韩国烤肉。热乎乎地吃下鲜嫩的烤肉，如果再吃点辣乎乎的韩国泡菜、韩式拌菜等，就会变得热意尽消，浑身清爽，最适合滋养强身。吃后感觉精力会从内心身处汹涌而出。饿得饥肠辘辘后，甩开膀子海吃一顿吧。

韩国料理

Korean Restaurants

兄弟餐馆
Hyung Jae Restaurant

请一定品尝超级美味的菜品

◆知名的韩国烤肉店。烤牛肋骨等味道当然相当满意，其中特别推荐烤隔膜肉，23.50美元。隔膜肉是上好的肋骨肉中最中心的位置，柔嫩，而且越嚼味道越醇美，令人爱不释口。

价格比数年前升幅很大，但比起在怀基基吃，还是便宜

阿拉莫阿纳地区　　Map 怀基基~阿拉莫阿纳-A2
☎ 591-1827
住 636 Sheridan St.
时 11:00~24:00
休 无
C/C Ⓐ Ⓙ Ⓜ Ⓥ
P 店铺后面有3个免费车位。没有车位时需要使用附近的计时停车位。

小公洞
So Gong Don Restaurant

健康有点辣的韩国家庭美食

◆不论是本地人还是经常来到夏威夷的游客中，极其喜欢这家店的人有很多。特别以韩式豆腐火锅闻名。豆腐除了原味的，还有海鲜味、午餐肉豆腐等10多种口味（每种均为8.20美元）。

来到这里还是喜欢吃纯豆腐。虽然辣，但上瘾

火奴鲁鲁、麦卡利地区　Map 火奴鲁鲁-B6
☎ 946-8206
住 麦卡利 S.C.2F
时 10:00~23:30（周五、周六~24:00）
休 无
C/C Ⓐ Ⓓ Ⓙ Ⓜ Ⓥ
P 使用中心的停车场
URL www.sogonghawaii.com

索哥顿
Sorabol

健康又味道浓厚的家庭菜肴

◆24小时营业，经常是菜单上的都能点。早上多点汤类，白天是套餐和面类，晚上，客人则多点烤肉。烤肉一份20美元左右，量较大请参照着实物点。

金枪鱼、白身鱼、三文鱼等生鱼片，外加放着蔬菜和生鱼的拌饭13.95美元

火奴鲁鲁、怀阿拉大街附近　Map 火奴鲁鲁-A7
☎ 1947-3113
住 805 Keeaumoku St.
开 24小时
休 无
C/C Ⓐ Ⓓ Ⓙ Ⓜ Ⓥ
费 利用店旁的免费停车场
URL www.sorabolhawaii.com

大川
Dae Chun

请一定品尝爽滑的绿茶风味的冷面

◆这家韩国料理店以其绿色面条和吃起来如刨冰口感的汤而引以为傲。推荐菜品是绿茶水冷面8美元，据说其中的面中和上了绿茶粉，因而面是绿色的。口中弥漫的绿茶香和冰凉的汤令人食欲大增。

情侣或朋友来到此，点上一份少见的绿茶凉面2碗和烤牛肋骨的组合套餐，共21美元，相当实惠

阿拉莫阿纳地区靠山一侧　Map 火奴鲁鲁-B5
☎ 942-0099
住 825 Keeaumoku St.
时 10:00~22:00
休 无
C/C Ⓐ Ⓙ Ⓜ Ⓥ
P 店铺前面有免费停车场（2个车位），也可利用附近的投币停车场

正如夏威夷被称为"种族马赛克"一般，这里的菜品也是五花八门。在火奴鲁鲁一带，几乎没有你吃不到的菜品。墨西哥菜、希腊菜、比较罕见的埃及菜等，到处都是让人想尝试一次的餐馆。美食大冒险也只有在外出旅游时才可体会，请不要错过这次机会噢。

各国料理

Ethnic Foods

凯欧斯泰国菜
Keo's Thai Cuisine

本店特制辣料包决定菜品味道

◆这家店不愧被《好胃口》杂志评为"美国最好的泰国餐厅"，使用在北海岸自己栽培的香草及蔬菜制作的菜品煞是好吃。具有异国情调的餐厅内饰也引人注目。

左边是干咖喱，16.95 美元，味道醇厚。右边是沙爹鸡串，9.95 美元

怀基基西部　　　Map 怀基基～阿拉莫阿纳 –A5
- ☎ 951-9355
- 🏠 2040 Kuhio Ave.
- 🕐 17:00~22:00
- 休 无
- C/C A D J M V
- P 需验证
- URL www.keosthaicuisine.com

暹罗广场
Siam Square

怀基基的正宗泰国料理餐厅

◆怀基基比较少见的正宗泰国料理餐馆。泰国北部地区的口味，不很辣，吃起来比较轻松。有很多如冬阴功酸辣汤、泰国咖喱、春卷等大家比较熟知的菜品。每一款都可以自由选择辛辣程度。

米色基调的内饰。墙上的液晶电视播放着泰国的美景和名胜地的影像资料

怀基基中心区域　　Map 怀基基～阿拉莫阿纳 –A6
- ☎ 923-5320
- 🏠 408 Lewers St.,2F
- 🕐 11:00~22:00
- 休 12/25、1/1
- C/C A J M V
- P 使用附近的投币停车场
- URL www.siamquaredining.com

北南
Bac Nam

温馨如家的越南餐厅

◆大厨是店主的夫人——基米，她制作的菜品虽然是纯正的越南家常菜，但吃起来让人感觉很舒心。推荐菜品不计其数。据说也有菜单上没有出现的神秘菜品。

常客们喜欢的菜品、加了宽河粉的炖牛肉——"Stewed Beef Flat Rice Noodle"，7.50 美元

火奴鲁鲁、国王大道　Map 火奴鲁鲁 –B5
- ☎ 597-8201
- 🏠 1117 S.King St.
- 🕐 11:00~14:30、17:00~21:00
- 休 周日、主要节假日
- C/C M V
- P 店铺的后面有专用停车场

河粉 777
Pho 777

和春卷一起享用传统的越南河粉

◆越南口味的牛肉汤米粉受人欢迎。把生豆芽、薄荷、罗勒叶子加在汤上，挤上柠檬汁再吃。米粉有大小两种，可以根据你的饭量选择。

特别肉面组合（8.50 美元）和春卷（6 个 8.99 美元）

火奴鲁鲁、麦卡利地区　　Map 火奴鲁鲁 –B6
- ☎ 955-7770
- 🏠 麦卡利购物中心 2F
- 🕐 9:00~24:00（周五、周六～次日 1:00）
- 休 无
- C/C M V
- P 使用购物中心的免费停车场

芭乐
Ba-Le

法式和越式的对接

◆这家店法式和越南风格完美融合制作的三明治很受欢迎。亮点是夹上了萝卜丝和胡萝卜的酸菜。脆脆的感觉令人上瘾。有各种各样的三明治，3.95美元起。

自制法式面包也很香美。照片是组合面包，4.95美元

阿拉莫阿纳地区　　Map 怀基基～阿拉莫阿纳 -B1
☎ 591-0935
住 沃德哥特威中心内
时 9:00～21:00（周日～20:00）
休 无
C/C 不可
P 使用中心的免费停车场
url latourbakehouse.com

清迈
Chiang-Mai

用糯米饭吃咖喱是泰国北部美食的经典

◆具有异国情调的泰国北部风格餐馆。在清迈，糯米是主食，和咖喱、炒肉、蔬菜等一起吃，非常好吃。老挝来的农民种植的蔬菜和香草也格外提味。

咖喱有黄色、红色、绿色等多个种类，9.50美元

火奴鲁鲁、国王大道　　Map 火奴鲁鲁 -B6
☎ 941-1151
住 2239 S.King St.
时 11:00～14:00（周六、周日休息），17:30～21:30
休 主要节假日
C/C A D J M V
P 店铺后面有免费停车场

香辛料
Spices

充分体味东南亚刺激性的味道

◆经营泰国、越南、老挝、马来西亚、印度尼西亚等东南亚菜品的一家专业美食店。菜品涵盖面广，既有大家熟悉的冬阴功酸辣汤（6.95美元起）等菜品，也有老挝风味的炒菜（12.95美元起）等比较稀奇的美食。

香辛料绝妙搭配的泰式河粉，11.95R 美元

火奴鲁鲁、国王大道　　Map 火奴鲁鲁 -B6
☎ 949-2679
住 2671# D South King St.
时 11:30～14:00（周二～周五），17:30～21:30（周二～周六）、17:00～21:00（周日）
休 周一、主要节假日
C/C J M V
P 大楼的后面有专用停车场

哈雷越南餐馆
Hale Vietnam Restaurant

让人上瘾的香浓的越南美食

◆这家知名店铺曾多次获得夏威夷美食杂志的大奖。特别请大家一定要品尝的是越南火锅"Nhunh Giam"，27.95美元。这是在特制的汤料中将肉类、海鲜类煮一下后，用米皮卷起来吃的一种越南涮火锅。

别名称作"越南火锅"的"Nhunh Giam"，堪称一绝

火奴鲁鲁、维艾勒伊大道附近　Map 火奴鲁鲁 -A7
☎ 735-7581
住 1140 12th Ave.
时 10:00～21:45
休 感恩节
C/C A J M V
P 使用附近的计时停车场

青蛙先生的餐厅＆酒吧
Senor Frog's Restaurant & Bar

充满活力的墨西哥餐馆

◆一家美式墨西哥风格的餐馆，店铺主要分布在墨西哥、加勒比海岛屿一带。店内有可爱的青蛙造型，装饰色彩时尚流行。这里也有现场演奏和卡拉OK活动。

图中下方为包含油炸玉米馅饼、带塔考斯玉米卷等的嘉年华牛排16美元

怀基基中心区域　　Map p.250
☎ 440-0150
住 皇家夏威夷中心 A 馆 3F
时 11:30～22:00（周五、周六～22:30），酒吧营业至深夜
休 无
C/C A J M V
P 使用中心的停车场，需验证
url www.senorfrogs.com

金字塔
The Pyramids

夏威夷唯一的埃及菜馆

◆ 夏威夷非常少见的一家埃及餐馆。店内的白色墙壁上刻着象形文字，颇具异国情调。有很多适合亚洲人口味的菜品，如各种阿拉伯牛肉卷、埃及风味的豆酱等。晚餐预算 14~27 美元。

火奴鲁鲁、卡帕胡卢大道　Map p.94-B

☎ 737-2900
住 758-B Kapahulu Ave.
时 11:00~14:00、17:30~22:00（周日 17:00~21:00）
休 感恩节、12/25
C/C A D J M V
P 有免费停车场，但车位有限

上／肚皮寿司只在晚餐时间有，周三~周六 19:30 和 20:30，周日 19:00 和 20:00　左／烤腌渍过的牛肉和羊肉，用薄饼卷着吃的中东风味卷饼 16.95 美元

希腊胖子
Fat Greek

能够感受到父亲手艺的希腊菜馆

◆ 能够气氛轻松地吃到希腊美食的餐馆。引人注目的不是"妈妈的味道"，而是"父亲的口味"。菜品大多使用橄榄油、柠檬、大蒜等，分量十足，但吃后感觉舒爽。

最受欢迎的香米鲜三文鱼 12.95 美元

火奴鲁鲁、维艾勒伊大道　Map 火奴鲁鲁 -B7

☎ 734-0404
住 3040 Waialae Ave.
时 11:00~22:00
休 感恩节、12/25、1/1
C/C M V
P 店铺前面有免费停车场

橄榄树咖啡
Olive Tree Cafe

评价极高的希腊料理名店

◆ 当地最有名的希腊美食专门店。将串烧肉或鱼夹在全麦中东口袋饼内，蘸着酸奶酱吃的希腊三明治 10 美元起，以及希腊风味沙拉 8 美元等，味道清淡健康的菜品很多。

清新自然的店内装饰。也设有露天餐位。可以自带酒水

火奴鲁鲁、卡哈拉地区　Map 火奴鲁鲁 -A8

☎ 737-0303
住 4614 Kilauea Ave.
时 17:00~22:00
休 感恩节、12/24、12/25、12/31、1/1、4/4
C/C 不可
P 设有免费停车场

古巴灵魂咖啡
Soul de Cuba café

可以在夏威夷吃到古巴的家常菜

◆ 夏威夷第一家古巴家常菜餐厅。根据店主家祖传的原创菜谱制作的菜品，以海鲜和肉为中心。萨尔萨风格的音乐节奏感强烈，具有浓郁的加勒比风情。可以边欣赏音乐边品尝美食。

炸鸡块、炸香蕉和黑豆米饭 15 美元

商业区　Map p.96-A1

☎ 545-2822
住 1121 Bethel St.
时 11:30~22:00（周六 ~23:00，周日 14:00~20:30）
休 无
C/C A J M V
P 使用附近的投币停车场
URL www.souldecuba.com

夏威夷的日本料理都非常纯正，绝不输给日本本土。而且，很多时候可以吃到用日本料理的烹饪手法烹制的本地原材料。寿司、天妇罗、乌冬面……

日本料理

Japanese Restaurants

信怀基基
Nobu Waikiki   令全世界的社会名流啧啧称赞的著名厨师的集大成之作

◆日本引以为傲的世界著名厨师松久信幸先生终于来到了夏威夷。客人可以在寿司柜台前很有格调地品着日本酒，仔细品尝令全世界的社会名流倾倒的信幸美食。

时尚现代的店内设计出自著名的设计师大卫·洛克威尔之手

怀基基中心区域　　Map 怀基基~阿拉莫阿纳-B6
☎ 237-6999
住 怀基基帕克酒店内
时 17:30~22:00（周五、周六~22:30）
休 12/25
C/C A D J M V
P 使用酒店的停车场，需验证
URL www.noburestaurants.com

卡伊瓦
Kaiwa   轻松享受料理的舒缓空间

◆一家创意餐厅，在这里可以品尝到铁板烧和现代风味的寿司卷。使用日本进口的原材料和夏威夷本地产的新鲜蔬菜和海鲜制作的美食，让人既饱口福，又能饱眼福。

店内时尚，与一般的日本料理店有天壤之别

怀基基中心区域　　　　　Map p.257
☎ 924-1555
住 怀基基海岸步行街 2F
时 11:30~14:00、17:00~23:00
休 周六、周日的午餐
C/C A D J M V
P 使用大使套房酒店的停车场，需验证　URL www.kai-wa.com

银座梅林炸猪排
Tonkatsu Ginza Bairin   这里的炸猪排，肉焦嫩，皮酥脆

◆开业至今已有 80 多年历史的老字号，为了将日本的炸肉排推广到全世界，而来到了夏威夷。除了专门从日本直接进口的特制生面包粉、最高级的棉籽油和秘制炸肉排酱汁，每一样原材料都精益求精。

下方为元祖一口猪排份饭（23 美元），上方为炸大虾份饭（21 美元）

怀基基中心区域　　Map 怀基基~阿拉莫阿纳-B6
☎ 926-8082
住 奥特瑞格丽晶海滩漫步酒店 1F
时 11:00~21:30（周五、周六~24:00）
休 无　C/C A D J M V
P 使用全日空（ANA）卡拉卡瓦中心停车场。仅平日的晚上和休息日需验证
URL www.pj-world.com/bairin

松玄
Matsugen   享受在你眼前现做现吃荞麦面的奢华

◆嚼劲十足的手擀荞麦面是这家专业店的卖点。荞麦粉、鲣鱼花片、海带等均为从日本各地直接进口。除荞麦面外，也有荞麦豆腐、炸荞麦面等单点菜品。生鱼片、天妇罗等居酒屋常见菜品这里也种类多多。

含有紫苏、葱、秋葵等大量配菜的纳豆荞麦面 14.20 美元

怀基基中心区域　　Map 怀基基~阿拉莫阿纳-B6
☎ 926-0255
住 255 Beachwalk
时 11:30~14:20、17:30~21:20
休 无
C/C A D J M V
P 只有 18:00 后可以利用全日空（ANA）卡拉卡瓦中心停车场
URL www.pewters.co

甚六太平洋
Jinroku Pacific ☎

在时尚的空间感受百姓的味道

◆ 著名的大阪烧和章鱼丸子店"甚六"在国外开的第一家店。在时尚现代的内饰餐厅内，可以吃到百姓风味的菜品。推荐菜品为大阪烧等铁板料理。大粒的什锦章鱼丸子 6 个 7.5 美元，人气十足。

裹着一只大虾的虾球大阪烧 14.50 美元，热乎乎的洋溢着大阪的味道

怀基基中心区域　Map 怀基基～阿拉莫阿纳-A7
☎ 926-8955
住 阿斯顿太平洋君主酒店 1F
时 11:30～14:00、17:30～22:30
休 无
C/C A D J M V
P 在爱德华王子大道一侧有代客泊车服务（4 美元，另需要小费）
URL www.jinroku.com

广志烤肉
Yakiniku Hiroshi ☎

人气烤肉店，常来的客人中也有很多艺人

◆ 在怀基基评价很高的烤肉店。据说口味很叼的演艺界人士也经常光临。炭火烤制的鲜嫩烤肉，使用的是活牛肉或者在美国特别定制的产品。猪肉泡菜（10.50 美元）等单点菜品也种类丰富。

宽敞现代的店内。女性客人、情侣客人也很多

怀基基中心区域　Map 怀基基～阿拉莫阿纳-A6
☎ 923-0060
住 339 Royal Hawaiian Ave.
时 17:30～23:00　休 无
C/C A D J M V
P 利用怀基基贸易中心的停车场，需验证
URL www.yakinikuhiroshi.net

千房
Okonomiyaki Chibo Restaurant

想要吃香美的大阪烧时，就到这里

◆ 在怀基基交通便利的一家大阪烧和铁板烧的餐馆。店内氛围雅致令人心情舒缓。除了分量十足的大阪烧（15.75 美元起），也有套餐和生鱼沙拉（11.75 美元）等各类酒肴。

图中下方为配料多多的千房大阪烧（21.75 美元），上方为大厨沙拉（11.75 美元）

怀基基中心区域　　　　Map p.250
☎ 922-9722
住 皇家夏威夷中心 A 馆 3F
时 11:30～14:00（周一～周六）
休 无
C/C A D J M V
P 使用中心的停车场，需验证
URL www.chibo.com

花乡
Hana no Sato ☎

从早上就可以享用温馨的家常菜的怀基基日本料理店

◆ 静静地躲在凯越酒店后面，比较隐秘的一家餐厅。多年来一直为游客提供餐饮服务的店主从私人渠道采购的鲜鱼，令这家店引以为傲。

鸡蛋卷、纳豆、盐烤鲑鱼等早餐 3.75 美元起，午餐则是从即刻就会售罄的肥金枪鱼排、姜炒猪肉、汉堡肉饼等中间选择,1 种 3.75 美元，2 种 5.98 美元。和早餐一样，这个价格当中包括热米粉、酱汤、小咸菜等。酒需要自带，但免费提供冰和水。

怀基基中心区域　Map 怀基基～阿拉莫阿纳-A7
☎ 922-9635
住 2410 Koa Ave.
时 17:30～23:00（周日 ~22:00）
休 无
C/C J M V
P 无

（上）柜台排列着每天不同的单点美食。店内虽然只有 14 个餐位，但每到夜晚就会在店外摆上桌椅，热是热闹 （下）左／将海鲜、鳄梨上抹上辣味蛋酱后烤制成的"炸药"7 美元，晚餐菜品　右／午餐的海鲜盖浇饭有两种大小可选，小份 6.98 美元，大份 9.98 美元

都太
Todai
人气自助

◆生意兴隆的一家日式料理自助餐店，虽然有多达450个座席，但几乎天天排着长队。无时间限制的午餐14.99美元（周六、周日17.99美元），晚餐28.99美元（周五~周日29.99美元），饮料另外付费。

摆放海鲜的柜台上，新鲜的螃蟹、龙虾、牡蛎、扇贝、大虾等美食一字长龙地排列着

怀基基西部　　Map 怀基基 ~ 阿拉莫阿纳 –A5
☎ 947-1000
住 1910 Ala Moana Blvd.
时 午餐11:30~14:30（周日11:00开始），晚餐17:30~21:30（周五~22:00、周六17:00~22:00，周日17:00~21:00）
休 无
C/C A D J M V
P 需验证
www.todai.com

元气寿司
Genki Sushi
饭点去，得做好排队的思想准备

◆在夏威夷，回转寿司也人气旺盛。传统的手握寿司和加州卷自然会有，除了寿司，还有炸土豆饼、凉拌豆腐、甜点等单点的菜品也会转过来。收费方法为1盘1.50~4.80美元。

推荐菜品是新式寿司软壳蟹卷（4.80美元）。图中上方为辣味金枪鱼卷（2.20美元）

阿拉莫阿纳地区　　Map AMC–2F
☎ 942-9102
住 阿拉莫阿纳中心 2F 靠山一侧
时 10:30~21:30（周五、周六~22:00）
休 无
C/C A D J M V
P 使用中心的免费停车场

筑地鱼市
Tsukiji Fishmarket & Restaurant
可以品尝到各种口味的主题公园

◆自助餐区里，除了手握寿司等日本料理，也摆放着环太平洋美食等菜品，种类丰富。午餐有30多种，晚餐则有50多种。座席也设有烤炉柜台和寿司柜台。

自助午餐18.95美元，自助晚餐32.95美元（6~9岁半价，5岁以下免费）

阿拉莫阿纳地区　　Map AMC–4F
☎ 237-5444
住 阿拉莫阿纳中心 4F
时 11:00~14:00、17:00~22:00
休 无
C/C A D J M V
P 使用中心的免费停车场
www.tsukijifishmarket.com

雅庵
Gaan
用料讲究的私密寿司店

◆布置雅致的一家隐秘的正宗寿司店。对于原材料一点儿也不马虎，同时经营贸易生意的店主，会从全世界采购新鲜的时令海鲜产品用于制作寿司。

　大厨据说也认真学习过法国烹饪方法，制作寿司时也会吸收法国大餐的制作方法，比如有些寿司会采用黑葡萄醋、香草等调味。另外，制作寿司米时，醋选用酒糟制作的红醋，而盐则使用温泉水晒制的山盐，对原料非常考究。

右/店面设计具有亲和力，厨师可以从厨房看到柜台和厅内仅有的4个餐桌上的客人
上/地中海风味的西芹章鱼（14.95美元）
下/用当天采购的新鲜时令蔬菜和8种山珍、海鲜制作的雅庵卷（19.95美元）
（右）根据配料调整放入红醋的多少，制作考究的寿司（时价）。从右往左依次是夏威夷岛养殖的平目鱼、夏威夷近海的金枪鱼、日本空运来的斑鰶鱼

怀基基中心区域　　Map 怀基基 ~ 阿拉莫阿纳 –A7
☎ 922-3399
住 怀基基沙滩别墅酒店 1F
时 17:30~21:45
休 11/25*
C/C A J M V
P 利用酒店的代客泊车服务，需验证
www.gaansushi.com

三世
Sansei

◆源自毛伊岛卡帕陆亚的新感觉日式餐厅。虽然也有一般的寿司（3~13美元），但新式寿司才是这里的拿手好戏，如用蟹肉、杧果、蔬菜、花生等制作的杧果蟹肉沙拉卷等。

有各种各样新式寿司

怀基基东部　　Map 怀基基~阿拉莫阿纳 –A8
☎ 931-6286
住 怀基基海岸万豪度假酒店 3F
时 17:30~22:00（周五、周六~次日1:00）
休 无
CC AJMV
P 使用酒店的停车场。需验证
www.sanseihawaii.com

用金枪鱼、三文鱼、鳄梨制作而成的加州卷——彩虹卷（12.95美元）

什锦面火锅亭
Menchanko-tei

◆中午的价格实惠的午饭套餐（8.54美元）极具人气。晚上则再吃点火锅（13.95美元，2人份起）、特选里脊肉排（15美元）等热一下身后，最后自然是这家店名中包含各种什锦面的火锅亭（9.25美元）来压轴了。

菜谱上有很多小酒店菜品的大众餐厅

怀基基中心区域　　Map 怀基基~阿拉莫阿纳 –A6
☎ 924-8366
住 怀基基贸易中心 1F
时 11:00~23:30
休 无
CC ADJMV
P 使用中心的停车场。需验证

广为人知的什锦火锅。在什锦火锅里放上拉面，配料多多

今成亭
Imanas-tei

◆可以轻松享用日本酒、日本美食的知名酒店。推荐选用时令蔬菜、海鲜、猪肉泥等组合成的什锦火锅。在夏威夷相对吃得比较少的蔬菜，在这里可以大量吃到。日本酒有本地酿制的 18 个品牌可供选用。

会对这家蔬菜多多的原创美食心满意足的

火奴鲁鲁、国王大道　Map 火奴鲁鲁 –B6
☎ 941-2626
住 2626 S King St.
时 17:00~23:30
休 周日、7/4、感恩节、12/25（除此以外，春、秋及新年前后分别休业 1 周）
CC ADJMV
P 设有免费停车场

什锦火锅 1 份 19.50 美元。从左至右分别为轻焙鲣鱼（9.50 美元）、香炸鸡（7.50 美元）和名古屋名吃豆酱串炸肉（6 美元）

五志五
Goshigo

◆使用天然盐和采自夏威夷科纳海底的海盐深层水制作的美味手擀乌冬面店。仔细擀制的乌冬面略细，劲道，口感滑爽。

菜单上有热乌冬面和凉乌冬面等共约 20 个品种，也有附带白米饭或咖喱饭的组合套餐以及附带有天妇罗或者烤肉、炸鸡块等的份饭。不仅乌冬面，连酱料也绝不使用化学调味品，所以可以放心地把汤喝光。也可以追加裙带菜、煮鸡蛋、天妇罗等配菜。

在夏威夷可以吃到真正的手擀面！

阿拉莫阿纳地区靠山一侧　Map 火奴鲁鲁 –B5
☎ 942-0545
住 903 Keeaumoku St.C101A
时 11:00~14:00、18:00~21:00
休 周日
CC AJMV
P 店铺后方有免费停车场

（上）店面不大，除了柜台，就有几张餐桌
（上）圆月纳豆乌冬面 9.50 美元（左）和鳄梨大虾乌冬面 8.95 美元

八景
Japanese Taste Hakkei

在夏威夷体验老牌旅馆的氛围

◆位于冈山县汤原温泉的老字号旅馆"八景"开设的火奴鲁鲁店。对口味非常考究,原材料使用夏威夷本地产的新鲜蔬菜和本地鸡,而米饭则是用柴炉煮制的。推荐午餐选用份餐,晚餐选择套餐。

推荐菜品关东煮,有新鲜蔬菜。午餐套餐包括3种关东煮、2盘小菜、成菜、日式豆酱、米饭,共花费15美元。

火奴鲁鲁、国王大道　　Map 火奴鲁鲁-B5
☎ 944-6688
住 1436 Young St
时 11:00~14:00、17:00~21:30
休 周一
C/C A D J M V
P 有 8 个(晚上为 30 个)车位的专用停车场

神保
Jimbo

能吃到这么有嚼劲的乌冬面,令人激动!

◆可以说汤料是乌冬面的命脉。这家正宗的乌冬面店制作汤料的海带、鲣鱼花片等均专门从京都采购。菜谱上有热乌冬面、冷乌冬面及份饭等,价格也不贵,一般为 9~13 美元。

刚出锅的天妇罗。照片为天妇罗乌冬面和日式焖米饭的组合套餐

火奴鲁鲁、国王大道　　Map 火奴鲁鲁-A8
☎ 947-2211
住 1936 S.King St.
时 11:00~14:50、17:00~21:50(周五、周六 ~22:30)
休 12/25、1/1
C/C A J M V
P 有免费停车场

一力
Ichiriki

健康个性的火锅料理专业店

◆这是一家夏威夷比较少见的专业火锅店。有涮涮锅、日式锄烧牛肉火锅、酱味什锦火锅、酱油味什锦火锅等,种类丰富。大多数火锅可以从一份订起,所以大家一起可以在一个餐桌上享受不同品种的火锅。

人气菜单——什锦火锅,21.95 美元。内有肉泥、猪肉、香菇等,营养丰富。适合吃火锅时饮用的八海山纯米吟酿,1 杯 10 美元

阿拉莫阿纳地区　　Map 怀基基-B2
☎ 589-2299
住 510 Piikoi St.
时 11:00~14:00、17:00~23:00(周五、周六 ~24:00,周日 ~22:00)
休 主要节假日
C/C A D J M V
P 店铺后面有免费停车场

乐
Sushi Izakaya Gaku

当前最具活力的居酒屋风格

◆这家人气餐馆,从开业至今,一直顾客盈门。最最推荐的是自制关东煮和手工炸制的炸地瓜。除了固定菜单,每天还会根据当天采购的新鲜原材料制作菜品,可以品尝到时令美味。

左边为罗勒味醋腌章鱼(8.50 美元),右下方为节日纳豆(13.50 美元)

★
火奴鲁鲁、国王大道　　Map 火奴鲁鲁-B5
☎ 589-1329
住 1329 S.King St.
时 17:00~23:00(只在 17:00~19:00 接受预约)
休 周日、12/25、1/1
C/C A D J M V
P 店铺后方有几个车位的免费停车场

歌赞
Gazen

似乎能令人立刻充满活力的味道

◆以铁板烧和豆腐制作的菜品为主的一家创意美食店。开放式厨房中央有个大块的铁板,厨师将烧烤类的菜品一个接一个地手法熟练地烧制。能够从餐位上窥看厨师的手法也给就餐添加不少的乐趣。

好吃到不行

火奴鲁鲁、卡皮欧拉尼大道　Map 火奴鲁鲁-B6
☎ 737-0230
住 2840 Kapiolani Blvd.
时 17:00~23:00(周五、周六 ~ 次日 1:00)
休 感恩节、12/25、1/1
C/C D J M V
P 店铺前面有免费停车场
URL www.gazen.net

好吃的拉面在这里!
推荐拉面馆 BEST5

夏威夷也有为数众多的拉面馆,其中下列 5 家店铺更是好评如潮。每家店的拉面都各具特色,通过品尝找出它们之间的差异也令人愉快。

另外,在美国,没有吃拉面时发出声响的习惯,虽说来到了拉面馆,这一点还需稍加注意。周围本地客人很多的时候,还是控制一下嘴里的声音,不让别人厌烦为妙。

■ 翠菊(→ Map 怀基基 ~ 阿拉莫阿纳 -A6)

夏威夷的第一家店于 1974 年开业,是家历史悠久的老字号。略粗的弯面,味道相对浓厚,分量十足。锅贴也很好吃。酱油拉面 7.75 美元。怀基基有 2 家店铺。(☎ 926-8616 时 11:00~23:00)

左 / 夏威夷店味道正宗,味噌拉面 7.95 美元是主打
右 / 带大虾

■ 极味(→ Map 怀基基 ~ 阿拉莫阿纳 -B6)

配料讲究,使用夏威夷海盐和夏威夷产的猪肉制作的叉烧肉等,味道醇美。酱油拉面 8.50 美元。蘸汁冷面 8.75 美元。午餐时免费提供迷你叉烧肉米饭。(☎ 924-6744 时 11:00~14:30、17:00~22:00)

左 / 放着大块炸猪排的、超值的炸排拉面 9.98 美元
右 / 飘着芝麻香的、汤稍微带点酸味的担担面 7.88 美元

■ 天下一品(→ Map p.94-B)

据说这家连锁面馆起源于京都银阁寺附近的一家知名拉面摊。基本口味有两种,即酱油味道的"清淡口味"(8.25 美元)和味道醇厚的"浓郁口味"(8.25 美元)。(☎ 732-1211 时 11:00~22:00,周五、周六 ~23:00)

左 / 煮了 3 小时以上的牛尾拉面 13.90 美元。牛尾脱骨,请蘸着生姜和酱油一起吃 右 / 蒜末炸得酥香的清淡酱油拉面 9 美元。另有炒饭和饺子

■ 拉拉家(→ Map 怀基基 ~ 阿拉莫阿纳 -B5)

横滨的吉村家为创始渊源的家传拉面。文火慢炖出的猪骨或鸡架汤,加上盐味或酱油味。还可以进一步自由选择汤的浓稠度、油的多少、面几成熟等,制作出一碗最合自己口味的拉面。(☎ 589-2824 时 11:00~14:30、17:30~21:00)

左 / 矿物质含量丰富的夏威夷盐与好吃的扇贝配合出美味的梅子咸拉面,与梅子的酸味相得益彰 右 / 辣味面 9.25 美元。辣味有几档可供选择:微辣、一般辣、加辣,面是粗面,一大碗(200 克)

■ 芝麻亭(→ Map p.265)

位于沃德中心内的一家人气拉面馆。也有一般的酱油口味拉面,但最受欢迎的是担担面(7.50 美元)。另有叉烧肉担担面(8.75 美元)、海鲜担担面(10.50 美元)等。(☎ 591-9188 时 11:00~21:30,周五、周六 ~22:00,周日 11:30~20:30)

左 / 鸡汤面,最受欢迎,8.75 美元
右 / 辣味的汤和芝麻的味道完美结合,酸酸的担担面 8.95 美元(1 天只有 20 碗)

 ☎ =需预约(或预约较为保险)/ M M =服装代码

在酒店的酒吧悠闲地喝上一杯，或者到本地人聚集的喧闹的俱乐部跳上一曲。一天的游玩结束之后，夜晚的娱乐也才刚刚开始。希望你能够尽情体验夏威夷的夜生活。不过，千万注意不要喝多了。如果拿出在中国的感觉，喝得酩酊大醉，有时甚至会遭遇不测的……

夜生活

Night Life

海滨酒吧
Beach Bar   在豪华酒店的中庭度过傍晚的美好时刻

◆这家酒吧位于被称作怀基基贵妇人的豪华酒店中庭。眺望着夕阳，点上蜡烛，和恋人促膝交谈。在各种浪漫氛围中品尝到的鸡尾酒，味道自然也特别。

好的餐位，要在傍晚之前确定下

怀基基中心区域　Map 怀基基~阿拉莫阿纳-B7
- ☎ 922-3111（酒店主机）
- 住 莫阿纳冲浪者酒店威斯汀度假村内
- 时 10:30~24:00
- 休 无
- C/C A D J M V
- P 有代客泊车服务
- URL jp.moana-surfrider.com

媚态酒吧
Mai Tai Ba   令你沉浸在天国氛围中的海滨酒吧

◆皇家夏威夷的海滨酒吧。也有一种说法认为这里是著名鸡尾酒"媚态"的发祥地。吹着海风，全身心地体味鸡尾酒的美味。傍晚开始，会有草裙舞和夏威夷现场演唱节目。

此处的海潮也是美好的背景音乐

怀基基中心区域　Map 怀基基~阿拉莫阿纳-B7
- ☎ 923-7311（酒店主机）
- 住 皇家夏威夷 1F
- 时 10:30~24:30
- 休 无
- C/C A D J M V
- P 有代客泊车服务
- URL jp.royal-hawaiian.com

朗姆火焰
Rum Fire   就着小碟菜肴品味年份朗姆酒，度过魅力今宵

◆最适合迎着怀基基的海风，就着轻便的美食，品味美酒的一家酒吧。这里有朗姆酒等101种鸡尾酒11美元，而下酒菜则是炭烧扇贝等西班牙达帕斯风格的小碟菜品。

时尚现代的酒吧柜台。16:00~19:00 是"快乐时段"

怀基基中心区域　Map 怀基基~阿拉莫阿纳-B6
- ☎ 922-4422（酒店主机）
- 住 怀基基喜来登 1F
- 时 11:00~22:45（酒吧~23:00，周五、周六~次日 1:45）
- 休 无
- C/C A D J M V
- P 利用酒店的停车场，需验证
- URL jp.sheraton-waikiki.com/rumfire.htm

不上锁的房间
House Without A Key   在高档酒店度过傍晚的梦幻时刻

◆在成年人的环境中舒缓地享受草裙舞和夕阳西下美景的露台酒吧。在树龄超过100年的基阿桂大树下的舞台上，上演优雅的草裙舞。吃着美味的酒肴，品味艳丽的鸡尾酒。

能欣赏到优雅草裙舞的露台酒吧

怀基基中心区域　Map 怀基基~阿拉莫阿纳-B6
- ☎ 923-2311（酒店主机）
- 住 哈莱库拉尼酒店 1F
- 时 7:00~21:00（草裙舞 18:00 左右 ~20:15 左右）
- 休 无　C/C A D J M V
- P 利用酒店的代客泊车服务
- URL www.halekulani.com/jp

慕斯麦基里卡迪
Moose McGillycuddy's
一直热闹到深夜的大众酒吧

◆每天从傍晚一直热闹到深夜的餐厅＆酒吧。每天16:00开始有3小时的"快乐时段"，啤酒等会打折。周二到周六从20:00时起有DJ加入，舞池就盛况空前了。菜品也种类繁多。

一层是便宜又好吃的餐厅，二层是酒吧＆夜总会

怀基基中心区域　Map 怀基基~阿拉莫阿纳~A6
☎ 923-0751
住 310 Lewers St.
时 7:30~22:00，酒吧 19:00~次日 3:30
休 无
C/C A J M V
P 使用附近的投币停车场
URL moosewaikiki.com

媚态酒吧
Mai Tai Bar
购物间隙在此略加休息

◆店铺是开放空间，微风轻拂，视野开阔，既可以用来等待朋友，也可以在购物间隙在此稍事休息。有各种无醇饮料和酒肴。每天有娱乐项目上演。

中间是宽松的藤条沙发，周围则是小花园风格的餐桌

阿拉莫阿纳地区　Map AMC-4F
☎ 947-2900
住 阿拉莫阿纳中心 4F
时 11:00~次日 1:00
休 感恩节、12/25
C/C A D J M V
P 使用中心的免费停车场

窗格＆美酒
Pane & Vino
在这家葡萄酒吧也可以吃到正宗的意大利料理

◆在这家酒吧也可以喝着美酒品尝正宗的意大利料理。酒以意大利进口为主，一杯6~16美元，一瓶26美元起。菜品中什锦奶酪15美元，意面13~18美元。

手工制作感浓烈的餐厅内饰。能让人稳坐下来品酒

怀基基中心区域　Map 怀基基~阿拉莫阿纳~A2
☎ 923-8466
住 408 Lewers St.
时 18:30~次日 2:00
休 周日
C/C A D J M V
P 使用附近的投币停车场

阿缪兹葡萄酒吧
Amuse Wine Bar
目前最热＆可以倾听现场演出的葡萄酒吧

◆极具现代感的餐厅——舞台入口处的一家葡萄酒吧。这家酒吧采用的系统是在酒柜上插入专用卡后自己斟酒。酒吧旁边的"舞台"餐厅也有一些现场表演。

在这家时尚的葡萄酒吧，面对数量如此众多的葡萄酒，禁不住让人深呼一口气

火奴鲁鲁、卡皮欧拉尼大道　Map 怀基基~阿拉莫阿纳~A2
☎ 237-5428
住 1250 Kapiolani Blvd.,2F
时 17:00~22:30
休 周日、感恩节、12/25、1/1
C/C A D J M V
P 设有免费停车场
URL www.honoluludesigncenter.com

阁楼
Loft
一家时尚酒吧＆休息室

◆和人气火锅店"一力"是一家子的酒吧＆休息室。在这家店，可以轻松地喝点饮料，在宽敞的空间里悠闲地吃着美食聊聊天。推荐独具特色的原创鸡尾酒，8美元左右。

红和黑为基础色调的内饰设计，舒缓现代

阿拉莫阿纳地区　Map 怀基基~阿拉莫阿纳~B2
☎ 591-5638
住 510 Pikoi St.,2F
时 17:00~次日 2:00（周日~24:00）
休 感恩节
C/C A M V
P 使用店铺后面的停车场

=需预约（或预约较为保险）／=服装代码

戈登比尔森
Gordon Biersch Brewery & Restaurant
体会一口气干一杯扎啤的幸福

◆在港口旁边的一家真正的啤酒吧＆餐厅。店内陈列着银色的大型酿酒罐，可以品尝到新鲜出炉的德国生啤酒。啤酒有皮尔森风格啤酒和黑啤酒等3种。500毫升每瓶售价5.50美元。

在露天景台上欣赏着大海风光喝上一杯，味美百倍。菜品也都是适合喝啤酒的美食

市中心   Map p.97–B2

☎ 599-4877
住 阿罗哈塔交易市场 1F
时 10:00~22:00（周五、周六～23:00），酒吧 ~24:00（周五、周六～次日 0:30）
休 无
C/C A D J M V
P 需验证
URL www.gordonbiersch.com/restaurants

杜克独木舟俱乐部
Duke's Canoe Club
可以直奔海滩的餐厅＆酒吧

◆可以将海滩尽收眼底的室外餐厅。自助早餐（14.95美元）和晚餐都很受欢迎，毕竟这么好的位置，作为酒吧也可以好好利用。从白天就可以喝酒，这也是度假胜地特有的吧。

傍晚时分开始会有著名音乐家的现场演奏

怀基基中心区域   Map 怀基基～阿拉莫阿纳 –B7

☎ 922-2268
住 奥特雷格怀基基 1F
时 7:00~22:00（酒吧 ~24:00）
休 12月休息 1 天（不定期）
C/C A D J M V
P 使用欧哈纳东部酒店的停车场，需验证
URL www.dukeswaikiki.com

珍珠超级休闲室
Pearl Ultra Lounge
为大人们准备的优雅的夜总会

◆店内分成舞台吧、香格里拉吧和露天景台吧三个分区区域，可以在自己喜欢的区域享受美食和鸡尾酒。周二～周五有爵士及 R&B 乐队的现场演奏。请注意留意服装代码符号。

下方为菠萝莫吉托。上方是招牌饮料——加珍珠粉的珍珠鸡尾酒。均为8美元。仅周五、周六需入场费10美元

阿拉莫阿纳地区   Map AMC–3F

☎ 944-8000
住 阿拉莫阿纳中心 3F 幕山一侧
时 16:30~次日 2:00（周五～次日 4:00，周六 19:00~次日 4:00）
休 周日、感恩节、12/25
C/C A D J M V
P 使用中心的免费停车场
备 年龄限制为 21 岁以上
URL www.pearlnawaii.com

赞杂酒吧
Zanza Bar
在热烈气氛中享受的怀基基人气俱乐部

◆本地喜欢时尚生活的人们聚集的一个热点俱乐部。店内氛围奢华，除了舞蹈层，有真正的酒吧角以及可以悠闲畅饮的餐桌。从有些宾馆步行就可到达，非常方便。

需要入场费 15 美元（不满 21 岁者 10 美元），另加最低消费 2 杯饮料的点单

怀基基中心区域   Map 怀基基～阿拉莫阿纳 –A6

☎ 924-3939
住 怀基基贸易中心 1F
时 21:00~ 次日 4:00，周二 20:00~次日 2:00
休 周一 C/C A J M V
P 需验证（3 美元）
URL www.zanzabarhawaii.com

利用酒吧时的参考事项

❶ 景色越好越贵

不仅是酒店，包括酒吧在内如果海滩就在眼前的话，价格也会略高。普通的鸡尾酒每杯3.50~5.50美元，但需要知道，怀基基海滩沿岸的海边平台，则要付7~10美元。

❷ 有效利用"快乐时段"

不愧是世界度假胜地，白天就有很多人在酒吧饮酒。于是，有不少酒吧、餐馆推出了"Happy Hour"的时段。大约从14:00至日暮时分，这一时间段饮品大约半价。"快乐时段"的价格和时间会标在入口处。

❸ "普普"是什么

在酒吧经常能听到"普普（Pupu）"这个词。在夏威夷语中，这个词是指"菜肴"。如果标有"Free Pupu"，就可以认为店家提供的爆米花、薯条、咸饼干等都可以免费食用。

❹ 酒到付款

当然可以最后一起结账，但推荐采用"酒到付款（cash on delivery）"的支付方式。看上去很麻烦，但事实上很合理。既不用担心喝酒超过预算，也不用担心被宰。每次付款时不要忘了给服务员小费。

❺ 在柜台喝酒

在柜台喝酒时，原则上是不需要支付小费的。如果服务员问需不需要追加免费酒液或者服务到自己时，就需要多少给些小费了。和酒吧侍者的会话也很令人期待。

❻ 在酒吧交朋友

特别是几个女性朋友一起去喝酒时。有时，服务会会端着饮料来说，"是旁边包厢的客人送的"。这时，说声谢谢，饮用就可以了。但如果来而不往，就会被送酒的人理解为"接受邀请了"。这时，需要拜托送酒的服务员说："请替我们还一杯客人自己正喝的酒。"没有比免费的更贵的了。当然，如果你根本就没那个意思，自然可以堂而皇之地拒绝。

去喝上一杯吧

在夏威夷也可以唱卡拉 OK 来助兴

现如今，卡拉OK已经成为夜生活的不可或缺的活动了。有人可能会有意见说："有必要到夏威夷唱什么卡拉OK吗？"但趣味相投的朋友一起唱唱也很愉快。

如果你觉得怀基基附近一带不太好唱歌，推荐你到阿斯顿怀基基欢乐酒店（→ Map 怀基基~阿拉莫阿纳 -A6）的 GS 工作室（GS Studio ☎921-3576　⏰12:00~次日4:00）看看。这里的卡拉OK系统和国内完全相同，可以放心地一展歌喉。虽然最新歌曲会比国内晚一周左右，但歌曲库中储备有高达1万首之多的曲目。

既有1~3人的小房间（1小时10~15美元），也有可以容纳30人的宴会房间（1小时45美元）。还是预约一下比较保险。另外，虽不可自带酒水，但吃的东西可以自带。注意必须要提供带有照片的身份证明。

当太阳染红了西边的天空，坐在海滨的酒吧内，拍上一张留念吧。最符合此情此景的，自然是热带风情鸡尾酒。虽说含有酒精，但食用大量的新鲜水果和新鲜果汁调制而成的舒爽的饮料，是最符合午后夏威夷的。

不过，热带风情鸡尾酒其种类繁多，琳琅满目。特别是夏威夷，作为热带风情鸡尾酒的圣地，当翻看饮料菜单时，会发现各类名称布满整个菜单。一不小心点了自己不喜欢的饮料，就有些尴尬了。为了能让大家在点饮料时更能轻车熟路，在此介绍热带风情鸡尾酒的基本知识以供参考。

成为一名热带风情鸡尾酒调配专家

通过名称想象是何种味道

热带风情鸡尾酒自然是鸡尾酒的一种。用什么酒调制的，如何调制的，通过它的名称可以管窥一二，还是先掌握基本词汇的意思吧。

费兹 (Fizz)：指含碳酸的鸡尾酒。以蒸馏酒或利口酒为基酒，加上柑橘类的果汁和甜味后摇匀，兑上碳酸。有金费兹、可可费兹等。

柯林斯 (collins)：虽然同样是含碳酸的鸡尾酒，此种酒是将原料直接放入柯林斯直杯后搅拌而成，不用摇晃的方法。以蒸馏酒为基酒，加上柑橘类果汁和甜味。如汤姆柯林斯等。

潘趣 (Punch)：以酿造酒或蒸馏酒为基酒，加入果汁或水果而成。有古拉雷特潘趣、庄园潘趣等。

以下介绍的是代表性的热带风情鸡尾酒。除此以外，还有很多种类，有些酒只能在特定的酒吧才可以喝到，请一定品尝一下。

需要注意的是，每一种酒口感都很好，一不小心就容易喝多。千万要注意不要因为喝热带风情鸡尾酒而将自己弄得酩酊大醉，留下千古遗恨哦。

热情之痒（Tropical Itch）
这种鸡尾酒的酒杯里会带根老头乐，用黑朗姆、淡朗姆、西番莲果汁等调制而成，充满热带口味。朗姆酒的香味还是略适合成年人。

新加坡司令（Singapore Sling）
诞生于新加坡莱佛士酒店的一种鸡尾酒，现如今已经名满全球了。用杜松子酒、柠檬汁、樱桃白兰地、苏打水调制而成。令人舒爽的甜味是其特征。

娇态（Mai Tai）
以黑朗姆、淡朗姆为基酒，配以菠萝汁、橙汁、柠檬汁等而成。在大溪地语中，意思是"此物并非世上有"。喝来的确让人感觉此酒是鸡尾酒中皇后。

奇奇（Chi Chi）
诞生于夏威夷的一种鸡尾酒。以伏特加为基酒，混合以椰浆、菠萝汁，以菠萝片装饰酒杯。"奇奇"在美国俚语中为"潇洒"之意。

蓝色夏威夷（Blue Hawaii）
这种鸡尾酒，以蓝色柑香利口酒代表蓝色的海洋，塞满酒杯中的碎冰象征着泛起的浪花。用淡朗姆、菠萝汁、柠檬汁等调制而成，口感舒爽轻快。

晚宴团体游的代表项目——晚宴秀

晚宴游项目最具代表性的，就是晚餐和娱乐能够同时享受到的晚宴秀了。这是夏威夷特有的夜生活的方式。极具异域风情的波利尼西亚秀、可以和家人一起观赏的魔术秀等，可以根据你的爱好进行选择。

规模宏大的魔术令人震撼！
魔幻波利尼西亚
（Magic of Polynesia）

再现了古代夏威夷的宏大场面、现代化的高科技照明设备及激光射线交相辉映，给人一种梦幻般的感觉。世界闻名的魔术师——约翰·广川的精彩表演，恍若梦境。舞台间隙还可以欣赏到波利尼西亚舞蹈。可谓一流娱乐活动！

🎫 仅表演秀 52.50 美元，4~11 岁 35 美元。含晚宴 85 美元起，4~11 岁 57 美元起。
🕐 含晚宴开始时间 19:00，仅表演秀开始时间 20:00，表演大约持续 1 小时 15 分钟
🚫 无 📍 怀基基欧哈哈卡巨浪酒店（→Map 怀基基~阿拉莫阿纳-A7）☎ 971-4321 📅 周日、周一由另外的魔术师表演 🖥 www.magicofpolynesia.com

令人震撼的火焰表演，不容错过

正宗的波利尼西亚表演
创造
（Creation Polynesian Journey）

活动的名称完整说来是"创造——波利尼西亚旅程"。不仅有夏威夷草裙舞，还有塔希提、新西兰、萨摩亚的火刀舞等，波利尼西亚代表性的节目一个不少。多媒体的舞台效果和音响设备带给你强烈震撼。表演由 5 部分构成，引人入胜，流连忘返。

🎫 鸡尾酒秀 55（5~12 岁 41.25 美元），晚宴秀 95 美元起（5~12 岁 71.25 美元）🕐 落座时间晚宴秀为 18:00，鸡尾酒秀为 19:00 🚫 无 📍 喜来登卡伊乌拉妮公主酒店（→Map 怀基基~阿拉莫阿纳-A7）☎ 922-5811 🖥 www.princess-kaiulani.com/de_creation.htm

规模宏大的舞台，表演也非常精湛

充分享受民族舞蹈和传统美食
怀基基星光鲁奥烤猪晚宴
（Waikiki Starlight Luau）

可以说是怀基基唯一的正宗鲁奥烤猪晚宴。在宽广的舞台上尽情表演的舞者们的表演绝对值得一看。与舞蹈同样受人喜爱的是美食。一流宾馆的大厨们尽现风采，有机地将传统的鲁奥烤猪和现代烹饪融为一体。每款菜品都能勾

火焰舞表演将宴会推向高潮。4 名男子共同表演的焰火舞唯有在此处才可欣赏到

起人们的食欲。同时能欣赏到夏威夷的传统表演和美味，一定会为你带来难忘的一夜。

🎫 95 美元，4~11 岁 47.50 美元 🕐 17:30~20:30
🚫 周五、周六 📍 希尔顿·夏威夷度假村与水疗中心（→Map 怀基基~阿拉莫阿纳-B5）☎ 941-8528
🖥 www.hiltonhawaiianvillage.com

华美的塔希提草裙舞

戒杀价购物

不听店员介绍，一味要求"打折、打折"的亚洲人通常遭到最多的恶评。这种倾向在中年妇人的小团体中尤为明显。出没在一流品牌店和旗舰店的女性要特别注意，大量购物时稍有让价的情况另当别论，一般的店铺是不会让价的。在夏威夷购物可以讨价还价的只有国际商场的摊铺（p.255）和跳蚤市场（p.136）。

不要随意触摸商品

对商品慎重地品评在这里是很必要的。若是橱窗购物则可以取下商品查看、试穿等，即使最后什么也没买也不会招致店员的埋怨。

只是，在试穿、试用商品时一定要通知店员，否则将有可能被误认为是偷窃行为。

注意尺寸的表示

包括夏威夷在内，美国衣服尺寸的标记方法和中国是不同的。尽管同样是 M 号，却经常会有过大，完全不合身的情况。因此请务必先试穿，才能买到合身的服饰。

以适宜的着装出入品牌店

穿着超短热裤、海滩拖鞋、吃着冰激凌逛一流品牌店着实与周围气氛不相符合。此外，也不要在店内大声喧哗或一窝蜂地挤在柜台。请以适宜的服饰和稳重的态度光临品牌店。

鞋店都会准备为顾客测量脚尺寸的卡尺

退货 OK

在海外，包括夏威夷，退货和换货是常有的现象。"尺寸不合适"、"不喜欢这个颜色"等都可以成为退换货的理由。但是，在退货时需要出示发票。因此在购物时请注意保存好发票。

优惠之旅

夏威夷商品打折的第一季是从感恩节（11 月第四个周四）的第二天开始到圣诞节结束。圣诞节之后到新年也会有大规模的打折活动。以购物为目的的游客可以选择在这个时期出行。夏季的打折期为 7~8 月，冬季打折期为 1~2 月。

店铺全年无休？

怀基基附近的商铺有许多是全年无休的。但也有许多店铺会在感恩节（11 月第四个周四）、圣诞节、元旦、复活节等节假日暂停营业。具体情况视店铺而有所不同。

（从上依次是）阿罗哈衫（雷恩 Reyn's → p.301），尤克里里（尤克里里屋→ p.306），冲浪艇（夏威夷制造→ p.305）

在国际市场的摊铺购物时，可以与摊主讨价还价，这样往往能买到更便宜的东西。

夏威夷的商场不仅是购物的场所，也是夏威夷之旅的关键要地，是令人兴奋的地方。在这里即使不购物，仅感受人潮涌动的活力也会让人心情愉悦。

商 场

Shopping Malls

皇家夏威夷购物中心
Royal Hawaiian Center　　　　　　　怀基基购物的代名词

◆ 皇家夏威夷购物中心可以说是夏威夷购物的代名词。斥资约 1.2 亿美元进行装修，于 2008 年春重新营业。新店铺和特别节目齐全。

　　大厦 B 座和 C 座之间的庭园"皇家格鲁夫"成为怀基基的新兴游览胜地。商场所在地曾是被叫作"赫尔莫"，茂密生长着一万多棵椰子树的树林，是许多王室贵族的避暑胜地。在园子的中庭种植着椰树和夏威夷特有的植物，形成凉爽的树荫。

　　皇家格鲁夫庭园还开设了免费的草裙舞课堂，还有夏威夷特色的现场演出等活动，是游客休憩的极佳场所。在庭园旁有介绍夏威夷和夏威夷原住民历史的"皇家神圣传统室"，这里时常会放映介绍夏威夷历史和文化的录像（英语）。游客们可以在购物的同时了解夏威夷的历史（入场免费）。

怀基基中心区域 Map 怀基基～阿拉莫阿纳-B6
时 10:00～22:00
（根据租户不同而不同）
休 几乎所有的店铺全年无休
P A 馆有专门的停车场（收费）。
入口处可以沿皇家夏威夷大街停车
URL www.royalhawaiiancenter.com

观看夏威夷传统古典草裙舞的绝好机会！

卡西库（kahiko）草裙舞表演

　　Hula 是"舞蹈"的意思，Kahiko 是"古代"的意思。在古代的夏威夷，草裙舞是在祭祀先祖、神灵等神圣的仪式中跳的舞蹈。跟随葫芦鼓、响板和鳄鱼皮鼓击打的节奏，和着演唱者的歌声，穿着荷叶裙的舞者们翩翩起舞。和面带微笑的现代草裙舞不同，古时的草裙舞是祈福神灵、祭祀先祖的严肃舞蹈。

　　皇家夏威夷购物中心于 2009 年 8 月在皇家庭园的中庭开始了珍贵的卡西库草裙舞表演。参加演出的除了 Halau I Ka Wekiu、Ka Pa Hula O Kauanoe O Wa'ahila、Halau Hula O Maiki，还有许多著名的卡西库草裙舞学校。这是个接触夏威夷珍贵文化遗产的绝好的机会，一定不要错过。

演出时间为每周六 18:00～18:30，入场免费。咨询处为皇家夏威夷购物中心客服办公室
☎ 922-2299

左上／皇家庭园周一~周六18:00~19:00举行草裙舞秀。每月的第一个和第三个周三13:00~14:00有皇家夏威夷乐队的现场表演　右上／可以品尝到各种美味的饮食区帕依娜露天景台　左下／皇家庭园有众多椰树，形成凉爽的树荫　中下／出售摩登、性感女装的碧碧（Bebe）（p.288）　右下／迷人时尚女装玛希玛亚诺（p.288）

魅力商铺

这里除了宝嘉丽、菲拉格慕、爱马仕、卡地亚、芬迪等一流的品牌店，还有爱慕（p.289）、魅力（p.290）、玛希亚诺、碧碧（Bebe）、美国7牌（p.288）等众多女士时装店。

另外美妆店爱之复兴（p.285）；珠宝店寇阿纳尼、菲利普·里卡德火鲁努努；鞋店皮革之魂（p.300）；童装店皇家鱼（p.296）等也应有尽有。

购物、美食、娱乐尽享

装修后，这里增设了许多美食店。美食街帕依娜露天景台（p.208），P.F.张华馆中国餐馆（p.228），有许多有趣活动的青蛙先生餐馆与酒吧（p.232），讲究肉质的沃尔夫冈牛排馆（p.221）等店铺众多，可谓"怀基基最强"阵容。

感受夏威夷文化的免费课堂

皇家夏威夷购物中心开设了能够体验夏威夷文化的课堂和公开表演，在这里可以轻松学习夏威夷文化，深受游客欢迎。

最有人气的草裙舞课堂（下）。老师普阿凯阿拉·曼（Puakeala Mann）也是尤克里里课堂的老师（右）。课程时间不固定，请查询网站确认

课堂日程表

■ 草裙舞课堂：周二11:00~12:00、周日16:00~17:00（皇家庭园）

■ 尤克里里琴课堂：周二~周五10:00~11:00（B馆2F食品景台）

■ 夏威夷短褶裙表演：周二9:00~11:30（A馆3F）

■ 花环制作：周一、周五13:00~14:00（A馆1F）

■ 夏威夷式按摩课堂：周一、周三11:00~12:00（A馆1F）

■ 编椰叶表演：周日15:00~18:00（皇家庭园）

■ 波利尼西亚文化中心的表演：周四、周六11:00~11:45（皇家庭园）

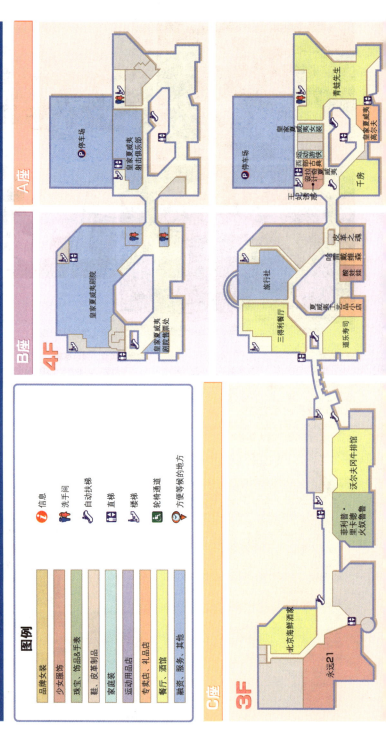

皇家夏威夷中心

图例

ⓘ 信息
🚹 洗手间
🛗 自动扶梯
🛗 直梯
🛗 楼梯
♿ 轮椅通道
⏱ 方便等候的地方

品牌女装
少女服饰
珠宝、饰品&手表
鞋、皮革制品
家庭装
运动用品店
专卖店、礼品店
餐厅、酒馆
融资、服务、其他

A座 B座 4F

皇家夏威夷射击俱乐部
停车场P

皇家夏威夷剧院
皇家夏威夷剧院售票处

青蛙先生
皇家夏威夷高尔夫
皇家夏威夷女装
停车场P
王妃诱惑
西部运动服
设计师奇裘夏威夷
干房

皮革之魂
哈雷戴维森
酸娃娃
夏威夷工艺品小店
旅行社
三得利餐厅
道乐寿司

C座 3F

北京海鲜酒家
永远21
沃尔夫冈牛排馆
菲利普里卡德火奴鲁鲁

250

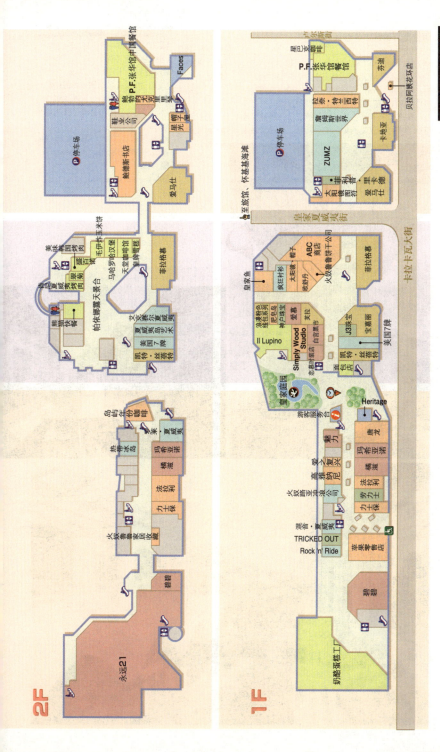

2F

永远21

碧碧

火辣鲁鲁家居收藏

力士保

法拉利

橘滋

玛希亚诺

夏威夷

罗莱

热带冰岛

岛屿乡村咖啡

熊猫快餐

帕依娜露天景台

美味烧烤

翠菊

盛昌烤肉

昆仑

马哈罗哈咖啡馆

皇牌曲奇

毛伊叶玉米饼

非拉格格

艾索夏木

夏威夷岛7牌

美国

丝蕾蒂特

凯特

P停车场

鲍德斯书店

鲍勃的大京里

鞋业公司

星帽子

星光影院

P.F.张华馆中国餐馆

Faces

爱马仕

1F

奶酪蛋糕工厂

碧碧

苹果零售店

TRICKED OUT

Rock n' Ride

混音·夏威夷

火辣鲁鲁公司

亚洲浪潮

高谭复尼兴

爱之魅力

力士保

法拉利

橘滋

玛希亚诺

唐龙

Heritage

游客服务台

皇家庭园

Simply Wood Studio

Lupino

恋惠珍古董

白盒黑市

面包店

凯特·丝蕾蒂特

美国7牌

宝嘉丽

J3珠宝

肥皂岛

浪漫粉色转包系列

神户美食

爱慕

太阳镜世界

太仓

太阳镜宝

疯狂衬衫

欧舒丹

皇家鱼

ABC商店

帽子

火汰鲁鲁饼干公司

非拉格格

P停车场

ZUMZ

太阳镜图谷

菲利普

爱马仕德

里卡德

拉奈·特兹西特

汤姆斯世界

卡地亚

芬迪

P.F.张华馆餐馆

星巴克咖啡

阿拉莫阿纳所街

贝拉阿娜花环店

卡拉卡瓦大街

皇家夏威夷街

至旅馆、怀基基海滩

阿拉莫阿纳购物中心
Ala Moana Center

绝对不容错过

怀基基西侧　Map 怀基基～阿拉莫阿纳 A,B3

🕐 9:30~21:00、周日 10:00~19:00
（根据店铺而不同）

休 感恩节、12/25
（复活节时除个别店铺以外都休馆）

🚌 从怀基基乘坐 8、19、20、23、24、42 路车。另外怀基基无轨电车也在此停车

🚗 从怀基基出发经 Ala Wai 街、Niu 街到达阿拉莫阿纳街（Ala Moana St.）

🅿 免费

🌐 www.alamoana.com

◆占地约 50 英亩（约 20 万平方米），以 5 个商场为主，超市、时尚女装店、礼品店、餐厅等设施齐全，是集舒适和娱乐于一体的综合性场所。礼品自不用说，日用杂货、食品、产自美国的商品、世界一流品牌等也是应有尽有。深受当地人和游客的喜爱。

在这里还有许多季节性打折活动，各种文娱活动。阿拉莫阿纳购物中心不仅是购物的绝佳场所，还是夏威夷旅行不可错过的一程。

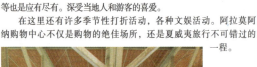

左／中央舞台附近很适合碰头见面
下／随着诺德斯特姆百货的开业而新建造了中央广场

即使是有限的行程也要惬意地游览阿拉莫阿纳购物中心

252

大众美食殿堂魔幻美食广场

时间飞逝的欢乐时光

游客可以在这里享受到愉快的橱窗购物，在广阔的商场信步而行，时间转瞬即逝。如果购物是旅行目的之一，那么至少要拿出一天的时间来这里购物。

在购物之余你可以到帕依娜露天景台美食区，休息的同时品尝世界各地的美味佳肴。

另外，这里作为汽车站的作用也不能忽视。想要乘公交旅行的游客，这里是必经之地。车站位于购物中心靠山一侧和靠海一侧。

这里还有能停放 9000 台车的停车场（免费）。租车派也可以大量地购物。

中心一楼设有游客信息中心，向游客提供充足的信息。

购物中心游览攻略

如果漫无目的地徜徉在这个超大型的购物中心，无论有多少时间也不够。为了能高效率地享受在此的美好时光，下面介绍一下购物中心的概要和攻略方法。

首先请记住主要的"核心"商场。位于东端（钻石头侧）的梅西百货、西端（市区侧）的西尔斯百货、位于中心靠海侧的尼曼马库斯百货、还有同样位于山一侧的新开设的诺德斯特姆百货。以这四个大型百货为起点，以其周围的专卖店为目标展开游览不失为一个好方法。

还兼有车站的作用

上／家庭出行不可错过的原始森林店

下／游客信息中心也出租轮椅

253

高级品牌店云集的阿拉莫阿纳购物中心（图片为尼曼·马库斯百货，p.274）

区域特征·一层靠海一侧

位于人流量最大的中心舞台两侧。拥有众多独特的专卖店。

海侧从魔幻美食广场到西尔斯百货设有许多快餐店和小酒馆。在西尔斯的一个角落有巴雷餐厅、吉皮兹等当地人气餐厅。这里是和魔幻美食广场齐名的享受美食的好地方。

区域特征·一层靠山一侧

山侧有公交车站，通行的游客和当地人很多。因此这里银行、邮局、洗衣店、糕点店、旅行社等设施配备齐全，此外这里还有许多租户。

美食天地采用休闲公寓自助做饭的形式。建议利用公交的游客去卫星城市会馆参观。在店铺的里侧有市政府的出差所，游客可以在此领取公交时刻表。

区域特征·购物中心的二层、三层

购物中心二层不同于一层，在狭窄的通道两侧分布着众多店铺。其中对女性有吸引力的店铺更是星罗棋布，建议你从头到尾游览一遍。

尤其是灯光闪烁的二层、三层中央集聚了众多欧美一线品牌。卡地亚、迪奥、普拉达、塞琳、芬迪、蒂芙尼、宝嘉丽、香奈儿、古奇、LV 等品牌应有尽有（关于品牌女装请参照→ p.288~289）。此外，备受女性青睐的珠宝店、休闲女装店也是随处可见。

另外，从二、三层一直延伸到诺德斯特姆百货的中央广场也不容错过。

新的店铺不断相继开业。图中是新建成的中心广场

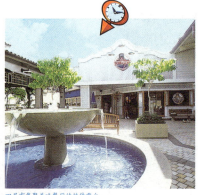
四层有聚聚美味餐厅的接待露台

国际商场
International Market Place

怀基基最古老的购物大厦

◆在怀基基的中心部有一处不可思议的绿荫繁茂地带。在这里有一个集聚了120多家店铺的购物商厦。商厦于1957年开业，是怀基基最古老的购物大厦。电影《蓝色夏威夷》中就记录着这一大厦的风貌。

正面的大门是榕树构造成的。地板由茶色砖块铺成。商厦内部到处都种植着椰树，形成茂密的树荫。中央建有水池和瀑布，给人一种仿佛置身原始森林的感觉。

在拱廊内有多处手推车的货摊。主要出售首饰、T恤等。起初这些货摊的商品是没有价格的，是"送给客人的特殊赠品"，但即便如此也不受人欢迎。随后，渐渐有了价格，游客们如果相中某一商品可以和店主讨价还价。除此之外，占卜师、肖像画、用椰果做假面的叔叔、用露兜树叶编制帽子和包的阿姨等是这里的代表景象，仿佛中国庙会一样有趣。

在美食区还有美味实惠的盒饭快餐店。请尽情享用。

夜晚也很热闹。通常营业到 22:00（视店铺而不同）

国王村
King's Village

可爱的欧式风格构造

◆购物中心小巧怀旧的欧式建筑很可爱。这里有许多礼品店，其中陶瓷器专卖店——皇家精选尤其有人气。快餐店除了拉面馆之外还有茶品专卖店，其中茶室深受年轻女性喜爱。

每天18:00进行的卫兵交替仪式很值得一看。这是追忆19世纪夏威夷和英国国交繁荣的仪式。

⏰ 9:00~23:00（随店铺而不同）
休 无
P 沿 koa 街有停车场（收费）的入口
🔗 www.kings-village.com

不可错过的卫兵交替仪式

 在国际商场和国王村都有农贸市场。

怀基基海岸步行街
Waikiki Beach Walk

◆现在，在夏威夷最受人瞩目的就是这一带的大规模地域开发项目。

这是一个从卡拉卡瓦路到延向大海的卢瓦兹路，以及海岸步行街周围约 32000 平方米的广阔地域的再开发项目。这里将被打造成为由 4 所酒店和分时享用设施，包含 10 间餐厅、酒吧、约 40 间店铺的购物中心等构成的魅力街道。

在这里，可以享受美食和感受夏威夷式的购物体验

怀基基海岸步行街最大的魅力之一就是丰富多样的美食。夏威夷当地代表性美食罗伊的第一家怀基基分店、烤肉名店茹丝葵牛排馆、热闹的啤酒餐厅一码坊、卡伊瓦等各种各样的美食都集聚这一带，任你挑选。

另外，时尚冲浪怀基基马里布衫、出售蔻阿相思树产品和短褶裙、尤克里里琴的玛纳夏威夷、蔻阿树下等小店丰富多彩，在这里你可以找到夏威夷特色商品，是挑选礼品的好地方。

住 怀基基西部、沿卢瓦兹路
时 随店铺而不同
休 随店铺而不同，基本无休
P 怀基基海岸步行街大使套房酒店的收费停车场（需要验证）
URL www.waikikibeachwalk.com

左 / 在草坪左侧有舞台，每周二 16:30～18:00 举行游行活动。另外，每周日 17:00～18:00 有免费的夏威夷音乐演奏会
上 / 享受世界美味啤酒的 Yard House
右 / 能够欣赏到夏威夷女性的树叶编帽子搭配当地着装穿法的玛纳夏威夷店

傍晚在怀基基海滩散步也是有趣的
体验

有型又可爱的衣服

从精致豪华的酒店—Trump International Hotel Waikiki
Beach Walk 望到的景色

瓦胡岛

● 购物／商场

怀基基海岸步行街 1F

- 卡拉卡瓦大街
- 极速骑板
- 皇家夏威夷中心
- 韦蓝德画廊
- ABC商店
- 东浩大街 DON HO ST.
- 岛上珍珠
- 疯狂T恤
- 纳赫库
- 马里布衬衫
- 彼得莱克画廊
- 陶尔米纳西西里美食
- 芙丽芙丽
- POPITS
- MP收藏
- 密友
- 可可果威利酒吧&夜总会
- 精彩提基眼睛
- 毛伊岛绚烂玻璃
- 鑫百味
- 咖啡豆&茶叶
- 火奴鲁阿冲浪
- 马赫娜
- 阳光泳装
- 乔瓦尼熏肉
- 国王珠宝
- 钻石头画廊
- 火奴鲁鲁饼干公司
- 司西·多·克
- 纳普阿宝石
- 遗产品屿
- 小野牛
- 舒适生活
- 蓝姜
- 怀基基无轨电车站
- 怀基基海岸步行街大使套房酒店
- 河路慕阿路 HELUMOA RD.
- 一码坊
- 可可湾
- 怀基基帝国
- BEACHWALK 海岸步行街
- 卢瓦德路 LEWERS ST.
- 罗伊斯怀基基店
- 怀基基海岸步行街特朗普国际酒店
- 卡利亚大街 KALIA RD.
- 哈利库拉尼酒店

怀基基海岸步行街 2F

图例
- 珠宝、首饰、手表
- 家庭装
- 专卖店、礼品店
- 餐厅、酒馆
- 其他

- 海岸步行街芝士汉堡
- 东浩大街 DON HO ST.
- 阿罗哈军队/ in 4 mation
- 纳·巴·奥·夏威夷
- 黄金珠宝
- 卡伊瓦
- 行星U2
- 温德姆度假村
- 洗手间
- 夏威夷缝纫收藏
- 夏威夷玛纳
- 寇阿树下
- 茹丝葵牛排馆
- BEACHWALK 海岸步行街
- 河路慕阿路 HELUMOA RD.
- 卢瓦德路 LEWERS ST.
- 怀基基海岸步行街大使套房酒店
- 怀基基帝国酒店
- 怀基基海岸步行街特朗普国际酒店
- 卡利亚大街 KALIA RD.
- 哈利库拉尼酒店

普艾蕾拉尼中庭商店
Pualeilani Atrium Shops

华丽地出行

URL www.hyattwaikiki.com/shopping/index.html

◆ 这是位于凯悦酒店、占地 3 层的华丽购物中心。

主要店铺有一层的玖熙、UGG 雪地靴、夏威夷拼布收藏、托莉•理查德等，各色各样的漂亮女装也是应有尽有。

时 9:00~23:00（随店铺而不同）

休 无　P 在乌鲁尼乌大街对过，有凯悦的专用停车场（收费）

在直筒式天花板中央有瀑布流淌，还有喝咖啡的地方

卡拉卡瓦大街的怀旧风。2010 年 3 月由凯悦商场更名而成

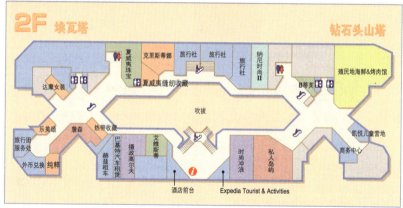

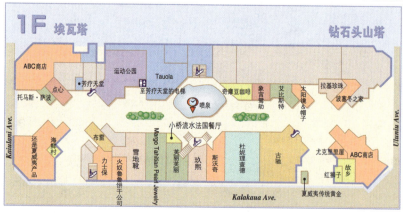

CHECK
碰头见面的最佳场所

怀基基购物广场
Waikiki Shopping Plaza

店铺充实

怀基基中部　　Map 怀基基～阿拉莫阿纳 -B6

時 6:00~22:00（随店铺不同而不同）
休 无
P 建筑里侧，沿劳拉路有收费停车场入口
URL www.waikikishoppingplaza.com

◆购物中心内有许多商铺。尤克里里琴屋、马罗哈夏威夷深海水陈列室等均不可错过。铁板烧餐厅东京田中、极味拉面等美味餐厅也是应有尽有。

三层是极具特色的室内购物商场"富华商场"。商场内分为华人街、提基交易、北海岸 3 个主题区。每个主题区都散布着许多小店。服装、珠宝、工艺品、CD、DVD、书、儿童用品、食品等各式各样的商品形成盛大阵容。另外 3D 的推杆高尔夫也很受欢迎。

在三层的富华商场会举行草裙舞（每天 10:00~11:00 和 12:00~13:00 两次）、瑜伽（周一 ~周五 14:00~15:00）等免费 1 小时课堂

一层的尤克里里琴屋有尤克里里琴课堂（17:00~18:00，免费）、二层交易站举行夏威夷短裙裙课堂（周二、周五 17:30~19:30）

奢华街
Luxury Row

新概念服装店

怀基基中部　　Map 怀基基～阿拉莫阿纳 -A6

時 10:00~22:00
休 无
P 卡拉卡瓦国王广场的地下停车场（需验证）。在门廊处可以待客泊车
URL www.luxuryrow.com

◆这里是集聚了全球品牌店的怀基基新兴地带。这里的店铺均为使用熔岩等夏威夷独具特色的建材建造的连体别墅。各个店铺外观风格迥异，极具特色。

这里有蒂凡尼、古奇、香奈儿、蔻驰、托德斯、圣罗兰、宝缇嘉等许多世界一流品牌。

各个店铺都受到火奴鲁鲁美术馆和伊奥宫殿文化财团的赞助，承担着复兴夏威夷传统文化的责任。秉承这一概念所建造的青铜像是一位讲述故事和歌唱、传达夏威夷传统文化的女性形象——"讲故事的人"。

符合一流品牌形象的华丽灯饰

由夏威夷艺术家山田氏设计建造的"讲故事的人"青铜像

瓦胡岛

● 购物／商场

DFS 怀基基商业街
DFS Galleria Waikiki

免税购买心仪的品牌

☎ 931-2700
時 9:00~23:00
休 无
CC A D J M V
URL www.dfsgalleria.com
备 在希尔顿·夏威夷度假村内、火鲁努努国际机场、毛伊岛卡胡卢伊国际机场内都设有 DFS

◆在怀基基中心地区有政府公认的免税店。2010年起免除州税，价格有保证，非常划算。如果夏威夷其他店铺加税后价格仍比 DFS 便宜，DFS 还会降价10%。从2010年后半年起，为了来年的50周年纪念，许多限定活动还会陆续登场。请游客们不要错过。

面向卡拉卡瓦街的一层内有"怀基基奢华步行街"，集聚了艾米丽奥普奇、寇伊、罗意威等许多夏威夷本土女装专卖店。二层有从兰蔻、迪奥等一流品牌到欧舒丹、契尔氏等现今很受欢迎的天然系商品齐全的化妆和香水柜台。另外还有 Coach、凯特·丝蓓包专柜。

三层为免税层，有爱马仕、卡地亚、普拉达等品牌的高级女装，还有集聚欧米茄、肖邦等高级名表和珠宝的"名表＆珠宝世界"。在这一层购物需要购物卡，请在一层顾客服务处办理。

在这里还有根据购物情况提供各种服务的白金客户俱乐部，可以提供网上商品预约，很受顾客欢迎。此外，怀基基电车的始发站也在这里，交通非常便利。

全美唯一出售时装的怀基基奢华步行街。免除州税，非常划算。一层也有和三层相同的品牌，但这里是新款商品。款式和价格等与三层的不同

左上／流行时尚的化妆品专卖位于二层。新上了欧舒丹、契尔氏等时下人气专柜。另外，药妆、化妆师系、品牌系等人气产品也是应有尽有。除了品牌化妆品，还有陈列着具有现代气息的香水专柜。顾客可以从样品中选择自己喜欢的香味
右上／洋溢着高级感的三层免税店。有许多像梵克雅宝一样只有在这里才能买到的时装品牌
右下／一层的礼品区"夏威夷王国"出售许多夏威夷 DFS 原创的商品。有各式各样的夏威夷美食特产。
左下／二层开设了许多人气时尚品牌专柜。如 Coach、凯特·丝蓓等品牌皮包专柜

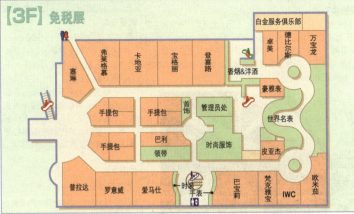

【3F】免税层

- 塞琳
- 弗莱格嘉
- 卡地亚
- 宝格丽
- 登喜路
- 白金服务俱乐部
- 卓美
- 德比尔斯
- 万宝龙
- 香烟&洋酒
- 豪雅表
- 手提包
- 手提包
- 首饰
- 管理员处
- 世界名表
- 手提包
- 巴利
- 领带
- 时尚服饰
- 皮亚杰
- 普拉达
- 罗意威
- 爱马仕
- 时装手表
- 巴宝莉
- 梵克雅宝
- IWC
- 欧米茄

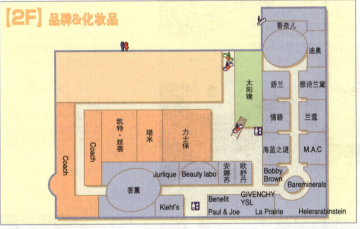

【2F】品牌&化妆品

- 香奈儿
- 迪奥
- 太阳镜
- 娇兰
- 雅诗兰黛
- 倩碧
- 兰蔻
- Coach
- 凯特·丝蓓
- 塔米
- 力士保
- 海蓝之谜
- M.A.C
- Jurlique
- Beauty labo
- 安娜苏
- 欧舒丹
- Bobby Brown
- 香薰
- Kiehl's
- Benefit
- Paul & Joe
- GIVENCHY
- YSL
- La Prairie
- Bareminerals
- Helerarabinstein

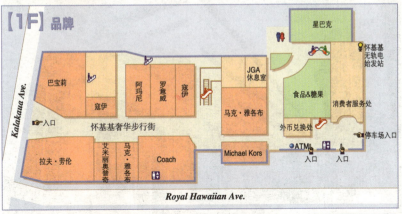

【1F】品牌

Kalakaua Ave.

- 星巴克
- 怀基基无轨电始发站
- 巴宝莉
- 寇伊
- 阿玛尼
- 罗意威
- 寇伊
- JGA休息室
- 马克·雅各布
- 食品&糖果
- 消费者服务处
- 入口
- 怀基基奢华步行街
- 外币兑换处
- 停车场入口
- 拉夫·劳伦
- 艾米丽奥普奇
- 马克·雅各布
- Coach
- Michael Kors
- ATM
- 入口
- 入口

Royal Hawaiian Ave.

图例

- 品牌店
- 化妆品店
- 其他卖场
- 至三层免税层的直通扶梯
- 上行自动扶梯
- 下行自动扶梯
- 直梯
- 楼梯
- 洗手间

VOICE DFS 的品牌店恐有变化，请在实地确认。

261

瓦胡岛

● 购物／商场

DFS怀基基商业街

维多利亚沃德中心
Victoria Ward Centers

引人注目的购物 & 美食街

◆ 维多利亚沃德中心是凯瓦劳湾山侧、阿拉莫阿纳街和 Auahi 街沿线众多大厦的总称。大厦主要分为 5 栋，如今还在开发新的大厦。

  各个大厦都开设了许多时尚店铺和美味餐厅，这里是能够和阿拉莫阿纳中心相匹敌的人气场所。

碰面可以定在沃德仓库的美食区

沃德仓库
（所有店铺的分布图→ p.266 ）

  这是由仓库改建而成的特色购物中心。入驻的店铺也都是个性十足。回头客众多。

  夏威夷服饰玛莫·豪威尔、手工艺品瑙海亚画廊和夏威夷娜美亚本土书屋、手工糕点火奴鲁鲁饼干公司、T & C 冲浪用品店等都是搜寻购买夏威夷制造商品的绝好地方。

沃德中心
（所有店铺分布图→ p.265 ）

  这里是殖民地风格的 2 层建筑。

  面朝 Auahi 街的一角有卡卡阿蔻厨房、库阿爱娜三明治等当地人气快餐店。附近就是怀基基电车站，在等电车之余在此享用一餐美食是个不错的主意。此外还有撒求拉蛋糕店、夏威夷球鞋、疯狂 T 恤等店铺。

  在空调设施完备的大厦中有许多品质优良的时装店和专卖店。无论是在大型书店鲍德斯找寻有兴趣的图书，还是在著名鞋店和勃肯足迹寻找心仪的鞋子都别有一番风趣。在胡麻亭、元气寿司等店还能够品尝到美味的日本料理。

左／仓库改造而成的沃德仓库　下／库阿爱娜、甜点店栉次鳞比的沃德中心 Auahi 街一侧

沃德捷威中心

这里有两大运动用品店，运动专家和罗斯服装公司。还有麦当劳和芭乐餐厅等用餐场所。

在不远处的另一座建筑里有星巴克咖啡、日本果汁以及在美国本土很受欢迎的墨西哥刺鲅鱼卷饼等美食。

沃德农业市场

这里是广为人知的平民市场。平房建筑内出售

鱼、肉、蔬菜等食品杂货。食品均为产地直送，新鲜实惠。在家常菜区出售使用金枪鱼和芋头做成的夏威夷料理。在这里，你可以买到夏威夷特有的饭菜和食材。

沃德娱乐中心

沃德娱乐中心是这里的中心大厦。这里有16屏的电影院，有戴夫＆巴士特餐厅、布卡狄贝坡意大利餐厅、大城餐馆等美味餐厅。罗克西、极速骑板等人气时装也入驻于此。

時 10:00~20:00 周日 ~18:00（营业时间各店铺不同，餐厅营业到深夜。）

休 感恩节 、12/25（有些店铺1/1、复活节也休息）

🚌 从怀基基乘坐 19、20、42 路车。还可乘坐怀基基电车。

🚗 从怀基基出发途经阿拉莫阿纳大街。

P 免费　URL www.wardcenters.com

左／开业以来深受欢迎的瓦府鲜鱼玉米面卷
下／沃德娱乐中心

沃德中心 WARD WAREHOUSE

2F

1F

沃德中心 WARD CENTRE

图例

- 女装
- 珠宝、首饰、手表
- 鞋、皮革制品
- 家庭装
- 运动用品商店
- 专卖店、礼品店
- 餐厅、酒馆
- 娱乐、服务、其他

- ℹ 消费者服务中心
- 📞 公用电话
- 🚻 洗手间
- 🚶 自动扶梯
- 🛗 直梯
- 🚶 楼梯
- 🚌 巴士站
- 🚕 出租车乘车处
- ⏰ 便于乘客集合的场所

2F

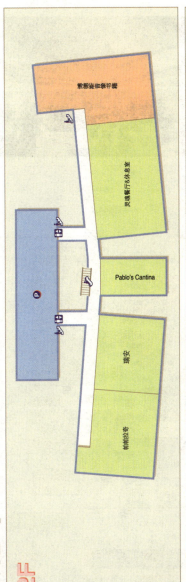

- 博德斯音像书籍
- 灵魂餐厅&休息室
- Pablo's Cantina
- 瑞安
- 帕柏拉奇
- P

1F

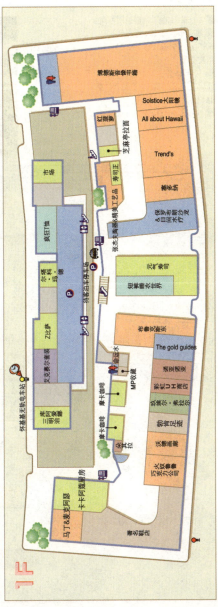

- 博德斯音像书籍
- Solstice大阳镜
- All about Hawaii
- Trend's
- 芝麻寿拉面
- 赛多纳
- &保罗日同布朗水疗沙龙
- 张杰木陶器&精美工艺品
- 寿司正
- 市场
- 疯狂印地
- 元气寿司
- 短暂醒衣世界
- 尔褚玛·科·德
- 布鲁克斯东
- The gold guides
- Zfk萨
- 艾克赛尔套装
- 待客泊车停车场
- P
- MP收藏
- 黄金流水
- 三库明鬘浴器
- 摩卡咖啡
- 彩虹H商店 / U尔·弗拉尔 / 诺亚图亚
- 怀鲁基无轨电车站
- 桑卡咖啡
- 秦拉
- 埃尔·弗拉尔 / 勃青足法
- 沃德画廊
- 马丁&麦克阿瑟 / 卡卡阿宽厨房
- 巧克力奴公鲁
- 赛名糕
- P

瓦胡岛

● 物 ／ 商场

卡哈拉购物中心
Kahala Mall

高级感十足的购物中心

◆ 位于瓦胡岛屈指可数的高级住宅区卡哈拉。

　　购物中心内均铺设地毯，优雅时尚的店铺整齐排列，洋溢着高贵气息。这里游客并不很多，你可以慢慢享受购物的乐趣。

　　这里有物美价廉的时尚女装、洋溢高级感的梅西百货、高级超市全食超市等供选择。另外在此还可以品尝到西纳邦冰激凌、椒盐饼干等大众美味。这里优雅成熟的氛围与怀基基和阿拉莫阿纳购物中心截然不同。

🕐 10:00~21:00（视店铺而不同）

🚫 感恩节、12/25、复活节

🚌 从怀基基乘坐 22、23、24 路汽车。或乘坐怀基基电车

🚗 从怀基基出发途经经钻石头山路、基拉韦厄路。或从卡帕胡卢路经由维艾勒伊路

🅿 免费

🌐 www.kahalamallcenter.com

因为有怀基基电车，游客出行很方便

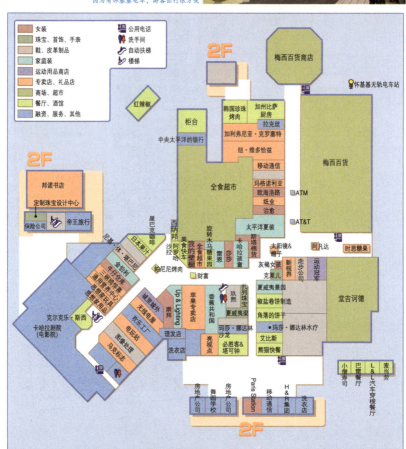

阿罗哈塔购物商场
Aloha Tower Marketplace

海港边界的购物中心

◆火奴鲁鲁港是夏威夷的门户。阿罗哈塔是标志性建筑。购物中心内 20 世纪三四十年代的怀旧氛围保留至今。

屋顶是青绿色瓦片的 2 层建筑给人以深刻的印象。内部入驻商铺约 80 家。各个店铺风格迥异、个性十足。还有许多以往夏威夷没有的新概念商铺。

适合约会的地方

这里有许多主题餐厅。有从啤酒厂直接引进新鲜啤酒的戈登比尔森啤酒餐厅，烤肉、海鲜餐厅东浩岛屿烧烤，集聚魅力服务员的著名连锁餐厅猫头鹰餐厅等，都是只有在海滨才能享受到的劲爽餐厅。

🕐 10:00~22:00 随店铺而不同。有许多餐厅从 11:00 开始营业到深夜

🚫 感恩节、12/25

🚌 从怀基基乘坐 19、20 路车，在下图的 A 车站下车。回程在 B 车站乘坐 55~57 路车（在阿拉莫阿纳换乘）。也可乘坐怀基基电车

🚗 从怀基基出发途经阿拉莫阿纳街。在庞奇包尔街的下一个红路灯处左拐（"Pier 7" 招牌处）

🅿 附近有收费停车场。在能够使用停车券的商店和餐厅出示停车券即可以享受优惠

🌐 www.alohatower.com

风情独特的阿罗哈塔

活动众多的购物中心

怀基基周边　其他购物商厦

麦卡利购物中心

McCully Shopping Center（Map 火奴鲁鲁 -B6）

从怀基基可以步行到此。这里有许多美味餐厅和大众美味名店。向你推荐韩国料理小公洞。

这里还有许多时髦的日式小餐馆、拉面馆及在日本广为人知的咖喱饭 COCO 一番店。

马诺阿商场

Manoa Marketplace（Map 火奴鲁鲁 -A6）

能够眺望到马诺阿溪谷的鲜绿，使人心静平和的商场。

这里有美味的新鲜面包店马诺阿糕点店，有物美价廉的日式料理店花贵等，这些均是不为人知的好地方。

怀克莱品牌折扣商场
Waikele Premium Outlet　　　　　物美价廉的购物天堂

◆ 位于高速公路 H-1 第 7 出口附近的怀克莱品牌折扣商场是由厂家直营的折扣品购物天堂。如示意图（见下页）所示，这里有许多在怀基基和阿拉莫阿常见的著名品牌。因为这里的价格比市场价便宜 25~75%，因此看到心仪产品当然要立即购买。

瓦柯雷地区　　　　Map p.39-B3

🕐 9:00~21:00、周日 10:00~18:00（随店铺而不同）

🚫 感恩节、12/25

🚐 从怀基基乘坐乡村快车 E，在威帕胡中转中心换乘 433 路公交车。

🚗 从怀基基出发走高速 H-1，在第 7 出口下车。

🅿 免费

🔗 www.premiumoutlets.com

有足够的停车空间

怀克莱中心
Waikele Center

瓦柯雷地区　　　　Map p.39-B3

乘车可直达购物

◆ 怀克莱品牌折扣商场的靠海一侧是有着众多店铺的怀克莱中心（俗称：价值中心）。

　　这里有出售书籍和音乐软件的鲍德斯书籍音像店、超市 K 马特、运动用品店运动专家、办公用品店马克斯办公室用品等店铺。此外，这里还有实惠的日用杂货和实用品店，因此在这里经常可以看到经一番采购汽车后备厢满满的情景。

　　麦当劳、KFC 等餐厅众多。你可以在这里玩上一整天。

🕐 9:00~21:00、周日 10:00~18:00（随店铺不同）

🚫 感恩节、12/25

📌 驾车和乘坐公交的线路参照上记内容。或者还可以乘坐怀基基电车的怀克莱线去往怀克莱品牌折扣商场和怀克莱中心。

在怀克莱品牌折扣商场和怀克莱中心之间有免费电车通行

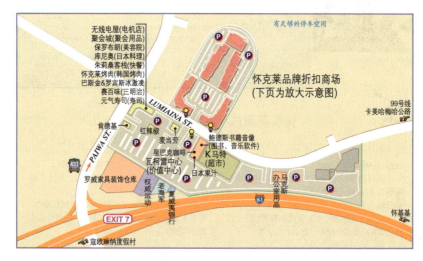

无线电屋(电机店)
聚会城(聚会用品)
保罗布朗(美容院)
库尼奥(日本料理)
朱莉桑客栈(快餐)
怀克莱烤肉(韩国烤肉)
巴斯金&罗宾斯冰激凌
赛百味(三明治)
元气寿司(寿司)

有足够的停车空间

怀克莱品牌折扣商场
(下页为放大示意图)

99号线
卡美哈梅哈公路

LUMIAINA ST.

肯德基
红辣椒
麦当劳
星巴克咖啡
瓦柯雷中心
(价值中心)
日本果汁

鲍德斯书籍音像
(图书、音乐软件)

K马特
(超市)

PAIWA ST.

433

罗威家具装饰仓库
权威运动
老海军
复威夷银行

星巴克咖啡

办公室用品

马克斯

H-1

怀基基

EXIT 7

寇欧琳纳度假村

268

怀克莱品牌折扣商场放大示意图

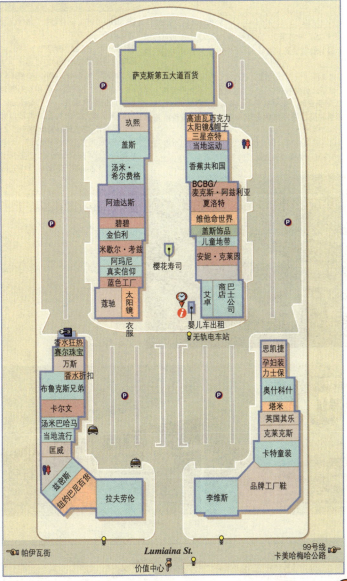

萨克斯第五大道百货

玖熙

盖斯

汤米·希尔费格

阿迪达斯

碧碧

金伯利

米歇尔·考兹

阿玛尼

真实信仰

蓝色工厂

寇驰

太阳镜、衣服

高迪瓦巧克力

太阳镜&帽子

三星奈特

当地运动

香蕉共和国

BCBG/麦克斯·阿兹利亚

夏洛特

维他命世界

盖斯饰品

儿童地带

安妮·克莱因

艾卓

商店巴士公司

樱花寿司

婴儿车出租

无轨电车站

香水狂热

赛尔珠宝

万斯

香水折扣

布鲁克斯兄弟

卡尔文

汤米巴哈马

当地流行

匡威

兹密斯

纽约巴尼百货

拉夫劳伦

思凯捷

孕妇装

力士保

奥什科什

塔米

英国其乐

克莱克斯

卡特童装

李维斯

品牌工厂鞋

帕伊瓦街

Lumiaina St.

价值中心

99号线

卡美哈梅哈公路

图例

女装

珠宝、首饰、手表

鞋、皮革制品

家庭装

运动用品商店

专卖店、礼品店

商场、超市

餐厅、酒馆

融资、服务、其他

咨询信息

洗手间

巴士站

出租车

行李柜

便于等待集合的场所

建议大家在信息中心前碰头见面

269

珍珠岭中心
Pearlridge Center
购物中心、西部最大

珍珠港附近　　Map p.39-B4

◆ 这里无论规模（12万平方米）、店铺数量（170家）还是可停车数量（6300辆）都不逊色于夏威夷最大的购物中心阿拉莫阿纳购物中心。

该购物中心由3座主要建筑构成。从住宅区到市区有无轨电车（单程25美分）通车，足见其规模之大。这里聚集了几乎所有主要的商场、超市、2处美食区、16屏影院等，阵容庞大。

有许多怀基基和阿拉莫阿纳的分店入驻于此，商品价格相对便宜。

由于这里距离怀基基稍远，因此游客比较少，你可以享受悠闲的购物时光。馆内冷气设备完善，在此长时间购物者需要准备上衣。

🕐 10:00~21:00 周日营业 ~18:00（视店铺而不同）

🚫 感恩节、12/25、复活节

🚌 从怀基基乘坐20或42路车，从阿拉莫阿纳乘坐40、40A、62路车等

🚗 从怀基基出发经高速H-1去往78号线茂纳鲁亚高速。沿"pearlridge"的路牌在靠近中央行车线的出口驶出。然后沿"99 West/Kam Hwy."行驶至99号线卡美哈美哈公路。无论从帕利矛米（pali momi）街还是从卡奥瑠希（Kaonohi）路都可以进入购物中心。

🅿 免费

🔗 www.pearlridgeonline.com

从高空俯瞰购物中心全貌

时尚室内装饰的商业街一角

被称为天空出租车的单轨电车

主要时装品牌一览表

品牌名 \ 地点	卡拉卡瓦街（怀基基地图）	DFS 怀基基商业街（→p.260）	奢华步行街（p.259）	皇家夏威夷中心（→p.248）	普艾蕾拉尼中庭商店（→p.258）	阿拉莫阿纳购物中心（→p.252）	尼曼·马库斯百货（→p.274）
登喜路 Alfred Dunhill		●					
阿玛尼休闲 A/X Armani Exchange	●					●	
粉红蝴蝶线圈包 Anteprima Wirebag				●		●	
圣罗兰 Yves Saint Laurent		●※2					●※2
梵克雅宝 Van Cleef & Arpels		●					
爱斯卡达 Escada						●	
艾米里奥普奇 Emilio Pucci		●				●	●※2
爱马仕 Hermés		●		●		●	●※2
阿玛尼 Emporio Arman		●		●		●	●※2
卡地亚 Cartier		●		●		●	●※2
古驰 Gucci		●※2	●			●	●※2
寇伊 Chloe		●				●	
凯特·丝蓓 Kate Spade		●				●	
蔻驰 Coach		●	●		●	●	
菲拉格慕 Salvatore Ferragamo		●				●	
周仰杰 Jimmy Choo						●	●※2
香奈儿 Chanel		●※2		●		●	●※2
橘滢 Juicy Couture		●		●		●	
肖邦 Chopard		●					
斯图尔特·韦茨曼 Stuart Weitzman							
塞琳 Celine						●	
圣约翰 St. John						●	●
唐娜·凯伦 DKNY						●	●
迪奥 Dior	●	●※2				●	●※2
蒂凡尼 Tiffany & Co.			●			●	
道尼 & 伯克街 Dooney & Bourke						●	
托德斯 Tod's						●	●
杜嘉班纳 Dolce & Gabbana		●※2					●
玖熙 Nine West					●	●	
巴宝莉 Burberry		●				●	
巴利 Bally	●	●※2				●	
海瑞温斯顿 Harry Winston						●	●
雨果·波士 36、芬迪 Hugo Boss			●				
芙丽芙丽 Fendi		●※2		●		●	●
普拉达 Folli Follie		●※2			●	●	
布瑞 Prada	●	●※2				●	●※2
芙拉 Bree					●		
贝奇·约翰逊 Bvlgari		●※2				●	●※2
宝缇嘉 Furla				●			
马克·雅各布 Betsey Johnson						●	
迈克·柯尔 Bottega Venetta			●			●	
马克斯·玛拉 Marc Jacobs		●					●
莫罗·伯拉尼克 Michael Kors						●	●
缪缪 Max Mara	●						
万宝龙 Manolo Blahnik							
拉夫·劳伦 Miu Miu		●※2				●	
路易·威登 Montblanc		●				●	●
力士保 Ralph Lauren		●				●	●
罗意威 Louis Vuitton	●※1					●	
Le Sportsac	●※1	●		●		●	
Loewe		●					

※1 夏威夷希尔顿度假村内也有专柜。 　※2 只有部分商品

粉色：是阿拉莫阿纳购物中心和怀基基都有的品牌专卖店。绿色：是只在阿拉莫阿纳购物中心或怀基基有的品牌专卖店。

人 气 品 牌 购 物

Selected Class Brand Boutique

捕猎名牌的第一站，DFS 怀基基商业街

不可错过的品牌购物

怀基基周边聚集了众多世界著名品牌，是游客们的购物天堂。在有限的空间内集聚了如此之多的世界名牌的观光地实为罕见。品牌追求者不可错过。夏威夷既是海滨度假村，同时也是购物天堂。

如若要高效率地享受购物乐趣，建议你以卡拉卡瓦街和阿拉莫阿纳购物中心为重点。怀基基以卡拉卡瓦街为中心分布着许多门脸专卖店。拥有众多时装店铺的皇家夏威夷购物中心（→ p.248）、DFS 怀基基商业街（→ p.260）、奢华街（→ p.259）是必去的一站。凯悦酒店内的普艾蕾拉尼中庭商店和 LV、迪奥、普拉达等品牌的专卖店也不容错过。

阿拉莫阿纳购物中心（→ p.252）几乎网罗了所有著名品牌，其中尼曼马库斯百货（→ p.274）内有着许多顶尖的品牌专柜。

此外，还有许多品牌有多家专柜分布在不同商场（→ p.271），各个专柜的规模和库存也不尽相同，如若在一家店没有找到心仪的商品也不要放弃，建议你去其他商场的专柜找寻试试。

左上／夏威夷规模最大、拥有时装店铺最多的阿拉莫阿纳购物中心　右上／奢华街是怀基更高一筹的奢侈品区域
左下／不可错过品牌的门脸专卖店
右下／人气品牌粉红蝴蝶的线圈包专柜也进驻阿拉莫阿纳购物中心和皇家夏威夷购物中心

尼曼·马库斯 Neiman Marcus

Map AMC-2~4F

这里有人气品牌普拉达、杜嘉班纳、吉尔·桑达等专柜

　　这里是有许多知名人士光顾的高级商场。位于阿拉莫阿纳购物中心中央部的绝佳地段。拥有众多独特品牌，吸引着来自世界各地的游客。

　　一层是化妆品、皮包、鞋、珠宝、时装专柜。其中，集聚莫罗·伯拉尼克、克里斯提·鲁布托等品牌的美鞋专柜因其款式独特而深受消费者欢迎。二层除了有阿玛尼、埃米利奥·普奇等人气品牌还有晚礼服和套装等正装出售。三层是男装以及出售巧克力、糕点等作为礼品的美食区"美食家"。这里还有能欣赏到阿拉莫阿纳海景的餐厅蝴蝶坊。

　　商场内提供根据顾客意愿进行购物指导的个人服务指导、根据积分兑换礼品的国际积分俱乐部等多项服务。店内宽敞舒适，你可以享受轻松购物的乐趣。

上／尼曼·马库斯内位于三层、出售经过严格筛选的糖果、红酒、礼品套装等商品的美食区"美食家"
下／美食区出售的Vosges是毕业于法国蓝带酒店烹饪管理学院的厨师卡特里娜·马尔科夫创设的巧克力品牌。这里有培根和牛奶巧克力，山葵酱、姜粉、黑芝麻和黑巧克力等众多独特的商品，很有人气。每个7.50美元

☎ 951-8887

住 阿拉莫阿纳购物中心靠海一侧的2~4层（尼曼·马库斯的楼层标识为1~3层）

时 10:00~20:00、周六~19:00、周日 12:00~18:00

休 感恩节、12/25、复活节

C C A J M V

URL www.neimanmarcushawaii.com

尼曼 · 马库斯百货的推荐品牌

乔治 · 阿玛尼
Giorgio Armani

乔治 · 阿玛尼一直以来都是超强人气品牌。从职业装到运动休闲风格多样、齐全的两层店铺是夏威夷的顶级规模。春夏新款上衣 1295 美元，裙子 775 美元，连衣裙 1625 美元。

Giorgio Armani

伊丽莎白 & 詹姆斯
Elizabeth & James

由好莱坞姐妹花玛丽 · 凯特 & 阿什莉 · 奥尔森设计创作的品牌。以都市娱乐女性作为品牌形象，设计发布了时装和鞋。深受时尚女性欢迎。多重绑带设计的高跟凉鞋售价为 335 美元。

Elizabeth & James

宝格丽
Bvlgari

以高级珠宝著名的宝格丽推出了全新护肤系列。在时装中尚属罕见的该系列配合蓝宝石、红碧玺、孔雀石等 4 种宝石，命名为宝石精华。售价 60~320 美元。

Bvlgari

汤姆 · 福德
Tom Ford

担任过古驰、圣罗兰的创意总监于 2005 年设立了这个品牌，成为世界备受瞩目的品牌之一。12 色限定版的 Kisses 唇彩 $45，私藏品牌的 13 种香水和 4 种含麝香香水各 $190。

Tom Ford

纪梵希
Givenchy

上图是拥有厚重感的高品位的波士顿包 Antigone $2230。优雅又高档的外形收纳功能极强。好莱坞名星中也有很多该品牌的粉丝。橘色 $1910 和 红色 $1750。每种包都配肩带，有两种背法。

Givenchy

| 诺 | 德 | 斯 | 特 | Nord Strom | Map AMC-1~3F |
| 姆 | 百 | 货 | | | |

出售人气品牌流行款式的高级商场——诺德斯特姆百货

与美国梅西百货等并列为五大商场之一的阿拉莫阿纳购物中心于 2008 年 3 月开业。在同一中心内开设了诺德斯特姆百货并新增停车场。诺德斯特姆是继西尔斯、梅西、尼曼·马库斯之后的又一大型商场。

因为诺德斯特姆百货曾是鞋的专卖店，因此这里大规模的鞋专柜最有人气。这里有被称为鞋装配人员的专职员工，负责帮顾客挑选尺寸合适的鞋子。

宽敞、产品式样丰富的鞋专柜。来挑选一双自己心仪的美鞋吧

这里也不乏走在流行前端的时装品牌专柜。各个专柜设置的华丽试衣间也很值得一看。除此之外这里还有许多皮包、珠宝、化妆品品牌专柜。

诺德斯特姆百货还倾力开设了许多餐厅和咖啡厅供购物中的游客休息，享用美食，如 E 吧，还有意大利风味的冰激凌吧。

☎ 953-6100
住 阿拉莫阿纳购物中心中央山侧 1~3 层（沿卡皮欧拉妮路）
时 9:30~21:00，周日 10:00~19:00
休 感恩节、12/25
CC ADJMV
URL www.nordstrom.com

当地备受好评的咖啡超市。沙拉、三明治、比萨、意面、糕点等美食均在顾客面前的厨房中加工完成。顾客自己端到旁边的桌子上吃。如果是需要花费一定时间的饭菜，则要先领号码牌，然后由服务人员上菜。9:30~20:30 营业，周日是 11:00~18:00，十分便利

诺德斯特姆百货 推荐品牌

托里·伯奇
Tory Burch

著名品牌，有人气的款式这里都齐全。你在这里可以仔细挑选。凉鞋在200美元左右。

Shoes & Bag

利维肤
ReVive

利维肤是整形外科医生格雷戈里·布朗研发的搭配葡萄糖因子的划时代护肤品。图中右侧是使皮肤有弹性、紧致皮肤皱纹的精华液（295美元）。左侧是滋润皮肤的水润修复面霜，含防晒指数的日霜195美元，晚霜165美元。

Cosmetic

华伦天奴／朗雯
Valentio/Lanvin

图中右侧为华伦天奴的新款，年轻系大蝴蝶结皮包（2150美元）。左侧为朗雯高档小山羊皮菱形格纹阿玛利亚系列拎包（1995美元）。

Bag

设计师
Designer's

三层的Via C区集聚了60多家新进设计师品牌。这里集合了托里·伯奇、寇驰、爱丽丝＆奥利维亚等众多流行品牌。走在流行前沿的人不可错过。

Via C

不容错过的流行时装

THE VERY BEST OF CASUAL BOUTIQUE IN HONOLULU

火奴鲁鲁的流行时尚无论何时都让人兴奋不已，都让你在挑选时经常犹豫不决，以下所介绍的你一定不可错过！

以菠萝为主题的独创T恤超级可爱！

每月都会去LA采购

菠萝郡
PINEAPPLE COUNTY

连衣裙、牛仔等女装应有尽有。最吸引人的是超过50种的独创T恤。经常会有购买3件T恤赠送一个独创手提包等优惠活动。这里还有许多如Lucy Love、Lani、junk Food等L.A.休闲品牌。

非常热闹的店铺。你可以在这里享受价格合适、综合搭配的轻松购物

上／L.A.品牌，Magazine介绍的裙子 $ 44.99，包 $ 38.99。
右下／可以当礼物的带卡通图案的T恤衫 $ 18.99 ～
左下／竹编凉鞋 $ 32，穿着极舒适

怀基基中部／Map 怀基基～阿拉莫阿纳 -A6

☎926-8245　🏠342 Lewers St.　🕙10:30~23:00　休无　CC A D J M V　🖥www.pineapplecounty.com

穿一次则爱不释手的翻皮靴

雪地靴 UGG

该品牌发源于澳大利亚，现今深受好莱坞明星和众多知名人士的欢迎。这里是夏威夷唯一的专卖店，以女款为主，还有男款、儿童款和婴儿款等。从基本款到流行时尚款，产品样式丰富。

冬天温暖，夏天干爽，穿一次就爱不释手

有人气的3种靴子。最右侧带扣子的 $ 150，中间短靴 $ 120，最左侧中靴 $ 140

左／推荐穿着舒适的凉鞋。
右侧 $ 140，左侧 $ 140
右／从基本款到新款款式多样

怀基基中部／Map p.258

☎926-7573　🏠普艾蕾拉尼中庭商店1F　🕙9:00~23:00　休无　CC A D J M V　🖥www.uggaustralia.com

CHECK　该符号表示有优惠赠券

瓦莱丽·约瑟
VALERIE JOSEPH

创立私人品牌的当地女孩瓦莱丽·约瑟的精品店。店内的商品大多是从 L.A. 采购的最新女装、连衣裙等。合适的价格和时尚的款式深受当地女性的欢迎。

评价很高的店。基础商品多是均码 S 或 M

有芭比娃娃侧脸可爱的图案的 Janette 上衣 $49,短裙 $31。收纳力超强的包 $69

阿拉莫阿纳地区 / Map AMC-1F
☎ 942-5258　🏠 阿拉莫阿纳购物中心 1F 靠山一侧
🕐 9:30~21:00 （周日 10:00~19:00 ）
休 11/24、12/25　C A D J M V　🖥 www.valeriejoseph.com

海星8423
SEASTAR 8423

海星（seastar）和姐妹（sister）两个词命名的精品店。这里有许多像亚历克西斯、阿诺德等独特的奢侈品牌。

Amold Zimberg 长款上衣
$ 170

纪念开业 1 周年制作的包 $25。白色底儿配上文字相当清爽

怀基基中部 / Map 怀基基 ～ 阿拉莫阿纳 -A7
☎ 922-8423
🏠 423 Nahua St.
🕐 11:00~19:00 （周日 12:00~17:00 ）
休 周一、主要节假日　C A D J M V
🖥 www.seastar8423.com

马赫娜 **MAHINA**

位于毛伊岛的精品店。舒适、时髦、可爱的连衣裙、包、鞋等价格适中。每周都从洛杉矶进货。

上 /Solemio 的翘上衣 $ 44
下 /L.A. 品牌的 Machine 牛仔裤
$ 46。古旧的感觉很独特

左 / 用镍等材质制作的波西米亚风格的耳环各 $ 14
右 /Akualam 的吊带裙 $ 59，项链 $ 14

怀基基中部 / Map p.257
☎ 924-5500
🏠 怀基基海岸步行街 1F
🕐 9:30~22:00（周五、周六 ~22:30）
休 无 C C A D J M V 🖥 www.mahinamaui.com

肉色底儿碎花裙 $ 28.99，超值

天才装饰用品店
GENIUS OUTFITTERS

虽是 2009 年开业的新店，却受到当地女性的喜爱。以波西米亚风格的衣服、包、饰品为主。还有许多从亚洲各地进口的物品和风格迥异、个性十足的小商品。

Toyko Milk 香皂 $ 11.99，带埃菲尔铁塔图案的盒装蜡烛 $ 12.99，润肤霜 $ 18.99

左 / $ 26.99
右 / $ 24.99

怀基基中部 /
Map 怀基基 ~ 阿拉莫阿纳 -A6
☎ 922-2822
🏠 346 Lewers St.
🕐 10:30~22:30
休 无 C C A D J M V
🖥 www.geniusoutfitters.com

爱人岛
ISLAND SWEETIE

时尚漂亮的连衣裙、牛仔、饰品应有尽有的精品店。以美国名士喜爱的洛杉矶和纽约品牌为主，还有许多独创的 logo 衫、凉鞋、包和珠宝等。

名模喜爱的知名 Akualani
连衣裙 $ 59.99

心想事成的饰品 $38。钥匙、心、带翅膀的天使等，根据不同的形状意味也不同

约有 20 种图案的可爱 T 恤衫 $ 18.99。不断出新设计

怀基基中部 / Map 怀基基 ~ 阿拉莫阿纳 -A6
☎ 922-8323　🏠 2131 Kalakaua Ave.　🕐 10:00~23:00　休 无　CC A D J M V　🌐 www.islandsweetiehawaii.com

露露柠檬运动
LULULEMON ATHLETICA

发源于温哥华的运动品牌。店内出售各种舒适、透气性好的瑜伽、跑步、舞蹈用男女款运动服饰。人气瑜伽专柜除了出售瑜伽服，还有瑜伽垫、毛巾、包等配套商品。

右 / 人气瑜伽服"大圆领吊带衫"售价 52 美元，"凹槽剪裁裤"售价 86 美元　左 / 很适合跑步的丫形吊带上衣 $ 52 和短裤 $ 54

阿拉莫阿纳地区 / Map AMC-2F
☎ 946-7220　🏠 阿拉莫阿纳购物中心 2F 靠山一侧
🕐 9:30~21:00（周日 10:00~19:00）
休 11/24※、12/25　CC A D J M V　🌐 www.lululemon.com

281

以舒适、漂亮
为服饰的宗旨

不断采购
独创服饰

缪斯之韵
MUSE BY RIMO

　　2005 年诞生于洛杉矶的品牌。追求舒适、漂亮的服饰。纯棉上衣、印花连衣裙、牛仔、帽子等货品每日更新，敬请光顾。

上／超凡脱俗的连衣裙，根据身高有两种长度，分别售价 $51 和 $54。大边太阳帽 $38
右／长裙 $45，浅色系很清凉，另有粉色

上／很配夏装的太阳帽 $34。装饰小花单售 $8
下／基本款吊带裙 $68。两件套，单独一个个穿也 OK

怀基基中部 / Map 怀基基～阿拉莫阿纳-A7
☎ 926-9777　🏠 2310 Kuhio Ave.　🕙 10:00~23:00　休 无
CC A D J M V　🖥 www.musebyrimo.com

充满欢乐气息的
可爱店铺

欢乐女孩和
她的朋友偷
快女孩等卡
通人物都很
可爱

快乐哈莱瓦
HAPPY HALEIWA

　　该店将欢乐女孩的卡通人物作为商品的图案。以画有可爱图案的 T 恤为主，凉鞋、包、手表等商品也是应有尽有。还有最适合作为礼品的巧克力和糕点。拥有众多只有这里才能买到的独特商品。

小玩偶各 $28。化妆包 $21

20 种以上 LOGO 的 T 恤衫
$18.95 ~

阿拉莫阿纳地区 / Map p.264
☎ 591-1813　🏠 沃德仓库 1F 向海一侧
🕙 10:00~20:00（周日 ~18:00）　休 11/24※、12/25
CC A D J M V　🖥 www.merry-land.net

右侧衬衫 $75、裙 $85。中间的衬衫、牛仔裤各 $98、外套 $148。左侧丝绸上衣 $79.50、白裤子 $98

杰克鲁
J. CREW

因受到奥巴马总统一家青睐而闻名的品牌。休闲服饰采用优良的素材，注重细节的设计和精细的缝纫做工等，都受到消费者的好评。商品价格适中。

裙 $69.50、包 $42.50、带花的凉拖 $22.50

阿拉莫阿纳地区 / Map AMC-2F
☎ 949-5252　🏠 阿拉莫阿纳购物中心 2F 诺德斯特姆百货中央大厅
🕐 9:30~21:00（周日 10:00~19:00）
休 11/24※、12/25　CC A D J M V　🖥 www.jcrew.com

竹空
BAMBOO SKY

拥有最新款商品的当地人气精品店。在怀基基王子大道附近开设了 2 号店。商品以可爱款式为主，有牛仔 13、热潮等流行休闲品牌。此外还有许多款式多样的珠宝。

Ellison 的复古大花吊带裙 $42。X 形的吊带很漂亮

Audrey 的高品质花纹上衣 $44，Spangle 背心 $34，很搭

Ellison 大花的连身衣裤，带漂亮的腰带，$54

怀基基中部 / Map 怀基基～阿拉莫阿纳 -A7
☎ 924-6633　🏠 159 Kaiulani Ave.
🕐 11:00~21:00（周五 ~22:00，周日 12:00~18:00）
休 12/25、1/1　CC A D J M V
🖥 www.bamboosky.com

螺旋女孩
SPIRAL GIRL

发源于以 "酷、性感、火辣" 为理念的涩谷 109 的人气品牌。每季进货的商品与日本店铺的款式、售价几乎相同。元旦送出的福袋大约 2 小时就抢购一空。该品牌在当地的时尚女孩中很有人气。

在阿拉莫阿纳购物中心淘到的 Pualani 的比基尼，上 $ 60、下 $ 58

新品满满的店内

阿拉莫阿纳地区 / Map AMC-2F
☎ 955-8118 🏢 阿拉莫阿纳购物中心 3F 向海一侧
🕐 9:30~21:00（周日 10:00~19:00）
🈺 11/24※、12/25
💳 C/A/D/J/M/V 🖥 www.spiralgirl.com

左 / 基本款的笑脸 T 恤 $ 29。眼睛部分设计成心形的超有爱
右 /Voluspa 的高级饰品蜡烛大 $ 39，小 $ 14

永远21
FOREVER 21

该品牌最贵的商品为 40 美元左右，100 美元即可搭配一身。

从少年装到成人女装，从休闲到正装，款式多样，供你选择。

夏威夷风格的展示样子很可爱

左 /L.A. 的超人气女装，传统样式加上时尚元素化感觉新鲜，$ 29.80
右 /Love21 系列，上衣 $ 19.80、裤子 $ 24.80、土耳其石头项链 $ 8.80

阿拉莫阿纳地区 / Map p.251　☎ 923-5202　🏢 阿拉莫阿纳购物中心三层向海一侧　🕐 10:00~23:00
🈺 无　💳 C/A/D/J/M/V　🖥 www.forever21.com

我的壁橱
IN MY CLOSET

以女孩梦想的壁橱为理念而设计的时装。在夏威夷以独特个性的商品为目标，每周从 L.A. 或 N.Y. 来两到三次新货。即使当时没有心仪的物品，数日后就会有新的商品供你选择。

形状可爱的 Enti Clothing 的上衣 29

加利福尼亚的品牌，有很好的美腿效果的 Miss Me 的裤子 $ 85 ~

Enti Clothing 的上衣 $ 32 和 Miss Me 的成熟女人系列的 MM Couture 裤子 $ 85

火奴鲁鲁、卡哈拉地区 / Map p.266
☎ 734-5999　🏢 卡哈拉购物摩尔 1F　🕐 10:00~21:00（周日 ~17:00）
🈺 11/24※、12/25　💳 C/A/D/J/M/V　🖥 www.inmyclosethawaii.com

去夏威夷网罗美丽

化妆品 & 保养品的
高端店铺 *Cosmetics & Supplements*

在夏威夷海边尽情玩耍固然很好，但也不能忘记护理因强烈的南国阳光和海水而受损的肌肤和头发。在这里向你推荐化妆品和保养品。这里有最高端的药妆，来夏威夷网罗美丽吧！

化妆品控必去的
店铺

纯粹 *La Pure*

汇集了经严格挑选的全身美容和水疗用化妆品及护肤品的专卖店。几乎所有商品都未进驻中国市场。店内有多种皮肤科医师设计的药妆。针对螨虫、皱纹、美白、紧肤、瘦身等不同功效的化妆品齐全。

许多商品在别处无法买到。拥有众多回头客。有中文使用说明

左 / 美国 Peter Thomas Roth 的抗皱美容液售价120美元（右）。对改善眼周围和嘴角周围的皱纹有良好效果。左是德国 Wilma Schumann 的美白液，售价49美元。可以有效地消除伤痕、雀斑等留下的色素沉淀 右 /Pevonia Botanica 公司的胶原蛋白美容液1个月售75美元。可以防止肌肤老化，防止皱纹和皮肤松懈

怀基基中部 / Map p.258
☎ 924-8422
住 普艾蕾拉尼中庭商店 2F
时 9:00～23:00
休 无　CC A D J M V
URL www.lapure.net

配合美容液
使用皮肤护理

爱之复兴
Love Renaissance

促进皮肤天然再生力，提高抗老化效果的专业美容店。基础护理为糙米提取精华液 SWANESS，樱花叶提取精华液 Sakuyahime、橄榄叶提取精华 NOE、橄榄叶提取液和蜂王浆的混合精华液 Verdy 四种。另外还有含天然酵母的 XTRUE 美容液。

左 /3 种净化美容液。从右分别是樱花叶提取精华液 33 美元、糙米提取精华液 28 美元，嫩橄榄叶提取精华液 38 美元　右 / 新品 XTRUE 系列。从右分别为卸妆油 72 美元，乳霜 162 美元，精华液 108 美元，乳液 108 美元

高档稳重的内饰。店内有产品试用浆，你可以在体验之后再购买

怀基基中部 / Map p.251
☎ 923-0991　住 皇家夏威夷购物中心 C 馆 1F
时 10:00～22:00　休 无　CC A D J M V
URL www.love-renaissance.com

尼奥广场
Neo Plaza

店内出售的化妆品、保养品种类多样，在美国具有很高人气。商品按功能分类摆放在不同货架，有中文使用说明，你可以一边阅读说明一边寻找自己心仪的商品。店员也会说中文，无须担心语言问题。

鸡蛋花和杧果味道的洗发水和护发素，每种 $8.99，护肤霜 $14.39

香皂各 $6.99，有菠萝、奶糖等共 20 种口味

商品展柜上标明人气顺序。一看即可知晓流行趋势

怀基基中部 / Map 怀基基 ~ 阿拉莫阿纳 -A6 ☎ 971-0030 怀基基商业广场 1F
10:00（周六、周日 15:00）~23:00 休 无 CC A D J M V www.neoplazahawaii.com

贝拉维
Belle Vie

该品牌主原料是自古以来作为药草使用的夏威夷植物精华。美白凝胶、防松弛美容液、去角质啫喱、瘦身凝胶等各种产品帮你解决皮肤困扰。

具有分解脂肪和抑制脂肪堆积双重效果的瘦身剂 Liko 售价 56 美元（右），利用植物精华促使脂肪繁殖的丰胸膏 Nui 为 62 美元

上 / 去除毛孔污垢、去角质、促使皮肤再生的除角质凝胶 Laki 售价 60 美元（左），日用、夜用两瓶装美白凝胶 Mua
右 / Eha 售价 39 美元（左）薄荷香痛舒缓释凝胶。Nani 售价 28 美元，能把卸妆油去除不净的毛孔污垢清洗干净

玻璃式的明亮店铺。店内商品以夏威夷植物药妆系列为主，还有许多未进驻中国的护肤品等

怀基基中部 / Map 怀基基 ~ 阿拉莫阿纳 -B6 ☎ 971-2100
怀基基购物广场 1F 10:00~22:30 休 无 CC A D J M V www.belle-vie.com

丝芙兰 *Sephoia*

限定版
化妆品
专卖店

集聚了众多著名品牌的化妆品专卖店。店内彩妆、护肤、身体＆头发护理、美甲、香水等商品种类繁多，且多是限定品。这些都是各品牌为丝芙兰量身定做的限量版，在别处不可能买到。

丝芙兰商品的价格都不贵，刷子、带镜子的 6 色唇彩 $12，约有 80 种颜色供挑选的眼影 $12

菲罗索菲的洗发水和护发素各 $16，香味有 10 多种

上／丝芙兰限定品。水钻闪耀的 Hello Kitty 镜子 $49、放有可爱珠子的指甲油各 $10
下／在各角落会有试用区

怀基基中部 / Map 怀基基～阿拉莫阿纳 -B6
☎ 923-3301　🏢 怀基基购物广场 1F　🕙 10:00～22:00
休 无　C A D J M V　🌐 www.sephora.com

易东尼屋 *etonya*

有很多能让你变美的好东西

商品极其丰富，价格又相当便宜的店铺，从指甲油到护肤品，从护发用品到彩妆用品，琳琅满目，在夏威夷也是规模屈指可数的。

人气护肤品 3 种，瞬间消灭皱纹的 AGELESS $69.95，ORIKI $75，美白的 Murada $26

很适合当当礼物的 OPI 油梨护手＆身体乳，水，6 个一套 $9.90

OPI 指甲油，$4.50～8.50

品种极其丰富的店内陈列

怀基基中部 / Map 怀基基～阿拉莫阿纳 -A6
☎ 922-3388　🏢 DFS 购物中心 6F　🕙 10:00～22:00
休 周日　C A D J M V　🌐 www.etonya.com

夏威夷面积虽小却是时装的王国。在中国受欢迎的品牌、尚未进驻中国的品牌、个性十足的精品店、时尚漂亮的服饰等应有尽有，任你挑选。在这里向你介绍深受对时尚敏感的当地女孩青睐的顶级店铺。

女 装 *Lady's Boutiques*

玛希亚诺
Marciano

Guess 旗下的高端品牌

◆魅力系的时尚女装。该品牌是盖斯旗下的延伸品牌。性感、时尚的设计给人全新的印象。除了时装，该品牌还有饰品、珠宝、包等商品。

同品牌规模第三大的旗舰店

怀基基中部	Map p.251
☎ 931-6116	
住 皇家夏威夷购物中心 C 馆 1、2 层	
时 10:00~22:00	
休 无	
C/C A J M V	
URL www.marciano.com	

斯图尔特·韦茨曼
Stuart Weitzman

艳丽的皮革设计

◆包、腰带等皮革质量有口皆碑的西班牙品牌。有许多知名人士光顾。从休闲风格到时尚款式，在这里你可以饱尝购物的乐趣。

曲线优美的店内尽是灿烂夺目的商品

阿拉莫阿纳地区	Map AMC-2F
☎ 979-8400	
住 阿拉莫阿纳购物中心 2F 向海一侧	
时 9:30~21:00（周日 10:00~19:00）	
休 感恩节、12/25、复活节	
C/C A J M V	
URL www.stuartweitzman.com	

碧碧
Bebe

提升女性气质的女装

◆为时尚性感女性设计的人气女装。位于皇家夏威夷购物中心中的两层建筑内尽是服装、包、小附件等商品。每季都会更新款式和颜色，让你忍不住频繁光顾。

怀基基中部	Map p.251
☎ 926-1144	
住 皇家夏威夷购物中心 C 馆 1、2 层	
时 10:00~22:00	
休 无 C/C A D J M V	
URL www.bebe.com	

清爽的展柜引人注目

美国 7 牌
Seven for All Mankind

发源于洛杉矶的著名牛仔

◆始创于 2000 年的年轻牛仔品牌，因高质感的设计而博得了好莱坞众多名士的青睐。夏威夷 1 号店以女款为主，还有男款、儿童款和其他小附件商品。

怀基基中部	Map p.251
☎ 926-1014	
住 皇家夏威夷购物中心 B 馆 1、2 层	
时 10:00~22:00	
休 无	
C/C A J M V	
URL www.7forallmankind.com	

店内的扦边儿服务也备受好评

维多利亚秘密
Victoria's Secret

人气内衣品牌

◆全美最有人气的内衣品牌维多利亚秘密于 2009 年 10 月在夏威夷开设了第一家专柜。这里除了有许多名人喜爱的性感内衣，还有泳衣、香水等。

阿拉莫阿纳地区　　Map AMC-2F

☎ 951-8901
住 阿拉莫阿纳购物中心 2F 靠山一侧
時 9:30~21:00（周日 10:00~19:00）
休 感恩节、12/25
C/C A D J M V
URL www.victoriassecret.com

受到布兰妮·斯皮尔斯、维多利亚·贝克汉姆等名人的青睐

罗克西
Roxy

受当地女孩欢迎的冲浪品牌

◆罗克西受到当地女孩们的追捧。专柜商品款式多样。夏威夷限定印花的人气 T 恤是作为礼品的极佳选择，不可错过。

阿拉莫阿纳地区 Map 怀基基~阿拉莫阿纳-B1

☎ 596-2773
住 沃德娱乐中心
時 10:00~21:00（周日 ~19:00）
休 12/25
C/C A J M V
URL www.roxy.com

设计可爱的泳装。一套泳装的售价从 69 美元起

贝齐约翰逊
Betsey Johnson

名士喜爱的品牌进驻夏威夷

◆源于纽约的高端品牌。优美的线条和独创的设计，使其拥有众多名人客户，受到摇滚明星等众多领域人士的青睐。因为店内商品同款只有一件，遇到心仪的商品要毫不犹豫立即购买。

阿拉莫阿纳地区　　Map AMC-2F

☎ 949-3500
住 阿拉莫阿纳购物中心 2F 靠山一侧
時 9:30~21:00（周日 10:00~19:00）
休 感恩节、12/25、复活节
C/C A J M V
URL www.betseyjohnson.com

店内极富个性的装饰使其充满女性迷人气息

王妃诱惑
Princess Tamu Tamu by Allure

款式多样的内衣品牌

◆经营 30 多个品牌的内衣店。可爱、性感、奢华，内衣款式多样。下胸围30~40，罩杯 AA-J，尺寸齐全。

怀基基中部　　　　Map p.250

☎ 922-3330
住 皇家夏威夷购物中心 A 馆 3F
時 10:00~22:00
休 无
C/C A D J M V
URL www.allure-hawaii.com

店内经营塔姆公主、贝齐约翰逊等多个品牌

爱慕
Ai Amour

奢华内衣专卖店

◆集聚了约 30 个世界知名高级内衣品牌。尺寸从 32A 到 46G 齐全。意大利品牌罗贝拉的文胸欧奇威尔第售价 59 美元起。

怀基基中部　　　　Map p.251

☎ 922-5683
住 皇家夏威夷购物中心 B 馆 1F
時 10:00~22:00
休 无
C/C A D J M V
URL www.aiamour-luxuryingerie.com

店内还出售进口泳装、休闲服、香水等

夏威夷最迷人的游玩胜地可以说是海滨。白沙海岸映着五彩缤纷的泳装，别有一番风情。在夏威夷一年四季都有泳装出售。想要高端的设计就来夏威夷的泳装专卖店。想要成为海滩的主角就来此购买泳装吧。

泳 装

Swim Wear Shops

风尚时装屋
Loco Boutique

店内泳衣款式百分百原创

◆店内商品从设计到缝制均在夏威夷完成。平常店内有 12000 件泳装库存，售价 78~100 美元。同样花纹和颜色有比基尼、连衣裙、背心、短裙等不同款式。

怀基基中部　　Map 怀基基～阿拉莫阿纳 -A6
☎ 926-7131
住 358 Royal Hawaiian Ave.
时 9:00~23:00
休 无
CC A D J M V
URL www.locoboutique.com

位于怀基基交通便利的地段。在阿拉莫阿纳购物中心也有专柜

阳光泳装
Sunshine Swimwear

去海滨之前必去的地方

◆店内从地板到天花板摆着满满的泳装。也有许多儿童泳装。比基尼、防紫外线泳装等款式多样，有众多设计和实用性优良的泳装。

怀基基中部　　　　　Map p.257
☎ 924-3888
住 怀基基海岸步行街 1F
时 9:00~22:00
休 无
CC A D J M V

店内摆着满满的泳装、凉鞋、帽子等

波宝
Splash! Hawaii

母女都想去的泳装专卖店

◆小巧精致的店铺以原创款式为主，此外还代理罗克西、蕾拉妮等 50 多个品牌的泳装。其中比基尼可以根据顾客身材分开购买上、下身。售价 26~280 美元。

阿拉莫阿纳地区　　Map AMC-1F
☎ 942-1010
住 阿拉莫阿纳购物中心 1F 向海一侧
时 9:30~21:00（周日 10:00~19:00）
休 感恩节、12/25
CC A D J M V

店内众多款式供你挑选

魅力
Allure

从品牌泳装到最新款式

◆从冲浪品牌的可爱＆性感设计到高品质的成熟设计，拥有 100 多种不同款式的泳装专卖店。夏威夷只有此处出售塔姆公主和比基尼小姐的泳装。

怀基基中部　　　　　Map p.251
☎ 926-1174
住 皇家夏威夷购物中心 C 馆 1F
时 10:00~22:00
休 无
CC A D J M V
URL www.allure-hawaii.com

挂着各色游衣的专卖店

逃离严寒酷暑来夏威夷乐园吧。舒适的气候让人想要换上漂亮的时装。无须带太多行李，只需来此购买。迎着明媚的阳光，换上美丽的服装，轻松享受在夏威夷的美好时光吧。

休闲时装　　　　　*Casual Wear Shops*

幸运牛仔
Lucky Brand Jeans　　　　　幸运的人气牛仔

◆ 在美国因其为人气电视剧提供服装赞助而广为人知。在各大商场都被抢购一空的年轻品牌。

　男装、女装均为原创，20多种款式的牛仔服饰在纽扣和拉链内部都印有"Lucky You"字样和四叶草图形，充满幽默感和活泼的设计很受欢迎。怀基基也有专柜。

阿拉莫阿纳地区	Map AMC-2F

☎ 951-1067
住 阿拉莫阿纳购物中心 2F 向海一侧
时 9:30~21:00（周五、周六 ~21:00，周日 10:00~19:00）
休 感恩节、12/25、复活节
C/C 不可　　URL www.luckybrandjeans.com

店内还有可爱的服饰、包和皮带等商品

款式丰富的男女款牛仔裤价格均为98美元起。来这里寻找自己最爱的牛仔服饰吧

真实信仰牛仔
True Religion Brand Jeans　　知名人士喜爱的紧身牛仔

◆ 2003年诞生于洛杉矶的人气牛仔专卖进驻阿拉莫阿纳。

　真实信仰牛仔独特的立体剪裁让穿着者的腿部线条显得修长美丽，受到众多知名人士的喜爱。多彩的缝缀、马蹄形商标、完善的臀部曲线的宽束带圈和折翼口袋等都使该品牌拥有别样的时尚感。

　牛仔裤根据不同款式售价172~363美元（女款172~341美元）。务必在此挑选一条你喜爱的牛仔裤吧。

阿拉莫阿纳地区	Map AMC-2F

☎ 979-8400
住 阿拉莫阿纳购物中心 2F 诺德斯特姆百货中厅
时 9:30~21:00（周日 10:00~19:00）
休 感恩节、12/25、复活节
C/C A J M V
URL www.truereligionbrandjeans.com

左上／有多种款式的儿童牛仔裤。左／西部衬衫106美元，牛仔裤6岁儿童款150美元。右边的T恤55美元，牛仔裤2岁儿童款150美元上／全球有44家店铺。夏威夷亮仅此一家

291

阿玛尼
Armani Exchange
阿玛尼的休闲装

◆阿玛尼姐妹品牌独有的充满都市感的年轻品牌。推荐使用触感极佳的比马棉材质的T恤。是作为珍藏礼品的最佳选择。

T恤售价32~48美元。除服装外还出售包、泳装等

☎ 923-1663
住 怀基基商业广场 1F
时 9:00~23:00
休 无
C/C A J M V
URL www.armaniexchange.com

摩纳哥会馆
Club Monaco
高雅时髦的设计很受欢迎

◆高雅的休闲时装。修长的剪裁、单一元素的设计，不仅适合办公场合也适合周末休闲度假。

阿拉莫阿纳店还出售男装、包、太阳镜、饰品等

阿拉莫阿纳地区　　　Map AMC-2F

☎ 941-4277
住 阿拉莫阿纳购物中心 2F 诺德斯特姆百货
时 9:30~21:00（周日 10:00~19:00）
休 感恩节、12/25、复活节
C/C A J M V
URL www.clubmonaco.com

美国鹰派服饰
American Eagle Outfitters
夏威夷当地服饰

◆以"品质优良、价格合理"为品牌理念。T恤售价为15.50美元，男衬衫15.50美元起，女款保罗衫24.50美元，价格实惠。

从青少年款到30岁成人款，男女装齐全

阿拉莫阿纳地区　　　Map AMC-3F

☎ 947-2008
住 阿拉莫阿纳购物中心 3F 面海一侧
时 9:30~21:00（周五、周六 ~21:00，周日 10:00~19:00）
休 感恩节、12/25、复活节
C/C A M V
URL www.ea.com

怀基基马里布衫
Malibu Shirts Waikiki
怀旧风的冲浪时尚专卖店

◆冲浪用品的专卖店。印有特定年份的活动、会馆等图案的怀旧风T恤很有人气，售价22~32美元。店内仿佛是一个小型的冲浪运动博物馆。

纪念冲浪影片"无尽的夏日"和巨浪席卷北方时的T恤每件售价 22~32 美元

怀基基中部　　　　　Map p.257

☎ 923-0306
住 怀基基海岸步行街
时 9:00~22:00
休 无
C/C A D J M V
URL www.malibushirts.com

李维斯
The Levi's Store
牛仔的王道

◆传统美式时尚的牛仔裤。店内除牛仔裤外还出售衬衫、包、腰带、帽子等商品。牛仔裤的售价为60~70美元。店内还有许多让李维斯迷欣喜若狂的经典款式。

款式丰富的搭配牛仔裤的腰带和衬衫

阿拉莫阿纳地区　　　Map AMC-3F

☎ 944-4090
住 阿拉莫阿纳购物中心 3F 靠山一侧
时 9:00~21:00（周日 10:00~19:00）
休 感恩节、12/25
C/C A D J M V
URL www.levi.com

挑战自我
Alter Ego

狂野体验

◆格林苹果树、腈纶、精密科学等狂野印象品牌汇聚一堂的专卖店。有多款T恤、包、休闲街头时装供你选择。

有许多原创T恤。爆炸式设计有30多种，售价均为17.99美元

怀基基中部	Map p.257

☎ 926-1901
住 怀基基海岸步行街
时 9:30~22:00
休 无
C/C A D J M V
www.alteregostore.com

88T恤
88tees

原创T恤极受欢迎

◆在夏威夷人人皆知的旧衣服专卖店。店内有L.A.和N.Y.风的牛仔裤、阿罗哈衫等商品。原创T恤售价16美元，款式众多，让人眼花缭乱。还有许多儿童款服饰，对于家庭旅行者再适合不过了。

怀基基中部	Map 怀基基~阿拉莫阿纳 -A6	

☎ 922-8832
住 2168 Kalakaua Ave.,2F
时 10:00~23:00
休 无
C/C A D J M V

需要一点一点仔细地从角落中淘到自己喜爱的商品

领雅
Linea

严格筛选的欧洲系街头风

◆时髦的街头设计。这里集聚了巴塞罗那设计画的个性绘图、意大利老字号品牌狮王以及超人气的迪斯尼服饰等30多个品牌。

迪斯尼服饰的T恤，左39美元，右45美元

阿拉莫阿纳地区	Map p.264

☎ 591-8990
住 沃德仓库 1F 向海一侧
时 10:00~20:30（周日~18:00）
休 感恩节、12/25
C/C A D J M V

第二层肌肤
Second Skin

集合欧洲人气服装

◆这里有适合各种体形的蓝色牛仔。还有7钻石、哲学花园等N.Y.人气品牌。

阿拉莫阿纳地区	Map p.264

☎ 593-1056
住 沃德仓库 1F 靠山一侧
时 10:00~20:00（周五、周六~21:00，周日~18:00）
休 感恩节、12/25
C/C A D J M V

受欢迎的衬衫39.50美元、重叠着穿也很可爱

超多的颜色样式各异的服饰

女士的Polo衫2件22美元，裤子26美元；男士的基础款T恤2件25美元、裤子18美元、鞋28美元

Made in Hawaii

夏威夷风格的佳品

Hawaiian Jewelry

夏威夷首饰

在成品上常常会看到的文字"Kuuipo（爱人）"。名副其实的爱的礼物

刻着对爱人的思念

和夏威夷缝纫、寇阿相思树一样著名的还有诞生于夏威夷王朝的佳品——夏威夷首饰。

那是 1862 年 2 月。那时为悼念维多利亚女王的丈夫艾伯特王子，英国王室在服丧期间佩戴了装饰黑色丧服用的首饰。莉莉·乌卡拉尼女王听说此事，亲自设计了维多利亚式服丧用首饰。那时在首饰上刻着的文字是"永远的思念"。

爱意满满的首饰

刻着夏威夷文字的维多利亚式夏威夷首饰从此诞生。作为著名歌曲《再见珍重》（Aloha oe）的作者而闻名的莉莉·乌卡拉尼女王曾送给感情深厚的老师——阿特金森女士一个刻有"再见珍重"文字的手镯。这个故事在阿特金森女士的学生中广泛流传。夏

精细手工雕刻的夏威夷首饰

威夷的人们，母女之间、恋人之间等从此都赠送夏威夷首饰作为礼物。

如今，几乎每一个夏威夷女性都会佩戴夏威夷首饰。夏威夷首饰已成为特别的存在。

无比喜爱夏威夷首饰的莉莉·乌卡拉尼女王

女王设计的服丧用的，刻有"永远的思念"字样的手镯（左）。据说女王一生都佩戴着这个手镯。右是"再见珍重"手镯。带有寇阿相思树木质盒子，售价1400 美元。其他戒指售价 600 美元。别针 500 美元。垂饰 350 美元（价格随金价波动而不同）

Made in Hawaii
Hawaiian Jewelry

294

※ 照片均在菲利普里卡德店内（皇家夏威夷购物中心）拍摄。

像蜜月旅行或是和重要的人一起旅行时，来夏威夷购买珠宝和饰品是不错的回忆。夏威夷饰品能够成为你一生的钟爱。在这里向你推荐几家经过严格挑选的优质饰品店。

饰　品　　　　　　　　　　　　*Accessories*

玛戈塔希提珍珠
Margo Tahitian Pearl

◆ 2008 年进驻夏威夷、出售塔希提珍珠的专卖店。尺寸、形状、颜色、光泽等经过严格筛选的优质珍珠满排在盒子中。挑选自己喜爱的珍珠制成自己专属的项链和戒指。

天然光泽的饰品

怀基基中部　Map 怀基基～阿拉莫阿纳 -B6
☎ 922-8881
住 怀基基购物广场 5F
开 9:00 ～ 18:00（周六至 14:30）
休 周日
CC A D J M V
URL www.margotahitianpearl.com

用独一无二的塔希提产珍珠制成自己钟爱的饰品

托尼阿罗哈市场
Tony Aloha Marketing

◆拥有自己的夏威夷首饰加工工厂，开创了原创品牌。定做一生钟爱的产品，最短只需一天即可完成。此外，这里还出售夏威夷缝纫、夏威夷杂货等丰富多样的夏威夷礼品。

搜寻夏威夷土产的店铺

怀基基中部　Map 怀基基～阿拉莫阿纳 -A6
☎ 922-0001
住 怀基基商业广场 2F
时 9:00~20:00
休 周日
CC A D J M V
URL www.tonyhawaii.com

以夏威夷熊为主的杂货和原创提包等都很受欢迎

夏威夷 8 号 & 美洲原住民珠宝
No.8 Hawaiian & Native American Jewelry

华丽高品质的珠宝，拥有众多名人回头客

◆这里齐聚了夏威夷式和美洲原住民珠宝。独创的夏威夷首饰均为手工制作。使用上等天然石的美洲原住民珠宝不分男女款都很有人气，拥有众多回头客。

怀基基中部　　Map 怀基基～阿拉莫阿纳 -B6
☎ 921-2010
住 怀基基喜来登度假村 1F
开 8:00~22:30
休 无
URL no8jewelry.com

钓鱼钩形状的项链有"钓上幸运"的含义。是拥有灵性的项链

马克西夏威夷珠宝
Maxi Hawaiian Jewelry

时尚的夏威夷新式珠宝

◆在十字架、心形等流行形状中嵌入以金银为主的混合素材制成的原创珠宝很有人气。店铺附近就是加工厂，刻入姓名、尺寸调整等工艺很快即可完成。

怀基基中部　　Map 怀基基～阿拉莫阿纳 -A7
☎ 924-9389
住 2310 Kuhio Ave.
时 11:00~23:00（周日 12:00~22:00）
休 无
CC A J M V
URL www.maxihawaii.com

雅致的珠宝店铺。位于怀基基交通便利的地段

家庭服装

Family Wear Shops

夏威夷有许多适合孩子的漂亮服饰。全家出动购物也是夏威夷之行的独特记忆。在这里向你介绍儿童装专卖店、出售儿童成熟款连衣裙以及家庭装的专卖店。

老海军
Old Navy

盖普的超便宜姐妹品牌

◆人气休闲品牌 GAP 的姐妹店。体育馆般宽敞的店铺内满是物美价廉的男女装和儿童装。店内经常有优惠活动，是购买全家当地服饰的最佳选择。

阿拉莫阿纳地区	Map AMC-1F
☎ 951-8526
住 阿拉莫阿纳购物中心 1F 向海一侧
时 9:00~21:00（周日 10:00~19:00）
休 感恩节、12/25、复活节
CC A D J M V
URL www.oldnavy.com

怀特莱等购物中心内有店铺

皇家鱼
Royal Fish

满是艺术的服饰

◆不可错过的女童装专卖店。这里有褶边连衣裙、镶珠小型拎包、漂亮的海滩凉鞋等商品。还有许多和妈妈能一起搭配穿的亲子服饰。

怀基基中部	Map p.251
☎ 922-9718
住 皇家夏威夷购物中心 B 馆 1F
时 10:00~22:00
休 无
CC A D J M V

吸引女孩的童装店

儿童地带
The Chidren's Place

高品质童装

◆发源于新泽西州的童装品牌店。几乎所有的商品售价均在 25 美元以下。优惠时只需 5 美元即可购买一件。尺寸从婴儿到 10 岁儿童齐全。因为没有进驻中国，很适合作为礼物购买。

阿拉莫阿纳地区	Map AMC-3F
☎ 947-0003
住 阿拉莫阿纳购物中心 3F 靠山一侧
时 9:30~21:00（周日 10:00~19:00）
休 感恩节、12/25、复活节
CC A J M V

衣服的色彩搭配尽显孩童的可爱

疯狂 T 恤
Crazy Shirts

复活的柯里班猫备受好评

◆夏威夷本土品牌。2007 年 12 月而设计了令人怀念的柯里班猫插图系列 T 恤。款式、颜色多样。新款不断上市。

阿拉莫阿纳地区	Map AMC-1F
☎ 973-4000
住 阿拉莫阿纳购物中心 1F 中央地带
时 9:30~21:00（周日 10:00~19:00）
休 9:30~21:00、周日 10:00~19:00
CC A J M V
URL www.crazyshirts.com

夏威夷独有的品牌，是当礼物的不错选择

极速骑板
Quiksilver Youth
亲子酷感体验冲浪品牌

◆人气冲浪品牌极速骑板和
Roxy 品牌的青年时装。男女款
从 6 个月婴儿尺寸到 16 岁少年
尺寸齐全。此外还有男款阿罗哈
衫（30 美元）等。

阿拉莫阿纳地区　Map 怀基基～阿拉莫阿纳 -B1
☎ 596-2773
住 沃德娱乐中心 1F
时 10:00~21:00（周五、周六~22:00,
周日~19:00）
休 12/25
C/C A D J M V

面向青年的酷感内饰

蓝姜
Blue Ginger
清爽色系的家庭服

◆诞生于毛伊岛的品牌。以夏威
夷花、鱼等为主题搭配清爽的颜
色，非常适合在夏威夷度假时穿
着。该品牌以连衣裙为主，也有
相同花纹的阿罗哈衫和童装。

怀基基中部　　　　　　　Map p.257
☎ 924-7900
住 怀基基海岸步行街 1F
时 9:00~22:00
休 无
C/C A J M V
URL www.blueginger.com

女款分离式夏装 46 美元。连体裤 29 美元

大卫 & 歌利亚
David & Goliath
爆笑有趣的商品

◆集结了各种有趣插画的 T 恤和小商
品。插画可爱、幽默感十足让人忍俊
不禁。T 恤售价 20 美元起，小商品 2
美元起。价格合理，很受欢迎。

怀基基中部　　Map 怀基基～阿拉莫阿纳 -B7
☎ 971-2957
住 莫阿那冲浪者（钻石头山购物中
心附楼）
时 9:00~22:30　休 无
C/C A D J M V
URL www.davidandgoliathtees.com

插画 T 恤 22 美元起，同款手表 26 美元起，价格
适中

灰褐女孩
Cinnamon Girl
凝聚女孩梦想的时装

◆使用印花、褶边、蝴蝶结等多
种柔美元素的夏威夷本土品牌。
多用人造丝面料，手感极佳。有
许多适合 1~12 岁女孩穿着的连
衣裙和鞋。

阿拉莫阿纳地区　　　　Map AMC-3F
☎ 947-4332
住 阿拉莫阿纳购物中心 3F 靠山一侧
时 9:30~21:00（周日 10:00~19:00）
休 感恩节、12/25、复活节
C/C A D J M V
URL www.cinnamongirl.com

成人款连衣裙 30~108 美元，童装 34 美元起

波宝童装
Splash Kids
当地人气品牌的儿童款

◆儿童泳装专卖店。店内有
Roxy 和甜美女孩品牌的新款泳
装，爱美的女孩不可错过。此
外，这里还有款式多样的男款泳
装。年龄范围为 1~16 岁。

阿拉莫阿纳地区　　　　Map AMC-1F
☎ 942-1010
住 阿拉莫阿纳购物中心 1F 向海一侧
时 9:30~21:00（周日 10:00~19:00）
休 感恩节、12/25
C/C A D J M V

除泳装外还有夹克、T 恤、凉鞋、包等

若是想要搜寻一生钟爱的物品和独特的礼品，就来专卖店看看吧。在这里你经常会发出"居然有这样的东西"的感叹，在这里你可以重新认识中美文化的差异。此外，生活杂货、文具等商品也是种类多样，你可以在此感受美国，享受购物的乐趣。

专卖店

Specialty Shops

皇家精选
Royal Selection

欧洲王室喜爱的陶瓷专卖店

◆汇集有以 Wedgwood、Meissen 品牌为首的欧洲各国的王宝御同一流陶器和玻璃制品的商店。专为此店制作的限定品也很多。价格较合理。

怀基基中部　　Map 怀基基～阿拉莫阿纳 -B7

☎ 926-0257
佳 国王村 2F
时 10:00~22:30
休 无
C/C A D J M V
URL www.royalselectionhawaii.com

汇集欧洲各国陶器品牌，手绘设计的茶杯、杯托等商品有一观的价值

夏威夷马拉尼
Malulani Hawaii

在夏威夷能量之地细作的首饰

◆宛如看到美丽彩虹的夏威夷石头沙龙。按生日年月选择守护石等天然石材，再配以许愿石，制作属于自己的世界唯一的首饰吧。

怀基基中部　　Map 怀基基～阿拉莫阿纳 -B7

☎ 1955-8808
佳 1750 Kalakaua Ave., Suite 2804
时 9:00~20:00
休 无
C/C A D J M V
URL malulani.info

摆放着大钢琴的优雅店铺

邦诺书店
Barnes & Noble Booksellers

店内有咖啡厅的大型书店

◆在全球有超过 900 家店铺的著名图书连锁店。阿拉莫阿纳店是藏书超过 12 万册、CD 超过 20 万枚的大规模书店。店内还设有咖啡厅，顾客可以携带图书享受咖啡时刻。

阿拉莫阿纳地区　　Map AMC-1F

☎ 949-7307
佳 阿拉莫阿纳购物中心 1F 靠山一侧
时 9:00~23:00
休 感恩节、12/25
C/C A D M V
URL www.bamesandnoble.com

仿佛会迷路的宽敞书店

舒适生活
Oasis Lifestyle

洋溢着海滨小屋氛围的店铺

◆以海滨小屋为设计理念的店铺。服饰、包、凉鞋等海滨时尚，香皂、化妆水等沐浴用品应有尽有，饰品、室内装饰等物品都是经过严格筛选的高品质商品。

怀基基中部　　Map p.257

☎ 924-6675
佳 怀基基海岸步行街 1F
时 9:30~22:00
休 无
C/C A D J M V

店内满是高品质服饰和杂货。图中为时尚的店内陈列品

巴黎三城
Paris Miki
眼镜专卖店的服务齐全

◆ 阿拉莫阿纳眼镜专卖店汇集了艾伦·米克力（Alain Mikli）、毛伊·吉姆（Maui Jim）等众多眼镜品牌。这里可以验光，通常1小时左右就能买到一副适合自己的眼镜。

阿拉莫阿纳地区　　Map AMC-1F
☎ 943-6454
住 阿拉莫阿纳中心 1F 面海一侧
时 9:30~21:00（周日 10:00~19:00）
休 感恩节、12/25
C/C A D J M V
URL www.paris-miki.com

专卖店独有的样品齐全、价格合理

怀基基芦荟
Waikiki Aloe
产品的晒后修复效果极佳

◆ 芦荟对严重晒伤有很好的修复功效。芦荟中富含的维生素E，可冷却、修复阳光灼伤部位。这里生产、出售富含此种芦荟成分的护肤用品。

怀基基中心地区　Map怀基基~阿拉莫阿纳-A6
☎ 922-7767
住 2168 Kalakaua Ave.
时 9:00~23:00
休 无
C/C A D J M V
URL www.waikikialce.com

适应各种肤质的化妆水一应俱全

太平洋哈雷戴维森
Pacific Harley-Davidson
拥有众多铁杆粉丝的哈雷店

◆ 这里聚集了美国代表性的摩托车和热爱哈雷戴维森的人们。皮夹克、T恤、无檐帽、皮革零件、腰带、夏威夷衫、以及其他各种零件等，哈雷商品汇聚一堂。

怀基基中心地区　　　　Map p.250
☎ 791-7880
住 夏威夷皇家购物中心 B 馆 3F
时 10:00~22:00
休 无
C/C A D J M V
URL www.PacificHD.com

Logo 衫 32 美元，女式 T 恤 28 美元起，腰带 28 美元起，吉祥物泰迪熊 25 美元

思考者玩具
Thinker Toys
帮助提高孩子创造力的玩具

◆ 如店名所说，这家玩具店中聚集着一批"在思考的玩具"。这些玩具不仅会让孩子们感到快乐，还有很多款式的玩具有利于提高孩子的创造力。这里还有许多大人们也会感兴趣的自然科学玩具和智力游戏。

怀基基中心地区　　　Map AMC-1F
☎ 946-3378
住 阿拉莫阿纳中心 1F 中央地带
时 10:00~21:00（周日 ~19:00）
休 感恩节、12/25
C/C A J M V
URL www.thinkertoyshawaii.biz

最近流行的是魔方。或许爸爸级别的人们会非常喜欢

乐高专卖店
Lego Store
小孩和发烧友必去的乐高专卖店

◆ 夏威夷最早的一家乐高积木商店。店内摆放着满满的各色各样的积木。这里有人气系列套装，还有按照年龄或适应人群分类摆放的商品。可以按分量购买积木。

阿拉莫阿纳地区　　　Map AMC-2F
☎ 942-5346
住 阿拉莫阿纳中心 2F 面山一侧
时 9:30~21:00（周日 10:00~19:00）
休 感恩节、12/25
C/C A D J M V
URL www.lego.com

在每个月的第一个周二的 17:00~19:00，可以免费参加一个比赛游戏（6~12 岁，有人数限制）

在夏威夷能买到一些在国内见不到的限量品，更有很多舒适的休闲鞋。另外，面向亚洲消费者的小码鞋也不少。

鞋 子　　　　　　　　　　*Shoes*

勃肯足迹
Birkenstock　　度假不可或缺的德国凉鞋

◆诞生于德国的品牌，以凉鞋为主拥有70多款不同式样。该品牌的鞋舒适合脚，设计能够最大限度减轻腰和膝盖的负担。简单的设计最适合度假休闲。

阿拉莫阿纳地区　　Map p.265

☎ 596-8149
住 沃德中心 1F
时 10:00~20:00（周日 ~18:00）
休 11/25※、12/25
C/C A D J M V
URL www.birkenstock.com

色彩鲜艳的凉鞋非常适合海滨度假

皮革之魂
Leather Soul
　　　　　　舒适的高档绅士鞋

◆汇集奥尔登、爱德华·格林、约翰·罗布等专业制鞋品牌的高档绅士鞋专卖店。除了独特的奥尔登品牌定期返货，这里还出售Rimova的旅行箱。

怀基基中部　　Map p.250

☎ 922-0777
住 皇家夏威夷中心 B 馆 3F
时 10:00~22:00
休 无
C/C A D J M V
URL www.leathersoulhawaii.com

颜色多样的 G&G

玖熙
Nine West　　来此寻找一双你心仪的美鞋吧

◆发源于纽约的鞋、包品牌。高雅的美鞋，由高级白领女性完美演绎。鞋售价 69 美元起，包平均售价为 99美元。

怀基基中部　　Map p.258

☎ 923-3700
住 普艾蕾拉尼中庭商店 1F
时 9:00~23:00
休 无
C/C A D J M V
URL www.ninewest.com/n

怀基基店除了基本款还有许多新款

鞋柜
Foot Locker　　不可错过的限定版

◆体育馆般宽敞的店内满是男女款及儿童款鞋。作为旗舰店，耐克的新款鞋都会在此最先发布上市。想要最早买到新款鞋的人们一定不可错过。

阿拉莫阿纳地区　　Map AMC-1F

☎ 944-8390
住 阿拉莫阿纳购物中心 1F 向海一侧
时 9:30~21:00（周日 10:00~19:00）
休 感恩节、12/26、复活节
C/C A D J M V
URL www.footlocker.com

耐克的鞋柜限定版鞋不可错过

Made in Hawaii

Hawaiian Wear

夏威夷衫

起源——移民的工作衫

阿罗哈衫可以说是夏威夷衫的代名词。1936 年 7 月，一个叫埃鲁里·查尔的裁缝，将自己缝制的花样 T 恤注册商标为"阿罗哈衫"并出售，由此出现"阿罗哈衫"这一词，距今也就 70 年的历史。

据说，阿罗哈衫的原型是欧美的传教士及拓荒者们带来的"千里衫（Thousand mile Shirt）"。它布料和做工都很结实，适合长途旅行穿；下摆不必掖进裤中。这种花样 T 恤进入夏威夷后首先为中国系的移民所接受。这是 19 世纪 20 年代的事情。

价格昂贵的古董阿罗哈衫

19 世纪 30~50 年代制作的阿罗哈衫，现在已经成为古董并拥有众多的收藏家，行情是 500 美元至 5000 美元的高价。人造纤

使雷恩夏威夷衫专卖店（上页）成名的、带有签名的"水手拉海纳（Lahaina Sailor）"阿罗哈衫，售价 74 美元。这种夏威夷衫发售于 1960 年初，上面印着夏威夷的各种标志，像州花扶桑、夏威夷州鸟、州旗等

维、双面针脚、椰果纽扣等，都是初期阿罗哈衫独具的缝制、素材、花样魅力。

阿罗哈衫已成为正装

在夏威夷，阿罗哈衫现在已成为商务正装。来自加利福尼亚的雷恩绅士服饰是其转变的重要契机。

1963 年，雷恩夏威夷衫专卖店将布料反过来缝制，成功地使原本华丽的阿罗哈衫呈现低调风格。设计酷似衬衣，素材和做工也相当好，非常适合商人穿着。由此也诞生了在晚宴上穿着的阿罗哈衫。

"卡美哈美哈风情衫"是以 19 世纪 40~50 年代的夏威夷旅游景点为图案设计的古董式阿罗哈衫，一件 2300 美元

Made in Hawaii

Hawaiian Wear

夏威夷代表性的服装是阿罗哈衫和穆穆袍。这是夏威夷的特产，很适合当地的气候。而且，夏威夷衫颇有历史，那些古董夏威夷衫的文化价值非常高。夏威夷衫是夏威夷人的传统服饰。

夏威夷衫　　*Hawaiian Wear Shops*

雷恩夏威夷衫专卖店
Reyn's　　　　　　　　　　　　　　因反面印花而闻名

阿拉莫阿纳地区　Map AMC-2F
☎ 949-5929
住 阿拉莫阿纳中心 2F 面海一侧
时 9:30~21:00（周日 10:00~19:00）
休 感恩节、12/25
C/C A D J M V
URL www.reyns.com

◆ 1959 年，阿拉莫阿纳中心开业之后，雷恩夏威夷衫专卖店便以当地的商人为中心、发展成阿罗哈衫中有名的品牌专卖店。

反面印花、扣领、套头式的衬衣，一眼就能知道那是雷恩夏威夷衫。一方面，注重常规商品的销售；另一方面，雷恩正热火朝天地开展与夏威夷大学和冲浪运动员的合作。

中 /19 世纪 60 年代的、号称伟大的冲浪运动员之博物馆的店铺内部
左 / 阿拉莫阿纳中心创业时期开业的雷恩老字号店
右 / 这里有很多款式和颜色的衬衫，无论年龄多大都可以穿

阿凡提
Avanti　　　　　　　　　　　　阿罗哈衫衍生品的泰斗

怀基基中心地区　Map 怀基基~阿拉莫阿纳-A6
☎ 924-3232
住 2164 Kalakaua Ave.
时 9:00~23:00
休 无
C/C A D J M V
URL www.avantishirts.com

◆ 因仿制特定年份的古董阿罗哈衫而闻名的品牌店。1991 年创业以来，这里的衬衫多被用作电影拍摄服装，好莱坞很多明星也喜欢在这里购买阿罗哈衫。另外店方还开始涉及丝绸布料的夏季礼服和儿童阿罗哈衫的制作。

店内墙壁上装饰着很多来访过的明星的照片

希洛·哈蒂
Hilo Hattie　　　　　　　　若想寻找夏威夷风情的东西就来这里

阿拉莫阿纳地区　Map AMC-1F
☎ 973-3266
住 阿拉莫阿纳中心 1F 面海一侧
时 9:30~21:00（周日 10:00~19:00）
休 感恩节、12/25
C/C A D J M V
URL www.hilohattie.com

◆ 希洛·哈蒂是一家在夏威夷全岛都有连锁店的、夏威夷衫和礼品的专卖店。本公司的阿罗哈衫自产自卖，非常实惠，价格在 20 美元左右，最高也就 80 美元左右。还有很多夏威夷土特产。

夏威夷土特产一应俱全!

必·阿罗哈
Be Aloha

在这里定做只属于自己的夏威夷衫

◆ 这里是在纽约等城市很受欢迎的高级时装设计师——凯的品牌店。不是在店里，而是直接去她的工作室量尺寸定做。只此一件，很奢侈吧？

- ☎ 735-9827
- 🏠 3458-B Wela St.
- ⏰ 完全预约制
- 休 需要咨询
- C/C J M V
- URL www.bealoha.com

定做需要 140~180 美元，另外也有已经做好的阿罗哈衫，售价 68 美元起

卡伊乌拉妮公主时装店
Princess Kaiulani Fashions

穆穆袍折扣店

◆ 1960 年创业。女士穿上后，看上去特别像公主，因这种款式而成为闻名遐迩的品牌穆穆袍。

公主时装店有自己的设计室和工厂，他们将本店服装的花纹和款式固定下来，因此也逐渐增加了一些固定的客户。设计、款式、颜色等种类丰富，每周都会产生新作品。现在，时装店正着眼于婚礼用品的设计生产。

公主时装店的位置稍显偏僻

没有下摆的荷瑞穆（Holomu'u）款式的穆穆袍，售价 172 美元。空心式吊带设计，非常有女性气质

- ☎ 847-4806
- 🏠 1222 Kaumualii St.
- ⏰ 10:00~17:00（周日 ~15:00）
- 休 主要节假日
- C/C M V
- URL www.pkkaiulanifashions.com

婚礼各种用品都可特别定制。不仅定做新娘礼服，伴娘礼服也可以定做

贝拉阿姨花环店

位于夏威夷皇家购物中心的 A 馆的一个花环店。1928 年左右开业卖花环至今经历了 4 代人，现在是第三代人娜奥米·布莱伊恩女士和女儿卡普阿小姐经营着其祖母开创的这家店。

花环店每天用鲜花编织花环，每周周一（13:00~14:00）和周五（13:00~15:00），店的前面设有免费的花环编织班。编织班免费教授编织花环和铁树树叶手镯，在夏威夷皇家购物中心很有人气。

- ☎ 753-3834　⏰ 10:30~22:00
- 休 无　C/C J M V
- P 使用购物中心的停车场。每 2 小时 2 美元
- URL www.auntybellasleistand.com

左侧的白色花环是密克罗尼西亚风格的姜花花环售价 18 美元，绿色花环是齐墩果状念珠藤风格的铁树树叶环售价 18 美元。右侧是棕榈帽（15~20 美元），以及康乃馨、玫瑰、兰花、九重葛四种鲜花编织在一起的花环（9 美元）

娜奥米·布莱伊恩女士的温柔笑容令人印象深刻

要想买到夏威夷的独有特产，必定要去经营夏威夷特产的商店。在那里，你一定能找到令朋友喜欢的礼物和自己能用到的东西。夏威夷人制造的这些物品里，凝聚着夏威夷发展的历史，令人感受到夏威夷跳动的心灵。

夏威夷特产

Hawaiian Products' Shops

火奴鲁鲁曲奇饼干公司
Honolulu Cookie Company

菠萝形状的松脆曲奇饼干

◆菠萝是夏威夷代表性的水果之一，是夏威夷款待佳品。这正是一家菠萝专属的曲奇专卖店。

曲奇共有 15 种口味，菠萝、西番莲果、杧果、科纳咖啡、澳洲坚果、椰子等，除了这些夏威夷特产口味，还有黑巧克力、半甜巧克力、白巧克力。

全部使用最好食材的酥饼风味十足，还能有效节制糖分。简洁漂亮的盒子中装有各种曲奇，价格实惠，是很受欢迎的馈赠佳品。

没有品尝专柜，可以全部品尝之后选择购买喜欢的曲奇

怀基基中心地区　　Map p.257

☎ 924-6651
住 怀基基海滩步道 1F
时 9:00~23:00
休 无
C/C A J M V
URL www.honolulucookie.com

在高质的锦形盒子中装着多种口味的、新发售的椰子曲奇集锦，售价 11.95 美元。其中有纯正椰子、黑巧克力椰子、白巧克力椰子三种口味，共 16 个曲奇

岛屿年份咖啡
Island Vintage Coffee

醇正咖啡豆

◆这是一家在夏威夷岛科纳地区，采用醇正高海拔地域的咖啡豆制作咖啡的咖啡店，是咖啡爱好者们经常光顾的地方，远近闻名。

每次煎炒的咖啡豆必须在一周之内卖完，因此咖啡都是新鲜的。特别是产量少、口味醇厚、为咖啡内行赞口不绝的珠粒，是咖啡店主最得意的咖啡豆。

怀基基中心地区　　Map AMC-1F

☎ 941-9300
住 阿拉莫阿纳中心 1F 中央地带
时 8:00~21:00（周日 ~19:00）
休 感恩节、12/25
C/C A D J M V
URL www.islandvintagecoffee.com

左 / 新产品 Vintage Resewe，198 克，21.95 美元，只在阿拉莫阿纳中心店有售。Kona Pibrey 和 Extra Fancy 的混合品
右 /100% 有机科纳咖啡，198 克，24.95 美元，通过夏威夷有机农业协会（HOFA）品质验证

店内也设了咖啡商店，可以随意品尝 100% 醇正的科纳咖啡以及咖啡饮料、各种红茶、巴西莓海碗（Acai Bowl）、丹麦酥等

继怀基基的夏威夷皇家购物中心之后，2009 年年末阿拉莫阿纳中心店开业

夏威夷玛纳
Mana Hawaii　　　　　　　　　　　主打 Made in Hawaii

◆ "纳·梅阿·夏威夷"、"活力夏威夷"、"弗拉·萨普拉伊" 3店合营的夏威夷特产专卖店。商品均为夏威夷产，种类繁多。

怀基基中心地区	Map p.257

☎ 1923-2220
住 夏威夷海岸步行街 2F
时 10:00~22:00
休 无
C/C A D J M V
URL www.honolulucookie.com

想找夏威夷特征的东西直接来这里就对了！另有免费夏威夷语讲座等

夏威夷制造
Hawaiian Island Creations

◆ 夏威夷官方指定冲浪用品供应商，2013 年是创业第 41个年头。

2005 年，Eric 荒川冲浪板被选登在冲浪杂志 Shaper of The Year 上，现在在阿拉莫阿纳店有售。

顶棚空间也用来贮存冲浪板。店内齐备的长的、各种各样的冲浪板

阿拉莫阿纳地区	Map AMC-1F

☎ 973-6780
住 阿拉莫阿纳中心 1F 面山一侧
时 9:30~21:00（周日 10:00~19:00）
休 感恩节、12/25、复活节
C/C A J M V
URL www.hicsurfshop.com

当地冲浪运动员指定使用商店

Eric 荒川实验模型，512 美元。5 英尺 11 英寸，是能对抗各种波浪的全能模型，很受欢迎

T & C 冲浪用品店
Town & Country Surf Shop　　　有 35 年历史的老字号冲浪用品店

◆ T & C 是 1971 年在瓦胡岛珍珠城起步、现已成为代表夏威夷的冲浪用品品牌店。品名中的 "Town" 是指夏威夷南海岸、"Country" 则指北部海滨地区。

该店只在瓦胡岛经营，共有 7 家店。出售独创的冲浪板、T恤衫，还有比拉棒（Billabong）、哈雷、罗克西（Roxy）等人气品牌。

除冲浪板外，该店还经营服装、滑雪板等业务

阿拉莫阿纳地区	Map p.264

☎ 592-5299
住 沃德仓库 1F
时 10:00~21:00（周日 ~18:00）
休 感恩节、12/25、复活节
C/C A D J M V
URL www.tcsurf.com

拉斯塔（Rasta）冲浪板，长 6 英尺 1 英寸的短板，双凹设计，利于冲破海浪。塑造师是格伦·庞（Glenn Pang）。售价 585 美元

尤克里里屋
Ukulele House

令人怀念夏威夷时光的优美音色

◆店面全部用玻璃装饰，店内明亮，墙壁上挂满尤克里里，就像尤克里里博物馆一样。这里卖的都是60美元左右价格实惠的商品，从卡玛卡（Kamaka）到考阿罗哈（KoAloha）等，各种夏威夷名牌货。

怀基基中心地区　Map 怀基基～阿拉莫阿纳 -B6
☎ 923-8587
住 怀基基购物广场 1F
时 10:00～22:00
休 无
C/C A D J M V
URL www.ukulelehouse.com

虽然不是每天都有，但这里时常在16:00开始举行大约30分钟的免费尤克里里课

尤克里里普阿普阿
Ukulele Puapua

尤克里里爱好者不可错过的商店

◆2008年，专卖店迁到太平洋海滨酒店内，在一片新天地中其商品数量和种类也更加丰富。除了卡玛卡（Kamaka），还有考奥拉乌（Ko`olau）、卡尼莱阿（Kanile`a）、凯莉（Keli`i）等300多件库存，商品涉及适合初次购买的顾客使用套装到仅面向老主顾售卖的限量货。

在谢拉顿怀基基店，每天17:00开始都有免费的尤克里里课。另外，你还可以申请由著名尤克里里演奏家布鲁斯·西玛布库罗（Bruce Shimabukuro）讲授的非公开课（一课时45分钟付费60美元，需要预约）。

这是一把宽阿相思树材质、价格实惠的凯莉（Keli`i）牌的尤克里里。其特征是旋律纤细悠扬，259美元起售

在这家商店可以了解关于尤克里里的一切知识

当地的尤克里里演奏者会信步走入这家店

怀基基东部　Map 怀基基～阿拉莫阿纳 -A8
☎ 924-2266
住 太平洋海滨酒店 1F
时 9:00～22:00
休 无
C/C A J M V
URL www.pua2.com

蓝色夏威夷生活格调
Blue Hawaii Lifestyle

提倡乐活（健康时尚环保）的商店＆西餐馆

◆这家生活格调商店专售夏威夷特产中的天然产品和有机产品。

夏威夷产的诺丽果汁、阿拉艾亚（Alaea）食盐、香草茶、咖啡等为中心，商店还出售夏威夷音乐CD以及图书、绘画、手工肥皂、护肤产品等。

在店内的西餐馆，你可以品尝到三明治、巴西莓果汁以及各种饮料。

阿拉莫阿纳地区　Map AMC-2F
☎ 949-0808
住 阿拉莫阿纳中心 2F 瑞德施特伦中央大厅
时 8:00～21:00（周日 9:00～19:00）
休 感恩节、12/25　C/C D J M V
URL www.bluehawaiilifestyle.com

中／墙壁上挂着夏威夷海浪模样的装饰灯具。地板用的是软木材料，勺子、纸盘等也都使用可循环利用的素材，一眼望去都是讲究环保的生活模式　左／HAWAII BATH & BODY 牌唇膏售价 3.50 美元，晒海油 9 美元，HONEY GIRL 牌面霜＆眼霜 30 美元等，各种夏威夷生产的护肤洗浴用品　右／什锦冰拿铁咖啡 4.15 美元起。鲜酸橙巴西莓海碗 8.60 美元起

Made in Hawaii

Ukulele 尤克里里

做的打击乐器）是草裙舞、仪式专用乐器；尤克里里则被人们所喜爱，就像孩子们在学校学习一样普遍，民间的尤克里里教室总是挤满人。尤克里里的确已经成为一种融入人们日常生活中的乐器。

在夏威夷，现在除了老字号厂商，还有各种品牌厂家都在生产各式各样各有特点的尤克里里，在专卖店轻易就能买到一把尤克里里，还能参加尤克里里课。趁着来夏威夷旅行的机会，欣赏一下夏威夷的音乐也是一件趣事。

移民带来的乐器——尤克里里

人们通常以为尤克里里是夏威夷自古就有的乐器。其实从前在夏威夷，人们只是按照拍子用鼓槌擂鼓，很难称得上有旋律的音乐。

19世纪初，葡萄牙移民带来了一种叫作"布拉吉纳（Braguinha）"的4弦乐器，从此夏威夷人才开始懂得欣赏乐器的音色和旋律。

布拉吉纳（Braguinha）是葡萄牙人漫漫旅途的伙伴，到达火奴鲁鲁港后，葡萄牙移民便又灵巧地弹奏起来。当时看到这种乐器的夏威夷人，说在弦上移动的手指"就像跳蚤（Uku）在跳动（lele）一样"，从此布拉吉纳（Braguinha）便改名为"尤克里里"。

融入夏威夷人民生活中的尤克里里

夏威夷自古以来的乐器——侃奇（kaanchhi，海螺）和葫芦鼓（Ipu，用葫芦

在尤克里里屋（→上页）找到的瓦伊奥卢（Wai'olu）岛形设计的次中音尤克里里，售价1875美元。音孔是夏威夷诸岛的形状，是令夏威夷发烧友们欣喜若狂的一款设计。寇阿相思树材质

考阿罗哈（KoAloha）的C型（Concert size），即便是一把新的尤克里里，其音色也会受到公认的好评，售价710美元。寇阿相思树材质，菠萝头和简单的构造是其特征。在尤克里里屋（→上页）有售

由夏威夷最尖端尤克里里制造商考奥拉乌（Ko'olau）制造。素材是珍珠贝，上面镶嵌着鲤鱼花纹，极具艺术性，音色为次中音，售价高达12800美元！在尤克里里普阿普阿（→上页）有售

Made in Hawaii

Koa Goods

寇阿相思树材质物品

寇阿相思树材质木碗395美元。直径14厘米，深10厘米。在马丁＆麦克阿瑟（→下页）有售

濒临灭绝的稀有树种

寇阿相思树是夏威夷的本土树木。在夏威夷语中有"顽强"的意思。物如其名，因为材质坚硬，它才被人们使用开来。在古代，夏威夷人已经用它制造独木舟和船桨了。

19世纪初，由于被用作夏威夷王朝的家具木材，寇阿相思树作为高级木材开始被人们关注。

但是，一棵寇阿相思树要长成直径1米左右的大树，大约需要80年。由于后来人们过度采伐而濒临灭绝，寇阿相思树林便被指定为保护区。

木纹耐看，一生受用

于是，原本在日常生活中到处可见的寇阿相思树，现在成了难以拥有的高级木材。

现在，寇阿相思树材质的木碗、珠宝盒、镜框、垂饰等物品，都是夏威夷具有代表性的手工艺品。在有的夏威夷家庭中，寇阿相思树材质的木碗更是被当作传家宝代代相传。

即使是擅长木雕的那些艺术家，在雕刻坚硬的寇阿相思木材时也花费不少时间。因此不免价格昂贵，但是其每一个花纹都很独特，而且一生受用。

寇阿相思树下（→下页）有很多寇阿相思树材质的带垂饰的项链。海龟垂饰项链16美元，鱼钩垂饰项链13美元

马丁＆麦克阿瑟（→下页）中带有四层抽屉的小箱子，售价1625美元。宽31厘米×进深26厘米×高20厘米，非常适合用来装首饰

还能做成其他饰物

Made in Hawaii

Koa Goods

马丁＆麦克阿瑟
Martin & Macarthur
一生受用的寇阿相思树材质物品

◆提起寇阿相思树材质的物品，首推这家在当地闻名的专卖店。原本是一家寇阿相思木材家具制造厂，现在也受理大型家具的特别定业务。

寇阿相思材质的带放大镜的小粉盒。左33美元，右30美元

店内有很多唯此店才有的独特商品，由手工艺精湛的技师制作的寇阿相思树材质物品，还有玻璃制品、珠宝首饰等。

除了在瓦胡岛的沃德中心内有一家店铺，在阿拉莫阿纳中心和希尔顿夏威夷度假村（Hilton Hawaiian Village）也有分店。

☎ 791-6595
住 沃德中心（Ward Center）1F
时 9:30~21:00（周日 10:00~19:00）
休 感恩节、12/25
C/C A D M V
URL www.martinandmacarthur.com

店内商品几乎全部出自侨居夏威夷的艺术家之手

简约木头工坊
Simply Wood Studio
卖以相思木为首的杂货的商店

◆以各种夏威夷产的天然木材制作的作品。店虽小，但盒子、器皿、饰品、雕刻等由60人以上艺术家制作的物品十分丰富。

☎ 626-5300
住 Royal Hawaiian
时 10:00~22:00
休 无
C/C A D J M V
URL www.simplywoodstudios.com

上／画有木槿、鸡蛋花、草裙舞等相思木明信片3.75美元。直接做装饰物也很好
右／老板做的相思木钢笔85美元。据说做一支笔要花4天时间，工艺精湛

新开张的Royal Hawaiian中心内的店铺，面朝庭园环境自然

寇阿相思树下
Under the Koa Tree
找得到夏威夷特产中的至宝

◆这里集中了来自全夏威夷的艺术家们的作品，有寇阿相思树材质外形美观的木碗、相框、垂饰、首饰附件等。非常适合在这里寻找夏威夷产的高档礼品。

☎ 926-8733
住 怀基基海岸步行街2F
时 9:30~22:00
休 无
C/C A J M V

这里有很多夏威夷独有的东西

瓦胡岛

购物／夏威夷特产

优美画廊
Nohea Gallery
手工制品，价格实惠

◆夏威夷手工艺品专卖店。店内的商品是由大约 500 名艺术家的手工制作，其中 85% 的艺术家侨居在夏威夷。店内的手工艺品种类丰富，有装饰品、首饰等。寇阿相思树材质的箱子有很多，价格从 100 美元到 4000 美元不等。

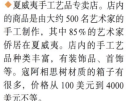

阿拉莫阿纳地区　　　Map p.264
☎ 596-0074
住 沃德仓库 1F 面山一侧
时 10:00~21:00（周日 ~18:00）
休 感恩节、12/25、复活节
C/C A D J M V
URL www.noheagallery.com

像寇阿相思木工艺品等，这里有很多独特作品

夏威夷那麦阿本土书屋
Na Mea Hawaii Native Books
在这里找到只有夏威夷才有的东西

◆侨居在夏威夷的艺术家们经营的一家画廊&商店，店内呈现一片夏威夷风情。夏威夷拼布和夏威夷衫以及很多与夏威夷相关的书籍、日用品等。大多数都是手工制作，供货充足。

阿拉莫阿纳地区　　　Map p.264
☎ 596-8885
住 沃德仓库 1F 面海一侧
时 10:00~20:30（周五、周六 ~21:00，
周日 ~18:00）
休 感恩节、12/25、1/1、复活节
C/C A J M V
URL www.nativebookshawaii.com

虽是批量生产的礼品店，但有心的话也能找到别具风格的东西

美亚阿罗哈
Mea Aloha
特色拼布作家教学的拼布店

◆在这里有著名拼布作家教学，还有独创的拼布图案和拼布工具。店内还开设夏威夷拼布教室（10:30~18:00，随时可以参加。拼布工具费用另算）和丝带花环的免费课（需要预约）。

怀基基中心地区　Map 怀基基~阿拉莫阿纳-A6
☎ 945-7811
住 DFS 画廊高塔 8F
时 10:00~18:30
休 周日
C/C J M V
URL home.roadrunner.com/~meaaloha

周日也制作拼布，想来的时候欢迎随时光临

夏威夷缝纫收藏
Hawaiian Quilt Collection
独创设计很受欢迎

◆既是店主是是创作家的迈克尔·戈兰（Michael Gillan）开创的夏威夷拼布以及手工制作的商店。

小到简单的小物件，大到床罩，拼布作品尺寸大小不一。在这里可以特别定制床罩的颜色以及图案。比较受欢迎的有拼布图案设计、拼布工具和靠垫等。

怀基基中心地区　　　Map p.258
☎ 926-5272
住 普艾蕾拉尼通顶商店（Pualeilani
Artrium Shops）2F
时 9:00~23:00
休 无
C/C A D J M V
URL www.hawaiian-quilts.com

菠萝图案的手提包，53 美元。手把儿是木制的，包内有口袋。44 厘米 ×31 厘米

左／店内布摆设着多种多样的拼布作品。拼布床罩价格昂贵，价值数万美元
右／位于怀基基交通便利之地

H awaiian Quilt

夏威夷拼布

有大头针、小口袋、剪刀包等，要想学夏威夷拼布，一定得有这样一个针线包才行。34.95 美元，26cm×20cm

寄托于夏威夷图案中的思念

夏威夷拼布是夏威夷独特的手工艺，比夏威夷衫和尤克里里的历史要早约 100 年。

19 世纪 20 年代，基督教传教士的妻子们教导夏威夷王族的女士们新英格兰式的拼凑、嵌花等针线女红。之后，人们在布上贴缝一些主题图案，按照主题图案的轮廓缝上多重针脚便形成了现在的拼布，并在广大夏威夷女性中传播开来。

拼布的特点

首先在其独特的设计。将一个主题描摹成上下左右对称的四部分，将剪好的主题画从底布中心呈放射状铺放。据说是模仿古代取代粗布的塔帕纤维布的几何图案而产生的。

另一个特点是，拼布主题主要取自夏威夷植物。自古以来，夏威夷人认为花和树上蕴藏着精灵，把各种花草树木贴缝到布上，赋予拼布以神灵的力量。将鸡蛋花、桃金娘等花和面包树、石栗等树木的叶子和果实描摹成怎么样的图案正是展现设计者水平的地方。

现在在在夏威夷已形成这样一个习惯：在女儿出阁时母亲拿夏威夷拼布作嫁妆；祖母在孙子出生时送上夏威夷拼布以示祝贺。

非常漂亮的靠垫罩，真想多买几个。45 美元，正方形，28 厘米

正方形，边长 102 厘米的挂毯，300 美元。薄荷绿看上去非常清爽，上面的图案是夏威夷固有植物奥洛纳

※ 照片拍摄于夏威夷拼布收藏店

逛逛当地的超市也会非常有趣。把夏威夷生产的日常生活用品作为不同常规的礼物送给亲友也是不错的主意。在逛超市时要注意一点——在有的店内会看到"Express me"的收银台，这是6~10号商品（每个店有所不同）的专用收银台。

超 市　　　　　　*Supermarkets*

沃尔玛
Wal-Mart

可以一气买全美国货物的大型超市

◆ 美国最大的的一家超市连锁店。这家沃尔玛超市规模宏大，相当于徒步走完阿拉莫阿纳中心，约有14000平方米。婴幼儿用品、鞋类、厨房用品、化妆品、玩具等，货物存量庞大。

阿拉莫阿纳地区Map 怀基基～阿拉莫阿纳-A2
☎ 955-8441
住 700 Keeaumoku St.
時 24 小时营业
休 感恩节、12/25
C/C A M V
URL www.walmart.com

规模宏大吧！注意别迷路了

凯马特
K mart

物美价廉的日用品宝库

◆ 在全美开有分店的超级便宜的超市。超市内像两个体育馆一样，空间广阔，满满当当地摆放着各种休闲服饰鞋子、厨房用品、洗浴用品、学习用品等。

市中心　　　　　　Map 火奴鲁鲁-B4
☎ 528-2280
住 500 Nimitz Hwy.
時 0:00~23:45
休 无
C/C A J M V
URL www.kmart.com

在怀克莱（Waikele）中心等地也有连锁店

朗氏药业
Longs Drugs

化妆品价格实惠，绝对惹人眼球

◆ 在全美拥有 400 多家连锁店。除各种药物、维生素营养药品之外，日用百货、巧克力等适合买作节性礼品的商品都很便宜。特别是化妆品，让人买到不想停。

阿拉莫阿纳地区　　　　Map AMC-2F
☎ 941-4433
住 阿拉莫阿纳中心 2F 面山一侧
時 8:00~22:00（周日~20:00）
休 12/25
C/C A J M V
URL www.longs.com

超市内婴幼儿用品也十分丰富，非常适合家庭旅行的朋友

塔吉特
Target

从美国本土起步的、值得期待的大型超市

◆ 这是一家在全美有连锁店的大型超市，在夏威夷刚刚上市。2009 年 3 月，卡普雷区地区和盐湖地区开业经营。除了有和美国本土同样的商品，还有很多夏威夷特产，价格也很实惠。

盐湖地区　　　　　　Map p.39-B4
☎ 441-3118
住 4380 Lawhana St.
時 8:00~23:00（周日~23:00）
休 无
C/C A D J M V
URL www.target.com

这家超市的特点是货物齐全，价格实惠。不可错过这里的品牌冲浪板和阿罗哈衫以及特色商品

食品柜
Food Pantry
适合旅游的朋友前来的超市

◆这是怀基基唯一一家出售生鲜食品的超市。位于王子大道，门前就有公交站牌，营业到深夜，对旅游的朋友来说非常方便。店内有很多满足旅游朋友需要的商品，像家常菜、生活用品等。

怀基基中心地区 Map 怀基基～阿拉莫阿纳 -A7
☎ 923-9831
住 2370 Kuhio Ave.
时 6:00～次日 1:00
休 无
© A D J M V
停 超市背面有免费停车场（但深夜不能停车）

在超市的一角有便当专柜，有拉面、盖饭等

美食天地
Foodland
有外卖料理

◆位于阿拉莫阿纳中心的超市内。购物回家途中可以顺便过去，非常方便。超市设有熟食、沙拉吧，可以买后带去沙滩吃。在服务台还可以购买公交通票。

阿拉莫阿纳地区　　　　Map AMC-1F
☎ 949-5044
住 阿拉莫阿纳中心 1F 面山一侧
时 5:00～22:00（周日 6:00～21:00）
休 12/25
© A J M V
🚌·🚕·🅿 参考阿拉莫阿纳中心的资料（→ p.252）

在瓦胡岛有 16 家，全夏威夷有 23 家连锁店

堂吉诃德
Don Quijote
新体制新面貌出发

◆在海外闻名遐迩的、夏威夷 1 号堂吉诃德超市。生鲜食品丰富，还有庞大阵容的海外食品、点心等。

礼物以及日用品、休闲装等齐备

阿拉莫阿纳地区 Map 怀基基～阿拉莫阿纳 -A3
☎ 973-4800
住 801 Kaheka St.
时 24 小时营业（酒类销售时间 6:00～24:00）
休 无
© A J M V
🖥 www.donki.com

西夫韦
Safeway
超市新秀

◆美国具有代表性的大型超市连锁店。在瓦胡岛有 13 家店，特别是在卡帕胡卢大街的连锁店，雅致的气氛彰显华贵。酒窖、面包房等，充实丰富的商品令人眼花缭乱。

火奴鲁鲁、卡帕胡卢大街　Map p.94-A
☎ 733-2600
住 900 Kapahulu Ave.
时 24 小时营业
休 无
© A D J M V
🖥 www.safeway.com

坚果&蜂蜜专柜。这片卖场铺设了木地板，气氛雅致

全食超市
Whole Foods Market
有很多天然食品以及有机食品

◆在全美设有连锁店的天然食品和有机食品专门超市。在卡哈拉购物中心（Kahala Mall）有售瓦胡岛产的水芹和夏威夷产的蜂蜜等当地有名的新鲜食品。

火奴鲁鲁、卡哈拉地区　　Map p.266
☎ 738-0820
住 卡哈拉购物中心 1F
时 7:00～22:00
休 无
© A D J M V
🖥 www.wholefoodsmarket.com

这里有很多只在夏威夷有售的商品。推荐品尝一下拼盘午餐

瓦胡岛

● 购物／超市

313

夏威夷百货便利店

单在怀基基地区就有 30 家店铺。走在怀基基的大街上，大约每过一个街区就会看到一家 ABC 商店。店铺的规模多样，有大型店铺，也有小而充实的便利店。但无论规模大小，食物、海滩用品、化妆品、医药品、日用百货、礼品、公交 4 日通票等，在夏威夷期间必需的东西都一应俱全。商品从早上一直到深夜才打烊，全年无休，对旅游的朋友们来说是非常便利的商店。

当寻找礼物时，ABC 商店便发挥出其优势了。澳洲坚果、牛肉干等是畅销品，多买的话还可以再打折。在怀基基，买一些礼节性礼物是最便宜的地方就属 ABC 商店。另外，在 ABC 商店还可以买到该店独特的商品以及 T 恤等不错的礼物。

要是喜欢酒的话，提醒你一下，在怀基基，啤酒是最便宜的。其中，特别是在王子大道（Kuhio）的 27 号店（→ Map 怀基基～阿拉莫阿纳 -A7）和阿拉莫阿纳大街的 56 号店（→ Map 怀基基～阿拉莫阿纳 -B4）能买到便宜的啤酒。

买一些礼节性的礼物的话，来 ABC 商店店很划算。像这种可爱的铜笔看上去就让人喜欢，用不了 6 美元就能买 3 支，非常实惠

提起夏威夷的土特产，还得说巧克力。照片所示的是 Hawaii Host 牌的加入澳洲坚果的巧克力。用夏威夷产的蜂蜜包着的坚果非常好吃

37 号店（→ Map 怀基基～阿拉莫阿纳 -A7 ☎ 926-4471 时 6:30～次日 1:00 休 无 C A D J M V ）商品储备非常丰富，位于国际商场入口处。其他店的所在位置请参考地图其他部分

314　CHECK　优惠券　在 ABC 商店有赠券。

夏威夷岛

Island of Hawaii

爱称	大岛（The Big island）
人口	158423 人
面积	10432.5 平方公里
海岸线	428 公里
岛内最高峰	冒纳凯亚山 4205 米
岛花	桃金娘树花

怀科洛阿海滩度假村

夏威夷岛全图

考爱岛
尼豪岛
瓦胡岛
摩洛凯岛
拉奈岛
毛伊岛
卡霍奥拉韦岛

夏威夷岛

卡米哈米哈铜像
Hawi
波洛尔溪谷观景
拉帕卡希州立历史公园
KOHALA MOUNTAIN
科哈拉
Kawaihae
普吾可霍拉神庙国家历史公园
Kawaihae Bay
Puako
南科哈拉度假村区
怀科洛阿村
Anaehoomalu
Waikolor
Keawaiki
Kiholo
Kaupulehu
科纳国际机场
霍阿拉拉山
卡洛考·霍诺考乌国家历史公园
Kailua
凯卢阿·科纳
Kailua Bay
Holualoa
凯奥霍旅游度假区
Keauhou Bay
Kainaliu
Kealakekua
库克船长纪念碑
Captain Cook
Kealakekua Bay
Napoopoo
Honaunau
普乌努阿·奥·
霍纳乌纳乌国家历史公园
Kealia
South Kona
Forest Reserve
Milolii
Manuka
State Park
马奴卡州立公园

HAWI
WAIPIO
HONOKAA
WAIMEA
KAWAIHAE
HILO
KEAAU
KAILUA KONA
*数字为英里
VOLCANO
KALAPANA
NAALEHU

驾驶英里数

* 数字均为概数。1英里约为1.6公里

从凯卢阿·科纳出发	英里	公里
怀梅阿(经190号公路)	37	59
南科哈拉(经19号线)	33	53
哈维	53	85
希洛(北侧环行、经19号公路)	99	158
库克船长地区	13	21
火山口	95	152

从希洛出发	英里	公里
怀皮奥溪谷	50	80
怀梅阿	56	90
凯卢阿·科纳	99	158
普纳卢黑砂海岸	57	91
火山口	28	45
凯卢阿·科纳(南侧环行、经11号公路)	123	197

Waipio Bay
怀皮奥溪谷观景台

Honokaa
霍诺卡阿镇

Hamakua

Kohala Forest Reserve

Paauilo

Laupahoehoe

Mauna Kea Forest Reserve
冒纳凯亚山

Hakalau National Wildlife Refuge

阿卡卡瀑布

Hakalau

Honomu

夏威夷热带植物园

Papaikou

Paukaa

Hilo Bay

希洛

Pohakuloa Military Training Area Reservation

鬼冢游客中心

Hilo Forest Reserve

彩虹瀑布

希洛机场

Hilo

鞍形公路

Mauna Loa Forest Reserve

冒纳罗亚澳洲坚果农场

Keaau

Upper Waiakea Forest Reserve

Kurtistown

Mountain View

Hawaii Volcanoes National Park
冒纳罗亚火山

Hawaii Volcanoes National Park

Pahoa

熔岩树公园

火山口游客中心

Puna Forest Reserve

Pohoiki

基拉韦厄火山口

Volcano

夏威夷火山国家公园

Kaimu

火山口链公路

※ 由于熔岩流经过，因此无法通行

KAU DESERT

Hawaii Volcanoes National Park

Pahala

Kau Forest Reserve

普纳卢黑砂海岸

Naalehu

Ka Lae (South Point)
南角

绿沙海滩

p.332~333

p.326~327

p.330~331

p.328~329

N

0   30km

0   10miles

令人心情开阔的
旅游休闲之岛

夏威夷岛又被称为"大岛"，顾名思义，

该岛是群岛中面积最大的岛屿。

岛内耸立着 4000 米的高峰，拥有全美最大的牧场。

时至今日，依旧有许多活火山持续活动，熔岩高地上分散着大量高级度假村。

从面积来看，夏威夷岛比其他 7 个岛屿面积的总和还要大。

纵身其间，仿佛在陆地上旅游一般，

游客朋友们可以放松身心，畅享悠闲假期。

现在仍然喷吐白烟的基拉韦厄火山的哈雷冒冒火山口（Halemaumau Crater）

夏威夷岛概况

An Overview of Island of Hawaii

Physical Features
地理特性

夏威夷岛位于北纬 18°54′～20°16′、东经 154°48′～156°04′ 间，是夏威夷群岛中最大的岛屿，其面积达 10432.5 平方公里，比其他 7 个岛屿的合计面积还要大。

夏威夷岛内有五座大火山，分别是海拔 4205 米的冒纳凯亚火山（Mauna Kea）、海拔 4169 米的冒纳罗亚火山（Mauna Loa）、海拔 2521 米的霍阿拉莱火山（Hualalai Mountain）、海拔 1670 米的科哈拉火山（Kohala，卡莱霍奥希艾顶）以及海拔 1248 米的基拉韦厄火山（Kilauea crater）。这些山脉由火山活动融合而成，才形成了如此巨大的岛屿。

特别是冒纳凯亚火山，如果从海底测量，实际高度达到 9600 米。

时至今日仍持续不断的火山活动

夏威夷岛一直因"火山之岛"而闻名于世，但是，在上述五座火山中，至今仍持续活动的只有基拉韦厄火山一座。

基拉韦厄火山群位于夏威夷岛东部，自从夏威夷被介绍到西欧以后，就一直不断地持续喷发。根据传说记载，据说在此之前，基拉韦厄火山也一直保持活动态势。该火山最近一次大喷发是在 1983 年 1 月，目前喷发点正在向东侧移动，其间偶有短暂的休眠。截止到目前，该火山已经摧毁了近 200 家民宅。

An
Overview
of
Island
of
Hawaii

想象火山口充满岩浆的情形令人不寒而栗

开辟火山高原建造的奢华度假休闲设施（照片取景点为冒纳拉尼度假村）

Climate
气　候

夏威夷岛终年受来自东北方向的信风影响，其气候与地点和标高关系密切，呈现出多种样态。

当来自太平洋的信风夹带着温暖潮湿的气流吹过时，会遭到冒纳凯亚和冒纳罗亚等高山的阻挡，夏威夷岛东海岸一带会形成厚积云层，导致大量降雨。希洛市的年降水量就达到了3000毫米以上，在其西北海拔为900米的地区内，年降水量甚至高达7600毫米。顺便提一下，希洛机场的晴天的比例仅为40%，是夏威夷地区最低的。

与之形成鲜明对照的是，当信风吹过夏威夷岛西侧时，会变成干燥空气，西海岸一带的晴天的比例因此非常高。比如，一流度假村密集的南科哈拉地区，年降水量仅为230毫米。

科纳海岸等沿海地区大都与夏威夷相同，属于亚热带性气候。到了上述山区时气温会陡然下降。在火山地区和科哈拉山脉，冬季会结霜，在冒纳凯亚、冒纳罗亚山顶，冬季会覆盖积雪（10月~次年3月）。

Politics
政　治

夏威夷州政府所在地为希洛。

夏威夷也设有美国联邦政府、州政府、县政府三级行政机构。夏威夷州政府是拥有独立宪法的自治体。在夏威夷州政府宪法下，立法、司法和行政是三权分立的。作为立法机构夏威夷设有州议会，由上院和下院构成，其中上院有25名议员，下院有51名议员，夏威夷县可以推选3名上院议员和7名下院议员。

在县政府级别中，直至1968年才制定郡宪章，历史相对较远。与檀香山市相比，夏威夷县获得自治权的时间相当晚，这是一个不争的事实。夏威夷县议会是由9名通过无党派选举产生的议员构成的，现任夏威夷县县长是哈利·金（Harry Kim）。

各地的气温与降水量					
观测地区 / 海拔（米）	平均气温（摄氏度）		历史温度记录（摄氏度）		平均年降水量（毫米）
	平均最低气温	平均最高气温	历史最低气温	历史最高气温	
科纳 /213 米	14.1	24.6	7.8	31.1	3020
冒纳凯亚度假村 /15 米	20.2	28.8	11.1	33.3	231
怀梅阿 /814 米	—	—	1.1	35	1264
希洛机场 /12 米	19.1	27.3	11.7	34.4	3265
冒纳凯亚山顶 /4205 米	-0.4	5.8	-11.7	18.9	187
夏威夷火山国家公园 /1210 米	11.5	20.7	1.1	31.7	2770

注：上述数据为过去 30 年间的平均值 / 引自：*Hawaii Data Book 2008*

1 从硕果累累的咖啡树上眺望凯卢阿－科纳（Kailua－Kona）**2** 卡美哈美哈国王出生、成长以及安度晚年的夏威夷岛 **3** 作为旅游中心景区的凯卢阿－科纳的地标性性建筑——莫库阿伊考阿教堂（Mokuaikaua Church）

An Overview of Island of Hawaii

Economy
经　　济

制糖业过去曾一度占据夏威夷全岛耕地面积和农作物产量的四成以上。这一局面现在已经发生了彻底的改变。取而代之的是种植各种可以充分发挥广袤土地特性的农作物。比如，除菠萝以外，其他水果的种植者已经增至690家，咖啡树庄园达到790所，切花经营者达到430家，水果年产值约为2284万美元，咖啡年产值为2335万美元，切花年产值达到5176万美元。各项数据均远远高于州内其他岛屿。

科纳机场北部的凯阿霍莱海角（Keahole）最近一系列高新技术产业正蓬勃兴起，比如，海水温差发电，鲍鱼、海胆、鲑鱼、牡蛎、美洲巨螯虾等养殖业，吸引了来自外界的广泛关注。

夏威夷旅游业的收入也呈现出逐年增加的趋势。2008年夏威夷岛的游客总量达到321277人。从机场的营运量来看，亚洲游客的数量也在不断增加。

夏威夷岛的酒店总数为330家（包括B&B），总客房数为9881间。还有25栋面向游客开放的酒店式公寓，房间数量达到1359间。（上述数据均为2008年的统计数字）。

History
历　　史

库克船长发现夏威夷之时，夏威夷各岛内的武装势力正频繁进行战争，导致岛内硝烟四起、战乱横行。出生于夏威夷岛北部的卡美哈美哈国王最终异军突起，平定乱局，实现了夏威夷岛的和平和统一。

与岛内其他的土著国王相比，卡美哈美哈国王更为年轻，头脑相对灵活，更容易汲取西欧近代文明的优点。他同时又是在夏威夷岛出生成长的，对夏威夷地区具有浓厚的

感情，更容易理解年长王族们的心情。他因此具有得天独厚的优势。他从跟随库克船长的脚步来夏威夷岛的英国探险船手里购买帆船和大炮，同时任命白人为参谋，最终实现了夏威夷的统一。

另一方面每逢战事，卡美哈美哈国王都会以神的名义举行传统的祭祀仪式，在属下的王族和士兵中因此树立了极高的威信。

1795年卡美哈美哈国王先后平定了毛伊岛、拉奈岛、摩洛凯岛以及瓦胡岛等，建立了夏威夷王朝。1810年他先后征服了尼华岛和考爱岛，最终实现了统一夏威夷岛的伟业。

火山女神"佩莱"的传说

关于夏威夷有各种各样的传说。其中出现频率最高、令人印象最为深刻的当数火山女神佩莱的传说。

佩莱是大地母亲帕帕（Papa）和天空父亲哇凯阿（Wakea）的女儿。根据传说记载，佩莱最开始时居住在考爱岛，后来，先后移居瓦胡岛和毛伊岛，最终定居在夏威夷岛。这个传说与地理学中用来解释火山群岛成因的"板块构造论"体系不谋而合。

有人认为，所谓神话就是民族的记忆传承。古代夏威夷人看见火山喷发时的情景后，对火山产生了敬畏之情。并以此为依据，创造了火山女神的形象。之后，每当火山喷发时，就给孩子们讲述这个故事，这样经过一代代的传承，最终形成了火山女神的传说。

关于佩莱的油画。大多数情况下，佩莱都被刻画成恐怖的表情

Legend of Pele

畅游夏威夷岛的 旅游方案

在报团旅游的情况下

旅行社提供的夏威夷岛旅游套餐中，如果选择 6 天 4 夜游，则有两种住宿方案备选，分别是夏威夷岛两夜 + 火奴鲁鲁两夜游和夏威夷四夜游。如果选择两岛住宿，则行程为 7~8 天。这种方案中，无论哪条线路，最后都要在火奴鲁鲁住两夜（其余 3 个或 4 个夜间住在夏威夷岛）。这种方案虽然费用会稍高一些，可以乘坐航班至科纳国际机场，从而免去在火奴鲁鲁换乘至科纳的中转环节，大幅减轻旅行过程中的颠簸劳苦，非常轻松惬意。

1 夏威夷岛两夜 + 火奴鲁鲁两夜游套餐

旅客如果想游览夏威夷岛和瓦胡岛，推荐选择这条线路。在这种方案中，实际上游览夏威夷岛的时间非常短暂，只有第二天，有点走马观花的意思。旅客可以试着考虑一下 5 天 7 夜游，在夏威夷停留 3 个晚上。如果只能选择 6 日游的话，那么只能在第二天租辆车，集中重点目标驱车前往了（请参照下一页）。

夏威夷岛两夜 + 檀香山两夜 旅行团的时间表

	上 午	下 午	夜 间
第1天	到达火奴鲁鲁机场后，乘坐群岛航空公司的航班前往夏威夷岛（如果是直飞科纳机场的航班，则不用换乘）	下午在酒店登记住宿	自由活动
第2天	自由活动		
第3天	退房	搭乘下午的航班前往瓦胡岛（15:00 到酒店登记入住）	自由活动
第4天	自由活动		
第5天	早晨退房、从火奴鲁鲁机场出发		飞机上过夜（第6天下午到达国内）

千万不要忘记将怀科洛阿地区的夕阳美景纳入旅游计划中

2 夏威夷岛全程游套餐

旅客如果想深度体验大岛的旖旎风光，最好还是全程都住宿在夏威夷岛。这样可以根据个人的兴趣，悠闲地度过一个舒适的假期。选择凯卢阿 - 科纳或希洛住宿时，有些事项稍有差异。下面以怀科洛阿海滩度假村 4 夜游为例进行介绍。

为喜欢观景的游客量身打造的旅游计划

第1天	由于第一天还不适应时差影响，会安排自由活动。如果感觉疲劳的游客，就在酒店慢慢恢复。如果感觉到有精力的游客，可以去购物，在怀科洛阿海滩度假村中，有两座大型购物中心，里面汇聚了许多一流品牌的专卖店、服装店以及餐厅。如果住得近的话，完全可以徒步前往
第2天	乘坐出租车前往凯卢阿 - 科纳，然后沿着充满乡土气息的海岸小镇散步。同时还可以看见许多夏威夷岛的土特产
第3天	可以住宿的酒店中休息一天。旅客如果精力旺盛，可以去冒纳凯亚火山的山顶去观赏日落，参加在山腰举行的天文观测游览项目
第4天	最后一天，旅客可以租一辆车，参观夏威夷岛的著名景点和基拉韦厄火山。由于单程要行驶 180 公里，早晨应尽早出发。在返回途中，可以顺道前往普乌努阿·奥·霍纳乌纳乌国家历史公园（Puuhonua O Honaunau → p.343），或者购买一些醇香浓郁的科纳咖啡。可以无拘无束地享受自由驾驶的快乐

为喜欢体验活动的 游客量身打造的旅游计划

第1天	由于第一天还未从长途跋涉的疲劳中恢复过来，主要安排游客在酒店的游泳池内游泳，基本不安排外出活动，重点调整身体状态
第2天	旅客如果是高尔夫球爱好者，就应该早点起床去高尔夫球道上挥挥杆儿（各地区的高尔夫球场→见正文）。如果前往怀科洛阿海滩度假村的阿纳也霍欧玛陆湾海滩（Anaehoomalu Bay Beach），则可以去尝试一下潜水，在水下近距离观看海龟，还可以体验一下帆板等水上运动
第3天	如果来到夏威夷旅游，就必须亲身到基拉韦厄火山上体验一下，否则就会留下终身的遗憾。可以报名参加徒步绕岛一周，亲身体验漆黑熔岩高原独特魅力的旅游项目，借此可以充分感受到地球运动的伟力
第4天	旅客如果喜欢水上运动，可以自由选择潜巡游、皮划艇、水肺潜水等。如果想领略惊奇风光，可以挑选一下骑马览。当地有许多各类的旅游套餐项目，这一天最好还是租辆车，这样比较方便

小编推荐的 行 车 线 路

※ 也请参照后文中的行车小贴士

火山观光线路 (在怀科洛阿海滩度假村住宿的情况下)

1 酒店
↓ 距离大约 185 公里, 耗时大约 180 分钟
2 基拉韦厄火山口
↓ 距离大约 120 公里, 耗时大约 130 分钟
3 普乌努阿·奥·霍纳乌纳乌纳乌国家历史公园
↓ 距离大约 10 公里, 耗时大约 20 分钟
4 库克船长地区
↓ 距离大约 25 公里, 耗时大约 30 分钟
5 凯卢阿·科纳

这条线路是往返夏威夷岛西南部的长途行车线路。计算出发时间时, 要按照在火山村镇吃午餐的计划, 进行反向推算。如果想开车上火山口链公路 (Chain of Craters Road →p.349), 早上就必须早出发, 否则返程时就比较难走了。最理想的行车日程是: 下午茶之前到库克船长地区的皇家科纳咖啡工坊 & 博物馆 (→p.343), 傍晚之前抵达凯卢阿·科纳 (→p.340)。

北部观光线路 (在怀科洛阿海滩度假村住宿的情况下)

1 酒店
↓ 距离大约 18 公里, 耗时大约 20 分钟
2 普吾可霍拉神庙 (Puukohola Heiau)
↓ 距离大约 33 公里, 耗时大约 45 分钟
3 卡帕奥
↓ 距离大约 34 公里, 耗时大约 45 分钟
4 怀梅阿

这条线路可以充分领略夏威夷岛的多变风光。可以参观夏威夷岛最大的神庙——普吾可霍拉神庙 (→p.355), 驱车游览沿海的 270 号公路。在卡美哈美哈国王铜像 (→p.356) 合影纪念后, 可以在 250 号公路上尽情体验山谷行车的乐趣。在北科哈拉逆时针绕行一周后, 下午可以到怀梅阿镇 (→p.357) 散步。

火山观光线路 (在希洛住宿的情况下)

1 酒店
↓ 距离大约 45 公里, 耗时大约 70 分钟
2 基拉韦厄火山口
↓ 距离大约 40 公里, 耗时大约 60 分钟
3 火山口链公路
↓ 距离大约 80 公里, 耗时大约 120 分钟
4 纳尼冒花园 (Nani Mau Gardens)

与科纳相比, 希洛更靠近火山口, 行车日程也比较宽松, 游客们可以悠闲地享受火山之旅。旅客如果花整整一天时间, 肯定可以领略到火山的伟力。返程期间, 可以在纳尼冒花园 (→p.354) 观赏馨香美丽的鲜花。

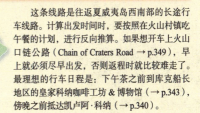

卡美哈美哈国王的诞生地

夏威夷岛环岛线路 (在怀科洛阿海滩度假村住宿的情况下)

1 酒店
↓ 距离大约 38 公里, 耗时大约 40 分钟
2 凯卢阿·科纳
↓ 距离大约 147 公里, 耗时大约 150 分钟
3 基拉韦厄火山口
↓ 距离大约 45 公里, 耗时大约 50 分钟
4 希洛
↓ 距离大约 80 公里, 耗时大约 90 分钟
5 怀皮奥 (Waipio) 溪谷观景台
↓ 距离大约 68 公里, 耗时大约 80 分钟
1 酒店

这条线路的总行程达到 350 公里以上, 需要耗时一整天驱车穿行夏威夷岛一周。由于行程非常艰难, 最好由两名以上的驾驶员轮流驾车。行车的前一晚要保证充足的睡眠以积攒体力。建议尽量将各景点的观光点控制在一个小时以内, 这样可以保证深度游览重点景点, 其他景点只需沿途概览即可。总体来看, 这种方法省时省力, 效果反而最为理想。

在未租车的情况下

旅客如果对驾车在国外旅行感到不安, 可以选择自费旅游项目。推荐参考后文的旅游介绍。也可以前往酒店的自费项目咨询台进行咨询, 负责人员会向旅客介绍各种旅游项目的。

如果不到基拉韦厄火山口参观, 就算没到过夏威夷旅游

夏威夷岛
分区概览

北科哈拉
NORTH KOHALA

该地区与统一夏威夷岛的卡美哈美哈国王具有极深的渊源。在卡美哈美哈国王的出生地卡帕奥（Kapaau），矗立着国王的雕像（→P.356）。在卡韦伊哈伊（Kawaihae），至今仍保存着卡美哈美哈国王主持建造的夏威夷最大的古神庙（→P.355）。

卡帕奥的卡美哈美哈国王雕像

南科哈拉海岸
SOUTH KOHALA COAST

南科哈拉海岸（→p.344）是夏威夷岛首屈一指的度假胜地，分布着顶级的奢华酒店和锦标赛级的高尔夫球场。旅客在这里可以度过一个丰富多彩的奢华假期。

在南科哈拉的度假村中可以度过仿佛梦幻一般的假日

凯卢阿·科纳
KAILUA KONA

凯卢阿·科纳（→p.340）是夏威夷岛观光旅游的中心地区，该地区是一座港湾城镇，因垂钓长嘴钓鱼和举办世界铁人三项锦标赛而闻名于世。在宽敞的街道上，酒店和购物中心鳞次栉比，游客熙熙攘攘，终日川流不息。

小规模购物中心汇聚的凯卢阿·科纳

凯奥霍
KEAUHOU

凯奥霍是夏威夷州正在着力开发的新兴旅游度假地区。在美丽的海岸线上，分布着许多高尔夫球场、旅游度假村以及酒店式公寓。我们强烈推荐游客朋友携全家前往有"夏威夷岛恐龙湾（Hanauma Bay）"之称的卡哈卢乌海滩公园（Kahaluu Beach Park），肯定会令旅客觉得不虚此行。

在卡哈卢乌海滩公园中可以与海龟亲密接触

库克船长地区
CAPTAIN COOK

这一地区，聚集了夏威夷古代宗教圣地普乌努阿·奥·霍纳乌纳乌乌、库克船长纪念碑以及科纳咖啡博物馆等著名景点（→p.343）。凯阿拉凯库阿湾（Kealakekua）的潜游项目也备受游客欢迎。

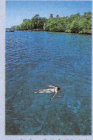

可以抚平心灵伤痕的凯阿拉凯库阿湾

纳阿莱胡
NAALEHU

纳阿莱胡是美国最南端的城镇。附近有黑沙海岸和举世闻名的雨树（Albizia saman →p.350）。

美国著名作家马克·吐温亲手种植的雨树

HAWI

WAIPIO VALLEY

270 250 24

KAWAIHAE

KOHALA COAST

WAIMEA

200

19 190

Kona International Airport

KAILUA KONA

KEAUHOU

CAPTAIN COOK

Mt.Mauna Loa

11

PUNALUU

11

SOUTH POINT

怀皮奥溪谷
WAIPIO VALLEY

怀皮奥溪谷（→p.358）景色雄奇险峻，堪称一绝，极具观赏价值。旅客可以报名参加四轮驱动车组团游览（→p.358），充分领略流经野芋田和悬崖峭壁的瀑布奇景。

在怀皮奥可以欣赏到秀美的溪谷风光

怀梅阿
WAIMEA

怀梅阿（→p.357）是一个具有浓郁美国西部风情的牛仔乡村，当地人主要从事畜牧业生产。这座村镇与广袤的帕克牧场一起发展起来，如今已经成为夏威夷岛第三大村镇。在村镇周边设有许多观光设施，游客可以畅享骑马游牧的乐趣。

具有浓郁牛仔风情的怀梅阿

冒纳凯亚山
MT. MAUNA KEA

冒纳凯亚是夏威夷岛的最高峰，海拔4205米，观测条件得天独厚。汇聚了来自世界各国的天文台。在冒纳凯亚山顶眺望日出，或者在山腰观测天文的旅游项目备受游客追捧。

冒纳凯亚山顶的天文台群

希洛
HILO

希洛（→p.351）是夏威夷的第二大城市，也是夏威夷郡政府的所在地，堪称夏威夷岛的中心地区。漫步城市之中，任凭柔和的蒙蒙细雨洒落面颊，感受鲜花怒放的香气，令人陶醉其间。

充满旅愁气息的希洛市

ONOKAA

⑲

Mt.Mauna
ea

HILO

Hilo
Airport

⑪   ⑬⑩

PAHOA

VOLCANO

HAWAII
VOLCANOES
NATIONAL PARK

KALAPANA

夏　威　夷　岛
分　区　概　览

夏威夷火山国家公园
HAWAII VOLCANOES NATIONAL PARK

夏威夷岛旅游观光的亮点之一就是参观火山（→p.347）。面积广阔的哈雷冒冒(Halemaumau)等火山喷发口，令人不禁感叹造物力量的伟大与神奇。这些火山口从1983年开始喷发，至今仍在继续活动。沿着火山口链公路（→p.349）下行，有时甚至可以看见赤红色的岩浆向前流淌的情景。

基拉韦厄火山口是不容错过的美景

卡拉帕那
KALAPANA

1990年，岩浆彻底摧毁了卡拉帕那村。此前闻名于世的黑沙海滩如今已经被漆黑的岩石所覆盖。这里现在是参观熔岩的理想地区。

卡拉帕那如今已经被熔岩所覆盖

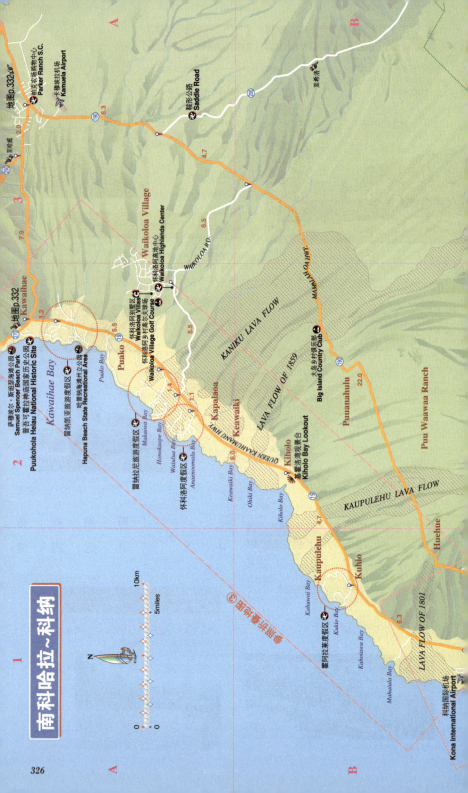

南科哈拉～科纳

地图p.332

卡瓦威
至哈威

萨缪尔·斯班塞海滨公园
Samuel Spencer Beach Park
普乌可霍拉海神国家历史公园
Puukohola Heiau National Historic Site

冒纳凯亚海州立公园
哈普纳海滨州立公园
Hapuna Beach State Recreational Area

冒纳拉尼旅游度假区

怀科洛阿度假区

霍阿拉来度假区

科纳国际机场
Kona International Airport

A

B

纳库奥戈动物中心
Parker Ranch S.C.
卡穆埃拉机场
Kamuela Airport

地图p.332☉

Saddle Road
鞍形公路

至希洛

Waikoloa Village
怀科洛阿别墅区
Waikoloa Village
怀科洛阿高地中心
Waikoloa Highlands Center

怀科洛阿乡村高尔夫球场
Waikoloa Village Golf Course

KANIKU LAVA FLOW

LAVA FLOW OF 1859

大岛乡村俱乐部
Big Island Country Club

Puuanahulu

Puu Waawaa Ranch

Kawaihae

Puako
Puako Bay

Makaiwa Bay

Homekaupe Bay

Wailua Bay

Anaehoomalu Bay

Kapalaoa

Kawaiki

QUEEN KAAHUMANU HWY

Kenwaiki Bay

Ohiki Bay

Kiholo

Kiholo Bay Lookout
基霍洛湾观景台

Kiholo Bay

KAUPULEHU LAVA FLOW

Huehue

Kaupulehu

Kukio

Kaloa Bay

Kukio Bay

Kahoiawa Bay

LAVA FLOW OF 1801

Mahaiula Bay

Kawaihae Bay

MAMALAHOA HWY

WAIKOLOA RD

10km

5miles

N

326

Mauna Loa
Forest Reserve

C

D

冒纳罗亚山 △

卡洛考・霍诺考哈乌港
Kaloko-Honokohau Harbor △

霍阿莱莱山
Mt. Hualalai
2521m

见地图p.328

2

Makalei Hawaii Country Club

Honokohau

Kalaoa

Kailua

Holualoa

Keauhou

Kahaluu

Kainaliu

Kealakekua

Captain
Cook

Napoopoo

Honaunau

N. KONA RD.

ALII DR.

HAMALAHOA HWY.

PUUHONUA RD.

3.4

6.8

8.2

10.9

3.5

4.6

3.5

卡地卢乌海滩公园
Kahaluu Beach Park

凯基置物中心
Keauhou Shopping Center

科纳乡村俱乐部
Kona Country Club

Keauhou Bay

Kahaluu Bay

Kailua Bay

Maihi Bay

Puuoa Bay

Keawekaheka Bay

Kealakekua Bay

库克船长纪念碑
Captain Cook Monument

凯阿拉凯库阿湾公园
Keelakekua Bay Park

普乌努阿・奥・霍纳乌纳乌国家历史公园
Puuhonua O Honaunau National Historical Park

QUEEN KAAHUMANU HWY.

参照p.340折叠大图

凯卢阿・科纳
Kailua Kona

卡洛考・霍诺考哈乌国家历史公园
Kaloko-Honokohau
National Historical Park

霍诺考哈乌港
Honokohau Harbor

Honokohau Bay

参照折叠地图②

p.330-331

p.332-333

p.328-329

1　　　　　　　　　　　**2**

地图p.327

普乌努阿·奥·霍纳乌纳乌国家历史公园
Puuhonua O Honaunau National Historical Park

A

MAMALAHOA HWY.

14.7

11

*South Kona
Forest Reserve*

Papa Bay

Hoopuloa

Milolii

Okea Bay

米洛利海滩公园
Milolii Beach Park

7.7

B

马奴卡州立公园
Manuka State Park

*Manuka
State Park*

Kau Forest Reserve

Puhue Bay

11

9.6

海山高尔夫球场&度假村
Sea Mountain Golf Course & Resort

Kahuku

马克·吐温雨树林
Mark Twain Monkeypod Tree

Punaluu

普纳卢乌黑沙海岸
Punaluu Black Sands Beach

S
O
U
T
H
　
P
O
I
N
T
　
R
D
.

10.5

Waiohinu

12.8

Honuapo

Naalehu

C

Waikapuna Bay

Kaalualu Bay

卡拉也角(南角)
Ka Lae

绿沙海滩
Green Sand Beach

火山口~南角

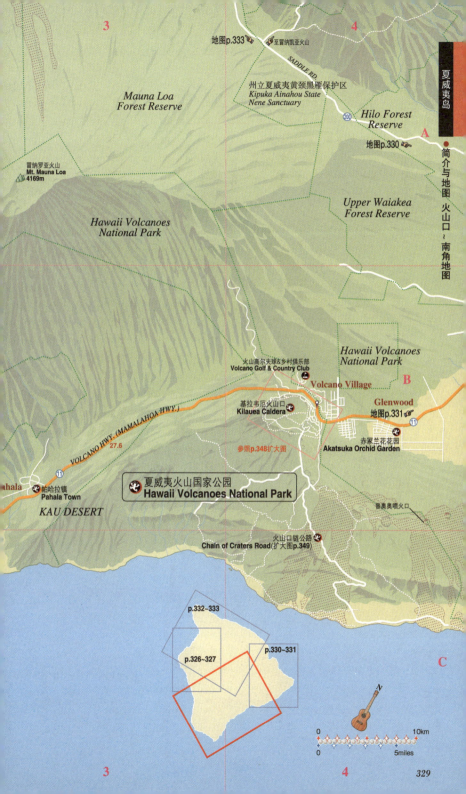

3

4

地图p.333　⌕至冒纳凯亚火山

SADDLE RD.

州立夏威夷黄颈黑雁保护区
Kipuka Ainahou State
Nene Sanctuary

200

Hilo Forest
Reserve

地图p.330 ⌕

A

Mauna Loa
Forest Reserve

冒纳罗亚火山
Mt. Mauna Loa
4169m

Hawaii Volcanoes
National Park

Upper Waiakea
Forest Reserve

Hawaii Volcanoes
National Park

火山高尔夫球&乡村俱乐部
Volcano Golf & Country Club

Volcano Village

B

基拉韦厄火山口
Kilauea Caldera

Glenwood
地图p.331 ⌕

11

VOLCANO HWY. (MAMALAHOA HWY.)

27.6

参照p.348扩大图

赤冢兰花花园
Akatsuka Orchid Garden

11

帕哈拉镇
Pahala Town

夏威夷火山国家公园
Hawaii Volcanoes National Park

普奥奥喷火口

KAU DESERT

火山口链公路
Chain of Craters Road(扩大图p.349)

p.332~333

p.326~327

p.330~331

C

N

0　　　　　　　　　　10km

0　　　　　　　5miles

3

4

329

希洛~火山口

10km
5miles

N

p.332-333
p.326-327
p.328-329

A
B
3

2

A
B
1

Hakalau National
Wildlife Refuge

阿卡卡瀑布
Akaka Falls

20

Wailea
Honomu
Pepeekeo
地图p.333
4.0
2.7
1.5
19

Kawaimui
夏威夷热带植物园
Hawaii Tropical Botanical Garden
Onomea Bay
Onomea
Papaikou

2.0

MAMALAHOA HWY.

Paukaa
4.6
19

希洛热带植物园
Hilo Tropical Garden

希洛机场
Hilo Airport

高希奥王子广场
Prince Kuhio Plaza

纳尼冒花园
Nani Mau Garden

冒纳罗亚澳洲坚果工坊
Mauna Loa Macademia Nuts Visitor Center

Keaau
PAHOA RD.
2.6
0.7

Kurtistown

Kukui

Hilo Bay
1.5

Hilo
希洛镇

参照p.352的大图

彩虹瀑布
Rainbow Falls
1.2
19

夏威夷大学希洛分校
University of Hawaii at Hilo

普阿伊纳科镇中心
Puainako Town Center

希洛市营塞尔夫球场
Hilo Municipal Golf Course

11

4.1

0.9

帕纳埃瓦热带动物园

Kaumana

救彩公路
Saddle Rd.

SADDLE RD.

Hilo Forest
Reserve

Upper Waiakea
Forest Reserve

地图p.333

夏威夷岛

● 简介与地图　希洛～火山口地图

Kapoho

阿哈拉奴伊公园
Ahalanui Park

艾萨克·哈雷海滩公园
Isac Hale Beach Park

马肯基州立公园
Mackenzie State Park

Pohoiki

3.5

熔岩树公园
Lava Tree State Park

132　7.5

Kauelcau

7.3

海洋之星教堂
Star of the Sea Painted Church

137

8.4

130

Kaimu

零食店

Kalapana

Pahoa

1.5

1.4

帕塞阿镇
Pahoa

卡拉帕纳参观区
Kalapana Viewing Area

由于熔岩流经过，因此不able通行

130

8.8

Puna Forest
Reserve

库帕伊阿纳喷发口

首·奥凯美火口

Mountain View

15.0

MAMALAHOA HWY

Glenwood

赤家兰花园
Akatsuka Orchid Garden

11

Hawaii Volcanoes
National Park

5.8

火山口链公路
Chain of Craters Road
(扩大图p.349)

夏威夷火山国家公园
Hawaii Volcanoes
National Park

Hawaii Volcanoes
National Park

夏威夷火山国家公园
Hawaii Volcanoes National Park

Volcano Village

地图p.329

基拉韦厄火山口
Kilauea Caldera

参图p.348扩大图

Hawaii Volcanoes
National Park

2

1

科哈拉山脉~冒纳凯亚火山

N

0   10km

0   5miles

A

1

2

Keokea Bay

Niulii

Halawa

Makaoala

Hawi

1.1

卡美哈美哈大王铜像
Kamehameha Statue

2.2

Kapaau

1.9

5.0

波洛尔溪谷观景台
Pololu Valley Lookout

Waimanu Bay

Waipio Bay

HONOKAA

9.2

Kukuihaele

怀皮奥溪谷观景台
Waipio Valley Lookout

Kohala Forest Reserve

卡帕阿海滩公园
Kapaa Beach Park

Mahukona Harbor

马胡科纳海滩公园
Mahukona Beach Park

拉帕卡希州立历史公园
Lapakahi State Historical Park

250

KOHALA MOUNTAIN RD.

KOHALA

MOUNTAINS

帕克农场购物中心
Parker Ranch Shopping Center

怀梅阿中心 **Waimea Center**

科哈拉山
Kohala Mountains
1670m

梅里曼餐厅

14.8

Waipio Valley

Hamakua Fore

MAMALAHOA HWY.

17.2

牛仔探险

Waimea

2.0

卡穆埃拉机场
Kamuela Airport

190

6.3

270

AKONIPULE HWY.

Keaweula Bay

Keawanui Bay

13.9

Kawaihae

KAWAIHAE RD.

7.9

19

B

Waiakailio Bay

萨穆埃尔·斯班瑟海滩公园
Samuel Spencer Beach Park

普吾可霍拉神庙国家历史公园
Puukohola Heiau National Historic Site

冒纳凯亚旅游度假区

7.8

Puako Bay

Waikoloa Village

鞍形公路
Saddle Road

4.7

6.4

200

Kawaihae Bay

Puako

Makaiwa Bay

冒纳拉尼旅游度假区

Honokaope Bay

1.1

WAIKOLOA RD.

6.5

5.5

Waiulua Bay

怀阿洛阿度假区

Anaenoomalu Bay

Kapalaoa

KANIKU LAVA FLOW

6.0

19

Keawaiki Bay

Keawaiki

LAVA FLOW OF 1859

MAMALAHOA HWY.

参照折叠地图③

Ohiki Bay

基霍洛湾观景台
Kiholo Bay Lookout

Kiholo

Kiholo Bay

Puuanahulu

24.1

190

Puu Waawaa Ranch

Kaupulehu

Kahuwai Bay

4.7

KAUPULEHU LAVA FLOW

QUEEN KAAHUMANU HWY.

Kukio Bay

霍阿拉莱度假区

霍阿拉莱山
Mt. Hualalai
2521m

Kahoiawa Bay

C

p.330~331

p.326~327

p.328~329

6.3

LAVA FLOW OF 1801

Huehue

马卡莱伊夏威夷乡村俱乐部
Makalei Hawaii Country Club

Kalaoa

至凯卢阿·科纳

科纳国际机场
Kona International Airport

地图p.327

Honokohau

1

2

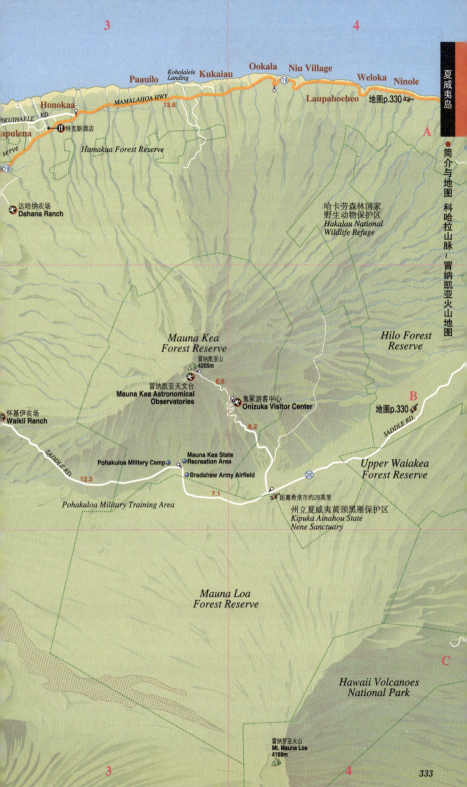

Paauilo   *Koholalele Landing*   Kukaiau   Ookala   Niu Village

Weloka   Ninole

Honokaa   *MAMALAHOA HWY.*   13.6

Laupahoeheo   地图p.330

地图p.330

KUIHAELE RD.   特克斯酒店

serve

A

夏威夷岛

简介与地图 科哈拉山脉～冒纳凯亚火山地图

19

Hamakua Forest Reserve

达哈纳农场
Dahana Ranch

哈卡劳森林国家
野生动物保护区
*Hakalau National
Wildlife Refuge*

*Mauna Kea
Forest Reserve*

*Hilo Forest
Reserve*

冒纳凯亚山
4205m

6.6

冒纳凯亚天文台
**Mauna Kea Astronomical
Observatories**

鬼冢游客中心
Onizuka Visitor Center

地图p.330

地图p.330

B

6.2

怀基伊农场
Waikil Ranch

SADDLE RD.

*Upper Waiakea
Forest Reserve*

**Mauna Kea State
Recreation Area**

Pohakuloa Military Camp

12.3

Bradshaw Army Airfield

200

Pohakuloa Military Training Area

7.1

距离希洛市约28英里

州立夏威夷黄颈黑雁保护区
*Kipuka Ainahou State
Nene Sanctuary*

*Mauna Loa
Forest Reserve*

C

*Hawaii Volcanoes
National Park*

冒纳罗亚火山
**Mt. Mauna Loa
4169m**

夏威夷岛的节日信息
The Events of Big Island

2月 February

●上旬

怀梅阿樱花节（Waimea Cherry Blossom Heritage Festival）

怀梅阿樱花节主要在卡穆埃拉酒类专卖店至帕克牧场故居（Park Ranch Historical Home）周边举行。节日期间，还会举办盆栽、剪纸、水墨画、茶艺等展览。

☎961-8706

●中旬

希洛中国新年节（Hilo Chinese New Year Festival）

希洛中国新年节是庆祝中国农历正月的节日，在希洛的商业区和卡拉考阿国王公园举行。

☎933-9772

3月 March

●上旬

科纳啤酒节（Kona Kona Brewers Festival）

科纳啤酒节汇集了来自30个啤酒厂的60余种啤酒。在这里游客们可以品尝来自25个餐厅的美味珍馐。还可以欣赏夏威夷民间音乐、摇滚音乐以及草裙舞等。

☎331-3033

●上旬

熔岩人杯铁人两项赛（Lava Man Course Duathlon）

是熔岩神铁人三项节的一个环节，由7岁以上儿童参加游泳和长跑两项比赛。比赛场地设在怀科洛阿乡村度假酒店（Waikoloa Village Resort）。

☎969-7400

熔岩人杯铁人三项赛（Lava Man Triathlon）

是每年都要举行的铁人三项赛。比赛场地一般设在怀科洛阿海滩度假村（Waikoloa Village Resort）。项目设置为3公里游泳、40公里自行车以及10公里

长跑。

🔗www.lavamantriathion.com

●下旬

大岛国际马拉松赛（Big Island International Marathon）

大岛国际马拉松赛的赛道沿海岸线而设，赛道旁是繁茂的热带植物，沿途可以经过瀑布和河流，堪称世界上风景最美丽的马拉松赛道之一。终点设在希洛市的海湾前区。

☎969-7400

4月 April

●中旬

快乐国王节（Merry Monarch Festival）

快乐国王节是夏威夷最为著名的草裙舞大赛，每年在希洛举行。其间会举办草裙舞比赛、展览会、演奏会以及游行，场面非常热闹。

5月 May

●下旬

霍诺卡阿镇西部狂欢周末（Honokaa Town Western Weekend）

霍诺卡阿镇位于夏威夷岛北部，是一座宁静舒适的城镇，但是每到西部狂欢周末，整个城镇就会沉浸在牛仔风情之中。其间会举行户外烧烤、西部乡村音乐、竞拍会以及游行等各色活动。

☎933-9772

6月 June

●中旬

卡美哈美哈国王纪念日庆典（King Kamehameha Day Celebration）

每逢卡美哈美哈国王的诞辰纪念日都会在希洛湾举行盛大的游行庆典，游客们可以欣赏到各色鲜花装饰的花车。在卡美哈美哈国王的诞生地北科哈拉，人们会向国王铜像进献花环，并举行纪念游行。

7月 July

●上旬

独立纪念日

在美国独立纪念日，夏威夷岛会举办各种各样的仪式活动。其中最著名的是在希洛城区举行的娱乐活动。

8月 August

●下旬

夏威夷人杯国际长嘴鱼锦标赛（Hawaiian International Billfish Tournament）

是在凯卢阿·科纳举办的长嘴鱼垂钓大赛，整个赛事历时一周，规模堪称世界最大。

●下旬至10月中旬

迎宾周嘉年华（阿洛哈节 Aloha Week Festival）

是夏威夷岛最大的节日，在岛内各地，都会举办大型音乐会、游行活动以及娱乐庆典等。

☎852-7690

9月 September

●上旬

莉莉·乌卡拉尼女王独木舟赛（Queen Liliuokalani Canoe Race）

该项赛事在凯卢阿·科纳举行，是世界上距离最长的独木舟大赛。除了比赛以外，还会举行火炬游行、舞蹈以及夏威夷烤野猪宴等活动。

☎331-8849

10月 October

●中旬

铁人杯世界铁人三项冠军锦标赛（Iron Man Triathlon World Championship）

是世界铁人三项选手都向往的大规模锦标赛，赛事项目为2.4海里（4.44公里）的游泳、112英里（179公里）的自行车、26.2英里（42公里）的长跑。

☎329-0063

科纳咖啡节的大规模游行活动

| 11 月 | November |

●上旬

科纳国际咖啡节（Kona Coffee Festival）

自 1970 年开始每年定期举办。咖啡节期间会举行各种娱乐活动，比如摘咖啡豆比赛、产品展销、卡拉 OK、游行、科纳咖啡小姐大赛等。

| 12 月 | December |

●上旬

怀梅阿圣诞黎明游行（Waimea Christmas Twilight Parade）

是夏威夷岛每年例行的游行活动。一般参加游行的市民要从怀梅阿的教堂街（Church Ro w）步行至帕克农场购物中心（Park Ranch Shopping Center）。
☎937-2833

※ 参考资料：*Hawaii Visitors and Convention Bureau*（ www.gohawaii.com）等

重要电话号码

紧急电话（警察、救护车、消防署） **911**

※ 最开始负责接待旅客的可能是英语服务员，你因此可以告知租车公司："Please Speak Chinese"。

●医疗机构
科哈拉急救中心　987-7607
科纳科哈拉健康中心　329-1346
霍阿拉莱急救中心　327-4357

●航空公司
联合航空公司　1-800-241-6522
中国国际航空公司（火奴鲁鲁）　955-0088
夏威夷航空公司　1-800-367-5320

●租车公司（紧急时 24 小时营业）
※ 阿拉莫租车公司（Alamo Rental）
　1-888-924-0977
※ 阿维斯租车公司（AVIS Rental）
　1-800-890-0046
※ 百捷乐租车公司（Budget Rental）
　1-800-890-0046
道乐租车公司（Dollar Rental）
　1-800-394-2246
赫兹租车公司（Hertz Rental）
　1-800-654-5060
国际租车公司（National Rental）
　922-0882

●出租汽车公司
天堂出租车公司（Paradise Taxi，科纳）
　329-1234
D&E 出租车公司（科纳）　329-4279
夏威夷旅游出租车公司（科纳）　345-7190
宝石出租车公司（Jewel Taxi，科纳）　937-9464
热岩出租车公司（Hot Lava Taxi，希洛）
　557-0879

●国际通话
［从夏威夷往中国打电话］
00-86- 区号（去掉前面第一个 0）- 对方的电话号码
［从中国往夏威夷打电话］
00-1-808- 对方的电话号码

从火奴鲁鲁至夏威夷岛

夏威夷岛机场导航

夏威夷岛的机场主要包括东海岸的希洛机场和西海岸凯卢阿·科纳北部的科纳国际机场。还有起降太平洋之翼航空公司螺旋桨飞机的卡穆埃拉机场（怀梅阿南部）。

建造在漆黑熔岩高原之上的科纳国际机场全景

科纳国际机场　　　　　　　Kona International Airport

过去许多年中，由于其所处地区的名称，科纳国际机场一直被称为凯阿霍莱机场。直至 1996 年 6 月，才改用现在的正式名称"科纳国际机场（Kona International Airport）"。该机场位于凯卢阿·科纳以北约 7 英里（11 公里）处。

虽说科纳机场是一座国际机场，但是其机场设施却非常陈旧，根本称不上现代化。整个机场外观是一座波利尼西亚风格的平房建筑，其朴素程度令人惊讶。但是这恰恰与夏威夷岛的风格相映，令游客倍感亲切。

从火奴鲁鲁前往科纳国际机场可以乘坐夏威夷航空公司等的航班。如果乘坐喷气式飞机从檀香山出发的话，大约只需 40 分钟即可抵达科纳机场。

与希洛机场相同，在科纳国际机场中也设有旅游服务中心，向游客提供各种旅游和住宿信息。在航站楼的一角设有鬼冢承次太空中心，游客们可以前往参观，消遣无聊的候机时间。

从科纳国际机场前往其他地区的方法

在参团旅游的情况下，各酒店会派车接送。如果是自助游，就需要费心思考虑如何前往酒店了。

1 租车

如果是故地重游的话，可以采用租车的方式前往酒店，这样比较简单方便。从终点站出发，右侧前往就是租车公司的柜台。如果你已经预约过，就可以到路中央的道路隔离带等待各租车公司的接送班车，上车后行驶 3~4 分钟，即可到达营业所办理手续。

航空公司的联络方式

■夏威夷航空公司
　火奴鲁鲁 ☎838-1555
　夏威夷岛 ☎ 1-800-882-8811
■群岛航空公司
　☎ 1-800-652-6541
■太平洋之翼航空公司
　☎ 1-888-575-4546
■太平洋之翼航空公司
　☎ 1-888-575-4546
■去! 莫库莱莱航空公司
　☎ 1-888-435-9462
　☎ 1-866-260-7070

科纳国际机场

P 停车场

卡韦伊哈伊

机场航站楼

各租车公司的受理窗口

各租车公司营业所、停车场、退税处

Budget
Hertz
National
Dollar
Avis
Alamo

19

QUEEN KAAHUMANU HWY.

凯卢阿·科纳

科纳国际机场至各地所需的时间			
目的地	英里（公里）	线 路	所需时间
怀科洛阿海滩度假村	17（27）	19 号公路	大约 30 分钟
冒纳凯亚度假村	25（40）	19 号公路	大约 45 分钟
凯卢阿·科纳	7（11）	19 号公路	大约 20 分钟
凯奥霍	15（24）	19 号公路	大约 30 分钟

科纳国际机场的信息咨询中心，内设南科哈拉各度假村的专家咨询处

科纳国际机场。虽然是国际机场，但并没有喧嚣烦躁之感，反而充满静谧悠闲的风情

2 出租车

出租车乘车点位于到站口走廊外的道路中央隔离带处，附近通常会有多辆出租车待客。

科纳国际机场至各地的出租车收费标准	
怀科洛阿海滩度假村	50 美元左右
冒纳凯亚度假村	60 美元左右
凯卢阿·科纳	25 美元左右
凯奥霍	40 美元左右

3 酒店的接送服务

旅客如果入住的酒店是南科哈拉地区的大型酒店，他们一般会提供机场免费（或者部分收费）接送服务。在订酒店时请预先确认。

希洛机场 Hilo Airport

从火奴鲁鲁乘喷气式飞机至希洛机场大约需要 50 分钟（直达航班的情况下）。希洛机场是一座现代化国际机场，除了运航夏威夷航空公司的航班外，还通航来自美国本土的航班。

虽说科纳机场是一座国际机场，其机场设施却非常陈旧，根本称不上现代化，整个机场外观是一座波尼西亚风格的平房建筑，其朴素程度令人惊讶。但是这恰恰与夏威夷岛的风格相映，令游客倍感亲切。

从火奴鲁鲁前往科纳国际机场可以乘坐夏威夷航空公司等的航班。如果乘坐喷气式飞机从火奴鲁鲁出发的话，大约只需 40 分钟即可抵达科纳机场。

1 租车

在到站口的对面设有租车公司的柜台窗口。旅客如果已经预约过，就可以乘坐租车公司的接送班车，行驶 1~2 分钟，到达营业点办理租车手续。从机场至榕树大道（Banyan Drive）沿线的酒店大概有 2 英里（约 3 千米）的路程，车程 10 分钟左右。

2 出租车

出租车乘车点位于到站口走廊外的道路中央隔离带处，附近通常会有多辆出租车待客。从机场至榕树大道沿线酒店的车费为 7~9 美元。

鬼冢承次太空中心是一座航空博物馆，在科纳国际机场候机时，可以抽空前往参观。

鬼冢承次是出生在夏威夷岛的日裔侨民，他是夏威夷州首位宇航员，1986 年在"挑战者"号航天飞机爆炸事故中不幸丧生。为表达对鬼冢的追思之情，当地居民特建立航空中心以示纪念。

馆内常年举办许多展览，比如鬼冢大校生前遗物展览品等，展示了夏威夷州全体市民心目中的英雄的一生经历。还有月石、航空服以及空间穿梭模型等与宇宙开发相关的展品。

太空中心位于航站楼中央，每天 8:30~16:30 营业，进馆参观费成人 3 美元（12 岁以下儿童 1 美元）。
☎ 329-3441

主要租车公司联络方式
■ 阿拉莫租车公司
  科纳国际机场 ☎ 329-8896
  希洛机场 ☎ 961-3343
■ 阿维斯租车公司
  科纳国际机场 ☎ 327-3000
  希洛机场 ☎ 935-1298
■ 百捷乐租车公司（Budget Rental）
  科纳国际机场 ☎ 329-8511
  希洛机场 ☎ 935-6878
■ 道乐租车公司
  科纳国际机场 ☎ 329-3162
  希洛机场 ☎ 961-2101
■ 赫兹租车公司
  科纳国际机场 ☎ 329-3566
  希洛机场 ☎ 935-2898
■ 国际租车公司
  科纳国际机场 ☎ 329-1674
  希洛机场 ☎ 935-0891

夏威夷第二大城市希洛的机场航站楼

夏威夷岛内的公交车服务

非常遗憾，夏威夷岛内并没有像瓦胡岛公交车（The Bus）那样四通八达的公共交通设施。也就是说，抵达机场后如果想去酒店，就必须乘坐出租车或者租车，除此以外，别无他途。还有岛内设有供游客乘坐的公交车和无轨电车，下面进行分类介绍。

1 免费招手观光车　　　　　　　　　　　　Hele-On Bus

Hele-On公交车是夏威夷岛政府运营的公共交通设施，设有希洛地区巡回游览线路、凯卢阿·科纳—库克船长间往返线路、希洛—怀梅阿线路等各种线路。线路虽然数量不多，但如果能充分利用还是可以享受充满意义的个性之旅。截至目前，所有线路均可免费乘车。

最不容错过的就是从希洛出发经怀梅阿北驶抵达凯卢阿·科纳的线路。虽然耗时较长，但是可以不耗分文就畅游夏威夷岛北半部分的村镇。如果目的地方向是希洛方向，则在藤原商场始发，6:20从凯奥霍喜来登度假村发车，9时45分到达希洛的莫奥神庙公交车站。如果是开往科纳方面，则在希洛的库西奥王子广场（Plaza Kuhio Plaza）始发，13:30从莫奥神庙发车，16:30抵达凯卢·阿科纳的林荫大道。

Hele-On 公交车
🔲 www.co.hawaii.hi.us/mass_transit/transit_main.htm

2 火奴鲁鲁—凯奥霍快速电车Honu Express Keauhou Trolley

火奴鲁鲁—凯奥霍快速电车是准乘40人的免费电车，主要在凯卢阿·科纳南部的凯奥霍度假村地区和凯卢阿栈桥附近巡回载客。由于电车主要在凯奥霍购物中心、科纳乡村俱乐部或凯奥霍湾等地停车，对于度假村内酒店和公寓的住客而言，是非常方便的代步工具。

火奴鲁鲁－凯奥霍快速电车

由于每天会向凯卢阿栈桥发7班车，在度假村的游客想去凯卢阿散步，或者凯卢阿地区的住客想去凯奥霍购物中心购物时，都可以乘坐。

电车时间表如下所示，制订旅游计划时敬请参考。

科纳国际机场至各地所需的时间								
凯奥霍湾喜来登度假村＆水疗馆		8:55	10:45	12:35	14:25	16:15	18:00	19:45
科纳乡村俱乐部		9:00	10:50	12:40	14:30	16:20	18:05	19:50
凯奥霍购物中心		9:05	10:55	12:45	14:35	16:25	18:10	19:55
凯奥霍海滩度假村		9:10	11:00	12:50	14:40	16:30	18:15	20:00
凯奥霍购物中心		9:15	11:05	12:55	14:45	16:35	18:20	20:05
魔幻沙海滩		9:25	11:15	13:05	14:55	16:45	18:30	20:15
林荫花园广场		9:30	11:20	13:10	15:00	16:50	18:35	——
椰林果园		9:35	11:25	13:15	15:05	16:55	18:40	20:20
滨水路		9:40	11:30	13:20	15:10	——	18:45	20:25
科纳湾／科纳市场广场		9:45	11:35	13:25	15:15	17:00	18:50	20:30
凯卢阿栈桥	8:30	9:50	11:40	13:30	15:20	17:05	18:55	20:40
科纳湾／科纳市场广场		9:55	11:45	13:35	15:25	17:10	19:00	
滨水路		10:00	11:50	13:40	15:30	17:15	19:05	20:43
胡戈岩石餐厅		10:05	11:55	13:45	15:35	17:20	19:10	
林荫花园广场		10:10	12:00	13:50	15:40	17:25	——	
魔幻沙海滩		10:15	12:05	13:55	15:45	17:30	19:15	——
凯奥霍海滩度假村		10:25	12:15	14:05	15:55	17:40	19:25	20:45
凯奥霍购物中心		10:30	12:20	14:10	16:00	17:45	19:30	20:55
科纳乡村俱乐部		10:35	12:25	14:15	16:05	17:50	19:35	——
凯奥霍湾	8:50	10:40	12:30	14:20	16:10	17:55	19:40	
凯奥霍湾喜来登度假村＆水疗馆	8:55	10:45	12:35	14:25	16:15	18:00	19:45	21:00

夏威夷岛内开车的一点建议

270 号公路：通往波洛尔溪谷（Pololu Valley）的道路是蜿蜒曲折的转弯路，一眼看不到尽头。

250 号公路：是一条山间公路，部分路段的海拔超过 900 米。由于雨水较多，驾驶员要特别注意怀梅阿附近的下坡路。

哈玛库亚海岸（Hamakua Coast）：要注意躲避大型卡车。横渡溪谷时会遇到多个 U 字形转弯，需要减速缓慢通过。

希洛附近：是一条面向希洛湾的下坡路，距离较长。建议驾驶员多踩刹车。

希洛市中心：是单行路。只能在设有停车计时器的路边停车。城市邻山的一端是学校和居民区，驾驶员需要特别注意步行的行人。

冒纳凯亚公路：如果前往山腰的鬼冢中心，可以开普通车。但是再往上走，就只能开四轮驱动车了。

19 号公路科哈拉海岸段：可以享受到近乎直线的高速驾驶的快感。但是要注意避免盲目追求速度，造成交通事故。此外还要注意行驶过程中的侧风。

11 号公路火山附近：是一条以基拉韦厄为顶点的连续下坡路，距离较长。但是经过修缮后，公路状况非常理想。

[1] 林荫大道：对于速度的限制非常多，应严守限制速度，避免超速行驶。

[2] 19 号公路科纳靠山一侧：上山时是盘山路，风景优美，但要注意专心开车，避免斜视分心。

[3] 纳普纳普公路（Napoopoo Road）和 160 号公路：由于公路是面向大海的急下坡。因此需要经常使用刹车制动器。普吾可霍拉公路修建在草丛中，非常狭窄。驾驶时要注意对面方向的来车。

[4] 凯利亚（Kealia）南部：道路狭窄，部分路崖发生坍塌，许多路段会出现连续的急转弯。夜间千万不要在这条公路上行驶。

马奴卡州立公园（Manuka State Park）附近：公路上大约有 3 英里（约 4.8 公里）的澳洲坚果田（Macadamia Integrifolia）。

火山口链公路：是一条朝海的下坡路，行驶期间，给人一种云霄飞车的感觉。因此要特别注意行驶速度。

火山公路：海拔达 4000 英尺（约 1200 米）。由于经常起雾，因此视界变弱时，要打开前照灯。山顶温度相当低，要提前做好防寒准备。

200 号鞍形公路：上下起伏的路段较多。冒纳凯亚火山靠近希洛的一侧路况非常理想。但是，靠近怀梅阿一侧的路况则非常糟糕。每天早晚容易起雾，应尽量避免在该路段行车。

冒纳罗亚公路：只能驾四轮驱动车行驶。

霍奴阿怕至纳阿莱胡：是一条曲折蜿蜒的坡路。进入村落后最好减速行驶。

[5] 190 号公路：是一条通往高原地区的公路，景色非常优美。驾驶员要注意上下坡的弯路。此外，由于路上卡车较多，因此，要注意躲避。

[6] 南角公路：路上随处可见沥青脱落的痕迹，路面非常狭窄。

历史建筑——胡利海埃官

科纳海岸的观光景点
Kona Coast

夏威夷岛的西海岸是旅游观光的中心景区，由于气候条件得天独厚，是度假休闲的理想选择。这里有宁静而充满风情的海滨城镇凯卢阿·科纳，有遍布高级酒店和高尔夫球场的奢华城市南科哈拉，还有可以体验夏威夷当地生活的凯奥

霍，旅客如果选择科纳海岸度假，绝对会感到不虚此行。

DATA

Hulihee Palace
Map 本页
☎ 329-1877
🕐 10:00~15:00
🚫 周一、周二、周日以及节假日
💰 6美元，18岁以下（需要ID）1美元，65岁以上4美元。
📷 内部禁止拍照摄影

凯卢阿·科纳 Kailua Kona　　　　Map p.327-C

洒满阳光的城镇

凯卢阿·科纳是一个度假休闲胜地，位于西海岸的中央地区，空气干燥，阳光明媚，在这里可以享受到阳光洒落时的温暖与舒适。

城镇拥凯卢阿湾而建，沿海地区遍布度假村酒店和公寓。主街阿利伊大街（Alii Drive）两侧购物中心和餐厅鳞次栉比。与怀基基不同，凯卢阿·科纳镇内并没有那么多高层建筑，从闹市区步行街头走到街尾，只有区区500米的距离，可以说是一座小型乡村城镇。

与卡美哈美哈国王缘定三生之地

夏威夷语中，主街"阿利伊大街"的"阿利伊"就是"国王、酋长"

凯卢阿·科纳详细地图

凯卢阿·科纳街道中的日落美景举世闻名

一流选手云集的铁人杯世界铁人三项冠军锦标赛

的意思。正如其街名所代表的含义，这里曾经是夏威夷王朝早期都城的所在地，一度非常繁华。

在凯卢阿栈桥附近，以卡美哈美哈国王晚年居住的草屋卡玛卡霍努（Kmakahonu=龟目）为原型，重新修建复原了阿胡埃纳神庙（Ahuena Heiau）。

悠闲地欣赏古代历史遗迹

一提起与王室相关的古迹，首先想到的就是胡利海埃宫（Hulihee Palace）。该宫殿建成于1838年，当时是作为卡拉考阿王的夏季行宫兴建的。现在已经成为博物馆，主要展览与王室生活相关的收藏品，比如内层芯板材料的餐具、古董玻璃、精美豪华的单板桌等，从中可以窥探王室成员的生活情景。

胡利海埃宫对面是凯卢阿·科纳镇的地标性建筑莫库阿伊考阿教堂（Mokuaikaua Church）。该教堂兴建于1823年，是夏威夷第一座基督教教堂。白色的外观和高耸的塔尖非常醒目，令人印象深刻。教堂内部允许游客自由参观。

漫步城市之中是一种至尊享受

阿利伊大道区区几百米的范围内，汇聚了一系列小规模的购物中心，最为著名的当数科纳购物村。漫步其中既可以观赏名胜古迹，又可以享受购物的乐趣，真是古典与现代的完美结合。只要一小时左右就可以将所有的商店大体逛一遍。现在又新建了多处免费停车场，游客朋友们可以放心地租车前往。

阿胡埃纳神庙。左侧的建筑物是以卡美哈美哈国王冠名的科纳海滩酒店

凯奥霍地区 Keauhou Area

Map ③科纳海岸 B

科纳地区的黄金海岸

自凯卢阿·科纳出发，沿阿利伊大道南下，随处可见装修奢华的酒店式公寓，这就是凯奥霍地区。该地区近年来兴建了大批度假村，又被称

凯卢阿·科纳的工业园区新开业了一家名为科纳大众商城的大型购物中心，进驻了运动权威（Sports Authority）、麦克斯办公用品（Office Max）以及塔吉特百货（Target）等多家公司。

为"科纳黄金海岸"。由于海滩景色宜人，非常适合游泳，再加上存在大量古迹，建议大家将其列入旅游计划之中。

沿 1855 年兴建的奥哈纳历史教堂（Historic Ohana Church）遗迹向右转，然后向前走几百米，展现在面前的就是科纳地区最为珍贵的白沙海岸。这片沙滩的正式名称叫作白沙滩公园（White Sand Beach Park），由于其海水会突然产生潮起潮落，因此，一般又被称为"魔幻沙滩"。沙滩中波高浪急，非常适合冲浪运动。但是令人稍感遗憾的是不大适合游泳。

强力推荐的沙滩

游客如果还是想游海泳，最好再往前走一点，去卡哈卢乌海滩公园（Kahaluu Beach Park）。那里是一片波浪平静的海湾，由于周围被珊瑚礁包围，可以看见色彩斑斓的鱼类在海中自由地畅游。从潜水者的角度来看，这里游鱼的种类、海水的透明度等，都要比瓦胡岛的哈诺马湾更具吸引力。而且海龟也经常在这一带出没。

海滩公园的前面孤零零地矗立着一座名为圣彼得（St.Peters Church）的小教堂，蓝色房檐和白色外墙给人一种清新可爱的感觉。当地人亲切地称其为"蓝色小教堂"。该教堂兴建于 1889 年，至今仍用来举办婚礼和周日弥撒。内部装修也统一为白蓝色调，临海一侧窗口的玻璃上雕刻着宗教画，每当夕阳西下，就会充满别样的情调。

阿利伊大道的终点是凯奥霍购物中心（Keauhou Shopping Center）。自 1984 年开业以来，成为凯奥霍度假村住客不容错过的购物天堂。购物中心内

凯奥霍栈桥特写

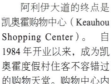
造型可爱的圣彼得教堂

极易遇见海龟的卡哈卢乌海滩。海滩上各种设施完备，不仅有海滩休闲屋、厕所、浴室，还有停车场等，还有浮潜设备出租点和汉堡移动售卖车

  VOICE 在邻岛每年 12 月 24 日和 25 日都有许多商家闭门停业。推荐游客选择附带午餐的 1 日游或者在酒店内休息放松。

汇集了 KTA 超市、朗氏连锁药店（Longs Drugs）以及 40 多家餐厅和专卖店。

科纳南部 South Kona

Map ③科纳海岸 C

品尝浓香醇郁的科纳咖啡

科纳地区邻山一侧是夏威夷地区首屈一指的咖啡产地。这里有充足的光照，又有高原地区独特的柔雨，加上凉爽的微风以及渗水性极强的土壤，可谓具备了咖啡栽培的理想条件。自 1825 年以来，这一地区开始出产醇香浓郁的科纳咖啡，连美国著名的作家马克·吐温对其都赞不绝口。

皇家科纳咖啡工坊 & 博物馆（Royal Kona Coffee Mill&Museum）位于库克船长地区 11 号公路的沿线，馆内的主要展品包括照片、画板以及大型咖啡烘焙机，以简洁直观的方式向游客讲述着科纳咖啡的历史。馆内还提供免费试饮咖啡，并销售咖啡豆。

追思库克船长

沿着咖啡工坊 & 博物馆前面的道路（Middle Keei Rd.）向海边走，就会看见凯阿拉凯库阿湾（Kealakekua）。

这里就是夏威夷岛的发现者詹姆斯·库克船长意外葬身之地。从凯阿拉凯库阿湾向对面遥望，可以隐隐约约地看见白色的库克船长纪念碑。

凯阿拉凯库阿湾的彼岸可望到纪念碑

感触古代夏威夷之魂

游览过凯阿拉凯库阿湾后，沿着靠海的小路（Puuhonua Rd.）再向前走几英里，就到达了普乌努努·奥·霍纳乌纳乌国家历史公园（Puuhonua O Honaunau）。这里曾经是夏威夷古代宗教神庙的圣地，对于那些破坏禁忌的罪犯或者战败的士兵而言，这座寺庙是一座"绝缘之寺"。据说他们在这里接受牧师的礼拜，祈求众神的庇护，允许他们重获自由。

在基督教宗教革命时，这座神庙遭到严重破坏，几乎毁于一旦。后来夏威夷州政府国家公园管理局进行了修复重建。游客在这里可以参观供奉着威严神像的神庙、养鱼场、椰林以及保护圣地的城垣等，置身其间，甚至会感到周围空气中萦绕着一种庄严肃穆的氛围。

皇家科纳咖啡工坊 & 博物馆
（☎ 328-2511　🕐 7:30~17:00）

DATA

Puuhonua O Honaunau National Historical Park
Map ③科纳海岸 C
☎ 328-2288
🕐 7:00~20:00
（游客中心：8:00~17:30）
🎫 每辆车的进园门票 5 美元
Ⓟ 免费
🌐 www.nps.gov/puho

庄严肃穆的普乌努努·奥·霍纳乌纳乌国家历史公园

343

在广阔的火山高地上兴建的豪华度假村（照片为怀科洛阿海滩度假村）

酒店式公寓的规格也很高（怀科洛阿阿斯顿海滨度假村）

世界上首屈一指的度假胜地冒纳拉尼海滩，绝对是资源丰富的场所

南科哈拉海岸 South Kohala Coast　Map ② 南科哈拉海岸

与世隔绝的大型度假区

从科纳国际机场出发，沿 19 号公路北上，映入眼帘的尽是辽阔无垠的熔岩遗迹。给人一种壮丽震撼的感觉。大约 5000 年前，冒纳凯亚火山大喷发，释放出大量岩浆，将这里覆盖成南科哈拉地区的不毛之地。

虽然高速公路上略有小幅的上下起伏，整体来看道路还是呈直线。道路望不到尽头，仿佛被另一端的高原所吞噬，消失在人们的视线中。道路前方的哈拉山脉绵延起伏，仿佛海市蜃楼一般。可能是由于火山灰的缘故，左手端海水与蓝天的界线若隐若现，显得朦朦胧胧。甚至令人忘记自己正处于小岛之中，令人感觉脱离凡尘，恍若隔世。

在这片荒凉的火山高原中，临海一侧散布着一系列高档奢华的度假村，游客们可以在此享受一个梦幻般的浪漫假期。

体验天堂般感觉的悠闲假期

在南科哈拉海岸，自南向北依次是霍阿拉莱度假村（Hualalai Resort）、怀科洛阿海滩度假村（Waikoloa Beach Resort）、冒纳拉尼度假村（Mouna Lani Resort）以及冒纳凯亚度假村（Mouna Kea Resort）。这些度假村都是夏威夷最具代表性的奢华度假胜地，它们占地面积广阔，均设有一流的高尔夫球场、世界知名的星级酒店以及奢华的公寓和别墅。

在这些南科哈拉地区的豪华度假区内度假，价格自然不菲，但是可以心情舒畅地享受到豪华服务，肯定是物超所值的。就算旅客不在此住宿也没关系，因为酒店内的高尔夫球场和餐厅都是对外开放的，强烈推荐大家去体验一下奢华的氛围。

  "岛屿美食家市场"是一家位于怀科洛阿海滩度假村王后市场购物中心内的综合食品超市，它是由大型超市 ABC 直接经营的豪华超市。

冒纳凯亚度假村
Mauna Kea Resort

夏威夷岛度假村的先驱

　　冒纳凯亚度假村位于南科哈拉海岸的北端，面平缓的卡韦伊哈伊湾（Kawaihae Bay）而建。

　　度假村内有两栋豪华酒店，分别是冒纳凯亚海滩酒店（Mauna Kea Beach Hotel）和哈普纳海滩王子酒店（Hapuna Beach Prince Hotel），它们仿佛在俯视着从卡瓦伊哈埃湾分流出来的湾流中的一线沙滩。在这两栋酒店周围各有一座18洞的高尔夫球场，分别是冒纳凯亚高尔夫球场（Mauna Kea Golf Course）和哈普纳高尔夫球场（Hpuna Golf Course），此外，还零星地分布着一些分开出售的别墅。

　　冒纳凯亚度假村是美国亿万富翁洛克菲勒家族开发的经典规划度假村的先驱。现在洛克菲勒家族仍掌管着王子酒店，凭借良好的服务而备受好评。

有"疗伤之海"美誉的哈普纳海滩

怀科洛阿海滩度假村
Waikoloa Beach Resort

最受欢迎的度假村

　　怀科洛阿度假村是亚洲游客最喜欢的度假村。其核心设施就是18洞的怀科洛阿高尔夫球俱乐部。在场地的入口处，坐落着国王商场（King's Shop）和2008年开业的王后购物广场（Queen's Market Place），终日游客络绎不绝，熙熙攘攘，非常繁华。

　　在南科哈拉地区，水上运动设施最为齐全的当属阿纳埃胡玛鲁湾海滩（Anaehoomalu Bay Beach）。海滩沿线坐落着怀科洛阿希尔顿乡村酒店（Hillton Waikoloa Village），村内的主要交通工具竟然是电车和船舶，其规模之大令人惊叹。与之形成鲜明对照的是度假村内另一座充满夏威夷静谧风情的高级酒店——怀科洛阿万豪海滩酒店（Waikoloa Beach Marriot），给人一种温馨舒适的感觉。

遥望阿纳埃胡玛鲁湾的怀科洛阿万豪海滩酒店

冒纳拉尼度假村
Mauna Lani Resort

邻近天堂的山冈

　　夏威夷语中"冒纳拉尼"是"邻近天堂的山冈"之意。正如其名字所形容的一样，在冒纳拉尼度假村中，游客们可以体验到梦幻般的假日，仿佛置身天堂一般。度假村内有一座冒纳拉尼商场（The Shops At Mauna Lani），非常方便。

　　冒纳拉尼度假村内，有两栋豪华酒店，分别是冒纳拉尼湾酒店＆小舍（Mauna Lani Bay Hotel & Bangalows）和夏威夷费尔蒙特兰花酒店（The Fairmont Orchid, Hawaii）。它们都是连续多年获得权威排名褒奖的知名酒店。就连好莱坞的大牌明星们也经常藏身于此，畅想假期。这两家酒店给人的第一印象就是格调高贵雅致。由于酒店是在熔岩地带设计建造的，周边都是不毛之地，两相映衬，更能凸显出酒店简洁洗练的品位。

　　在这片漆黑的土地上，还有一栋弗朗西斯·布朗酒店（Francis H.li Brown Golf Cours），同样给人一种优雅的印象，堪称顶级。

格调雅致的冒纳拉尼湾酒店＆小舍

霍阿拉莱度假村
Hualalai Resort

传统的夏威夷村庄

　　考普莱胡（Kaupulehu）是资深驴友们享受休闲时光的最佳选择。这里有两栋大型酒店，一栋是南科拉加休曼努王后高速公路（Queen Kaahumanu Highway）通车前10年开业的"科纳乡村度假村"，另一栋是1996年建成的"霍阿拉莱四季度假村"。这两栋酒店都保留着浓郁的夏威夷传统乡村风情，兼具先进的酒店设施和热情周到的服务，堪称一流梦幻酒店。

备受资深驴友推崇的科纳乡村度假村

19号国道的沿线有两个门，霍诺考哈乌港的旁侧有一个门。从19号国道的正门进入，就会看见游客中心（下面内容），游客们可以前往领取地图

DATA

🏠 霍诺考哈乌港周边
☎ 329-6881
🕐 8:00~16:00
休 无
🌐 www.nps.gov/kaho

卡洛考·霍诺考哈乌国家历史公园
Kaloko-Honokohau National Historical Park

在岩石前旁原的神庙旧址

古代夏威夷人生活居住的场所

位于霍阿拉莱山麓的科纳海岸是古代夏威夷人的故乡，人们在这里建立村落，繁衍生息。为了保护古代夏威夷人的生活方式和文化，人们在这里修建了国家历史公园，对多处古迹进行了修复。

公园内有几条熔岩铺设的小路。沿着小路向前走，就可以看见海岸。还有两处 700 年前修建的大型鱼塘，现在已经成为鹬、野鸭等夏威夷传统鸟类聚集的理想观鸟点。霍诺考哈乌港附近的湾口是公园的一大亮点。在这里可以参观复原后的神庙、独木舟停泊处以及传统的渔栅等。

在这里观察水洼中的小鱼和螃蟹，以及在沙滩上晒太阳的海龟等海洋生物，令人感到心情愉快。来公园参观的游客稀稀拉拉，园内反而非常宁静。旅客如果想追思古代夏威夷人的生活，在这里一定可以度过一段闲适的美好时光。

沿着利用熔岩修建的小路向前走就可以到达海滩

🌟 VOICE 从南科哈拉前往基拉韦厄方向，可以绕南侧环行，也可以绕北侧环行，时间基本上相同。只不过南侧的直线路线较多，车流较少，更能够体会到旅行的快感。

火山口周边的观光景点

Volcano~South Point

岩浆从脚下流过到达海洋，在眼前涌起巨大的白烟。这就是夏威夷岛的火山。游客在这里可以体验到超乎想象的自然伟力。通过火山观景，可以实际体验到夏威夷岛的面积之广大。

夏威夷火山国家公园
Hawaii Volcanoes National Park

Map p.329-B、C3~4

夏威夷火山国家公园
www.nps.gov/havo

规模超乎想象的国家公园

在夏威夷的神话传说中，给人印象最深、出现频率最高的就是火山女神"佩莱"。传说她居住的哈雷冒冒火山口深达 400 米，直径 900 米。底部裂缝交错，散发出硫黄味的刺鼻强烟。如果想象一下这种巨大洞穴中溢满岩浆的景象，自然会令人感到震撼。

在周围 12 公里的基拉韦厄火山喷口中，哈雷冒冒火山口只不过相当于一个"小小的洼坑"而已（请参照下页的地图）。如果再放大一点，整个夏威夷火山国家公园从冒纳罗亚火山东斜面起，向海岸方向延伸可达到 50~60 公里，就连基拉韦厄火山喷口也不过是其中的一小部分而已。

参观基拉韦厄火山时，可以亲身体验到火山活动超乎想象的伟力，同时还可以感受到拥有火山国家公园的夏威夷岛的辽阔面积。

首先前往基拉韦厄火山喷口

夏威夷火山公园的入口位于 11 号公路的沿线。从希洛市出发驾车需

仿佛赤红色巨蟒一般缠绕成团的火山岩浆

令人感叹自然伟力的哈雷冒冒奇景

基拉韦厄游客中心&
Kipuka Puaulu
(野餐区域)
火山葡萄酒厂
火山高尔夫球场&
乡村俱乐部
Volcano Golf &
County Club
火山艺术中心
Kilauea Visitor Center &
Volcano Art Center
农贸市场
Volcano
Village
MAUNALOA RD.
洛岩树型
Tree Model
Kilauea Military Camp
国家公园入口
(售票收费处)
雷克雾洛宾馆
Holoholo Inn
KILAUEA RD.
火山超市
Kilauea Lodge
曼纳罗
亚山腰
0.6
蒸汽喷气孔
Steam Vent
0.4
奥希亚咖啡
基拉韦小厨
希洛
纳玛卡尼·帕的奥宿营地
Namakani Paio
Campground
VOLCANO HWY.
(MAMALAHOA HWY.)
1.2
火山之家
Volcano House
(2010年7月时正在闭馆)
0.4
OLD VOLCANO
VOLCANO HWY.
(MAMALAHOA HWY.)
邮局
纳阿莱胡·科纳
0.5
泰国-泰国餐厅
Twin Craters
2010年7月时
禁止通行
火山观测所(不对外公开)
Hawaiian Volcano Observatory
托马斯·奥古斯都·贾格博物馆
Thomas A. Jagger Museum
0.5
0.5
熔岩咖啡厅
基拉韦厄将军商场
0.7
1.4
基拉韦厄火山喷口
Kilauea Iki Crater
0.5
瑟斯顿熔岩隧道
Thuston Lava Tube
基拉韦厄火山口
Kilauea Caldera
2.4
哈雷冒冒火山口
Halemaumau
Byron Ledge Trail
0.6
2010年7月时禁止通行
0.5
1.8
CRATER RIM RD.
Keanakakoi
Crater
0.6
N
1.4
0.6
2.3
Crater Rim Trail
Lua Manu
Crater
Puhimau
Crater
1 km
0.5 miles
乡间小路(数字为英里数)
1
2
海门

行驶28英里（45公里），耗时约1小时。从凯卢阿·科纳出发则需行驶95英里（150公里），耗时约2个半小时。

在火山喷口的入口处购买入园门票（每车收费10美元，1周内有效）。首先前往基拉韦厄游客中心（Kilauea Visitor Center&Art Center），在这里可以领取国家公园的地图和照片。还可以参观介绍火山活动的展板和照片等，每隔一小时还会上映一次有关火山爆发的纪录片（片长约30分钟）。

通往游客中心的道路上，横着向上一点就是火山之家（Volcano House）饭店。在这里吃午餐是不错的选择，穿过大厅走到阳台上，可

首先要造访的游客中心

**火山口环形路周边
的主要景点**

■瑟斯顿熔岩隧道
Thurston Lava Tube
是一个岩浆形成的隧道，从入口到出口步行大约需要10分钟。从停车场沿着一条热带植物茂盛的小路向下走，就可以到达入口。

■基拉韦厄小火山口
Kilauea Iki Crater
夏威夷语中"Iki"是"小"的意思。在火山喷火口，可以看到1959年喷发出的熔岩流。据说当时发生了强烈的喷发，熔岩高度甚至达到了600米。

■哈雷冒冒
Halemaumau
面积宽阔的基拉韦厄火山口中，目前，仍有一个火山口是喷火口，不断向外冒烟。在夏威夷语中，"哈雷冒冒"是"希达之家"的意思，也就是火神佩蕾现在居住之所。该火山口最后一次喷发是在1974年。

岩浆形成的瑟斯顿（Thurston）熔岩隧道

以远眺辽阔的基拉韦厄火山口。

　　基拉韦厄周围有一条火山口环形路（Crater Rim Road），长达 18 公里，沿整个火山口绕行一周。一般来说，游客们都会到此转上一圈。

火山口链公路 Chain of Craters Road　Map p.329-B,C4

前往拥有超乎想象质感的岩浆高原

　　自 1911 年开始，人们将基拉韦厄视为世界上最活跃的火山，开始进行观测。其喷口近年来正缓缓向东南方向移动。现在喷发岩浆的是基拉韦厄东斜面的火山口，从 1983 年 1 月 4 日首次喷发以来，已经持续了 25 年以上。

　　从火山口环形公路分岔，如果驾车在向海边方向延伸的火山口链公路上行驶，可以参观到 20 世纪中火山喷发活动的变迁历史。

　　站在基拉韦厄火山东南斜坡上极目远眺，是一望无际的熔岩荒野。时至今日，伫立此处，人们仍会对岩浆一直流到太平洋的情景感到惊叹不已。火山口链公路单程大约有 20 英里（约 32 公里）。游客如果想在终点下车参观熔岩高地，就需要调整好日程表，预留 2 小时左右的时间以备往返所需。

熔岩徒步旅行

　　进入 21 世纪，基拉韦厄火山东斜坡的喷

冷却凝固的岩浆流，其形状
给人一种不舒服的感觉

流经垂直崖壁的岩浆流痕迹

乡间小路（数字为英里数）

夏威夷火山国家公园

火山口链公路的终点

发活动越来越活跃。以至于在火山口链公路终点附近几分钟的距离内，就可以看见岩浆流入大海，生起白烟的壮观景象。

由于岩浆流的流动是不规则的，因此无法预测。此外岩浆流附近还容易生成气体，对于心脏和呼吸器官功能较弱的人而言，是非常危险的。虽然国家公园管理员会定期巡逻，但还是经常发生事故。游客如果想徒步参观熔岩，就必须对自己的安全负责，以免发生意外。

如果想安全地体验熔岩徒步旅行的乐趣，不如报名参加旅行团，这是一个明智的决定。

普纳卢乌 ~ 纳阿莱胡 Punaluu~Naalehu　Map p.328-C2

深入夏威夷岛的南方腹地

在基拉韦厄火山后侧，向科纳方向行驶30分钟左右，就会通过普纳卢乌（Punaluu）的黑沙海岸。火山喷发出的岩浆在流入大海后，会冷却凝固成熔岩，然后，在海水的冲刷拍打下形成黑色碎沙，经过日积月累，最终堆积成现在黑色的海滨沙滩。

由普纳卢乌继续向南行驶，就会抵达美国最南端的城镇纳阿莱胡。

高大的雨树

镇内设有警署、公园以及因T恤衫和烤面包而闻名于世的纳阿莱胡水果摊（Naalehu Fruit Stand）。从希洛向科纳行驶时，行至此处刚好车程过半，游客们可以在这喝一杯鲜榨果汁，略作休息调整。

怀奥希努（Waiohinu）村紧邻纳阿莱胡镇，村内有举世闻名的雨树。它是美国著名作家马克·吐温在1866年游历夏威夷岛时亲手栽种的。近年来，由于暴风雨袭击，已经被压倒了。现在的雨树是从老树根上长出的新树。

位于纳阿莱胡的普纳卢乌西点店，最适合行车休息

普纳卢乌的黑沙滩。有时可以看见在这里休憩的海龟

CHECK　在130号公路的终点卡拉帕纳地区，拥有熔岩免费参观区"Kalapana Viewing Area"。每天14:00~22:00对外开放，停车场20:00以前开放。附带英语公开导游。☎961-8093

希洛市的观光景点

Hilo

希洛市位于夏威夷岛的东部，是一座拥有 4 万人口的都市。终年降雨较多，看起来并不像一座度假城市。但是，市民们却非常好客，总是热情地接待外来游客，在这里可以体会到一种如家般的温暖。希洛市有许多值得一看的景点，来这里旅游的重点并不是要"观赏"什么，而是要讲究"感受"到什么。

希洛市中心 Hilo Downtown　　`Map p.330-A,B2/p.352-A1`

分布着大量历史建筑

夏威夷第二大城市希洛

希洛素有"雨都"之称，年降雨量超过 3200 毫米，这和同处夏威夷岛西海岸的科纳形成鲜明的对比。人们往往认为夏威夷就等于充满阳光的度假胜地，但是，希洛却和这种印象完全不同。因此，在这座城市中，旅游观光产业绝谈不上成功。

相反，作为夏威夷第二大城市，希洛是夏威夷政治、教育、水产、农业的中心地区。由于雨水较多，这里总是春意盎然，百花盛开。希洛的上午总是天气晴朗，从希洛湾可以眺望到白雪皑皑的冒纳凯亚火山矗立蓝天白云之间，令人感到美不胜收。

漫步市中心

希洛是以日裔侨民为中心建造的城市，这样说一点儿也不为过。大街上会发现许多日本名字的商店，时至今日，仍能看见类似于公会的村委会。漫步街上，仿佛搭乘着时光机器返回几十年前。

住在希洛市的人们非常好客。当你迷路后，在原地徘徊时，肯定有人会热情地跟你搭讪。海滨沙滩上没有度假村般的奢华氛围，人们却往往被希洛城的人情味和宁静所打动，从而流连忘返。

希洛市中心的主街道凯阿韦大街（Keawe Street）上基本没有高楼大厦，木结构房屋却非常引人注目。整个城市仿佛笼罩在一片褐色之下，令人感觉恍如回到旧日时光之中。有古老的电影院、小咖啡馆、理发馆、杂货铺等，虽然与度假村的奢华不搭边，却充满了幸福的回忆。希洛市中心洋溢着一种朴素的气氛，令游客们感到温馨备至。

希洛市中心伫立着着卡美哈美哈三世的铜像，它属于希洛市吸引游客计划的一环，由公益团体于 1988 年修建完成

希洛市中心的观光景点

闲逛凯阿韦大街之后，沿阿奴埃努埃大街（Waianuenue Ave.）北上，图书馆前有一块纳哈巨石（Naha Stone）。坊间流传只要能举起这块石头的人就有资格成为夏威夷的国王。

沿卡皮奥拉尼大街在图书馆前向左转，右侧就是莱曼博物馆＆故居（Lyman Museum& Mis sion House）。这栋建筑是莱曼传教士夫妇于 1839 年建成并保留下来的，博物馆内陈列着当时的贵重家具以及

莱曼故居（左侧内部）是夏威夷岛现存历史最为悠久的古代木结构建筑

 希洛的街道上设置了许多停车区。基本都会爆满。因此，一见到空闲停车点就应该即时停车，即便其距离自己的目的地有一定的距离。

各种生活用品，充分体现了当年的生活情景。游客们可以报名参加附带导游的旅游项目。此外，莱曼故居旁边是博物馆，陈列着夏威夷古代的文化遗产、外来移民带来的生活用具等，通过参观，游客们可以了解夏威夷的自然史、历史以及文化。

新旧店铺交错的卡美哈美哈大街

DATA

Lyman Museum & Mission House
莱曼博物馆 & 故居
🏠 希洛市 Hali 大街 276 号
（→ Map 本页 -A1）
☎ 935-5021
🕐 10:00~16:30、参观团时间：11:00、14:00
🚫 周日、节假日
💰 10 美元，6-17 岁为 3 美元，60 岁以上为 8 美元。
🅿 免费
🖥 www.lymanmuseum.org

因雅致商店而格外醒目的卡美哈美哈大街

　　如果沿相反方向朝海边走，就会到达卡美哈美哈大街（Kamehameha Ave.）。卡美哈美哈大街建成于 1932 年，街上有许多体现当时时尚流行设计的建筑物，比如克莱斯电影院，就是以当时最时尚的装饰艺术建筑的建筑物克莱斯大厦为基础装修改建的。对建筑和室内装修感兴趣的游客，可以去一饱眼福。

　　大街上，还分布着许多备受年轻人追捧的时尚餐厅和商店，比如欧洲风格的咖啡厅以及经营当地艺术品的画廊等。

了解希洛凄惨历史的博物馆

　　1946 年和 1960 年，希洛市曾两次遭受大规模海啸的袭击，遭到毁坏

希洛扩大图

HILO BAY

Kuhio Bay

Reeds Bay

海豚湾酒店
Dolphin Bay Hotel

小熊咖啡厅

太平洋海啸博物馆
Pacific Tsunami Museum

希洛普卡小厨

希洛市中心完善协会

莫库帕的帕探索发现中心
Mokupapapa Discovery Center

希洛湾极品咖啡

莫奥神庙公园
Mooheau Park

纳哈巨石
Naha Stone

至彩虹瀑布&温泉

阮氏咖啡厅

阿洛哈·路易丝

无国界美食

莱曼博物馆 & 故居
Lyman Museum & Mission House

湾前海滨公园
Bayfront Beach Park

希洛夏威夷人酒店
Hilo Hawaiian Hotel

希洛湾酒店
Hilo Bay Hotel

椰林岛
Coconut Island

纳尼洛火山度假村
Naniloa Volcanoes Resort

乡村俱乐部酒店
Country Club Apt. Hotel

莉莉乌卡拉尼花园
Liliuokalani Garden

纳尼洛阿乡村俱乐部
Naniloa C. C.

希洛海滨酒店
Hilo Seaside Hotel

KAMEHAMEHA AVE.

希洛机场
Hilo Airport

BAYFRONT HWY.

KAMEHAMEHA AVE.

Wailoa River

KUAWA ST.

卡美哈美哈大王铜像
King Kamehameha's Statue

霍纳卢卢公园
Hoolulu Co. Park

县政府大楼

怀科洛阿州立公园
Wailoa State Park

希洛洄湖大厦

PHILANI ST.

100咖啡厅

酒井料理

HUALANI ST.

KEKUANAOA ST.

日光咖啡厅

希洛购物中心
Hilo S. C.

大岛蜡烛

邮局

至希洛机场航站楼

MILILANI ST.

MANONO ST.

HINANO ST.

LAUKAPU ST.

ALANIKOA AVE.

MOHOULI ST.

KINOOLE ST.

LANIKAULA ST.

KAWILI ST.

夏威夷真理探索者天文中心

夏威夷大学
University of Hawaii

至希洛市民高尔夫球场

N

0   500m
0   0.3miles

WAINAKU AVE.

WAIANUENUE AVE.

KEAWE ST.

HAILI ST.

MAMO ST.

KILAUEA AVE.

PAUAHI AVE.

HUALALAI ST.

PONAHAWAI ST.

KAPIOLANI ST.

ULULANI ST.

AUPUNI ST.

KUKUAU ST.

KANOELEHUA AVE.

BANYAN DR.

KALANIANAOLE AVE.

LIHIWAI

VOICE 每当来自火奴鲁鲁的周游船驶抵希洛港时，在机场和市内就非常难打到出租车，请做好心理准备。

一年一度的大型仪式
快乐国王节（Merry Monarch Festival）

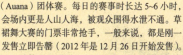

平时的希洛是一座宁静祥和的城市，但是每年3月来临时，整个城市就会变成狂欢的海洋。这是因为每到这个季节，希洛市都会举办最具权威性的草裙舞大赛——快乐国王节。

快乐国王节期间的希洛市会拥入大量形形色色着装的游客和草裙舞者，显得异常热闹。白天市内还会举办工艺品展销会和布艺展览会。

华丽的现代草裙舞

草裙舞大赛一般安排在周四～周六的夜间开赛。周四是"夏威夷草裙舞小姐"个人赛，周五是古典草裙舞（Kaihiko）团体赛，周六夜间是现代草裙舞（Auana）团体赛。每日的赛事时长达5~6小时，会场内更是人山人海，被观众围得水泄不通。草裙舞大赛的门票非常抢手，一般来说，都是刚一发售立即告罄（2012年是12月26日开始发售）。

就算买不到票，也可以在电视上看现场直播，如果住在夏威夷，完全可以在客厅欣赏到。如果你还是非要前往现场感受氛围，可以报名参加周三的"快乐国王节前夜"活动（免费）。活动期间会举行草裙舞展示会，游客们可以充分体验到节日的欢庆氛围。

DATA

快乐国王节 Merry Monarch Festival
开幕时间：每年复活节后的一周。
会场：赛会在希洛市内的艾迪斯卡纳考莱体育场（Edith Kanakaole Stadium）开幕。

性的破坏。特别是1946年4月1日的大海啸期间，更是导致173人死亡，163人受伤，500家商店受损。

为了加深人们对袭击希洛市海啸的了解，达到防灾的目的，希洛市在卡美哈美哈大街上兴建了太平洋海啸博物馆（Pacific Tsunami Museum）。顺便提一下，这里的"Tsunami"就是直接引用日语中的"海啸"一词。博物馆内设有展示希洛海啸受灾状况录像的迷你剧场，以及记录希洛郊外沿海村落中因海啸而殒命的小学生和教员的故事展览室——"劳帕霍埃霍埃（Laupaho ehoe）"。这里还设有可以使用计算机进行研究的展厅。

可以在轻松的氛围中深入了解夏威夷海

在巨大的水槽中再现夏威夷海的美丽景观

同样是在卡美哈美哈大街的沿线上，还有一座以推广夏威夷海洋知识为目的而建造的莫库帕帕帕探索发现中心（Mokupapapa Discovery Center）。中心内的展品是经过精心挑选的，内容通俗易懂，无论是大人还是儿童，都可以在快乐的氛围中学习到知识。

当你进入博物馆内，首先会惊诧于从棚顶上垂下的大型鲨鱼模型。除了使用照片和触摸屏的展览以外，馆内还设有观景水槽，可以欣赏热带鱼在珊瑚周边游泳的美景。还有使用机械手臂模拟潜艇水外作业的展位。还会播放关于夏威夷岛特有自然景观和动植物生活状况的录像。

榕树大道 Banyan Drive　　Map p.352-A2

远眺希洛湾美景的榕树大道

从机场经11号公路，向大海的方向行驶，就会看到道路两旁尽是茂密的树丛，这就是著名的榕树大道。榕树大道上风景秀丽，道路左侧是高尔夫球场，右侧是面希洛湾而立的酒店群。这些榕树的历史可以追溯到

如果您想搜集城市中心的信息

希洛市中心完善协会位于卡美哈美哈大街的商店中间，是为游客提供信息服务的中心。中心内陈列着介绍夏威夷各处历史建筑的旅游漫步地图和城市中心商店的宣传册。

DATA

希洛市中心完善协会
Hilo Downtown Inprovement Association
🏠 329 Kamehameha Ave.（→ Map p.352-A1）
☎ 935-8850　🕐 8:30~16:30
休 周日、主要节假日
🖥 www.downtownhilo.com

DATA

太平洋海啸博物馆
（Pacific Tsunami Museum）
🏠 希洛市卡美哈美哈大街130号（→ Map p.352-A1）
☎ 935-0926　🕐 9:00~16:00
休 周日、节假日
费 8美元，60岁以上票价7美元，6~17岁票价7美元，5岁以下免费
🖥 www.tsunami.org

DATA

莫库帕帕帕探索发现中心
（Mokupapapa Discovery Center）
🏠 希洛市卡美哈美哈大街

旅客如果想享受驾驶的快感，推荐从科哈拉海岸向北环行，经由帕克牧场、阿卡卡瀑布、希洛、基拉韦厄、普纳卢乌黑沙海岸，最终抵达凯卢·阿科纳的线路。

308 号（→ Map p.64.A1）
☎ 933-8195　🕐 9:00~16:00
休 周日、周一、节假日
費 免票
🖥 www.hawaiireef.noaa.gov

希洛市民休息的场所椰林岛

是一座接近未来的建筑。在夏威夷语中"Imiloa"有"追求真理的探索者、冒险者"之意

DATA
☎ 969-9700
🏠 600 Imiloa Place
🕐 9:00~16:00
休 周一、感恩节、12 月 25 日
費 17.5 美元，4~12 岁票价 9.5 美元　💳 A C M V
🖥 www.imiloahawaii.org

心情舒畅地观赏群花怒放

DATA
☎ 959-3500
🏠 马卡利卡大街 421 号
🕐 8:00~17:00　休 无
費 10 美元，4~10 岁票价 5 美元，3 岁以下免票
🖥 www.nanimau.com

从市中心驱车前往大约需要 10 分钟

1930 年，时至今日早已枝繁叶茂，即使是白天也给人一种浓荫蔽日的感觉。

在希洛夏威夷酒店前方向右转就是椰林岛（Coconut Island）。这个从希洛湾延伸出的小岛通过桥梁与岛外连为一体，是午休野餐的绝佳场所。周边的海水透明度极高，甚至可以看到鱼儿在水中游泳。如果是晴天，还能眺望到远处的冒纳凯亚火山。小岛左侧有一块美丽的草坪，那就是莉莉·乌卡拉尼花园（Liliuokalani Garden）。花园中设有太鼓桥和石灯笼，是希洛市引以为傲的日式花园。

夏威夷真理探索者天文中心 Imiloa Astronomy Center of Hawaii　Map p.352-B1

了解天文知识和夏威夷文化的博物馆

冒纳凯亚火山山顶上分布着各种各样的天文台，作为其基础的研究所集中在希洛市夏威夷大学的校园一角。其中就有著名的夏威夷艾米洛天文中心博物馆。

展厅内设有专门的展台，通过立体模型、录像以及生动形象的展览等多种形式，向游客们介绍宇宙的形成以及天文学的现状。当然这里也有在世界上享有盛誉的日本昴天文台的介绍。还有关于夏威夷文化的详细介绍，尤其是关于古代波利尼西亚人在没有罗盘和海图的情况下，采用传统航海技术（天文导航）前往一望无垠的大海中探险航行的说明，更是精彩绝伦。

建议游客们多关注一下天文馆。它是使用最新技术的实体展馆，游客们在这里可以参观以冒纳凯亚火山为中心，讲述夏威夷传统、文化以及天文学知识的原创展览。馆内还设有咖啡厅和博物馆纪念品店。

纳尼冒花园 Nani Mau Gardens　Map p.330-B2

鲜花怒放的美丽花园

希洛的熊猫兰产量占夏威夷全州的一半以上，蔷薇花产量占全州的九成以上，玫瑰产量更是垄断全州。从事花草栽培的主要是日裔侨民，经过多年的不懈努力，夏威夷岛最终成为著名的"兰花和蔷薇花之岛"。

游客们可以前往纳尼冒花园观赏这些美丽的花朵。从希洛市出发沿 11 号公路南下，走 3 英里（约 5 公里）然后，在马卡利卡大街（Makalika St.）向左转，再走 0.7 英里（约 1 公里），就到了纳尼冒花园。

花园占地面积约 80000 平方米，种植花卉达 2000 种以上，是希洛市规模最大的热带植物园。游客可以在园中自由漫步，如果一行有 4 人以上，可以乘坐游览电瓶车（每人 7 美元）。

彩虹瀑布 Rainbow Falls　Map p.330-B2

因绚烂彩虹而闻名于世的瀑布

经希洛郊外沿怀卢库河（Wailuku River）北上，怀阿奴埃奴埃大街（Waianuenue Ave.）右侧就是著名的彩虹瀑布。彩虹高达 15 米，流入瀑布深潭的水量非常丰富。微风吹过，水花飞扬，经头顶的阳光反射，会形成美丽的彩虹，故得名"彩虹瀑布"。

季节不同，彩虹出现的时间也不同。一般来说，有幸一睹彩虹奇景的游客多是在上午 9~11 时参观瀑布的人。下午太阳会移至相反的方向，彩虹会变小并且迅速消失，因此肉眼很难观察。虽然旅游大巴已经对参观彩虹瀑布的时间进行了调整，但是想要看到彩虹还是非常困难的。

⭐ VOICE　夏威夷真理探索者天文中心主要以航海技术为主要展览对象，旅客在这里可以领略到夏威夷与众不同的一面。

北科哈拉至怀梅阿的观光景点

North Kohala~Waimea

驱车前往夏威夷岛北部，你不禁会想："这里真的是座岛屿吗？"所到之处遍是水草丰盛的牧场，举头仰望，映入眼帘的便是源头直入云端的瀑布，令人不禁幻想白云之上便是圣地，美丽的精灵们正在其间穿梭飞舞。让我们一起在夏威夷岛北部这块神秘的大陆上驰骋吧！

北科哈拉 North Kohala　Map p332-A,B1

夏威夷最大的历史遗迹普吾可霍拉神庙（Puukohola Heiau）

被提名为美国国家历史公园的重要历史遗迹

在夏威夷修复的众多神庙中，位于卡韦伊哈伊的普吾可霍拉神庙是规模最大的一座。

1782年，卡美哈美哈国王成为夏威夷岛西北部之王，当时一位很有威望的先知向他谏言道："如果在普吾可霍拉建立一座大型神庙，那么，必然可以统一夏威夷群岛。"后来，卡美哈美哈国王接受了这个建议，后来事情的发展正如预言所述。1791年，也就是神庙落成4年后，卡美哈美哈国王先后征服了毛伊岛、拉奈岛、摩洛凯岛和瓦胡岛，最终创建了统一的夏威夷王朝。可以说，这座神庙是代表夏威夷古代史转折点的标志性遗迹。

受火山活动导致的地震影响，神庙曾毁于一旦。1928年，神庙得到修复，随后，夏威夷政府以国家历史公园的形式，对68米×30米的巨大城垣实施了保护。

神庙附近还零星分布着一些著名的遗迹，比如建造在水中的哈莱·奥·卡普尼神庙（Hale O Kapuni Heiau），具有极高的历史和艺术价值。

了解古代夏威夷人的传统生活方式

沿270号公路北上，在邻海一端有一座拉帕卡希州立历史公园（Lapakahi State Historical Park），是考古学家对大约600年前的夏威夷渔村进行修复后建成的。

乡间小路两侧，种植着夏威夷特有的树木和农作物，还保留着神庙、当时的农舍、独木舟以及各种生活用具等。游客们可以领略到夏威夷古代居民的生活场景——在这座公园中，想象他们在这里种植蔬菜，向神灵祈求海产富饶，过着自给自足简朴生活的情形。

与普吾可霍拉神庙专供夏威夷王族和祭司等高贵人物使用不同，这座历史公园是劳动人民的伟大遗产。

DATA

普吾可霍拉神庙（Puukohola Heiau）
☎ 882-1215
⏰ 7:30~16:30
休 无
💰 免费
🌐 www.nps.gov/puhe/

拉帕卡希州立历史公园

DATA

拉帕卡希州立历史公园（Lapakahi State Historical Park）
⏰ 8:30~16:00
休 节假日
💰 免费
🌐 www.hawaiistateparks.org/parks/hawaii/lapakahi.cfm

CHECK 在北科哈拉270号公路上行驶，可以一边看海一边驾驶，非常惬意。由于景点较少，司机容易困倦，应特别注意。

游客们必到的经典景点普吾可霍拉神庙

适合闲适度假的卡帕奥咖啡厅

哈威 & 卡帕奥 Hawi & Kapaau

Map p.332-A1

卡美哈美哈国王的出生地

沿北科哈拉北上，就到了夏威夷最北端的城镇哈威（Hawi）。这里过去是一个小村落，因制糖产业而繁盛一时，许多日裔移民来到这里在甘蔗田里从事繁重的劳动。这座充满乡土气息的村镇中，至今仍保留着许多日语名字的商店，比如"田中商店（Tanaka Store）"、"中村商店（Nakamura Store）"等。

哈威的东侧，是因卡美哈美哈国王的出生地而闻名于世的卡帕奥镇（Kapaau）。在地方法院的正面，矗立着卡美哈美哈国王铜像（King Kamehameha Statue），他手持长剑面朝北侧而立，显得威风凛凛。平日这里人群稀拉，每到 6 月的卡美哈美哈国王纪念日，人们就会在铜像上装饰各色的花环。

卡帕奥的原版卡美哈美哈国王铜像

位于卡帕奥的原版铜像

一提到卡美哈美哈国王铜像，最为有名的当数火奴鲁鲁夏威夷法院前的大王像。实际上卡帕奥的才是原版的铜像。

卡帕奥的铜像是 19 世纪 80 年代在巴黎制作的，在运往夏威夷的途中遭遇海难，一度沉没在南大西洋合恩角（Cape Horn）附近的海底。因此夏威夷紧急赶制了第二尊铜像，这就是现在火奴鲁鲁的那尊铜像。

之后，人们将原版的铜像从海底打捞上来，由于火奴鲁鲁已经有一座铜像，不需要再加一座。就将它立在了国王的诞生地卡帕奥。

  在 250 号公路（科哈拉山脉公路）可以享受到山岳行车的快乐。但是南下行驶时，到达怀梅阿附近会遇到下坡，要注意防止车速过快。

怀梅阿与帕克农场 Waimea & Parker Ranch　　Map p.332-B2

美国首屈一指的大型农场

怀梅阿（又称卡穆埃拉）是夏威夷岛的第三大城市，它是以帕克牧场为中心形成的帕尼奥洛村（夏威夷语中为"牛仔"的意思）。

帕克牧场的总面积为 910 平方公里，是美国首屈一指的大牧场。1848 年，约翰·帕马·帕克以将夏威夷岛各地野生的山羊、绵羊、牛等集中在一起饲养，避免其破坏耕地为条件，不断从卡美哈美哈国王手里得到土地，这就是帕克牧场的开端。

在帕克牧场工作的员工大都是 19 世纪初从西班牙移民来的牛仔。对当时还不清楚什么是牛仔的夏威夷人而言，将在牧场里工作的人统称为 Espanol（西班牙人），由于夏威夷本地发音的缘故，将 Espanol 讹传为 Paniol（帕尼奥洛），自此以后，人们就用帕尼奥洛来代指牛仔。

就连儿童都可以熟练地骑马

现在的日裔、夏威夷裔、白人等帕尼奥洛（牛仔）们一起在夏威夷牧场上纵横驰骋。

DATA

Parker Ranch Store
☎ 885-5669
🕐 9:00~18:00、周日 ~17:00
🌐 www.parkerranch.com

牛仔们主宰的城镇

怀梅阿的观光景点

帕克牧场购物中心（Parker Ranch Shopping Center）位于 19 号公路和 190 号公路的交叉处，是一座大规模商业中心。当中设有市场、餐厅、礼品店以及专卖店等。其中，由帕克牧场直接经营的商店和夏威夷人衬衫（阿罗哈衬衫）专卖店雷恩斯是必逛的景点。怀梅阿中心（Waimea Center）位于 19 号公路、帕克农场购物中心的斜对面，其标志为入口处的麦当劳。除了市场、专卖店以外，还有泰国菜、韩国菜等备受顾客欢迎的餐厅。

帕克农场购物中心

除此以外，还有历代牧场主居住的豪宅——帕克牧场故居（Parker Ranch Historic Homes），令人遗憾的是 2010 年 7 月，这一景点开始停止对外开放。

怀皮奥溪谷的入口处是充满
乡土气息的霍诺卡阿村

DATA

怀皮奥溪谷大巴
（Waipio Valley Shuttle）
🏠 P.O.Box 5128 kukuihaele
☎ 775-7121
🕐 1 小时 30 分钟
发车时间：每日四班，9:00、
11:00、13:00、15:00 各一班。
受理时间：9:00~17:00
🚫 周日
💰 55 美元、3~11 岁 27.5 美
元、61 岁以上 50 美元、0~2
岁免费。
🖥 www.enjoyaloha.com/
waipioshuttle.html

怀皮奥地区肥沃的洋芋田和
美丽的溪谷

谷底中流淌的潺潺清水

怀皮奥溪谷 Waipio Valley

Map p.332-A2

曾经是古代夏威夷人乐园的谷底村落

怀皮奥溪谷位于希洛和怀梅阿（又称卡穆埃拉）正中间，从霍诺卡阿（Honokaa）村沿 240 号公路走到尽头，就到了一个名为库库伊哈埃莱（Kukuihaele）的小村落。在村落的最深处，有一座怀皮奥溪谷观景台。

怀皮奥溪谷观景台位于白色波浪拍击的黑沙海岸和翠绿的树林之间，对面是悬崖突兀而出的怀皮奥湾，可能是由于观景台高度的原因，根本听不到浪涛的声音，堪称一大奇景。

如果想下到怀皮奥溪谷的谷底，就需要驾驶 4WD 的汽车。由于道路狭窄，只能容一车通过，路的右侧是悬崖，左侧是岩壁，流出来的泥水渗透至沥青路上，泥泞不堪。就一般租车而言，没有比这更危险的了，如果想观景，可以报名参加旅游公司的怀皮奥溪谷大巴（Waipio Valley Shuttle）旅游团。从 1970 年开始，该旅游公司就致力于向游客介绍怀皮奥溪谷美丽的自然风光，并且，雇用的司机经验非常丰富，对溪谷的历史和自然情况了若指掌，他们的服务热情周到，对于游客而言是理想的选择。

受神力庇护的土地

据说早在 1000 年以前夏威夷人就开始在怀皮奥溪谷居住，这里的环境非常适合种植洋芋等夏威夷人的主食。怀皮奥河的水量充沛，也是养殖鲻鱼和鳟鱼的天然良所，甚至人们现在还在沿用古代的养鱼池。

据说由于溪谷的特殊条件，夏威夷历史上伟大的酋长大都埋葬于此，以自己灵魂的力量庇护住在山谷里的后世子孙。1946 年这里遭受海啸袭击时，竟然没有一人死亡，人们坚信这是由于神力保佑的结果。

怀皮奥溪谷还因瀑布众多而闻名。向溪谷深处走去，可以看见希拉威瀑布（Hiilawe Fall）以及悬崖对面的纳阿拉帕瀑布（Naalapa Fall）、卡卢阿西内瀑布（Kaluahine Fall），它们如同白色的丝带一般从天而降，令人不知不觉地陶醉在这充满宁静和梦幻的美景中。

从观景台远眺的风景美不胜收

可选旅游团及娱乐活动

旅游团名称 团费（儿童费用） 酒店出发时间→返回酒店时间【所需时间】	内容概要	备 注 （报团费用中包括的项目）
世界遗产基拉韦厄火山以及观星之旅 $150（$110） 11:00~13:00 → 23:00左右【大约12小时】	可以参观传说中火山女神佩莱居住的神秘景点，堪称疗伤之旅。还可以观赏夏威夷岛的美丽星空，令人震撼不已	导游、葡萄牙西点（Malasada）、晚餐盒饭、矿泉水、便携手电、防滑手套、雨衣（以防遭遇暴雨）等
冒纳凯亚山顶奢华游／观星之旅 $175 13:00~14:30 → 21:20~23:50左右 【大约11小时】	在冒纳凯亚火山（海拔4205米）这座从太平洋中央突兀而出的高山山顶，眺望布满天空的璀璨繁星。对于游客而言，绝不能错过讲述每个星座不同故事的天文展览	往返接送、晚餐、防寒夹克、手套等
冒纳凯亚山顶日落 & 观星之旅 $160 12:30~15:30 → 23:00左右 【大约10小时】	在这个旅游项目中，游客们会忘记时间的流逝，甚至会就此转变人生观。站在太平洋最高峰——冒纳凯亚山顶，凝望前所未见的绚丽日落和璀璨星空，真可谓一次绝妙的体验	导游、晚餐盒饭、暖酱汁、矿泉水、羽绒服等防寒品
冒纳凯亚山顶日出 & 观星之旅 $160 0:30~2:00（深夜）→ 9:00左右 【大约9小时】	在漫天星河下，由专业导游陪伴旅客进行天文观测。此外在山顶附近宁静的空间中，凝望黎明破晓前的东方天际，亲身体验旭日喷薄而出的壮阔景象，给人一种心灵的震撼	导游、往返接送、热饮、晚餐盒饭、返程早餐（三明治）、防寒品（夹克、手套）等
夏威夷岛一日环岛游 $99（$89） 7:00~8:50 → 18:00左右 【大约11小时】	不仅可以参观世界文化遗产基拉韦厄火山，还可以领略黑沙海岸、科纳咖啡工厂、帕克农场、彩虹瀑布、希洛市等经典景点的风貌，内容非常充实	酒店接送、导游、午餐等
昂天文台 $170 6:30~7:30 → 15:00~16:00【大约7小时】	可以参观位于冒纳凯亚山顶的昂天文台。前往途中会经过鬼塚承次太空中心，返程途中可以在怀梅阿的帕克农场略作休息	导游、往返接送、午餐、矿泉水、防寒品等

■关于出发和返回时间，要视各酒店的位置而定。
■有时旅行社会在不做任何通知的情况下，变更收费标准。

既然你来到夏威夷旅游，一定要去体验一下这些项目。保证一定可以充分感受到大自然无穷魅力

One Day
Tour

夏威夷岛环岛旅游项目

希洛市的散步 & 世界遗产基拉韦厄火山

夏威夷岛内，有多家旅游公司经营包括基拉韦厄火山口参观等在内的岛内旅游项目。比如在塔尼瓦企业旅游公司（Taniwa Enterprise）经营的项目中，就有早晨从南科哈拉的酒店出发绕岛环游一周的项目，内容非常充实。

首先，绕帕克牧场、阿卡卡瀑布环游。接着，在希洛市吃午餐，并自由观光。然后前往火山国家公园。返程途中，可以到黑沙海岸和科纳咖啡庄园参观。在黑沙海岸参观时，幸运的话还能看见海龟。最后，一边欣赏海上日落的美景，一边经凯卢阿·科纳镇返回酒店。整个线路都有导游讲解，可以毫无遗漏地体会到夏威夷岛的魅力。

塔尼瓦企业旅游公司
（Taniwa Enterprise）
预约中心 ☎443-1978（8:00~9:00）
办公室 ☎322-8183/📠322-8184
🌐 www.ithawai.com
■夏威夷岛环岛旅游项目
🕐 8:00 在酒店接客人，18:30 返回酒店
💰 150 美元，2-12 岁 125 美元
※ 有时由于天气等原因会变更线路。

右/令人叹服大自然神秘魅力的基拉韦厄火山口　下/在希洛市内，可以前往大岛甜品店稍作休息

Kilauea
&
Stargazing
Tour

基拉韦厄火山 & 观星之旅

感动于大自然的神秘

夏威夷火山国家公园是夏威夷岛旅游的经典景点。踏上至今仍持续活动的基拉韦厄火山，一定会感叹地球生命力超乎人类想象的伟大。漫步在延伸至公园内海岸线的熔岩高地上，肯定会体会到参加旅游项目是既安全又充实的，无疑是一个明智的选择。如果选择太公望夏威夷旅游公司的组团项目，就可以和富于经验的导游一起散步，从而更加深入地了解火山国家公园的历史和现状。

在组团旅游项目中，首先会经过希洛市内的几个观光景点，然后前往火山国家公园。在参观托马斯·奥古斯都·贾格博物馆（Thomas Augustus Jaggar Museum）、哈雷冒冒火山口、瑟斯顿熔岩隧道后，可以在熔岩高地附近散步。最后，是当日的精华所在，可以体验到观星的乐趣，堪称奢华级的享受。

太公望夏威夷
🏠 凯卢·阿科纳镇埃霍大街 74-5590 号（办公室）
☎329-0599
📠329-0779
■基拉韦厄火山&观星之旅
🕐 需要 12 小时。10:30~12:00，在酒店接客人
💰 150 美元，6~11 岁 110 美元（包括：导游、往返接送、火山国家公园门票、盒饭、点心、矿泉水、防寒夹克以及雨具的租金）
🚫 心脏病患者、呼吸系统疾病患者、孕妇、高血压患者、5 岁以下儿童、步行困难者不宜报名参团

右/在一望无际的熔岩世界中漫步　下/旅客肯定会为植物旺盛的生命力而感动

冒纳凯亚山顶日出＆观星之旅

望着渐渐泛白的天空度过一段感动的时间

冒纳凯亚山顶分布着天文台昴等多家天文台，引领着世界天文学的发展趋势。在这座夏威夷的最高峰上观赏美丽星空的旅游项目，已经成为夏威夷岛最吸引游客的经典选择。

向天文观测的圣地冒纳凯亚进发

冒纳凯亚是夏威夷的最高峰。山顶上汇集了一大批使用世界最尖端技术的天文台，比如装备了光学红外望远镜"昴"的日本天文台等。

参观冒纳凯亚山顶和观星的旅游项目中，大多会增加日出观景的项目。

为满天星空和冉冉升起的朝阳而感动

在海拔 2800 米的鬼冢承次太空中心下车。夜空此时已经缀满了点点繁星。在静静的夜空下，游客们开始倾听导游讲述星座中隐藏的神秘传说，并使用天文望远镜进行天文观测。通过望远镜，游客们可以观测到肉眼难以发现的星空美景。导游同时也会从旁边给予帮助，推荐当天最值得观赏的星座和星云。

充分体验星空的魅力后，开始向山顶移动，将会迎来整个参观过程的最高潮。站在山顶，眺望一片漆黑的前方，会发现黑暗中开始透出一缕微弱的朝霞。美丽的朝阳随后缓缓跃出云海，令人心潮荡漾，温暖的阳光逐渐驱散寒冷的空气，将一阵暖流送入人的心田。

在这个旅游项目中，游客们可以体会到自然造物伟大的力量。度过一段都市内无法体验到的宝贵时光。

太公望夏威夷

🏠 凯卢·阿科纳镇埃霍大街 74-5590 号（办公室）
☎ 329-0599
📠 329-0779
🌐 www.taikobo.com

■ 冒纳凯亚日出＆观星之旅

🕐 需要 8 小时。深夜 0:30~2:00，在酒店接客人（根据季节不同略有差别）

💰 160 美元（包括：导游、酒店接送、热饮、矿泉水、防寒用具的租金）

📋 只有 12 岁以上的游客才能报名。心脏病患者、呼吸系统疾病患者、孕妇、高血压患者、潜水 24 小时以内的游客不宜报名参团。在参团的 12 小时期间，禁止饮酒

左下／从山顶眺望跃出云海之端的朝阳　右下／在冒纳凯亚山腰的鬼冢承次太空中心，观赏深邃的星空

伊奥拉尼航空公司

囊括各大景点的环岛游项目

如果想在短时间内领略夏威夷全岛的壮丽风景，可以乘坐塞斯纳飞机。在这里我们推荐游客们选择从科纳机场起降的环岛一周游项目。

飞机首先会绕夏威夷岛逆时针转，以160公里的时速，在450米的高空沿岛的西海岸南下。游客们可以一边观看覆盖整个绿色地带熔岩，一边欣赏冒着白烟的基拉韦厄火山山口。这种从高空观看火山口的经历绝对会令人感到震撼。

飞机然后会带着游客飞向夏威夷岛东海岸，参观瀑布和热带雨林。从左侧观看冒纳凯亚火山后，飞机会飞往人间秘境怀皮奥溪谷。置身机内，那些在陆地上无法欣赏到的美景会尽收眼底。飞机最后会穿越帕克农场，游客可以从高空眺望南科哈拉海岸的度假村群，不知不觉间竟已返回科纳机场附近。

伊奥拉尼航空公司
🏠 科纳机场内（→ Map折叠图②A）、希洛机场内
☎ 329-0018
■ 从科纳起飞绕岛一周游
⏰ 7:00、10:00、13:00
💰 250美元，12岁以下240美元
ℹ 环岛一周游全程有讲解。此外还设有从希洛起飞的项目
🌐 www.iolaniair.com

上／飞行知识丰富的飞行员会向游客进行讲解　右／从高空俯瞰，可以目睹岩浆流向大海，然后冷却凝固的全过程

UCC夏威夷科纳咖啡庄园

因咖啡烘焙参观项目而备受欢迎的庄园

这座咖啡庄园位于夏威夷岛西部霍阿拉莱山的山腰，占地面积达35英亩（141640平方米）。在这里农业技师们凭借自己勤劳的双手，对咖啡园实施严格的质量管控，生产出一流品质的顶级咖啡豆。

除咖啡豆以外，庄园内还种植香蕉、杧果、番木瓜、红毛丹等多种水果。每逢收获季节，会免费向游客分发。在这片庄园里，还可以报名参加免费的导游项目，亲身体验南国农场别具一格的特色。

庄园还会举办夏威夷岛内唯一的咖啡烘焙体验活动。活动中会提供特色服务，将游客们的照片制成商标，贴在咖啡外包装上一起打包，所以许多人将其作为纪念品。

UCC夏威夷科纳咖啡庄园
🏠 Mamalahoa Hwy., Holuloa 75-5568号（→ Map折叠图③B）
☎ 322-3789
⏰ 9:00~16:30（庄园参观项目~16:00、烘焙体验项目~15:30）
💰 烘焙体验项目标价30美元，大约45分钟~1小时（烘焙体验、包括送200克贴着自己照片标签的咖啡）
💳 CC J M V
🚫 感恩节、12/25
🅿 免费停车
🌐 www.ucc-hawaii.com

左／庄园内也经销科纳咖啡和特色商品　右／在咖啡烘焙参观项目中，可以得到粘贴独创特色标签的咖啡

浮潜 & 观豚之旅

很可能亲眼看见海豚在自己的面前欢快地跳跃！

乘坐准乘 16 人的橡皮艇，以 30 公里的时速前往浮潜点——凯阿拉凯库阿湾（Kealakekua）。乍看之下，这里是一个礁石浅湾。实际上旁边就是一个峭壁，令人感觉惊险刺激。除了许多色彩斑斓的须叶鲈（Monocirrhus polyacanthus）以外，还有一大批的海豚聚集于此，是著名的海豚湾。飞旋海豚（Spinners Dolphins）和宽吻海豚（Bottle Nose Dolphins）终年在此出没。特别是在月圆之后，遇到海豚的概率就会更大一些。除了可以参观海龟经常出没的景点以外，每年冬季（12 月～次年 4 月）还可以看见巨鲸。总而言之，这是一段洋溢着轻松休闲氛围的舒心之旅。

寻豚之旅
Dolphin Discoveries
🏠 凯奥霍港内
（Map 折叠图③B）
☎ 322-8000
🕐 在全程 4 小时的线路中，7:45 集合 ~12:00 返回港湾。在全程 3 小时 15 分钟的线路中，12:00 集合 ~15:30 返回港湾。
💰 全程 4 小时的线路 93 美元，6~12 岁间的游客 73 美元。全程 3 小时 15 分钟的线路 73 美元，大人、儿童等价（两条线路均包括水果、饮料、小吃、浮潜装置的租金等）
🏄 此外，海豚游泳项目标价 130 美元
🌐 www.dolphindiscoveres.com

在参观过程中，可以一睹海豚和热带鱼的风采

乘游船巡游也别具一番风情

独木舟之旅

以乘风破浪的心情近距离感受大海的魅力！

时至今日，夏威夷岛内最受欢迎的水上运动仍然是独木舟。在阿罗哈独木舟公司提供的旅游项目中，游客们可以在平静的凯奥霍湾等内海中体验乘坐独木舟的刺激感，并且，可以进入洞窟参观。此外，还可以在鱼类聚集的地区进行浮潜，从而，畅享 4 小时的海上时光。

最开始时，旅游公司会举办新人培训，因此，即使是从未接触过独木舟的新手，也不会出现任何问题。这个旅游项目每天组织两次，上午和下午各一次。

阿洛哈独木舟公司
Aloha Kayak Company
🏠 Honalo Mamalahoa Hwy.,
79-7428 号（→ Map 折叠图③B）
☎ 322-2868
■ **热带&狂野之旅**
🏠 阿洛哈独木舟公司内
🕐 9:00 集合 ~13:30 解散
💰 95.72 美元，11 岁以下的游客 47.86 美元
■ **海豚&浮潜之旅**
🏠 阿洛哈独木舟公司内
🕐 8:30 集合 ~14:30 解散
💰 192.65 美元，11 岁以下的游客 96.32 美元
■ **霍纳乌纳乌湾&寻龟之旅**
🏠 阿洛哈独木舟公司内
🕐 8:30 集合 ~13:30 解散
💰 156.30 美元，11 岁以下的游客 78.15 美元
※ 无论哪个项目，费用中都附带浮潜装置租金、午餐等
🌐 www.alohakayak.com

上／可以畅享浮潜的乐趣
下／无论是谁都可以轻易掌控的独木舟操作

顺风游轮之旅

在清澈的凯阿拉凯库阿湾独享和煦的日光！

选择这条旅游线路，充分享受号称"疗伤胜地"的凯阿拉凯库阿湾的清澈海水。"顺风"号游轮长 18 米，满载准乘 140 人，船上设施完备，是一艘具有跳台、滑行台以及清水淋浴的双体船。行船时船体非常平稳，对于晕船的人而言，也可放心乘坐。巡游过程约 1 小时，游客可以体验到奢华的至尊享受。有时还会看见海豚伴行，感觉非常惬意。

凯阿拉凯库阿湾目前已经被列为海洋生物保护区，这里遍布着多彩的热带鱼以及美丽的珊瑚，堪称一处人间仙境。由于环境优美、地理条件优越，这里被公认为夏威夷岛最为理想的浮潜点。浮潜项目的时间大约是两个小时，开始前会进行基础培训，同时还配备救生衣等完备的保护用具，即便是初学者和对游泳没有自信的人，也完全可以放心参与。在充分享受大海的无穷魅力后，还可以上船品尝美味的烧烤。

左／风平浪静的内海是浮潜的绝佳场所。色彩斑斓的热带鱼仿佛在欢迎游客的到来
右／"顺风"号上设有 5 米长的滑行台，游客们可以畅享滑行进入大海的刺激感

顺风号
Fair Wind
☎ 345-0286
住 凯奥霍栈桥（Map 折叠图③ B）
■奢华清晨巡游
时 8:00 集合，9:00~13:30
费 125 美元，4~12 岁 75 美元，0~3 岁为 29 美元（附带早餐、烧烤午餐以及浮潜设备）
■冷餐巡游
时 13:30 集合，14:00~17:30（只在周三、周四和周六举行）
费 75 美元，4~12 岁 45 美元，0~3 岁免费（附带冷餐零食以及浮潜设备）
※除上述以外，还有奢华下午巡游、热带鱼观赏、至尊版奢华清晨巡游以及胡拉凯号（Hulakai）巡游等项目
🌐 www.fair-wind.com

黑沙滩浮潜探险

乘坐双体游轮前往的浮潜之旅

乘坐定员 49 人的"双体船"，前往南科哈拉海岸中人迹罕至的黑沙滩进行浮潜。在基拉韦厄火山喷发时，溢出的大量岩浆经过碰撞形成黑色的细沙，最终创造了充满鬼魅诱惑的黑沙滩。

在由美丽的硬珊瑚形成的浅滩中浮潜，除了可以观赏色彩斑斓的热带鱼以外，还可以看见海龟，如果运气好的话，甚至能遇见生活在海礁附近的白鳍鲨。每年 12 月~次年 4 月间，或许能一睹座头鲸活动的身影。

双体船全长 18 米，甲板空间非常宽阔。游客们可以躺在甲板中央悠闲地享受日光照射。年轻的服务员们热情周到，会为旅客提供无微不至的服务。

左／在清澈透明的浅滩中浮潜时，会流连忘返，甚至失去时间概念　右／由于甲板空间宽阔，航行过程中可以充分休息放松

海上运动
Ocean Sports
住 从万豪怀科洛阿海滩度假村 & 水疗馆前出发（Map ②南科哈拉海岸 B）
☎ 886-6666
附 冬季（12 月 15 日~次年 4 月 15 日）10:15 集合，14:00 返回海滩。夏季（4月 16 日~12 月 24 日）8:45 集合，12:30 返回海滩。
费 132.09 美元，6~12 岁的游客 66.11 美元（附带浮潜装置、零食、午餐、饮料，包含税费）
其 在冒纳凯亚、冒纳拉尼、怀科洛阿等度假村酒店区，设有免费接送服务
✉ jp@hawaiioceansports.com
🌐 www.hawaiioceansports.com

骑马体验之旅

在广袤无垠的大地中体验纵横驰骋的快感！

夏威夷岛西北部的科哈拉，有一座占地面积达44平方公里的辽阔牧场。在这里每到下午日落时分，都会举行面向不同骑术水平游客的骑马体验活动。无论是初学者还是马术高手，都可以报名参加。

听完基本骑乘方法和缰绳的使用方法后，就可以选择适合自己的马匹出发了。如果是骑术高手的话，可以挑战一下"快马扬鞭"和"策马疾驰"等项目。在连绵起伏的牧场上纵横驰骋，与骏马亲切地喃喃私语，感受着夏威夷惬意的微风，个中快感是难以用语言表达的。

在日落时分体验骑马之旅时，可以从3000英尺（约900米）的高地上眺望被夕阳染红的海面和山腰，可以说，骑马之旅绝对称得上一次超乎想象的珍贵体验。

牛仔探险
Paniolo Adventures

住 从怀梅梅沿250号公路向北行驶13.2英里（约21公里）。（→ Map p.332-B2）

☎ 889-5354

乘 牛仔骑乘体验96美元（9:00开始，大约2小时30分钟）、野餐骑乘体验124美元（12:30开始，大约3小时）、日落骑乘体验89美元（冬季16:15开始，夏季17:15开始，大约1小时30分钟）

休 感恩节、12/25。

CC A J M V

P 免费

备 参加条件为身高120厘米以上，体重104公斤以下。除此以外，还有其他项目线路

URL www.panioloadventures.com

左／在连绵起伏的广袤牧场上疾驰 下／精于骑术的工作人员会向旅客进行讲解。骑乘过程中也会一路随行，因此无须担心

曾经被评为最佳草裙舞表演的
凯卢·阿科纳草裙舞秀

表演场地位于酒店的广场或者海边的椰林内。在接受献花环的迎接后，可以去自助酒吧畅饮一番。到日落时分，火把燃起后，可以参观"夏威夷烤野猪仪式"，当地人会在地下埋一个灶台，将野猪放在上面蒸烤。待烤熟后，举行表演仪式，将野猪挖出来。并将烤猪肉撕开，做成夏威夷自助套餐中赫赫有名的卡卢阿烤野猪大餐。在夏威夷语中，"luau"本来是"盛宴"的意思。代表着夏威夷人的美好愿望和传统习俗。旅客可以品尝到正宗的夏威夷饕餮盛宴。

日落后的夜空中会回荡着法螺吹奏的美妙音符，舞台上马上就要开始表演了。伴着祈祷的语言和隆隆的鼓声，舞蹈演员们穿着古代夏威夷的传统服饰，开始了热情洋溢的表演。接下来是波利尼西亚各国的传统歌舞表演，整个表演的高潮当属充满视觉冲击的火把舞演出。混入人群中的主持人会与观众们热情地交流，不知不觉间1小时表演就接近尾声了。通过草裙舞表演，夏威夷人向来自世界各地的游客完美地展示了充满异域风情的夏威夷文化、波利尼西亚文化以及南太平洋文化的独特魅力，可以说是一项雅俗共赏、老少咸宜的经典娱乐活动。

以大海为背景的舞台中，反复地上演充满视觉冲击效果的舞蹈表演

夏威夷自助套餐同样非常受欢迎

DATA

住 皇家科纳度假村

☎ 329-3111

时 周一、周三、周五夜间 16:30~20:00

费 75美元，8-11岁28美元，酒店住客可以打折

夏威夷岛的高尔夫球场信息

Golfing in Hawaii

如果要说夏威夷岛内最受欢迎的运动，应当首推高尔夫球。特别是，沿着南科哈拉海岸一带的熔岩高地设计建造的高尔夫球场，更是万千高尔夫迷们心驰神往的圣地。在这里高尔夫球爱好者可享受充满动感且富于变化的比赛。

弗朗西斯·布朗高尔夫球场中跨海南部的第15洞

1 冒纳凯亚高尔夫球场
Mauna Kea Golf Course

（→ Map ②南科哈拉海岸 A）

是 20 世纪 60 年代由国际著名建筑师小罗伯特·特伦特·琼斯（Robert Trent Jones Junior）在熔岩上建造的高尔夫球场，曾多次荣获各高尔夫球权威杂志评出的大奖。2009 年春经过装修后，重新对外开放。

备受高尔夫球迷们憧憬的跨海第 3 洞

附带可爱标志的高尔夫球服装也非常齐全

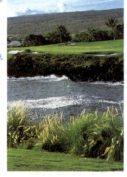

2 哈普纳高尔夫球场
Hapuna Golf Course

（→ Map ②南科哈拉海岸 A）

哈普纳高尔夫球场位于冒纳凯亚度假村临山一侧，是由著名设计师阿诺德·帕尔默（Arnold Palmer）设计的内地球场。由于是王子酒店经营的高尔夫球场，因此，俱乐部和餐厅等配套设施一应俱全。

俱乐部内装修豪华，设备先进，无愧于王子酒店的声誉

第 12 个标准洞（signature hole）的风景最为美丽

DATA

- 18 洞 / 标准杆 72 杆 /6358 码（标准）
- 普通游客的果岭费（包括 18 洞、割草费）250 美元，冒纳凯亚海滩酒店的住客为 225 美元，哈普纳海滩王子酒店的住客为 235 美元（有时会调整费用但不作通知）
- 高尔夫球杆租金 45 美元，球鞋租金 15 美元
- 预约 ☎ 882-5400

DATA

- 18 洞 / 标准杆 72 杆 /6029 码（标准）
- 普通游客的果岭费（包括 18 洞、割草费）135 美元，冒纳凯亚海滩酒店的住客 95 美元（收费标准为 2011 年 12 月 22 日之前的数据）
- 高尔夫球杆租金 45 美元，球鞋租金 12 美元
- 预约 ☎ 880-3000

3 弗朗西斯·布朗高尔夫球场
Francis H.I'i Brown Golf Course

（→ Map ②南科哈拉海岸 A）

是冒纳拉尼度假村引以为傲的高级度假村高尔夫球场。黑色熔岩流过的痕迹与鲜艳翠绿的草坪形成鲜明的对比，更加凸显球场的美丽奢华。球场分为南场和北场，均由 18 个洞组成。

弗朗西斯·布朗高尔夫球场的第17洞，仿佛一个精美庭园，景色非常优美

DATA
北球场
■ 18 洞／标准杆 72 杆 /6086 码（标准）
南球场
■ 18 洞／标准杆 72 杆 /6025 码（标准）
■ 普通游客的果岭费（包括 18 洞、割草费）南、北场均为 260 美元，冒纳拉尼度假村的住客 170 美元，冒纳拉尼湾酒店＆别墅的住客 160 美元。
■ 高尔夫球杆租金 50 美元，球鞋租金 15 美元。
■ 预约 ☎ 885-6655
■ www.maunalani.com

5 怀科洛阿乡村高尔夫球场
Waikoloa Village Golf Course

（→ Map ②南科哈拉海岸 A）

是一座由小罗伯特·特伦特·琼斯设计的内地球场，位于距怀科洛阿度假村 6 英里远的怀科洛阿乡村地区。由于地处山上，海拔较高，因此，非常凉爽。在这里高尔夫球爱好者们可以享受到高原高尔夫的独特魅力。

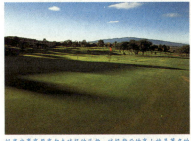

畅享广袤高原高尔夫球场的乐趣。球场背后的高山就是著名的冒纳凯亚火山

DATA
■ 18 洞／标准杆 72 杆 /6230 码（标准）
■ 普通游客的果岭费（包括 18 洞、割草费）80 美元，14:30 以后打球 40 美元
■ 高尔夫球杆租金 40 美元
■ 预约 ☎ 886-9621　■ www.waikoloa.org/golf

4 怀科洛阿高尔夫球场
Waikoloa Golf Course

（→ Map ②南科哈拉海岸 B）

位于怀科洛阿度假村内，球场分为海滩场地和国王场地。两个场地均为 18 洞的高尔夫球场，其中，海滩球场的球道上留

球道上矗立着竖图火山熔岩的国王球场第 14 洞

存着古代夏威夷的历史遗迹，国王场地经常会举办竞争激烈的冠军锦标赛，可谓各具特色。

DATA
海滩球场（由小罗伯特·特伦特·琼斯设计）
■ 18 洞／标准杆 70 杆 /5958 码（标准）
国王球场（由汤姆·怀斯科夫和杰·莫里西合作设计）
■ 18 洞／标准杆 72 杆 /6010 码（标准）
■ 普通游客的果岭费（包括 18 洞、割草费）均为 195 美元，怀科洛阿度假村的住客 130 美元
■ 高尔夫球杆租金 50 美元，球鞋租金 25 美元
■ 预约 ☎ 886-7888
■ www.waikoloagolf.com

6 科纳乡村俱乐部
Kona Country Club

（→ Map ③科纳海岸 B）

是凯奥霍度假村的中心区域，由 36 个球洞构成。位于依山一侧丘陵地区的阿利伊山脉球场是富于起伏的内地球场，位于沿海一线的海洋球场难度较大，但可以观赏沿海的美景。

与岩浆流颇有渊源的海洋球场的 3 号果岭

DATA
海洋球场
■ 18 洞／标准杆 72 杆 /6155 码（标准）
阿利伊山脉球场
■ 18 洞／标准杆 72 杆 /5841 码（标准）
■ 普通游客的果岭费（包括 18 洞、割草费）为海洋球场 155 美元起，阿利伊山脉球场 150 美元起（视季节上下浮动）。凯奥霍度假村的住客分别为 145 美元和 125 美元（终年）。
■ 高尔夫球杆租金 40 美元
■ 预约 ☎ 322-2595　■ www.konagolf.com

海上垂钓

世界上著名的科纳拖网垂钓

一提到科纳，人们自然会想到钓鱼大赛。科纳可以说是世界上最容易钓到大鱼的著名垂钓场，来自世界各地的钓鱼高手纷纷云集于此，不断挑战钓鱼世界纪录的新高。特别是每年 7 月末~8 月更是大鱼垂钓的最佳季节。

对于想要享受拖网垂钓乐趣的人而言，可以事先到酒店的旅游服务台或者霍诺考哈乌港（Map ③科纳海岸 A）的钓鱼公司提交报名申请。

船上配备了全套的钓鱼设备。船长都是对渔场了若指掌的钓鱼专家，因此，无论是初学者还是钓鱼高手，只要按照他们的指示，就可以充分享受垂钓的乐趣。

在鱼上钩后，必须由垂钓者自己将鱼钓至渔船的附近，不能依靠任何外力，否则成绩就会被判为无效。如果幸运地钓到大鱼，则应使用国际公认的计量器具称重，并取得国际钓鱼竞赛协会专员署名的证书，才可以作为公开记录登记在册。

在返回港口后，钓到大鱼的团队可以使用小吊车将鱼吊起来，然后与船长一起合影留念。下船时千万不要忘记给为你提供服务的导游和帮你钓鱼的船长小费。

价格标准

■ 根据各船的设备不同，价格各不相同。全天一般 500~1000 美元，半天 350~750 美元，报团全天一天大概 100 美元。小船的价格比较便宜，对于不晕船的人而言，是一个不错的选择。如果租豪华游艇的话，每天的价格为 1000~3000 美元。给船长的小费一般在 100 美元左右。

报团合租信息

■ 海洋之妻租船
Sea Wife Charters

在夏威夷岛租船公司较多，海洋之妻租船就是为数不多经营报团合租潜水业务的公司之一。潜水项目每天举行两次，上、下午各一次。
☎ 883-9091
🕐 7:30~11:30、12:00~16:00
💰 98.91 美元，如果只是乘船不潜水的话，价格为 52.03 美元（均为税后）
🌐 www.seawifecharters.com

科纳的潜水服务

夏威夷岛内，最不容错过的娱乐项目就是潜水。与陆地上相同，夏威夷岛的海底世界地形也富于变化，鱼的种类也异常丰富。终年都可以看见小型鲸、海豚以及热带鱼。

如果想在夏威夷岛内享受潜水的乐趣，推荐游客们选择"夏威夷之风（Breeze Hawaii）"。这一家名声斐然的老店，主要向亚洲游客提供潜水服务，在火奴鲁鲁地区非常受欢迎。同样，在凯卢阿·科纳店，员工们也会向游客提供热情周到的服务，帮助他们体验各种潜水线路的乐趣。

其中的体验型线路和双船型线路均标价 119 美元，可以观赏热带鱼的夜间型线路标价 99 美元。如果在科纳周边的酒店住宿，可以提供免费接送。上述费用中不包括税费，需要另行缴税。有时标价也会发生变更，需要在预约时再次进行确认。

善良阳光的员工会向旅客提供无微不至的服务

DATA
☎ 326-4085/📠 329-4478
🌐 www.breezehawaii.com

在南科哈拉的休闲度假村中，汇集了一大批格调浪漫的知名餐厅以及适合家庭或朋友聚会休闲的小店，旅客可以根据自己的度假风格，选择一家适合的餐厅就餐。从北科哈拉至怀梅阿间，分布着许多坊间流行的无名小店，我们强烈推荐游客朋友们租车前往，亲身感受一下饕餮美味。

南科哈拉和怀梅阿的餐馆

Restaurant Tips on South Kohala~Waimea

梅里曼市场咖啡厅
Merriman's Market Cafe
地中海菜、意大利菜

◆梅里曼市场咖啡厅的二号店是一座两层楼的建筑，一楼是西点店，二楼是休闲餐厅。在西点店中，主要经营自制面包、奶酪以及各种糕点。菜品以意大利菜套餐为主，多使用香草和橄榄等调料。

特制的意大利香肠标价为 18.95 美元，配有海鲜沙拉和白葡萄酒

地中海主题咖啡厅 & 西点店	Map p.379

怀科洛阿海滩度假村
住 国王商场内
☎ 886-1700
时 11:30~21:30
休 无
C/C A D J M V
P 可以使用购物中心的停车场

罗伊怀科洛阿酒吧 & 烤吧
Roy's Waikoloa Bar&Grill
夏威夷传统餐厅

◆是一家经营夏威夷传统菜品的知名餐厅，菜肴中充分体现了东西方厨艺精华的完美融合。在这里可以品尝到创始人山口·罗伊先生设计的套餐，以及夏威夷岛店主厨团队使用应季食材精心烹饪的特色菜肴。

最受欢迎的烤鲳鱼配酱醋汁套餐标价为 14 美元

不断挑战自我的名厨独创菜品	Map p.379

怀科洛阿海滩度假村
住 国王商场内
☎ 886-4321
时 17:00~21:30
休 无
C/C A D J M V
P 可以使用购物中心的停车场

罗马诺通心粉烧烤餐厅
Romano's Macaroni Grill
意大利菜

◆是一家在美国本土开设连锁店的家庭餐厅。餐厅特意准备了纸制桌布，以便顾客在等待上菜期间通过画画消磨时间。在餐厅的菜品中，分量十足的通心粉以及使用当地鱼类和蔬菜烹制的菜品最受顾客欢迎。

选用上等鲜虾精烹的海鲜扁意面标价为 19.59 美元

备受追捧的意大利休闲餐厅	Map p.380

怀科洛阿海滩度假村
住 王后购物广场内
☎ 443-5515
时 8:00~22:00
休 无
C/C A D J M V
P 可以使用购物中心的停车场

三世海鲜餐厅 & 寿司店
Sansei Seafood Restaurant & Sushi Bar
海鲜、寿司

◆是一家经营夏威夷日式烹饪菜品的新派料理餐厅，在夏威夷当地非常受欢迎。餐厅使用多种食材精心制作30余种寿司卷，菜品琳琅满目，给人以视觉和味觉的双重冲击。在餐厅中，可以看见"所用杞果和蔬菜均产自夏威夷岛"的商家承诺。

将菠菜和金枪鱼卷起，然后用面粉包裹的金枪鱼寿司卷，其定价为1295美元

精选生猛海鲜烹饪的混搭料理	Map 380

怀科洛阿海滩度假村
住 王后购物广场内
☎ 886-6286
时 17:30~22:00
休 无
C/C A J M V
P 可以使用购物中心的停车场

图标说明：☒=需要预约（或者确认预约）/ ☐=需要着正装用餐。男性要穿衬衫扎领带 / ☐=可以穿休闲装用餐。但是，有时不宜穿背心和沙滩短裤。/ 无图标=只要不穿泳衣或者赤脚就没有问题。

鲁斯·克里斯牛排餐厅
Ruth's Chris Steak House
🅜 牛排

当地顶级牛排餐厅　Map ②南科哈拉海岸 A

◆是当地推荐指数最高的餐厅。推荐理由是牛排的口感、品质和分量以及热情周到的服务。将上等牛排放在热铁板上焙炙的菲力牛排标价 39.95 美元。由于牛排的尺寸和厚度大得惊人，加上上菜时会附带热铁板，就是吃到最后仍然可以感受到新鲜出炉的感觉，堪称一绝。

住 冒拉尼购物中心内
☎ 887-0800
时 17:00～21:30
休 无
C/C A D J M V
P 可以使用购物中心的停车场

最受顾客欢迎的菲力牛排使用极品牛肉做原料，肉质鲜嫩柔滑，口感清新无比

巴兹·桑德·特拉普餐厅
Buzz's Sand Trap
🅜 牛排 & 海鲜

令人怀念的传统正宗牛排餐厅　Map ②南科哈拉海岸 B

◆是 50 年前在怀基基开业的同名牛排店的姐妹店。店内的招牌菜是传统夏威夷风格灌木炭火手切牛排。餐厅内还设有面向游客的自助沙拉台。

住 怀科洛阿海滩度假村
怀科洛阿高尔夫俱乐部海滩球场附近　☎ 886-8797
时 15:30～21:30（晚餐 16:00～，周四～周日 17:00～）
休 无　C/C M V
P 免费停车

牛排配龙虾（时价）均重 8 盎司（约 228 克）

蓬莱蕉餐厅
Monstera
🅜 面类、寿司、日本料理

格调雅致的日式酒馆　Map ②南科哈拉海岸 A

◆老板是日本人，此前曾在高级度假村酒店担任过多年寿司主厨。在此就餐的顾客可以在浓厚的休闲氛围中，尽情品味酒馆套餐。至于菜品，精选生鲜鱼类制作的寿司自不用说，美式肉卷和面类也别具特色，值得顾客一试。

住 冒拉尼购物中心内
☎ 887-2711
时 11:30～14:30、17:30～21:30
休 无
C/C A D M V
P 可以使用购物中心的停车场

拍松的金枪鱼肉 16.95 美元，凉面 12.95 美元，除此以外，还有韩国料理

班吉兹餐厅
Bangy's
🅜 美国菜

与高尔夫球俱乐部为邻的餐厅　Map ②南科哈拉海岸 A

◆餐厅内装修考究，进入店内，展现在顾客面前的是浓郁的绿色，充满户外气氛。在这里游客们可以品尝到正宗的美式休闲菜品。日式红烧牛肉、鲯鳅鱼（mahimahi）14 美元左右，物美价廉，公道合理。还有早餐和小菜套餐，可以随时光顾品尝。

住 怀科洛阿乡村度假村
怀科洛阿乡村度假村高尔夫球场附近　☎ 883-3853
时 8:00～21:00
休 无
C/C M V
P 免费停车

鱼类菜品每日更换。外形精美的海豚鱼套餐 13.95 美元

梅里曼餐厅
Merriman's
🅜 夏威夷传统餐厅

可以品尝到怀梅阿原始菜品　Map p.332-B2

◆是由堪称夏威夷传统烹饪艺术鼻祖的彼得·梅里曼经营的餐厅。餐厅选用当地生鲜特产精心烹饪特色菜品，每道菜品都凝结了主厨的心血，堪称一绝。不管你喜不喜欢夏威夷，都应该来这里尝一当地的特色菜。每天都有许多美食家慕名而来。

住 剧场广场内
☎ 885-6822
时 11:30～13:30、17:30～21:00
休 周六、日的午餐、12/25
C/C A J M V
P 可以使用购物中心的停车场

金枪鱼卷 16 美元左右，配有柠檬芥末混合调味汁，非常爽口

凯卢阿·科纳是夏威夷岛中最为繁华的观光地区，在阿利伊大道沿线分布着许多购物中心，各色餐厅鳞次栉比。在散步途中，游客们可以顺路去休息一下，坐在落地窗旁边眺望日落，享用美味的晚餐……从旅游城市的角度来看，凯卢阿·科纳满足了所有应该具备的条件。

凯卢阿·科纳的餐馆

Restaurant Tips on Kailua Kona

科纳鲜啤酒吧
Kona Brewing Pub

啤酒、比萨

◆是夏威夷岛引以为傲的当地啤酒公司——科纳啤酒直接经营的酒吧式餐厅。餐厅中有一种标价9美元的套餐，顾客可以根据个人喜好自由选择4种啤酒试饮。还有采用当地食材制作的正宗比萨，味道鲜美，种类丰富。

味汁鲜美的卡韦伊哈伊拍金枪鱼套餐14美元

因现酿啤酒和比萨而备受欢迎 Map p.340-1

凯卢阿·科纳
住 卡美哈美哈国王购物中心对面
☎ 334-2739
时 11:00~21:00（饮酒可以~22:00）、周五、周六~22:00（饮酒可以~23:00）
休 感恩节、12/25、1/1
C/C A D J M V
P 免费

科纳独木舟俱乐部
Kona Canoe Club

美国菜

◆是一家位于科纳购物村中的酒吧＆西餐厅，餐座席位位于露天户外，顾客们可以吹着湿润的海风，品尝内容丰富的美式美食。推荐顾客们在这里一边欣赏日落的余晖，一边享用美味的晚餐。

科纳芝士汉堡和软泥蛋糕均8.95美元

眺望海景、缓解散步疲劳 Map p.340-2

凯卢阿·科纳
住 科纳购物村内
☎ 331-1155
时 11:00~21:00
休 无
C/C A M V
P 可以使用购物中心的停车场

阿甘虾馆
Bubba Gump Shrimp Co.

海鲜、美国菜

◆是一家以美国著名电影《阿甘正传》为主题的餐厅，浪涌时的眺望观景也是餐厅的卖点之一。顾客们坐在露台上，倾听海浪拍打岩石的美妙声音，品尝美味的鲜虾，感觉自然妙不可言。

蒸虾配蔬菜的阿甘网捕鲜虾套餐非常受欢迎

以名家电影为主题的餐厅 Map p.340-2

凯卢阿·科纳
住 滨水路内
☎ 331-8442
时 10:00~22:30
休 无
C/C A D J M V
P 可以使用购物中心的停车场。

橘叶
Orange Leaf

冰酸奶

◆是一家由顾客自助挑选水果配料的酸奶吧，形式非常新颖。一般会提供14种香气清新的冰酸奶和55种自选配料。套餐价格为每28克49美分，按量收费，因此请注意重量超标。

随意选择鲜切水果和胡颓子等配料搭配符合自己口味的酸奶

可以享受自选配品乐趣的冰酸奶吧 Map p.340-1

凯卢阿·科纳
住 科纳海岸购物中心内
☎ 334-1177
时 10:00~21:00、周五、周六~22:00、周日~21:30
休 无
C/C M V
P 可以使用购物中心的停车场

图标说明：■=需要预约（或者确认预约）。■=需要着正装用餐。男性要穿衬衫扎领带。■=可以穿休闲装用餐。但是，有时不宜穿背心和沙滩短裤。 无图标=只要不穿泳衣或者赤脚就没有问题。

盐野寿司
Sushi Shiono

寿司、日本料理

由年轻主厨独创的新日本料理　Map p.340-2

◆盐野寿司的主厨是一位年轻厨师，曾经在著名的"NOBU"餐厅学习工作过多年。他秉承店主的宗旨，使用夏威夷当地海鲜和自种蔬菜等生鲜食材，结合自己对烹饪的理解，创造了一系列口感上乘的经典菜品，希望向顾客提供"有益于身体健康的美味珍馐，实现美食与健康的完美平衡"。

使用新鲜食材精心制作的寿司和天妇罗等套餐 50~60 美元

住 阿利伊日落广场内
凯卢阿·科纳
☎ 326-1696
时 11:30~14:00、17:30~21:00、周五、周六 17:30~22:00）
休 周日
C/C A D J M V
P 可以使用购物中心的停车场

邦戈·本·岛屿咖啡
Kanaka Kava

夏威夷岛当地美食

可以体验地道夏威夷美食的餐厅　Map p.340-2

◆是一家充满"夏威夷岛乡土特色"的咖啡餐厅，主要经营使用新鲜鱼类烹饪的菜肴、意大利面以及牛排等等。每天 19:00 开始，会举行具有夏威夷当地特色的娱乐活动。

内容丰富的夏威夷岛本地美食

住 椰林市场内
凯卢阿·科纳
☎ 329-9203
时 7:00~22:00
休 无
C/C A D J M V
P 可以使用购物中心的停车场

卡纳卡·卡瓦酒吧
Bongo Ben's Island Cafe

夏威夷传统美食 & 卡瓦酒吧

试着品尝一下令人感到微醺的卡瓦酒　Map p.340-2

◆自古以来，波利尼西亚人就喜欢喝卡瓦来代替烈酒，感兴趣的游客可以轻松地去品尝一下。卡瓦酒是从植物根茎中提取的液体精华，入口后舌根会感到火辣的烧灼感，然后整个身体会逐渐放松下来。喝卡瓦酒时，可以与前菜拼盘（Pupu Platta，即普普·普拉塔）搭配食用。

腌海鲜、卡卢阿烤野猪、洋芋、椰奶等前菜套餐 18 美元

住 椰林市场内
凯卢阿·科纳
☎ 327-1660
时 10:00~22:00
休 感恩节、12/25
C/C 不接受信用卡支付
P 可以使用购物中心的停车场

兰花泰国餐厅
Orchid Thai Cuisine

泰国菜

备受好评的正宗泰国菜餐厅　Map ③科纳海岸 A

◆是由来自泰国的主厨亲手掌勺的正宗泰国菜餐厅。香草、调味汁、蔬菜等多使用夏威夷产的新鲜食材。菜品分为微辣、中辣、辣、特辣四种口味，顾客可以根据自己的喜好自由选择。

炒米粉 9.5 美元，米饭和蔬菜搭配的炒乌贼 9.5 美元

住 库亚奇尼中心内（Kuakini Center）
凯卢阿·科纳
☎ 327-9437
时 11:00~15:00、17:00~21:00
休 周日
C/C M V
P 可以使用购物中心的停车场

塔尔科·德尔·玛
Taco Del Mar

墨西哥菜

品味口味辛辣的墨西哥菜　Map ③科纳海岸 A

◆是一家墨西哥快餐店，在美国本土和加拿大都设有连锁店。为了保证各店内菜品口味和质量的统一，所有食材均从美国本土统一配送，贯彻了追求品质的一贯宗旨。

墨西哥泰肉玉米饼（Enchilada）和油炸玉米粉饼（Quesadilla）等拼盘套餐 7.99 美元

住 松山中心内
卡洛考（Kaloko）
☎ 331-8226
时 6:00~22:00、周六、周日 10:00 开始营业
休 无
C/C A J M
P 可以使用购物中心的停车场

海想日本料理
Kaiso
烤鸡串、日本料理

◆ 酒店坐落在海边附近，透过落地玻璃隔断可以看见主厨亲自烤鸡串的情景，给人一种复古的感觉。店中堪称一绝的极品红焖猪肉 8.5 美元。另外在店里还可以听到关于当地草裙舞表演的信息，非常受游客欢迎。

烤鸡串标价 2.5~4 美元，芋艿丸子 6.5 美元，都是店中引以为傲的特色菜品

因木炭烤鸡串而闻名的餐厅 Map p.340-2
凯卢阿·科纳
住 滨水路内
☎ 331-0891
时 17:30~23:00
休 周三
C/C M V
P 可以使用购物中心的停车场（单独收费）

诚司啤酒园 & 寿司餐厅
Seiji Brew Garden & Sushi
寿司、日本料理

◆ 是一家休闲餐厅，使用渔民送递的时令鲜鱼精制的生鱼片和寿司等非常具有特色。店主诚司先生创造的和风料理价格适中，备受当地人欢迎，终日常客不断。推荐游客们品尝 11 美元的火山卷。

寿司、加利福尼亚卷配酱汤仅 8.95 美元，非常实惠

可以按照当地价格畅饮地品尝到美味的寿司 Map p.340-1
凯卢阿·科纳
住 阿利伊大道沿线，ABC 商场附近
☎ 329-7278
时 11:30~15:00、17:00~21:00
休 周一
C/C M V
P 可以使用附近的大众停车场

海滩巨浪餐厅
Don The Beachcomber Restaurant
泛太平洋风格

◆ 是一家充满南国风情的餐厅，位于波涛汹涌的海边。餐厅内的装修风格非常复古，推荐大家品尝近海捕捞的海鲜以及四种酒调制的媚态鸡尾酒（Mai Tai），仅为 14 美元。

内容丰富的 NY 牛排以及鲜虾套餐 36.5 美元

吹着惬意的海风，尽情享受海鲜和热带风情鸡尾酒 Map p.340-2
凯卢阿·科纳
住 皇家科纳度假村内
☎ 329-3111
时 6:30~10:00、17:30~21:00
休 周一、周二的晚餐时段
C/C A D J M V
P 可以使用酒店的停车场

贤一太平洋餐厅
Kenichi Pacific
寿司、日本料理

◆ 在装修风格洗练时尚的餐厅内，尽是店主独创的符合亚洲人口味的特色菜品。来到这里可以品尝到各种新鲜食材的不同组合。餐厅每天都会推出新的特色套餐，顾客们肯定不会为点菜而迷惑。

餐厅内有许多色香味俱全的独创菜品

在充满时尚气息的氛围中品尝私房美味 Map 3 科纳海岸 B
凯奥霍
住 凯奥霍购物中心内
☎ 322-6400
时 17:00~21:30
休 周一
C/C A D J M V
P 可以使用购物中心的停车场

珠粒 & 干饼咖啡厅
Peaberry & Galette
咖啡厅

◆ 是一家南欧风情的雅致咖啡厅，饮料和甜品非常精致。精心准备的 10~15 种可丽饼大体分为两种材料，一种是 9 美元的甜点面，另一种是 12 美元的玉米面。其他套餐种类也非常丰富。

适合清淡饭食或者下午茶的可丽饼 7 美元左右

可以轻松度过闲暇时光的实力型咖啡厅 Map 3 科纳海岸 B
凯奥霍
住 凯奥霍购物中心内
☎ 322-6020
时 周一～周四为 7:00~19:00、周五、周六营业 ~20:00、周日为 8:00~18:00
休 主要节假日
C/C J M V
P 可以使用购物中心的停车场

夏威夷岛

● 凯卢阿·科纳的餐厅

希洛市是日裔侨民聚居的城市，自然有许多日式餐厅。然而，在与夏威夷文化有机融合后，这些日式餐厅经营的菜品发生了很大的变化，完全可以称为"希洛当地特色美食"。这样一来，我们就可以理解为什么希洛会出现"夏威夷米饭汉堡（Loco Moco）"这种混搭美食。让我们一起畅游希洛，如果感到疲惫的话，就在充满怀旧思乡气息的街道上寻找一家餐厅，稍稍休息休息。

希洛市的餐馆

Restaurant Tips on Hilo

阮氏咖啡厅
Yen's Cafe 越南菜

◆店主是一名姓阮的越南人，他从小就开始学习厨艺，餐厅中经营的私房菜都是他多年学厨经验的结晶。菜品口感独特，营养搭配合理，对身体健康有益。在当地人中间非常受欢迎。10 余种口味的炒米粉价格 7~8.5 美元不等。在这里用餐，可以说是帮助游客调理肠胃，缓解旅游期间疲惫不堪的身心。

营养均衡的上等猪排和蟹饼拼盘标价 8.17 美元

风味十足的越南家常菜馆 Map p.352-A1
希洛市中心
🏠 235 Waianuenue.#101,Hilo
☎ 933-2808
🕐 10:30~20:00、周六 11:00~
🈺 周日、主要节假日
C/C 不接受信用卡支付
P 免费

小熊咖啡厅
Bear's Cofee 咖啡厅

◆是一家在纽约和旧金山也非常有名的连锁咖啡厅。在夏威夷店内，有一种醇香浓郁的狮子咖啡，非常受欢迎。自制百吉饼（面包圈）、华夫饼、小松饼搭配双倍意式特浓咖啡 2.08 美元。

华夫饼等早餐套餐的种类非常丰富

令人百去不厌的咖啡厅 Map p.352-A1
希洛市中心
🏠 凯阿韦大街 106 号
☎ 935-0708
🕐 6:00~16:00（周六 ~13:00、周日 6:30~12:00）
🈺 无
C/C 不接受信用卡支付
P 可以在路上停车

日光咖啡厅
Sunlight Cafe 日式餐厅

◆是一家位于购物中心内的日式餐厅，菜单中包括牛排、猪排，具有浓厚的夏威夷特色。豪华套餐 13.9~16.9 美元，可以从烤鳗鱼、天妇罗等 18 种菜品中任选两种品尝，非常受欢迎。

烤鳗鱼和烤虾套餐 15.99 美元

因日式套餐而备受欢迎的餐厅 Map p.352-B1
希洛市
🏠 希洛购物中心内
☎ 934-8833
🕐 11:00~20:00、周五、周六 ~21:00
🈺 周日
C/C M V
P 可以使用购物中心内的停车场

希洛湾沙司咖啡
Cafe Pesto Hilo Bay 意大利菜

◆是一家在当地人和游客中有口皆碑的老字号餐厅，菜品以意大利菜为主，其中融合了夏威夷食材的特色，具有浓郁的夏威夷岛风情。卡卢阿烤野猪和菠萝混合的夏威夷特色比萨口感非常独特，游客可以试着品尝一下。

顾客点餐后现烤的招牌比萨全部是手工制作，连原材料都是店主自家的

意大利传统与夏威夷岛风情的完美融合 Map p.352-A1
希洛市中心
🏠 希洛购物中心卡美哈美哈大街哈塔大厦内
☎ 969-6640
🕐 11:00~21:00、周五、周六 ~22:00
🈺 感恩节、12/25 C/C A D J M V
P 可以在路上停车

  图标说明：☎=需要预约（或者确认预约）/🈺=需要着正装用餐。男性要穿衬衫扎领带。/🈂=可以穿休闲装用餐。但是，有时不宜穿背心和沙滩短裤。/无图标=只要不穿泳衣或者赤脚就没有问题。

100 咖啡厅
Cafe 100

咖啡

◆夏威夷当地有一种特色美食叫作米饭汉堡，就是在盛满米饭的碗上铺上五分熟的煎鸡蛋，然后，用肉汁调味。关于这种汉堡的发源地，有许多种不同的说法，其中有一种说法就是这家店。

超级米饭汉堡 5.25 美元，泰迪大汉堡 4.05 美元

在发源地品尝最正宗的夏威夷米饭汉堡 Map p.352-B1
希洛市
住 Kilauea Ave.969 号
☎ 935-8683
时 6:45~20:30、周五 ~21:00、周六 ~19:30
休 周日、1/1、劳动节、感恩节、12/25
C/C J M V
P 免费

无国界美食
Low International Food

西点店

◆店内的午餐拼盘种类非常丰富，包括韩国、日本以及美国菜等。但是，最为出名的还是使用洋芋、杜果、番石榴等烤制的色彩艳丽的面包，口感淡甜松脆，并且融合了水果天然的清香气息，均在 5 美元左右。

色彩缤纷、味道甜美的水果面包是最适合作为零食消磨时间的

希洛的特产水果面包　　Map p.352-A1
希洛市
住 Kilauea Ave.222 号
☎ 969-6652
时 9:00~20:00
休 周三、12/25
C/C D J M V
P 免费

阿洛哈·路易吉咖啡厅
Aloha Luigi

咖啡厅

◆店主路易吉先生一度曾退休，由于他厨艺高超、人品端正，备受希洛市民喜爱，在广大顾客的呼吁下，又重新开店。时间虽然较短，但是终日顾客不断。菜品以意大利菜和墨西哥菜为主。推荐顾客品尝鲯鳅鱼玉米煎饼。

在菜豆和米饭下铺上煎鲯鳅鱼的玉米煎饼 9.95 美元

由于店主的厨艺和人品而备受希洛市民喜爱的餐厅 Map p.352-A1
希洛市中心
住 凯阿韦大街 264 号
☎ 934-9112
时 9:00~19:30、周一、周二 ~15:00
休 周日
C/C D J M V
P 免费

普卡普卡小厨
Puka Puka Kitchen

盒饭、拼盘套餐

◆是一家位于希洛市中心的盒饭快餐厅。白天总是爆满，非常热闹。许多当地人每天都会到这里用餐。餐厅每天都会更换盒饭种类，标价一般在 8 美元左右，非常受欢迎。所有的套餐都附带沙拉。

在蒜香炒饭上盖上金枪鱼天妇罗的金枪鱼拼盘套餐 11.97 美元

日式风格的盒饭餐厅　　Map p.352-A1
希洛市中心
住 卡美哈美哈大街 270 号
☎ 933-2121
时 11:00~14:30、周四、周五 17:30~20:30
休 周日
C/C M V
P 可以在路上停车

酒井料理
Miyo's

日式餐厅

◆是一家坐落在湖畔的私房菜馆，可以眺望怀科洛阿公园内的人工湖。店主酒井主厨的日式菜品使用的是当地的新鲜材料，米饭是直接烘烤的，蔬菜是与菜农签合同直接采购的，整个流程非常讲究。顾客可以自带酒水。

可以选择两种菜品的午餐套餐 10.4 美元起，晚餐套餐 11.18 美元起

位于湖畔的精致私房菜馆　　Map p.352-B2
希洛市
住 怀科洛阿别墅区内
☎ 935-2273
时 11:00~14:00、17:30~20:30
休 周日、感恩节、12/25、1/1
C/C M V
P 可以在怀科洛阿别墅区的停车场

非常遗憾，这一地区的餐厅数量并不多。但值得高兴的是都特色鲜明，别具一格。既有美国菜、泰国菜，又有咖啡厅和酒吧，全都值得一去。对于到夏威夷火山国家公园附近参观火山口和熔岩的游客而言，为了防止饥肠辘辘地踏上返程的漫长路途，最好在这附近选一家餐厅品尝一下当地美食。

火山口至南角的餐馆

Restaurant Tips on Volcano~South Point

泰国 – 泰国餐厅
Thai Thai Restaurant　　　泰国菜

◆是一家位于火山口度假村内的正宗泰国餐厅。炒米粉 12.99 美元，泰式咖喱 15 美元左右，炸春卷 10.99 美元。餐厅非常受欢迎，18:00 以后，经常要排队等候。

店内的吊灯华彩熠熠，还附带吧台

如果在火山口村内住宿，请到这里吃晚餐 Map p.348-2
火山口村
住 旧火山口路沿线
☎ 967-7969
时 12:00～21:00
休 周三、感恩节
C/C A M V
P 免费

熔岩咖啡厅
Lava Rock Cafe　　　美国菜

◆是一家从清晨一直营业至深夜的休闲餐厅。菜品味道可口，种类丰富，从三明治到牛排，再到夏威夷细面，可谓一应俱全。其中一道名为"海啸沙拉"的菜品汇集了不同种类的新鲜蔬菜，量大味美，非常实惠。

前侧的麻辣大碗菜 6.95 美元。左侧的炸鸡沙拉 11.25

菜品种类多样，可以满足不同需求 Map p.348-2
火山口村
住 基拉韦厄将军商场内（Kilauea General Store）
☎ 967-8526
时 7:30～21:00、周日 ～16:00、周一 ～17:00
休 12/24、12/25、12/31、1/1
C/C M V　P 免费

基拉韦小厨
Kiawe Kitchen　　　意大利菜

◆是一家位于火山商场附近的意大利餐厅。主要菜品为比萨和通心粉。虽然种类不多，但是味道非常可口。尤其是一种 11 美元的玛格丽特比萨口感酥脆，番茄和芝士的味道完美融合，令人百吃不厌。

玛格丽特比萨 14.5 美元，每天都会更换新的菜品

品尝火山口的传统午餐—烤比萨 Map p.348-2
火山口村
住 火山口商场附近
☎ 967-7711
时 11:00～14:30、17:30～21:00
休 无
C/C J M V
P 免费

奥希亚咖啡厅
Cafe Ohia　　　咖啡厅

◆是一家紧邻火山口商场的西餐厅。店内最受欢迎的菜品是自助三明治。顾客们可以从面包、奶酪、香草牛肉、火鸡、火腿等七种口味中任选两种。此外，餐厅每天都会推出不同口味的汉堡和沙拉套餐以及意大利面。

鱼肉堡和 5 种豆类沙拉的套餐 6.5 美元

在露天座席上品尝各种餐点 Map p.348-2
火山口村
住 火山口商场附近
☎ 985-8587
时 6:00～19:00
休 12/25
C/C J M V
P 免费

图标说明：☐=需要预约（或者确认预约）/☐=需要着正装用餐。男性要穿衬衫扎领带。/☐=可以穿休闲装用餐。但是，有时不宜穿背心和沙滩短裤。/无图标=只要不穿泳衣或者赤脚就没有问题。

与火奴鲁鲁不同，夏威夷岛内的奢华购物场所为数不多。近年来，南科哈拉度假村内新建成了两座购物中心，吸引了万众关注的目光。夏威夷岛内有许多知名的特色礼品店，比如使用科纳咖啡和椰壳等制成的工艺品，选购礼品时绝不会感到无的放矢。

购　物

科纳购物村
Kona Inn Shopping Village

◆是一座位于凯卢阿科纳的购物中心，其前身是建成于20世纪20年代的二层木结构建筑。从整体来看，建筑具有着浓郁的乡土气息，游客们可以一边散步，一边享受购物的乐趣。商场内进驻了50余家商铺，其中包括风景优美、格调雅致的餐厅、礼品店以及专卖店等。

充满科纳风情的购物中心。草坪延伸至海边，非常适合午间小憩

充满怀旧情愫的老牌购物中心　Map p.340-2

凯卢阿·科纳
住 阿利伊大街 75-5744 号
☎ 329-6573
时 9:00～21:00
休 无
P 无
备 各商家的营业时间和休息时间可能不同

凯奥霍购物中心
Keauhou Shopping Center

◆是一座位于凯奥霍度假村内的购物中心，目前，这一地区正在兴建开发。里面进驻了大型超市 KTA 还有健身房、餐厅以及专卖店等 40 余家商铺。我们推荐游客们到这里淘淘夏威夷特产，品品香醇浓郁的咖啡，惬意地享受一下闲暇时光。

同时也是一个进驻多家影院的休闲娱乐中心

凯奥霍度假村的中心地带　Map 折叠图③B

凯奥霍
住 阿利伊大街 78-6831 号
☎ 322-3000（经理室）
时 10:00～18:00、周五～19:00、周日～17:00
休 无
P 免费
备 各商家的营业时间和休息时间可能不同
网 www.keauhoushoppingcenter.com

冒纳拉尼商场
The Shops at Mauna Lani

◆是诞生在冒纳拉尼度假村内的商场，在南科哈拉地区的度假村中，是仅次于过往商场的第二大购物中心。在商场的户外广场中，进驻了以"汤米·巴哈马（Tommy Bahama）"为首的多家休闲服饰专卖店、画廊、超市以及餐厅等，其装修风格洗练，给人一种轻松舒适之感。

除了商场以外，还可以全家一起看电影的娱乐影院

充满雅致成熟气息的购物中心　Map 折叠图②B

冒纳拉尼度假村
住 冒纳拉尼街区 68-1330 号
☎ 885-9501（信息中心）
时 9:30～21:00
休 无
备 各商家的营业时间和休息时间可能不同
网 www.shopsatmaunalani.com

国王商场
King's Shops

◆国王商场是一座位于怀科洛阿海滩度假村内的购物中心。规模虽然不大，却汇集了大批装修精美、格调雅致的餐厅和专卖店。

国王商场堪称休闲购物的王国，以梅西百货公司（Macy's）为首的一系列世界一流品牌纷纷强势进驻，比如路易·威登、蔻驰、蒂凡尼等。还有火奴鲁阿贵妇人（Honolua Mahine）、疯狂T恤（Crazy Shirts）等休闲品牌、珠宝商品以及欧舒丹（Loccitane）等化妆品专柜。

商场内每天都会举行各种活动，比如草裙舞表演、手工艺展、雕刻在附近熔岩上的古代岩石雕刻画展览等。游客们通过参观可以亲身体验到夏威夷的古代传统文化。

坐落在熔岩高地上的充满魅力的购物中心 Map 折叠图2 B

怀科洛阿海滩度假村

佳 怀科洛阿海滩 250 号
☎ 886-8811
时 9:30~21:30
休 无
P 免费
备 关于休息时间和营业时间，视各商铺的情况而定
URL www.kingsshops.com

不仅可以享受购物的快感，还可以亲身体验到古代夏威夷人的文化和娱乐活动

随着王后市场购物中心在2008年落成开业，入驻商铺的变动开始变得异常频繁，请特别注意

王后市场购物中心
Queens Markets Place

◆是一座 2008 年 9 月在怀科洛阿海滩度假村开业的大型购物中心，进驻的商户以雷恩斯（Rayns）、本地精神（Local Motion）、蓝姜（Blue Ginger）等休闲服饰为中心，还有饰品、珠宝店以及水疗馆等。特别是在岛屿美食家市场（Island Gourmet Market）中，汇集的商品种类繁多、琳琅满目，是度假村内住客们必去的购物景点。

在商场内，还有多像寿司三世寿司一样的夏威夷风格餐厅，由于商场内还有许多剩余租位，可以预见将来还会有更多商家进驻。

2008 年落成开业的大型购物中心 Map 折叠图2 B

怀科洛阿海滩度假村

佳 怀科洛阿海滩 201 号
☎ 886-8822
时 9:30~21:30
休 无
P 免费
备 关于休息时间和营业时间，视各商铺的情况而定
URL www.queensmarketplace.net

购物中心入口处是夏威夷历代女王的画像展板

岛屿美食家市场。在度假村内工作的当地人经常光顾

ICHECK   p.380 展示了王后市场购物中心的全貌展示图。

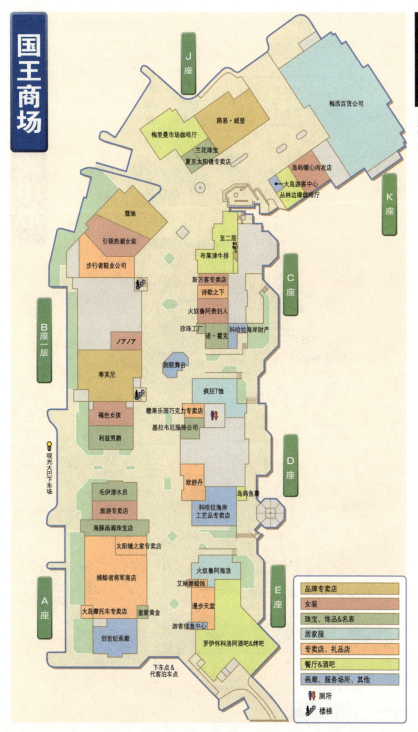

国王商场

J座

路易·威登

梅里曼市场咖啡厅

兰花珠宝
夏至太阳镜专卖店

梅西百货公司

岛屿暖心内衣店

● 大岛游客中心
丛林边缘咖啡厅

K座

蔻驰

引领热潮女装

至二层

布莱津牛排

步行者鞋业公司

斯万客专卖店

诗歌之下

火奴鲁阿贵妇人

C座

珍珠工厂

诺·霍克

科哈拉海岸财产

ノアノア

B座一层

剧院舞台

蒂芙尼

疯狂T恤

糖果乐园巧克力专卖店

褐色女孩

基拉韦厄服饰公司

利兹男爵

观光大巴下车场

D座

欧舒丹

岛屿鱼膳

毛伊潜水员

旅游专卖店

科哈拉海岸
工艺品专卖店

海豚画廊珠宝店

太阳镜之家专卖店

捕鲸者将军商店

火奴鲁阿海浪

艾琳娜蜡烛

A座

大岛摩托车专卖店

皇家黄金

漫步天堂

E座

游客信息中心

创世纪画廊

罗伊怀科洛阿酒吧&烤吧

下车点&
代客泊车点

品牌专卖店

女装

珠宝、饰品&名表

居家服

专卖店、礼品店

餐厅&酒吧

画廊、服务场所、其他

🚻 厕所

🚶 楼梯

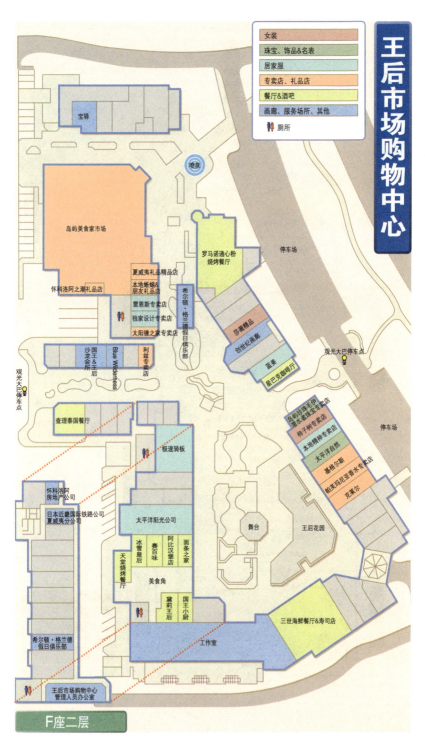

王后市场购物中心

女装
珠宝、饰品&名表
居家服
专卖店、礼品店
餐厅&酒吧
画廊、服务场所、其他
厕所

宝驿

喷泉

停车场

岛屿美食家市场

夏威夷礼品精品店

本地斯纳&
朋友礼品店

怀科洛阿之潮礼品店

雷恩斯专卖店

独家设计专卖店

太阳镜之家专卖店

希尔顿·格兰德假日俱乐部

罗马诺通心粉
烧烤餐厅

莎赛精品

创世纪画廊

蓝麦

星巴克咖啡厅

沙龙会所

Blue Wilderness

利兹专卖店

国王&王后

观光大巴停车点

观光大巴停车点

急豹珍珠毛用
潜水者珠宝古董卖店

狮子树专卖店

本地精神专卖店

太平洋自然

基格尔斯

怡诺玛尼亚香水专卖店

克莱尔

查理泰国餐厅

极速骑板

停车场

怀科洛阿
房地产公司

日本近畿国际铁路公司
夏威夷分公司

太平洋阳光公司

舞台

王后花园

天棠烧烤餐厅

冰雪皇后

赛百味

阿比汉堡店

面条之家

美食角

黛莉王后

国王小厨

希尔顿·格兰德
假日俱乐部

工作室

三世海鲜餐厅&寿司店

王后市场购物中心
管理人员办公室

F座二层

毛伊岛
Island of Mauí

爱称	山谷之岛 The Valley Island
人口	117644 人
面积	1883.5 平方公里
海岸线	193 公里
岛的最高峰	哈莱阿卡拉（红山） 3055 米
岛花	天堂玫瑰

拉海依纳

毛伊岛全图

考爱岛
尼豪岛
瓦胡岛
摩洛凯岛
毛伊岛
拉奈岛
卡霍奥拉韦岛
夏威夷岛

Pailolo Channel

Nakalele Pt.
Honolua Bay
Mokolea Pt.
Hawea Pt.
Honokohau
Kahakuloa Head
Kapalua Beach
Kahakuloa
Napili
Kapalua
Hakuhee Pt.
Kahana
卡帕鲁亚西毛伊机场
Honokowai
Waihee Pt.
Maliko Bay
Puaa Pt.
Kaanapali
WEST MAUI MOUNTAINS
Waihee
霍奥基帕海滩公园
Pauwela
卡阿纳帕利度假村区
帕伊亚城
Wahikuli State Park
Waihuu
KAHEKILI HWY
HANA HWY
Haiku
Puunoa Pt.
Kahului Bay
卡胡卢伊机场
Paia
Lahaina
伊阿奥州立溪谷公园
Wailuku
Kahului
HALEAKALA HWY
Hallimaile
拉海纳城
Iao Valley State Park
马卡瓦奥
Puamana State Park
毛伊热带植物园
Waikapu
Puunene
PUUNENE AVE
Maka
Launiupoko Pt.
KUIHELANI HWY
Pukalani
Olowalu
HONOAPIILANI HWY
HONOAPIILANI HWY
KUHELANI HWY
MOKULELE HWY
毛伊大洋中心
Auau Channel
Maalaea
PIILANI HWY
Kula
Maalaea Bay
Malpoina Oe Lau
Beach Park
Kihei
基黑度假村区
Kamaole Beach Parks
Keokeu
Kalama Beach Park
Kamaole Beach Parks
KULA HWY
Wailea
维雷亚度假村区
乌卢帕拉夸午餐
Makena
马凯纳度假村区
Ulupalakua
摩洛基尼岛
特德斯奇酒厂图书馆
Molokini
Island
Kealaikahiki Channel
Alalakeiki Channel
La Perouse Bay
Kamanamana Pt.
Kanaloa Pt.
Pohakueaea Pt.

Pou Koae Island
Kahoolawe
Kanapou Bay

382

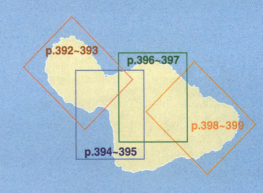

p.392~393

p.396~397

p.394~395

p.398~399

HONOKOHAU

15

WAILUKU
2 KAHULUI
LAHAINA
5
20
KAILUA
17
11
4 KIHEI
27
9
30
11
MAKENA
KEOKEA
HALEAKALA
HANA

* 数字为英里

Uaoa Bay   Kealii Pt.

13

Kailua
HANA HWY.

Keanae Pt.
Kaumahina State Park   Keanae
Wailua
Wailua Valley   Wailua Bay
Lookout State Park   Nahiku

Puaa Kaa Falls Park
HANA HWY.
15
Kalahu Pt.   哈纳机场
Waianapanapa Cave
State Park

Iloda
Kaeleku

HALEAKALA HWY.
Nanualele Pt.
Hana   哈纳城
Hana Bay Park

Haleakala National Park
哈莱阿卡拉国家公园

21

nce City
怀莫亚瀑布
Hamoa Beach

Pouiki

7   Haou

奥黑奥·布卢

27
Kaupo
Kipahulu

Apole Pt.   Kailio Pt.

Alenuihaha Channel

N

0   10km

0   5miles

驾驶英里数

* 数字均为概数。1英里约为1.6公里

从拉海纳	英里	公里
卡帕鲁亚	9	14
卡阿纳帕利	4	6
马阿拉埃阿	14	22
基黑	20	32
维雷亚	27	43
怀卢库	21	34
卡胡卢伊	22	35
哈莱阿卡拉	60	96
哈纳	72	115

从卡胡卢伊	英里	公里
怀卢库	2	3
哈莱阿卡拉	38	61
哈纳	50	80
基黑	10	16
维雷亚	17	27
马阿拉埃阿	7	11
拉海纳	22	35
卡阿纳帕利	27	43
卡帕鲁亚	32	51

Maui Noka Oi！
毛伊岛是最好的选择！

顶级酒店与鲜绿的平坦球路展开的高尔夫球场

白色海岸线与具有独特情调的烟城

目不暇接的大峡谷及休眠火山等美景……

当地人引以为豪的

在兼有丰富多变的大自然和海滩胜地的毛伊岛

旅客可以度过一个最佳的假期

Maui noka oi（毛伊岛最棒！）

南毛伊岛的大海滩。就如它的名字一样，广阔美丽的白沙滩让人心旷神怡

毛伊岛概况

An Overview of Island of Maui

Physical Features
地 势

毛伊岛位于瓦胡岛的东南，处于北纬20°35′~21°02′、西经155°59′~156°42′的位置上。它是夏威夷群岛中的第二大岛，和其他的岛屿一样，都是由火山活动形成的。因富有绿色的自然风光，被称作"山谷之岛"。

毛伊岛从地质学上研究来看，还属于年轻的岛屿。据推测，大约在130万年前形成、延伸到东毛伊岛的哈莱阿卡拉山、200年前发生了最后一次喷发。

最初只有环绕哈莱阿卡拉山（海拔3055米）的东毛伊岛以及以普卢库伊山（海拔1764米）为中心的西毛伊岛这两座火山岛，但是据推测大约由于10万年前的一次喷发将两个岛屿合而为一，即今天的毛伊岛。

比喻为女性身姿的岛屿

由于它的独特形状，往往被人们形容为"像葫芦一样"或者"从甲壳里露出头的乌龟"，但是"女性上半身的侧面"这种形容更有说服力。从卡纳帕利开始上部是头和头发、拉海纳周围是额头、奥洛瓦卢是鼻子、马亚拉伊是喉咙、从基黑延伸至马可纳为胸线、卡胡卢伊为其颈部……这样毛伊岛各地的地名或许很容易就记住了。

An
Overview
of
Island
of
Maui

荒凉静寂的哈莱阿卡拉火山口，让人想象不到200年前曾发生喷发

毛伊岛旅游胜地的代名词、卡纳帕利壮观的海岸线。旅游胜地的气氛很浓

Climate
气　候

由于海拔差的影响，岛的北部和南部以及西岸和东海岸的气候有极大的区别。一般来说，全年受到来自东北方向的信风的影响较大。

带有湿气的贸易风撞击到哈莱阿卡拉山及西毛伊山系，就会形成强大的降雨。位于东海岸的哈纳年间平均降雨量为2000米，西毛伊的最高峰——普卢库伊山（海拔1764米）在夏威夷中降雨量位居第二，年降水量为10000毫米以上。

另一方面，造成山麓强烈降雨的信风变成干燥风之后，吹过西南海岸。以卡纳帕利为中心的西毛伊的海岸线、位于哈莱阿卡拉山麓的基黑以至马可纳地区在夏季也有清凉的海风吹过，非常舒服并且晴日多。这一带

建造了很多的度假村酒店也是得益于这里优越的自然条件。

在海拔为3000米以上的哈莱阿卡拉山顶，冬季时气温达到0℃以下，有时候全部被雪覆盖。

虽然全年气候都比较稳定，但有时会有受到来自西南方向科纳风的影响，西海岸也会有降雨现象。

Politics
政　治

毛伊岛是毛伊县的中心地，毛伊县还包括摩洛凯岛、拉奈岛、卡荷拉维岛三个岛屿，县政府位于怀卢库。

夏威夷的行政机构也是由三层构成，即美国联邦政府—夏威夷州政府—县政府。夏威夷政府是具有自己宪法的自治体。以《夏威夷宪法》为基础，形成行政、司法、立法三权分立。作为立法机关，拥有上院25名、下院51名的州议会，通过选举从毛伊郡选出上院2名、下院6名作为州议员。

在县政府的级别中，于1968年通过宪章，相对比较晚。与火奴鲁鲁市·县政府相比，毛伊郡的自治权落后很多，这是现状。毛伊县的议会是通过无党派选举的形式、由9位议员组成。

现在的毛伊县县长是 Charmaine Tavares。

各地的气温和降水量				
	平均气温		过去气温记录		
观测地／标高（m）	平均最低气温（℃）	平均最高气温（℃）	最低气温（℃）	最高气温（℃）	平均年降水量（mm）
卡胡卢伊机场	19.7	28.8	8.9	36.1	475
拉海纳	18.8	29.3	11.1	36.1	350
基黑	21.6	25.8	9.4	36.7	386
哈纳机场	19.7	27.1	10.0	34.4	2,051
哈莱阿卡拉	3.8	12.6	-10.0	22.8	928

※ 都是过去30年的平均值。来源；*Hawaidata Book 2008*

1 观光中心地、拉海纳曾经是夏威夷王国的首都
2 现在毛伊政治的中枢 —— 怀卢库
3 毛伊岛出产的稀有花种 —— 普罗梯亚木
4 现在仍在运营的亚历山大 & 鲍德温制糖工厂

Economy
经　济

毛伊岛主要的农作物为甘蔗、菠萝及乳制品等。它们被称为夕阳产业已经很久了，在覆盖摩洛凯岛和拉奈岛的毛伊县还存留 131 平方公里的甘蔗田地，且摩洛凯每年的销售额为 3780 万美元，与夏威夷的其他各岛屿比较居于前列。除此之外的名产品有毛伊洋葱、康乃馨、普罗梯亚木等。

近年来观光业是该地最大的收入来源，1973 年的观光人数为 76 万人次、2008 年增加至 207 万人次，仅次于瓦胡岛（大约 419 万人次）。

毛伊岛有 306 家酒店（包括 B&B）\11984 间客房。面向旅游的单元公寓有 114 家、7071 间客房。

※ 都是 2008 年的数据

拥有广阔的甘蔗田且悠然的岛屿，迅速被卷入开发的浪潮始于 20 世纪中期。

1950 年卡胡卢伊的新型住宅地的买卖开始，1962 年成立的卡纳帕利旅游胜地初次亮相，并且同年拉海纳被指定为国家历史保护地区，等等，从此毛伊岛作为旅游胜地逐渐受到世人的关注。

2008 年被美国著名的旅游杂志评为"世界上最佳的观光岛屿"，毛伊岛被评价为世界上最令人向往的旅游胜地。

History
历　史

统治毛伊、拉奈、摩洛凯、瓦胡等各岛的卡美哈美哈国王于 1795 年与其王妃卡夫马努移居到拉海纳，从此至卡美哈美哈三世迁都的 1845 年之间，拉海纳作为王国的首都盛行一时。

大约在同一时期，来自美国本土的基督教传教士们来到毛伊岛，随着他们的到来，西洋文明也传播给了夏威夷。夏威夷近代化进行的同时，拉海纳作为捕鲸基地变得繁荣。1895 年在宾夕法尼亚开始进行石油开采后捕鲸产业迅速衰落，取而代之，制糖业成为毛伊岛的主要产业。

毛伊的传说
Legend of Maui

在夏威夷群岛中，毛伊岛是一座唯一的、以传说中神的名字命名的岛屿。毛伊是波利尼西亚人所熟知的半神半人的青年，留下了许多关于他的传说。

其中最有名的是毛伊与他的兄弟乘着独木舟，用魔法针线钓出夏威夷群岛这一伟大的传说。

岛屿上的人们对毛伊非常依赖。比如，据说以前由于天空和地面离得太近，毛伊就把天向上顶，让人们舒服地呼吸。还有人们都抱怨说白天太短不能工作，他就把椰子的纤维编成绳子、把太阳抓住，保证太阳在夏季能更慢地在天空行走。传授人们生火方法、简单做饭的也是他。

所以，毛伊在夏威夷人心中就是超级英雄。

想抓住太阳的毛伊画像

Model Plan

畅游毛伊岛的 旅 游 方 案

选择旅游团套餐的情况

旅行社制定的毛伊岛的旅游团套餐，基本上是 4 夜 6 日的旅程。这种情况下一般是毛伊岛 2 晚 + 火奴鲁鲁 2 晚，或者全住在毛伊岛。也有情况是在两个岛屿逗留 7~8 天，日程就变为无论如何最后 2 晚住在火奴鲁鲁（剩下的 3~4 晚在毛伊岛）。

1　毛伊岛 2 夜 + 火奴鲁鲁 2 晚的旅行

推荐给"打算在火奴鲁鲁买东西"的游客。可以了解到两个岛屿不同的魅力。但是这种方式能一整天充分欣赏毛伊岛的只有第二天。前后都为移动日及旅馆的退房等日程非常紧。这种旅游方式第二天的度过方法是重点。即使一天也要租车，务必感触到岛屿的魅力一角。

毛伊岛 2 夜 + 火奴鲁鲁 2 夜 旅行团的时间表

	上 午	下 午	夜 间
第 1 天	到达火奴鲁鲁机场后，乘群岛航空飞至毛伊岛	下午在酒店办理入住手续	自由活动
第 2 天	自由活动		
第 3 天	退房	乘坐中午前后的飞机飞往瓦胡岛 /15:00 办理入住手续	自由活动
第 4 天	自由活动		
第 5 天	早晨退房、从火奴鲁鲁机场出发		飞机上（第 6 天的下午返回中国）

悠闲地钓鱼也很愉快

2　全部住宿在毛伊岛的旅行

想充分体验毛伊岛，还是都住宿在这里较好。可以悠闲地度过与自己的目的一致的假期。在毛伊岛购物也是让旅客感到充实的一种途径，将购物作为旅游目的的游客值得考虑。这里介绍一下住宿毛伊岛 4 晚的参考计划。

为喜欢观景的游客量身打造的旅游计划

第 1 天	第一天由于受时差的影响，想在酒店内休息解除疲劳。有精力的人去购物。如果住在卡纳帕利旅馆，距离鲸鱼村较近、住在维雷亚酒店附近有维雷亚商店，商店的商品种类很丰富
第 2 天	去毛伊岛观光的亮点——哈莱阿卡拉国家公园。多数的旅行社都会组织去哈莱阿卡拉
第 3 天	可以悠闲地在酒店待一天。喜欢走动的人可以参加环绕东毛伊岛一周的一日游
第 4 天	最后一天租辆车、自由自在地兜风。可以悠闲地游览拉海纳的历史古迹，在卡胡卢伊的奥特莱斯商场等地享受最后的购物乐趣也是不错的选择

为喜欢体验活动的 游客量身打造的旅游计划

第 1 天	第一天由于长途旅行，肯定会很累。不外出的旅客可以在酒店的游泳池游玩等，调整身体
第 2 天	高尔夫迷早起去平坦球场，也可以尝试体验潜水
第 3 天	悠闲地巡航怎么样？推荐冬季时观鲸、夏季时潜水艇巡航。住宿在卡纳帕利酒店乘坐"双子星座"号去霍奴阿湾，维雷亚酒店的话就去摩洛基尼湾
第 4 天	不参观哈莱阿卡拉山就不能回去。不仅仅是观光，徒步走在哈莱阿卡拉山上或者参加从山顶骑登山车下来的活力派旅行

小编推荐的 行车线路

※ 也请参照 p.405 的开车提示

日观光线路（卡纳帕利～卡普鲁亚住宿）

1 **酒店**
　42~52公里。45~60分钟
2 **伊奥山谷**
　约8公里。约15分钟
3 **卡胡卢伊**
　约13公里。约20分钟
4 **毛伊海洋中心**
　约22公里，约30分钟
5 **拉海纳**

自由自在地围绕西毛伊岛的驾车计划。在天气比较稳定的上午，建议参观伊奥山谷。在卡胡卢伊的卡夫马努皇后中心进行午餐，顺便购物。去毛伊岛海洋中心至拉海纳一带，制作的时间表内需避开傍晚高峰。在拉海纳一边眺望有名的日落一边悠闲地散步。

日观光线路（基黑～维雷亚住宿）

1 **酒店**
　约40~45公里。约45~50分钟
2 **拉海纳**
　约22公里。约30分钟
3 **毛伊海洋中心**
　约13公里。约20分钟
4 **卡胡卢伊**

这种乘车路线适合住宿在基黑～维雷亚一带的酒店里的游客，非常便利。到了下午，去往拉海纳方向的道路比较拥挤，最好在上午出门！悠闲地逛街，吃完午饭后返回原路去毛伊岛海洋中心。如果时间比较充足，也可以在邻近的毛伊岛高尔夫＆体育公园游玩，或者去离毛伊岛海洋中心有4公里的毛伊热带种植园转转。

全家一起旅行可以尝试迷你高尔夫

适合家庭旅游的驾车线路

1 **酒店**
　根据酒店的地址30~60分钟
2 **夏威夷自然中心·伊奥山谷**
　约15公里。约20分钟
3 **毛伊高尔夫＆体育公园**
　约23公里。约30分钟
4 **甘蔗列车**

带孩子旅行的计划推荐夏威夷自然中心·伊奥山谷，适合小学生、高中生，毛伊高尔夫＆体育公园和甘蔗列车是小孩子喜欢的旅游景点。带小孩旅游的情况下，缩短移动时间是使家人感觉不到驾车疲倦的关键。

绕哈莱阿卡拉山西北部一周的线路

1 **酒店**
　根据地点大约75~105公里。100~150分钟
2 **哈莱阿卡拉山顶**
　约34公里。约45分钟
3 **库拉小屋**
　约12公里。约25分钟
4 **希洛**
　约23公里。约30分钟
5 **帕伊亚**

从哈莱阿卡拉的西山脚下开始的花费一天的驾车路线。想看日出需深夜2:30~3:30从酒店出发。即使困难的话也需计划中午之前到达山顶，建议在库拉小屋进行午餐。观光完玛卡瓦欧、帕亚之后，如果时间允许去霍欧津帕逛街也是不错的选择。

在未租车的情况下

在海外驾车如果会感觉不安，可以选择全包团项目。请参考后文的旅行团介绍。

毛 伊 岛
分 区 概 览

卡纳帕利 ~ 卡普鲁亚
KAANAPALI~KAPALUA

　　卡纳帕利是夏威夷旅游胜地的代表。它以美丽的白沙滩和广阔的高尔夫球场、现代化的住宿设施、购物中心等完备的设施为特色。气候也比较稳定，可以愉快地享受度假生活。

　　位于其北部的卡普鲁亚被成为比卡纳帕利更高级的旅游胜地。高级酒店、54 洞的高尔夫的球场令人垂涎三尺。

　　去这一带用毛伊岛卡普鲁亚机场比较便利。

卡纳帕利豪华的酒店和海岸线

卡胡卢伊 ~ 怀卢库
NORTH KOHALA

充满乡愁的怀卢库镇

　　卡胡卢伊可以说是毛伊岛经济的心脏。它拥有广阔的马路、完备的城市规划，是一个现代化的城市。

　　怀卢库是覆盖摩洛凯、拉奈两岛的毛伊县的行政中心地。从怀卢库坐车 15 分钟即可到达伊奥山谷，这里被称作"太平洋的优美胜地"，是值得观赏的一景。

拉海纳
LAHAINA

　　拉海纳是一个仍然保留着古代模样的城镇。成为观光、购物中心的前街有许多商店和西餐馆鳞次栉比。也可以参观先驱者酒家、大榕树等历史古迹。如果是全家旅行请务必乘坐一下甘蔗列车。

可悠闲漫步的拉海纳镇

马亚拉伊 ~ 基黑
MAALAEA~KIHEI

　　去往摩洛基尼岛，马亚拉伊港是必经之路。这里有新建的购物中心、毛伊岛海洋中心等，是人们青睐的地区。

　　从马亚拉伊至基黑的海滩沿边，建有一排排的中规模的酒店、单元公寓，购物中心也很多。虽然不是特别豪华，但是可以休闲，和毛伊岛的气氛相似。

摩洛基尼岛
MOLOKINI ISLAND

　　呈半月形状的摩洛基尼岛因潜水闻名。透明度较高的海里面生存着各种各样的鱼，旅游时来尝试浮潜的游客也很多。

景色优美的马亚拉伊港　　　　　能够愉快地浮潜的半月湾岛

帕伊亚
PAIA

　　帕伊亚是以制糖业发展起来的城市，如今仍有一些古代的建筑当作店铺使用，具有一种独特的氛围。因其附近有风帆冲浪的胜地——霍欧津帕海滩，所以作为冲浪的聚集地而闻名。

冲浪者聚集的帕伊亚

玛卡瓦欧
MAKAWAO

　　由于附近有许多牧场，玛卡瓦欧被称作"牛仔城"。最近许多时尚的商店逐渐开张。

独立纪念日当天举行大规模的活动

哈纳
HANA

　　哈纳被形容为"天国一样的"城市。它是以美丽的大自然和电影场景一样的风景迷倒观光者的村落。到达哈纳的漫长且曲折的驾车也是会有几分感动的。

哈纳镇平静的大海

库拉
KULA

　　库拉的周围是有清爽的微风拂过的高原地带。它是一个拥有植物园、酒厂等的牧村。

哈莱阿卡拉国家公园
HALEAKALA NATIONAL PARK

　　哈莱阿卡拉国家公园可以称得上毛伊岛观光的亮点。从世界最大的休眠火山上升起的太阳和沐浴着晨光释放出光彩的火山口的绝美景色让你有如梦幻一般的感动，就好像在眺望一张名画。

开满鲜花的库拉

维雷亚～马可纳
WAILEA-MAKENA

　　维雷亚是眺望摩洛基尼岛的最佳地点。在维雷亚，有个性的高级酒店、陈列名牌服装等商品的购物中心、豪华的高尔夫球场等完备的设施，可谓顶级旅游地。
　　位于其南部的马可纳是以酒店和高尔夫球场为中心的、富有情调的旅游地。

维雷亚的美丽的大酒店

梦幻般的哈莱阿卡拉火山口风景

毛　伊　岛
分　区　概　览

西毛伊

Kahakuloa

A

Honokohau

Honolua Bay
往前租赁车不能行驶

Oneloa Bay
卡普鲁亚丽兹卡尔顿酒店
The Ritz-Carlton Kapalua
卡普鲁亚高尔夫俱乐部
Kapalua Golf Club

Namalu Bay
Kapalua

Napili Bay
Napili

West Maui
Mountains

B

2.9

LOWER HONOAPIILANI RD.

HONOAPIILANI HWY.

Kahana

西毛伊·卡普鲁亚机场
Kapalua West Maui Airport

Honokowai

1.4

霍诺科瓦伊海滩公园
Honokowai Beach Park

⑤拉海纳~卡普鲁亚

Puukolii

2.0

卡纳帕利高尔夫度胜地
Kaanapali Golf Resort

Kaanapali

鲸鱼村
Whalers Village

甘蔗列车
Sugar Cane Train

拉海纳陆纳高中
Lahainaluna High School

卡纳帕利度假区
Kaanapali Resort

1.8

拉海纳罐头食品厂
Lahaina Cannery Mall

HONOAPIILANI HWY.

3.4

Wainee

C

p.396~397

p.398~399

p.394~395

Lahaina
拉海纳
Lahaina

帕马纳公园
Puamana Park

劳尼乌波科州立公园
Launiupoko State Park

3

4

苏普莱柯斯鲁海滩
Sprecklesville Beach

卡胡卢伊机场
Kahului Airport

地图p.394

毛伊岛

怀希海滩公园
Waiehu Beach Park

卡纳哈海滩公园
Kanaha Beach Park

HALEAKALA HWY.

地图
p.394

A

Waihee

怀希高尔夫球场
Waiehu Golf Course

Kahului Bay

参照地图
p.414~415

2.0

往前租赁车不能行驶

380

36

HANA HWY.

简介与地图　西毛伊岛

Waiehu

PULEHU RD.

0.6

亚历山大&鲍德温砂糖博物馆
Alexander & Baldwin
Sugar Museum

340

PUUNENE AVE.

Wailuku

36

350

Puunene

KAAHUMANU AVE.

卡夫马努女王中心
Queen Kaahumanu Center

3.6

32

Kahului

蒂斯拉尼沙丘高尔夫球场
The Dunes at Mauna Lani Golf Course

330

380

MOKULELE HWY.

贝利之家博物馆
Bailey House Museum

WAIKO RD.

311

HONOAPIILANI HWY.

30

5.2

B

Waikapu

KUIHELANI HWY.

伊奥山谷展望台
Iao Valley Lookout

凯帕尼瓦伊公园
Kepaniwai Park

夏威夷自然中心·伊奥山谷
Hawaii Nature Center Iao Valley

毛伊热带植物园
Maui Tropical Plantation

5.0

伊奥山谷州立公园
Iao Valley State Park

地图p.394

1.6

Maalaea
Bay

毛伊海洋中心
Maui Ocean Center
毛伊高尔夫&体育公园
Maui Golf & Sports Park
玛亚伊亚港村
Maalaea Harbor Village

Maalaea

30

玛亚伊亚港
Maalaea Harbor

C

HONOAPIILANI HWY.

12.2

乌库麦哈迈海滩州立公园
Ukumehame Beach State Park

30

帕帕拉乌阿州立公园
Papalaua State Park

Olowalu

4

393

北毛伊

地图p.396
Pukalani

富卡拉尼乡村俱乐部
Pukalani Country Club

地图p.396

BALDWIN AVE.

Paia
帕亚

毛伊乡村俱乐部
Maui Country Club

HALEAKALA HWY.

HALIIMAILE RD.

4.8

HANA HWY.

3.6 (到帕伊亚)

苏普莱柯斯维尔海滩
Spreckesville Beach

卡胡卢伊机场
Kahului Airport

2.0

亚历山大&鲍德温甘蔗博物馆
Alexander & Baldwin Sugar Museum

PULEHU RD.

卡纳哈海滩公园
Kanaha Beach Park

0.6

Puunene
普内内

WAIKO RD.

WAIKO RD.

KUHELANI HWY.

Kahului Bay
卡胡卢伊湾

KUHELANI

MOKULELE HWY.

6.6

玛珀伊纳奥劳海滩公园
Maipoina Oe Lau Beach Park

加休曼努女王中心
Queen Kaahumanu Center

Kahului
卡胡卢伊

KAAHUMANU AVE.

3.6

KUIHELANI HWY.

5.2

NORTH KIHEI RD.

3.4

毛伊岛沙尘暴高尔夫球场
The Dunes at Mauna Lani Golf Course

Maalaea Bay
玛阿拉埃亚湾

Waikilu
威卢库

HONOAPIILANI HWY.

5.0

马亚拉伊港
Maalaea Harbor

0.4

1.2

Maalaea
马亚拉埃亚

毛伊海洋中心
Maui Ocean Center

毛伊岛·高尔夫&体育公园
Maui Golf & Sports Park

马亚拉埃亚港村
Maalaea Harbor Village

参照地图
p.414~415

贝利之家博物馆
Bailey House Museum

凯帕尼瓦公园
Kepaniwai Park

夏威夷自然中心·伊奥山谷
Hawaii Nature Center Iao Valley

毛伊热带种植园
Maui Tropical Plantation

伊奥山谷展望台
Iao Valley Lookout

伊奥山谷州立公园
Iao Valley State Park

HONOAPIILANI HWY.

地图p.393

394

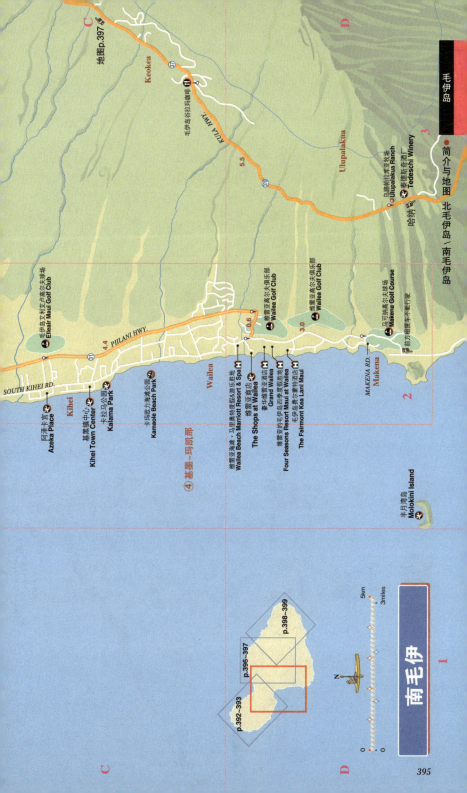

C
地图p.397
Keokea
毛伊岛谷拉玛咖啡
KULA HWY.
5.5
D
Ulupalakua
乌路帕拉库平牧场
Ulupalakua Ranch
麦德斯奇酒厂
Tedeschi Winery
哈纳
简介与地图 北毛伊岛／南毛伊岛
毛伊岛艾利艾尔高尔夫球场
Elieair Maui Golf Club
PIILANI HWY.
4.4
0.6
维雷亚高尔夫俱乐部
Wailea Golf Club
维雷亚高尔夫俱乐部
Wailea Golf Club
3.0
马可纳高尔夫球场
Makena Golf Course
前方租借车不能行驶
SOUTH KIHEI RD.
Kihei
基黑镇中心
Kihei Town Center
阿泽卡宫
Azeka Place
卡拉马公园
Kalama Park
卡玛欧力海滩公园
Kamaole Beach Park
Wailea
维雷亚海滩·马里奥特假日&游乐胜地
Wailea Beach Marriott Resort & Spa
维雷亚商店
The Shops at Wailea
豪华维雷亚酒店
Grand Wailea
维雷亚的毛伊岛四季度假胜地
Four Seasons Resort Maui at Wailea
毛伊岛费尔蒙特酒店
The Fairmont Kea Lani Maui
④基墨～玛凯那
MAKENA RD.
Makena
半月湾岛
Molokini Island

南毛伊

5km
3miles
N
p.398~399
p.396~397
p.392~393

C
D
I
2
3

395

内陆地区

Hoolawa Bay

Waipio Bay

Huelo 胡埃洛

地图p.398

Kailua 凯卢阿

(距塞卡乌莓纳州立公园)

俯往前方的的路况很差

HANA HWY.

Hoalua Bay

Pitale Bay

KAUPAKALUA RD.

Kaupakulua

Uluma lu 乌卢马卢

Ulumalu

Uaoa Bay

10.3

E. KUIAHA RD.

Kokomo

Makawao 毛瓦欧 Makawao

W. KUIAHA RD.

Pauwela

KAUHIKOA RD.

KOKOMO RD.

MAKAWAO AVE.

1.7

HAIKU RD.

哈伊库市场 Haiku Market Place

Haiku 哈伊库

Haliimaile

KULA HWY.

0.5

6.8

Haliimaile

PUKALANI BY-PASS HWY.

普卡拉尼购物中心 Pukalani S.C.

2.4

塞欧浦帕海滩公园 Hookipa Beach Park

HANA HWY.

2.2

玛玛斯鱼屋

Lower Paia

帕伊亚 Lower Paia

BALDWIN AVE.

HALIIMAILE RD.

Pukalani 普卡拉尼

普卡拉尼乡村俱乐部 Pukalani Country Club

Paia Bay

Paia

毛伊乡村俱乐部 Maui Country Club

3.6至37号公路

HALEAKALA HWY.

4.8

地图p.394

地图p.394

396

C

D

毛伊岛

● 简介与地图 毛伊岛内地地区

哈阿卡拉国家公园
Haleakala National Park

哈雷阿卡拉火山口
Haleakala Craters

莱伊维展望台
Leleiwi Overlook

卡拉哈库展望台
Kalahaku Overlook

访问中心
Visitor Center

红山
Red Hill

科学城(天文台)
Science City

HALEAKALA HWY

国家公园管理事务所
Park Headquaters

10.6

10.0

云雾岭普罗蒂农场
Clouds Rest Protea Farm

日出市场
Sunrise Market

日出普罗蒂农场
Sunrise Protea Farm

Olinda

5.8

HALEAKALA HWY

OMO RD

库拉小屋
Kula Lodge

内陆丰收
Upcountry Harvest

LOWER KULA RD

KULA HWY

魅力花园
Enchnting Floral Gardens

Waiokoa

3.2

Kula

库拉农业研究基地
Kula Agricultural Research Station

6.5

KULA HWY

Keokea

2.6

毛伊岛谷拉玛咖啡

地图 p.395

p.398–399

p.392–393

p.394–395

C

D

397

哈纳海岸

A

N

0　　　　　　　　　　　5km

0　　　　　　　　　　　3miles

p.392~393

p.396~397

p.394~395

Keanae 有小吃店
(至哈纳的中间位置)

13.7

Wailuaiki
Bay

Honolulunui
Bay

Waiohue
Bay

卡乌玛荷纳州立公园
Kaumahina State Park

Honomanu Bay

4.3

外奥库那瀑布
Wai O Kuna Falls

Wailua

380

21.7
(距离帕伊亚)

哈伊普埃纳瀑布
Haipuaena Falls

凯阿奈谷地树木园
Keanae Arboretum

瓦伊卡尼瀑布
Waikani Falls

HANA HWY.

普阿卡阿州立公园
Puaa Kaa State Wayside

地图p.396

坡卡贺阿瀑布
Puohokamoa Falls

怀卢阿山谷瞭望台
Wailua Valley Lookout State Park

考皮利乌拉瀑布
Kopiliula Falls

B

C

哈莱阿卡拉国家公园
Haleakala National Park

376

门

HALEAKALA HWY.

莱伊维展望台
Leleiwi Overlook

国家公园管理事务所
Park Headquaters

Haleakala Craters

地图p.397

Лаino

Pailoa Bay

哈纳机场
Hana Airport

瓦亚纳帕纳帕州立公园
Waianapanapa State Park

哈纳文化中心
Hana Cultural Center

Hana Bay

Hana

哈纳湾海滩公园
Hana Bay Beach Park

1.0

2.4

Honomaele

HANA HWY.

卡维克山丘 **Kauiki Hill**

Kaihalule Bay

毛伊·哈纳酒店&豪奴阿度假胜地
Hotel Hana Maui & Honua Spa

哈纳午餐中心
Hana Ranch Center

拉伊昂山丘
Lyon's Hill

哈斯加瓦百货店
Hasegawa General Store

哈纳西餐馆

2.5

科基海滩公园
Koki Beach Park

Hamoa

哈摩阿海滩
Hamoa Beach

Opau Bay

Puuiki

Keawa Bay

8.3

Kanakio Bay

瓦伊鲁阿瀑布
Wailua Falls

B

Waiaama Bay

路边的马利亚雕像
Virgin by the Roadside

奥欧奥游泳池
Oheo Pools

Kukui Bay

帕拉帕拉豪玛教堂
Palapala Hoomau Church

Kipahulu

C

库拉

毛伊岛

A

简介与地图 哈纳海岸

毛伊岛的节日

The Events of Maui

1月 January

●上旬
SBS 锦标赛

每年的 PGA 旅游。世界顶级专业球员集聚在卡普鲁亚 GC 种植园球场。

☎ 665-9160

2月 February

●中旬
温迪冠军逐洞赛

在维雷亚的黄金海岸举行，优秀高尔夫选手赛。

●中旬
鲸庆典日

也就是"座头鲸周"。有各种游行活动。

☎ 249-8811

●下旬
中国春节

在拉哈纳的前街有舞狮子表演。

3月 March

●中旬
拉海纳海洋艺术节

在拉海纳的大榕树公园举行海洋艺术节。除了夏威夷音乐和草裙舞之外，还有可以摸到鱼的触摸池等。

☎ 667-9175

4月 April

●上旬
艺术庆典

每年惯例的活动。除了有草裙舞等表演之外，还有民族乐器表演和音乐会等，在卡普鲁亚的丽兹卡尔顿酒店举行。

☎ 669-6200

●下旬
拉海纳大榕树生日聚会

是拉海纳内的大榕树庆典活动。除了展示艺术品和历史之外，也有适合孩子们的现场活动等。

☎ 667-9157

东毛伊岛芋头节

庆祝夏威夷芋头的节日。有关于芋头料理的演讲和展示、美食亭、现场乐队等。

☎ 264-1553

5月 May

●上旬
花圈日

在夏威夷各岛举行的有悠久历史的活动。将花圈供奉在王族的墓碑上的仪式、编花环比赛和展示以及音乐会等。

毛伊岛洋葱节

使用毛伊岛名产——洋葱进行的美食烹饪、娱乐活动等，在鲸鱼村的户外举行。

☎ 661-4567

●中旬
独木舟国际节

在拉海纳举行的为期 2 周的独木舟节。举行阅兵、造独木舟及与独木舟有关的传统仪式再现等活动。☎ 667-9175

6月 June

●中旬
拉海纳卡美哈美哈阅兵 & 庆典

每年在拉海纳举行的阅兵和各种娱乐活动。☎ 667-9194

●下旬
卡普鲁亚葡萄酒 & 美食节

品尝各国的葡萄酒和顶级厨师制作的料理。☎ 665-9160

7月 July

●上旬
拉海纳 7 月 4 日国庆节

庆祝国家独立的活动。除了在拉海纳的海面上放烟火外，在卡纳帕利也举行魔术表演、草裙舞等适合全家人观赏的活动。

9月 September

●中旬
拉海纳之味 & 全岛音乐之最

毛伊岛最大的美食节。可以享受到高人气餐馆的美食和夏威夷音乐，也有各种娱乐和游戏，在娱乐公园举行。☎ 667-9194

毛伊岛马拉松

暂且不说夏威夷，即使美国国内每年也举行马拉松活动，已有很久的历史了。高尔夫路线沿边优美景色也让当地人引以为豪。☎ 280-5801

●下旬
阿罗哈节

在整个夏威夷群岛举行的最大的节日。在各个地方举行阅兵、各种娱乐活动等。

在拉海纳的大榕树公园开展有各种各样的活动

举行梅赛德斯锦标赛、卡普鲁亚 GC 大种植园场的第八个球洞

10月	October

●下旬

埃斯特拉世界锦标赛

　　由天然水域游泳、公路自行车、公路长跑组成的越野铁人三项世界大会。在马可纳的度假胜地举行。☎ 521-4322

拉海纳的万圣节晚会

　　在夏威夷很有名气的拉海纳万圣节晚会。☎ 667-9194

11月	November

●上旬～中旬

阿罗哈经典锦标赛

　　在霍欧津帕海滩举行的帆板冲浪大赛，是夏威夷最大的活动，全世界的顶级水手参加。☎ 871-4917

12月	December

●上旬

大榕树的节日灯饰

　　拉海纳的榕树用很多的圣诞灯装饰。☎ 667-9175

※ 参考资料：*Hawaii Visitors and Convention Bureau*（ URL www. gohawaii.com/ ）

重 要 电 话 号 码

紧急电话（警察、救护车、消防局）　911

●医疗设施
西毛伊医疗保健中心 —（卡纳帕利）　667-9721
基黑·维雷亚医疗中心（基黑）　874-8100
医生在线呼叫（卡纳帕利和卡普鲁亚）　667-7676
哈纳社区健康中心（哈纳）　248-8294
毛伊诊所（卡胡卢伊）　877-6402
毛伊医疗团体（怀卢库／拉海纳）242-6464/661-0051
毛伊纪念医疗中心（怀卢库）　244-9056

●航空公司
美国联合航空　1-800-241-6522
中国国际航空公司（火奴鲁鲁）　955-0088
夏威夷航空公司　1-800-367-5320

●汽车租赁公司（24 小时紧急电话）
※ 阿拉摩汽车租赁　1-888-924-0977

※ 阿维斯汽车租赁　1-800-890-0046
※.budget 汽车租赁　1-800-890-0046
※ 赫兹汽车租赁　1-800-394-2246
※ 全国汽车租赁　1-800-654-5060

※ 由于开始接电话人员讲英语，你告诉租赁公司的名字，说"Speak Chinese Please"就可以了。

●出租车公司
AB 出租车　667-7575
卡胡卢伊出租服务　877-5681
阳光驾车室　879-2220

●国际电话
〔从毛伊岛往中国打电话〕
00-86- 去掉 0 的区号 + 对方电话号码
【从中国往毛伊岛打电话】
00-1-808+ 对方电话号码

毛伊岛的机场指南

毛伊岛共有 3 处机场，即位于岛的北海岸的卡胡卢伊机场、西海岸的西毛伊岛·卡普鲁亚机场以及东海岸的哈纳机场。

卡胡卢伊机场　　　　　　　　　　Kahului Airport

它是毛伊岛的主要的航站楼，有来自美国本土的直航机飞来的现代化机场。

从火奴鲁鲁出发除了乘坐夏威夷航空的直升机外，乘坐岛空气航空的螺旋桨飞机等也可到达。从火奴鲁鲁至卡胡卢伊乘

从机场能将哈莱阿卡拉山尽收眼底

直升机大约需 35 分钟。机场内有商店、餐馆及报摊，另外在信息亭里面可以获得各种有关旅游及酒店的信息。

汽车租赁台在行李托运处的右侧，预约完之后可以免费乘坐绕机场巡回的穿梭巴士，去航站楼之外的各汽车租赁公司的营业场所。在此处办理完手续之后就可以领到车。

关于卡胡卢伊机场的穿梭巴士，请参照下一页。

西毛伊岛·卡普鲁亚机场　　　　Kapalua West Maui Airport

住宿在卡纳帕利及卡普鲁亚至霍诺科瓦伊一带的游客，利用这个机场比较近。如果是卡纳帕利的酒店，从卡胡卢伊机场乘坐最快也要 1 小时，乘坐西毛伊岛·卡普鲁亚机场的话只需要 10 分钟。

这是一个只有一条跑道的小机场，有 Island Air 等航空公司。航站楼建在一座小山丘上，从此处可以望见菠萝田地和湛蓝的大海，非常壮观。航站楼内设有小吃店及特产店等。

朝向大海方向的右侧有专用电话，租赁汽车的游客可以在此处联系，并乘坐汽车租赁公司的接送巴士去营业所。

卡普鲁亚~卡纳帕利一带的酒店都有迎送客人的穿梭巴士（分为付钱和免费两种），没有接送巴士的酒店就使用出租车吧。

哈纳机场　　　　　　　　　　　Hana Airport

在哈纳度过假期的人或者以住宿在毛伊·哈纳酒店为目的客人，直接使用哈纳机场非常便利。从火奴鲁鲁飞过来的螺旋桨·塞斯纳机一天只有一班。如果提前告知你的航班号，毛伊·哈纳酒店会有专用巴士去接机。

果真是小机场

航空公司的联络方式
- 夏威夷航空公司
  火奴鲁鲁 ☎838-1555
  毛伊岛 ☎1-800-882-8811
- 岛空气航空公司
  ☎1-800-652-654
- 太平洋之翼航空公司
  ☎1-888-575-4546
- Mokulele Airlines 航空公司
  ☎1-888-435-9462
  ☎1-866-260-7070

如果有不懂的地方，可在夏威夷州的游客中心处咨询

从卡胡卢伊机场到各地的方法

参加旅游团的话各个酒店会有迎送巴士，如果是个人旅游就必须自己想办法去酒店了。

1 汽车租赁

不是初次来的人在机场租赁汽车就会感觉比较方便。出来到达航站楼之后，向右走50米就可以找到各个汽车租赁公司的接送巴士，坐车1~2分钟到柜台办理租赁手续。（主要租赁汽车公司的联络方式在下页）

从卡胡卢伊机场出发所需时间			
目的地	英里（公里）	线路	所需时间
基黑	12（19）	380号线→350号线→311号线→31号线	约30分钟
维雷亚	16（26）	380号线→350号线→311号线→31号线	约40分钟
卡纳帕利	26（42）	380号线→30号线	约50分钟
卡普鲁亚	32（51）	380号线→30号线	约1小时

2 出租车

出租车乘车地在出来大厅后右侧，一般会有几辆出租车等候。

从卡胡卢伊机场乘出租车的费用估计	
基黑	40~45美元
维雷亚	50~55美元
卡纳帕利	75~80美元
卡普鲁亚	85~90美元

3 机场穿梭巴士

没有驾驶证，且认为乘出租车太贵的人选择机场穿梭巴士比较好。在卡胡卢伊机场有好几家巴士公司，但是最有名的要数Speedi Shuttle（☎1-877-242-5777/☎242-777 🖳www.speedishuttle.com）。在机场的行李托运处的出口正对面有受理台，直接申请即可（不需预约）。如果是申请机场至酒店往返，还可以打折。另外要给司机小费。

价格如右边所示。一个人乘坐价格较高，人越多人均费就越低。所以人数越多就越划算，形成了这样一种价格体系。

Speedi 穿梭巴士价格表（从卡胡卢伊机场）			
目的地	1人	2人	3人	4人
基黑	$28.70*	$38.74*	$54.15*	$74.22*
维雷亚	$30.12*	$43.04*	$61.68*	$80.34*
卡纳帕利	$31.56*	$44.83*	$64.92*	$86.44*
卡普鲁亚	$33*	$50.93*	$66.71*	$92.89*

※ 每个地方可以根据旅客的乘车日期和酒店地址稍有变化，请仅以此作为大致参考。

行李多最好用手推车（2美元）

以红、蓝两条线为标志的 Speedi Shuttle

托运行李的信息

毛 伊岛内近几年的巴士网也很完备，即使不利用租赁汽车和出租车，也可以自由移动。或许不一定准时运行，但是对于观光和购物来说，利用价值很高。

1 度假胜地内的巴士

■卡纳帕利无轨电车

环绕卡纳帕利度假胜地的免费大巴。路线依次为喜来登酒店→鲸鱼村→万豪酒店和凯悦酒店的中间→高尔夫球场的俱乐部小屋前面→毛伊岛·卡纳帕利→阿斯顿山庄拉海纳皇家酒店。每天 10:00~23:00 间，每隔 30~40 分钟一趟（司机有吃饭休息的时间）。

2 公交巴士 　　　　　　　　　　Public Transit Bus

这是毛伊郡自 2006 年 7 月开始运营的公交体系之一。共连接 10 个观光地，全年无休息，车费 1 美元。URL www.co.maui.hi.us/bus

■ 纳帕利巴士

此路线连接纳帕利·卡伊和卡纳帕利的鲸鱼村，时间约半个小时。在劳瓦·豪奴阿皮拉尼大街的单元公寓停车。纳帕利·卡伊为始发站。每天 5:30~20:30 间，每小时一班。并且该地通过鲸鱼村与卡纳帕利相接。

■ 卡纳帕利巴士

连接卡纳帕利的鲸鱼村和拉海纳的沃尔夫电影中心的路线。在两处停车，即拉海纳罐头厂购物中心和帕帕拉乌阿大街（拉海纳购物中心附近）。鲸鱼村为始发站，6:00~21:00 间，每小时一趟。并且，通过沃尔夫电影中心与卡纳帕利岛人家相接。

■ 拉海纳巴士

该路线以拉海纳的沃尔夫电影中心为出发点，经由玛亚拉伊港村，最后至卡夫马努中心，时间大约为一小时。州政府大楼也是一站。早晨 5:30 从卡夫马努中心出发，末班车为 19:30，半小时一趟。通过玛亚拉伊港村和卡夫马努中心与基黑岛·人家相连。

■ 基黑岛巴士

该路线以玛雷亚的维雷亚商店为始点，经由玛亚拉伊港村，最后至卡胡卢伊机场的卡夫马努中心，大约一小时。该地通过玛亚拉伊港村和卡夫马努中心与拉海纳相连。车从卡夫马努中心出发，5:30~19:30 间一小时一趟。

卡纳帕利巴士

除了上述之外，还有其他线路。即环绕基黑镇的基黑环线、环绕卡胡卢伊市的卡胡卢伊环线及环绕怀卢库市的怀卢库环线，以及将玛卡瓦欧和普卡拉尼等内地与卡胡卢伊连在一起的内地线。还有将

在毛伊岛开车的一点建议

卡胡卢伊～怀卢库: 32 号公路是全岛交通量最多的地区。尤其是早晨,上班、去学校的车非常多。

卡胡卢伊～普卡拉尼: 37 号公路是比较直的过程。道路较宽,可以悠闲地驾车。但是,回程时速度容易快。

卡普鲁亚～西北海岸:两地之间路况较差,也没有农家,有些汽车租赁公司会禁止驾车去往此地。(即使有什么事故,也不在保险范围内。)

377 号公路: 到处都是毫无防备的急转弯和路面较窄的地方,需注意。

360 号公路: 狭窄蜿蜒的东海岸线在夏威夷群岛中驾车难度最高。连续的几个小转弯应用低挡通过。迅速积极地利用刹车。在一些预测不到的转弯处,别忘了按喇叭。介绍只能通过一辆车的桥的内容请参照后文。

拉海纳～卡纳帕利:早晚会出现严重的堵车。特别是从下午15:00 开始, 由于有开往卡纳帕利北上的车,非常拥挤。制作时间充裕的计划特别重要。

库拉靠海边缘:库拉～泰德斯奇酒厂之间有上下坡的曲折道路。有急转弯,且各地的柏油路都裂开了缝,需慢速行驶。

378 号公路: 可以驾车至哈莱阿卡拉山。道路非常整齐,只要谨慎地通过几个蛇形转弯就没有什么问题。行驶中要经常检查散热器。在山顶附近需开暖气,由于一直处于向上登的状态,易发散热器过热。下山时需注意车速,多使用刹车,用低挡下山。在某些时间段会有阳光刺眼,所以太阳镜是必需品。防寒具也不要忘记。

玛亚伊亚～奥洛瓦卢:是毛伊岛事故多发地带。特别是从这个海角能够看到拉奈岛、卡荷олを维岛,因过度沉醉在这绝景中而发生的事故较多。道路的两侧是陡立的岩石,行驶时要注意。等到太阳落山时,朝卡纳帕利方向行驶时可以沐浴到夕阳,必须要戴上太阳镜。

31 号线皮拉尼公路:时速限制在 45 英里 (约72 公里)的道路。转弯少, 车速快,超速行驶的监控很多。

基帕胡卢～东南海岸:连接基帕胡卢和库拉的道路。到处都是土路,也没有农家,有些汽车租赁公司禁止驾车来此地。尤其是雨季时道路被切断,不要以为驾车就万无一失了。

➡ 帕伊亚、哈伊库、卡胡卢伊连接起来的哈伊库库线等。

405

西毛伊岛的重要观光点
Western Maui

西毛伊山的西海岸是毛伊岛观光的中心。

时而在点缀着历史色彩的港口城市拉海纳散步、巡礼历史古迹，时而乘坐勾起乡愁的甘蔗列车，在顶级的高尔夫球场度过丰富多彩的假期。

拉海纳 Lahaina   Map ⑤拉海纳 ~ 卡普鲁亚 /p.392-C2/p.408~409

王朝的首都时代和因捕鲸而繁荣的岁月

1795年卡美哈美哈国王实现了统一夏威夷的伟业，一直到1845年卡美哈美哈三世迁都至火奴鲁鲁，这期间拉海纳作为夏威夷王国的首都非常繁荣。

大约同一个时期，美国的捕鲸船航行至夏威夷群岛，从此拉海纳作为捕鲸船团的基地活跃起来。达至顶峰时，有400多艘船只载着捕鲸人员进港。

随着捕鲸船来往逐渐频繁，美国本土的传教士也来到该地，将西洋文明传播至夏威夷。

传教士们在布教的同时还建造了学校和教堂，教当地人英语等，对夏威夷的现代化做出了很大贡献。很有趣味渊源的历史古迹分布在拉海纳周边。

漫步在充满乡愁的海港城市中

由于首都迁至火奴鲁鲁，并且1860年捕鲸业的衰退等原因，曾经分布着广阔甘蔗田的悠闲港城拉海纳退出了夏威夷历史的舞台。

一个世纪后，即在1962年拉海纳被指定为国家历史保护区。整个城市从此关注于历史建筑物的保存和再现，致力于建设城市的历史和自然结合的建筑，创造出拉海纳镇独特的乡愁气氛。

在与海岸线平行的前街两侧，时尚的服装店和餐馆、画廊鳞次栉比，即使太阳落山后还有很多观光者在悠闲地散步。周围的建筑物有一种乡土气息，就好像电影里面的场景。

拉海纳的街道将古港的情绪和使人兴奋的度假胜地的氛围相融合。请一定要体验一次在此地悠闲散步的乐趣。

巡游拉海纳的画廊

拉海纳艺术协会既支持本地艺术家的创作，也进行对美术感兴趣的孩子的培训活动。由于协会的支持，培养出了许多有名的艺术家，比如克里斯蒂安。因此，现在在拉海纳有十几座的画廊店紧邻，感觉像798。另外每月4次（主要是周末）大榕树下举行"拉海纳艺术展示"活动。展示工艺美术品的照片、绘画。

lahaina-arts.com/index.cfm/pageid/16

前街的两侧有三个小时的免费停车区，但是大部分都被先到的客人占去。但是有付费停车区，无需担心。

巡游拉海纳的历史古迹

拉海纳曾经作为王国首都而繁荣的历史在历史古迹中可以领会到，这些古迹成为拉海纳修复保存财团重点保护对象分布在其周围。一边追溯古拉海纳的历史一边漫步在这座城市中，是了解拉海纳真面目的重要的小旅行。

※历史古迹名字前面的数字与其实景前竖立的牌子上的号码一致。
※号码还不完整，目前正在整修中，预计最后共有62处。

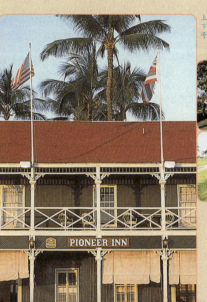

上／大师阅览室
下／跟踪历史古迹牌子上的号码即可

Lahaina Historical Tour

左／拉海纳的地标、先驱者酒家
下／鲍德温故居

⑲理查德故居
Richards' House

此处为最初来拉海纳传教的传教士理查德的住所。现在这块地已经变成了坎贝尔公园，他在这里首次用珊瑚石建造了房子。之后理查德成为夏威夷最初的文部大臣。

㉕卡美哈美哈三世的芋头田旧址
The Taro Patch

直到1959年末在这里还可以看到芋头田的痕迹。听说卡美哈美哈三世亲自在田间劳作，鼓舞人们起来劳动的斗志。

㉗豪欧拉石
The Hauola Stone

是拉海纳港的海岸壁的一块魔石。据说坐在石头上面用海水洗脚，可以治病。

㉖布里克宫
The Brick Palace

这是按照卡美哈美哈大王的命令，于1800年前后在夏威夷最初建造的西方建筑物。1870年倒塌，现在只能看到地基。但是当时使用夏威夷没有的瓦砖建成的两层楼房，在当时具有划时代的意义。

㉒大师阅览室
The Masters'Reading Room

壁墙壁是由珊瑚石建造的建筑物，19世纪中期传教士鲍德温的书房。现在位于拉海纳修复保存财团（Lahaina Restoration Foundation）的本部。

㉑鲍德温故居
The Baldwin Home

这是出身于新西兰的传教士鲍德温1838~1871年间住过的两层小屋。由于他不仅仅作为传教士闻名，且是毛伊、拉海纳、摩洛凯地区唯一的医生，所以家里经常作为教堂和医疗所使用。19世纪的家具和古董还原样保存。

DATA
每天开放时间10:00~16:00，门票3美元

似再现捕鲸现象的先驱者酒客

❷ 古拉海纳灯台
The Old Lahaina Lighthouse

卡美哈美哈三世的第一条命令就是在拉海纳港建灯台。听说在夏威夷最初建造的灯台，是燃烧鲸的油来发光的。现在是之后重建的灯台。

⑯ 先驱者酒家
The Pioneer Inn's

可以称得上拉海纳地标的酒店。1901 年开张，到 1950 年前一直作为西毛伊岛唯一的酒店，接待了数不清的客人。从开店至现在虽然经过了一个世纪，但仍然是充满古夏威夷情调的木造建筑。

大榕树。到了周末，画家、雕刻家等艺术家会在这里开个露天市场，卖自己的作品

⑮ 大榕树
The Banyan Tree

城市广场中最引人注目的大树。为了纪念基督教传教 50 周年，在 1873 年由当时的县治安官威廉·史密斯种植的。这是夏威夷最大的树，高为 18 米，生长繁茂，能够覆盖的树荫达 2700 平方米。

⑭ 法院大楼
The Courthouse

于 1985 年建立的法院，在捕鲸时代犯罪的船员在此处受到制裁。1925 年改建，现在除了有地方法院的办公处，将以前的牢房原样保留变为珍贵的画廊。

建筑物外面放置的大炮是从 1816 年沉没在拉海纳海的俄罗斯船中回收的。

拉海纳

超级鸡蛋挂面

元气寿司

甘蔗列车
Sugar Cane Train

拉海纳捷威中心
Lahaina Gateway Center

拉海纳火车站
Lahaina Station

KEAWE ST.

LIMAHANA PL.

A

卡纳帕利

KAPUNAKEA ST.

HONOAPIILANI HWY.

拉海纳罐头购物中心
Lahaina Cannery Mall

HINAU ST.

Kaiser Medical(医院)

美食区

WAINEE ST.

古拉海纳·卢奥

KENUI ST.

BAKER ST.

拉海纳中心
Lahaina Center

PAPALAUA ST.

邮局

隆格兹

B

马拉港
Mala Wharf

U.S.水手医院 44

FRONT ST.

阿甘虾餐厅

ALA MOANA ST.

PUUNOA PL.

拉海纳路
Lahaina Roads

帕诺阿海滩
Puunoa Beach Estates

拉海纳净土寺 45

1

2

拉海纳罐头购物中心每周二和周四的 19:00 有草裙舞表演，另外每周六、日的 13:00 有小孩子的草裙舞表演。

⑫滨海要塞
The Fort

此处和法院大楼相邻，于1964年修复。最初是于1832年为对抗制造事端的船员建造而成。1854年拆除，将一些拆掉的珊瑚石盖起了㊾拉海纳监狱。

⑧运河旧址和政府管理所旧址
Canal and Market Place, Government Market

拉海纳没有天然港口，都是从海上锚泊的船上通过小船上陆。但是常常伴有危险发生，在19世纪40年代后半期，美国领事馆挖掘了运河。在1931年填埋。

政府管理所旧址是19世纪40年代政府建立的草房顶建筑，用来进行贸易交易。外国船只运来的货物都在此处交易。

左/英国国教派教堂美丽的祭坛
右/滨海要塞

㊶英国国教派教堂
The Episcopal Church

1862年建立的英国国教派教堂，1972年改建。因祭坛上画有"夏威夷麦当娜"而闻名。

㊵Hale piula

别名"铁顶屋"。1830年建造，本来打算用来作为卡美哈美哈三世的宫殿，但是没有完工。当作暂时法院使用过，在1858年因大风遭到破坏。

㊽㊾玛卢乌鲁奥莱莱公园
Maluuluolele Park

在此处以前有个叫作摩库亚的水池和小岛，这是由毛伊岛的酋长和王室的人建造而成。据说一些有权势的酋长葬于此地。以后王室的墓碑被移至其他地方，1918年水池被填埋。

华丽的教公堂

哈莱帕埃印刷所
Hale Pa'i

位于拉海纳的近山处、拉海纳纳卢高中内的一所印刷所博物馆。这个印刷所1834年2月14日建立，由学生第一次在夏威夷印刷报纸。之后印刷《圣经》、纸币以及《夏威夷宪法》等。用珊瑚石和熔岩装饰的印刷馆内展示着初期印刷物的仿品。

DATA
除了周六、日，每天的10:00~16:00为开放时间，门票免费。

将夏威夷初次的印刷物推问世间的哈莱帕埃

56 威廉教堂（瓦伊奥拉教堂）
Waine'e Church

1828年建造的有历史渊源的耶稣教会。曾几度重修，现在的建筑物是1952年建造的，如今改名为瓦伊奥拉教堂。

57 威廉墓地（瓦伊奥拉墓地）
Waine'e Cemerery

1832年，凯奥普奥拉尼女王（卡美哈美哈的王妃）去世，埋葬于此。据说最初她将信仰转向基督教，如果没有她的帮助，传教活动也不会顺利进行。

54 大卫·保罗故居
David Malo's House

这里是大卫·保罗的故居，他是夏威夷的第一个历史学家和哲学家。他的著作 *Hawaiian Antiquities* 是研究夏威夷文化不可缺少的。

53 哈莱帕阿豪监狱
Hale Pa'ahao

以前这里是囚禁犯法的捕鲸船员的小型刑事所。1852年由囚犯亲手建造。建造墙壁的珊瑚石是12滨海要塞挪用过来的。1958年遭遇了火灾，次年重建。

49 英国国教派基地
Episcopal Church

埋葬（→上页）与61英国国教派教堂有关系的家庭和信徒的墓地。

50 哈莱·阿罗哈
Hale Aloha

1853年在瓦胡岛发生了天花病，导致数千人死亡，幸运的是毛伊岛避免了这一灾害。为了纪念此事，当地的耶稣教徒建成了这座教堂。

51 真言宗法光寺
The Buddhist Church of the Shingon Sect.

19世纪末建造的真言宗寺院。当时为了在蔗糖种植园工作，大量的日本人移居于此。

52 卢阿基尼大街
Luakini Street

1837年，为了使卡美哈美哈三世的妹妹——娜海姆爱娜公主的葬礼列队通过而修建的道路。卢阿基尼在夏威夷中是"有供品的寺院"的意思。

48 玛利亚·拉娜吉亚教堂
Maria Lanakila Church

1841年初次举行本土天主教的弥撒，1846年在此处建立了木造的天主教教堂。现在时髦的建筑物是1928年改建的。

47 水手墓地
The Seamen's Cemetery

正如其名，这块墓地埋葬了许多的水手。如今墓标已经腐朽，勉强能判断出是谁的墓碑。

44 US水手医院
The U.S.Seamen's Hospital

1833年建造。1844~1862年美国政府作为医院使用。水手、尤其是捕鲸的人中易出现受伤者，因此医院里几乎都是男人。1982年由拉海纳修复保存财团重建。

45 净土寺
The Jodo Mission

拉海纳净土寺是为了纪念日本移民至夏威夷100周年而建。这所寺院中有佛像，重达3.5吨。

让人想象不到是在夏威夷的拉海纳净度空间

CHECK　鲸鱼村每周四15:00开始，免费开展草裙舞课。

卡纳帕利 Kaanapali

Map ⑤ 拉海纳 ~ 卡普鲁亚 ~C/p.392-C1

世界上最初的总体规划度假胜地

以海滩、高尔夫场为中心，促进酒店和购物中心的开发，这种总体规划的先驱就是卡纳帕利。一片荒瘠的土地变成了高尔夫球场，卡纳帕利在 1962 年开始引起世人的关注，人们惊叹地称此为"奇迹度假地"。

起初只有一家酒店、18 个洞的高尔夫球场，现在的卡纳帕利已经扩大到有 11 座酒店 & 单元公寓、36 个洞的高尔夫球场。整体上发展成为拥有客房数 5200 间、40 个以上的网球场及 25 个游泳池、约 50 所餐馆 & 酒吧的大度假胜地。

尽管诸设施都比较完善了，但是卡纳帕利给人的第一印象仍是辽阔的天空带给我们的自由感。高尔夫球场的绿色突入眼前。建筑物之间有较大的间隔，不会破坏每一个景观。与高楼密集的怀基基相比，真是有天壤之别。

卡纳帕利一日游

在卡纳帕利的乐趣是数不胜数。度假地的诸设施（除了酒店的游泳池）都是公开开放的，即使旅客不住宿也可以利用。

在全长 3 公里的白沙上玩耍，也可以在举行世界锦标赛的高尔夫球场玩耍。这里有顶级品牌的购物中心、鲸鱼村、稀奇的鲸鱼博物馆，还可以在海滩边的餐馆里享受浪漫的晚宴等，处处充满了度假胜地的气氛。

在卡纳帕利最愉快的事情就是参观各个酒店。传统的喜来登、凯悦、独特造型的威斯丁等各式各样的酒店，所以即使边看它们的异同边漫步也是极大的乐趣。因为有免费的穿梭巴士，在该地区内移动也很方便。

展示有趣资料的博物馆

愉快的度假村生活

鲸鱼村博物馆
Whalers Village Museum

有关鲸鱼村里的鲸和捕鲸资料的博物馆。内部展示着 1825~1860 年间的珍贵的照片和捕鲸用具，当时被称作"捕鲸的黄金时代"。并且放映着鲸鱼的录像，能够使人们了解到它们的生活状态和行为。礼品店里出售鲸的手工艺品和饰品等，可以说是毛伊岛独有的特产。

DATA

- 🏠 鲸鱼村 2F
- ☎ 661-4567
- 🕐 9:30-22:00
- 休 无
- 💲 免费，但请捐钱
- 🅿 购物中心的付费停车场
- 🔲 www.whalersvillage.com

毛伊岛的"黄金海岸"卡纳帕利海滩

毛伊岛

旅游景点 巡游拉海纳的历史古迹\西毛伊岛的重要观光点（西毛伊地图 392~393）

在卡纳帕利度过最愉快的假期

不去亲自住宿，就不能感受到卡纳帕利度假地的魅力。住宿费不能说很低，但是各个酒店提供的各项完备服务设施让人感觉物有所值。

单元公寓布置得也很宽敞、舒适，且室内装修豪华。在如此豪华的衬托之下，让人感觉狭窄的怀基基的城市酒店失掉了几分颜色。

早晨去拉奈岛的话，会望见一片碧绿的海面和纯白的卡纳帕利海滩。如果是在冬季，可以一边品尝酒店提供的早餐，一边眺望在海中游泳的座头鲸。还有精心设计的客人活动、喧闹的游泳池以及笑脸相迎的酒店员工……

住宿一晚也无所谓，所以一定要在卡纳帕利逗留一天，因为这里隐藏着夏威夷度假胜地的真谛。

上／各种精心设计的酒店任旅客挑选（照片是毛伊·威斯丁酒店）中／卡纳帕利的主角是高尔夫球场下／环绕卡纳帕利度假胜地的穿梭巴士每天10:00~22:00间30~40分钟一班（免费）

火奴鲁鲁～卡普鲁亚
Honokowai~Kapalua

体验顶级旅游胜地

　　位于岛西北部的卡普鲁亚，是一个比卡纳帕利更高级的旅游胜地。

　　这里以世界知名的一级酒店——丽兹卡尔顿为中心，还分布着别墅式的公寓、卡普鲁亚商店购物中心、网球花园、让高尔夫球迷垂涎三尺的 36 洞高尔夫球场，还有堪称全美洲最漂亮的卡普鲁亚海滩，是一个可以度过绝妙假期的地方。

从上到下在全美洲堪称顶级沙滩的卡普鲁亚海滩

任旅客挑选的单元公寓

　　连接卡普鲁亚和卡纳帕利的海岸线上，有些地方能让旅客度过安静的旅游生活。它们从北依次为纳帕利（Napili）、卡哈纳（Kahana）、霍诺科瓦伊（Honokowai）的海岸线。

　　这块地方的住宅街排列着一排排时尚的房子。因为具备幽静的环境、比卡纳帕利还要凉爽的气候和卡普鲁亚·西毛伊机场附近等优越的条件，建起了各式各样的单元公寓，是欧美游客青睐的地区。还有纳帕利广场、卡哈纳·捷威购物中心、霍诺科瓦伊集市等购物中心，非常便利。

　　附近可能没有特别值得一提的历史古迹和活动，却具备让旅客安静、悠闲度假的完美设施。但和卡纳帕利等地不同，具备一定的英语会话能力和能自由驾车是在当地舒适度过旅行的必要条件。

高尔夫球道向往的卡普鲁亚高尔夫球场

打算在毛伊岛逗留的话可选择顶级的卡普鲁亚（丽兹卡尔顿·卡普鲁亚酒店的游泳池）

北毛伊岛的重要观光点

Central Maui

哈莱阿卡拉山和西毛伊山系由熔岩流连接，形成了今天的葫芦形岛屿。曾经是一片荒寂峡谷的北毛伊岛如今分布着广阔且肥沃的甘蔗田。在祭拜古神灵的圣地上，异形的山峰静静地流逝着岁月。

卡胡卢伊和怀卢库 Kahului & Wailuku　　Map p.394-A1~2

触摸夏威夷素颜的城镇

卡胡卢伊位于北毛伊岛，环绕卡胡卢伊湾伸展，是岛内首屈一指的商业都市。主公路 32 号公路——卡夫马努公路的两侧排列着大型的购物中心，这里购物的当地人很多，所以非常热闹。

位于卡胡卢伊西部的怀卢库设有

令人怀念的怀卢库街道

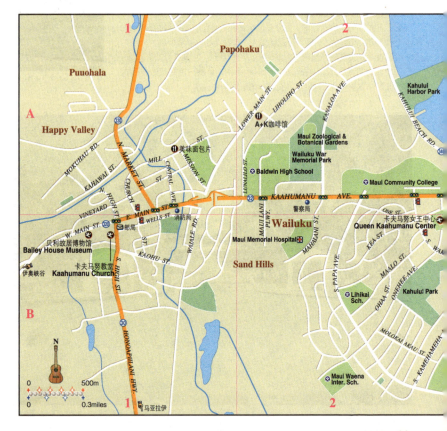

管理摩洛凯、拉奈及卡荷拉维各岛的毛伊县厅，成为政治的中枢。

　　在其周围不可忽视的是伊奥山谷州国立公园。正如其名字一样，凸出来的针一样的作家马克·吐温称之为"太平洋的优美胜地"的山谷值得一看。

分布着许多高人气大型购物中心的卡胡卢伊

触摸毛伊岛的历史
北毛伊岛博物馆巡礼

贝利故居博物馆
Bailey House Museum(→ Map p.414-B1)

这座博物馆是将 19 世纪 30 年代时传教士贝利夫妇住过的房子重新修复得来的，用来展示各种夏威夷文化遗品的地方。

作为贝利夫妻起居室的夏威夷房间里，全是一些有趣的展示品，例如 19 世纪前后的稀奇神像、木雕食器及能将芋头磨碎的石蒜臼等。

DATA
住 伊奥山谷大街两侧
☎ 244-3326
时 10:00~16:00
休 周日、主要的节假日
费 7 美元，60 岁以上 5 美元，7~12 岁 2 美元，6 岁以下免费
P 免费

喜欢古董的人必看

夏威夷自然中心·伊奥山谷
Hawaii Natrue Center Iao Valley
(→ Map p.394-A1)

这是一座自然博物馆，陈列着许多孩子们也感兴趣的展示品。

如地球仪、展示岛屿上都有什么生物生存的西洋镜、像蜻蜓一样飞过山谷看到美丽景色的"蜻蜓体验机器"等，通俗易懂地解说夏威夷的各种自然环境。礼品店可以买到毛伊岛产的礼物。

DATA
住 伊奥山谷瞭望台停车场的前面
☎ 244-6500
时 10:00~16:00
休 无
费 6 美元，6~12 岁 4 美元，5 岁以下免费
P 免费

毛伊热带种植园
Maui Tropical Plnatation
(→ Map p.394-A1)

位于连接怀卢库至玛伊亚 30 号公路沿线的农业博物馆。在 120 公顷的园内，菠萝、杜果、番木瓜等流行的水果及树的果实、花等农作物齐聚一堂，乘上电动汽车就能参观。展示馆通过照片和实物展示出来的咖啡豆和澳洲坚果收获之前的过程和历史也非常有意思。

DATA
住 1670 Honoapiilani Hwy. ☎ 244-7643
时 9:00~17:00
休 无
费 门票免费，电动汽车（1 天 8 班）14 美元，3~12 岁 5 美元
P 免费

飘着香甜味道的农业博物馆

亚历山大 & 鲍德温糖业博物馆
Alexander & Baldwin Sugar Museum
(→ Map p.394-A2)

位于卡胡卢伊至基黑的途中的普奈奈是因蔗糖业发展起来的城市。现在制糖工厂仍在运营中，在它的一角有关于制糖业的历史博物馆。

DATA
住 3957hansen Rd. ☎ 871-8058
时 9:00~16:30
休 周日（不定期开放）、主要的节假日
费 7 美元，6~17 岁 2 美元，5 岁以下免费
P 免费

孩子们也特别喜欢的博物馆

展示品

  位于 30 号公路两侧、奥洛瓦卢附近的景点，有些地方是急转弯，驾车难度较高，但是能够观赏到日落时的绝景。

南毛伊岛的重要观光点
Southern Maui

被比喻为"女性上身"的毛伊岛，
位于其丰满胸部部位的基黑~维雷亚是经过大规模开发形成的豪华的旅游胜地。
这里高级酒店和单元公寓鳞次栉比，
美食和购物随心所欲，
寂静又充满着不可思议的魅力。

马亚拉伊和基黑 Maalaea & Kihei `Map ④基黑~玛凯那~B/p.394-B1~395-C2`

海事活动基地·马亚拉伊

毛伊岛的顶部被形容为"女性的侧脸"，马亚拉伊就相当于其颈部。它作为去摩洛基尼岛的浮潜游轮、观鲸船等各种游轮出发和到达的海港在观光者的心目中留下了很深刻的印象。海湾对面有十几所的单元公寓相邻，在马亚拉伊海滩经常看见有人在慢跑或者体验帆板冲浪。

除了一些大规模的水族馆和体育公园，还有面积稍小的马亚拉伊海港村购物中心。本地经营的个性时装店和时尚的咖啡厅和餐馆也提高了当地的人气。

在基黑悠闲度假

从马亚拉伊一直向南延伸，便是基黑。在基黑星点分布着数十家的单元公寓和购物中心。

海岸线长达 10 公里，其间分布着卡拉马公园、卡玛奥莱海滩公园等海滨公园。大海作为冲浪的练习场所非常有名。

购物中心也有很多，比如 Akaze Place、Longs Center、Piilani Village Shopping Center 等让旅客任意选择（折叠图⑥）。

附近的单元公寓住宿费价格适中，在这里逗留 1 周、2 周的欧美游客较多。如果计划在毛伊岛长时间游玩，将基黑当成首选是很明智的。

在基黑有很多性价比较高的公寓（阿斯顿毛伊酒店的大榕树）

从休闲的咖啡馆至时尚的餐饮吧供旅客挑选（斯特拉布鲁士咖啡馆）

VOICE 在坐潜水船时，发现了座头鲸。一头雌座头鲸在前面，后面有 3 头雄鲸齐头并进游过，时而看到它们跳出海面。

417

毛伊岛海洋中心 Maui Ocean Center Map p.394-B1

最精彩的水槽隧道水族馆

毛伊岛海洋中心位于俯视马亚拉伊港的高地处，在夏威夷群岛中是规模最大的水族馆，非常适合全家游玩的活动。

最精彩的部分是用厚度达 15 厘米的强化塑料建成的水槽隧道 Under Water Jounery。大约有 500 种以上、2000 条鱼在 240 度的视野内嬉游，仿佛有一种在海底散步的感觉。

全家体验

公园里还有再现夏威夷珊瑚礁的 living leaf、展示体重达 10 吨巨大座头鲸模型的鲸中心、对海洋生物熟悉的工作人员让游客触摸海星和海胆的触摸池等。

另外还有小吃店、餐馆、礼品店等，各种设施齐全，极力推荐全家人游玩。

毛伊高尔夫&体育公园 Maui Golf & Sports Park Map p.394-B1

全家人尽情享受的体育活动

距离马亚拉伊港极近的地方，有 2002 年开业的迷你高尔夫球场和体育公园。公园内有瀑布和小河流淌，是一次可以体验多项游玩的个性活动场所。

该地的主角是正规的高尔夫球场。它是有效利用原来的地形，建成了两个热带灌木环绕的 18 洞球场。由于在球场上巧妙地设置了段坡、沙地及岩石等球场障碍，即使是成年人也不能轻易地将球打进，这一点特别有趣。

有面包圈形的游泳池上面漂浮着带有水枪的碰碰船、高达 10 米的攀岩用的岩壁、大型蹦床等。也有小吃店和郊游桌，全家可以充实地度过一天。

维雷亚和马可纳 Wailea & Makena Map ④基黑 ~ 玛凯那 ~C/p.395-D2

人气急升的豪华旅游胜地

位于基黑南部的维雷亚是被称作"魔法大变形"的旅游胜地。它面积广大，约 1500 公顷，相当于卡纳帕利的 3 倍。在这片宽广的土地上，

DATA

🏠 马亚拉伊港附近
☎ 270-7000
🕐 9:00~17:00（7~8月到 18:00）
休 无
💰 25.5 美元，60 岁以上 22.5 美元，3~12 岁 18.5 美元，3 岁以下免费
P 免费
🌐 www.mauioceancenter.com

能够触摸到海里的小动物的触摸池

DATA

🏠 马亚拉伊港附近
☎ 242-7818
🕐 10:00~17:00 周六 ~18:00
休 无
💰 迷你高尔夫 15 美元，4~12 岁 12 美元。碰碰船（10 分钟）攀岩（2 次）蹦床（5 分钟）各 9 美元，4~12 岁 7 美元。联票 29 美元，4~12 岁 26 美元
※ 无论哪一种 1~3 岁都免费
P 免费
🌐 www.mauigolfandsportspark.com

上 / 各种精心设计的高尔夫球场　右 1/ 愉快的碰碰船
右 2/ 挑战攀岩

分布着 54 个洞的高尔夫球场、14 个网球场、5 家顶级酒店、2500 间房间的高级公寓、鳞次栉比的一流购物中心，还有 5 片白沙滩。用一句话概括，这就是维雷亚的全貌。

在如此广阔的土地上，旅客仅仅是过而不停的话是很难掌握它的总体面貌的。还是应该留宿于此，如果体验不到其规模，无法知道维雷亚的魅力之所在。并且不要忙于观光和购物，不离开酒店一步，发自内心地去享受空闲的奢侈，这是为了追求旅游人设计的异度空间。

每个酒店都以极好的服务招待客人

能眺望海面的游泳池是最奢侈的（维雷亚高级酒店）

处于遥远南端旅游胜地

从维雷亚一直南下，便至马可纳。开发维雷亚时，曾提出"毛伊岛最后的旅游胜地"的口号。后来由于马可纳地区也进行了开发，于是新的旅游胜地又登场了。

与维雷亚一样，马可纳降雨量较少，所以特意从伊奥山谷引水修筑水路，经过 13 年建成了 18 个洞的高尔夫球场和网球场、300 个客房的毛伊公爵酒店。据说 1000 公顷的场地是从位于内陆地区的乌鲁帕拉库牧场花费 1200 美元转让过来的。

现在公爵酒店已经衰退了，但将高尔夫球场扩张至 36 个洞，今后也计划开发酒店、公寓和别墅。

马可纳地区有魅力的海滩——奈奥莱亚海滩

VOICE 鲸鱼村内有停车场和收费餐馆，非常热闹，停车场费用为半小时 2 美元。但维雷亚艺术商店内可以免费停车，也可以直接进餐馆。

419

内陆地区的重要观光点

Upcountry

开花的银剑草。奇怪的植物

本书所定义的"内陆"是指以哈莱阿卡拉山为中心的西部高原地带。

在这块地域里，有展现神奇景观的哈莱阿卡拉火山口、广阔清爽高原上的村庄、适合帆板冲浪的胜地等。

你绝对可以度过丰富多彩的一天。

哈莱阿卡拉国家公园 Haleakala National Park　　Map p.397-D3

难以形容的喷火口景观

去毛伊岛观光绝对不能缺少的就是参观哈莱阿卡拉火山口。哈莱阿卡拉在夏威夷语中是"太阳之家"的意思。它作为美国的国家公园之一，由国家公园服务机构管理。

位于海拔约 3000 公里处的哈莱阿卡拉火山口的圆周为 33.8 公里、东西长 12 公里、南北长 4 公里。山口壁的高度为 200 米，深度为 910 米，面积 49 平方公里。它规模很大，大到足以容纳纽约的曼哈顿岛，所以从山顶眺望哈莱阿卡拉山口，那绝景真的无法用语言形容。

据说在这个火山口内，拍摄了斯坦利·库布里克的名作《2001 年宇宙之旅》，宇宙飞行员抵达月球的训练也是在此进行的。从中可以体会到脱离现实的身临其境的感觉。

登太阳之家的驾车之旅

去哈莱阿卡拉山可以通过参加各种旅游团实现，租赁汽车也可以开到山顶。道路较宽，整修得特别完善，要注意车速，谨慎行驶。

路线为从卡胡卢伊进入 37 号公路，在 377 号公路和 378 号公路处分别左拐。进入 378 号公路后约正好在 10 英里（约 16 公里）、7000 英尺（约 2134 米）处有国家公园的大门。旅客在这里可以领到哈莱阿卡拉山的地图和有关信息，也有厕所。如果上厕所的话，请来这边。

海拔 9000 英尺（2743 米）以上的左侧是卡拉哈库瞭望台。去时不能左拐，所以驾车时靠近回路，观赏优美的风景吧！

DATA

🕘 国家公园管理事务所每天 6:30~16:00 开放

💰 去国家公园的门票为 1 辆车 10 美元（3 日内有效）

🌐 www.nps.gov/hale

主要的旅行社

■波利尼西亚探险旅游公司
Polynesian Adrenture Tours
☎ 877-4242

■罗伯茨·毛伊
Robert's Maui
☎ 871-6226

■ Pualani Adventures

CHECK　黎明前的哈莱阿卡拉山顶经常会吹起风，冷得让人受不了。可以带上大衣，或者将手头的衣服全都裹在身上，或将毛毯裹在身上。

左上／不断俯视美景的山岳驾车之旅　右上／行走在滑动金沙中的徒步旅行者
下／从游客中心眺望国家公园的全貌。有梦幻的感觉，似画中的风景

卡拉哈库的美景

绝景和神秘的高原植物

哈莱阿卡拉山的最高点是海拔 10023 英尺（约 3055 米）的红山。但是最好的眺望地点是它前面的 9800 英尺（约 2987 米）高的地方，能一眼望到火山口内。

这里面有游客中心，内部展示了有关从地质学、考古学、生物学的角度对公园的说明。

红山上不可忽略的是银剑草。这是一种稀奇的植物，它银色的叶子就像剑一样发光，风暴一样的尖叶向外伸展。在 6~10 月，2 米高的茎的周围密密麻麻地开满了鲜艳的紫色和黄色小花。这是一种脆弱的植物，只能生长在海拔 1800~3700 米的高地。银剑草一时几乎灭绝，现在由国家公园的管理人保护。由于是非常珍贵的植物，请不要触摸。

驾车时的注意事项

■将车加满油（最后加油地是普卡拉尼镇）。

■行车中需经常检查散热器，防止出现过热。

■下坡时使用刹车。如果是自动挡车，使用二挡就足够。

■海拔 7000~8000 英尺的地势周围容易起雾。提前确认车后尾灯开关的位置。

■司机不要忘记戴太阳镜，有些时间和地方会受到阳光的直射。

■制作一个中午之前能到达山顶的时间表。山上的天气变化快，眺望风景最好的时机是上午 10:00 左右。

■从卡纳帕利到山顶约 65 英里（约 104 公里），从基黑出发约 47 英里（约 75 公里）。其中有 25 英里（约 40 公里）为比较险峻的登山道，在此处慢速行驶需一个半小时。考虑到加油及买小吃的时间，再倒推一下出发时间。

游客中心附近的观日出特等席

  在哈莱阿卡拉国家公园，从初学者到老手都可以体验的徒步线路很多。关于线路请向公园管理事务所咨询。☎572-9306

库拉 Kula

在库拉能看到的神奇的花种——帝王花

清爽微风吹拂过的安静的农村地带

位于哈莱阿卡拉火山西山脚的村落——库拉。利用缓坡的斜面形成的牧场，乳牛在悠闲地吃草，星星点点地分布着小房子。向远处望去，能同时看到右侧的卡胡卢伊湾及左侧的玛亚拉伊湾，可以称得上是绝景。

库拉的主要产业是畜牧业和蔬菜、水果等农作物。其中特别有名的是洋葱，说到"毛伊洋葱"，人们对它的评价是味道很美，而据说库拉的洋葱是其中最好的。

近年来最盛行的是剪下带茎叶鲜花的花卉产业。以康乃馨为主，卖到火奴鲁鲁和美国本土。充满生机且美丽的帝王花种（Protel）可以说是库拉的象征，种类也非常丰富。

左上／在魅力花园能够欣赏到人们辛勤培育的花
右上／泰德斯奇酒厂的品酒屋是由以前的监狱改造的
左下／总是开满鲜花的魅力花园

DATA

Enchanting Floral Garden ☎ 878-2531
時 9:00-17:00 休 无
料 7.5 美元、6~11 岁 1 美元、5 岁以下免费 P 免费
URL www.flowersofmaui.com

DATA

Tedeschi Winery ☎ 878-6058
時 10:00~17:00（酒厂参观为10:30~、13:00~、15:00~三次）
休 主要的节假日 料 免费
P 免费
URL www.mauiwine.com

库拉周围的重要观光点

魅力花园汇集了以帝王花为首的 1500 种以上的花草。住在库拉的一对夫妇酷爱养花，植物园里开满了他们辛苦培育的花。

如果到库拉，请务必参观一下泰德斯奇·酒厂。这是毛伊岛唯一的当地葡萄酒酿造场，除了可以在前身为监狱的品酒屋试饮活动外，每日举行三次葡萄酒厂的参观活动（免费）。

毛伊岛特产的最合适当礼物的当地葡萄酒，一瓶的价格最低在 9 美元左右

日出集市（→ Map p.397-C2）是去哈莱阿卡拉国家公园的最后一站。

每年7月4日独立纪念日举行的牧人竞技表演会上，岛内的牛仔们聚集在一起竞技

感觉像日本乡村的玛卡瓦欧的街道

玛卡瓦欧 Makawao

Map p.396-B2

历史悠久的牛仔镇

去哈莱阿卡拉的途中，从37号高速上的普卡拉尼左拐至365号高速，经过一段上坡路即可看到玛卡瓦欧。

由于其周围有广阔的牧场，当作在当地工作的牛仔们的集中镇，所以被称作帕尼欧洛镇（在夏威夷·西班牙语系中是牛仔的意思）。街道很短小，几乎是100米就到尽头。但如其名字一样，具有西部剧场景里一样的古老风情，连马缰绳的竿子都还保留在商店的入口处。

在帕尼欧洛镇悠闲漫步

玛卡瓦欧起初是为了在甘蔗种植园耕作的人建成的城镇，移民后裔经营的老店至今还保留着。

1930年创建的杂货店komoda商店出售从生鲜食品至生活杂货，这里的面包圈是玛卡瓦欧的名产。人气特别高，早晨10:00左右就卖光。

与这些古店混在一起，近几年建起了在火奴鲁鲁也很受欢迎的时尚服装店和礼品店。全是外表豪华的店，多得让人吃惊。这些店里面出售室内装修小物品、欧洲时尚等，可以边参观、边悠闲地漫步。毛伊岛的牛仔镇是一个新旧融合的快乐小镇。

在玛卡瓦欧镇内的玻璃制品的艺术商店、热岛玻璃商店里，可以参观制作工坊，有参观价值。☎572-4527

帕伊亚 Paia

从蔗糖镇到"冲浪镇"

沿 36 号公路从卡胡卢伊至哈纳大约 7 英里（约 11 公里）处、以与鲍德温大街的交叉点为中心展开的区域即为帕伊亚镇。

帕伊亚以前是一个被蔗糖田地环绕的乡村小镇。最初作为蔗糖种植园建于 1870 年。之后持续发展，1940 年左右人口达到 8000 人，是毛伊岛最大的镇。

但是从 20 世纪中期开始，开始开发卡胡卢伊等新的城镇，帕伊亚的人口迅速减少。2000 年在夏威夷关闭了几个帕伊亚制糖厂，现在虽然还残留着少量的甘蔗田，但是帕伊亚作为制糖镇而繁荣的光景已看不到了。

帕伊亚受到新时代的影响是从 1960 年至 1970 年。嬉皮派们移居到此地，开始了小规模的生意。并且因其周围有波浪起伏的大海，所以聚集了很多的冲浪迷，帕伊亚又恢复到了以前的繁荣。

"冲浪镇"的漫步方法

街道的两侧停放着一排载有帆船的汽车，褪了色的木制建筑鳞次栉比。自由自在来往的冲浪者和街道怀旧的气氛相融合，酝酿出独特的风情。

从十字路口开始变成平坦的上坡路时，就到了鲍德温大街。这条街上有冲浪后饥饿的冲浪者集聚的餐厅、超酷的泳衣店及时尚的服装店等。去哈纳驾车间歇在此地小憩一下是个非常好的选择。

地图区域：

MELIA PL.
玛卡瓦欧
邮局
新鲜薄荷
莫阿纳面包&咖啡
玛纳食品
BALDWIN AVE.
门波·热带(杂货)
莲花月球
(衣物&杂货)
划艇·毛伊
(水上用品商店)
利利科
潘普屋
帕伊亚鱼市
安东尼的咖啡
哈纳　HANA　HWY.　卡胡卢伊
奥诺意大利冰激凌
哈纳海滩果汁
(水果杂昔)

帕伊亚的中心街——鲍德温大街

载有帆船的奔驰！这就是帕伊亚风格

在帕伊亚的潘普屋这家店里，有一个罕见的项目，即使用无药栽培麻的一种——黄麻制作成衣服、帽子和包之外，还可以当作护肤用品。☎ 572-1288

哈纳海岸的重要观光点

Hana Coast

穿过蜿蜒的道路，终于抵达了。
被原始森林覆盖的山谷、清凉的瀑布，
开满无名花的街道，
还有笑脸相迎的哈纳人。
这里是被称作"天堂一样的哈纳"，
是因为至今还保存着夏威夷本来面貌的地方。

去往哈纳的长途驾车 Drive to Hana　　Map p.396、398~399

　　哈纳是位于毛伊岛东南方的小城镇，被世人称作"天堂一样的哈纳"，是因为它一直保持着夏威夷古有的丰富的大自然和那份寂静。它与毛伊岛的其他地方不同，哈纳之所以没被卷入到开发的浪潮是得益于其险峻的道路吧！

山海之间险峻的路为哈纳公路

从卡胡卢伊到哈纳大约只有52英里（约83公里）的路程，但是有必要制订2个半到3小时的驾车计划。

虽说36号的哈纳公路一度整修过，但是称作"公路"过于牵强，需要相当的驾车技术。有很多让旅客无法预测的转弯，以致必须把车速控制在10英里（16公里）以下。不知道是谁数过，说大约有617个转弯处。道路非常狭窄，只能单向行车，且仅能通过一辆车。因下雨路边会变得脆弱，有时山谷两侧的道路会塌陷。

56座石桥大部分都只能通过一辆车，甚至有时由于沙地崩坍，会禁止通行。真是一段让司机们头痛的道路。

阿纳的海岸边点缀有很多清凉的瀑布

边休息边悠闲地驾车

弥补此种风险的回报则是自己驾车去哈纳看到的美景。有流淌在郁郁葱葱森林中的30多个瀑布。在U字状线路的间隙里有许多美丽的山谷。道路的两侧树枝向外伸展，好像被整个深色原生林覆盖一样，即使白天也有清凉的微风拂过。

经过一整天艰苦奋斗终于到达这个幽静的小镇——哈纳。到达这个称作"天堂一样"的小镇，虽然经过了漫长、险峻的路程，但安全抵达时的感动则更值得回味。

对于喜欢驾车的人来说，与哈纳镇本身相比，来此处驾车或许才是最好的活动。

驾车注意事项

■尽量早晨早点出发。不留宿在哈纳的人，需在15:00返回。制订天黑之前回到酒店的行车计划，这是很重要的。

■出发前车加满油（最终加油处为帕伊亚）。

■经过小转弯时，如果是自动车使用第二个齿轮刹车即可。灵活使用引擎刹车。

■在看不清楚的转弯处按车喇叭。

■看到One lane bridge（仅能通过一辆车的石桥）的牌子后减速。离石桥最近车先行通过，对面没车的话，可慢行顺利通过。如果对面有车，就把车停在规定的线上等候。

仅能通过一辆车的50座石桥

长距离驾车的歇息地
(→ Map p.398-A1~2)

■卡乌玛荷纳州立公园
Kaumahina State Park

登上园内左侧的斜坡，就能眺望里亚式海岸（Ria Coast）和凯阿奈半岛。有厕所和郊游桌。

■全程中点处的小吃店

距离卡乌玛荷纳州立公园约3英里（约5公里）处有小吃店。可以喝点果汁润润喉咙。

■怀卢阿山谷瞭望台
Wailua Valley Lookout State Park

能够纵观整个怀卢阿村的景观。以钻蓝色的海面为背景，一片碧绿的芋头田和矗立的加布里埃尔教堂像画一样美。

■普阿卡阿州立公园
Puaa Kaa State Park

距离哈纳约20公里。可以在园内的瀑布潭内游泳。内部有厕所和郊游桌。

终点处的小吃店内有自动取款机和临时厕所

从瞭望台远远眺望到的怀卢阿村

DATA

Hana Cultural Center

🏠 4974 Uakea Road
☎ 248-8622
🕐 10:00~16:00
🚫 1/1、12/25
💰 2 美元（捐赠）
🅿 免费
🌐 www.hookele.com/hccm

哈纳文化中心

想住一次的毛伊・哈纳酒店 &
霍奴阿疗养地

🏃 哈斯卡瓦百货商店
**Hasegawa
General Store**

在哈纳镇，一定要去的
是这家百货店。商品
琳琅满目，以至于出
售以此店为题材的唱
片。这里是哈纳最有
名的观光点。（☎248-
8231 🕐7:00~19:00 周
日 8:00~18:00 🚫1/1、复
活节、12/25）

静静矗立的哈斯卡瓦百货店

哈纳 Hana

处于毛伊岛端上的天堂小镇

哈纳位于哈莱
阿卡拉国家公园的
东侧斜坡面，它是
一个由热带树木、
花、椰子和竹林围
绕的宁静小镇。

为了缓解长途
驾车的疲劳，首先

哈纳的中心——哈纳湾海滩公园

在哈纳湾海滩公园停下来休息片刻吧！它是个由美丽的海湾、因岩石流
形成的山峰直插而入，里面设有厕所、淋浴、郊游桌，成为当地人休息
的场所。

哈纳湾至大海之间的右侧有个鼓起来的半岛，这就是卡维基山丘。
在这块土地上，曾经发生了夏威夷的侵略者和毛伊岛居民之间的大战争，
据说这里有夏威夷军队无论如何也攻克不了的城塞。

卡维基是卡夫马努王妃的出生地。流传卡夫马努是卡美哈美哈国王
众多妻子中最受宠爱的一人。卡夫马努出生的洞穴，至今还保留着。

能够了解到哈纳从卡美哈美哈时代至现代之间历史的是哈纳文化中
心。它处于比哈纳湾地势稍高的地方，是一个很小的博物馆，展示着古
代夏威夷的生活用具和武器及 20 世纪初的贵重资料等。

在哈纳装扮成牛仔

哈纳也是制造奶酪的城镇。经过世界闻名的哈纳毛伊酒店 & 霍奴阿
疗养地时，你会看到利用哈莱阿卡拉山脚下的缓坡建成的广阔的哈纳牧
场，无数的牛儿在悠闲地吃草。这座牧场大约有 1800 公顷之大，于 1943
年由旧金山的实业家费根保罗创建而成。哈纳镇的人数为 700 人，据说
80% 的居民都以各种形式从事着与哈纳牧场和哈纳毛伊酒店 & 霍奴阿疗
养地相关的工作。

哈纳牧场除了饲养牲畜之外，还用来当作骑马、自行车旅行和猎猪
的场地，是一个多功能牧场。关于带导游的骑马旅行，酒店的客人就有
优先权，不过只要空着一般都可以参加。

哈纳湾的早晨。右侧的半岛为卡维基山丘

🌀 CHECK 在哈纳海滩餐厅及哈纳湾内的小吃店——拖拖斯内，有可以打包的汉堡和热狗，非常方便。

哈纳重要的观光点

　　哈纳的前端也有很多重要的观光点。被郁郁葱葱的森林环绕的怀卢阿瀑布、古代夏威夷人接受洗礼的圣池奥埃奥游泳池、美国英雄林德伯格长眠的帕拉帕拉·豪玛乌教堂，还有哈莱阿卡拉山锋锐利的裂缝——Kaupo Gulch 等。

　　但是一经过哈纳，路况会变得更差，自驾车一日游的情况，最好是准时返程。另外有些汽车租赁公司禁止再向前行车了，所以请注意。对于想欣赏毛伊岛之端的人，推荐选择东毛伊岛一周游。（→p.440）

Expeditions
拉海纳至拉奈岛一日游

　　拉奈岛被称作"夏威夷最后的乐园"，它距离毛伊岛较近，约 15 公里。去拉奈岛从卡胡卢伊机场乘螺旋桨飞机即可到达，如果搭乘从拉海纳港出航的班轮"远征"号，可以更方便快捷地参观拉奈岛。乘船时间仅有 45 分钟，一日游的话在时间上也绰绰有余。

拉海纳和拉奈岛之间用载 36~120 人的船连接

45 分钟悠闲的海上航行

　　离开拉海纳港之后，船径直驶向浮现在正西方的拉奈岛。无论是在装有空调的船舱内，还是能享受到日光浴的甲板上，都可以悠闲片刻。

　　途中有海豚群与船齐头并进，或者遇到 12月~次年 4 月喷水的鲸，一遇到这些，船上的人都非常兴奋。逐渐靠近充满绿色的拉奈岛后，绕进露出岩石表皮的山崖，船静静地驶向有曼内雷港的海湾。

享受到日光浴的甲板座

丰富多彩的活动

　　在拉奈岛度过的方式有多种多样，比如去最高级的旅游胜地打高尔夫、开着吉普车飞奔、在弗劳埃海滩放松等。"远征"号班轮还涉足于举办各种各样的活动和往返船票及接送等。如果一日玩得不够尽兴的话，酒店包厢里留宿即可。

　　此外，利用穿梭巴士也很方便，它环绕曼内雷港和两个四季旅游胜地、拉奈城和机场。往返费用是 10 美元。在港口有办理柜台，有乘车情况介绍。费用在四季度假村的礼品店里支付。

这是装有空调的主客舱

DATA

🏠 拉海纳港内（→ Map p.409-B3）

☎ 1-800-695-2624　☎ 661-3756（需预约）

💰 单行 30 ＄、2~11 岁 20 ＄、1 岁以下免费
旅行团套餐费用：高尔夫 196.40 ＄、4 驱车旅行 75.76 ＄、租借 4 驱车 186.16 美元。
飞碟射击 150.80 ＄、射箭 124.8 ＄、住宿在曼内雷湾的拉奈四季度假村或者考埃拉的拉奈四季度假屋的价格为 514.80~1.196 美元（两个人）

💻 www.go-lanai.com

航行时间表

从拉海纳港出发至曼内雷港	6:45	9:15	12:45	15:15	17:45
从曼内雷港出发至拉海纳港	8:00	10:30	14:00	16:30	18:45

可选旅游团及娱乐活动

旅行团名称 费用（儿童费用） 从酒店的出发时间→回到酒店的时间	内容介绍	备 注 （费用中包括）
哈莱阿卡拉山顶的星星 & 日出·徒步 160 美元（140 美元） 夏季（4~9 月）1:45~2:45 → 11:00 左右（约 9 个小时） 冬季（10 月~次年 3 月）2:30~3:30 → 11:00 左右（大约 9 个小时）	在哈莱阿卡拉山顶观测完天体之后，一边看日出一边徒步拍摄	接送、导游、防寒器具、手电筒、双筒望远镜、早饭、饮料、哈莱阿卡拉国家公园门票等。11 岁以下的孩子为儿童价格
毛伊岛·哈莱阿卡拉山半日游 80 美元（65 美元） 7:15~7:45 → 13:30 左右（约 6 个小时）	是毛伊岛最高且距离太阳最近的山，参观哈莱阿卡拉山半天。山顶上的风景非常美丽，让人感受到大自然的伟大	酒店接送、导游、午饭等。4~11 岁适用儿童价格
环毛伊岛一日游 118 美元（118 美元） 7:00~7:40 → 17:40 左右（约 10 小时）	哈莱阿卡拉山、珊瑚厂、参观伊奥山谷、观光拉海纳镇、乘坐甘蔗火车等很多活动	酒店接送、导游、午饭等。4~11 岁为儿童价格
天堂哈纳 & 环秘境东毛伊岛大探险 160 美元（140 美元） 7:15~7:40 → 17:30 左右（约 10 小时）	经由天堂哈纳镇，环绕东毛伊岛一周的旅游。繁茂的绿色和黑色的沙滩（black sand beach），古老的夏威夷就在这里	酒店接送、导游、轻便早餐、午餐、饮料、哈拉阿卡拉国家公园的基帕胡卢管理区的门票
毛伊岛伊奥山谷 & 拉海纳半日游 80 美元（65 美元） 10:45~11:15 → 17:40 左右（约 7 个小时）	带领游客去参观能够感受到历史和自然的岛屿且是毛伊岛有名的观光地——伊奥山谷和有王国首都之称的拉海纳镇	酒店接送、导游、午饭。4~11 岁为儿童价格

■出发时间和返回时间因酒店的位置有所不同。
■费用有时候会发生变化，请自行确认。
■以此为指导，请在当地选择旅行团。

难忘的哈莱阿卡拉山雄伟的风景

观 鲸

Whale Watching

每年的 12 月到次年的 5 月，来自阿拉斯加海的座头鲸游到夏威夷近海。在眼前能看到其巨大身躯的观鲸游轮会让旅客一生难忘，特此推荐。

冬季的大客人

有 1000~1500 头的座头鲸生存在北太平洋地区。夏季生活在阿拉斯加海的北极海中的座头鲸到了冬季，为了在温暖的夏威夷海域交配生产、育儿，从遥远的数千英里之外游到此处。

像这样鲸喷水、游泳的样子，在岛的西海岸很容易就能眺望到。如果是在卡纳帕利和维雷亚的酒店，从阳台上就能望到。另外，能在更近的距离参观到鲸鱼雄壮身姿的观光船一到这个季节便每天出航好几艘。观鲸是冬季的风景诗。

愉快的观鲸周游船

一般在上午会经常看到鲸，没风的日子则是最佳时机。船上的甲板上站满了携带相机和望远镜的参观者，当他们初次看到鲸的身躯，就发出一阵欢呼声。有时候鲸还会跳跃，更赢得一阵阵雷鸣般的掌声。鲸是毛伊岛中最有人气的参观物。

大部分的旅行团会在海水中设置集音器，让游客听到鲸的鸣叫声。座头鲸作为在鲸中较善于唱歌的一类而有名，从尖叫似的高音至呻吟似的低音，都可以发出几个的音程。由于唱歌的只有雄鲸，所以有说法是说这是向雌鲸求爱而发，但是其真正原因还不明确。

旅游使用的船只各种各样，从大型的周游观光船到小型的橡胶船。旅游时间大约 2 个半小时，费用为 30~70 美元。到底是从拉海纳港还是从马亚伊亚港出航呢？根据酒店是否有接送和吃饭等条件各有不同，还是经过比较、讨论后再参加吧！

一到观鲸的季节，瞭望台上就人山人海

旅行推荐
■海洋鲸鱼基地
Pacific Whale Foundation
☎ 879-8811
🖳 www.pacifcwhale.org
从拉海纳港和马亚伊亚港出发。大约 2 小时，费用最低为 30 美元
■Prince kuhio
☎ 242-8777
从马亚拉伊港出发。请电话查询价格
🖳 mvprince.com

有各式各样的船

摩洛基尼岛浮潜游轮

小小的月牙形面包状的无人岛——摩洛基尼岛。世界有名的潜水地，乘坐游轮的浮潜游轮之旅是在毛伊岛最受欢迎的旅行活动。

在鱼的乐园体验伟蓝

浮现在维雷亚海面的摩洛基尼岛是座新月形小岛。岛内侧波浪平静，透明度也是最高的。由于可以观察到珊瑚礁和热带鱼，乘坐游轮的浮潜旅行团非常受游客欢迎。有很多公司的船从马亚伊亚港出发，但是除了船的大小和食物的内容不一样之外，几乎没有什么差别。船出航的时间为 6:30~7:15，返回时间为 12:00~13:00。几乎都不去酒店接送，从酒店到码头主要的交通手段是租赁车和出租车。

还有从马亚拉伊港至摩洛基尼岛的舒适的帆船，约 40 分钟。一到海边后，就能看到哈莱阿卡拉山的全貌，欣赏到平野里维雷亚高级旅游胜地并列分布的海岸线。如果运气好的话，还能看到海龟和海豚，冬季还有可能参观到鲸鱼。并且摩洛基尼岛作为海上公园受到保护。如果浮潜的话，一定会明白保护大自然之美吧！

旅行团一般含有午餐。被蔚蓝的天空和大海包围着进餐是在郊游中感觉最好的！有的船还装有完备的淋浴和厕所，应该能体验到舒适的帆船游玩。

摩洛基尼岛的建议游程
■库希奥王子
Prince Kuhio
☎242-8777
船上的定员数为 250 人，但是由于人数限制到 150 人，所以可以很宽松悠闲地度过。出港时间为 7:15（周三、五 9:15）。费用 96.4 美元，5-12 岁为 9.96 美元。其中包含主要酒店的接送、带早午餐、含税。还需付 3 美元的燃料费。
🖳mvprince.com

舒适的"库黑奥公爵"号

■Trilogy游轮
Trilogy Excursions
☎874-5649
这是毛伊岛的大游轮公司之一。该公司拥有好几艘游轮，乘坐 54 英尺宽、能容 55 人的双体船去摩洛基尼岛。出港时间 6:30。费用 117.83 美元，3~15 岁 58.94 美元。
🖳www.sailtrilogy.com

由于有关于潜水的解说，即使是初次体验也很放心

自由自在地在海里游玩

浮潜霍奴阿湾之旅

乘坐舒适的双体船游海

从春天至入秋，霍奴阿湾的海浪平静，是极好的潜水地。但是从陆地上去有点困难，建议选择乘舒适的双体船去霍奴阿湾的浮潜游轮。从卡纳帕利的西毛伊出航。

"双子星座"号是全长 20 米、总宽度为 10 米的帆船。日光甲板和乘客席面积较大，感觉非常舒适。也有温水淋浴和厕所等完备设施。航行过程中有时候会出现海龟和海豚。目的地霍奴阿湾的海面非常平静，透明度也较高，聚集了众多的鱼类。尽情游玩后，在船上进行午餐。午餐中还有葡萄酒等各种酒类，让旅客尽情放松。

时 11:00 出港 ~15:00 左右返回
电 669-0508
休 无
费 110 美元，13~19 岁 90 美元，2~12 岁 70 美元（都有浮潜装备，包含午餐）
CC ADJMV
网 www.geminicharters.com
备 冬季时有时候会去拉海纳正南方的奥崎瓦卢、拉奈岛

左 /1990 年在西雅图建造的船——"双子星座"号
右 / 有时候出现海豚同行的巡航

拉纳岛巡航一日游

在平稳的双体船上的舒适船旅

毛伊岛中具有名气的是拉奈岛一日行船游。各个公司制订了有趣的旅游计划，在旅游柜台相互比较、讨论一下吧！其中最有名的是 1973 年举行周游拉奈岛最大的公司的 Trilogy 游轮。

Trilogy 游轮是较平稳的双体船。船约 1 小时就到达了海面平静的 Polopoe 湾。乘坐小型巴士约 30 分钟的拉奈城观光之后，在 Purohoe 海滩里游玩才是最精彩的。一定要挑战潜水，即使是孩子还是初次体验的人也不用担心。再加上简单明了的介绍，一定有工作人员跟随且伴有解说。在阳光下享受美丽的大海和海滩。

时 6:15 出港 ~16:00 返回
电 874-5649
休 周六、周日
费 170.39 美元，3~12 岁 85.20 美元，13~18 岁 127.80 美元（包含早餐点、午餐、饮料、浮潜课程和租赁、海滩用品的租赁）
※ 另外都需要付 3 美元的燃料费
CC AMV
网 www.sailtrilogy.com

左 / Trilogy 是舒适双体船的一种。甲板的座席全都是露天的
右 / 心情愉快的船员们

从毛伊岛出发的精选旅游团
拉奈岛旅游和观鲸旅游

用望远镜观察远处浮在海面上的遇难船残骸

拉奈岛观光团诞生

毛伊岛诞生了新的旅游项目——拉奈岛冒险一日徒步游。主办人为常年在毛伊岛经营潜水店的老板。他将潜水店交给继承人，创立了旅游公司，自己做导游。

乘坐从拉海纳港 9:15 出发的 Ekusupedsyu 去拉奈岛。边观看海豚群边欣赏风景，经过 45 分钟后到达拉奈岛的曼内雷港。从此处乘坐 4 驱的大篷货车向观光地出发。拉奈岛曾经因种植菠萝而繁荣，但现在所有的菠萝田都封闭，现在依靠观光业振兴。岛的大部分都是未开放的原野，整修的道路只有 40 公里，剩下的道路全都是天然土路，几乎是荒原。

怀着探险的心情巡游

从曼内雷刚出发最初到达的地方为位于拉奈岛西北的神像庭园。最初行走的是铺砖路，大部分都是红色的土路。冒着尘土到达了神像庭园。在荒凉的红色土壤的大地上，滚动着大大小小的岩石块，这全部都是由海边吹来的强风形成的。看到远处蓝色的大海，鹿蹦跳着消失在岩石对面，这种光景好像在地球之外的卫星上。

接着去的地方是遇难海岸。结束了铺修的公路，进入沙路里面后，就能看见金碧辉煌的大海。在海龟游泳的美丽海滩的对面，浮现出泛红的遇难船，这是一种非常梦幻的场景。在距离海滩步行 5 分钟的森林里，去看 300 年前刻有雕刻纹的岩石。能够清晰地看见画有海龟和人的图案。这个地方非常难找，不参加旅游团肯定找不到。

也能与拉奈岛岛民接触

在拉奈岛四季度假村科艾雷山庄酒店悠闲地享用完午餐后，穿过水果花园酒店，到科艾雷镇散步。在镇上有很多自由时间，旅客可以自由自在地参观文化＆遗产中心，或者在超市购物。回去的渡轮出发时间为 16:30。虽然是步行参观，更能发掘到拉奈岛魅力的旅行。

观鲸游

12 月～次年 4 月的这段时间，能近距离地观看座头鲸的精彩表演，特意推荐。高兴的是如果没有看到鲸，还可以再乘一次船。

DATA

■ Hale Puamana

☎ 268-9952/9953　URL www.halepuamana.com

※ 未满 16 岁必须有大人陪同

■拉奈岛冒险一日游旅行团

时 8:30 拉海纳港集合 ~17:30 拉海纳港解散（可另外安排去酒店接送）

费 289 美元、6~12 岁 269 美元（包含渡轮票、现场交通费、导游、午餐、饮料）

■观鲸团

时 ① 9:30 拉海纳港集合 ~11:45 返回拉海纳港② 11:45~14:00 ③ 14:30~16:15 一日三次（可另外安排去酒店接）

费 ①、② 37.4 美元、4~12 岁 22.42 美元、③ 26.7 美元、4~12 岁 17.07 美元（含导游费）

※ 在拉奈岛的曼内雷湾也举行参观夏威夷海豚的旅行团

434

参观帆板冲浪

平静祥和的太平洋小岛——毛伊岛。这里是世界顶级运动的发源地。这就是帆板冲浪胜地。去北岸，去参观刺激的、激烈的世界级竞赛。

Windsurfing Watching

● 可选旅游团及娱乐活动

毛伊岛

因毛伊岛的信风产生的新运动

这是 1970 年在加利福尼亚产生的帆板冲浪。这种活动传播到帕伊亚之后，与强烈的信风相遇，就产生了骑浪这种十分刺激的运动。

在经常刮风、掀起大波浪的毛伊岛滑浪地，游玩的人会展示快速高跳、空中旋转着水，或者单手单足操纵船等非常刺激的动作。

去海滩游玩时，请体验冲浪一样的惊险活动。

颠覆风帆冲浪印象的霍欧津帕

能观赏到像这样积极的帆板冲浪运动的地方是位于岛北海岸的霍欧津帕。从帕伊亚至哈纳方向大约行驶 3 公里处向右拐便是霍欧津帕。附近的帕伊亚和哈伊库住着世界上顶级水平的帆板冲浪员，他们在这片海里竞技。

到了冬季，参观冲浪专家们骑浪的人很多，霍欧津帕海岸可谓人山人海。帆板冲浪留给人"悠闲地随风掠过海面"的印象，是值得特意驾车去看的一项娱乐。

其他有名的冲浪地
■卡纳哈海滩公园
Kanaha Beach Park
(→ Map p.394-A2)
夏季适合障碍赛、春天和秋天适合骑浪。此地作为出场锦标赛的专业人员训练基地非常有人气。
■基黑Kihei
(→ Map p.395-C2)
通过各种条件一年之中都可以冲浪。即使是初学者也ok，海上是高水平的人游玩的地方。
推荐的冲浪店
■毛伊帆板冲浪公司
The Maui Windsurf Company
☎ 877-4816
www.mauiwindsurfcompany.com
初学者课程为两个半小时89美元。租赁齿轮为一天49元。

也是著名观光地的霍欧津帕

值得信赖的工作人员们

435

潜水情报

Scuba Diving

即使对于潜水员来说，毛伊岛也是最好的海域。尤其是岛的西侧有拉纳岛、卡荷拉维岛，是海面平静、有大量鱼类回游的富饶海域。

地点推荐

要推荐的潜水地点真的是不胜枚举，首先是有名的摩洛基尼岛。岛的内侧（inside）海浪平静且很多鱼集聚，作为浮潜场所也很受欢迎。另一方面，外侧（backside）好像被吸进深渊一样，水流较强，所以比较适合高水平的潜水员，遇到白鳍鲨、海水鱼等大鱼的频率比较高。

拉奈岛周围的好风景点也数不胜数。能看到由熔岩形成的生动的景观，尤其是被称作"第一主教教堂"、"第二主教教堂"的两大海地洞窟非常壮观，只看一次也会终身难忘。神秘的蓝色太阳光从岩石的缝隙中射进洞穴内，仿佛真的是教堂内的彩画玻璃。

■拉海纳潜水
Lahaina Divers
143 Dickenson St.(→ Map
p.409-B3)
☎ 667-7496
潜水潜水 149 美元，双人船 109 美元
www.lahainadivers.com

■伊萨纳海上运动
Isana Ocean Sports
910 Honoapiilani Hwy.,
Suite2A
☎ 661-9950
潜水体验 100 美元，冲浪、钓鱼各 100 美元都包含酒店接送，含税
www.lsana.com

■毛伊零引力
Zero Gravity Maui
集合地点为集基黑艇灯（ → Map ④基黑～玛凯那 B）
☎ 874-0346
潜水体验 100 美元，双人船 150 美元还有冲浪培训等
www.zerogravitymaui.com

像夏威夷一样美丽的笑脸

Zero Gravity 的工作人员

夜间潜水体验

体验异世界的夜海

明媚的阳光下，潜入海底是很愉快的事情，不过充满无限幻想的夜里潜水也是别有一番趣味。参加 Sana Ocean Sports 的"夜间潜水体验"，会看到睡眼惺忪的鱼儿、海龟和珊瑚的产卵及一到晚上就变色的夜行动物。

穿上简易潜水服，戴上能最贴近大自然的薄面具，将脸部接近海水。于是我们来到了只有夜间才能创造出的幻想时间。如果是冬季有时能听到鲸的声音，据说运气好的话，还可能会遇见夜间的彩虹，据说"看到了就会一生幸福"。

中途大约有 15 分钟的禁止说话。浮上水面仰卧，夜空美得无法用语言表达。

简易潜水服和套上救生圈之后的浮力相当，即使不会游泳的人也可以放心挑战。在黑夜的大海里尽情地玩耍。费用是 85 美元。含税，包含

夜间的大海展现出与白天不同的表情

租借游行中必要的器具和饭费（对象年龄在 10 岁以上）。

哈莱阿卡拉山的参观方法

在毛伊岛观光不可忘记的是哈莱阿卡拉山，仅仅是参观心里也会萌发感动。参加有趣的旅游团将会拥有永驻心里的那一瞬间。

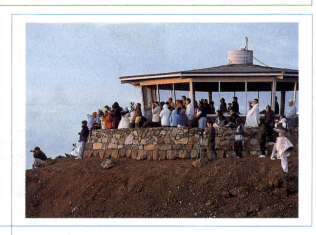

Pualani Adventures 有名的导游

■冒险
Pualani Adventures
☎ 871-7233
时 去酒店迎接深夜 2:00~3:10（夏季）、深夜 2:45~3:55（冬季）/ 返回酒店 10:00~11:00（夏季）、10:30~11:30（冬季）
费 160 美元，0~11 岁 140 美元（酒店接送、防寒夹克、导游、国家公园门票、望远镜、手电筒、小吃、早餐、饮料、含税）ⒸⒸⓂⓋ
网 www.maui.net/~micrin

观日出

哈莱阿卡拉山最美丽的时候是日出时。太阳升起来那一瞬间，简直如梦幻一般，以至用语言无法表达。作家马克·吐温甚至这样说道："这是至今我的双眼看到的最崇高的景色。"

黎明前的山顶异常的干燥，再加上偶尔有风吹过，与山下相比冷得让人站不住。另外倒过来算日出的时间，最迟早晨 3:00 要从酒店出发。即使这样，参观哈莱阿卡拉山顶反复展现出来的充满戏剧性的大自然的美景，会让人有种不一般的感触。

观日出是非常有人气的旅游，所以许多公司都承办了相同的旅游项目。在这里主要介绍一下 Pualani adventures 的原始计划"哈莱阿卡拉山顶之星 & 日出漫步旅行"，它主要有黎明前的观测星空和日出后的漫步旅行两条线路。

观光之后短途徒步也很有趣

令人感动的日出的那一瞬间，美丽把寒冷和困意都赶走了

观测星空

在哈莱阿卡拉的山顶有名为科学市的天文台，此处是观测天体的最佳地方。作为参观哈莱阿卡拉山一种新的参观方法，近几年来观测星空旅游博得了一定的人气。

自行车滑降比赛

哈莱阿卡拉上的滑降比赛旅行（费用根据时间长短有所差别，约150美元，包含接送和快餐）由于接连不断地出现了事故，所以不能从山顶开始，但是它的人气依旧不减。骑着登山车一气奔到山脚非常爽。只要注意车的速度不要过快，就不是很难。费用中还包括租用低压下也能使用的有结实的轮胎的特制自行车、头盔、防寒用的外套、及手套等。

超爽的山路之旅。请多注意别速度过快

■毛伊全部星星
Maui All Stars
☎ 757-0528
酒店迎接 14:30 左右～返回酒店 22:30 左右（因季节而异）
150 美元，60 岁以上 130 美元，12~18 岁 120 美元，5~11 岁 85 美元
0~4 岁免费（包含接送、防寒夹克、导游、便当、饮料）
※18 岁以下不能参加
www.mauiallstars.com

■毛伊岛滑降比赛旅游
Maui Downhill
☎ 871-2155　871-6875
www.mauidownhill.com

■毛伊岛巡山游
Maui Mountain Cruisers
☎ 871-6014　871-5791
www.mauimountaincrusers.com

大自然出演的巨大全景
哈莱阿卡拉山日落 & 观测星空旅行团

一天的结束——日落

与哈莱阿卡拉山的日出游有同样人气的是欣赏日落和观测星空游。有许多公司都举办了这项旅游。

这项旅游不仅仅是在毛伊岛，从瓦胡岛参加一日游的人也有。首先从机场附近的脆皮·奶油·面包圈开始。吃完面包圈，经过玛卡瓦欧镇，车马上就到了哈莱阿卡拉国家公园。在游客中心一边看园内的地图一边掌握哈莱阿卡拉山的概况，在山顶附近参观火山口。考虑当天的气候和日出时间后，带领至当天观察日落最适合的地方。在清澈的空气中，沉落在飘动浮云中的落日。尽情地享受变幻多彩的景象吧！

夜空中闪闪发光的星星

天黑之后，在车中吃完便当之后，马上就是观测星空。该公司给每人准备了一张露营用的椅子和围毯，真是安排得无可挑剔。参团人员坐在椅子上看到暗示后一起仰望夜空，面对着漫天

根据季节和天气情况，观看日落也是可遇不可求

星空一同发出感叹。一边仰望星空一边聆听关于星座的说明，在课堂上不能理解的星座的形状也渐渐明白了。还准备了带有计算机控制功能的高倍率天体望远镜，游客可以轮流观察。以前只是在照片上看到的土星环和月球坑、银河及闪烁着蓝光的恒星等都可以清晰地看到，有一种说不出的感动。由于气候的影响，有时候会变更观光内容。

左 / 边看地图边了解夏威夷。使用地图进行的解说简单明了
右 / 由于看到了现实的月亮和星星，所以不由自主地投入极具魅力的影像中

天堂哈纳 & 环绕秘境东毛伊岛探险

位于哈莱阿卡拉山的南侧面，从哈纳到库拉之间，有一块不为人知的地区还保留着毛伊岛的自然美。下面介绍一下环绕其一周的旅行团，这些是驾租赁车所不能到达的。

■普阿拉尼探险
Pualani Adventures
☎ 871-7233
📅 7:00 左右去酒店迎接，16:00~17:00 返回酒店
💰 160 美元，0~11 岁 140 美元（酒店接送、导游、轻便早餐、午餐、饮料、哈莱阿卡拉国家公园基帕胡卢管理区门票、含税）
🌐 www.maui.net/~micrin/hana.html

右上／莱帕凯阿的海岸线。从基帕胡卢一直向前走，海岸线迅速打开，随之就是拥有美丽风景的道路。但是只能是单车行驶的险峻的山崖，是一段充满惊险的行程

周游天堂一样的哈纳和东毛伊岛

开车行驶在卡胡卢伊至哈纳的蜿蜒的小路上，穿过天堂一样美丽的哈纳，这样就环绕东毛伊岛一周了。从哈纳出发，经过哈莱阿卡拉山的南侧面，就到了谷拉。这段距离路况很差，有些租车公司不属于保险范围内，驾车去的人也很少。这个地方有基帕胡卢教堂，美国英雄林德伯格长眠于此。还有奥埃奥游泳池（别名：七大圣池）以及锋锐切入哈莱阿卡拉山的裂缝 Kaupo 山谷等许多观光点。

尤其是观光的亮点——马纳瓦伊努伊峡谷周围，虽然同处于哈莱阿卡拉山脚下，哈纳周围是碧绿的牧草地，而此处却是一片广阔荒瘠的土地，简直无法想象。

走过惊险十足的山路，不久就会出现绿色的牧草地，牧草地的前方就是泰德斯奇酒厂。这才是体验哈莱阿卡拉山脚的尽情之旅。

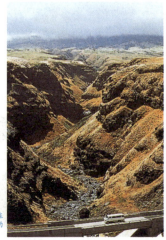

马纳瓦伊努伊峡谷，别名"惊险峡谷"。在漫长岁月中大自然雕刻而成的立体、生动的峡谷

甘蔗列车

充满乡愁的甘蔗列车

　　制糖产业曾经是这里的支柱性产业。1882~1952 年间，制作砂糖业最大的企业帕奥尼阿·米尔利用蒸汽机整车用来运输收获后甘蔗。将此作为观光列车重新复兴的就是甘蔗列车。列车将拉海纳、卡纳帕利、普乌考伊利三站连在一起，请享受约 6 英里（9.6 公里）的汽车之旅。

　　从车窗可以眺望到甘蔗田和高尔夫球场、西毛伊岛的海以及远方浮现出来的摩洛基尼岛和拉奈岛的绝景。车内有导游讲解毛伊岛的历史和一些有名的地方。间歇时会听到"嘟"一声汽笛的声音，真是一次愉快的 25 分钟小旅行。

Map p.392-C1~2
☎ 667-6851
FAX 661-3444
費 往返成人票 22.5 美元，3~12 岁 15.5 美元，车票在各站或网站上购买
URL www.sugarcanetrain.com

甘蔗列车时刻表		
普乌考利伊发	卡纳帕利发	拉海纳发
10:15	10:25	11:05
11:45 ※	11:55	13:00
13:45	13:55	14:30
15:15	15:25	16:00

※ 在拉海纳站停车 30 分钟。有时候时间表会有变化，请提前确认。

主要的车站——拉海纳站

使用改造的蒸汽机车

在五星级旅游胜地的冒险体验

卡普鲁亚冒险

　　这是卡纳帕利度假胜地内的综合活动中心。此处可以体验兽皮船、徒步旅行以及攀登等活动，但是受欢迎的其实是高空飞索。采用与以前金属制不同的高密度聚氨酯的车轮，具备与夏威夷相媲美的高空飞索系统，让游客感受到最先进的技术设备。

　　体验共分为 7 条线路。从适合初学者的下山缆绳、到乘坐锁链升降机横穿毛伊岛原生林的终极绳索体验等，都可以体验到与海上游玩不一样的感觉。在卡帕利冒险中心预约。熟练的门房还会指导你选择符合自己要求的线路。

住 卡普鲁亚旅游胜地内（→ Map 折页地图 ⑤ A）
時 7:00-19:00（在中心办理）
費 高空飞索·下山缆绳·2 个半小时 149 美元；上山缆绳 & 滑翔 4 小时 199 美元；终极绳索体验 4 个半小时 299 美元
CC ADJMV
備 穿上大小合适的鞋，别露脚尖
URL www.kapalua.com/adventures

乘坐卡普鲁亚冒险中心的专用车去

乘坐在高空飞索上一边下滑，一边眺望西毛伊岛壮观的美景，心情非常爽快。也有双人椅

毛伊岛的高尔夫球场信息

是否拥有魅力无限的高尔夫球场是评价毛伊岛上各旅游胜地的标准之一。可以自豪地说，岛上分布的旅游胜地是将最高的设备和自然发挥出最佳效果的典范。

1 卡普鲁亚高尔夫俱乐部
Kapalua Golf Club
（→ Map p.392-B1）

举行 PGA 锦标赛的旅游胜地，让高尔夫球迷着迷的场地。有由海湾和种植园两部分构成的 18 洞球场，配设有白色的俱乐部屋等诸多设施，真的是无可挑剔。

阳光明媚的卡普鲁亚高尔夫球场

DATA
海湾球场（安纳德·帕尔默设计）
- 18 洞 /72 杆 / 6051 码
种植园球场（本·克伦肖设计）
- 18 洞 / 73 杆（女士 75）/ 6537 码
- 游客果岭费（18 洞、包含载人车费）海湾球场 208 美元、种植园球场 268 美元。卡普鲁亚山庄和丽兹卡尔顿的客人的费用相同，分别为 183 美元、218 美元。下午 14:00 之后，也有一些便宜的黄昏场
- 租金：俱乐部为 65 美元、鞋 14 美元
- 不可穿背心、泳衣参加
- 预约 ☎669-8044 或者 ☎665-3700（海湾球场）
  ☎665-9198（种植园球场）
- 🖳 www.kapalua.com

2 卡纳帕利高尔夫球场
Kaanapali Golf Courses
（→ Map p.392-C1）

卡纳帕利度假胜地引以为豪的锦标赛球场。它是一个由卡纳帕利·皇家和卡纳帕利·凯两部分构成的 18 洞球场。球场比较平坦，有些洞边会经过甘蔗列车。

卡纳帕利皇家高尔夫球场难度比看上去要难

DATA
卡纳帕利皇家高尔夫球场（罗伯特·钟斯设计）
- 18 洞 / 71 杆 / 根据 4 个发球点不同 5016~6700 码
卡纳帕利凯球场（亚瑟·斯奈德）
- 18 洞 / 70 杆 / 根据 4 个发球点不同 4522~6388 码
- 游客果岭费（18 洞、包含载人车费）卡纳帕利皇家球场 235 美元、卡纳帕利·凯场 195 美元、卡纳帕利度假胜地的客人均为 179 美元、139 美元。
- 租金：俱乐部 49 美元、鞋 10 美元
- 预约 ☎661-3691
- 🖳 www.kaanapaligolfresort.com

3 维雷亚高尔夫俱乐部
Wailea Golf Club
(→ Map p.395-D2)

　　延伸至哈莱阿卡拉山脚下、面积广阔的高尔夫俱乐部。由黄金、祖母绿、蓝色为名的三个锦标赛球场构成。视野非常开阔，无论从哪个地方都可以眺望到蓝色的大海和远方的小岛。

诸多设施完备的俱乐部屋

DATA
- **黄金球场（罗布特·钟斯设计）**
- ■ 18洞 / 72杆 / 5442~7078码（4处发球点）
- **祖母绿球场（罗伯特·钟斯设计）**
- ■ 18洞 / 72杆 / 5256~6825码（4处发球点）
- **蓝色球场（亚瑟·斯奈德设计）**
- ■ 18洞 / 72杆 / 5208~6765码（3处发球点）
- ■游客果岭费（18洞、包含载人车费）黄金＆祖母绿球场225美元、蓝色球场140美元。维雷亚度假村的客人均为179美元、140美元
- ■租金：俱乐部50美元、鞋20美元
- ■预约 ☎ 875-7450
- www.waileagolf.com

5 艾利艾卢·毛伊高尔夫俱乐部
Elleair Maui Golf Club
(→ Map p.395-C2)

　　位于基黑的山侧面的球场，是由比尔尼兹设计。里面有俱乐部屋、餐馆、球具店等完备的设施。果岭费也很合理，可以轻松地游玩。制定了下午15:00之后价格变为65美元的黄昏场（18:00时，所有的球洞结束）。

1号球洞要越过水池

DATA
- ■ 18洞 / 72杆 / 6003码（最前面的发球点）
- ■游客果岭费（18球洞 包含载人车费）为120美元，下午场（12:00~）95美元
- ■预约 ☎ 874-0777　 elleairmauigolfclub.com

4 马可纳高尔夫球场
Makena Golf Courses
(→ Map p.395-D2)

　　位于毛伊岛最南端的锦标赛球场，有18个球洞。它是由罗伯特·钟斯设计的，1933年开业。漂浮在海面上的摩洛基尼岛和卡荷拉维岛上的景色非常壮观。

景致美好的北球场第14号球洞

DATA
- ■ 18洞 / 72杆 / 6151码（度假村发球点）
- ■游客果岭费（18球洞、包含载人车费）为129美元，马可纳海滩高尔夫度假村的客人均为99美元
- ■租金：俱乐部50美元、鞋15美元
- ■预约 ☎ 891-4000（提前90日受理）
- www.makenagolf.com

有特点的第四个球洞

6 蒂斯拉尼沙丘高尔夫球场
The Dunes at Maui Lani Golf Course
(→ Map p.394-A2)

　　是毛伊岛唯一一家与土地连接式的新高尔夫球场。是共有66个沙坑的高难度球场，由罗宾·纳尔逊设计。

DATA
- ■ 18洞 / 72杆 / 5833码（度假村发球点）
- ■游客果岭费（18球洞、包含载人车费）为112美元、黄昏场79美元（14:00~）
- ■租金：俱乐部30美元、鞋10美元
- ■预约 ☎ 873-0422　 www.dunesatmauilani.com

443

港镇拉海纳是个非常热闹的观光地。在其主街道——前街周围有许多的商店，餐馆也鳞次栉比。令游客兴奋的是从许多店内都可以眺望到大海的美景，也有的店营业到深夜。可以将车停在购物中心和路上的停车场里。

拉海纳的餐馆 *Restaurant Tips on Lahaina*

奇摩
Kimo's
美国料理、波利尼西亚料理

◆于1977年开张，是拉海纳不可错过的老字号餐厅。有眺望到大海的露天座位，在这种完美的设计中，谁都会感到幸福。有量大丰盛的牛排和海鲜等料理。

也有三明治、汉堡、小吃等快餐

180度视野的海景大展望 Map p.409-B3

拉海纳
🏠 845 Front St.
☎ 661-4811
🕐 11:00~22:00
（午餐 15:30、晚餐 17:00~）
休 无
C/C A D J M V
P S.C.、路上停车场

天堂奶酪汉堡乐园
Cheese Burger in Paradise
☎ 🎽
美国料理

◆闲适的餐馆&酒吧，观景的视野也很好。正如它名字一样，特色为奶酪汉堡。刚烤出的厚厚的法式馅饼和夹着大量洋葱和番茄的汉堡就像自家制作的一样，味道鲜美丰盛。

配菜有甜味且吃起来沙沙响的炸洋葱 5.75 美元

一眼望到毛伊海的特等座 Map p409-B3

拉海纳
🏠 811 Front St.
☎ 661-4855
🕐 8:00~22:30
休 无 C/C A D J M V
P S.C.、路上停车场

拉海纳比萨公司
Lahaina Pizza Company
🎽
比萨

◆紧靠拉海纳海湾，这个最佳位置是该店的优势。芝加哥式的比萨特别有名，被称赞为全美洲最好吃的比萨。材料本身还有大葱面包似的味道，口感润滑。

比萨上面可以用十几种材料装饰。型号有大、中、小三种

在有名的比萨店欣赏拉海纳之夜比萨 Map p.409-B3

拉海纳
🏠 730 Front St.
☎ 661-0700
🕐 11:00~22:00
休 无
C/C A D J M V
P S.C.、路上停车场

隆格兹
Longhi's
意大利料理

◆它是一家长时间受到当地人和旅行者喜爱的意大利料理店。以海鲜为主，还有使用当地新鲜的材料制作的美食。第二层的座位因有海风吹过，感觉很舒服，可以一边观赏拉海纳的海一边进餐。

将海鲜上涂上辣味番茄酱的意大利面价格24美元

受人青睐的拉海纳老字号新鲜海鲜 Map p.408-B2

拉海纳
🏠 888 Front St.
☎ 667-2288
🕐 7:30~11:30、11:30~16:45、16:45~22:00
休 12/25（晚餐时开业）
C/C A D J M V
P 巴雷特停车场、S.C.、路上停车场

  图标说明：☎＝需预约（或最好预约）/ 🎽＝对服装有要求。男士穿夏威夷衬衫和长裤 / 🎽＝穿宽松的衣服即可，有时候不适合穿背心和海滩凉鞋。/ 无图标＝只要不是穿泳衣、光脚即可。

伊奥
I'o

泛太平洋周边

◆获得毛伊岛"最佳厨师奖"的詹姆斯·麦当劳先生制作的泛太平洋料理。精巧的海鲜料理不仅仅有丰盛的拼盘，在味道的调制上很纤细。同时也适合亚洲人的口味。

位于拉海纳海滩的对面，五颜六色且味道鲜美的海鲜料理

品尝名厨的创作料理　Map p.409-B4

拉海纳
住 505 Front St.
☎ 661-8422
时 17:30~21:00
休 无
C/C A J M V
P 路上停车场

阿甘虾餐厅
Babba Gump Shrimp Company

美国料理

◆能够再现出电影《阿甘正传》里面出现的捕虾船的餐厅。料理中带有美国南部的阿卡迪亚式的辣味，与电影相联系的菜品名字也很有趣。

在露天座位上享受以虾为中心的美味海鲜吧

模仿著名电影的美国料理店　Map p.408-B2

拉海纳
住 889 Front St.
☎ 661-3111
时 10:30~22:30
休 感恩节、12/25
C/C A D J M V
P S.C.、路上停车场

杰拉德
Gerard's

法国料理

◆欧洲味道的小酒店——种植园酒店的主餐厅。在这里可以尽情地享受正宗的法国料理，它较多地采用了同为老板和厨师的法国人杰拉德自创的材料。

冷盘——新鲜的黄鳍金枪鱼酱，带炸芋片，价格为 14.50 美元

毛伊岛顶级餐馆之一　Map p.409-A3

拉海纳
住 种植园酒店内
☎ 661-8939
时 18:00~21:00
休 无
C/C A D J M V
P 酒店的停车场

拉海纳西式餐厅
Lahaina Grill

夏威夷本地料理

◆该店每年都被评选为岛内人气最高的餐厅。店内装饰着毛伊岛艺术家的作品，再加上美味丰盛的料理，即使在当地的同行之间，也是无可挑剔的约会场地。

上面放有蟹饼、虾的蛋糕组合 24 美元

当地不可缺少的约会地　Map p.409-B3

拉海纳
住 127 Lahainaluna Rd.
☎ 661-5117
时 18:00~21:00
休 无
C/C A D J M V
P 酒店的停车场

潘妮通心粉咖啡馆
Penne Pasta Cafe

意大利料理

◆精心于提供便宜、美食的意大利料理店。虽然是普通的餐厅，里面有使用新鲜素材制作的意大利面、比萨、色拉等，味道非常正宗。如果是晚餐的话还可以享用肉类食品。

材料丰富的比萨饼7.5 美元

在拉海纳受青睐的意大利料理店 Map p.409-A3

拉海纳
住 180 Dickenson St.
☎ 661-6633
时 11:00-21:30
休 无
C/C A D M V
P S.C.、利用路上停车场

明星面条
Star Noodle

面类、亚洲料理

◆店内的排骨面和乌冬面以及夏威夷细面很受顾客的欢迎，使用的是本店位于旁边的自己工厂里制作的面条。也有中国、越南、泰国等风味的小菜。甜点的话建议带有两种沙司、一口大小的marasada，价格 5 美元。

设有亚洲各国面食的特色店　Map p.408~A1

拉海纳
住 1287 Front St.　☎ 667-5400
時 10:30~15:00 、17:30~22:00
休 无　C/C M V
P 免费

9美元排骨底汤的明星拉面最受欢迎。也有丰富的配菜

马拉·塔班
Mala Tavern

夏威夷本地菜

◆迎着海风坐在能俯视到大海的露天席上，心情非常舒畅。品尝一下将墨西哥、法国、亚洲及中东等地的料理、材料相互融合的夏威夷本地美食。

油煎芋头片（Toro chips）和鬆靶牛排

在露天席上欣赏日落　Map ⑤拉海纳~卡普鲁亚C

拉海纳
住 1307 Front St.
☎ 661-9394
時 11:00~21:30
休 无
C/C A D J M V
P 免费

拉海纳颜色
Lahaina Coolers

美国料理、无国籍美食

◆拉海纳本地人经营的餐厅。到了周末，一边享用午餐一边在店内大屏幕上观赏体育比赛的顾客很多。店内的美食有加入花生辣酱的泰国风味沙司比萨等国料理。

享受以美国料理为基础制作的美食

在无国籍料理欣赏体育比赛　Map p.409~A3

拉海纳
住 180 Dickenson St.
☎ 661-7082
時 8:00~24:00
休 感恩节、12/25
C/C A D M V
P S.C.、路上停车场

泰国厨师
Thai Chef

泰国料理

◆能够品尝到由泰国厨师制作的正宗泰国料理，且价格适中。菜单上除了泰国海鲜汤和咖喱等熟悉的美食，也有很多菜是面向素食主义者的。这里有 5~40 美元的小菜，可以自带酒。

拉海纳人气的正宗泰国料理店　Map p.409~B3

拉海纳
住 古拉海纳中心内　☎ 661-2814
時 周一 ~ 周五 11:00~14:00、周一 ~ 周六 17:00~21:00
休 周日　C/C D J M V
P 路上停车场

炸春卷7.95美元。香脆感和多汁的菜互相配合

香菜
SCilantro

墨西哥料理

◆使用毛伊岛的素材制作出健康的墨西哥快餐的餐厅。精制的菜单也曾登上《拉海纳之味》。请品尝使用自家制的玉米饼做成的玉米卷，价格 4.35 美元，以及6.95 美元的卷饼。

毛伊岛为数不多的墨西哥料理　Map p.409~B3

拉海纳
住 古拉海纳中心内
☎ 665-5444
時 11:00~21:00 周日 ~20:00
休 无　C/C M V
P 利用 S.C. 的停车场

使用大量本地食材制作的玉米卷非常有人气

图标说明：☎ =需预约（或最好预约）/ 🍴 =对服装有要求。男士穿夏威夷衬衫和长裤 / 👔 =穿宽松的衣服即可，有时候不适合穿背心和海滩凉鞋。/ 无图标 =只要不是穿泳衣、光脚即可。

卡普鲁亚和卡纳帕利是毛伊岛中具有代表性的度假胜地。在酒店和购物中心分布着许多美食区，大到时尚的露天餐厅小到普通的小店，以至于让顾客难于做出决定。另外这两地之间是安静的度假区。虽然数量不多，但都是一些个性餐厅。

卡纳帕利 ~ 卡普鲁亚的餐馆
Restaurant Tips on Kaanapali~Kapalua

CJ's
CJ's
熟食店、快餐

◆大量使用当地的新鲜蔬菜制作而成的沙拉和三明治是该店中受顾客欢迎的轻便美食，价格分别为 4.95 美元、7.95 美元。冰柜里装有三明治和饮料的午餐盒饭则是旅客去海滩时的最佳选择。

美味、心情舒适的咖啡厅　Map p.412–A

卡纳帕利

住 卡纳帕利航道商店内
☎ 667-0968　时 7:00~20:00
休 无 C/C A D J M V
P S.C. 的停车场

在毛伊岛很少看到的意大利式熟食店

草裙舞烧烤
Hula Grill
夏威夷本地菜、美国料理

◆位于鲸鱼村海滩的餐厅。建议旅客选择被称为赤脚酒吧的露天席。量大且丰盛的汉堡、三明治、烤金枪鱼等美食特别受欢迎。晚上还有夏威夷舞蹈表演。

带有烤菠萝

在海滩品尝夏威夷美食　Map p.455

卡纳帕利

住 鲸鱼村内　☎ 667-6636
时 10:45~23:00
休 12/25 C/C A D J M V
P S.C. 的停车场

雷伊拉尼海滩餐厅
Leilani's on The Beach
美国料理、夏威夷本地菜

◆风景优美的牛排 & 海鲜餐厅。午餐时在一层的露天席内品尝快餐——沙拉和汉堡，晚餐时二楼也开始营业，可以品尝用 kiace 木烤制的烧烤。

晚上点燃着火炬的海滩特等席

在海边饱享日落和海鲜美食　Map p.455

卡纳帕利

住 鲸鱼村内
☎ 661-4495
时 11:00-22:30
休 无 C/C A D J M V
P S.C. 的停车场

霍诺科瓦伊餐厅
Honokowai Okazuya
份儿饭

◆位于霍诺科瓦伊集市附近，享誉毛伊岛的最好的 Plate Lunch 店。Mahimahi lemon caper、蒙古牛排等料理的味道绝对不亚于一流的餐厅。

蔬菜丰富，营养均衡。适合午餐和晚餐

毛伊岛之最的餐厅　Map ⑤拉海纳～卡普鲁亚 B

霍诺科瓦伊

住 3600-D L.Honoapiilani Rd.
☎ 665-0512
时 10:00~21:00
休 周日
C/C 不可以
P S.C. 的停车场

毛伊综合餐厅
Maui Brewing Company
美国料理

◆由毛伊岛当地的啤酒公司经营的餐厅。当地啤酒的种类达到 20 多种，其中也有椰子口味的。料理主要有与啤酒相搭配的 Pupu 和比萨、海鲜及牛排等美食。

白身鱼的柠檬汁小菜很适合配啤酒

西毛伊不可忽视的美食地　Map ⑤拉海纳 ~ 卡普鲁亚 B

卡哈纳
- 住 卡哈纳捷威中心内
- ☎ 669-3474
- 时 11:00~24:00
- 休 无　C/C Ⓐ Ⓓ Ⓙ Ⓜ Ⓥ
- P S.C. 的停车场

加泽波餐厅
Gazebo Restaurant
美国料理

◆将粉碎的澳洲坚果夹在其中的烙饼为该店的招牌，价格 7.95 美元，松软的口感使人着迷。

公寓内的绝品——烙饼　Map ⑤拉海纳 ~ 卡普鲁亚 A

纳帕利
- 住 纳帕利商店内
- ☎ 669-5621　时 7:30~14:00
- 休 无　C/C Ⓐ Ⓜ Ⓥ
- P 公寓内的停车场

三角形屋顶的木造建筑是标志。有时候要排大队

菠萝餐厅
Pineapple Grill
夏威夷本地美食

◆从优雅的店内能眺望到卡普鲁亚优美风景的精致餐饮店。在夏威夷产的原料中使用少量的橙汁和芥末做成的料理较多，味道也不油腻。

俱乐部屋内的精致餐饮　Map ⑤拉海纳 ~ 卡普鲁亚 A

卡普鲁亚
- 住 卡普鲁亚高尔夫俱乐部的海岸球场、俱乐部屋内
- ☎ 669-9600
- 时 11:00~21:00、周日 10:00~
- 休 无　C/C Ⓜ Ⓥ
- P 酒店的停车场

27 美元的亚洲红烧排骨是该店的招牌

三塞
Sansei
海鲜&寿司

◆店内有许多寿司，比如将库拉产的生菜内卷入杧果和蟹肉的泰国风味美食——杧果俱乐部·沙拉卷，价格为 9.95 美元。除了寿司之外，还有丰富的特色料理。

金枪鱼等的彩虹寿司

好多特色的海鲜料理啊！　Map ⑤拉海纳 ~ 卡普鲁亚 A

卡普鲁亚
- 住 600 Office Rd.
- ☎ 669-6286
- 时 17:15~22:00（周四、周五~深夜 1:00）
- 休 无
- C/C Ⓐ Ⓓ Ⓙ Ⓜ Ⓥ
- P 免费

霍奴阿商店
Honolua Stores
熟食店

◆作为仍然残留着种植园时代光景的历史建筑而广为人知的餐厅。除了午餐和熟食，还可以品尝到纯混合咖啡和本地产的蔬菜。

设有食品分柜

1929 年的建筑，至今顾客聚集的餐厅　Map ⑤拉海纳 - 卡普鲁亚 A

卡普鲁亚
- 住 502 Office Rd.
- ☎ 665-9105
- 时 6:00~20:00
- 休 无
- C/C Ⓐ Ⓜ Ⓥ
- P 免费

图标说明：☎ = 需预约（或最好预约）/ Ⓜ = 对服装有要求。男士穿夏威夷衬衫和长裤/ Ⓜ = 穿宽松的衣服即可，有时候不适合穿背心和海滩凉鞋。/ 无图标 = 只要不是穿泳衣、光脚即可。

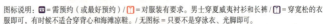

对于大部分观光者来说，这片地域一般只是走马观花。其实有许多当地人经常光顾的、美味的餐厅也分布在这里，成为这一地区的特色。制订一个完美的计划吧，即观光的同时还能享受到美味的午餐和晚宴。

卡胡卢伊～怀卢库的餐馆
Restaurant Tips on Kahului~Wailuku

龙·龙
Dragon Dragon　　　　　　中国料理

◆在卡胡卢伊受到当地人欢迎的中国料理店。来自香港和上海的厨师各显其能，香港料理自不用说，在毛伊岛想品尝到可可这种正宗的香港式饮茶（只限午餐）只有在这里。

右边里倒海鲜盘19.95美元，炒饭8.95美元

伴有品种丰富的香港饮茶的午餐备受欢迎　Map p.415-A3
卡胡卢伊
住 毛伊商场内
☎ 893-1628
时 10:30～14:00、17:00～21:00（周五～周日白天和晚上各延长30分钟）
休 感恩节　C/C A M V
P S.C. 内的停车场

可可番屋
Koko Ichiban-ya　　　　　　份儿饭

◆该店专注于原料，将照烧用的黄鳍金枪鱼也可以做成新鲜的生鱼片。配菜里面含有红烧豆腐，再加上里面的酱汁，非常好吃。

除了份儿饭7.5美元、盖饭7.5美元～之外，有时候每天会有不同的花样

当地人喜爱的午餐　　　　Map p.415-B4
卡胡卢伊
住 360 Papa Place（戴利中心内）
☎ 871-9108　时 9:00-18:00
休 周六、周日、感恩节、12/25
C/C 不可以
P S.C. 的停车场

A+K 咖啡馆
A.K.'S Cafe　　　　　　自创料理

◆隐蔽在住宅区内的家庭式餐厅。老板兼厨师的伊莱恩先生精心创作的料理都属于健康美食。无论午餐还是晚餐都有色拉和蔬菜，所以营养均衡，让顾客非常满意。

全都是将原料的原味道发挥出来的美食

可以放心品尝的健康餐厅　Map p.414-A2
怀卢库
住 1237 Lower Main St.
☎ 244-8774
时 11:00～13:30、17:30～20:30
休 周日、周一
C/C M V
P 免费

美味面包片
Tasty Crust　　　　　　美国料理

◆该店的饼非常受欢迎。渗进了大量的黄油，一直就有的简单美食，可谓绝品。一旦迷上这种口味的话，能吃好几张。此外也有Saimin Lokomolo 等套餐。

饼一张1美元。面食也很受欢迎

参观伊奥山谷之前想去的地方　Map p.414-A1
怀卢库
住 1770 Mill St.
☎ 244-0845
时 6:00～22:00、周一～15:00、周五、六～23:00
休 无
C/C 不行
P 免费

在基黑价格合适的单元公寓鳞次栉比，长时间逗留于此的游客很欢迎。正因如此，有许多去几次都不会感到厌倦的、让旅客心情平静的餐厅和咖啡馆。此外，说到高级度假胜地——维雷亚，则集中了酒店和购物商场。这里众多的餐厅不仅仅能满足游客的食欲，让他们的心灵上也得到充实。

基黑～维雷亚的餐馆
Restaurant Tips on Kihei~Wailea

咖啡欧蕾
Cafe O'Lei 　　美国料理

◆ 这里是当地人和游客都光顾的、热闹非凡的人气餐厅。在具有开放感的宽敞的餐厅内部，有黄鳍金枪鱼和白身鱼等烤制的海鲜，还有牛排、寿司、色拉和汤等，可以品尝到各式各样的美食。

受人欢迎的花样餐单　Map ④基黑～玛凯那 B

基黑
住 彩虹中心　☎ 891-1368
时 10:30~15:30、16:30~21:00
休 无　C/C A D J M V
P S.C. 的停车场

虽然是美国料理店，也有彩虹寿司，价格为 12.95 美元

沃克星
Wok Star 　　亚洲料理

◆ 位于基黑卡拉玛村内的国际面条·咖啡馆。该店内摆满了将印度尼西亚和泰国料理混合在一起制作成的面条和米饭类。另外这家餐厅营业到很晚，这点很让顾客欢迎。

带酸味的泰国风味的海鲜面

新式的面条·咖啡馆　Map ④基黑～玛凯那 B

基黑
住 基黑卡拉玛村内
☎ 495-0066
时 9:00~24:00
休 无
C/C 不可以
P S.C. 的停车场

佩基·苏斯
Peggy Sue's 　　美国料理

◆ 这是一家复古咖啡馆，残留着 20 世纪 50 年代的美国餐厅光景，那正是猫王普雷斯利大受欢迎的时代。一边倾听着优美的音乐，一边大口品尝着带有奶昔的汉堡，特此推荐。

20 世纪 50 年代的美国餐厅　Map ④基黑～玛凯那 A

基黑
住 卡拉玛村Ⅱ内　☎ 875-8944
时 11:00~21:00（周五、周六 ~22:00）
休 无　C/C A J M V
P S.C. 的停车场

完全就像时间旅行一样的店内装修

安东尼奥的
Antonio's 　　意大利料理

◆ 正宗的意大利餐馆。味道细致。量足，从前菜到通心粉、主菜等都可以分享。红酒种类也多。

肉类千层面 17 美元、意大利面 3.95 美元~、比萨 10.95 美元~

用心做出的南意大利风味　Map ④基黑～玛凯那 A

基黑
住 阿泽卡公爵中心内
☎ 875-8800
时 11:30~14:00、17:00~21:00
休 周日～周四的午餐
C/C A D J M V
P S.C. 的停车场

图标说明：☎=需预约（或最好预约）/ M =对服装有要求。男士穿夏威夷衬衫和长裤/ M =穿宽松的衣服即可，有时候不适合穿背心和海滩凉鞋。/ 无图标=只要不是穿泳衣、光脚即可。

基黑咖啡馆
Kihei Caffe　　　　　　　　　美国料理

◆位于海滩对面，舒适的露天咖啡馆。早晨 5:00 开始营业，随之有许多的当地人和冲浪者围聚在这里，非常有人气。鸡蛋类料理的价格最低为 5.95 美元，除此之外还有丰富多彩的美食，多得让人不知道该选择哪一个。

海滩边舒适的咖啡馆　Map ④基黑 ~ 玛凯那 B

基黑
住 基黑卡拉玛村内
☎ 879-2230　时 5:00~14:00
休 无　C/C 不可以
P S.C. 的停车场

带走在海滩上吃也可以

斯特拉·布鲁斯咖啡馆
Stella Blues cafe　　　　　　美国料理

◆充满活力的开放厨房式餐厅，以长时间受到喜爱的美国家庭式烹饪为主打。着重于使用有机蔬菜得到顾客的青睐。预算大约为晚餐每人 25 美元。

肯定发现想吃的美国料理　Map ④基黑 ~ 玛凯那 A

基黑
住 阿泽卡公爵 II 内
☎ 874-3779　时 7:30~23:00
休 无　C/C A J M V
P 免费

面前的是味噌虾，内面的是今天的鱼料理（市场价）

印度曼森
Monsoon India　　　　　　　印度料理

◆在毛伊岛很难品尝到的印度料理。因为能够眺望到大海，可谓最佳视野。建议品尝使用香草和香料调制而成的咖喱饭。周五和周日的午餐以及周五的晚餐有丰富的咖喱自助餐，非常划算。

边眺望大海边品尝正宗的印度美食　Map ④基黑 ~ 玛凯那 A

基黑
住 麦奈弗奈商店一楼
☎ 875-6666
时 11:30~14:30、17:00~21:00
休 无
C/C J M V
P 免费

员工都是印度尼泊尔人，充满了异国情调

科
Kō　　　　　　　　　　　　　本地美食

◆以夏威夷种植园时代的移民文化为主旨的餐厅。注重于当地产的新鲜材料，能够品尝到将中国、菲律宾、葡萄牙及亚洲等国的食文化融入其中的特色料理。

将夏威夷的历史调为现代夏威夷　Map ④基黑 ~ 玛凯那 C

维雷亚
住 迪·费尔蒙特内
☎ 875-4100
时 17:30~21:00
休 无
C/C A D J M V
P 利用酒店的停车场

三种沙司的龙虾天妇罗 41 美元

海滩上的圣托斯
Sarento's on the Beach　　　夏威夷本地美食

◆位于海滩边上，到了日落时感受到极度空间的餐厅。料理主要是以意大利口味为基础的夏威夷本地美食。健康、清淡的味道为该店的魅力。

两人度过特别的夜晚　Map ④基黑 ~ 玛凯那 B

维雷亚
住 2980S. Kihei Rd.
☎ 875-7555（需预约）
时 17:30~21:30
休 无
C/C A D J M V
P 免费

从意大利风味中提炼出来的料理——蟹饼

汤美巴哈马热带咖啡馆
Tommy Bahama's Tropical Cafe
加勒比海美食

◆充满了表现"热带岛屿生活方式的"南国情绪的餐厅。使用杧果和朗姆酒制成的料理让人想到加勒比海，表面上装饰着花等，即使盛在盘里也很有感觉。

室内装修和料理都很时尚　Map p.457
维雷亚
住 维雷亚商店内
☎ 875-9983
时 11:00~22:00
休 无
C/C A D J M V
P S.C. 的停车场

在度假胜地餐厅特有的气氛中享用美食

露斯的克里斯牛排
Ruth'S Chris Steak House
牛排&海鲜

◆在全美国有 80 间店铺的名店。用特制烤箱烤出来的总理牛排，口味松软且多汁。由于在滚烫的铁板上反复烤，吃到最后味道依旧很美。

花费功夫制作的材料提升出来的最佳味道　Map p.457
维雷亚
住 维雷亚商店内
☎ 874-8880
时 17:00~22:00
休 无
C/C A D J M V
P S.C. 的停车场

生熟度合适的金枪鱼等前菜的品种丰富

芝士汉堡海岛风情
Cheese Burger Island Style
美国料理

◆店内放满了四弦琴和草裙舞娃娃等夏威夷收藏品，再加上流行音乐的衬托，有一种愉快舒适的海滩屋的感觉。除了本店的招牌料理——奶酪汉堡之外，还有很多三明治、沙拉等轻便的美食。

五颜六色、色味俱全的店　Map p.457
维雷亚
住 维雷亚商店内
☎ 874-8990
时 8:00~22:00
休 无
C/C A D J M V
P S.C. 的停车场

主打美食 bannda、安格斯牛肉饼、奶酪

弗姆弗姆
Humuhumu
海鲜

◆在漂浮于潟湖上的茅草屋顶式平房内，享用海鲜等波利尼西亚料理。从海边吹来的微风让人感觉非常惬意。傍晚，有时候能从鸡尾酒会上眺望到美丽的夕阳。

在平房内吃龙虾　Map ④ 基黑 ~ 玛凯那 B
维雷亚
住 高级维雷亚度假村酒店内
☎ 875-1234
时 17:30~21:00　休 无
C/C A D J M V
P 酒店的停车场

根据个人口味，将龙虾和鱼烤、蒸、煮后调制

库姆烧烤 & 酒吧
Kumu Grill & Bar
美国料理

◆可以眺望到大海的游泳池边上的餐厅 & 酒吧。午餐除了快餐之外，还致力于制作健康菜单。晚餐主要以牛排和海鲜为主，可以一边聆听乐队的现场演唱一边享受夏威夷之夜。

轻便的美国式料理　Map ④ 基黑 ~ 玛凯那 B
维雷亚
住 维雷亚海滩万豪度假村酒店内
☎ 874-7831
时 11:00~19:00
休 无
C/C A D J M V
P 酒店的停车场

综合通心粉 36 美元

图标说明：🔲=需预约（或最好预约）/ 🔲=对服装有要求。男士穿夏威夷衬衫和长裤/ 🔲=穿宽松的衣服即可，有时候不适合穿背心和海滩凉鞋。/ 无图标=只要不是穿泳衣、光脚即可。

帕伊亚和玛卡瓦欧虽然没有豪华的度假村，但是作为具有独特个性的城镇受到了广大游客的欢迎。那里有很多与各个城镇气氛相融合的美味餐馆，驾车旅行休息时，作为旅游的计划之一，一定要光顾。

帕伊亚 ~ 玛卡瓦欧的餐馆
Restaurant Tips on Paia~Makawao

帕伊亚鱼市
Paia Fish Market
海鲜

◆位于哈纳公路和鲍德温大街相交叉处的海鲜餐厅。该店非常有人气，以至于一到吃饭时，顾客排大队。午餐中夏威夷近海的白身鱼等的汉堡很受欢迎，价格 9 美元。

冲浪者集聚的热闹小店　　Map p.425

帕伊亚
住 110 Hana Hwy.　☎ 579-8030
时 11:00~21:30
休 感恩节 、12/25　C/C M V
P 路边的停车场

位于帕伊亚镇的入口处。员工和常客都很开朗，店内因此非常热闹、充满了愉快的气氛

玛玛斯鱼屋
Mama's Fish House
海鲜

◆位于从帕伊亚镇至哈纳途中的一座隐蔽的餐厅。店内充满了浪漫气氛的同时，新鲜的海鲜料理也得到了顾客的一致认可。菜单每天都发生变化，每次都可以品尝到不同的美味。

在沿海的美丽风景地品尝有名的海鲜

注重鲜鱼和水果的搭配　Map p.396-A1

帕伊亚
住 799 Poho Place
☎ 579-8488
时 11:00~15:00、16:15~21:00
休 12/25
C/C A D J M V
P 免费

玛卡瓦欧牛排店
Makawao Steak House
牛排

◆玛卡瓦欧的老字号牛排店。在木屋式店内，可以品尝到专注于材料制作而成的正规牛排料理。30 美元左右的牛腰肉和脊肉等牛排柔嫩且多汁。也有新鲜蔬菜的沙拉。

在牛仔镇品尝大丰盛的牛排　Map p.424

玛卡瓦欧
住 3612 Baldwin Ave.
☎ 572-8711　时 17:30~21:00
休 无　C/C A M V
P 路边的停车场

推荐烤成半熟的烤里脊肉片

玛卡瓦欧花园咖啡馆
Makawao Garden Cafe
咖啡

◆该咖啡馆用当地的有机蔬菜和自制的面包制作三明治和沙拉比较受欢迎。推荐价格 8.25 美元的烤鸡胸脯肉三明治，它的做法是将鸡肉夹在自制的香草橄榄油面包内。

新鲜蔬菜和刚烤制出的面包搭配　Map p.424

玛卡瓦欧
住 3679 Baldwin Ave
☎ 573-9065
时 11:00~15:00
休 周日
C/C 不可以
P 路边的停车场

蔬菜丰富的蟹和鳄梨三明治7.95美元

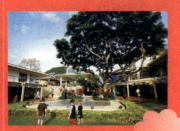

度假生活中不可缺少的购物。以前游客们只是把目标锁定在怀基基上，现在毛伊岛也诞生了许多设有高级品牌店和有名服装店的商品购物中心。并且这些购物中心都建在海岸线沿海的户外广阔的地区，即使只是浏览商店橱窗也是一种很好的散步方式。

毛伊岛的购物中心

Shopping Malls in Maui

鲸鱼村
Whalers Village　　　　　　　　　　鲸鱼村

◆位于卡纳帕利度假村中心处的户外购物中心。它是周围环绕着绿色草坪的三层建筑，所以从通道口一眼就望到大海。在这里路易·威登、蔻驰等名牌店鳞次栉比，休闲装、艺术、珠宝、礼品店等种类丰富的店纷纷登场。还有鲸鱼村博物馆和砂艺术、海边的餐厅和美食广场。

充满开放感的购物地　Map ⑤拉海纳～卡普鲁亚C

卡纳帕利
住 卡纳帕利的中央海侧
☎ 661-4567　时 9:30-22:00
休 无　P 购买 10 美元以上有 3 小时的打折优惠　备 营业时间、休息日各个店铺不同
URL www.whalersvillage.com

左／在入口处展示着鲸鱼的骨骼标本
下／在最佳位置享用美食

有在亚洲也很受欢迎的品牌精品店

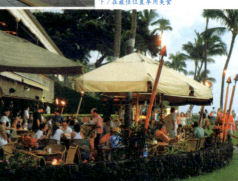

左／除了编花环等夏威夷的文化课程之外，晚上还举行舞蹈表演
上／占地内有展示着有深刻意义的展示品的鲸鱼村博物馆

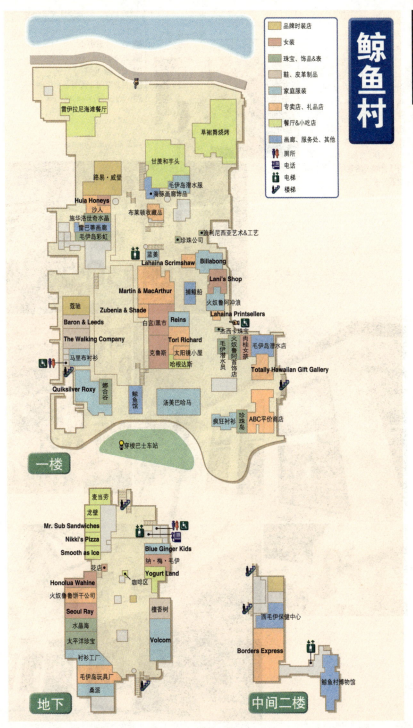

鲸鱼村

● 购物 毛伊岛的购物中心

品牌时装店
女装
珠宝、饰品&表
鞋、皮革制品
家庭服装
专卖店、礼品店
餐厅&小吃店
画廊、服务处、其他
厕所
电话
电梯
楼梯

雷伊拉尼海滩餐厅

阜裙舞烧烤

甘蔗和芋头

路易·威登

毛伊岛潜水服

Hula Honeys
沙人
海豚画廊饰品
施华洛世奇水晶
曾巴蒂画廊
毛伊岛彩虹

布莱顿收藏品

珍珠公司

波利尼西亚艺术&工艺

蓝美

Lahaina Scrimshaw   Billabong

Lani's Shop

Martin & MacArthur

捕鲸船

火奴鲁阿冲浪

蔻驰

Zubenia & Shade

Baron & Leeds

The Walking Company

白宫/黑市

Reins

Lahaina Printsellers

杰西卡珠宝
肉桂女装
火奴鲁阿服饰店

毛伊岛潜水店

马里布衬衫

克鲁斯

Tori Richard

太阳镜小屋

哈根达斯

毛伊潜水员

Totally Hawaiian Gift Gallery

Quiksilver Roxy
娜谷谷

鲸鱼馆

汤美巴哈马

疯狂衬衫

珍珠岛

ABC平价商店

穿梭巴士车站

一楼

麦当劳

龙璧

Mr. Sub Sandwiches

Nikki's Pizza

Smooth as Ice

花店

Blue Ginger Kids

纳·梅·毛伊

Yogurt Land

咖啡区

Honolua Wahine

火奴鲁鲁饼干公司

Seoul Ray

水晶海

太平洋珍宝

檀香树

Volcom

衬衫工厂

毛伊岛玩具厂

桑派

地下

西毛伊保健中心

Borders Express

鲸鱼村博物馆

中间二楼

维雷亚商店
The Shops at Wailea

豪华的购物中心

◆维雷亚度假村唯一的一座购物中心，它的内部构成可以说毫不逊色于卡纳帕利的鲸鱼村。

　　在露天的这块地域内，分布着路易·威登、古驰、博泰加·威尼塔、蔻驰、蒂凡尼等一流品牌店，Gyappu、汤米、Bahhah 等便装品牌店，甚至还有画廊和 ABC 商店。也有时尚的适合眺望的餐厅。对于购物派来说，绝对不要错过。

维雷亚

🏠 维雷亚海旁边
🕐 9:30-21:00　　☎ 891-6770
休 无　🅿 免费
备 营业时间、假日各个店铺不同
🌐 www.shopsatwailea.com

左／也有购物间歇时的咖啡馆
下／一点都不混杂、可以慢慢地享受购物的乐趣

有许多以路易·威登、蒂凡尼为首的人气一流品牌店

上／有好几家时尚的餐厅，可以在这里享用午餐和晚餐

上／也有画廊似的礼品店
右／有 Honolua Surf 等休闲服装店

维雷亚商店

图例

品牌精品店		家庭服装		厕所	
女士服装		专卖店、礼品店		电梯	
珠宝、饰品&手表		餐厅&小吃		自动扶梯	
鞋、皮革制品		画廊、服务处、其他		楼梯	
				ATM	

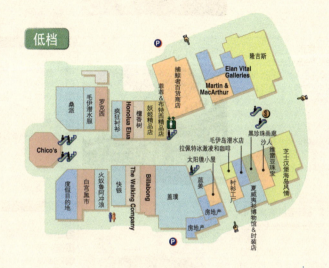

低档

桑派 · 毛伊潜水服 · 罗克西 · 疯狂衬衫 · Honolua Elua · 檀香树 · 妖姬精品店 · 菲菲&布特西精品店 · 捕鲸者百货商店 · 隆吉斯 · Elan Vital Galleries · Martin & MacArthur

Chico's · 度假目的地 · 白宫黑市 · 火奴鲁阿冲浪 · 快银 · The Walking Company · Billabong · 盖璜 · 拉佩特冰激凌和咖啡 · 太阳镜小屋 · 蓝姜 · 房地产 · 房地产 · 衬衫工厂 · 毛伊岛潜水店 · 夏威夷群岛风情博物馆&时装店 · 黑珍珠画廊 · 沙丽 · 维雷亚珠宝 · 芝士汉堡海岛风情

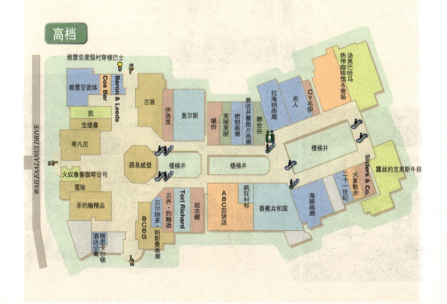

高档

维雷亚度假村穿梭巴士 · 维雷亚团体 · Cos Bar · Baron & Leeds · 凯 · 宝缇嘉 · 蒂凡尼 · 古驰 · 伊洛里 · 盖尔斯 · 缘份 · 芙丽芙丽 · 密钥画廊 · 兼收并蓄图片画廊 · 娜谷 · 拉海纳画廊 · 名人 · CY毛伊 · 汤美巴哈马 · 热带咖啡馆&商场

火奴鲁鲁咖啡公司 · 蔻驰 · 圣约翰精品 · 路易威登 · 贝齐·约翰逊 · 捉衣藏 · Tori Richard · 贝尔纳多·帕斯曼画廊 · BCBG · 丽思卡尔顿酒店公寓 · ABC百货店 · 疯狂衬衫 · 香蕉共和国 · 海豚画廊 · 二十一世纪 · 大象散步 · Sisters & Co. · 露丝的克里斯牛排

WAILEA·LANUI DRIVE

毛伊岛

● 购物 维雷亚商店

457

拉海纳罐头购物中心
Lahaina Cannery Mall

◆位于拉海纳和卡纳帕利中间位置处的购物中心。它是1920年建造的菠萝罐头厂改建而成的，内部装饰得很时尚。以24小时营业的西夫韦为中心，大约有50家商店和餐厅。也有美食广场和咖啡馆，是适合小憩的最佳场所。

种植园时代的主要购物中心 Map /5拉海纳－卡普鲁亚 C

拉海纳

住 拉海纳的北侧，30号沿线
☎ 661-5304（咨询处）
时 除了西夫韦品牌剩下都是 9:30~21:00
休 无
P 免费
备 营业时间、假日各个店铺不同
URL www.lahainacannarymall.com

休闲服装的 Honolua Surf、疯狂衬衫行等都推荐

毛伊集市
Maui Market Place

◆是一个大型折扣店和工厂直销相连的、购物狂必看的购物中心。各种商品琳琅满目，出售书籍和CD店博德斯、家庭服装店老海军、体育商品店的体育权威、文具和事务用品的 Office Max 等品牌店比比皆是。

便宜透了的奥特莱斯 Map p415-B3

卡胡卢伊

住 卡胡卢伊的帝力大街两侧
☎ 873-0400
时 9:00~21:00、周日 ~18:00
休 无
P 免费
备 营业时间和节假日各个店铺不同

有很多知名的店铺，配有餐馆和星巴克

卡夫马努皇后购物中心
Queen Kaahumanu Center

◆这是位于岛的北海岸的卡胡卢伊最大的购物中心。白色穹顶非常现代，约有110间店。说是百货商店，却同样拥有像瓦胡岛阿拉莫阿纳购物中心一样的很多名牌店。有各国料理的餐区、电影院，周末有活动。大堂还有供休息的地方。

"毛伊岛的阿拉莫阿纳"是岛上最大规模的 Map p.414-B2

卡胡卢伊

住 卡胡卢伊的城镇中
☎ 877-3369
时 9:30~21:00、周日 10:00~17:00
休 无
P 免费
备 营业时间、假日各个店铺不同
URL www.queenkaahumanucenter.com

外观现代化的购物中心

左 / 作为购物中心名字的卡夫马努女王的铜像立在馆内中央　右 / 周末举行许多活动

考爱岛
Island of Kauai

爱称	花园岛
	The Garden Island
人口	60747 人
面积	1430.4 平方公里
海岸线	145 公里
岛上最高峰	卡韦基尼山
	（海拔 1598 米）
岛花	魔基花（mokihana）

p.476~477

p.472~473

p.474~475

p.470~471

p.539

Kaulakahi Channel

尼豪岛
NIIHAU

考爱岛
KAUAI

拿帕里海岸州立公园
Na Pali Coast State Park
Nualolo Area
Na Pali Coast State Park
Kalalau Beach

卡拉拉乌瞭望台

科凯州立公园
Kokee State Park

Mololii Area
Na Pali Coast
State Park

Kauhao Valley

Kalalau Valley

怀梅阿峡谷州立公园
Waimea Canyon State Park

Polihale State Park
Barking Sands Beach

帕里哈莱州立公园

怀梅阿峡谷瞭望台

Nohili
Pt.

Waimea Canyon

Wailua Valley

Waimea River

Makaweli River

Mana

HANALEI

KOKEE

ANAHOLA

数字表示英里

WAILUA

LIHUE

KEKAHA

POIPU

HANAPEPE

Kohale Pt.

小矮人河沟

Kekaha

Kekaha Beach Park

Oomano Pt.

Waimea

怀梅阿城
俄罗斯城

Kaumakani

50

7

从利胡埃驾车的英里数

数字全部为估计值。1英里约为1.6公里

	英里	公里
怀卢阿	6	10
卡帕阿	9	14
基拉韦亚	25	40
普林斯维尔	30	48
哈纳莱	32	51
科凯海滩	40	64
纳威利威利港	3	5
古树隧道	7	11
科洛阿	11	18
坡伊普	13	21
怀梅阿	24	38
凯卡哈	27	43
帕里哈莱沙滩	39	62
怀梅阿峡谷瞭望台	39	62
卡拉拉乌瞭望台	47	75

考爱岛
尼豪岛
瓦胡岛
摩洛凯岛
拉奈岛
毛伊岛
卡霍奥拉韦岛
夏威夷岛

Saltpond
Park

460

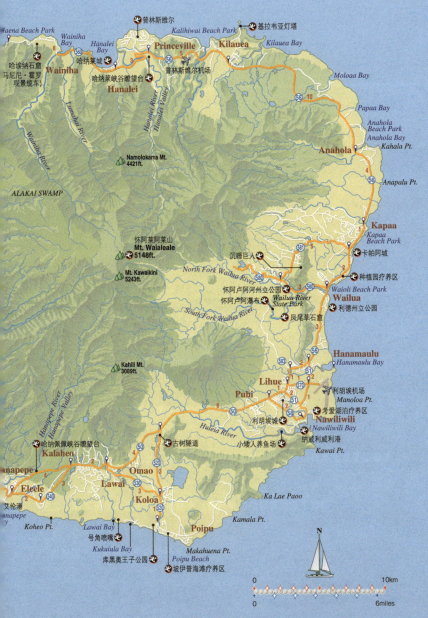

考爱岛全图

Haena Beach Park

Wainiha Bay

哈埃纳石窟
马尼尼·霍罗观景缆车
Wainiha

Hanalei Bay

哈纳莱城

哈纳莱峡谷瞭望台
Hanalei

普林斯维尔

Kalihiwai Beach Park

Princeville
普林斯维尔机场

Kilauea

基拉韦亚灯塔

Kilauea Bay

Moloaa Bay

Papaa Bay

Hanalei River
Hanalei Valley

Lumahai River

Wainiha River

Namolokama Mt.
4421ft.

ALAKAI SWAMP

怀阿莱阿莱山
Mt. Waialeale
5148ft.

Mt. Kawaikini
5243ft.

North Fork Wailua River

怀阿卢阿河州立公园
怀阿卢阿瀑布
Wailua River
State Park

South Fork Wailua River

凤尾草石窟

沉睡巨人

Anahola

Anahola
Beach Park
Anahola Bay
Kahala Pt.

Anapalu Pt.

Kapaa
Kapaa
Beach Park

卡帕阿城

种植园疗养区

Waioli Beach Park
Wailua

利德州立公园

Hanamaulu
Hanamaulu Bay

Kahili Mt.
3089ft.

Hanapepe River
Hanapepe Valley

哈纳佩佩峡谷瞭望台

Kalaheo

nepepe

Elecle
艾伦港
napepe

Koheo Pt.

古树隧道

Lihue

Puhi

利胡埃机场
Manoloa Pt.

考爱湖泊疗养区

利胡埃城

Nawiliwili

Nawiliwili Bay
纳威利威港
Kawai Pt.

小矮人养鱼场

Huleia River

Omao

Lawai

Koloa

Ka Lae Paoo

Kamala Pt.

Poipu

号角喷嘴

Lawai Bay

Kukuiula Bay
库黑奥王子公园

Makahuena Pt.
Poipu Beach
坡伊普海滩疗养区

N

0　　　　　　　　　　10km

0　　　　　　　6miles

461

如园林般美丽的
花园岛

耸立于岛中央的群山，山顶常年云雾缭绕。

丰沛的雨水滋润着碧绿青翠的群山。

几条瀑布汇流而成的大河滋润着平原，孕育着色彩斑斓的鲜花。

考爱岛是夏威夷群岛中最古老的火山活动形成的岛，经过漫长岁月的风雨洗礼，

造就了这里奇特的断崖绝壁，有种语言无法形容的鬼斧神工之美。

考爱是神灵们创造的"园林岛"。

从普黑纳薰纳瞭望台看到的景色是大自然创造的艺术品

考爱岛概况

An Overview of Island of Kauai

Physical Features
地　　势

考爱岛位于夏威夷群岛的北边，北纬 21°52'~
22°14'、西经 159°17'~159°48'。是夏威夷
八大岛中的第四大岛。

考爱岛是夏威夷群岛中最古老的岛，和其
他岛一样都是火山活动形成的岛。

据推定 500 万 ~600 万年前，海底火山持续
喷发，在海面形成了直径 30 公里的火山口。每
次火山喷发的熔岩都会堆积在火山口，最后从
考爱岛的南侧溢出流入海里。

考爱岛中央的怀阿莱阿莱山（海拔 1569 米）
是最初火山的中心，曾经和距离考爱岛 25 公里
的尼豪岛相连。

考爱岛常年雨水丰沛，经过数百万年雨水
的侵蚀，造就了像怀梅阿峡谷和拿帕里海岸这
样险峻的奇峰峭岩。

An
Overview
of
Island
of
Kauai

怀梅阿峡谷被称作"地球的裂缝"，可以说是恰如其分

鲜艳的绿色风景既养眼又养心。考爱岛是疗养胜地

Climate
气　候

考爱岛的北部和南部、山林地带和海岸线的气象状况有很大不同，这主要是因为岛上常年吹拂信风。

信风带着太平洋上的暖湿气流吹到考爱岛时，由于北边阿纳霍拉山系、东边回忆山系的阻拦，风被挤压到了海拔1569米的怀阿莱阿莱山的山顶。

山顶附近，由于高度和气温的关系，湿气变成了雨，所以山顶附近常年被厚厚的云层所覆盖，年均降水量高达12000毫米。风到了岛的西侧的时候就变成了干燥的空气，例如西部海岸的凯卡哈年均降雨量只有525毫米左右。

因为上述理由，一般从北海岸到东部阴天较多，相反从南海岸到西海岸多是晴天。只是

各地气温和降水量					
	平均气温		过去记录的气温		
观测地/海拔（m）	平均最低气温	平均最高气温	最低气温	最高气温	年均降水量（mm）
利胡埃机场/31	21.0	27.3	10.0	32.2	1049
坡伊普/15	20.7	18.1	10.0	35.0	873
基拉韦亚/98	19.5	16.6	10.0	32.2	1315
科凯/1097	10.6	19.6	-1.7	32.2	1697

※ 均有过去30年的平均值 / 出自：*Hawaii Data Book 2008*

冬天的暴风雪和叫作科纳的风从西南吹过时带来的坏天气，会断送了好不容易才有的假期。

其中最厉害的莫过于使考爱岛遭受重创的"伊娃"（1982年11月）、"伊妮基"（1992年9月）的两次大型飓风了。其中"伊妮基"最大瞬间风速达到64米，属于超巨大型飓风，岛上90%的房屋遭到了毁灭性的破坏，经济损失达20亿美元。

如今还可见当年遭受严重破坏的痕迹，有几个常年被风吹日晒的度假酒店再无重新开业的可能。

Politics
政　治

包括尼豪岛在内的考爱岛县政府设在利胡埃。夏威夷是美国联邦政府—夏威夷州政府—县市政府这样的三层行政机构。夏威夷州政府是拥有自己宪法的自治体。夏威夷州政府宪法下是行政、司法、司法的三权分立的政体。立法府拥有上院25名、下院51名的州议会，在选举时需要从考爱县选出1名上院、3名下院州议员。

在县政府这一层次上，1968年才采用县宪章的地方了，和火奴鲁鲁县政府相比，考爱县拥有自治权的时间确实较晚，这是不能否认的。考爱县议会由无党派选举产生的7个议员构成。现在的考爱县县长是Kaipo Asing。

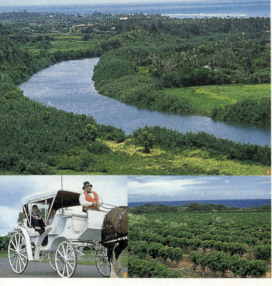

1 丰沛的降雨养育着草木，汇成大河（怀卢阿河）
2 这里弥漫着一股浪漫的气氛，吸引了很多情侣来这里举行结婚仪式
3 埃莱埃莱附近有大片的咖啡田
4 县政府坐落于考爱岛的中心利胡埃

Economy
经　济

制糖业曾经是考爱岛的主要产业。最繁盛的时期9成以上的农业用地都是甘蔗田。历史上最早建造的甘蔗种植园就是考爱岛南部的科洛阿。

但是制糖业已经是夕阳产业了。咖啡产业取而代之正在逐渐兴起。甘蔗田转化为咖啡田的农地转化比较简单，再加上两者都需要大量的水，所以现有的农用设施可以通用，可以说上述两点是咖啡业迅速崛起的理由。现在无论是种植面积还是产量，考爱都是夏威夷州的第一了。和其他岛相比，农作物处于领先地位的是代表哈纳莱田园风光的芋头。2007年的销售额约为162万美元，遥遥领先于第二名的夏威夷岛（约为17万美元）。

观光业所带来的收入，包括其他相关产业占有很大的比例。观光游客的人数很长时间都仅次于瓦胡岛、毛伊岛位列第三，只是由于飓风"伊妮基"的影响而被夏威夷岛赶超落到第四名。2008年的游客人数为1030647人次。

考爱岛有642家酒店（包括B&B等）、6647间客房。面向游客的高级度假公寓有37家，共2556间客房。

※ 数据为2008年统计。

History
历　史

考爱岛和其他的夏威夷岛屿一样，据说都是公元前700年从马克萨斯岛，和12~13世纪从塔希提岛大举迁移过来的波利尼西亚人。

1778年夏威夷被英国船长库克"再发现"

时，还保存着非常森严的等级制度，并且和宗教的禁忌制度一起维持着社会秩序。

当时夏威夷各岛势力之间的斗争非常激烈，最后1795年卡美哈美哈国王统一了夏威夷，但是考豪岛和尼豪岛没有被卡美哈美哈军队攻破，这应该是考豪岛和瓦胡岛之间的考爱海峡水深且水流湍急之故吧。

卡美哈美哈王朝统治之下，主要产业是出口白檀，19世纪之后甘蔗产业在夏威夷兴起。现在只有考马卡尼有制糖工场。

小矮人族的传说

因为考爱岛是夏威夷群岛中最古老的岛，所以考爱岛有很多传说，其中最常被人讲述的就是谜一般的原住民小矮人族。

他们只有普通人一半的身高，但是却用着他们不可思议的能力帮助人们，给人们留下了各种各样的建筑。有南海岸的小矮人养鱼池、东海岸、北海岸、西海岸的小矮人河沟等，分布在岛上的四面八方，很有意思。

小矮人族绝不会让异族人看到他们，所以他们过着白天睡觉晚上劳动的生活。有一个令人不快的传说：有个王子和公主打破了不能看小矮人这样的禁忌，偷看了他们，最后被小矮人变成了石桩。

传说中的神秘的原住民小矮人族建造的养鱼池

尽情感受考爱岛的 旅行线路

跟团旅游的日程安排

旅行社安排的考爱岛之旅，如果是4晚6日的话，一般是考爱岛2晚+火奴鲁鲁2晚，或者都住在考爱岛。有的也会安排游览两个岛，但是最后都会在火奴鲁鲁住两晚（其余的3晚、4晚都在考爱岛）。

1 考爱岛2晚+火奴鲁鲁2晚之旅

去往考爱岛一般都是这样。但是4晚6日这样的类型实际上只有第二天能在考爱岛玩上整整一天。前后两天不是在路上，就是在办理退房手续，日程非常紧张。第二天就成了整个游览的关键，一定要租辆车，哪怕是只租一天也好，一定要感受一下考爱岛的魅力（参照下一页）。

考爱岛2晚+火奴鲁鲁2晚之旅的时间安排		
	上 午	下 午	晚 上
第1天	到达火奴鲁鲁机场后，乘坐各岛之间的飞机前往考爱岛	下午办理酒店入住手续	自由活动
第2天	自由活动		
第3天	退房	乘坐中午的航班前往瓦胡岛/15:00办理入住	自由活动
第4天	自由活动		
第5天	早晨退房、前往火奴鲁鲁机场		飞机里（第六天的下午到达国内）

上/北海岸最值得看的地方、基拉韦亚灯塔　下/可以轻松乘船前往凤尾草石窟

2 4晚全住在考爱岛之旅

如果能在考爱岛住上4晚，就能尽享考爱的大自然之美了。因为岛上没有循环道路，在北、东、西各个地方能分别待上一天，就能游览考爱岛的全貌了。下面是住在坡伊普的旅行线路，如果住在普林斯维尔的话，就可以第一天再加上一天在普林斯维尔好好游览，剩下的两天去岛上的其他地方。因为几乎没有公共的交通工具，所以无论是哪一条线路，租车都是不可或缺的。

怀梅阿峡谷是不能错过的景点

尽享考爱岛自然之旅	
第1天	第一天因为会有时差，可以在酒店休息一下。精力充沛的人可以去购物。如果是在坡伊普地区推荐你去科洛阿古城。如果在利胡埃的话，有库奎丛林中心等大规模的购物中心
第2天	整个上午都可以在坡伊普海滩公园尽情戏耍。下午准备开车去东海岸吧。可以游览一下怀卢阿附近的历史遗迹、在卡帕阿城里漫步。可以去购物中心随便看看选选。凤尾草石窟是必看的地方，可以坐摩托艇去
第3天	可以开车去考爱岛最值得看的地方——怀梅阿峡谷。推荐在天气好的上午去游览。中午饭在科凯州立公园的山中小木房里吃。胸怀比较好的人可以挑战一下徒步
第4天	最后一天去往最有考爱岛特色风光的北海岸。有基拉韦亚灯塔、普林斯维尔、哈纳莱等很多值得看的地方

Driving Course

向游客推荐的自驾游线路

※ 可以参照后文的驾车小提示

考爱岛中心部观光线路 (住在坡伊普的线路)

1 酒店
↓ 约30公里、约40分钟
2 怀卢阿瀑布
↓ 约14公里、约20分钟
3 怀卢阿河
↓ 约3公里、约5分钟
4 欧帕也卡阿瀑布
↓ 约6公里、约10分钟
5 卡帕阿
↓ 约14公里、约20分钟
6 考爱博物馆
↓ 约2.5公里、约5分钟
7 考爱湖
↓ 约4公里、约5分钟
8 库奎丛林中心

这是巡游考爱岛东海岸的悠闲之旅。走着去也很好。上午可以在酒店的泳池里玩耍，中午出发也可以。如果想好好游览一下怀卢阿遗迹和考爱博物馆可以早晨就出发。午餐就可以在卡帕阿解决了。

飞流直下的
怀卢阿瀑布

考爱北海岸观光线路 (住在坡伊普的线路)

1 酒店
↓ 约62公里、约5分钟
2 基拉韦亚灯塔
↓ 约14公里、约20分钟
3 哈纳莱
↓ 约12公里、约25分钟
4 凯艾海滩
↓ 约16公里、约35分钟
5 普林斯维尔
↓ 约8公里、约15分钟
6 香蕉·乔

去往考爱岛的北部海岸需要开很长时间的车。因为要花一天的时间，最好早出发。如果想要在基拉韦亚观察野鸟就在哈纳莱吃中午饭。从哈纳莱到凯艾海滩的途中有几座只能过一辆车的桥，要特别注意。在凯艾海滩游一下之后，就可以在普林斯维尔和水果站香蕉·乔一边休息，一边尽情地享受归途。

考爱南海岸～怀梅阿峡谷观光线路 (住在利胡埃的线路)

1 酒店
↓ 约62公里、约90分钟
2 怀梅阿峡谷瞭望台
↓ 约12公里、约20分钟
3 卡拉拉乌瞭望台
↓ 约4公里、约8分钟
4 科凯州立公园
↓ 约25公里、约35分钟
5 怀梅阿城
↓ 约31公里、约35分钟
6 号角喷嘴
↓ 约5公里、约5分钟
7 科洛阿古城
↓ 约5公里、约5分钟
8 古树隧道

这是开往怀梅阿山岳的自驾车路线。事先确认一下汽油的余量。怀梅阿峡谷的天气上午会比较好一些，所以最好早晨早出发。

如有不明白的地方，可以询问酒店
的服务台职员

可以从552号公路上山，从怀梅阿出来的550号公路下山，尽情欣赏富于变化的美丽景色吧。如果想在怀梅阿城散步，可以经由530号公路顺便观光一下号角喷嘴和科洛阿古城，然后踏上归途。

不租车的话

如果觉得在国外开车没有信心或觉得不安全的游客可以选择自由行。可以跟酒店的服务台联系，他们会介绍各种各样的游览路线。

考 爱 岛
地 域 概 况

纳帕利海岸
NA PALI COAST

海岸线上延伸着被称为"秘境"的悬崖绝壁（→p.496）。车是无法进入的，只能乘坐直升机和快艇观光。

不乘坐直升机是无法看到这样的美景的

哈纳雷
HANALEI

北海岸的哈纳雷（→p.494）是美丽的田园小镇。划船比赛也很盛行。周围的海岸是电影《南太平洋》的外景拍摄地，还有传说中的石窟等，北海岸的驾车之旅能让旅客享受值得回味的美丽景色。大概要用一天的时间。

哈纳莱美丽的田园风光

怀梅阿峡谷州立公园
WAIMEA CANYON STATE PARK

考爱岛观光的精彩之处就是怀梅阿峡谷（→p.489）了。怀梅阿简直如地球的裂缝一般，壮观的景色丝毫不输于科罗拉多大峡谷。在美丽的寇基州立公园（→p.490）可以尽情享受远足的乐趣。

怀梅阿峡谷是考爱岛观光必来的地方

NA PALI COAST STATE PARK

KOKEE STATE PAR[K]

550 WAIMEA CANY[ON] STATE PARK

KEKAHA **552** **550**

WAIMEA

HANAPE[PE]

50

5

怀梅阿
WAIMEA

怀梅阿是库克船长首先登陆的地方。位于考爱岛西部的中西地方。附近有小矮人河沟、俄罗斯城等景点。

怀梅阿有库克船长的铜像

科洛阿古城
OLD KOLOA TOWN

科洛阿古城是夏威夷制糖业的发祥地。现在再现了当时富有情调的街景，城里游客如织。

科洛阿古城充满了怀旧的气氛，不禁勾起了人们丝丝的乡愁

波伊普
POIPU

波伊普（→p.483）是考爱岛开发得最充分的地方。豪华的观光公寓和一流的宾馆相连。受气候好之利，波伊普海滩是最适合日光浴的地方。这里还有一流的高尔夫球场。

度假气氛十足的坡伊普

普林斯维尔
PRINCEVILLE

普林斯维尔（→p.493）可以说是考爱岛上首屈一指的巨大型疗养胜地。45个洞的高尔夫球场（→p.498）是高尔夫迷们垂涎的圣地。酒店和观光公寓都很一流，设备都很齐全。

普林斯维尔是个让想象都失去意义的城市。入口很自然，丝毫不做作

基拉韦亚
KILAUEA

基拉韦亚是夏威夷最北端的灯塔（→p.492）。这里也是海鸟的保护区，是个观察野鸟的胜地。

基拉韦亚灯塔位于夏威夷最北段

怀卢阿河州立公园
WAILUA RIVER STATE PARK

怀卢阿河（→p.485）周边是考爱文化的发祥地。这里是渡海而来的波利尼西亚人最开始建造村落的地方，有很多传说和遗迹。

从怀卢阿到卡帕亚（→p.487）分布着很多购物中心（→p.503），是考爱岛最繁华的区域。

怀卢阿河是考爱岛最大的河流

利胡埃
LIHUE

利胡埃（→p.481）是考爱岛的政治经济中心。有考爱岛博物馆（→p.482）、热闹的购物中心等景点。考爱湖（→p.481）是考爱岛最受欢迎的疗养地。

考爱湖畔的豪华酒店

羊齿洞穴
FERN GROTTO

羊齿洞穴（→p.486）是代表考爱岛最浪漫岛屿的观光景点。这里以前是皇家举行结婚仪式和举办典礼的地方。现在也有很多情侣在这里举行结婚仪式。

在羊齿洞穴还有音乐家演奏

考　爱　岛
地　域　概　况

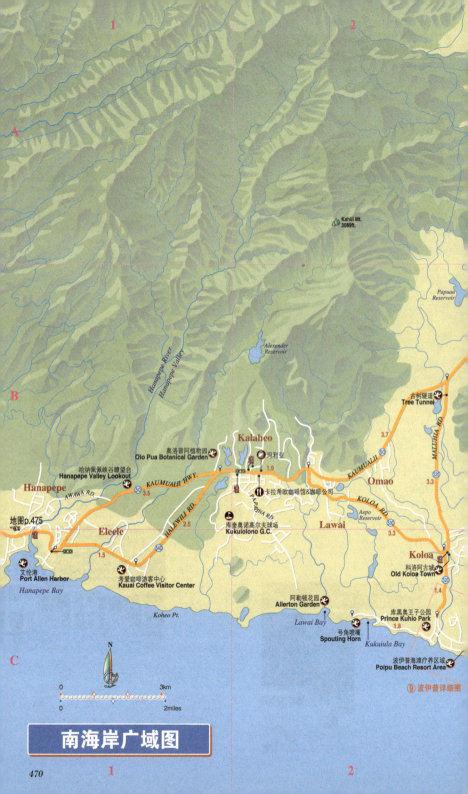

1   2

A

Kahili Mt.
3089ft.

Papuaa
Reservoir

B

Hanapepe River
Hanapepe Valley

Alexander
Reservoir

Kalaheo

古树隧道
Tree Tunnel

奥洛普阿植物园
Olo Pua Botanical Garden

玛利亚

哈纳佩佩峡谷瞭望台
Hanapepe Valley Lookout

KAUMUALII HWY.

1.9

3.7

Hanapepe

50

AWAWA RD.

3.5

50

KAUMUALII

卡拉希欧咖啡馆&咖啡公司

Omao

地图p.475

Elecle

HALEWILI RD.

1.5

540

2.5

LAUOHA RD.

KOLOA RD.

库奎奥诺高尔夫球场
Kukuiolono G.C.

Lawai

Aepo
Reservoir

530

3.3

MALUHIA RD.

520

3.3

Koloa

科洛阿古城
Old Koloa Town

520

1.4

艾伦港
Port Allen Harbor

考爱咖啡游客中心
Kauai Coffee Visitor Center

Hanapepe Bay

Koheo Pt.

阿勒顿花园
Allerton Garden

Lawai Bay

号角喷嘴
Spouting Horn

Kukuiula Bay

库黑奥王子公园
Prince Kuhio Park

1.8

C

N

波伊普海滩疗养区域
Poipu Beach Resort Area

⑨ 波伊普详细图

0   3km

0   2miles

南海岸广域图

3

KUAMOO RD.

580

Wailua River
怀卢阿州立公园
Wailua River State Park

4

地图p.473
利德州立公园
Lydgate State Park

Wailua River
State Park

怀卢阿瀑布

凤尾草石窟
Fern Grotto

Wailua

3.3

(8) 东海岸扩大图

A

考爱岛

South Fork Wailua River

Kapaia
Reservoir

4.0

Kalepa Ridge

56

KUHIO HWY.

简介与地图 南海岸广域图

Kilohana Crater
1133ft.

MAALO RD.

583

Hanamaulu

哈纳玛乌鲁海滩公园
Hanamaulu B.P.

1.5

Hanamaulu
Bay

Lihue

利胡埃砂糖工场
Lihue Sugar Mill

0.4

利胡埃城
Lihue

0.8

1.0

51

1.0

570

利胡埃机场
Lihue Airport

基洛哈纳
Kilohana

0.6

1.0

Puhi

KAUMUALII HWY.

1.0

51

56

2.0

1.1

KAPULE HWY.

利胡埃周边详细地图
参照p.482

1.0

考查湖
Kauai Lagoons

Halenanahu
Reservoir

3.7

50

1.3

PUHI RD.

库查丛林中心
Kukui Grove Center

Nawiliwili

Huleia River

KIPU RD.

HULEMALU RD.

小矮人养鱼场
Menehune Fish Pond

纳威利威利
Nawiliwili Harbor

Nawiliwili Bay

B

Kawai Pt.

维多利亚女王的侧脸像
Queen Victoria's Profile

Haupu Mt.
2297ft.

Waita
Reservoir

基普开海滩
Kipu Kai Beach

Ka Lae Paoo

CJM县政府

Kamala Pt.

p.476~477

p.472~473

C

MAKAKINOKU RD.

5

POIPU RD.

Poipu

波伊普高尔夫球场
Poipu Bay G.C.

考爱凯悦疗养酒店

p.474~475

Makahuena Pt.

Poipu Beach

3

4

471

東海岸广域图

3km 2miles

N

0

A 3 2 1

B

Anahola Bay
阿纳霍拉海滨公园
Anahola B.P.
Kahala Pt.
Anapalu Pt.
55
KUHIO HWY
Kealia

Papaa Bay
ALAMANU RD.
3.2
阿纳霍拉湾
Anahola
KAWAIHAU RD.

Moloaa Bay

KOOLAU RD.
3.2
Anahola Mountains

55

Makaleha Mountains
Waialu Ml.
3255ft.

Kilauea Bay
Na Aina Kai
KUHIO HWY.
WAILAPA RD.
1.7
1.8

Kilauea
Kong Lung Center
空港中心
Historic Plantation Center
Banana Joe
2.6

Kalihiwai Beach Park

Princeville Airport
Princeville G.C.
Hanalei Valley Lookout
2.9

1

Princeville
地图p.477
ANINI RD.
55
472

D

p.476~477

p.470~471

p.474~475

考爱岛

3

简介与地图 东海岸广域图

Kapaa Beach Park
11 小城咖啡
卡帕亚城
Kapaa Town
Kapaa

椰子种园疗养区
Coconut Plantation Resort Area

12

1.2

2.4

KUHIO HWY

KAPAA BY-PASS

OLOHENE RD.

KUHIO HWY.

Waioli Beach Park

Wailua
利胡州立公园
Lydgate State Park

8东海岸扩大图

Hanamaulu Bay

Hanamaulu

哈纳玛乌鲁海滨公园
Hanamaulu B.P.

利胡埃周边详细
地图参照p.482

利胡埃机场
Lihue Airport

KAPULE HWY.

KUHIO HWY.

Kalepa Ridge

3.3

1.5

5.0

沉睡的巨人
Sleeping Giant

恩纳也卡阿瀑布
Opaekaa Falls

KUAMOO RD.

Wailua River

2.8

1.5

1.0

利胡埃城

51

51

2

51 1.0

1.1

凤尾蕨石窟
Fern Grotto

怀卢阿州立公园
Wailua River State Park

怀卢阿瀑布

4

MAALO RD.

0.8

0.6

HWY.

利胡埃制糖工程
Lihue Sugar Mill

库奎丛林中心
Kukui Grove Center

嘉洛哈纳
Kilohana

Lihue

KAUMUALII

Puhi

1.3

Kapaia Reservoir

North Fork Wailua River

South Fork Wailua River

Kilohana Crater
1133ft.

50

50

1

地图p.471

Alakai Swamp

プウ・オ・キラ展望台
Puu O Kila Lookout

3

連絡図p.476

1.0

カララウ展望台
Kalalau Lookout

2.6

科里旅游博物馆
Kokee Lodge & Museum

コケエ州立公園
Kokee State Park

Kokee State Park

1.7

プウ・ヒナヒナ展望台
Puu Hinahina Lookout

プウ・カ・ペレ展望台
Puu Ka Pele Lookout

ワイメア渓谷州立公園
Waimea Canyon State Park

Waimea Canyon

ワイメア渓谷展望台
Waimea Canyon Lookout

3.6

KOKEE RD.

3.3

Waimea *Canyon*

Na Pali Coast

Mololii Area
Na Pali Coast State Park

Kauhao Valley

Polihale State Park

Barking Sands Beach

ハリハレ州立公園
Polihale State Park

5.1

Nohili Pt.

MANA RD.

KAO RD.

0.4

Mana

Barking
Sand
Airfield

2

1

A

B

3

A

B

474

C

D

Hanapepe

地图p.470 见⑤

HANAPEPE RD.

3

2.6

50

Kaumakani

4.1

KAUMUALII HWY.

Muleweli River

Menehune Ditch
搏人河沟

Waimea River
怀梅阿河

WAI MEA CANYON DR.

6.7

Waimea
怀梅阿

Capt. Cook's Monument
库克船长雕塑纪念碑

Russian Fort
俄罗斯域

Waimea
怀梅阿镇

Aston Waimea Plantation Cottages
怀梅阿阿斯顿梅阿植园庄园

3.2

Kekaha

KEKAHA RD.

Oomano Pt.

Kekaha B.P.
凯卡哈海滩公园

7.5

KOKEE RD.

Koliale Pt.

KAUMUALII HWY.

50

6.4

Waimea

p.476~477

p.472~473

p.470~471

2

西海岸广域图

N

3km

2miles

0

0

1

C

D

北海岸广域图

N

0   3km
0   2miles

A

p.472~473

p.474~475

p.470~471

Haena State Park

海纳郡属公园
Haena County Park

哈纳雷疗养地

凯艾海滩
Kee Beach

1.2

2.4

Wainiha
Bay

卢马哈依海滩
Lumahai Beac

卡拉拉乌铁路入口

哈埃纳石窟
（马尼尼·霍罗观景缆车）
Manini Holo Dry Cave

KUHIO HWY.
560

4.1

Hanakapiai Beach

怀卡帕莱石窟
Waikapalae Wet Cave

怀卡纳罗阿石窟
Waikanaloa Wet Cave

Waniha

KALALAU TRAIL

拿帕里立州立公园
Na Pali Coast State Park

Nualolo Area
Na Pali Coast State Park

Na Pali Coast

Hanakoa Camping Area

Kalalau Beach

B

Kalalau Valley

Laau Ridge

Lumahai River

卡拉拉乌海滩公园
Kalalau Lookout

普奥基拉瞭望台
Puu O Kila Lookout

Wainiha Ridge

Wainiha River

2.6

地图p.474

寇基州立公园
Kokee State Park

Alakai Swamp

Waimea Canyon

C

3　　　　　　　　　　　　　　　4

考爱岛

A

●简介与地图　北海岸广域图

基拉韦厄烧烤
空朗中心
Kong Lang Center

Mokuaeae Island
基拉韦厄灯塔
Kilauea Lighthouse

⑦普林斯维尔详细图

阿尼尼海滩
Anini Beach

Kalihiwai Beach Park

KA HAKU RD.

ANINI RD.

Kilauea
基拉韦厄鲜鱼店

Hanalei Bay

Princeville

普林斯维尔高尔夫俱乐部
Princeville G.C.

56

历史上重要的种植园中心
Historic Plantation Center
2.6

KILAUEA RD.

哈纳雷黑海滩公园
Hanalei B.P.
1.4

哈纳雷峡谷瞭望台
Hanalei Valley Lookout
2.0

Banana Joe

WAILAPA RD.

KUHIO HWY.

56

地图p.472

哈纳雷镇
Hanalei

KUHIO HWY.
1.5

普林斯维尔机场
Princeville Airport

古阿巴凯种植园
Guava Kai Plantation

怀奥利海滩公园
Waioli B.P.

Hanalei

B

Hanalei River
Hanalei Valley

Namolokama Mountains

▲ Namolokama Mt.
4421ft.

Makaleha Mountains

C

3　　　　　　　　　　　　　　　4

477

考爱岛的节日

The Events of Kauai

■ ■ ■ ■

The Events of Kauai

1月　　　　January

●中旬

考爱日

　　考爱日是考爱岛所有的居民都庆祝的日子。有娱乐、面向孩子们的游戏、研究会等。考爱日在考爱岛各地举行。☎ 338-0111

2月　　　　February

●下旬

怀梅阿城庆祝日

　　怀梅阿城庆祝日是个惯例的城镇狂欢节。有娱乐节目、美食、工艺品、游戏和各种游戏，在旧怀梅阿制糖工场举行。☎ 338-1332

4月　　　　April

●上旬

春天美食盛会

　　有名的厨师阿兰王和 Chai Chaowasaree 会出席这个盛会，是考爱大学举办的美食节。在大学的餐厅举办。☎ 245-8231

●下旬

歌舞盛会

　　在利胡埃的考爱战争纪念堂的比赛大厅举行。Leilani Rivera Bond 举办的歌舞盛会。收费。☎ 651-0628

5月　　　　May

●上旬

考爱美术馆建馆纪念日

　　这个节日是在考爱美术馆举办的，每年都会举行。会制作花环，并且有比赛。

☎ 245-6931

6月　　　　June

●上旬

美食天堂夏威夷

　　在史密斯热带天堂举办，是夏威夷的美食日。

☎ 246-6983

考爱岛舞蹈

　　6 月份的第二周开始的每周五、六在各城市的寺庙里轮流举办。☎ 338-1847

●中旬

金色卡麦哈麦哈庆祝日花车巡游

　　卡麦哈麦哈日是每年都有的巡游日。花车从比迪纳体育馆到县政府。☎ 821-6895

7月　　　　July

●上旬

天空音乐节

　　天空音乐节是为了庆祝独立纪念日。在利胡埃的比迪纳体育

馆举行。有孩子们的游戏、现场演奏和烟火大会等。每年有 8000 人前往。☎ 245-7277

●下旬

科洛阿种植园日

　　种植园日是因甘蔗种植而繁荣起来的科洛阿城每年都举行的节日。举办体育赛事、名胜古迹散步游览、竞技表演、工艺品展览等多项活动。☎ 652-3217

9月　　　　September

●上旬

考爱马拉松

　　2009 年 9 月举行了首届马拉松大会。起点在坡伊普购物村。

●中旬

考爱岛迎宾日

　　考爱岛迎宾日是每年都举行的夏威夷最大的节日。举办比赛、音乐会、竞赛等各种各样夏威夷娱乐项目。☎ 246-5515

10月　　　　October

●上旬

椰子节

　　椰子关系到夏威夷文化、社会、历史等很多重要的方面，是个非常重要的节日。有用椰子做成的各种别致的食物、游戏和工艺品的展示。在卡帕阿海滩公园举行。☎ 651-3273

※ 参考资料：Hawaii Visitors and Convention Bureau(🖳 www.gohawaii.com/)

重 要 电 话 号 码

紧急电话（警察、急救车、消防署）……911

●医疗机构

维尔科克斯纪念医院……245-1100
考爱内科诊所（利胡埃）……245-1500
卡帕阿诊所……822-3431
科洛阿诊所……742-1621
埃莱埃莱内科诊所……335-0499
北海岸内科诊所……828-1418
西海岸内科诊所……338-9431

●航空公司

美国联合航空公司……1-800-241-6522
中国航空公司……955-0086
夏威夷航空……1-8000-367-5320

●租车公司（紧急时 24 小时）

阿拉猫租车……1-888-924-0977

艾比斯租车……1-888-890-0046
八街特莱……1-800-890-0046
大勒租车……1-800-394-2246
哈慈莱……1-800-654-5060
国家客……922-0882

●出租车公司

城市出租车……639-7932
阿吉克斯出租车……822-7588/651-1472
北海岸出租车……826-4118/639-7829

●国际电话

从夏威夷往中国拨打电话
011-86- 去掉零的长途区号 - 对方电话号码
从中国往夏威夷拨打电话
00-1-808- 对方电话号码

考爱岛机场指南

考爱岛有两个机场，分别是考爱岛东南部的利胡埃机场和北海岸的普林斯维尔机场。

考爱岛的大门——利胡埃机场

利胡埃机场 Lihue Airport

利胡埃机场是考爱岛的大门。可以乘坐夏威夷航空等。火奴鲁鲁—利胡埃之间乘坐喷气式飞机只需35分钟。

公交总站的大口外观是朴素的波利尼西亚风格的，里面有空调等设备很舒适。有餐厅、酒吧、信息中心和礼品店。

遗憾的是市内公交车等公共交通不到机场，一个人旅行可以乘坐去往各酒店的出租车或者租车。考爱岛上有一部分酒店提供机场送迎服务。

从利胡埃机场到各地

1 租车

从机场的到站大厅出来就是信息台，正面并列的就是租车区。

根据租车公司的不同，有的在租车区的后面提车，有的在距离出租车稍远点的租车公司专用的停车场办理手续（每个公司都有免费的摆渡车）。

从利胡埃机场所需要的时间			
目的地	英里（公里）	经由	所需时间
坡伊普	16（26）	51号公路→50号公路 520号公路→530号公路	约35分钟
椰子市场	6（20）	51号公路→56号公路	约15分钟
普林斯维尔	28（45）	51号公路→56号公路	约60分钟

2 出租车

出租汽车站在到站大厅的出口，一般会有几辆车在等客人。

从利胡埃机场出发的出租车价目表	
坡伊普	约50美元
椰子市场	约25美元
普林斯维尔	约95美元

航空公司的联系方式
- 夏威夷航空
  火奴鲁鲁 ☎838-1555
  ☏ 1-800-882-8811
- 美国群岛航空
  ☏ 1-800-652-6541
- 太平洋之翼
  ☏ 1-888-575-4546
  Go!Mokulele Airline
  ☏ 1-888-435-9462
  ☏ 1-866-260-7070

普林斯维尔机场位于考爱岛北海岸，在普林斯维尔疗养地的前面。普林斯维尔机场只有一条滑行道。在普林斯维尔度假的人从这里直接坐飞机是比较明智的选择，但是夏威夷航空以机场配备不齐为由不在这儿起航。

考爱岛自驾游的一点建议

哈纳莱~凯艾海滩：过了哈纳莱城，道路会突然变窄。在和对面的车擦身而过的时候要小心驾驶。还有一个澜桥，路面有小坑，要特别注意。

哈纳莱的入口：过了普林斯维尔后，哈纳莱对面就是一段很陡的下坡路。坡的尽头有一座澜桥，一定要慢行。

怀梅阿峡谷自驾游和科凯步行：登山要注意体力消耗过度。下山的时候最好开低挡下山。不用忘记同时慢踩刹车。

阿纳霍拉：没有醒目的东西，弯道又少，所以一定要注意开车的时候别打盹。可以看到高速巡警，要控制速度。

凯卡哈的前面：约 11 公里有条直线路。限速 50 英里（80 公里），但很容易超过 50 英里（80 公里）。会严格检查超速驾驶。

怀卢阿~卡帕阿：这个地区并列建了很多购物中心。有开往购物中心的左转弯专用的信号灯，但是左转弯的信号间隔较短，常会有左转弯的车和直行车追尾这样的交通事故。

哈纳佩佩：从哈纳佩佩相反方向的两个方向的下坡路。附近有学校，需要减速。

利胡埃~怀卢阿：从怀卢阿的 580 号公路到哈纳玛鲁的 51 号线的 56 号公路，早晨上班、上学的时间段，开往利胡埃方向的车会比较拥堵。有的岔道不能左转弯（利胡埃方向）开到 56 号公路。

推荐在国内预约租车

利胡埃：利胡埃的市中心有些时间段也会看到拥堵的景象。

租车营业所在距离公交车站不远的地方

古树隧道：古树隧道限速 25 英里。通过隧道后面向科洛阿的路会变成下坡路。有一段急转弯，一定要注意速度。

南海岸的景点
Kauai South Shore

甘蔗种植园红色的土地。
既是考埃岛大门，又是行政中心的利胡埃。

受上天厚爱的最好疗养胜地——坡伊普。

考爱岛南海岸呈现出了不同的面孔。

观光购物、巡游海岸再加上高尔夫球场，这里可以满足游客的不同需求。

那么让我们从南海岸开始我们的考爱岛之旅吧。

利胡埃 Lihue
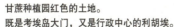
Map ⑧东海岸扩大图 C/p.471-A~B4

考爱岛的中心、甘蔗之城——利胡埃

利胡埃是包括尼豪岛在内的考爱县的县政府所在地，也是岛内最大的城市。虽然并不是高楼林立，却自有美国地方城市独有的悠闲之趣。

利胡埃这个城市有县、州机构、医院、消防署、警

怀卢阿瀑布水量丰富

察、法院、集会大厅、邮局、银行、购物中心等，和考爱岛政治、经济中心的地位相符，所有的设施一应俱全。

利胡埃共有 12000 人常住人口。可是一到晚上，一个人影也看不到，宛如一座鬼城。利胡埃有很多餐厅，因为关门的时间比较早，所以一定要早点儿吃晚饭。

利胡埃周边的景点

千万不可错过利胡埃周边的考爱博物馆、入海口、面朝纳威利威利港的一大片考爱岛湖（Kauai Lagoons）。这里有豪华的考爱马里奥特疗养地和一流的高尔夫俱乐部，即使不住在这里也一定要来看看。

还有怀卢阿瀑布（Wailua Falls）也值得一看。沿着 56 号公路北上，再沿着 583 号公路走 6 公里左右。羊齿洞穴的上流有一个高约 25 米的瀑布，传说是夏威夷的皇帝们为了向部下展示他们的勇猛，从瀑布上跳下来给他们看。

卡帕亚刺绣店
Kapia Stichery

考爱岛上唯一一家短裙、布料、手工艺品店。店内摆放着夏威夷短裙和罕见花样的布料，光是看看都让人觉得很愉快了。除了最近在夏威夷岛很受欢迎的衣服花样和纱裙外，夏威夷风格的布料也很漂亮。

DATA

Map p.482-A1
🏠 56 号公路沿线
☎ 245-2281
🕐 9:00~17:00
🚫 周日
💳 A J M V
🅿 免费

DATA

☖ 4428 Rice St.
☎ 245-6931 🕐 10:00~17:00
休 周日、节假日
💲 10美元，13~17周岁6美元，
6~12周岁2美元，65周岁以
上8美元
🅿 免费
🌐 www.kauaimuseum.org
🔊 会有英语的免费讲解团。
周二～五 10:30~12:30

考爱岛博物馆 Kauai Museum　　Map p.482–B1

有无数展品能勾起你的兴趣

考爱岛博物馆位于利胡埃的中心，是所首屈一指的博物馆。

博物馆共有两栋楼，一栋楼是 1924 年建造起来的维尔科克斯馆，1970 年以前一直被当作图书馆使用。陈列着考爱岛的文化遗产和古代夏威夷人的生活用具，旁边展示着波利尼西亚圈特有的乐器。面对着建筑物的右侧是礼品店，考爱岛特有的东西一应俱全，可以找到怪异风格的纪念品。

另外一个是莱丝馆，用各种画像和收藏品诉说着考爱岛 6000 万年前到 19 世纪的历史。

博物馆会让游客更爱考爱岛

🌟 VOICE　安卡海角购物中心的营业时间是 9:00~21:00，但是里面的 ABC 店是 7:30~23:00 营业。

波伊普 Poipu　　Map ⑥波伊普详细图 /Map p.470–C2、p.471–C3

考爱的黄金海岸

波伊普是考爱最有代表性的疗养区。要说受欢迎的原因恐怕还是天气吧。很多情况下其他的地区大雨滂沱，只有这里艳阳高照。虽然早晨和傍晚会有疾风骤雨，这样却能滋养花草树木的颜色。明亮的日光、草木鲜艳的颜色和疗养地真是相得益彰。

波伊普是 19 世纪随着甘蔗种植园的兴起而繁荣起来的。沿海岸线是地主和种植园主的房子，把其中的一家加以改造，就成了今天夏威夷最具代表性的度假胜地，也是波伊普的起点。

在波伊普分布着像喜来登和凯悦这样高级的酒店、漂亮的高级度假公寓。拥有着纯白耀眼沙滩的波伊普海滩公园满是当地家庭游的客人和疗养客人。

古树隧道里凉快的树荫

周围的景点

住在波伊普，去往岛上各地的一个乐趣就是古树隧道。从 50 号公路进入 520 号公路时，有一条路，两边都种着树龄超过 100 年的桉树。真是名副其实的隧道，两边的高树遮挡了强烈的日光，路上有将近 2 公里凉快的树荫。

从古树隧道到波伊普的途中有个科洛阿古城（Old Koloa Town），是考爱制糖业的发祥地，现在则是带有乡土风情的房子排列而成的街道。虽然是从一头走到另一头最多只有 200 米的小街道，但是每个建筑物都是古夏威夷风格的造型，在街上遛逛去店里逛逛，会让人觉得很愉快。排成一排的小卖部、充满了年代感的市场、装饰考究的餐厅等。去往波伊普的途中，这是一个可以稍作休息的地方。

上 / 科洛阿古城是 20 世纪 50 年代风格的街道　下 / 城市的入口处的浮雕。描绘了制糖业繁荣时期来自各国的移民

受日光厚爱的波伊普海滩公园

DATA

阿勒顿花园
AllertonGardens
🏠 号角喷嘴山的那一侧有游
客中心
☎ 742-2433 / 742-2623
📠 5742-1218 时 旅游团每天
9:00、10:00、13:00、14:00 出发
（大约需要 2 个小时 30 分钟）
💰 45 美元，10～12 岁 20 美
元（参加资格 10 岁以上）
💳 A D J M V
🅿 免费
🌐 www.ntbg.org
📇 电话预约只接受信用卡
付款

和库黑奥王子有缘的拉威地区

波伊普西侧有个叫作拉威的村落。夏威夷王权政治被废除以后，代表夏威夷出席美国议会的第一人——库黑奥王子的诞生地。怀基基也有以他的名字命名的海滩，民众还为他建造铜像，由此可见他是多么受普通民众的爱戴。拉威有库

建有库黑奥王子铜像的库黑奥王子公园

黑奥王子公园，每年 3 月的节假日库黑奥节，人们都会用花束和花环装饰公园中央他的纪念碑。

拉威路的尽头是有名的号角喷嘴（Spouting Horn）。波涛流经突出于海上熔岩的一个洞，发出巨大的声响，同时形成壮观的海潮。停车场的一角有露天店铺，出售贝壳饰品和木雕的民间工艺品等。

号角喷嘴的里面是美国国立热带植物园指定的阿勒顿花园（Allerton Gardens）。种植了很多名贵的树木和花。园内各处还有颇有趣味的青铜像和喷泉等，有点户外美术馆的味道。花园里面如果参加带导游的旅行团也可以走上一圈（需要事先预约）。

左上／震撼的号角喷嘴　右上／波伊普的很多度假公寓都可一边看海一边享受美好时光（照片是在波伊普伽皮里）　左下／海边的餐厅大多数都很好　右下／阿勒顿是电影《侏罗纪公园》的外景拍摄地

⭐ VOICE　库奎丛林中心里面有考爱岛唯一家大型书店——博塔兹。考爱岛地图和关于夏威夷的书籍很丰富，可以去看看。

东海岸的景点
Kauai East Coast

　　东海岸也被称作"椰子海岸"，郁郁葱葱的椰树林是个乘凉的好地方，酒店住宿从高级酒店到普通公寓，可谓一应俱全，出行便利，南北方向均可驾车兜风。另外，此处以岛上最大的威陆亚河为中心，流传着许多传说，遗留了不少古迹。

怀卢阿河州立公园 Wailua River State Park　Map p.473-C2

古迹与传说的土地，怀卢阿镇

　　注入考爱岛东海岸的怀卢阿河（Wailua River）流域一带，是远渡太平洋而来的人们最早定居的地区，也可以说是夏威夷原住民的故乡。因此，这一带流传着许多传说，并遗留了不少古迹。

　　怀卢阿河历史遗迹之旅的起点是位于河口的利德盖特州立公园（Lydgate State Park），如今是一个由当地家庭游而繁盛的海滩公园。从塔希提岛来的人们最初在这里登陆，开垦了芋田和香蕉田。

　　园内一角有一座被称为哈欧拉神庙（Hauola O'Honaunau）的寺院遗迹，这里曾经是犯禁者与残兵败将们的"避难寺"，是一个圣地，如果躲进这里，无论多有权势的国王也无法对其下手。

神圣的王者之道

　　沿着怀卢阿河上山的580号公路库莫路（Kuamoo Road），在古代被称作"王者之道"，只有王公贵族才能通行。

　　沿着道路上行，左侧便是霍洛霍洛库古神庙（Holo Holo Ku Heiau），被熔岩形成的天然石墙包围着，此处

划水与划艇的发祥地——怀卢阿河

"王者诞生石"波哈库荷欧哈
那乌

未解之谜——波利阿胡神庙

DATA

史密斯汽艇服务公司
Smith's Motorboat Service
☎ 821-6892
🕐 9:30、10:30、11:30、13:30、
14:00、15:30，共6次航行
💰 20美元，2~12岁10美元
CC A J M V

曾经是一座茅草屋顶的神庙，供奉神像的圣地，最深处有座高出地面的石垣，据说这是古时为祭祀神灵供献活人的祭台。

在其前方有一块被称作波哈库荷欧哈那乌（Pohaku Hoo Hanau）的大石头，有"王者诞生石"的意义，当地居民相信在这块石头旁诞生的婴儿将成为国王。

再往前走5分钟左右，左侧有一座颇具神秘色彩的古迹，波利阿胡神庙（Poliahu Heiau），据说是传说中的原住民小矮人建造的，建造的原因至今仍是个未解之谜。

"王者之道"的终点是奥帕埃卡阿瀑布（Opaekaa Falls），在青山翠峰之间落差达20米，飞流直下，气势宏伟，非常壮观。

怀卢阿的精华，羊齿洞穴

怀卢阿周边最有名的观光地是羊齿洞穴（Fern Grotto），以往只有王族才能在此举行婚礼和举办宴会，是一个圣地。

开车不能抵达羊齿洞穴，必须在怀卢阿河口的游船码头，搭乘游船前往，栏外的公司可以办理游船观光游，在河的下游有售票处。去洞穴往返1小时，观光洞穴30分钟，一共需要1个半小时。

过了位于怀卢阿河州立公园一角的栈桥，再穿过茂密的热带树林（约5分钟路程），布满羊齿类植物的洞穴便出现在眼前，据说这个洞穴中弥漫着神秘气息，如果在这里与情人紧握双手，就是承诺了今生永恒不变的爱情，因此吸引了许多情侣在此举办婚礼。乘坐装饰美精美的游船，举行庄严而神圣的仪式，真是浪漫至极。

左 / 浪漫的羊齿洞穴
右上 / 前往羊齿洞穴游船线路
右下 / 凉爽的水花四溅的奥帕埃卡阿瀑布

虽然羊齿洞穴的改修工程已经完工，但考虑到安全问题现在已禁止入内。另外，为了方便轮椅通过，设有斜坡型的木板路。

卡帕亚镇与威普利镇
Kapaa & Waipouli

Map ⑧东海岸扩大图 A/p.473-C2~3

可爱岛最大的购物中心——椰子购物中心

度假胜地——威普利镇

从怀卢阿至北边的威普利的海岸线，是被称作"椰子海岸"的疗养胜地，正如其名，高大茂密的椰树林立于 56 号沿海公路两侧，透射着错综复杂的阴影。

最有人气的夏威夷度假村

漫步于卡帕亚街道

海岸有好几家酒店和公寓，如 Aston Aloha Beach Hotel，观光车接连不断地频繁往来于此。这附近是近来交通堵塞最厉害的地域，早晚乘车出行的人最好计划充足的时间。

另外，这里也是购物中心集中之地，有 70 多家店铺，椰子购物中心（Coconuts Market Place）、夏威夷村庄（Kauai Village）等是购物与餐饮的高级场所。

卡帕亚镇

继续北上到了卡帕亚镇，镇中林立着古老却韵味十足的房屋。

在拥有广阔沙滩的卡帕亚海滩公园（Kapaa Beach Park），总是聚集着享受沙滩野餐的温馨家庭，洋溢着当地风情，丝毫没有观光地的浮躁气息，生活感十足。无事闲逛时，看看橱窗内的商品，定会收获意外的惊喜。

被夕阳染红的椰树林（摄于威普利）

夏威夷甜蜜玛丽
Sweet Marie's Hawaii

为了让对小麦粉中的谷蛋白过敏的人也能吃到这里的蛋糕，专门去除了其中的谷蛋白。蛋糕和面包因谷蛋白而美味，如果不使用谷蛋白，蓬松度和口感都会逊色，可是这里的蛋糕却并非如此。相反，因抑制甜味而更加突显了蛋糕的本味，非常受欢迎。各类松饼 3.75 美元，椰奶蛋糕 8.75 美元，带店标的短背心 25 美元也很可爱。

DATA

Map ⑧东海岸扩大图 A
🏠 4-788 Kuhio Hwy., Kapaa
☎ 1823-0227
🕐 7:00~14:00
休 无
🖥 www.sweetmarieskauai.com
ⓒⒸⒶⓂⓥ

穿过卡帕亚镇的街道向北走，平缓的高低起伏的道路延绵不绝，转角处也很平和，容易超速，请小心驾驶。

西海岸的景点

Kauai West Coast

从怀梅阿镇——库克船长结缘之地出发，沿着蜿蜒的山路抵达山顶，巨大的地壳裂缝便跳入视野。怀梅阿峡谷那红褐色的岩石断层，深绿的森林与流淌在幽幽谷底的清溪，是岛屿西海岸所独有的美景。

怀梅阿镇 Waimea Map p.475-C~D2

库克船长结缘之地

除波利尼西亚人之外，首次"发现"此地的人是18世纪的探险家詹姆斯·库克。他率领两艘英国船只，探索从亚洲到欧洲的西北航道时，偶然发现了此岛。最初登陆地就是位于考爱岛西海岸的怀梅阿镇。

这些战战兢兢上岸的白人们，竟出乎意外地受到原住民的热烈欢迎。从未见过木桅船的夏威夷人，相信这些贵客是夏威夷之神"罗诺"再生，把他们作为神来崇敬、盛情款待。好像是因为木桅船的形状很像预言家的预言中出现的"有大树的移动之岛"，相传这件事发生在1778年1月20日。镇中心建有歌颂库克伟业的铜像，面朝大海。

自那以后，直到19世纪中叶，怀梅阿镇作为考爱岛最大的港口城镇，外国贸易船只和捕鲸船队的供油港口而繁荣昌盛。现在也是考爱岛西部最具盛名的文化、商业蓬勃之地。

怀梅阿镇周边的看点

怀梅阿湾的东侧有一座古老的俄式炮台（Russian Fort）。

在卡美哈美哈国王统一夏威夷后10年左右的19世纪初，生长在夏威夷整个国土的白檀在中国价格高昂，所以夏威夷王室的财政富裕。俄罗斯人想独占白檀，便修建了此堡垒。

另外，沿着怀梅阿湾延伸的道路旁，有一条名为梅内胡内水渠

马丽埃
Malie

是一家位于埃里埃利的高级零售制品的展室兼店铺，Malie的制品用有机杞果、鸡蛋花等夏威夷植物、水果制作，芳香扑鼻且使用方便，深受好评。加湿器35美元、护肤霜26美元、含大豆石蜡的大豆蜡烛30美元等，都很有人气。

DATA

Map p.470-B2
🏠 2-2560 Kaumualii Hwy.
☎ 767-5727
🕐 9:00~16:00
休 无
🌐 www.malie.com
CC AMV

库克船长的铜像

安静的怀梅阿镇

VOICE 从怀梅阿峡谷观景台返回的路上，在怀梅阿镇休息了一会儿，在50号公路旁，发现了一家吃虾的餐厅，店名是Shrimp Station，非常美味。

（Menehune Ditch）的长 70 米的渠道。据说是在库克抵达前的古老时代，传说中的原住民梅内胡内人为村民解决水田用水问题而建造的。

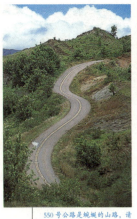

怀梅阿峡谷州立公园
Waimea Canyon State Park

Map p.474-A~B2

太平洋的大峡谷

　　犹如地壳裂缝的怀梅阿峡谷是考爱岛观光的亮点，大自然经过几百万年的鬼斧神工，创造了这尊大地的雕刻，作家马克•吐温称之为"太平洋的大峡谷"。

　　因地层的不同，颜色也各异，岩层表面由于风雨流水的侵蚀，形成了各种各样的山岩。由于太阳光照射的变化其颜色也是瞬息万变，不时地有夹杂着雾气的冷风从谷底吹上来，这些美好无法言喻。

550 号公路是蜿蜒的山路，请小心驾驶

威美亚观景台的入口，有厕所

自驾游线路

　　前往峡谷的自驾游线路有两条，分别是连接怀梅阿镇的 550 号公路怀梅阿峡谷路（Waimea Canyon Drive）和连接柯卡哈镇的 552 号公路寇基路（Kokee Road）。两条路会中途会合（推荐后者，在此交叉点处，550 公路有时停用），所以任何一条线路都可以。怀梅阿峡谷路可以眺望峡谷的美景，寇基路可以一边瞭望广阔的甘蔗地和尼豪岛，一边享受驾车。

　　怀梅阿峡谷的自驾游往返距离大约 60 公里，海拔落差高于 1000 米，比在平地行驶耗油，所以出发前请保证充足的汽油量，最后的加油站是怀梅阿镇。另外，上述两条线路均有许多陡坡，请小心驾驶，为慎重起见，尤其在下坡时，同时使用低速挡或刹车。

此为普希纳西观景台的景色，与威美亚观景台有不同的景色

 VOICE　去怀梅阿观景台之前的购物地，推荐位于怀梅阿镇的石原超市。早上 6:00 开业，兼营快餐。

位于终点的卡拉劳观景台

主要的观景台

怀梅阿峡谷路和寇基路的会合处再向前行驶大约4英里（约6公里），右侧就是怀梅阿峡谷观景台。海拔为1000米，可以感受到空气的丝丝凉意，马克·吐温赞不绝口的美景便是在这个观景台看到的吧。特别推荐清晨或傍晚时分观景，因为斜射的阳光会凸显岩石表面的立体感。

此观景台的前方还有普吾可佩蕾观景台（Puu Ka Pele Lookout）、普希纳西观景台（Puu Hinahina Lookout），可以从不同角度欣赏峡谷的绝妙景致。

悠闲的寇基州立公园

从怀梅阿峡谷眺望台再向上行驶5英里左右（约8公里），就到了寇基州立公园的入口处。从小道进入便是绿树葱葱的小公园，这里有住宿兼餐厅的寇基旅馆（Lodge at Kokee）、寇基博物馆（Kokee Muesum）和森林警备队等。还有露营地，是峡谷内的

寇基博物馆，请一定进去休息一会儿

小道漫步，夏季钓大马哈鱼等休闲娱乐的基地营。庭园里鸡群啄食的悠闲气息，将驾车的疲惫一吹而散。

550号公路的终点是卡拉劳观景台（Kalalau Lookout），从这个海拔1200米的观景台可以看到与怀梅阿峡谷观景台媲美的景色，呈直线排列且连绵不断的山岭景致不俗。如果天气好，还能与太平洋遥遥相望。

再沿着未铺砌的山路驾驶1英里左右（约1.6公里），有个普乌奥奇拉观景台（Puu O Kila Lookout），是寇基州立公园的徒步旅行线路的起点。

清爽的寇基州立公园，忍不住想散步的地方

在寇基州立公园内露营需要获得州政府的许可，费用是1晚10美元。3060 Eiwa St., #306, Lihue HI96766　☎274-3444

上／怀梅阿观景台，无法言喻的美景
下／在卡拉劳观景台隐约可见的拿巴利海岸线

北海岸的景点

Kauai North Shore

这里有时常躲入云间的最高峰威阿拉山，充足的雨水形成清冽的瀑布。

嫩绿的田野、海鸟盘旋的岬角灯台与银白色的沙滩、

如同珍珠般的旅游胜地与秘境海岸……

可爱岛独有的美景展开在北海岸，让人可以尽情享受洗涤心灵的时刻。

基拉韦厄灯塔 Kilauea Light House　　Map p.477-A4

DATA

☎ 828-0168
（游客中心）
🕐 10:00-16:00
休 1/1、感恩节、12/25 等
費 5 美元，16 岁以下免费
P 免费
🖥 www.kilaueapoint.com

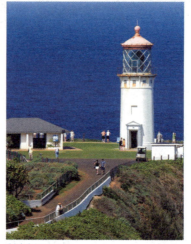

夏威夷最北端的灯塔

光芒四射的基拉韦厄灯塔

从利胡埃沿 56 号库西欧高速公路，继续北上行驶大约 38 英里（约 61 公里），在基拉韦厄镇右拐穿过住宅地，便到了基拉韦厄灯塔的大门。这个灯塔位于夏威夷最北端，从 1913 年开始，一刻不眠，夜以继日地守护着海洋的孩子们。

灯塔所在的岬角被指定为国家野生动物保护区（Kilauea Point National Wildlife Refuge）。

从早春到夏季，在岬角的各个地方，可以看到从脚下的鸟巢里探出脑袋的幼鸟那可爱的身影。不仅仅是在脚下，在左右的悬崖上，在对面的小岛上，都能凭肉眼看到海鸟飞旋的美景。

野生生物的胜地

什么样的鸟在此筑巢呢，灯塔入口处张贴的解说词上这样写着：空中飞旋的有小信天翁、大军舰鸟、鲣鸟、红尾热带鸟等，可爱的雏鸟是灰背鹱的幼鸟，若想详细了解请前往游客中心。游客中心是个小型的博物馆，通过望远镜、宣传版、录像等介绍海鸟的生态与考爱岛的自然，另外游客中心内还有礼品店，销售书籍、地图、T恤衫等。

在灯塔所在的岬角，可以近距离观察灰背鹱的幼鸟

CHECK 选择在北海岸兜风的休憩地，推荐您距基拉韦厄镇不太远的位于 56 号公路沿线的香蕉·乔，现榨的水果汁很美味。🕐 9:00～17:50　休 周日、法定节假日

岬角的下面有一个叫作摩库埃（Mokuaeae）的小岛，岛上全是岩石。夏季，有濒临灭绝的夏威夷僧海豹会在岩礁上休憩，冬季，可以看到在海上游泳的座头鲸，基拉韦厄岬角可谓一个能邂逅夏威夷野生动物的胜地。

普林斯维尔 Princeville　Map 7 普林斯维尔详细图 /p.477-A3

难以想象的大规模度假区

普林斯维尔位于可爱岛北海岸，哈纳雷镇的东侧，总面积约为 11000 英亩（约 44.5 平方公里），是一个难以想象的大型度假区。可是，90% 的面积都是森林和牧场，被开发的大约只有 1000 英亩（约 4 平方公里）（此面积是火奴鲁鲁的一倍）。

甚至有"夏威夷第一"之评价的普林斯球道

这片广袤的土地，以拥有 45 个球洞的高尔夫球场为中心，周围有公寓群、度假酒店、步行商业街等，这便是普林斯维尔的全貌。

旅居的好地方

若想尽情玩味普林斯维尔的魅力，最好是住上一段时间。酒店有普林斯维尔瑞吉度假村和哈纳雷海湾度假村，另外还有 10 家左右的出租公寓。这里只有这几座建筑，可以想象其外景是多么广阔。

运动设施也一应俱全，被许多高尔夫球杂志盛赞的高尔夫球道、网球俱乐部、体育俱乐部、骑马场等应有尽有。

度假区里还有步行商业街、超级市场、餐厅、加油站、邮局、教堂、警察局、消防局等，其便利程度毫不逊色于小城市。

使人心灵平静的普林斯维尔的落日

参加酒店的活动也不错

修身养性在普林斯维尔

风景优美也是普林斯维尔的魅力之一。

沿高速公路抵达度假村即可看到的豪华喷泉

壮观的太平洋与美丽的哈纳雷海湾、油画般的哈纳雷芋田、矗立于天际的威阿勒阿山、无数的小瀑布飞泻于山岩之上。眺望着名画电影般的美景，我终于明白了为什么其他岛上的居民也会到普林斯维尔来修身养性了。

度假村内的网球俱乐部，可以看到很多游客参加培训

哈纳雷镇 Hanalei

Map ⑦ 普林斯维尔详细图 B/p.476-A2、p.477-B3

哈纳雷镇如画的田园风光

稀有水鸟的宝库——哈纳雷芋田

彩虹的故乡

越过普林斯维尔的入口便是哈纳雷山谷观景台（Hanalei Valley Lookout），拥有最符合爱岛别称"花园之岛"的美丽地方，人们可以尽情享受风景。如棋盘交错的芋田、甘蔗地、绿色的田野、静静流淌的哈纳雷河，背景是云雾缭绕的威阿勒阿山峦。仔细望去，可见几条瀑布如蕾丝花边的窗帘似的挂在山岩之上。

岛上有句名言"数到第17条瀑布后再出发"，正是如此，身处哈纳雷山谷，吹着清凉的微风，仿佛时间停止在这一刻，本应慢慢品味着其中的惬意。最美的时候是傍晚，日光斜射，美丽的彩虹桥与绿色的递变岩层，喻示着无与伦比的美，人们将这山谷称作"彩虹的故乡"。

同时这个山谷还是稀有水鸟的栖息之所，1972年被指定为哈纳雷国家野生动物保护区（Hanalei National Wildlife Refuge）。

阴森的威卡帕拉湿洞

自在的哈纳雷镇

穿梭于悠闲的田园风景中，就来到了哈纳雷镇，以 Ching Young Village S.C. 为中心，排列着许多有氛围的店铺。手工的雕刻、饰品、织

帆船停泊的哈纳雷海湾

物、小物件等林林总总，一定可以淘到心仪的纪念品。便宜而美味的餐馆也很多，在这里吃饭是个不错的选择。

下了56号公路，穿过住宅地，就是哈纳雷海湾（Hanalei Bey）了，考爱岛最大的海湾，长长的海滨沙滩上设有餐桌、烧烤设备、厕所和淋浴等。

驶向尽头

驶过哈纳雷镇继续前行一会儿，便到了因拍摄音乐片名作《南太平洋》而闻名的鲁玛海海滩（Lumahai Beach），沿着陡坡下行，米基·盖纳唱起爱歌的海滩便出现在眼前。

从鲁玛海海滩再行大约 4 英里（约 6 公里），抵达汉纳海滩公园（Haena Beach Country Park），草坪、淋浴、厕所、餐桌等设施齐备，作为露营地而颇有人气。

对面是悬崖绝壁的下方突然裂开的马尼尼干洞（Manini Holo Dry Cave，通称汉纳洞穴），当地传言，传说中的原住民梅内胡内人把作恶多端的魔鬼关在了这个洞穴里。

再往前走是两个湿洞，威卡帕拉湿洞（Waikapalae）和威卡纳罗湿洞（Waikanaloa），据说考爱岛火山还在活动的时候，火山女神佩莱居住在这里。

56号公路的尽头是凯阿海滩（Kee Beach），从蜿蜒细长的北海岸道路驶来时的疲倦也一吹而散，银白的海滩上人烟稀少，玩水于暗礁群中也不错，尤其是夏季无波浪的时候，最适合潜水，冬季又摇身一变成为冲浪的好地方。

秘境海岸——纳帕利海岸 Na Pali Coast

位于津耶海滩前方，考爱岛的北海岸至西海岸的的海岸线被称作

容1辆车通行的桥的注意事项

哈纳雷镇的前方有几条只能通行1辆车的桥，看到"1 Lane Bridge"的标志牌时，请减速驾驶，先上桥的车有优先权，对面没有车时缓行通过即可，若对面有车请在停止线处等待。尤其在哈纳雷溪谷观景台下陡坡处有座桥（Map ⑦ 普林斯维尔详细图），不易减速，请注意驾驶。

无人的汉纳海滩公园

尽头处的津耶海滩，透明度超群！

"秘境"。高耸峭立
的深绿色山谷，如
白线般的瀑布从崖
壁垂直流入大海，
同太平洋的怒涛激
起阵阵水花。岸壁
与岸壁的缝隙里，
零星点缀着几个月
牙形的沙滩，渺无
人迹，仿佛是"神
创造的艺术"，扣
人心弦。

坐直升机的话可以近距离接触到纳帕利海岸美丽的风景

　　遗憾的是，不能开车到纳帕利海
岸，如想凭借自己的力量去，只有从
凯阿海滩出发徒步前往。大约 2 英里
（约 3 公里）路程，可以一日游，但
若要充分接触秘境海岸的真面目，最
好装备齐全，安排 2 晚 3 日的行程，
对于时间有限的游客来说，是个不易
实现的计划。

在凯阿海滩上常能看到挑战纳帕利海岸的步
行者

　　如果无论如何也想目睹秘境海岸
美景，推荐直升机或游艇巡游。

无法用语言形容的美丽纳帕利海岸

可选旅游团及娱乐活动

旅行团名称 旅游价格（儿童价格） 出发时间 返回时间（所需时间）	行程内容	备注
考爱岛一日游 113 美元（64 美元） 8:00~9:00—17:30（约 8 个半小时）	奥帕埃卡阿瀑布、哈纳佩佩山谷、波普号角喷泉、怀卢阿河游艇巡游、怀梅阿峡谷观光、内容丰富的旅游项目	到酒店接送、中文导游，含午餐，3~11 岁为儿童价格
威陆亚半日游 96 美元（56 美元） 8:00~9:00—14:30（约 5 个半小时）	乘船游览怀卢阿河，观赏羊齿洞穴，参观奥帕埃卡阿瀑布，午餐后返回酒店	到酒店接送、中文导游，含午餐，3~11 岁为儿童价格
威美亚峡谷半日游 91 美元（52 美元） 10:30~11:30 → 17:30（约 6 个小时）	哈纳佩佩山谷、怀梅阿峡谷观景台、波普号角喷泉	到酒店接送、中文导游，含午餐，3~11 岁为儿童价格

■出发时间和返回时间因酒店位置不同而各异
■价格有可能出现变动

观赏羊齿洞穴时，有音乐伴奏

考爱岛观光的亮点，怀梅阿峡谷观景台的绝妙视野

皮艇游

　　皮艇被称作考爱岛独有的激情，得益于充足的雨水，岛上有许多宽大的河流，如北海岸的哈纳雷河、东海岸的怀卢阿河，南海岸的弗雷娅河等。

　　皮艇的好处是操作简单，只要稍加练习，即使没有经验也能驾驭划桨，2 人座可以带一个小孩，能尽情享受快乐家庭游。

　　乘坐皮艇沿怀卢阿河逆流而上，前往秘密瀑布，穿梭于丛林的旅游线路很有人气，预算根据旅游团的不同会有 100 美元左右的差价。

　　推荐皮艇公司：阿里皮艇 Alii Kayak，☎241-7700。怀卢阿皮艇 Wailua Kayak & Canoe，☎821-1188

充满激情的快乐家族

前往怀卢阿河的阿里皮艇团

考爱岛的高尔夫球场信息

考爱岛也有便宜的公营球场，但如果还是想试试维护得好的度假村球场，可选择高尔夫球杂志盛赞的5家星级球场，在里面可尽情享受丰富多彩的度假村高尔夫球。

夏威夷环礁湖高尔夫俱乐部／基乐球场的13号洞

1 普林斯维尔高尔夫俱乐部／王子球场
Princeville Golf Club/ Prince Course

（→ Map ⑦普林斯维尔详细图 C）

1990 年开业以来，博得无数的高尔夫球杂志的盛赞，是夏威夷第一的球场，起伏的球道，时有强风，难度很高，非技术高超的高尔夫球手则无法体会其中的乐趣，设计师是小罗伯特·琼斯。

越过山谷的7号洞

DATA
- 18 洞／标准杆 72/6029 码（度假地发球点）
- 使用费（包括 18 洞、手推车费、健康俱乐部＆疗养费）非会员 200 美元、定点酒店住宿客人 155 美元
- 租金：俱乐部 50 美元、球鞋 15 美元
- 预约 ☎826-5001/826-5000
- www.princeville.com

2 普林斯维尔高尔夫俱乐部／马凯球场
Princeville Golf Club/ Makai Course

（→ Map ⑦普林斯维尔详细图 C）

在王子球场登场之前，这里是夏威夷最受欢迎的名门球场，2010 年年初完成改造，重新开业，由 9 洞的林地球场和 18 洞的马凯球场组成，设计师是小罗伯特·琼斯。

越过海洋的海洋球场3号洞，标准杆3杆

DATA
- 27 洞／林地球场 3445 码（9 洞／标准杆 36），马凯球场 7223 码（18 洞／标准杆 72）
- ☎826-5001/☎826-5000
- 使用费／马凯球场 200 美元、13:00 以后 135 美元，林地球场 50 美元（定点酒店住宿的客人均可打折）
- 租金：俱乐部 55 美元、球鞋 15 美元
- www.princeville.com

3 夏威夷潟湖高尔夫俱乐部 / 基乐球场
Kauai Lagoons/Kiele Course

(→ Map ⑧东海岸扩大图 C)

由帝王杰克·尼克劳斯设计，被选入"全美球场 100 强"的著名球场，翻越大海与山谷，难度很高，如果让杆没有小于 20，则很有可能无法尽情享受。

基拉球场著名的 13 号越海球道

DATA
- 18 洞 / 标准杆 72/6164 码（前方发球点）
- 使用费请参考脚注
- 租金：球棒 55 美元、球鞋 10 美元
- 预约：☎ 241-6000
- www.kauailagoonsgolf.com

4 夏威夷潟湖高尔夫俱乐部 / 莫基哈纳球场
Kauai Lagoons/Mokihana Course

(→ Map ⑧东海岸扩大图 C)

这也是由帝王杰克·尼克劳斯设计的，比起基乐球场的设计比较平缓，但也与基乐球场相当，球场本身并不简单。

专卖店中聚集着杂志盛赞的商品

DATA
- 18 洞 / 标准杆 72/6136 码（前方发球点）
- 使用费请参考脚注
- 租金：球棒 55 美元、球鞋 10 美元
- 预约：☎ 241-6000
- www.kauailagoonsgolf.com

5 波伊普湾高尔夫球场
Poipu Bay Golf Course

(→ Map p.471-C3)

海滩风的新型度假球场，设计师是小罗伯特·琼斯。每个球道都能看见大海，是考爱岛最早的海景球场，因景色雄伟被称作"太平洋的圆石滩"，有壮美的景观，同时能感受到海风的压力。

海风正紧的 17 号洞

DATA
- 18 洞 / 标准杆 72/7123 码（普通发球点）
- 使用费（包括 18 洞、手推车费），非会员 220 美元、夏威夷君悦大酒店住宿客人 150 平均
- 租金：球棒 50 美元、球鞋 15 美元
- 预约：☎ 742-8711
- www.poipubaygolf.com

轻松自在的练习场

6 卡胡纳高尔夫俱乐部
Kiahuna Golf Club

(→ Map ⑥波伊普详细图 B)

位于波伊普山旁的内陆球场，由小罗伯特·琼斯设计，可以轻松自在地打球，需注意 4 个水池和 70 个左右的坑洼。

DATA
- 18 洞 / 标准杆 70/5560 码（普通发球点）
- 使用费（包括 18 洞、手推车费），非会员 99 美元（二次以上预约 75 美元）、14:00 后特价 68 美元
- 租金：球棒 50 美元
- 预约：☎ 742-9595
- www.kiahunagolf.com5

CHECK 夏威夷环礁湖高尔夫俱乐部正在整修，只有基乐球场 12 洞和麦乐球场 6 洞，合计 18 洞可以使用，使用费是 175 美元，完工期未定。

南海岸的餐馆 *Restaurant Tips on South Shore*

在考爱岛南海岸，聚集着许多餐厅，利胡埃是考爱岛的政治经济中心，所以有不少当地人熟悉的餐厅，另外，酒店内也有充满情调的餐厅。另一方面，波伊普是旅游区，所以多是环境优美，有浪漫情调的餐厅。

农场花园餐厅 & 酒吧
Plantation Gardens Restaurant & Bar　　夏威夷地方美味

◆ 被美丽花草环绕的餐厅

此处本是农场时代的农场主的宅邸，现改为餐厅，在南国的花草所环绕的清新氛围中进餐，是一件多么惬意的事。海鲜杂烩这道菜很有名，用树叶包裹新鲜的鱼贝和蔬菜制作而成。

招牌菜海鲜杂烩 24.95 美元

波伊普	Map ⑥波伊普详细图 A
住 奇亚胡纳农场度假村内	
☎ 742-2121	
时 17:30~21:00，酒吧 17:00~	
休 无	
C/C A M V	
P 免费	

海滩屋餐厅
Beach House Restaurant　　夏威夷地方美味

◆ 相约在浪漫的夜晚

在金黄色的夕阳中享用晚餐，在当地深受好评，周末很难预约。亚洲风味的本地产海鲜（时价）和安格斯里脊牛排 40 美元很有人气。

每道菜都别出心裁，点菜时很难抉择

拉威	Map ⑥波伊普详细图 B
住 5022 Lawai Rd	
☎ 742-1424（需预约）	
时 17:30（夏季 18:00）~22:00	
休 无	
C/C A M V	
P 代客泊车 3 美元（不含小费）	

基宝
Kiibo Restaurant　　日本料理、寿司

◆ 再现原味

是一家日本老板大显身手，创立了 30 多年的老字号日本料理店。菜单上罗列着荞麦面、烤鱼、盖饭、天妇罗、生鱼片等王牌料理，还有价格实惠的寿司，可以点用江户寿司。

菜单有便当 15~20 美元、盖饭 7.25 美元起，
套餐 9 美元、面食类 6~8.25 美元等

利胡埃	Map p.482-B1
住 2991 Umi St	☎ 245-2650
时 11:00~13:30（周六休息），17:30~20:30	
休 周日、1/1，感恩节、12/25	
C/C 不可	
P 免费	

卡拉希欧咖啡馆
Kalaheo Café & Coffee Co.　　咖啡 & 美国料理

◆ 当地有名的咖啡店小憩

可以喝到自家烘焙的咖啡的咖啡馆，油酥点心和三明治也很美味，油酥点心常常是一大早就卖完了，周一到周五也供应晚餐，可以享用新鲜的海鲜等美国料理。

考爱岛海鲜夹馍 23.95 美元、高人气

卡拉希欧	Map p.470-B2
住 2-2560 卡尔利高速公路	
☎ 332-5858	
时 6:30~14:30（周日~14:00），周三~周六 17:30~20:30	
休 周日、1/1，感恩节、12/25	
C/C D M V	
P 免费	

 CHECK　符号说明：需预约（且预约可行）/ 请打扮时尚出游。男性穿夏威夷衬衫和长牛仔 / 休闲服 OK，但有不宜穿无袖上衣和沙滩拖鞋的情况。

东海岸，尤其是怀卢阿河到卡帕亚镇的这段区域，散布着许多酒店、公寓、大型购物中心，是考爱岛上最繁华的街道。因此，从散步时稍微小憩的咖啡店到时尚小店，各式餐厅也是应有尽有。

东海岸的餐馆 *Restaurant Tips on East Shore*

东岸餐厅 & 酒吧
The East Restaurant & Bar
夏威夷地方美味

◆ 卡帕亚镇风格的店铺
位于卡帕亚镇的别致的餐厅，老板是本地出身，可以体味原滋原味的菜肴。推荐考爱岛塞维切 12 美元这道菜，水果与拍松的金枪鱼中加入椰奶混合后，再加入智利辣酱油制作而成。

嫩肋排 23 美元，含炒饭

卡帕亚	Map ⑧ 东海岸扩大图 A
住	4-1380 Kuhio Hwy
电	823-9500
时	17:30~21:00
休	周日、周一、主要的节假日
C/C	A D J M V
P	停在路边

美味家庭餐厅
Ono Family Restaurant
美国料理

◆ 周三至周六是夏威夷式细面之夜！
号称当地的招牌，老字号家庭餐厅，气氛温暖。早上卖蛋卷、煎饼等吃食多达 18 种。中午卖汉堡包、葡萄牙式豆汤、夏威夷式细面等，都很有人气。

被当地人喜爱的餐厅，夏威夷式细面 5 美元起

卡帕亚	Map ⑧ 东海岸扩大图 A
住	4-1292 Kuhio Hwy, Kapaa
电	822-1710
时	7:00~14:00
休	无
C/C	A D M V
P	免费

可可咖啡馆
Caffe Coco
多国料理

◆ 室外品味健康美食
可以在室外悠闲进食的餐厅，以"新鲜、低脂肪、当地蔬菜"作为关键字，提供太平洋沿岸国家、意大利、墨西哥、泰国等多国料理，都是自制的健康美食。

民族特色的金枪鱼肉夹馍 21 美元

怀卢阿	Map ⑧ 东海岸扩大图 A
住	4-369 Kuhio Hwy
电	822-7990
时	11:00~14:00、17:00~21:00
休	周六、周日的午餐、感恩节、12/25
C/C	J M V
P	免费

小城咖啡馆
Small Town Coffe
咖啡馆

◆ 现场表演高人气咖啡馆
老板被称作夏威夷最棒的吧台师，可以品尝经过严格挑选的咖啡 1.90 美元起，原料是有机栽培的咖啡豆，制作时采用可以保留咖啡豆本味的压榨式，可以感受到特有的执着。

卡帕亚	Map p.473-C3
住	4-1495 Kuhio Hwy, Kapaa
电	821-1604
时	5:30~13:00
休	无
C/C	M V
P	停在路边

卡布奇诺、拿铁等 3.75 美元起。周二 19:00~21:00 有现场表演，免费

北海岸的餐厅集中在哈纳雷镇，适于兜风休息的咖啡馆、有情趣的餐厅，林林总总。旅居时想去一次普林斯维尔度假区内的餐厅，一定打扮得漂漂亮亮地出门。另外，基拉韦厄灯塔附近也有餐厅和面包店。

北海岸的餐馆 *Restaurant Tips on North Shore*

雷德斯莎莎 & 森巴
Neide's Salsa & Samba

墨西哥料理 巴西料理

◆ 考爱岛唯一的巴西料理店

考爱岛上有好几家墨西哥料理店，可是只有这里能吃到巴西料理，在这里一家人可以轻松自在地进食，设计在吧台上方的茅草屋顶很有情调。

椰奶炖鱼虾 24.95 美元

哈纳雷　Map ⑦普林斯维尔详细图 C

住 哈纳莱镇中心
☎ 826-1851
时 11:30~21:00
休 感恩节、12/25、1/1
C/C Ⓜ Ⓥ（20 美元起可使用）
P 可使用中心的停车场

哈纳雷海豚
Hanalei Dolphin

海鲜

◆ 哈纳雷地方特色老字号

哈纳雷镇的老字号海鲜餐厅，海鲜主菜 25~35 美元，两个人的话点 1~2 份开胃菜、1 份主菜就足够了，自家制作的面包和调味汁也很美味。

哈纳雷　Map ⑦普林斯维尔详细图 C

住 5-5016 Kuhio Hwy, Hanalei
☎ 826-6113
时 11:30~21:30（晚餐 17:30~）
休 12/25
C/C Ⓜ Ⓥ
P 免费

烤肉配国王俱乐部的爵士乐配菜（左）或虾，均为 46 美元

哈纳雷波利尼西亚咖啡馆
Polynesia Café Hanalei

太平洋沿岸美食

◆ 轻松享用太平洋沿岸美食

可以在咖啡馆的气氛中享用太平洋沿岸料理，鲯鳅、鲭鱼、秋刀鱼、真鲷等，都是从当地渔夫那里直接购买的新鲜的海鱼，因此很受欢迎，自家制作的蛋糕和面包也非常美味。

浇上柠檬汁姜粉酱的秋刀鱼——上海秋刀鱼 16.95 美元

哈纳雷　Map ⑦普林斯维尔详细图 B

住 Ching Young Village Shopping Center 内
☎ 826-1999
时 8:00~21:00
休 感恩节
C/C 不可
P 购物中心停车场

基拉韦厄鲜鱼店
Kilauea Fish Market

夏威夷快餐

◆ 夏威夷快餐之鲜鱼

这里的鲜鱼快餐很有人气，鱼都是当天采购的。每到午餐时间，当地人和游客便蜂拥而至，生意兴隆。金枪鱼肉夹馍这道菜最有人气，有丰富的金枪鱼、糙米、蔬菜。

金枪鱼肉夹馍 10.99 美元，藜麦味汁

基拉韦厄　Map p.472-A1/p.477-A4

住 历史农场中心内
☎ 828-6244
时 11:00~20:00
休 周日、主要的节假日
C/C Ⓜ Ⓥ
P 中心停车场

无论去考爱岛的哪个地域，都可以看到耸立着各式店铺的大型购物中心，购物是必不可少的，除了这里介绍的购物中心外，还有科洛阳古镇购物中心、东海岸的威普利镇购物中心、北海岸的普林斯维尔购物中心等。

考爱岛的大型购物中心
Shopping Malls in Kauai

考爱村
Kauai Village

再现古老风情

◆考爱岛度假村的标志是一个大型时钟塔，购物中心内有药店和24小时营业零售店，对居住在那里的人们来说十分便利，专卖店林林总总，除了三明治名店赛百味、ABC连锁商店，还有酷圣石冰激凌、饰品店等。

威普利　　　Map ⑧东海岸扩大图 A
- 住 4-831 Kuhio Hwy
- ☎ 245-4700
- 时 9:00~19:00
- 休 无
- P 免费
- 營 营业时间、休息日因店铺不同而各异
- URL www.kauai-village.com

维兰德的壁画中所描绘的时钟塔是购物中心的标志

椰子购物中心
Coconuts Market Place

东海岸的购物中心

◆椰子购物中位于怀卢阿，被椰树环绕，是东海岸购物的中心。大约有42家店铺入住，随时都很有人气。

没有大型的公寓和超市，有许多当地人经营的礼品店，流行女装商店、画廊、餐厅等。每周三17:00和周六12:00，中央舞台会有免费的儿童草裙舞演出。

免费的儿童草裙舞演出里会有这样可爱的节目

怀卢阿　　　Map ⑧东海岸扩大图 A
- 住 484 Kuhio Hwy
- ☎ 245-4700
- 时 9:00~21:00，周日 10:00~18:00
- 休 无
- P 免费
- 營 营业时间、休息日因店铺不同而各异
- URL www.coconutmarketplace.com

可以悠闲地逛逛店铺橱窗

被椰树环绕的购物中心

安卡海角购物中心
Anchor Cove Shopping Center
飘溢着咸咸潮水香的购物中心

纳威利威利　Map p.482-B2

◆面向卡拉帕奇海滩的小型购物中心，蓝色的三角形屋顶给人深刻印象，店铺有ABC连锁商店、时装店、珠宝店、几家餐厅等。在海滩上游玩时，既可以作海滩屋，也可以作为兜风途中的休憩所。

住 3416 Rice St, 卡拉帕奇海滩附近
☎ 246-0634
时 9:00~21:00
休 无
P 免费
营 营业时间、休息日因店铺不同而各异

海边的餐厅也有现场表演

库奎丛林购物中心
Kukui Grove Center
仅次于机场的旅程的出发地

利胡埃　Map p.482-B1

◆岛上最大的百货购物中心，梅西百货公司、西尔斯公司、凯马特公司、药店、星巴克等大型店铺林立。入住店铺有很多，风富多彩，如在火奴鲁鲁为人们所熟知的店铺，夏威夷特有的礼品店等。

住 3-2600 Kaumualii Hwy
☎ 245-7784（经理部）
时 9:30~19:00，周五~21:00，周日10:00~18:00
休 感恩节、12/25
P 免费
营 营业时间、休息日因店铺不同而各异
URL www.kukuigrovecenter.com

入住有60多家店铺和10多家餐厅

波伊普购物度假村
Poipu Shopping Village
旅居者的得力伙伴

波伊普　Map ⑥波伊普详细图 A

◆波伊普区域唯一一家购物中心，入住了蓝姜画廊、蓝色牛仔等夏威夷有名的时装店、珠宝店。捕鲸船杂货店对于居住者来说很便利，餐厅也有好几家，早晚都很热闹。

住 2360 Kiahuna Plantation Dr
☎ 742-2831
时 9:30~21:00，周日10:00~19:00
休 12/25
P 免费
营 营业时间、休息日因店铺不同而各异

有便装店和餐厅，每周周二和周六有免费的塔西提岛舞蹈表演

库奎乌拉度假村
Kukuiula Village
考爱岛最新的购物中心

波伊普　Map ⑥波伊普详细图 B

◆2009年年末，建立在波伊普镇的入口处，岛上最新的购物中心。农场式的建筑物和南国的花草渲染了度假村的气氛，除了便装店、礼品店，还有梅里曼等别致的餐厅。

住 2829 Ala Kalanikaumaka
☎ 742-9594
时 11:00~21:00
休 无休
P 免费
营 营业时间、休息日因店铺不同而各异
URL www.kukuiulavillage.com

现今岛上最引人注目的购物中心

摩洛凯岛
Island of Molokai

爱称 友情之岛 The Friendly island
人口 ···································· 7404 人
面积 ···························· 637.4 平方公里
海岸线 ······························ 142 公里
岛屿最高峰 ········· 卡玛库山 1512 米
岛花 ····································· 石栗

在 Coffee of Hawaii

摩洛凯岛全图

寂静的岛屿——想推荐 给夏威夷达人们的岛

与其他岛屿相比，摩洛凯岛是一个未开发的、寂静的岛屿。摩洛凯岛迷们强烈宣称，正因观光资源少，所以游客可以得到真正的休息。如果实际居住一段时间，一定可以切身感受得到。

摩洛凯岛概况

An Overview of Island of Molokai

Physical Feature
地 势

摩洛凯岛位于毛伊岛的东北方向，是东西呈狭长形状的岛屿，北纬 21°03′~21°13′，西经 156°42′~157°02′，面积是 673.4 平方公里。

摩洛凯岛南海岸受到大自然的厚爱，零星散布着银白色的海滩，岛上唯一的小镇和面向游客的酒店都聚集在这个区域。另一方面，北海岸则有非常陡峭惊险的海岸线，悬崖峭壁连绵不断。

Climate
气 候

摩洛凯机场（海拔 137 米）的平均最低气温是 19.8℃，平均最高气温是 27.4℃，过去的最低气温纪录是 7.8℃，最高纪录是 35.6℃。考纳卡卡伊的平均年降雨量是 657 毫米（均为过去 30 年的平均值 / 出处：Hawaii Data Book 2008）。

Politics
政 治

摩洛凯岛与拉奈岛一样，都是毛伊县的一部分。

History
历 史

说到摩洛凯岛的历史，卡劳帕帕的悲剧让人无法忘怀，在 19 世纪，位于岛北部的卡劳帕帕半岛是患麻风病病人的移居地。

1848 年，夏威夷麻风病患者的记录正式被记载下来，1863 年，王室的保健委员会提出麻风病的应对之策。第二年，约瑟夫·迪·沃斯特（后来的达米恩·迪·沃斯特）到达火奴鲁鲁，被任命为牧师。1865 年，患者隔离被合法化，患者们被船运到卡劳帕帕，开始了隔离生活。

约瑟夫尽力帮助被绝望的病魔缠身的患者们，让他们获得身心的救赎。1889 年，49 岁的约瑟夫死于麻风病。为了表彰他的功绩，在火奴鲁鲁州政府大楼里建造了他的铜像，与华盛顿的并驾齐驱。2009 年 10 月，梵蒂冈推约瑟夫为圣人，他可以说是夏威夷最受尊敬的人之一了。

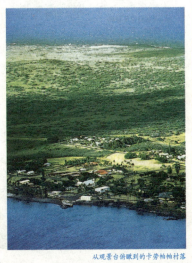

从观景台俯瞰到的卡劳帕帕村落

507

饱赏摩洛凯岛风光的 经典游程安排

摩洛凯岛游之自助游

一般我们很难找到游摩洛凯岛的攻略，它既不似瓦胡岛有许多节目表演，也没有尼豪岛那样奢华的度假区，所以很难聚集到游客。但反过来说，这里却可以让你享受人少、安静清闲的假期，对夏威夷达人来说可是不容错过的岛屿。自己乘飞机前往、预订酒店的自助游，可以体会到与别人不一样的摩洛凯岛＋火奴鲁鲁之旅。

1 可以的话住 3 晚最佳

当然，如果愿意的话一天就可以游完全岛，但是匆匆的步伐往往会错过最美丽的风景。住在岛上，慢慢体验岛屿生活，相信你一定会爱上这里，强烈推荐停宿 3 晚。

岛上没有一个红绿灯，可以悠闲地兜风

饱览摩洛凯岛游程

第1天	从火奴鲁鲁抵达摩洛凯岛，因岛上没有公交车，所以需在机场租车。去酒店办理入住登记之前，可以逛逛卡劳帕帕的街道，购买必要的食物等
第2天	去东摩洛凯岛兜风，从卡劳帕帕出发，沿途不停的话往返需要 2 个半小时。在东摩洛凯岛的美丽海滩游泳，参观有名的教堂，时间常常一晃而过。日程安排最好是早上早点出发，在日落前返回酒店
第3天	可以参加摩洛凯岛独有的节目——骑骡之旅，也可以待在酒店，游游泳，悠闲地度过一天，亦是不错的摩洛凯岛之旅

东摩洛凯岛自驾游路线（住在卡鲁阿科伊的情况下）

1 酒店
↓ 28～33公里、30～35 分钟
2 卡劳帕帕观景台
↓ 约 14 公里、约 15 分钟
3 卡普阿伊瓦椰林
↓ 约 19 公里、约 20 分钟
4 圣约瑟夫教堂
↓ 约 26 公里、约 70 分钟
5 哈拉瓦海滩公园
↓ 约 12 公里、约 30 分钟
6 墨菲海滩
↓ 约 32 公里、约 50 分钟
7 考纳卡卡伊

如果打算在东摩洛凯岛游泳，可以不去卡劳帕帕观景，但有谁愿意错过这里的美景呢？中途，去夏威夷咖啡馆喝喝杯香浓的咖啡也是个不错的点子。卡普阿伊瓦椰林的椰子有掉下来的危险，请不要进入。到达圣约瑟教堂之前，经过玛娜埃百货所在的普亚卡部落后，有一段迂回曲折的道路，开车时请十分注意，尤其是哈拉瓦海滩公园附近，道路狭窄，几乎不能错车，请慎重驾驶。

左／考纳卡卡伊镇不远处的卡普阿伊瓦椰林
右／卡劳帕帕观景台的壮景

摩 洛 凯 岛
地 域 概 况

茂纳洛亚~凯普奇
MAUNALOA-KEPUHI

茂纳洛亚是一个悠闲恬静的住宅区。

北边的凯普奇通称卡鲁阿科伊度假区，那里的公寓安静惬意，环境不俗。

悠闲的卡鲁阿科伊别墅

卡劳帕帕
KALAUPAPA

隔离麻风病患者，拥有悲惨历史的卡劳帕帕村庄的观景台的风景值得一看。

卡劳帕帕观景台

```
KALAUPAPA
KEPUHI          HOOLEHUA                      HALAWA
         Molokai    480
         Airport         470              WAIALUA
           460      KUALUPUU
  MAUNALOA     460
                                  KAMALO
          KAUNAKAKAI           450
                                      PUKOO
```

考纳卡卡伊
KAUNAKAKAI

岛上唯一算得上是城镇的考纳卡卡伊镇，可以享受购物和美食。

考纳卡卡伊镇的主街道

哈拉瓦山谷
HALAWA VALLEY

哈拉瓦海湾弧线优美，哈拉瓦山谷曼妙绝美，如同身在画中，附近还有不少海水透明度极高的海滩公园。

哈拉瓦海湾的沙滩

509

悠闲的摩洛凯机场

摩洛凯岛的机场指南

摩洛凯岛的机场位于岛的中西部，因地取名，称为霍奥莱胡阿 Hoolehua 机场。

只有一条机场跑道的小型机场，可以乘坐夏威夷岛航空的螺旋桨式飞机，距火奴鲁鲁大约 25 分钟机程。

机场大楼里设有礼品店和小吃店，房屋是木造的，可以感受到浓郁的乡土气息，除了飞机起飞和降落时间，平时比较冷清。

遗憾的是，没有公交车等公共交通工具，也没有机场大巴，自助游时需自己打车或租车前往酒店。

由摩洛凯机场前往各地的方法

1 租车

租赁公司在机场大楼内设有咨询台，可以在那里办理手续，挑选停靠在机场停车场的轿车。

从摩洛凯机场出发所需时间			
终点	英里（公里）	经由	所需时间
考纳卡卡伊	8（12）	460 号公路	约 20 分钟
卡鲁阿科伊度假区	13（21）	460 号公路	约 35 分钟

2 打车

因为没有设置专门的打车点，也没有等候客人的车辆，所以需要打电话约出租车。

从摩洛凯机场出发的打车价格	
考纳卡卡伊	约 $25~30
摩洛凯酒店	约 $30~32
卡鲁阿科伊度假区	约 $35~44

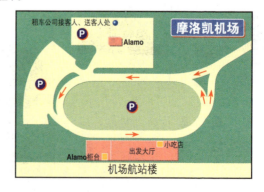
机场航站楼

航空公司的联系方式
■ 夏威夷岛航空
　☎ 1-800-652-6541
■ 太平洋之翼航空
　☎ 1-888-575-4546
■ go! Mokulele 航空
　☎ 1-888-435-9462
　☎ 1-866-260-7070

主要的租赁公司联系方式
■ 阿拉莫租赁公司
　☎ 1-888-924-0977
　（紧急时 24 小时）
　摩洛凯岛 ☎ 567-6042
■ 岛·凯恩租赁公司
　☎ 1-877-553-5242/
　☎ 553-5242

出租车公司联系方式
■ 摩洛凯·交通公司
　☎ 553-8608/646-9456
　摩洛凯·户外激情
　☎ 553-4477/☎ 1-877-553-4477
■ 赫勒·麦·出租车公司
　☎ 336-0967/646-9060
■ 午夜·出租车公司
　☎ 553-5653/658-1410/
　☎ 344-5595

前往摩洛凯岛的其他方式
摩洛凯·公主
往返于毛伊岛的拉海纳镇和摩洛凯岛的考纳卡卡伊镇，每天 2 班渡轮。
☎ 1-866-307-6524
🖳 www.molokaiferry.com

摩洛凯岛的景点

Highlights on Island of Molokai

曾经因菠萝农场而繁荣的摩洛凯岛，如今已没有了往昔踪影，成为寂静的岛屿。

与其他岛屿相比，这里开发相对落后，却充溢着自然风光和人们的笑颜。

诚然，这正是摩洛凯岛的精彩。

在此，向大家介绍岛的中心地和东海岸的山谷，

让我们一同追思达米恩神父的观景台、西部的小镇。

考纳卡卡伊 Kaunakakai　　Map p.506-B2

位于岛中心的悠闲农庄

从摩洛凯机场进入 460 号公路，向南行大约 7.4 英里（约 12 公里）就到了考纳卡卡伊镇，是岛上唯一称得上是镇的小镇。规模很小，店铺也很少，作为中心地来说，实在一个朴素的当地小镇。但是，邮局、银行、医院、超市、杂货店等，摩洛凯岛原住民所必要的设施却也齐备周全。

小镇入口处有一个设有加油站的十字路口，往左拐就进入主街阿拉玛拉玛大道（Ala Malama St.）。平时是非常安静的街道，只有举办农夫市场的每个周六（7:00～12:00），会有许多人聚集在这里，早早地街道两边的人行道上就摆满了小摊儿，非常热闹。附近的农家带来的蔬菜、水果等都是刚采摘的新鲜食品，还有刚摘的热带花卉做的花环，可以说是夏威夷所独有的情景。也有当地艺术家手工制作的贝壳项链和 T 恤衫等当地特产，游客可以尽情体味。

摆放着水果、蔬菜的农夫市场，与当地人的交流很愉快

摩洛凯岛观光局

若想要了解当地的最新信息，就去观光局吧。资料自不用说，职员总是轻松愉快地回答问题。位于考纳卡卡伊镇，250 号公路与卡摩伊大道的会合处。
Molokai Visitor Association
☎ 553-3876　FAX 553-5288
時 8:00～16:30
休 周六·周日
URL www.molokai-hawaii.com

深夜排队！卡纳米糍面包房的热面包

卡纳米糍面包房（p.522）是摩洛凯岛唯一一家面包店，只有深夜才买得到刚出炉的热乎乎的面包。

店铺销售摩洛凯面包的时间段，即周二～周日 21:00～次日 1:30，面包房的正面是关着的，穿过旁边的小道，绕到店的后面，再走一段幽暗的通道，轻叩房门，店员就会出来接待你。

因为很有人气，深夜也时常有人排队。原味 5 美元、蓝莓、奶油乳酪、黄油等添加了味道的 1～2 种 6 美元、3 种 6.25 美元、5

种全部一套 7 美元。

深夜购物有种参加活动的感觉，何况还有面包！生出一种意外的喜悦感

传统神事玛卡黑奇节：每年 1 月下旬，举办庆祝丰收的神事的同时，也举行运动会和活动等。地点是考纳卡卡伊镇的广场。详情请咨询摩洛凯岛观光局。☎ 553-3876

宽阔的街道，古典的街景仿佛
是电影里的场景

昔日的夏威夷街景至今犹存

在宽阔的阿拉玛拉玛大道两侧，排列着十多家餐厅和超市等店铺。大多都是古老的木制建筑，仿佛是电影中的场景。小橱窗和店内的陈设也很清新自然，一家一家地闲逛，随口问问价格，也是很愉快的经历。在这个小镇会陷入一种错觉，比起其他地方，时间的消逝仿佛很缓慢，只是静静地流淌。从阿拉玛拉玛大道拐入卡摩伊大道，在卡美哈美哈国王五世高速公路的十字路口拐角处，就是摩洛凯旅游协会（摩洛凯岛观光局）。

考纳卡卡伊栈桥 Kaunakakai Pier　　Map p.506-B2

时间缓缓流逝

沿着450号公路，与考纳卡卡伊镇中心相反的方向行驶，就到了考纳卡卡伊栈桥。栈桥向海面突出有800米，是一座由大石头堆积而成的古老的栈桥，但是表面铺了一层柏油，所以看上去只是普通的栈桥。

过去，摩洛凯岛因菠萝产业而繁荣，考纳卡卡伊则作为贸易港口而昌盛。这座栈桥也充满了活力，每天都有无数卡车疾驰而过。

现在，这里是一个悠闲的港口，联系着岛民与来自其他岛屿的船和游艇。来自毛伊岛的观光渡轮每日2班，除了潜水旅游团和钓鱼旅游团抵达时间之外，几乎没有车辆通过，实在是安静沉寂的地方。钓鱼者慢条斯理地垂下钓鱼线，沙滩边当地年轻人正玩浮潜，洋溢着专属摩洛凯岛的悠哉气息。

**摩洛凯岛的
疗养体验**

店面虽小，却是一家有5位经验丰富的疗养专家的正规店铺——摩洛凯·针灸＆按摩康复中心＆温泉浴场Molokai Acupuncture & Massage Healing Center & Spa。除了夏威夷按摩术，还有热石疗法（1小时75美元），使用天然化妆品的美容（90分钟100美元）等，种类丰富。
☎ 553-3930
🕐 10:30~17:00
休 周日
🌐 www.molokai-wellness.com

舒适的治疗空间

用神庙的残石堆积而成的栈桥

草裙舞的发祥地，摩洛凯岛的草裙舞大赛
卡·呼啦·皮可 Ka Hula Piko

每年5月第三个星期的周末，都会举行活动卡·呼啦·皮可，以庆祝草裙舞的诞生。夏威夷语的"皮可"指肚脐，卡·呼啦·皮可表示摩洛凯岛是草裙舞的中心。

2010年开始，除了可以听关于草裙舞的讲座、观光平常禁止人内的草裙舞圣地卡亚纳之外，还有考纳卡卡伊的米切尔·帕欧雷中心举办的草裙舞表演，夏威夷工艺、美食等小摊儿也各展其姿。

据说，以前卡亚纳的原住民会在深夜至日出这段时间，向草裙舞之神献上舞蹈和吟颂，仪式是公开的，一般人也可以参加。但是近几年只有仪式相关者才能参加，非常遗憾。详情请登录摩洛凯岛观光局（→上页边栏）网站。

卡普阿伊瓦椰林 Kapuaiwa Coconut Grove　Map p.506-B2

散步于王室的别墅天地

　　沿着机场至考纳卡卡伊的 460 号公路行驶，到达描绘着缓和左曲线的海岸线，在距考纳卡卡伊 1 英里（1.6公里）左右的地方，右侧便是一片延伸向蓝色天际的椰树林。

　　这一带是卡美哈美哈国王五世夏日的避暑别墅，据说 18 世纪 60 年代，他下令种植了 1000 棵椰子树。卡普阿伊瓦这个名称便是来自卡美哈美哈国王五世的名字洛特·卡普阿伊瓦。

　　现在虽已没有 1000 棵椰子树，但仍可以在这由数百棵椰子树连成的茂密树荫下自由自在地散步。但是椰子有掉落的危险，所以不推荐在林中散步。

请注意从天而降的椰子

珀迪的天然夏威夷坚果农场
Purdy's Natural Macadamia Nut Farm　Map p.506-B2

在小小农场亲近夏威夷坚果

　　夏威夷坚果农场位于库阿拉普，可以免费参观。虽说是农场，却只有 1 英亩，大约种植有 50 棵夏威夷坚果的果树，以无农药和化学肥料的纯天然夏威夷坚果为耀。

树龄高达 80 年的夏威夷坚果树

　　农场里飘溢着无拘无束的气氛，农场主普阿迪先生向我们解说了夏威夷坚果成熟和收获的过程，打开外壳呈青色的还未成熟的果实，可以感受到一丝甜味，正是成熟前的味道。礼品店里摆放着烤坚果、夏威夷坚果花蜂蜜等，可以试吃。

DATA
珀迪的天然夏威夷坚果农场
🏠 470 号公路进入 480 号公路，在摩洛凯中学的前方右拐，行大约 1 公里
☎ 567-6601
🕐 9:30~15:30，周六 10:00~14:00（参观团是 10:00~15:00间，每小时一次）
休 周一、周日
💰 免费
🌐 www.molokai-aloha.com/macnuts

体验卡劳帕帕的历史与自然
摩洛凯岛骑骡之旅

且近且远的卡劳帕帕

卡劳帕帕是发生了夏威夷史上最大的悲剧之一的土地，曾经的麻风病患者隔离区。位于中央北部，前方是向大海突出的半岛，背后被连绵陡峭的山峦包围，当时只有螺旋桨飞机和船可以抵达。对于担心病毒传染的政府来说，选择这里是理所当然的，因为病人绝对不可能逃离卡劳帕帕。

随着时代变迁，1980年，卡劳帕帕村落被指定为国家历史公园，现在大约剩下100名患者。当然麻风病如今已不再是不治之症，但是如今的卡劳帕帕依旧有禁止入内的特别区域（仅16岁以上，由导游带领的旅游团允许入内）。

另外，没有通往卡劳帕帕的车道，只能乘坐小型螺旋式飞机，或着穿越险山峻岭中的卡劳帕帕山道。

山道单程大约5公里，可以骑着骡体验一次不寻常的难忘之旅。

温驯可爱的骡

骡是马和驴交配所生的动物，外表似马，却如驴一般温驯，腿很粗壮，非常有力，如果比喻为车，则是一辆"四轮驱动车"。

旅游团早上8：00前在摩洛凯岛骑骡之旅的厩舍集合，简单的说明之后，排成一列，骑着骡便出发。

每一头骡有自己的名字，都接受了良好的驯练，只要没有特殊事件就会跟着前面的骡乖乖地向前走。偶尔会吃路边的小草，但只要稍稍拉一下缰绳就会继续往前走，不用担心不好控制，是非常温驯可爱的动物。

卡劳帕帕山道惊险不断

将卡劳帕帕半岛与外界隔开的悬崖断壁高约500米，是吉尼斯纪录中最高的。断壁上造有陡坡状的山路，大约宽1米，是折返点有29处的之字形路。为方便徒步旅行者行走，建造了铺有石头或水泥的台阶。

另外，对骡等偶蹄类动物来说，这样的石级反而容易滑，据说是因为难保持平衡。骡子们会选择易走的地方落脚，每当下石级时会咯噔咯噔摇晃，如果不紧紧抓住骡鞍，可能会被摔下骡背。靠近山谷的一侧是陡坡，走错一步便会遭

穿梭于郁郁葱葱的绿山的骡队，全凭骡子开路

遇脚朝天的惨状。骡子行走的山路是靠近山谷边的，可谓惊险百分百，四面八方都是悲鸣之声。

不过，它们不愧是4条腿的动物，即使1条腿滑倒，其他3条腿还可以稳稳地立住，可以说绝不会跌落谷底，偶尔发生事故大多也是由于坠骡。

向达米恩之旅出发

出发大约1个半小时之后，到达延伸于海岸前的草原。在这里要暂时和骡子分别，骡子吃食物稍作休憩，游客乘坐黄色观光巴士车巡游村落，开始达米恩之旅。在上巴士前需要在名单上签名，听说这份名单会提交给管辖卡劳帕帕的州立保险局（Department of Health）。

导游们本是麻风病患者，现在已经完全能过普通人一样的生活。举行达米恩之旅活动，是希望人们能够拥有一颗理解达米恩神父（下页）和麻风病患者的心灵。

平和的时间慢慢流淌的村落

路上几乎没有行人，除了这一点，与夏威夷岛其他村落相差无几。排列着稀稀落落的房屋，有小邮局和杂货店等。这里不能拍摄人像，其他

2010年4月，卡劳帕帕山道开始修缮，骑骡之旅暂时停发。预定2010年8月中旬恢复，作为临时旅游路线，乘摩洛凯岛或檀香山起航的飞机抵达卡劳帕帕半岛，坐巴士巡游观光。

卡劳帕帕半岛东北侧的绝妙景致

左上／在名单上签名后，乘坐巴士，向骑骡之旅出发　左下／卡劳帕帕国家历史博物馆内，保存着悲惨的历史记录　下／玛丽安妮圣母墓前，献花者络绎不绝

东西可以随意拍摄。

　　旅游线路是，首先瞻仰在卡劳帕帕度过一生的修女——玛丽安妮圣母的坟墓，然后观光圣弗兰西斯教堂，展览有当时的照片和书信的卡劳帕帕国家历史公园博物馆。在视野开阔的地方感受半岛的自然之美后，去可以俯视海岸线的公园享用午餐。

　　最后，访问由达米恩神父建造的圣菲洛米娜教堂，达米恩神父长眠于墓地里。

摩洛凯岛独有的体验

　　大约3小时的达米恩之旅结束后，再次骑上骡子，回到山路。下山远比上山轻松，也有了观看周围风景的闲暇。山中到处是长满青苔的石头，繁荣的树木仿佛要将山路覆盖，透过树木间的缝隙，时而可以看到蓝色的大海闪闪发光，其美丽不可言喻。

海滩沿路有时会遇到晒太阳的海龟

　　15:00左右抵达厩舍，最后颁发参加证明书，上面印有参加者和骡子的名字，骑骡之旅顺利结束。可以体会到其他岛屿所没有的惊险，同时加深了对历史的理解，骑骡的独特心境也一定会令你终生难忘。

追思达米恩神父的丰功伟绩

　　19世纪中叶，麻风病患者被船运送到摩洛凯岛北海岸的卡劳帕帕半岛的收容所里，在当时，麻风病作为不治之症被人们所惧怕，于是夏威夷采取了隔离政策。

　　1873年，比利时人达米恩神父为了拯救绝望的麻风病患者们，只身来到半岛，挺身而出，站在最前线，建设医院、教堂、房屋等，成为食物不足和缺少医疗的患者们的精神支柱。然而，神父在1889年因感染麻风病而去世，年仅49岁。

　　20世纪40年代，抗麻风病药诞生，麻风病不再是不治之症，法律规定，麻风病患者可以自由离开半岛，但仍有少数患者留了下来。神父被誉为"摩洛凯岛的殉教者"，成为夏威夷最受爱戴的英雄之一，受到世人的尊敬。

DATA

Molokai Mule Ride
MAP P.506-B2
☎ 567-6088
Ⓣ 1-800-567-7550
⏰ 8:00 ～ 14:30
休 周日
💰 175美元（含午餐、饮料、门票）
Ⓒ Ⓐ Ⓜ Ⓥ
🖥 www.muleride.com
※1日的参加团的参加者限定在12人，需预约

卡劳帕帕观景台 Kalaupapa Lookout　　Map p.506-B2

在州立公园的观景台眺望卡劳帕帕

庄严的自然中隐藏的历史

　　卡劳帕帕观景台位于摩洛凯岛北部，从机场沿着 460 号公路向考纳卡卡伊方向行驶，在 470 号公路的交叉处左拐，是非常平缓的上坡路，穿过库阿拉普（Kualapuu）镇和博物馆，郁郁葱葱的道路便是终点卡拉奥州立公园（Palaau State Park）的停车场。

　　从停车场出来，左右两边都是山道，向右走，穿过松树林，便是卡劳帕帕观景台（Kalaupapa Lookout），遍布绿色的绝壁下，半岛向海突出，可以看见小镇和灯塔，那就是拥有悲惨历史的卡劳帕帕部落。

摩洛凯博物馆&文化中心

1878~1889 建成，里面可以看到夏威夷最小的甘蔗压榨机，另外，也是个美术馆，陈列着许多关于夏威夷的作品。
Map p.506-B2
☎ 567-6436
💰 5美元（5~18岁1美元）
🕐 10:00~14:00（周日休息）

子宝石 Phallic Rock　　Map p.506-B2

悄悄立于松林的奇石

　　从帕拉奥州立公园的停车场出来，向左拐，山道是穿插于寂静的松林中的上坡路，大约走 5 分钟，就会看到几块岩石，立于最深处坐镇的那块石头高约 2 米，被称作子宝石（Phallic Rock），别名卡·乌勒·欧·纳纳荷亚（Ka Ule O Nanahoa，纳纳荷亚的阴茎）。有这样的传说，没有孩子的女性若触摸这块石头，就可以如愿得到孩子。

寂静中，有视觉冲击的子宝石

漫步于摩洛凯岛的咖啡农场
夏威夷咖啡

　　位于卡阿拉普乌的夏威夷咖啡作为私人经营的咖啡农场，拥有北半球最大的规模。含有火山灰的土壤和适度的海拔、气候，为制作高品质的咖啡创造了条件。

　　种植园风格的建筑物内设有试饮点、礼品店、浓咖啡馆等，很适合休息。淋上奶油的冰冻果子露状的咖啡饮品、摩卡咖啡 4.75 美元，推荐品尝。

　　另外，有参观种植园的步行旅游线路25美元（周一~周五 9:00~、11:00~、15:00~、提前一天预约），周六 18:00~20:00 有爵士乐表演，周日 15:00~17:00 是音乐和草裙舞表演。

人气饮品摩卡咖啡 4.75 美元

DATA
🏠 470 号公路换 480 号公路右侧
Map p.506-B2
☎ 567-9490/567-9064
🕐 7:00~17:00（周六 8:00~16:00、周日 8:00~14:00），浓咖啡馆 7:00~17:00（周六 8:00~20:00、周日 8:00~17:00）
🌐 www.coffeesofhawaii.com

当地乐队演奏的舒适音乐与草裙舞表演

圣约瑟夫教堂 St.Joseph's Church

Map p.506-B3

至今仍受爱戴的达米恩神父

距考纳卡卡伊大约 11 英里（约 18 公里），进入卡玛洛（Kamalo）村落后，道路变得狭窄，右侧有一座用白色木头建造的小巧的建筑。这是达米恩神父于 1876 年建造的圣约瑟夫教堂（St.Joseph's Church），神父的铜像静静地立在教堂旁边。

再向前行驶 3 英里（约 5 公里），便是卡鲁阿阿哈，建有悲伤圣母教堂（Our Lady of Sorrows Church）。

参观了两座个性鲜明的教堂，等待我们的是，东边唯一一家玛娜埃百货，距圣约瑟夫教堂大约 5 英里（约 8 公里），一起进去品品饮料小憩一会儿吧。

向海边望去，可以看到一个由黑色石头堆砌而成的鱼塘（Fish Pond），面向毛伊岛浮在海面上，在这周边有好几个这样的鱼塘，建造于 700~800 年前。

南海岸驾车游

从考纳卡卡伊至岛东部的哈拉瓦山谷的公路，是沿着南海岸线修建的 450 号公路卡美哈美哈国王五世高速公路（Kamehameha V Hwy.）。说是高速公路，却是只有单行道的悠闲乡间小路，路宽渐渐地变窄。虽说如此，若小心驾驶则很安全，是路况良好的舒适的兜风线路。

到拉瓦山谷之前，单行道越有 27 英里（约 43 公里），车程 1 个半小时至 2 个小时，一路上散布着古老的教堂和美丽的海滩。如果只是观光差不多半天就够了，若准备在海滩上野餐则需要 1 天。另外，出了考纳卡卡伊之后没有加油站，出发时请检查汽油量。

沐浴在阳光中的圣约瑟夫教堂，达米恩教父的脖子上总是挂着花环，可以看出神父至今仍受夏威夷人民的爱戴

玛娜埃百货的外观，入口右侧是前台，可以吃汉堡包和快餐等，白天有许多当地的客人，可以说是兜风途中人最多的地方

墨菲海滩（20 英里海滩）Murphys Beach

Map p.506-B3

悠闲的沙滩野餐

从考纳卡卡伊出发大约 20 英里（约 32 公里），需穿过怀卢阿（Wailua）。这附近零星点缀着美丽的海滩，海的对面是毛伊岛，其中的墨菲海滩是一个被椰树包围的银沙滩，人烟稀少，可以尽情享受私人空间。这里也是个玩浮潜的好地方，被称作龙尾（Dragon Tail）的岩系延伸到海底，非常壮美。

再往前走，道路变得更狭窄，上下坡和拐角持续不断，向着山中延伸。

到达山顶，可以看到由葱绿茂密的石栗树所围成拉尼考拉石栗树森林（Lanikaula Kukui Grove），越过意为"星星的山坡"的普乌奥霍库牧场（Puu O Hoku Ranch），下行抵达东海岸，此次驾车游即将迎来最高潮。

墨菲海滩是一个小型沙滩，没有卫兵，也没有淋浴和厕所，可以在塑料瓶里装上淡水带过去，以便游泳之后冲洗身体

只能行驶一辆车的狭窄道路，非常危险，不要只顾风景，请小心驾驶

哈拉瓦溪谷 Halawa Valley　　Map p.506-B3

去往夏威夷的秘境

　　道路变得狭窄，只能通行一辆车，越过仿佛将落入海中的陡坡后，有一个被护栏围起来的观景平台，距出发地大约 26 英里（约 42 公里）。薄雾笼罩的绿色山谷，两条白色瀑布沿着山岩滑下，划着优美弧线的哈拉瓦海湾里，停靠着两三艘船只，真正是可称作秘境的绝景。

　　再往下行驶 1 英里（约 1.6 公里），当看到热带植物的茂密树林中静静矗立的教堂时，就到了终点哈拉瓦海湾。去海滩上走走，悬崖断壁从深绿的山谷中，伸出双臂仿佛欲拥抱大海，静静的却充满力量。

到这昔日繁荣的村落的游客，多是追求自然的露营者与冲浪者

向游客推荐 3 个海滩

　　若说摩洛凯岛有名的海滩，第一个想到的便是上页提到的墨菲海滩（通常称 20 英里海滩）。除此之外，还有很多极好的海滩，下面特别为游客介绍 3 个海滩。

　　首先介绍位于西部的帕波哈库海滩 Papohaku Beach（Map p.506-B1），因有夏威夷诸岛中最长的银沙滩而闻名，总长 5 公里！此处风强波高，潮水的速度很快，不适合游泳，平时也是人烟无几，可以独享广阔美丽的海滩，有野餐桌、厕所、淋浴等，设施也齐备。

　　第二个是临近岛西北端的失马海滩 Make Horse Beach（Map p.506-A1），别名波哈库茂里尼海滩 Pohaku Maulini Beach。电影《加勒比海盗·世界的尽头》最后的场景（奥兰多·布鲁姆与凯拉·奈特莉的镜头）便是在这里拍摄的，此地一举成名。沿着至卡鲁阿科伊度假区的 Kakaako Rd. 右拐，然后左拐，转盘处有一个停

电影的外景拍摄地——失马海滩

普可海滩独一无二的地形

车场，可以把车停在那里。横穿高尔夫球场后，海滩就出现在眼前。失马海滩向北延伸，有峭壁林立。据说曾有马从悬崖坠落，于是人们把这里命名为失马海滩。在这平静的海湾，可以看到悠闲地享受日光浴的人们。

　　最后介绍位于岛东南部的普可海滩 Pukoo Beach（Map p.506-B3），位于有英里标志的 16 英里处附近，非常安静的海滩。沿着堤岸走，有一个小海湾，向南方眺望，左侧是毛伊岛，右侧是拉奈岛。天气好的时候，依稀可以看到位于两岛间的卡霍奥拉韦岛。与西侧的海滩不同，这里是最悠闲自在、无拘无束的海滩。

游无尽头的帕波哈库海滩，规模宏大

茂纳洛亚 Maunaloa

Map p.506-B1

大牧场里的小镇

从机场向西的 460 号公路茂纳洛亚高速公路（Maunaloa Hwy）是缓缓上行的干净的柏油路，机场距高速公路的终点茂纳洛亚镇（Maunaloa）大约有 10 英里（约 16 公里），30 分钟的车程。一路没有什么风景，是干燥地带，偶尔能从树木的缝隙间看到褐土。

岛西部的大部分，约 54000 英亩（约 219 平方公里）的面积都属于摩洛凯大牧场（Molokai Ranch），曾经与都乐公司签约，构建过菠萝种植的时代，茂纳洛亚镇是其中心地。都乐公司撤走后，在高级度假区、摩洛凯旅店 & 海滩村庄工作的人们大多留了下来，住在这个镇上。

但是，2008 年 3 月末，摩洛凯大农场关闭，酒店关门，只剩下邮局、杂货店、手工风筝店等，成为非常安静的住宅区，却也让人担心其未来的发展，与摩洛凯大牧场一同走来的茂纳洛亚镇将走向何方。

镇上唯一的杂货店

A 卡鲁阿科伊度假区

从机场进入 460 号公路朝茂纳洛亚方向驾驶，在 9 英里左右（约 14.5 公里）的地方，有一条右拐的道路，那里有一块写着卡鲁阿科伊的小石头，如果车速太快可能看不清。这是条一直延伸到海岸线的下坡路，铺有柏油，但是路面凹凸不平，不易驾驶。再行 4.5 英里左右（约 7 公里），就到了卡鲁阿科伊度假区，观光摩洛凯岛的游客多数住在这里，以帕波哈库海滩为首，散布着许多银色沙滩。

茂纳洛亚镇里的风筝店

摩洛凯岛的各式活动

下面介绍深受游客喜爱的各式活动。

首先是潜水，摩洛凯岛的南侧有夏威夷最长的大堡礁，这片区域遍布着约 44 个潜水点。相对简单点的有浮潜，共 25 处。位于摩洛凯酒店前的卡维拉（Kawela）浮潜点透明度很高，在船上可以清楚地看见浮潜者的脚蹼。在水深 3~5 米的地方，色彩斑斓的礁石绵延不绝，以夏威夷的州鱼"Humuhumunukunukuapua`a"为首的热带鱼和梭鱼等，鱼种丰富，千奇百怪，还有可能遇到海龟、白鳍鲨等。

12 月至次年 4 月这段时间，观看座头鲸的赏鲸之旅很有人气，这片海域每年有 8000~12000 头座头鲸抵达，若运气好，可以看到座头鲸的喷水表演，有时会有夏威夷飞旋海豚群群围住船只的趣事发生。

另外，摩洛凯岛的北侧，矗立着世界上最高的悬崖峭壁，距水面 600 米左右，很多游客乘坐游船观看垂直切下的海崖。

无论哪项活动，都根据海况和参加人数决定是否举办，请提前预约。

上 / 正在喷水的座头鲸
左 / 在高透明度的地方，尽情享受浮潜

DATA

摩洛凯垂钓 & 潜水 Molokai Fish & Dive

🏠 61 Ala Malama St. Kaunakakai
Map p.513
☎ 553-5926
🕐 7:30~18:00，星期天 ~16:00
💰 浮潜 69 美元，双瓶潜水 135 美元，赏鲸之旅 69 美元，海崖观光 150 美元
CC A M V 🌐 www.molokaifushanddive.com

若在摩洛凯岛进餐，考纳卡卡伊镇是最方便的地方，这里聚集着许多舒适的餐厅、快餐厅等。岛的东侧有一家日用商品店兼设吧台，非常遗憾的是西侧没有餐厅。总之在岛上可以接触到朴素的当地居民，同时享用美食。

摩洛凯岛的餐馆 *Restaurant Tips on Molokai*

摩洛凯比萨·咖啡馆
Molokai Pizza Café 　　　　　　比萨店

◆ **一家人共餐的好地方**

位于考纳卡卡伊的比萨店，提供 3 种型号 S10.25 美元起、M12.75 美元起、L15 美元起，特色比萨以夏威夷 6 岛的名称命名，根据岛的大小比例使用配料，最大的夏威夷大岛有 9 种配料。

考纳卡卡伊　　　　　　　Map p.513

住 考纳卡卡伊、450 号公路旁
☎ 553-3288
时 10:00（星期天 11:00~）~22:00（星期五·星期六 ~23:00）
休 无
C/C 不可
P 免费

充溢着古老的美国风格气息

大爹爹饭馆
Big Daddy's Restaurant 　　　　菲律宾料理

◆ **菲律宾家庭料理店**

可以在这里享用菲律宾的家庭料理，使用鱼子酱煮成的茶色菜肴和甜辣味的白色米饭是绝佳的搭配。菜肴都摆在吧台上，只需用手一指便可点菜，1 份饭配 3 份菜差不多 10 美元。

考纳卡卡伊　　　　　　　Map p.513

住 阿拉玛拉玛大道旁
☎ 658-0762
时 9:00~17:00
休 无
C/C 不可
P 可停靠路边

一家菲律宾人经营的餐厅

呼啦海岸
Hula Shores 　　　　　　　　美国料理

◆ **涛声与现场表演是 BGM**

位于摩洛凯酒店内，餐厅内设有吧台，眼前便是海滩，晚餐时会点燃火把，非常温馨浪漫。每天 18:00 开始现场表演，周五 16:00 还有草裙舞表演。

考纳卡卡伊　　　　　Map p.506–B2

住 摩洛凯酒店内
☎ 553-5347
时 7:00~14:00、18:00~21:00
休 无
C/C A D J M V
P 免费

烤肉 & 虾 23.95 美元

摩洛凯汉堡
Molokai Burger 　　　　　　　汉堡包

◆ **"免下车"的汉堡包店**

位于镇的入口处，采用先点菜后制作的形式，面粉 100% 纯正，加入牛肉、鸡蛋，可以享用到柔和的当地家常美食，炸薯条的特质沙司酱也很美味。

考纳卡卡伊　　　　　　　Map p.513

住 考纳卡卡伊、405 号公路旁
☎ 553-3533
时 7:00~21:00
休 周日
C/C M V
P 免费

留香四溢的蘑菇汉堡包 4.95 美元

符号说明：🔲需预约（且预约可行）/ 🔲请打扮时尚出游。男性穿夏威夷衬衫和长牛仔 / 🔲休闲服 OK，但有不宜穿无袖上衣和沙滩拖鞋的情况。/ 无符号＝不是泳衣、赤足则可以。

巴特勒小酒馆
Paddlers Inn

美国料理

◆ 设有吧台的家庭餐厅

以有舷外支架的木舟为主题的餐厅，10美元左右的菜肴很有人气，如烤肋排、面条、香酥鸡等，有丰富的选择。设有吧台与台球台，周五、周六18:00~20:00有现场演奏。

考纳卡卡伊　　　　　　Map p.513

☎ 553-5256
住 考纳卡卡伊、450号公路旁
时 7:00~次日1:00
休 无　C/C M V
P 免费

店内装饰着木舟的照片与短桨，简单的摩洛凯岛风情

摩洛凯免下车餐厅
Molokai Drive Inn

份饭

◆ 价格公道的"免下车"餐厅

位于考纳卡卡伊高速公路旁，在用餐时间，店里满是当地人，到了晚上，年轻人更是络绎不绝，早晨到傍晚一直营业，对于游客来说是件可喜的事。

考纳卡卡伊　　　　　　Map p.513

☎ 553-5655
住 考纳卡卡伊、450号公路旁
时 6:00~22:00（周五、周六6:30~22:30）
休 无
C/C 不可
P 免费

汉堡包2.25美元，快餐8美元起

玛卡克尔纳餐厅
Maka's Korner

快餐

◆ 摩洛凯岛首家夏威夷细面店

制作夏威夷细面6.50美元的面是从瓦胡岛的名店采购的，大酱夏威夷细面、咖喱夏威夷细面等种类颇多，各种快餐也很有人气，一般是打包带走，也可以在吧台或带太阳伞的椅子上进餐。

考纳卡卡伊　　　　　　Map p.513

☎ 553-8058
住 450号公路与阿拉玛拉玛大道之间
时 7:00~16:00，周六8:00~13:00
休 周日
C/C 不可
P 免费

当地的家族经营店，店里的孩子们笑容满面

玛娜埃百货
Mana'e Goods & Grindz

快餐

◆ 东边的最后一家餐厅

位于考纳卡卡伊东边约16英里处，是这个区域唯一一家百货店，也是去夏威夷方面的最后一家餐厅，店的入口有一个吧台，销售汉堡包和快餐等。

摩洛凯岛东部　　　　Map p.506-B3

☎ 558-8186
住 HC-01 Bo×510 Kaunakakai
时 9:00~17:00，周三~15:00，周六、周日7:00~17:00
休 无
C/C M V
P 免费

价格4~10美元，白天很多当地的客人

库阿拉普糕点店
Kualapuu Cookhouse

美国料理

◆ 当地熟悉的人气店

面前是咖啡田的一家小小的餐厅，随和的家庭气氛使人放松心情，炸鸡排、烤鸡、鲯鳅鱼等都非常美味，价格为19~21美元。

库阿拉普　　　　　　Map p.506-B2

☎ 567-9655
住 库阿拉普、从470号公路进入480号公路的右侧
时 7:00~20:00，周一~14:00，周日9:00~14:00
休 无　C/C 不可
P 可停靠在路边

简单却美味的料理比比皆是

来摩洛凯岛的游客并不以购物为目的，与瓦胡岛等其他岛屿一样，没有大型购物中心。以考纳卡卡伊镇为主，岛民的生活在此扎根，朴素闲致的店铺和画廊等散布其中，下面为大家介绍几家。

摩洛凯岛的店铺

Shops at Molokai

卡纳米糬面包房 & 咖啡店
Kanemitsu Bakery & Coffee Shop

松软的摩洛凯著名面包

◆ 岛上唯一一家面包店，稍带甜味，直径20厘米的摩洛凯面包（2.75美元）在其他岛屿也很有名，午夜也可以买到刚出炉的面包，店内还设有咖啡屋。

考纳卡卡伊   Map p.513

☎ 553-5855
住 78 玛拉玛大道
时 5:30~17:00，星期天 ~16:00（咖啡屋：星期一・星期三～星期六 ~12:00，星期天 ~16:00）
休 星期二 Ⓐ Ⓓ Ⓜ Ⓥ
Ⓟ 可停靠路边

有历史气息的店铺，很多当地客人

摩洛凯垂钓 & 潜水
Molokai Fish & Dive

摩洛凯岛的休闲活动

◆ 店内钓鱼工具和潜水设备齐全，安排各种旅游和休闲活动，也出租皮艇。还销售印有摩洛凯字样的 T 恤和帽子，关于摩洛凯岛的书籍等。

考纳卡卡伊   Map p.513

☎ 553-5926
住 61 阿拉拉玛大道
时 7:30~18:00，星期天 ~16:00
休 无休 Ⓐ Ⓜ Ⓥ
Ⓟ 可停靠路边
URL www.molokaifishanddive.com

熟悉摩洛凯岛各个角落的职员正为我们介绍旅游线路

心中的摩洛凯艺术
Molokai Art from The Heart

一定可以在这里找到心仪的艺术作品

◆ 由居住在岛上的艺术家和手艺人共 136 人共同经营的画廊，展示并出售作品，绘画、雕刻、木艺、服装等多种多样，艺术家们轮流担任店长，对作品进行介绍说明。

考纳卡卡伊   Map p.513

☎ 553-8018
住 64 阿拉拉玛大道
时 10:00~17:00，星期六 9:30~14:00
休 星期天 Ⓐ Ⓜ Ⓥ
Ⓟ 可停靠路边
URL www.molokaigallery.com

摩洛凯岛制造的礼品，一定要买一件回去作为纪念

应花香之邀，访问鸡蛋花农场

从考纳卡卡伊镇出来，沿着 460 号公路向西行约 4 公里，就能看到一个农场，鸡蛋花开得正艳。大约 10 英亩（4 万平方米）的土地上，整整齐齐地种着 1000 棵鸡蛋花树，特别壮观。

参观线路（20美元）是参观农场，采摘鸡蛋花编成花环，大约 1 小时，在这里留下甜蜜的回忆吧。

DATA

Molokai Plumeria
时 9:00~12：00（需预约）
☎ 553-3391
休 周六・周日
URL www.molokaiplumerias.com

农场里，鸡蛋花香四溢，如醉如梦

摩洛凯岛冲浪
Molokai Surf
摩洛凯岛冲浪设备专卖店

◆ 位于 460 号公路旁的冲浪设备专卖店，是非常新颖、时尚的店铺。出售名牌游艇、服装、背包等，还有原创的 T 恤（18 美元~）、帽子（13 美元~）。

游泳衣样式丰富，印有标识的T恤最适合作摩洛凯岛礼物

考纳卡卡伊　　　　　Map p.513
☎ 553-5093
住 130 卡马哈美哈高速公路
时 9:30~17:00
休 星期天　Ⓐ Ⓙ Ⓜ Ⓥ
Ⓟ 可停靠路边

卡莫依小吃店
Kamoi Snack-N-Go
想吃冰激凌请这边走

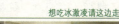

◆ 老板戴夫斯是夏威夷人，每日都推出特别款冰激凌，有 20 余种。若要把盒装冰激凌带回家吃，可以向店员借用冰袋（需返还）。

孩子自不用说，喜欢甜食的大人也是这里的常客，充溢着和谐的气氛

考纳卡卡伊　　　　　Map p.513
☎ 553-3742
住 28 卡摩伊街
时 11:00~21:00，星期六 9:00~，星期天 12:00~
休 无休　Ⓜ Ⓥ
Ⓟ 可停靠路边

友好购物中心
Friendly Market Center
食品、杂货等种类丰富

◆ 镇上人气最旺的大型超市，销售各种有机蔬菜，还出售包好的家常菜，如特色鳄梨金枪鱼、煮花生米、煮毛豆等。

入口处有告示板，是当地人交换信息的地方

考纳卡卡伊　　　　　Map p.513
☎ 553-5595
住 90 阿拉拉瓦大道
时 8:30~20:30，星期六 ~18:30
休 无休　Ⓐ Ⓙ Ⓜ Ⓥ
Ⓟ 可停靠路边

摩洛凯迷你市场
Molokai Mini Mart
营业时间至 23 点，令人喜悦

◆ 主售饮料食品的便利店，店内角落里有电脑，可以上网（1 分 ¢ 8）、复印、FAX。还出售浓咖啡，可享用原味咖啡、奶油咖啡等。

早早入睡的考纳卡卡伊镇里，唯一一家营业至深夜的店铺，可以买酒。

考纳卡卡伊　　　　　Map p.513
☎ 553-4447
住 35 木哈拉街
时 7:00~23:00，星期天 8:00~
休 无休　Ⓐ Ⓜ Ⓥ
Ⓟ 可停靠路边

卡埃莱·书吧＆快餐店
Kalele Bookstore & Divine Expressions (KB & ED)
店主有品位，商品很出彩

◆ 商品丰富的礼品店，有绘画、书、玩具、海滩展览、蜡烛、饰品等，赏心悦目的礼品比比皆是，欧皮希贝壳的坠饰也是绝佳的礼品。

人与自然交融的舒适的店铺，也举办各种研究会

考纳卡卡伊　　　　　Map p.513
☎ 553-5112
住 64 阿拉玛拉玛大道
时 10:00~17:00，星期一 11:00~18:00，星期六 9:00~14:00
休 星期天　Ⓜ Ⓥ
Ⓟ 可停靠路边

走遍全球系列

新版

意大利
法国
迪拜和阿拉伯半岛诸国
美国自驾游

韩国
加拿大
夏威夷
美国

印度
香港 澳门
柬埔寨 和吴哥寺
东南亚

新加坡
越南
泰国
欧洲
中欧

英国 United Kingdom
德国 Deutschland
尼泊尔 Nepal
北欧
土耳其和伊斯坦布尔 Turkey & Istanbul
马来西亚 文莱 Brunei Darussalam
荷兰 比利时 卢森堡

希腊&爱琴海诸岛 塞浦路斯 Greece & Aegean Sea Islands Cyprus
俄罗斯
巴西 委内瑞拉 Brazil & Venezuela
西伯利亚 Siberia
阿根廷 智利 巴拉圭 乌拉圭 Argentine Chile
中国台湾 东南亚 China Taiwan & South-East Sia
新西兰 New Zealand
南非 South Africa

西班牙
加勒比海 Caribbean Islands
瑞士 Switzerland
东非 East Africa
墨西哥
奥地利和维也纳 Austria & Vienna
澳大利亚 Australia
埃及

本系列已出版丛书 涵盖世界 **70** 个国家和地区

拉奈岛

Island of Lanai

爱称·····菠萝岛 The Pineapple Island
人口·······························3193 人
面积·····················364 平方公里
海岸线·····························76 公里
岛屿最高峰·····拉奈哈莱峰 1026 米
岛花·····························卡欧纳欧亚

拉奈岛全图

考爱岛
尼豪岛
瓦胡岛
摩洛凯岛
毛伊岛
拉奈岛
卡霍奥拉书岛
夏威夷岛

波利法海滩
Polihua Beach

沉船海滩
Shipwreck Beach
Kaiolohia Bay

Poaiwa Petroglyphs

根据天气情况有时不能通行

众神花园
Garden of the Gods

4.7

(门)

7.0

POLIHUA RD.

KEOMUKU RD.

6.0

430

5.6

奇欧嘉库海滩
Keomuku Beac

1.8

CEMETERY RD.

1.9

Koele

拉奈岛科埃莱四季度假酒店
Four Seasons Resort Lanai The Lodge at Koele

Malamalama Church

Halepalaoa

拉奈市
Lanai City

胡基欧峡谷观景台
4.1

1.6

Lalakoa

拉奈岭
(3,370 Ft.)

2.3

3.4

2.3

440

鲁黑阿瓦岩画

门罗小径
Munro Trail

罗帕海滩
Lopa Bea

3.3

1.3

2.0

考马拉波港
Kaumalapau Harbor

MANELE RD.

0.8

7.1

Naha

KAUPILI RD.

拉奈机场
Lanai Airport

6.0

440

3.3

依希拉尼
呼罗普海滩餐厅
马内莱挑战型高尔夫球场
Challenge at Manele

Manele

拉奈马内莱海湾四季度假酒店
Four Seasons Resort Lanai at Manele Bay

Manele Bay

玛玛齐古神殿
Mamaki Heiau

Kaunolu Bay

Hulopo'e Bay

普乌佩赫
Puupehe

呼罗普海滩
Hulopoe Beach

N

0 ——— 5km
0 ——— 3miles

柏油路
泥土路(仅限4WD)

拉奈市

0 ——— 500m

室外餐厅
室内餐厅
拉奈岛科埃莱四季旅游度假酒店
科埃莱体验高尔夫球场

市民高尔夫球场

众神花园

拉奈酒店

都乐管理大楼

医院

QUEENS AVE.

夏威夷银行
邮局

LANAI AVE.
KOELE
JACARANDA
ILIMA
HOUSTON
GAY

3RD AVE.
4TH AVE.
5TH AVE.
6TH AVE.
7TH AVE.
8TH AVE.
9TH AVE.
10TH AVE.
11TH AVE.
12TH AVE.
13TH AVE.

FRASER AVE.

众神花园

图书馆

警察局

休闲娱乐中心

拉奈机场

消防局

拉奈马内莱海湾
四季度假酒店

KAUMALPAU HWY.

① 多勒公园
② 拉季城服务处
(道乐汽车租赁、GS)
③ 拉奈旅游局
④ 拉奈皮划艇用品店
⑤ 蓝姜咖啡馆
⑥ 沃克斯咖啡馆
⑦ 理查兹市场
⑧ This & That
⑨ 565咖啡馆
⑩ 派恩艾兰市场
⑪ 国际食品及服装城
⑫ 佩莱的花园
⑬ 最甜蜜的日子
⑭ 乔丹妮艺术工作室
⑮ 拉奈海滨漫步
⑯ 拉奈餐厅
⑰ 拉奈文化遗产中心

夏威夷最后的天堂

曾经，这里有广阔的菠萝田，
这里便是朴素的岛屿——拉奈岛。
如今，缘于大规模开发，
这里已成为夏威夷首屈一指的度假区，
拥有世界名流的大力支持。
这里有未经加工的大自然，
这里是夏威夷最后的天堂。

拉奈岛的两个度假村酒店内有绝佳的设施

拉奈岛概况

An Overview of Island of Lanal

Physical Feature
地　势

位于毛伊岛西侧，北纬20°44'~20°56'，西经156°48'~157°04'，距毛伊岛大约15公里。面积364.0平方公里，曾经有1/5的土地都是菠萝田，因此有了爱称"菠萝岛"。现在，柏油路覆盖长度仅40公里，大部分都是未开发的原野，岛上栖息着野生的火鸡、鹿、猪等。

Climate
气　候

拉奈市（海拔494米）的平均气温是16.9℃，平均最高气温是24.1℃，过去的最低气温纪录8.3℃，最高纪录33.3℃。平均年降雨量是881毫米（均为过去30年的平均值/出处：*Hawaii Data Book 2008*）。

Politics
政　治

与摩洛凯岛一样，都是毛伊县的一部分。

An Overview

of Island

of Lanal

History
历　史

拉奈岛第一次被称作"菠萝岛"是在1922年，吉姆·都乐花费110万美元买下此岛，他开发拉奈岛使之成为"世界上最大的菠萝农场"。都乐为农场工人建造小镇，建设出口菠萝的码头，最后造就了61平方公里以上的菠萝田。

1966年，夏威夷的大财阀卡斯尔＆库克公司收购了都乐公司，1992年，关闭所有的菠萝田，投入大量资本建设大规模的度假区、高尔夫球场。这里被评为世界上最高水准的度假区，各方面都受到高度评价，现在正致力经营四季度假村。

据说在过去，岛上每年出口100多万只菠萝，可现在，当年的风貌已荡然无存。不知何时，"菠萝岛"这一爱称也会成为过去时吧。

拉奈市的主路

饱赏拉奈岛风光 经典游程安排

拉奈岛之游

在拉奈岛，有两个超高级度假村酒店，入住这两处酒店的游客占主流，因此旅游费用相当昂贵。拉奈岛 3 晚 + 火奴鲁鲁 2 晚的 7 日游根据季节不同会有差价，人均消费 2 万 ~3.2 万元人民币。带着华丽的心情享受假期，这里是度蜜月等纪念旅行的最佳岛屿。

拉奈岛 3 晚 + 火奴鲁鲁 2 晚的 7 日游

	上午	下午	晚上
第1天	抵达火奴鲁鲁机场后，乘坐岛间航班前往拉奈岛	下午办理入住手续	自由时间
第2、3天	自由时间		
第4天	办理退房手续	乘坐午间航班前往瓦胡岛/15:00 办理入住手续	自由时间
第5天	自由时间		
第6天	早晨办理退房手续，从火奴鲁鲁机场出发		飞机内（第7天下午，返回中国）

闲游于池，心情舒畅（拉奈岛马内莱海滩四季度假酒店）

使人追忆古夏威夷的洛希奥石刻

饱赏拉奈岛风光之游

第1天	拉奈岛的两个酒店无与伦比，为消除第一天的疲惫，一边体会高级酒店的魅力，一边舒舒服服地享受吧
第2天	高尔夫球手可以参加度假村附带的锦标赛项目，尽情享受打球之乐。参加其他选择性项目去游览众神花园也是一个不错的主意。也可以在拉奈岛曼内雷湾四季度假村的所在地呼罗普海湾，自由自在地参加海边活动（拉奈岛科埃莱四季度假酒店的客人也可以使用，免费接送）
第3天	可以在酒店悠闲地休息，也可以租车去兜风

拉奈岛自驾游（入住曼内雷湾四季度假村的情况）

1 酒店
↓ 约 11 公里·约 20 分钟
2 陆亚希瓦石刻
↓ 约 6 公里·约 15 分钟
3 拉奈市
↓ 约 12 公里·约 60 分钟
4 众神花园
↓ 约 12 公里·约 60 分钟
5 科埃莱四季度假酒店

红土路

拉奈岛上大部分道路都未铺修，去众神花园等景区只能乘坐四驱车。有时会遇到泥泞的红土路，所以需要一定程度的驾驶技术和摆脱困难的知识。如果入住两家四季度假酒店，从机场至酒店会有专车免费接受，同时安排了许多选择性游览项目，即使没有租车也不会感到不便。

拉奈岛观光的亮点，众神花园

众神花园
GARDEN OF THE GODS

拉奈岛观光的亮点，红色的土地上林立着大小不一、各式各样的巨石，散发着神秘的气息，仿佛不是人间之物。

不可思议的光景——众神花园

科埃莱
KOELE

海拔480米的山丘上，是优雅的拉奈岛四季度假酒店科埃莱四季度假酒店，嫩绿的草坪和诺福克松树林光彩夺目，呈现出不可思议的美，旁边的高尔夫球场也非同寻常。

清爽的高原上的高级酒店

拉奈市
LANAI CITY

拉奈岛上唯一的小镇，为菠萝田的工人修建的镇子，现在依旧展现着宁静、和平的姿态。

被诺福克松围绕的美丽拉奈市

马内莱
MANELE

这里有得天独厚的气候，美丽的银沙滩延伸。建有地中海风格的高级度假村——拉奈岛马内莱海湾四季度假酒店，杰克·尼克劳斯设计的高尔夫球场也非常棒。

岛上的首屈一指的银沙海岸——呼罗普海湾沙滩

度假地开发之初新建的机场大楼

拉奈岛机场指南

从毛伊岛拉海纳出发的班轮，终点站马内莱港口

拉奈岛机场位于岛的西南部，是只有1条跑道的小型机场，可以乘坐夏威夷岛航空的螺旋桨式飞机，距火奴鲁鲁大约30分钟机程。

下机时使用舷梯的悠闲的机场，机场大楼是木制的，设有信息台、礼品店、小吃店等，除了飞机起飞和降落时间，平时比较冷清。

遗憾的是，没有市内公交车等公共交通工具，也没有专门的出租车公司，如果入住两家四季假村酒店之一，酒店之间、酒店至机场、酒店至拉奈市会有专车免费接送，所以不会感到不方便。

道路舒适的440号公路

租车

岛上唯一一家租车公司是拉奈市服务中心，与美国道乐国际租车公司合作经营，出发前可以提前预约。

营业地点位于拉奈市，到达机场后可以打电话请他们来接你，在拉奈市的营业所办理手续。

从拉奈市出发所需时间			
终点	英里（公里）	经　由	所需时间
拉奈岛科埃莱四季度假酒店	5（8）	430号公路	约5分钟
拉奈岛马内莱海湾四季度假酒店	11（18）	440号公路	约20分钟

从火奴鲁鲁到拉奈岛

航空公司的联系方式
■ 夏威夷岛航空
☎ 1-800-652-6541
■ go! Mokulele 航空
☎ 1-888-435-9462
☎ 1-866-260-7070

租赁公司联系方式
■ 拉奈市服务中心，岛上唯一的租车公司，兼营加油站和便利店
☎ 565-7227

了解拉奈岛的历史

■ 拉奈文化遗产中心
Lanai Culture & Heritage Center
展示拉奈岛遗留的石刻、菠萝农场时代的照片等
☎ 565-7177
⌚ 8:30～15:30，周六 9:00～13:00
休 周日

在拉奈岛获得旅游信息
■ 拉奈岛观光局
L anai Visitor & Convention Bureau
观光局位于拉奈市的方便地段，可以获得最新信息
☎ 565-7600　⌚ 9:00～11:00
休 周六、周日
🖥 www.visitlanai.net

拉奈岛的景点
Highlights on Island of Lanai

拉奈岛因开发度假村而脱胎换骨, 但是现在仍然有纯天然的自然美景。广阔的红土地上, 众神降临, 走在郁郁葱葱的沿山小道上, 可以感受到森林精灵们的气息。在无人的海滩上, 与海风和波浪谈心。静静矗立的岩石默默地诉说着历史。

拉奈市 Lanai City Map p.526-C2

古老的 种植园小镇

全岛 90% 的岛民都居住在这里, 是岛上唯一的小镇。海拔 490 米, 诺福克松的林荫道很美丽, 高原之风迎面吹来, 清爽宜人。

拉奈市开发者是吉姆·都乐(Jim Dole), 他在 1924 年为菠萝田的工人们建造的此镇, 当时报酬很高, 引来了许多移民, 把大约 61 平方公里的土地变成了菠萝田, 小镇因他们而日益繁荣昌盛。

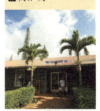

要了解当地人的生活可以去逛超市, 此为理查兹超市

拉奈岛引人注目的活动

为了不忘记因菠萝种植园而繁荣的历史与骄傲, 每年 7 月 4 日独立纪念日所在的周末, 会在拉奈市的都乐公园里举办 2 小时的拉奈岛菠萝节, 有菠萝试吃台, 还有料理比赛、游戏、草裙舞和音乐表演等。

🖥 www.lanaipineapplefestival.com
🖥 www.TriLanai.com

菠萝种植园节日

拉奈市铁人三项的壮景

现在，镇中心是都乐公园（Dole Park），周围是岛上曾经唯一的住宿拉奈酒店（Lanai Hotel）、悠久的餐厅，超市、医院、邮局、银行、警察局等主要建筑，是个不到 1 小时就可以绕行一圈的小镇。除了中午，街上几乎没有行人，时间过得很悠闲平和。

众神花园 Garden of The Gods　　　Map p.526-A1

被寂静包围的红色大地与巨石

从拉奈市向西北行驶大约 7 英里（约 11 公里），凭借几处石标指路，沿着沙路前行，便到了广阔的红土地，大小不一的各式巨石毫不造作地林立其中。

被风化的石头形态奇特，似乎是熔岩形成的，到底是什么造就了眼前的奇景，其原因尚不明确。

关闭引擎，一起下车去看看吧。你一定会对这里超乎寻常的寂静感到惊异。给荒凉的空间披上神秘面纱的，或许就是寂静。绝美的景致与真正的寂静，果真是众神降临的好地方。

在众神花园的前方，有一条长约 2.4 公里的银沙滩，是波利纳亚沙滩。但是，有的地方上下坡很急，与其说是在路上行驶，不如说是在岩石上行驶，需要相当好的驾车技巧。另外，此海滩的海潮很急，不适合游泳

凭借此石标前行

路线如下，从拉奈市出发，穿过科埃莱四季度假酒店的停车场，在左侧的网球场前向左拐，便进入沙路。大约前行 1 英里（约 1.6 公里），就可以看到刻有 "Garden of The Gods" 的石标，按照箭头的指向向右拐，然后一直沿着红色的沙路前行即可。有多处大门和岔路，只要沿着道路直走就可以到达，单程约 1 小时的沙路车程。

沉船海滩 Shipwreck Beach　　　Map p.526-A2

令人胆战心惊的遇难的船只

位于岛的东北海岸，驾车 1 小时左右，是享受日光浴的最好场所。从拉奈市直接穿过科埃莱四季度假酒店，出了凯木库路（Keomuku Rd.）就是弯曲的下行柏油路。途中可以一览摩洛凯岛和毛伊岛的景色，至海岸线大约 7 英里（约 11 公里），道路变为沙路，行至尽头向左转，行大约 1.2 英里（约 2 公里）就到目的地。没有停车场，可以把车停在瓦砾堆放的小山旁。上山有灯塔的废墟，可以看到海上有一艘遇难的船只。天蓝色的海面上，漂浮着锈迹斑斑的船身，令人胆战心惊，仿佛即将解体下沉。

据说是因为从毛伊岛和摩洛凯岛之间吹来的强大的信风，所以这附近是船难的多发地带，海底还飘散着因触碰暗礁而沉落的帆船和蒸汽船等的残骸。

从海滩向内陆行走 5 分钟左右，有一棵大树，据说是古夏威夷人捕鱼之际乘凉的地方。那里的岩石上，刻着海龟和人的图像，被称作波阿伊瓦石刻（Poaiwa Petroglyphs），已有 300 多年历史。很难找到，所以推荐参团旅游。

驾车注意事项

前往 p.536~539 介绍的地方（除去呼罗普海滩），都需要经过只有四轮驱动车才能行驶的未铺修道路。另外，道路是红土地，所以路边很滑且有的地方容易坍塌。高速挡和低速挡的区别使用，转弯时的减速和提速，打滑时的应对措施，只推荐给对自己的驾车技术有信心的人士。驾车途中，若遇到下雨，则要慎重考虑能否返回，即便司机是当地人，一些参观团也有中止旅游的情况。

可以找到有司机兼向导的旅游团，所以对自己的驾驶技术没有信心的人可以联系（可以在两家四季度假酒店的旅游咨询台预约）。

上 / 清澈的空气中，蓝蓝的天空与风化的岩石形成鲜明的对比
下 / 充满想象的美景舒展于悠闲的沙滩上

门罗小径 The Munro Trail

Map p.526-B2

穿行于无路之路

　　从拉奈市出发，沿着凯木库路（Keomuku Rd.）行驶约 1.9 英里（约 3 公里），进入公墓路（Cemetery Road）后左转，便是门罗小径的起点。门罗的全名是乔治·门罗（George Munro），他是 1910 年前后拉奈岛农场雇用的工人，他培育了能适应拉奈岛干燥环境的植物，是一个带给拉奈岛情趣的自然主义者。

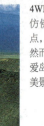

　　沿着拉奈哈莱山脊的车程约 2 小时的小径，可以说是岛上风景最美的地方。可是一路上几乎没有路标，有时会遇到鹿等野生动物。开着 4WD 在大自然中行驶，心情舒畅，仿佛是在探险。站在小径的最高点，拉奈哈莱山之巅，豪迈之情油然而生。天气好时，可以一览除考爱岛和尼豪岛之外的夏威夷诸岛的美景。

开吉普车让探险心情高涨

无法言喻的美丽

被拉奈岛吸引的女性们经营的时髦店铺

拉奈海滩漫步

　　距都乐公园不远处，有两家静静矗立的可爱小店。

　　拉奈海滩漫步是一家夏威夷风情十足的礼品店，夏威夷式礼品、夏威夷衬衫、泳衣等紧凑地排列于店内。店主盖尔是一名大学教师，指导创业，同时以瓦胡岛为首，在各地经营店铺，是一位铁腕女商人。因为非常喜欢拉奈岛，现在大部分时间都在这里度过。店内有许多夏威夷制造的礼品，如跳草裙舞的娃娃、菠萝形的装饰品等。

DATA

Lanai Beach Walk（Map p.526-C2）
☎ 565-9249
🕐 10:00~18:00　休 周日
CC A D J M V

爽朗的盖尔，帮着客人寻找礼物

乔丹妮艺术工作室

　　乔丹妮艺术工作室位于拉奈海滩漫步的旁边，用金箔与颜料描绘的菠萝画非常迷人，只需看一眼便难以忘怀。在 N.Y. 学习艺术的乔丹妮第一次来到拉奈岛后，被其魅力所吸引，从那以后便开始以菠萝为主题创作作品。在两家高级度假村酒店内没有销售分店，活跃于拉奈岛。所有作品都是原创，价格偏高，5 英尺 × 7 英尺（1.52 米 × 2.13 米）的画约 300 美元，却也是非常有意义的纪念品。

DATA

Jordanne Fine Art Studio（Map p.526-C2）
☎ 563-0088　🕐 11:00~16:00，可以电话预约
休 周日
CC A M V

关于菠萝的主题画很适合当拉奈岛纪念品

鲁黑阿瓦岩画 Luahiwa Petroglyphs

Map p.526-B2

聆听夏威夷祖先的声音

岩画是一种古代艺术，分布于夏威夷等南太平洋一带的岩石雕刻主题有人类、动物、木舟等，是了解那个时代生活的重要资料。

鲁黑阿瓦岩画被雕刻于红土斜坡上突出的几十块圆形岩石上，不同时代的雕刻，可以在这一个地方看到。而且线条非常鲜明，在夏威夷也是非常罕见的。从拉奈市出发沿着440号公路南下，大约行驶2英里（约3公里），左转进入未铺修的荷伊科路（Hoike Road），行驶1英里（1.6公里）后左转，不一会儿便可以看见山边斜坡上的红色岩石。

登上斜坡，景致优美，四面寂静无声，侧耳倾听夏威夷祖先的声音

呼罗普海滩 Hulopoe Beach

Map p.526-B2

在美丽的海滩悠闲度日

美丽的海豚也是海豚的乐园

呼罗普海滩是描绘着柔和弧线的白沙海滩，其美丽在夏威夷是首屈一指的。位于富于粗犷自然美的拉奈岛，包容地迎接游客。

海岸设备齐全，备有桌椅等，可以悠闲地度过美好时光。在海滩的东侧，有一个熔岩形成的蓄潮池，许多鱼类翔游其中，是个浮潜的好地方。

可以乘坐四季度假酒店的区间公共汽车前往。

普乌佩赫（甜心岩）Puu Pehe

Map p.526-B2

岛的标识——传说中的岩石

位于呼罗普海滩的东侧，沿着岩石设计的小径步行15分钟左右，在岬的尖端，屹立于海面的岩石映入眼帘，这就是普乌佩赫，别名甜心岩，意为恋人的岩石，高约24米。

关于岩石的传说很多，其中有一个很有名，拉奈岛的一名战士对毛伊岛的美丽的公主佩赫一见钟情，被独占欲所驱使，将佩赫幽禁在海岸边的洞穴里。有一天，天气骤变，海浪涌进洞穴，佩赫被水淹死。悲恸欲绝的战士把佩赫埋在岩石顶上，然后跳海自杀了。

浪漫的悲剧与岩石的姿影交相呼应，扣人心弦，普乌佩赫成为拉奈岛的标志。

猛烈的海浪涌向普乌佩赫，潮流汹涌，所以不能游泳。另外，岬的周围有蓄潮池和洞穴，可以看到垂钓的当地人。几乎没有立脚之地，请不要靠近海边

因2006年发生火山喷发，所以很难独自前往普乌佩赫。请向拉奈文化遗产中心咨询具体情况和路径。

从菠萝种植地向度假地的转变
拉奈岛的度假生活

充满个性的两家度假村酒店

拉奈岛 1/6 的面积曾经都是菠萝田，最盛时期平均每天出口 100 多万个菠萝，是名副其实的"菠萝之岛"，如今已没有当日的风貌。

1966 年，夏威夷的大财阀之一——卡斯尔·库克公司购买了拉奈岛 98% 的土地。建设了两家度假村酒店（现为四季度假村），接着修建了两个高尔夫球场。拉奈岛焕然一新，成为度假岛。

拉奈岛科埃莱四季度假酒店位于微风怡人的丘陵地带，英格兰风的建筑被诺福克松环绕。休息室的暖炉里，火焰激情地舞动着，穿着盛装的男男女女静静地低声窃语，任由时间流逝，享受着这个专属成人的夜晚。

而在拉奈岛马内莱海湾四季度假酒店，则可以眺望拥有广阔银色海岸的呼罗普海湾，蓝色的海洋与天空交相辉映，地中海风的沙滩度假村光彩夺目。得益于得天独厚的气候，可以在游泳池享受日光浴，也可以在透明度超群的大海玩海上运动，尽情体验南国生活。

这里与游客喧嚣的怀基基不同，无论在哪个度假村酒店，都可以享受不一样的夏威夷假日。如果想度过第一等的假期，拉奈岛是最好的选择。

科埃莱体验高尔夫球场
The Experience at Koele   Map p.526-C1

葛莱·诺曼首次在美国亲自设计的球场，引起了社会轰动。利用丘陵地带的地形建设的，上下坡很急，8 号中洞从发球台到果岭的海拔差为 75 米，是让人两腿发软的著名球洞。果岭漂浮于池塘之上的 17 号中洞也是高难度的。

DATA

■ 18 洞 / 标准杆 72/6217 码（前方发球点）
■ 果岭费（包括 18 洞、手推车费），非会员 225 美元，四季度假酒店客人 210 美元
■ 预约电话：565-4653
📮 www.fourseasons.com/koele/golf

马内莱挑战型高尔夫球场
The Challenge at Manele   Map p.526-B2

尼克劳斯设计的海洋球场，在球场的任意地方都可以眺望海景，同时有高海拔差的球洞与越过海洋的球洞，正如其名，是个充满挑战的球场。签名球洞 12 号球洞设于海岬，对于有恐高症的人来说，很是棘手。

DATA

■ 18 洞 / 标准杆 72/6310 码（前方发球点）
■ 果岭费（包括 18 洞、手推车费），非会员 225 美元，四季度假酒店客人 210 美元
■ 预约电话：565-2222
📮 www.fourseasons.com/manelebay/golf

拉奈岛是个小岛，岛上餐厅为数不多，却多富于个性。在两家高级酒店的餐室，可以享受专属度假区的高级大餐。另一方面，若想与岛民交流接触，以作纪念，则可以开车去拉奈市的舒适的小餐厅用餐。

拉奈岛的餐馆

沃克斯咖啡馆
The Coffee Works

咖啡馆

◆拉奈岛独有的珍贵的味道

拉奈岛上少见的专营咖啡馆，咖啡香四溢的店内，整齐地摆放着本店品牌的咖啡。若想喝美味的咖啡，请一定专程前往。

混合饮料（法布奇诺）6.20 美元，人气商品

拉奈市	Map p.526-C2
住	6 号大道与伊利马大道的交叉点
☎	565-6962
时	7:00~14:00，周日 7:00~12:00
休	无
C/C	A D J M V
P	免费

佩莱的花园
Pele's Other Garden

意大利料理

◆带上外卖去兜风

现点现做的三明治 7.75 美元，法国面包配上新鲜的有机蔬菜，配料丰富，醇香四溢。正餐有米饭汉堡、意大利面、比萨等，每天的菜单都不同。

拉奈市	Map p.526-C2
住	8 号大道旁
☎	565-9628
时	10:00~14:00、17:00~20:00
休	周日
C/C	A J M V
P	可停靠路边

有 8 种生啤，饮品很丰富

拉奈木舟
Canoes Lanai

美国料理

◆镇上的居民是常客

店铺继承了岛上最古老的餐馆谷川，每天都有许多常客。使用自制肉饼的谷川汉堡 3 美元，还有三明治与快餐等，种类颇多。

拉奈市	Map p.526-C2
住	7 号大道旁边
☎	565-6537
时	06:30~13:00，周五·周六 ~20:00
休	无
	不可
P	可停靠路边

充斥着古老的夏威夷气息的建筑

最甜蜜的日子
The Sweetest Day

冰淇淋

◆拉奈岛的孩子们休憩的场所

岛上唯一的冰激凌店，放学回家的孩子们络绎不绝地来买冰激凌和刨冰等。冰激凌的种类多达16 种以上，前三名是椰子布丁、泥馅饼、夏威夷坚果。

拉奈市	Map p.526-C2
住	8 号大道旁
☎	565-9569
时	12:00~18:00，周六 ~17:30
休	周日
C/C	A M V
P	可停靠路边

从毛伊岛订购来的冰淇淋，一勺 3.75 美元起

拉奈岛科埃莱四季度假酒店
Four Seasons Resort Lanai, The Lodge at Koele 美国料理

拉奈岛中部　　Map p.526–B2

◆演绎绅士淑女

酒店内有室外餐厅和室内餐厅，用餐时请穿着礼服出席。高级的美国本土料理，也使用拉奈岛的食材。

预算：室外前菜 18~32 美元，主菜 50 美元左右

住　科艾雷山庄酒店内
☎　565-4580
时　室 外 7:00~11:00、11:00~14:00、18:00~21:30/室内 18:00~21:30
休　无
ＡＤＪＭＶ
Ｐ　酒店停车场

拉奈岛马内莱海湾四季度假酒店
Four Seasons Resort Lanai at Manele Bay 夏威夷地方美食

拉奈岛南部　　Map p.526–B2

◆在海洋度假村享用海鲜

主要的餐室有呼罗普餐室和游泳池边的海洋西式小餐厅，伊希拉可餐室的吊灯非常华丽。可以享用以新鲜海鱼为原料的夏威夷地方美食。

预算是，伊希拉可餐室 30~100 美元，其他两个 20~40 美元

住　曼内雷海湾内
☎　565-7700
时　呼罗普餐室 7 : 00~10:00、12:00~21:30（无休）/海洋西式小餐厅 11:00~17:00（无休）/伊希拉可餐室 18:00~21:30（周一・周日休息）
ＡＤＪＭＶ
Ｐ　酒店停车场

拉奈餐厅
Lanai City Grille 夏威夷地方美食

拉奈市　　Map p.526–C2

◆镇上唯一一家正宗的餐厅

位于拉奈市的拉奈酒店内，是镇上唯一一家能够吃到正宗的夏威夷地方美食的餐厅。店内一角设有吧台，可以在那里小憩。预算 30 美元起。

现在的室内装修与以前不同，以白色为主基调

住　拉奈酒店内
☎　565-7211
时　17:00~21:00
休　周一・周二
ＡＭＶ
Ｐ　酒店停车场

蓝姜咖啡馆
Blue Ginger Café 美国料理

拉奈市　　Map p.526–C2

◆拉奈市的人气店

说起岛上美味的餐厅，大部分人都会提到蓝姜咖啡馆，非常有名。早、中、晚，菜单也会不同，金枪鱼 11 美元和汉堡包 6.50 美元很有人气，自制的糕点也不容错过。

金枪鱼与炸鸡排，分量绝对充足

住　7 号大道旁
☎　565-6363
时　6:00~20:00，周二・周三 ~14:00
休　无　　不可
Ｐ　可停靠路边

---

565 咖啡馆
Café 565 美国料理

拉奈市　　Map p.526–C2

◆亚洲店主经营的咖啡馆

一家平易近人的咖啡馆，提供快餐、比萨、三明治等，金枪鱼与炸鸡排配上蔬菜的料理 9.95 美元。

动作敏捷的店员和蔼可亲，外卖也很不错

住　8 号大道旁
☎　565-6622
时　10:00~15:00、17:00~20:00，周二・周三 10:00~20:00
休　周日　ＭＶ
Ｐ　可停靠路边

其他岛屿
(Island of Kahoolawe & Niihao)

不毛之地·卡荷拉维岛

卡荷拉维岛位于毛伊岛的西南方 11 公里处，全长 17.6 公里，宽 10 公里，面积 115.5 平方公里，是个无人岛。1994 年 5 月，被归还给夏威夷州，这之前都由美利坚合众国海军掌握领有权，用于军事演习。

库克船长来访以前，卡荷拉维岛的原住民主要以渔业为生，人口从未超过 200 人。干燥的土地适合栽培芋头，古夏威夷人也不仅仅局限于渔业。

19 世纪，卡荷拉维岛是夏威夷王朝的流放地，1851 年流放被禁止，成为牧羊的农场。1910 年，被指定为森林保护地区，人们致力于土地改善。但是 1953 年，又开始被美军支配。

禁忌之岛·尼豪岛

位于考爱岛的西南方向，距考拉卡希海峡 27 公里处，179.9 平方公里左右的干燥之不毛之地。1864 年，从新西兰移居的富裕之家鲁宾逊从卡美哈美哈国王五世手中买下了此岛，现在仍是私人所有。

鲁宾逊家族信仰虔诚，且行为古怪，在他们的常年支配下，大部分的岛民都被禁止离开尼豪岛，直至死亡都对外界一无所知。直至今日，尼豪岛是唯一一个以夏威夷语为第一语言的岛屿。在这样的封建社会制度下，岛上许多关于考古学的贵重物品都被完好地保存了下来，昔日酋长们的遗骸仍被马克洛布包裹着，葬在洞穴之中。

据 2000 年的国势调查，岛上居民有 160 人左右。多数岛民都靠放牧牛羊、采集蜂蜜等维持生计，除夏威夷州的教育局员、税务局员、医生以外，只有岛民和鲁宾逊家族才可以自由出入此岛。虽然政治上是考爱县的一部分，但只是形式上的归属。

尼豪岛的特产是贝壳项链，在夏威夷的珠宝店和博物馆经营的商店里，用贝壳制作的花环被标以高价。岛上的姑娘们去岸边收集各种贝壳，茶色的、白色的、花纹的，然后打洞穿线，制作成设计精美的花环。一串就得使用几百枚贝壳，而著名的尼豪岛贝壳花环更是由几串相连而成。

旅行准备和技术
Getting Ready & Tips

制订旅行计划

如果想在旅游旺季去夏威夷

年末年初或暑假去夏威夷旅游要提前半年预约。而且由于可以指定座位，因此一般都能预约到好的座席。即便到预约那天无法前往了，也可以更改日程。

选定旅游季节

因为旅游是夏威夷的第一大产业，因此越是人多的时候当地物价和消费就越高，这就是所谓的保持供求平衡。

夏威夷的旅游旺季是从每年的 12 月（特别是圣诞节之前）到次年的 3 月。这一时期，来自美国本土以及加拿大的避寒游客、农闲时的农家游客纷纷拥入夏威夷；并且因为他们的停留时间都比较长，导致酒店以及公寓旅馆的房价比平时要高出 10%~20%。

到了 7、8 月份，利用暑假空闲从亚洲来旅行的游客增多，有些酒店的房价也会涨得和旺季房价相同。

如果要选定这一时期旅行，出发日也最好能进行 1~2 周的调整。因为这一时期的飞机票的差价甚至可能会在 1000~2000 元。制订一个好的旅游计划，再根据这个计划选定出发日期，也可节省很多旅费。

旅行计划制订要点

至少需要决定以下各项。

1 一共需要几天时间
提前确定出发日期和归国日期。

2 与谁一同前往

3 对想去的景点进行再三确认
以上事项的不同会给游客带来不同风格的旅程。

决定是跟团游还是个人游

制订旅游计划时要解决的下一个问题，就是必须决定究竟选择跟团旅行还是个人旅行（需要自己预订飞机票等）。两者各有特点，请参考次页的表格和专栏选择适合自己的类型。

跟团游的旅行社选择法

如果没有特别喜欢的航空公司，可以根据费用和酒店来选择旅行团。因为酒店的质量也会对旅游质量产生极大影响，所以请慎重选择住宿设施。

已经提前决定了下榻酒店和已经计划好要住"哪家酒店的哪种房间"是最好不过了。若非如此，就要选一个能提供详细的酒店位置、房间类型、等级以及是否附带厨房等情况的旅

选择适合自己的旅游类型

	跟团游	自由时间较多的跟团游	自己准备的自由行
不想被时间束缚	×	△	○
优先考虑自己的爱好	×	○	○
到夏威夷后的目的明确	×	△	○
日程并不充足	○	○	×
不想团体行动	×	△	○
想要更多的自由时间	×	△	○
带着孩子	×	△	○
想过得悠闲一点	×	△	○
常客	×	○	○
希望费用便宜些	△	△	△
想指定航空公司	△	△	○
想要指定酒店	△	△	○
担心酒店的送迎服务	○	○	×

○很合适　△一般　×不适合

行社。另外，听一听去过夏威夷的人的经验也是非常有好处的。他们会告诉初行者酒店在晚上是否安静，保卫是否安全，周围都有什么类型的店铺等信息，这些都是非亲身经历而无法获得的信息。

个人筹备旅游

如果选择自己去旅行，就必须自己承担相应的责任。但是，如果按以下步骤安排，过程将变得非常简单。

1 购买飞机票

无直飞航班，至少要 1 程中转。可选中国国际航空、日本航空、大韩航空、达美航空等。详情咨询各大航空公司。

国际航线的旅行费用分为以下几种：航空公司的正规普通票价、正规打折的机票，以及特价机票。您可以根据自己的旅游类型、预算和时间等选择适合自己的飞机票。

2 决定住宿地

游客可以在旅游公司进行预约。很多酒店也都在中国国内设有预约窗口，例如怀基基的一流酒店基本都能在国内进行预约，另外，公寓旅店在国内的代理点也很多。同时，游客还可以选择网上预约。

有些酒店对连续住宿的游客推出了打折优惠，很多特殊旅行团内还附带租车服务。例如四季酒店提供的专项活动、套间的丰富的蜜月套餐等很多独具匠心的活动，游客可以尝试咨询相关事宜。

3 决定从机场到酒店的交通方式

到达机场后没有接送服务的话，可以乘出租车、巴士，租赁汽车等去酒店。如果是提前在国内预订了租赁汽车，还可享受折扣优惠。

酒店费用
即便在同一家酒店，也有海景套间和山景套间的区别，当然房间的价格也会依观赏到的不同景色而各有不同。

哪家旅行社更便宜?
对于选择旅行社不能一概而论。有的公司在推销宣传时会比实际价格更便宜。建议游客联系 2~3 家的旅行社打听一下情况，对比过价格后再做选择。

跟团游与个人游的优缺点对比

跟 团 游

优点

■ 如果是短期旅行且对酒店等级没有要求，跟团旅行会更加便宜。

■ 最近跟团游的主流风潮是旅行社只提供负责往返机票和酒店的套餐服务，游客的自由时间较多。

■ 跟团游的旅客可以乘坐专门电车去火奴鲁鲁郊外，还可以选择人气较高的酒店和客房。也有很多旅行社推出了儿童半价等优惠活动。

缺点

■ 对初次去夏威夷旅游的游客而言，参加旅游团提供的市内观光还是很不错的，但对夏威夷常客来说就略显痛苦了。另外，旅行团有时会不顾时差地带着疲惫的游客到处跑。

■ 关于市内观光以及既定的欢迎午宴，说白了很多都不怎么美味。

■ 游客会被各旅行社鼓动参加自选旅游项目，报名费往往都很高。

自 由 行

优点

■ 除了要自己购买机票、自己预约酒店比较麻烦，但所有自己的要求都很容易满足，是满意度较高的旅行方法。

■ 如遇特殊情况需停留 10 天以上，中长期个人游要比跟团游便宜很多。

■ 可以根据个人需要随时改进旅程，这样能节约很多费用。

缺点

■ 需要自己去四处奔波预约，所有的费用加起来可能会超出预算（特别是短期旅行和带孩子旅行的时候）。

■ 语言不通，这是个大问题。

取得护照

公民申请普通护照，应当由本人向其户籍所在地县级以上地方人民政府公安机关出入境管理机构提出，并提交下列真实有效的材料：

（一）近期免冠照片一张以及填写完整的《中国公民因私出国（境）申请表》（以下简称申请表）；

（二）居民身份证和户口簿及复印件；在居民身份证领取、换领、补领期间，可以提交临时居民身份证和户口簿及复印件；

（三）未满十六周岁的公民，应当由其监护人陪同，并提交其监护人出具的同意出境的意见、监护人的居民身份证或者户口簿、护照及复印件；

（四）国家工作人员应当按照有关规定，提交本人所属工作单位或者上级主管单位按照人事管理权限审批后出具的同意出境的证明；

（五）省级地方人民政府公安机关出入境管理机构经公安部出入境管理机构批准，要求提交的其他材料。

现役军人申请普通护照，按照管理权限履行报批手续后，由本人向所属部队驻地县级以上地方人民政府公安机关出入境管理机构提出。

签证

去夏威夷要申请美国护照。

美国签证准备的相关资料

报名时提交的资料、预约面谈时间

1. 护照首页复印件（有效期在 9 个月以上）。
2. 身份证复印件（或准确的身份证号码）。
3. 本人填写的申请签证资料表格（旅行社提供）。

（表格中每一项都必须清晰准确详细填写完整，信息完整准确与否会影响预约能否成功）我们将完全按照您本人填写的表格为您在线填写美国签证资料表，因个人资料表中的信息漏填／误填／错填等相关因素而引起的相关责任，将由您本人自行承担。

4. 正方形 51 毫米 ×51 毫米 近期拍摄的白底彩色证件照（电子版照片）。
5. 交纳美国签证费（如申请人在预约后取消面谈，该费用无法退还）。

携带至使馆所在地的原件资料

个人资料：

护照原件（有效期在 9 个月以上）冲洗照片两张

身份证、全家户口本、结婚证（如结婚证丢失，请补办或开据相关丢失证明）

工作资料：

名片两张、营业执照或组织机构代码证（原件或复印件盖章）、单位简介（彩色装订版）

在职证明（可以提供空白盖章单位信笺两张，由旅行社代做）

退休人员提供：退休证

在校学生提供：学生证，准假证明

财产资料：

自己或配偶名下的存折或存单（存折存单尽量使用存入期较长的，活期和定期均可，数额不限越多越好，如使用银行储蓄卡请将流水单及余额打出来让银行盖章）

房产证（如房产证尚在办理中，请提供购房合同、购房发票）

照片资料：

全家福照片数张（夫妻、一家三口或四口、大家庭的都可以）

以国外特色景点为背景拍摄的照片数张

职称资料：

如从事需要持证上岗的工作请提供职称证明原件（例如教师资格证、建筑师资格证等）

曾在国外受教育人员须提供国外学历证书

■ 未成年人补充说明

与父母的亲属关系公证书

如父母中其中一方不陪同出行，需开据委托证明并公证（x 母亲同意

x 父亲带 x 假期出游）

■ 特殊群体补充说明

如家庭主妇、毕业生未参加工作、报名时怀有身孕等特殊情况，无须掩盖真实身份，否则会以伪造资料处理

旅行预算

旅行中的主要支出

旅行花多少钱这是一个大问题。在这里，我们将粗略计算一下旅行的所需费用，看看究竟准备多少现金比较好。旅行时不要总是局限于购物这种单一类型，增加体验也会增加乐趣。不要太吝啬，但也不必太浪费；用心计算出一个平衡的花钱方法才是上上选。

■ 住宿费

如果是跟团游，住宿费用就已经包含在旅社费中了。个人游的话则要计算住宿费。从经济旅店到豪华酒店的种类应有尽有，但是一般的中档酒店的费用大约也在每晚 150 美元。

■ 餐费

中高档酒店的早餐是 10 美元起，午饭 15 美元起，晚饭是 25 美元起。如果是在快餐店或小店就餐，顶多花 5 美元左右。但是，虽说便宜，总是吃快餐的话也就浪费了一次难得的旅行。应该伸缩有度地在保持平衡的基础上尽情享受旅游的乐趣。如果在公寓旅馆住宿，也可以选择买点东西自己做着吃，很实惠也很享受。

■ 观光

如果是跟团游，只需支付景点的门票费用。但是应该也有人想要

准备一些人民币
- 到飞机场的交通费（开车的话会有高速公路过路费和停车费）
- 在机场的餐费
- 免税店的购物费（也可以刷信用卡）
- 回国后的交通费、餐费等

夏威夷州税

购物时要支付消费税（Tax），在夏威夷也不例外。夏威夷州税的税率约为 4.166%（瓦胡岛税率为 4.712%）。

如何安全携带贵重物品

最安全的办法就是不带。如果是去南部岛屿最好穿得少一点儿。而且，旅行是为了使身心轻松，请尽可能地放松自己。

在酒店办理入住登记手续后，不妨先把护照、大部分的现金（包括 T/C）以及回程机票、通往其他岛屿的机票和酒店的租车收据等贵重物品放到房间里的保险箱里。

钱包里只需放当日所需的现金（T/C）和信用卡，还有能够证明身份的护照复印件就好。这样的话钱包也不会很鼓；别忘了携带本人的年龄证明（在买酒、出入酒吧时使用）。另外，如果是租车出行，别忘了携带国内驾照与翻译件。这样一来即便全部都放到钱包里，钱包也不会很鼓。女性游客由于要携带防晒霜和化妆品工具，因此不妨带一个小挎包。

很多人都喜欢使用腰包，这样两手确实方便了很多。但是，这也等于在明确告诉对方"腰包里有钱"，因此出现了一些专门偷腰包的小贼，请多加注意。

去享受高尔夫等娱乐设施，因此观光费用根据各人选择的不同会有所差异。

■ 交通费

租赁汽车、巴士、飞机票等的费用。

■ 其他

礼品费、杂志费、点心费等。

钱款的准备

怀基基的兑现业务

在各银行均可兑现。如需使用 ATM，各银行旁边、阿拉莫阿纳购物中心、夏威夷皇家购物中心等地均设有 ATM。

夏威夷银行的营业时间

周一至周四 8:30~15:00；周五 8:30~17:00；周六、周日休息。

便利的 25 美分（1/4 美元）

在很多公交车、自动售货机以及投式式储物柜、洗衣店都只能使用 25 美分硬币。因此请保证随身携带一定数量的 25 美分硬币。

安心之选：国际现金卡

使用国际现金卡需支付手续费（约 20 元人民币）与兑换费，除此之外有时还需支付联网费。因此实际应用中以现金或 T/C 进行兑换反而比较划算。但是，与区区数额的手续费相比，巨大的安心感正是国际现金卡带来的好处。

如何选择信用卡

在夏威夷普及率较高的信用卡有 VISA（维萨卡）、Master（万事达卡）、American Express（美国运通卡）。尤其是维萨卡与万事达卡的加盟店较多，有较高使用价值。同时请携带身份证明。

货币种类

美国通行的基本货币单位是美元（$）与美分（¢），1 美元 =100 美分。一般而言，在美国流通的硬币面值有 1 美分（1/100 美元）、5 美分（1/20 美元）、10 美分（1/10 美元）以及 25 美分（1/4 美元），虽然也设有 50 美分（半块钱）与 1 美元（一银元）的硬币，但除了在赌场里，其他地方很少能见到。日常流通的纸币有 1 美元、5 美元、10 美元、20 美元、50 美元以及 100 美元。但是一般的日常使用中 20 美元面值就已经足够了，有些小店甚至会拒绝顾客使用 100 美元纸钞。

现金

在夏威夷的机场兑换所、酒店前台以及银行标有 "Exchange" 字样的兑换所里，都能进行人民币兑美元的业务，只不过汇率较低。话说回来，出于安全与便利的考虑，游客最好能够尽可能减少随身携带现金的数量。

国内可以在政府指定的外币汇兑银行以及邮局进行兑换业务。如果时间不够，还可以在到达国内的机场或火奴鲁鲁机场后在机场银行进行货币兑换。

■ 国际现金卡

即使在国外也可以从自己的户头中提取现金（当地货币）。使用金额的手续费为实时收取，卡内剩余金额依然为人民币。仅怀基基一地就有近 30 处 ATM。即便余额不足，也可以让国内的亲属向卡中打钱。现金卡有两种，一种为在国内存款后只可在海外消费型，另一种为国内国外两用型。有关办卡手续费、现金卡使用费以及每日提款限额等规定，依银行提供的服务不同而不同。详情请咨询各大银行。

信用卡

使用者不必随身携带大量现金，保证了安全性；即使信用卡被盗，只要及时向信用卡公司申报的话就几乎不会有实际损失，并且可以迅速补办信用卡。同时由于设有兑现服务，使用者也不必担心现金不足的问题。

■ 可以当成身份证使用的信用卡

在信用卡业务发达的美国比在中国更需要信用卡。"持卡"已经成为个人社会信用的一种表现，因此卡也可以作为 ID（身份证）使用。租车时，即使是现金支付也会要求出示信用卡。如无卡，则需要支付高额保证金，同时，如果申请人未满 25 岁，则可能无法租借某些种类的车辆。

在酒店，即便游客已经在国内预支了全额酒店费用，在入住时也会被要求出示信用卡。而且，如果有卡，酒店的预约手续会变得更加简单。

旅行支票（T/C）

这是一种票面上标有金额的旅行用小型支票。在美国，旅行支票（以下简称 T/C）的使用率很高，T/C 可以在银行和货币兑换所根据票额进行现金兑换；还可以在酒店、超市、餐馆和商店等地与现金一样使用，也可以进行现金找零。

■ 支票种类

旅行支票通常分为 10 美元、20 美元、50 美元、100 美元、500 美元、1000 美元等面额。但是，因为它与现金的使用方法相同，所以如前所述，有些地方也会拒绝收大面额旅行支票。同时，不推荐用大面额旅行支票支付大额现金来套现找零。比较推荐使用的是 50 美元面额以下的旅行支票。

■ T/C 的使用方法

购买旅行支票之后，在使用时需在两处签名。只有这两个签名合在一起的时候支票才能生效。因此，即便支票被盗或者丢失，也可以重新申请。使用不完的支票在回国后可以兑换成现金。有时也需要使用人在使用时出示身份证，所以请把签名和护照一同保管好。

如果想把旅行支票兑现，委托所住酒店即可。但请注意，按照规定每人每天最高只能兑换 50 美元（尤其是在几处邻岛）。

T/C 的拷贝副本
在购买 T/C 时最好复印一份副本，与 T/C 分别保管。此副本可用于进行再申请。最好能有一份发行方的国外分店名单。

旅行准备和技术 ● 旅行预算 / 钱款的准备

现金、卡及旅行支票组合使用

出发之前最重要的一步就是"资金筹备"，以下几点建议仅供参考。

①尽量少带现金从国内出发

从安全方面和便利方面考虑，游客最好避免携带大量现金。一般只要备足从国内到目的地所需的必要费用就好，这些费用包括在机场的卡费、公用电话的零钱、到酒店的交通费以及到达酒店后给行李搬运工的小费等。准备 30~50 美元足矣。

②以刷信用卡为主

在夏威夷，大部分的酒店、商店、餐馆等地都可以刷卡消费。如正文所言，信用卡不仅是身份证明，还可以享受到特定餐馆和店铺的折扣；并且附带海外旅行伤害保险，紧急情况下还能提供中文救援服务，附加价值十分可观。而且，只要自己手中留有副本就可以随时检查支出金额。在餐馆刷卡付账时，可以顺便在账单上填好小费数额，这样就不必准备现金小费，非常方便。

③在旅游地多以 T/C 进行支付

虽然外出时以信用卡支付为主，但在乘坐巴士、小店购物的时候还是使用现金更为便利。而且偶尔还会发生自己想要参观的景点门票无法用信用卡支付的情况（这一点必须提前确认）。此时就可以用旅行支票来进行支付了。游客也可以在自己所住的酒店前台，免费将旅行支票兑换成等额现金。例如在早上兑换当天所需的现金金额。如果是国际现金卡，则仅需从中提取必要的金额，不必携带很多现金出门，因为那样绝对会使花费超支。但也请提前考虑好可能将要支付的某些手续费用。

④无论如何也想"使用现金"的话

如果不太想刷卡消费，可以尝试只用信用卡支付酒店费用和大宗物件的购买费用，除此之外的部分都以现金或者 T/C 支付。

⑤选择合适的币种、票面组合

现金或 T/C 支票中较易流通的是 1 美元、5 美元以及 10 美元等 20 美元以下的面额。虽然如此，如果真的拿着 100 张 10 美元旅行支票也是很不方便的，一张一张签名非常麻烦。游客可以根据自己的旅程类型，选择适合的支付面额，建议事前仔细计划一下面额搭配。

海外旅行伤害保险

境外意外伤害保险，是指旅行期间因意外事故导致身故，一次性给付保险金额；旅行期间因意外事故导致残疾，根据残疾程度按比例赔付的险种。

投保方式

一、消费者可到专业保险公司销售柜面购买：填写投保单，保险公司收具保险费后出具保险凭证，保险生效。

二、消费者还可以通过网站购买，很多都支持在线投保。消费者在网上完成填写投保信息和付费，保险公司出具电子保险凭证通过电子邮箱或短信发送给客户，保险生效。

三、消费者可以联系有资质的个人代理人购买。很多消费者都有为自己服务的保险代理人，消费者可以通过这个代理人购买。

四、还可以通过有资质的代理机构购买：很多保险公司将系统终端装置在代理机构，客户提供投保信息并向代理机构交付保险费后，代理机构通过保险公司系统打印保险凭证给消费者，保险生效。

整理行李

关于机内行李舱物品尺寸的规定
※ 各航空公司规定有所不同，详请访问各公司主页查询

机上可携带的物品
虽然各航空公司的规定各有不同，但基本都是可携带一件长、宽、高合计不超过 115 厘米的行李。除此之外，还可以携带外套、伞、拐杖、小型照相机、数本书籍和折叠式轮椅等物品。

禁止入境美国的物品
植物（包括带根蔬菜）、水果、肉类等生鲜食品。据有经验的人说，想随身携带在飞机上食用的柑橘也会被没收。另外，自从疯牛病（BSE）事件以来，美国对于肉制品的限制也更为严格了。不要说加工过的肉制品，即使是加了肉精的汤制品（如方便面等）以及快餐店里的肉松点心等都会被没收。如果一定要携带食物，必须在关税申报书的指定栏里填写清楚。乘客若被发现携带违禁品则要接受罚款处理

关于服装的建议

去夏威夷旅行时一定要准备些基本夏装，以 T 恤、短裤、凉鞋、轻便运动鞋等款式轻快的衣服为佳。不过，由于很多地方的空调过于寒冷，并且夏威夷的早晚也很清凉，因此最好也准备几件长袖上衣，如夏季夹克衫或长袖运动服，女性游客最好带一件薄薄的对襟毛衣。

游客如果出入一些有服装限制的高级酒店，就要多少注意一些。男性需要穿西装衬衫或者夹克衫（购买当地的夏威夷衬衫即可），女性则需要穿夏季裙等。需要注意的是中午不能穿着步行装到海边漫步，尤其不要穿凉鞋。

正午时分的休闲装扮

另外，一定避免穿皮靴。夏威夷是海边度假胜地，以休闲为主。

关于手提包的建议

除去那些只带一个小挎包的游客，凡携带大型行李的游客最好把大型书包、旅行箱、手提箱等大件物品托运，然后在飞机上只带一个装有

548

随身物品的小包即可。在机内使用过的随身物品包，到达旅游地后还可以继续当成手提包使用，相当方便。推荐使用较为便捷的帆布背包和小挎包。如果携带腰包，就好像在告诉别人自己拿着贵重物品一般，很容易招惹来小偷，因此不予推荐。

关于携带物品的建议

基本的建议是"行李越少越好"。最好能空出旅行箱的一半，可以在当地购买需要的物品，还可以放带回国的礼物（凉席以及沙滩拖鞋在ABC商店购买会很便宜）。充电式的电剃须刀、吹风机等小电器由于使用时间较短所以问题不大，但是那些需长时间使用并产生高热的电器如熨斗等则较易损毁。提请游客敬请注意。很多酒店配有吹风机等设备，即便没有也可以向酒店租用所以不必带。

回国时的打包技巧

■ 不要将食物放入带上飞机的行李中，特别是巧克力、奶酪、菠萝等。探测器很可能把这些食物当作爆炸物误报。
■ 胶卷要随身携带。如果放在行李中托运，则可能因为高功率的屏蔽装置导致胶卷曝光。
■ 带入机舱的行李不要上锁。
■ 不要把行李塞得过满。
■ 书本类物品不要太集中，请分散摆放。

携带锂电池的注意事项

2008年1月，美国交通部门因锂电池在特定条件下容易引起火灾而对其作出了新的规定。在托运锂电池的时候，规定要么保持封装，要么就在接线处缠上绝缘胶带；并且只可携带两块电池登机，托运行李的条件也相同。但是这一规定并未对相关的机器内部作出说明。

携带物品清查单

		检查栏				检查栏
贵重物品	护照			衣服	泳衣	
	护照复印件				沙滩毛巾	
	机票				轻便鞋	
	现金（外币）				凉鞋	
	现金（人民币）				帽子	
	旅行支票（T/C）			药品	日常用药	
	信用卡				生理卫生品	
	国际现金卡				防晒品	
	出境旅游意外伤害保险证明			杂物	圆珠笔	
	驾照（及翻译件）				塑料袋	
洗漱用具	毛巾				便携式烟灰缸	
	牙刷				太阳镜	
	牙膏				相机、胶卷等	
	剃须刀				录像光盘	
	化妆品				雨具	
	吹风机				望远镜	
衣服	内衣			证明文件	证件照片2张	
	袜子				住宿预约证明	
	睡衣				租车预约文件	
	T恤				字典（英中／中英）	
	裤子				旅游指南等	
	夹克衫、上衣				笔记本	

出境手续

到机场集合	如果是自助游，到达机场后可以即刻办理登机手续。到机场后现场领票或者跟团游的旅客则要到指定场所按照预定时间（最迟应提前 2 个半小时）安排行动。

办理登机手续
（Check in）

1 在所搭乘航空公司的柜台办理登机手续时需要出示机票及护照，购买的是电子客票的话出示护照即可。

跟团游则由旅社负责人负责办理此项事务。

2 托运行李。

除护照与现金外的贵重物品及外国产品、贵金属制品等都需要进行关税申报，但放行李中托运可免除此项手续。不过相机、胶卷及易碎品必须随身携带。带锁的行李箱勿忘上锁。

※ 帆布背包一定要捆扎结实以防中途散开。

3 一定要拿好行李托运牌。

一旦行李没能如期抵达目的地机场，这张带号码的凭证将非常有用。即便有中转，行李最终也会抵达目的地。

4 同时领取登机牌。

在听取了登机时间与座位的说明，领取登机牌并拿回护照后整个手续就完成了。

安　检

这是要对登机随身物品进行检查。行李需要进行 X 射线检查，乘客则要从金属探测检查门内通过。刀具、剪刀等都禁止乘客随身携带，因此请提前打包进托运行李中。液体类物品的携带也有限制规定。乘客须在此处与送行的亲友分别。

关税申报

如要携带高价贵金属制品及外国手表等出境，需填写"外国制品携带出境表"进行登记申报。如果忽略此项程序，则可能在回国时被海关收取针对国外购制品的消费税。

出境审查

需向柜台的审查员出示自己的护照。只要在有效护照上"嘭"地盖上出境印章即可。

候机大厅

出境手续办理完毕后，乘客将在候机大厅内等待登机。直到登机广播响起之前，乘客可以在免税店内享受购物，消磨时间。

登　机

登机广播一般会在起飞前 30 分钟开始广播。乘客将在登机门前凭登机牌之后登机。

飞机上的时间消磨法

抵达目的地之前

坐在座位上以后，请把随身携带的物品放在自己座位的下方或者是头顶的行李架上。千万不要忘记系好安全带。

飞机起飞后，机上会陆续有饮料、食物（晚饭）、免税商品、电影、早饭等服务提供。其间，服务人员还会向乘客发放进入美国时必备的入境卡、关税申报表等文件，请乘客一定在到达目的地之前填写好。

机内礼仪

■ 请小声交谈

在狭小的机舱里大声喧哗会给周围的乘客造成困扰。特别是跟大旅行团一起行动时很容易忽略这一点，因此提请旅客注意。

■ 禁烟

中国飞夏威夷的航班都是全面禁烟的。即使是因难以忍受而到厕所偷偷吸烟的行为在国际航空里也属于重大违法行为，会被处以高额罚款，因此请万分留意。

■ 切勿过量饮酒

飞机上除了供应清凉饮料，还会提供红酒，有的航空公司也会提供其他免费酒品。但请注意不要过量饮酒。由于气压因素，在飞机上比在地面上更容易喝醉。

■ 与乘务人员的交流方法

口渴了、冷了或者是想看新闻了，请直接向乘务员说明就好。话虽如此，旁若无人地大声喧哗肯定是不行的。

■ 了解座席等级的含义

座席的各个等级都划有非常明确的空间界线。即使经济舱的厕所有人正在使用，经济舱乘客也不能掀开帘子跑去商务舱的厕所，这样是违反规定的。

机上必备随身物品

■ 耳塞

虽然也是因人而异，但对大多数人而言气压差都会引起耳朵疼。反应剧烈的人在降落后仍然会耳疼不止，所以最好能提前准备好耳塞。

■ 拖鞋

飞机高空飞行会引起脚部浮肿，可能暂时无法再穿皮靴或运动鞋。如果携带了折叠式的旅行用拖鞋可以在机内换上，相当舒服。

■ 化妆水

由于机内非常干燥，因此尤其对女性而言，一定要随身携带化妆水和润肤露（但请注意其规格有限定）。

不能错过的机上杂志

飞机内的杂志上刊登了各国的最新信息，请尽情阅览。同时，在机内还可以买到原装商品和土特产等。

请注意厕所的门标

■ VACANT= 空着
■ OCCUPIED= 使用中

关于电子器械的使用规定

携带便携式游戏机，特别是附带无线上网功能的机器的乘客需要注意，飞机上可能会对此类机器有所限制，例如索尼的 PSP 机与任天堂的 DS 机。乘客在离开陆地的时候必须先把电源关上。在飞行过程中也必须关闭无线上网功能才能使用。

时差症的应对措施

夏威夷与中国的时差是 18 小时。因此大多数航班都是在中国傍晚甚至深夜出发，清晨或上午就能抵达夏威夷。到达夏威夷的时间正是国内的深夜。因此，游客到了中午，反而开始犯困。

然而即便已经睡过一觉，在此之后的一段时间里还是会被时差症所困扰。虽然可能每个人对此都有不同的处理方法，下面介绍几种消除方法，请务必试一下。

①在飞机上不停地睡觉

只要让身体安静地保持休息即可。尽量忘记中国的时间，练出一个到了"早晨"就起床的生物钟。

②到达夏威夷后，不要勉强活动

虽然刚开始会很累，但是如果遵守当地的生活时间，白天玩耍晚上早睡，第二天就会很轻松了。

③晒日光浴

晒日光浴据说是应对时差症最好的方法。所以一到夏威夷就立即去晒日光浴吧。

④小憩片刻

到达夏威夷后立刻睡上一觉。然后不管多么艰难都要晚上起来吃晚餐。晚餐结束后尽早躺在床上以确保一个时间充足的睡眠。

最重要的是必须按时起床。不然就会在半夜的某个时间点突然醒来，如此一来也就无法消除旅行中的时差症了。

入境手续

到达火奴鲁鲁机场	飞机降落后请遵从机场工作人员的指示，从连接通道到达机场主航站楼的三楼。
入境审查 （Immigrtion）	**1** 乘电梯下到二楼后，请在"非居民"一列排队。 **2** 轮到自己的时候，请出示护照，并提交曾在飞机内填写过的入境表。 **3** 接受主管人员有关停留天数、入境目的等方面的简单询问后，将会进行指纹采集与照片拍摄。 镇定回答，不必慌张。 **4** 问讯完毕后会在旅客护照上盖章，并用订书机将入境表订好后交还。 此过程请不要自行操作。
提取行李 （Baggage Claim）	**领取托运的行李。** 将自己的航班号出示给标有"Baggage Claim"字样的柜台，之后请至行李台处等候。 **行李领取完毕，即向海关进发** ※ 万一行李丢失，请向航空公司的负责人出示自己的行李牌，并且告知其行李丢失事宜。
申报关税 （Customs Declaration）	从楼梯下到一楼后，就是海关所在了。在提交过海关申报单后（有时也会要求旅客出示护照）即可通往出口（Exit）。
出　口	

接机楼剖面图

1 飞机降落后，经由连接通道到达机场主航站
2 下到二楼后，是入境审查处。需要准备好护照和在飞机内填写过的表
3 提取自己的行李。行李上都印有记号，因此很容易查找
4 通关手续。向主管人员出示护照并提交海关申报单
5 跟团旅客在通关后走左侧出口。一般游客走正门。如果要转乘通往其他岛屿的交通工具，左侧出口则较近
6 一般旅客出口后，经由道路的中央隔离带就可到达出租车、机场、穿梭巴士与豪华巴士的乘车场。汽车租赁公司提供的接送巴士则在右手边大约步行50米处的中央隔离带地段

1 连接通道
2 入境审查 IMMIGRATION
3 提取行李 BAGGAGE CLAIM
4 海关 CUSTOMS
5 出口
6 巴士乘车场
出发连廊
机场、穿梭巴士、豪华巴士乘车场
出租车乘车场
机场停车场大楼

从机场到市内

与跟团游不同，一般自由行的旅客都很烦心离开机场之后到酒店的交通问题。从机场到怀基基大约有15公里的路程，因距离过长而不适宜步行。此时有4种交通方式可选，分别是巴士、机场大巴车、出租车和租赁汽车。如果游客带有大型旅行箱又无租赁汽车可用时，推荐乘坐机场的大型机场大巴或者乘坐出租车。

机场的巴士站。行李较少的旅客只需2.25美元即可到达怀基基

	乘车点	费 用	发车间隔	所需时间	备 注
巴士 The Bus	抵达大厅二层	2.50美元	20~40分钟	45分钟	市营公交车无法运载大型行李，最多只能接受可放在膝盖上的随身行李。轻装旅客仅需2.50美元（参阅脚注）即可到达怀基基。19路或20路
机场往返车	走出抵达大厅的出口后，即有大型巴士横着停在道路上。车辆附近也设有主管人员	单程票9美元 往返票15美元	20~30分钟	30分钟	行李较多的旅客的选择。车辆途经怀基基各主要酒店，司机在出发前会询问旅客要去的旅馆，按照远近顺序依次循环停靠
出租车	抵达大厅一层。并配有身穿黄色衬衫的管理人员	至怀基基费用为35美元。需付给司机车费的10%~15%作为小费	随到随走	20~30分钟	数人分担的话，价格也不算很高
租赁汽车	走出位于一层的一般出口后，向右步行约50米就是各大租车公司的柜台	根据租赁公司的不同，对汽车的承租天数有不同规定	随到随走	20~30分钟	在机场也可直接申请汽车租赁，不过仅对有经验的熟客开放

回到中国

到达火奴鲁鲁机场	请提前 2 小时到达机场的候机楼二层办理登机手续。
办理登机手续 （Check in）	手续非常简单。旅客只需前往即将搭乘的航班所在的航空公司柜台，出示自己的护照与机票即可。负责人会将附在护照上的入境表收回。托运行李时请注意加锁。
安 检	在登机门入口设有检查随身行李的 X 光机，以及检查乘客的金属探测机，禁止携带小刀、剪刀等各类刀具。
登机前	候机大厅设有免税店、小卖部、商店以及咖啡馆，忘记购买特产礼品的旅客也可以在这里购买。
登 机	登机前会对旅客进行一次身体健康状况的抽查。
飞抵中国	
检疫站	入境审查前要先通过检疫站。如果旅客去过的是有必要进行预防针注射的国家，请在此处出示预防针注射证明。由于此项规定与夏威夷方向的旅客无关，所以可快速通过。
入境审查	请在中国人专用窗口排队，向审查员出示自己的护照。工作人员只是会在上面盖上入境证明的印章，不会做任何询问。
提取行李	下至一层后，旅客可以到写有自己搭乘的航班号的转台领取托运的行李。
动植物检疫	菠萝、番木瓜等种类的水果，兰花、红掌花等的带茎鲜花，牛肉干、食用肉制品等动物性食品都必须接受检疫。

动植物产品请选择接受过检疫的产品购买并要通过检疫

回到国内时的注意事项及建议

■ **在行李上做好标记**

　　只要看看机场的行李提领处就能明白，有多少人购买了与别人相同的东西。为了能在领取行李时快速认出自己的物品，请在托运的行李上事先做好一些记号。

■ **是否附带通过检疫的印章或者证书**

　　旅客无法将不附有"带出国（夏威夷）检疫检查证明"的动物性食品带入中国。尤其是牛肉干。因此请在购买前确认商品包装上附有检疫印章与证明。

■ **请不要将牛肉干拆袋**

　　捆包的食物在通过中国方面的检疫站检查之前是不能拆袋开封的。如果拆封，即便是带回国也会被在检疫站做废弃物处理。如果不慎在飞机上将物品拆包，就只能在飞机上全部吃掉了。

■ **另寄物品的申报**

　　在使用快递服务时如果出现需要另寄的物品，则需要提出申报。申报时需要两份海关申报单，一份提交给海关，另一份由海关盖印后自行保留至收到另寄物品为止。

海　关

出　口

回国（入境）人员需要出示"携带品／另寄品申报单"（机上领取）。在填写完 A 面的事项之后，如有超出免税范围的物品，则需在 B 面将超范围内容记录清楚。另外，如有另寄物品（通过快递送或邮局寄给自己的物品），则需提交两份相同的申报单。

电　话

关于费用

在酒店退房时，一定要通过写有电话费的明细表确认自己的花费。也有并未使用过电话的旅客遇到过被无故加算高额电话费的事件。

到哪里打电话

■公用电话

市内通话一次大约 50 美分。跨市区通话则会根据距离不同产生稍高的费用。机场与酒店一般也设有信用卡式公话，一般多为投币式（5 分、10 分、25 分硬币）。

■信用卡式公用电话

此类电话可以直接读取使用者的信用卡进行电话费扣费（维萨卡、万事达卡、运通卡均可）。用这种电话打国际长途相当方便。

■酒店房间电话

费用因酒店不同而不同，通常一次通话的费用为 75 美分到 1.5 美元；与公用电话相比，费用较高。另外应该注意的是，即便呼叫对象没接电话，仅仅是响起几次忙音同样会产生费用。国际通话一般为收费项目，也有一些酒店、公寓提供免费的市内通话服务。

怎样打电话

除了使用硬币或信用卡，也可选择以下方法。

如何打电话

打电话前

使用公用 ☎ 拿起电话，听到"嘟"的一声后再投币。

使用酒店 ☎ 从酒店往外打大都是先拨"9"接通外线，依酒店而异。或拨"0"之后，连接交换台，接线员接听后告知你所要打出去的电话号码就可以了。

市内通话　Local Call

* 拨打瓦胡岛市内的电话，例如 123-4567

| 123 | + | 4567 |

市外通话　Long Distance Call

按照如下方法拨打

使用公用电话，例如（808）123-4567

| 1 | + | 808 | + | 123 | + | 4567 |

接通后，接线员会告诉你"请投入 80 美分"诸如此类的你应投入的费用，按照指示，投入相应的费用后，接通电话。

使用酒店电话

| 酒店外线号 | + | 1 | + | 808 | + | 123 | + | 4567 |

从中国往夏威夷拨打电话的方法

国际电话识别号码		美国的国家代码		区号（去掉前面第一个0）		对方的电话号码
00	+	1	+	808	+	×××××××

从夏威夷往中国拨打电话的方法

国际电话识别号码		中国的国家代码		区号（去掉前面第一个0）		对方的电话号码
00	+	86	+	×××	+	×××××××

■使用电话卡

　　与中国国内那种直接插卡入机的电话卡不同，这种电话卡需要输入卡上的专用编号，然后根据语音提示播出要呼叫方的号码。当地杂货店、药店一般均有销售，可以在公用电话及酒店等地使用。

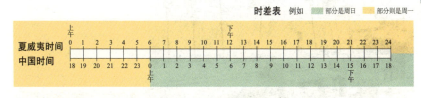

时差表　例如　部分是周日　部分则是周一

夏威夷时间	上午 0	1	2	3	4	5	6	7	8	9	10	11	下午 12	13	14	15	16	17	18	19	20	21	22	23	24
中国时间	18	19	20	21	22	23	上午 0	1	2	3	4	5	6	7	8	9	10	11	12	13	14	15	下午 16	17	18

邮　局

邮寄信件、明信片

　　往中国寄明信片和信件（28 克以内）需要 98 美分，用航空件寄出的话需要 5~7 天。在邮局的窗口或是酒店的前台都可以买到邮票。但要注意的是，若是在专门面对外国游客开放的土特产商店的小型售货机上购买，会比较贵。

250014 山东省济南市文化东路 8 号 王小明	Air Mail China

　　收件（信）人的地址、姓名等用中文写就可以了。但是别忘了必须用英语写上"China""Air Mail"。

　　投寄时，直接投在酒店的大堂服务台，或是直接投在邮局或是街上的邮筒里都行。邮筒是蓝色的，带盖。

邮寄包裹

　　买了太多的礼物、特产或是积累了很多的小册子等不好带回去，都可以邮寄回国。虽然利用邮局的船运比较便宜，但要是嫌捆绑包裹、拎着去邮寄麻烦的游客可以使用"上门服务"。服务人员自动上门取件，而且帮你捆绑包裹。冲浪板之类的也可以邮寄。邮寄非随身携带行李时别忘了申报。

怀基基邮局

怀基基附近的邮局
怀基基邮局
（参照怀基基地图 -B6）
📮 周一~周五 8:00~16:30,
周六 9:00~13:00，周日休息
怀基基购物广场 4F
（参照怀基基地图 -A6）
📮 周一~周五 9:00~17:00,
周六 10:00~14:00，周日休息
阿拉莫阿纳购物中心 1F 面山一侧
（参照阿拉莫阿纳购物中心地图）
📮 周一~周五 8:30~17:00,
周六到 16:15，周日休息

获取最新信息

城市里的信息杂志

放置在怀基基街角的投放免费
信息杂志的专用信箱

漫步在怀基基市的街道上，你可以很容易地发现投放在专用邮箱里的免费信息杂志。酒店的大堂或是前台也放置了这些杂志，可以轻松获取关于夏威夷的最新信息。其中也包括很多中文杂志。

● Spotlight OahuGold（周刊）
● This Week（周刊）

这两本杂志都是小尺寸的英语版本，是可以放入裤子口袋的竖长型排版。无论哪一本上都载满了优惠券，在欧美游客中人气很高。优惠券上面使用的英语很简单，大家可以尽量使用。

● Aloha Street（季刊）

280厘米×217厘米大版面，彩色印刷。好看的照片、一针见血的活动话题等，与其他的信息杂志相比，风格完全不一样。

此外，还记载着电车的乘车方法、费用、路线、购物点、活动日历等信息，此外还有《怀基基·电车·地图指南》、载满地图的《夏威夷之眼》，以及载满一堆优惠券的《买买》杂志等。

报纸

火奴鲁鲁（檀香山）的日报是 *Honolulu Star Advertiser*（《火奴鲁鲁星级广告指南》）。该报登载着夏威夷、美国本土、全球的新闻，以及从

主要的电视台与广播

电 视

■ KHNL/ 数字 7·频道 13（NBC）

■ KITV/ 数字 6·频道 4（ABC）
　节目边角播放天气预报，还有冲浪爱好者不可错过的冲浪信息。

■ KHON/ 数字 3·频道 2
　以播放电影和在美国本土很受欢迎的电视节目为主

■ MTV/ 数字 593·联线 13
　音乐视频

■ ESPN/ 数字 222·联线 22
　体育节目

体育、电影资讯到商场的广告栏等一
应俱全的信息。里面夹杂着购物中心
及超市的广告传单。售价 2 美元 (普
通版 75 美分)。

你在街头的专用售报亭或是酒店
大堂等地就可以买到城市杂志。往自
动售报机投入零钱，就可以取出一份
杂志。

网络

用网络收集现在过去的信息是最简单不过的了。用自己的电脑调出
一杯属于自己的咖啡吧。

确认网站
■夏威夷观光局
www.gohawaii.com/cn/

电视

你能收看到由广播电视网络局与广播电缆局共同打造的 36 个电视频
道。有的酒店还可以收看收费的中文节目，不过在使用前最好先咨询一
下酒店前台。

广播

夏威夷的广播局光是 FM 就有 30 个频道。每个节目类别都有各自专
用的频道。

出发前想要收集信息的话

从中国出发前想要收集点夏威夷信息时，推荐有条件的人去夏威夷
州观光局。办公场所内有着宽敞的休息室，气氛安宁。在这儿你还能阅
读到有关夏威夷的各种资料、信息。

你可以收看夏威夷观光局的 TVCF 或是海报，也可以直接访问办公
网站检索信息，在这儿你可以制订具体的夏威夷旅行计划。另外，常驻
工作人员也会给你提供一些信息。

■ HBO/ 数字 611~616
电影、动漫

广　播

■ KQMQ (FM93.1)
93.1 是播放夏威夷最新流行音乐的之家
"The Zone"。这些音乐最适合兜风旅行，或是
在海滩上播放。

■ KUMU (FM94.7)
这里播放适合当代成年人收听的音乐。以轻
音乐和轻摇滚为主。

■ KCCN (FM100.3)
这是本地年轻人喜欢收听的夏威夷雷鬼中心
电台。这里依次播放活跃于夏威夷音乐舞台的歌
手的曲子，另外，还可以将播放的曲目制成 CD
当作赠品送给听众。

■ KPOI (FM105.9)
这里是专门播放古典摇滚音乐的电台。
一边上网一边收听这个台的音乐是最合适不
过的。

■ KZOO (AM1210)
中文电台。在这儿，你可以收听到有关新
闻、天气预报、美国新闻、唱歌节目、人生访谈
等节目。

小　费

受到恶劣服务时

美国人在付小费的时候，会少给一点儿，金额的多少，只是表示一点意思。在受到恶劣服务的时候，表示抗议就是在桌子上放上 1 美分的硬币，表示对服务的不满。

用餐券就餐时

这种餐券中一般都包含了小费。一般在餐券上写明，或是事前旅行社就会提前说明的。但是，这种餐券不包括饮料费，喝饮料的话还是需要给小费的。

关于小费

夏威夷是需要付小费的地方，对于酒店中的整理房间的服务员和门童等服务业的工作人员来说，小费也是正常收入。

别给零钱

在付小费的时候，尽量不要使用 1 美分、5 美分、10 美分等硬币（尽量给 25 美分的硬币）。特别是在餐厅用晚餐时，付小费最好要用纸币。如果计算小费是 4.20 美元或是 5.80 美元的时候，这时要支付 4 美元和 6 美元。根据服务的满意度决定是多付一点儿还是少付一点儿。

关于小费的金额

■ 行李员

每件行李 1~2 美元（搬运一次最低 1 美元）。根据大小、重量多少有些变化。

■ 门童

在酒店或是餐厅经常出出进进的时候，不用给小费。在你让他帮你叫出租车的时候给 1 美元，从停车场把车开过来 1 美元。

■ 房间整理员

整理一个床铺最低 1 美元。根据房间的规模 2~3 美元。早上离开酒店之前把小费放在枕头下（也叫枕头小费）。如果房间比较凌乱，小费也要适当地增加。

■ 出租车

计费器上所显示价格的 15% 左右。即便少付一点儿也要付 1 美元。

在餐厅结账的信用卡金额栏	
服务销售金额（就餐费）	39.50
税金（Taxes）	1.65
小费（Tips）（为餐费金额的 15%）	6.00
总金额（Total）	47.15

小费价格和州税一览表（单位：美元）

金额	州税（4%）	小费（15%）	金额	4%	15%
1.00	0.04	0.15	15.00	0.60	2.25
1.50	0.06	0.23	20.00	0.80	3.00
2.00	0.08	0.30	25.00	1.00	3.75
2.50	0.10	0.38	30.00	1.20	4.50
3.00	0.12	0.45	35.00	1.40	5.25
3.50	0.14	0.53	40.00	1.60	6.00
4.00	0.16	0.60	45.00	1.80	6.75
4.50	0.18	0.68	50.00	2.00	7.50
5.00	0.20	0.75	55.00	2.20	8.25
5.50	0.22	0.83	60.00	2.40	9.00
6.00	0.24	0.90	65.00	2.60	9.75
6.50	0.26	0.98	70.00	2.80	10.50
7.00	0.28	1.05	75.00	3.00	11.25
7.50	0.30	1.13	80.00	3.20	12.00
8.00	0.32	1.20	85.00	3.40	12.75
8.50	0.34	1.28	90.00	3.60	13.50
9.00	0.36	1.35	95.00	3.80	14.25
10.00	0.40	1.50	100.00	4.00	15.00

■ 餐馆

账单总额的 15%。如果在费用中已经加进了服务费，就不需要再付小费了。在没有零钱的时候，就在结账台或是叫服务员结账之后，用找回来的零钱支付小费。在酒店的餐馆里就餐时，在账单上写上小费金额，签上字，就可以在退房时结算了。

■ 酒吧

可在服务员给你把饮料端过来的时候支付。一般在柜台上喝酒不用支付小费。在桌子上，当服务员给你把饮料端来时，啤酒和威士忌付 50 美分，鸡尾酒之类的 1 美元左右。也可以在最后结账时支付，这时付合计金额的 15%。

■ 其他

在酒店，找清洁员或是服务员做事的话，一般 1 次最低要付 1 美元。如果是房间服务，是费用的 15%。

在餐厅使用信用卡付账

也可以用信用卡支付小费。发票上合计金额 Total 这栏和上面一栏是空白的，在上面一栏上写上小费的金额，然后并入餐费，将总额计入 Total 这栏。要是复印了顾客发票存根的话，可以将发票留在酒店不要。

别忘了在枕头下放上小费

在酒店餐厅使用信用卡结账的时候

在账单上①小费金额②合计金额③房间号④签名就行，退房时一起结算

关于小费的思考——《走遍全球》编辑部的提案

诸位读者，关于小费的一般预备知识，我想大家一定都有所了解了。但是，每年到夏威夷旅游的中国游客中，对这一习惯比较陌生，不留小费的人也不在少数。

对于在餐馆工作的服务员来说，消费收入比工资收入更为重要。为了尽可能地多挣一些小费，他们都非常努力地工作。不给他们小费，就意味着对他们的工作评价为零。小费也是服务员自卫措施的一种。

"有些顾客不太有付小费的习惯，光顾店铺时给他们发票时，可以加上 15% 的服务费吗？"夏威夷居民常有这样的提问。

有这种情况发生的餐厅是有的，这还是凭良心做事的。一般的时候在发票的背面或是菜单上会有用中文标注的"请将账单金额的 15% 作为小费"字样，提醒大家注意。

当然也有事先没有任何提示或是通知，就径直在账单金额上加上 15% 的服务费的餐厅。但这种情况，也只是发生在数年前，仅限于怀基基周边中国人较多的地区。现如今，就连周围岛屿的小型餐厅，都出台了杜绝这种"索要小费"的做法了。

小费是由客人决定的

也有人这样说：加上 15%，省了好多麻烦，也未尝不可，就算是餐厅自行算服务费也没什么关系。而且，差不多以怀基基开始，越来越多的餐厅都采用这样的方法索取小费，其中还不乏"以味道和氛围"招揽客人的一流餐厅。主要就是因为即使在账单上加上 15% 的服务费，中国客人也照样毫无怨言地支付，所以这已经成为夏威夷餐饮业的一种共识了。但是，小费应该是由客人所决定的，如果客人觉得服务得满意，那么付 20% 的小费也是应该的，但是如果服务得很糟糕，那么一分钱都是多余的。"15% 的服务费，啊，可以啊。"就是因为这一小部分的外国观光客的妥协态度，害得在夏威夷居住的外国人被迫每次都付小费了。

对美国客人，他们不会在账单上加上 15% 的服务费。如果游客自己把付小费当回事，那店家也不会采用这种硬性规定了。这是我们自己所造成的结果，所以我们要努力根据自己的判断，来决定小费的多少。对于外国观光客来说，采取比较坚决的态度是很有必要的。

旅行用语

美国种族混杂，有许多人母语不是英语，所以英语说得不标准也不是稀罕事。与其抱着"一点都不能说错"的想法，还不如"即使有点点错误只要能表达出最终意思就好"这种想法更实际。另外，要大声说出你想说出的话，"因为我们是中国人，英语说得不好那是当然的"，没什么可害羞的，要大声有自信地说出来。仅仅是加上"please"，给对方的印象也会截然不同。这时好好使用"Thank you"也会所向披靡的。

下面我们就向英语不太好的人介绍一些在夏威夷旅行时能用得上的基本句型。

我想【please】

One hamburger, please.　　　　我想要个汉堡

里面可以置换以下单词

A cup of coffee　　　　　　　　　一杯咖啡
One french fries　　　　　　　　一份法式炸薯条
This one　　　　　　　　这个（不知道那是什么的时候）

请【please】

Go to × × Hotel, please.　　　　请去酒店

里面可以置换以下单词

Tell me　　　　　　　　　　　　请教教我
Take our pictures　　　　　　　请帮我们照张相片
Go ahead　　　　　　　　　　　　请先走

求得许可【Can I】

Can I **smoke**?　　　　　　　　我能吸烟吗?

里面可以置换以下单词

make a reservation tonight　　我能预约今晚吗?
have this　　　　　　　　　　　我能拿这个吗?
get on the bus　　　　　　　　我能坐公交车吗?

各场所使用的基本句型

入境审查

A How long do you stay in U.S.A.?

你停留多少天？

B 10 days.

10 天。

A What is the purpose?

什么目的？

B Sightseeing.

观光。

餐馆

Can I make a reservation for 4 at 8 o'clock tonight?
My name is Wang Yi.

我想预约今晚 8 点 4 个人用餐。我叫王一。

Check, please?

请计算一下。

Does the bill include the service charge?

包括服务费了吗？

多关注餐馆的"欢乐时光（酒类饮料打折时间段）"、"早起者（早起吃早饭的人价格便宜）"这些信息，有好处的。

购物

I'm just looking.

我就是随便逛逛

Can I try this on?

我能试穿吗？

Do you have
Any other colors?

还有其他颜色吗？

How much is this?

多少钱？

Could you make
a discount?

能打折吗？

I'II take this.

那就要这个。

Do you accept
traveler's check?

能用旅行支票吗？

大胆地张嘴点菜吧

记点儿夏威夷语！

在夏威夷会有一些经常听到的，经常看到的简单的短语。现在我们把这些简单的短语记下来的话，在夏威夷就会很方便了。

■ Pau（finish） 结束
■ Kaukau（eat） 吃
■ Like Like 快点

在街道上或餐厅，人家如果这么说的话，你就可以这么回答了。

厕所和菜单上经常看到的

■ Wahine（Woman） 女性
■ Kane（Man） 男性
■ Keiki（Child） 孩子

等等

563

旅行礼仪

在美国（夏威夷），最主要的礼仪就是如何与他人相处。美国社会最重视的就是与他人相处之道。很多人因为不懂这些而产生的误会，不知不觉中导致了本地人的反感。一年中有这么多的中国人来夏威夷旅游，为了不被说成"中国人不懂礼仪"，下面我们就介绍一些礼仪方面需要注意的地方，请大家认真遵守，愉快地旅行。

严格限制吸烟 3

夏威夷比中国更加严格限制吸烟，像在飞机内、酒店大堂等公共场合都是禁止吸烟的。不顾场合随意吸烟、边走边吸、随意丢弃烟头这些都是禁止的，要格外注意。

实在不行就在旅行前吸个够吧……

排队的话要站成一排 1

在厕所、银行取款机等排队的时候，应当在空旷处自发地按顺序排成一队，这是基本礼仪。不要在各自的窗口前排队。要是看不清从哪排起的时候，可以问一下"请问你是在排队吗？"

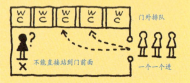

门外排队

不能直接站到门前面

一个一个进

不要忘了打招呼 4

步行时无意中碰到别人的话要说"Excuse me"，碰撞很严重时要说"I'm sorry"。这两句是道歉的最低限度，千万别忘了。另外，进入商店时要跟店员打招呼说"Hi"，和别人共乘电梯时也要说"Hi"，等等。与别人碰面的话最好尽可能打招呼。

USA

I'm sorry!

公共场合禁酒 2

像是在公共海滩这些公共场合法律上是禁止喝酒的。边走边喝、在沙滩喝罐装啤酒等都是违法的，这点要特别注意。

哇，好喝！

喂！

Beer!

着装要适宜场合 5

去高级餐厅用餐，穿短裤凉鞋的话可是很丢人的。另外，穿着沙滩鞋出入名牌商店、放任孩子吵闹等都是失礼的。在酒店的大堂穿着泳衣走来走去也是违反礼仪的。

HAWAII

3人OK?

OH! NO.

请遵守"优先席位" 6

城市公交车"The Bus"里前面的座位在中国被称为"老弱病残孕专座"。最好不坐,更请注意避免让包装纸袋占了这些位置。

高尔夫球场的注意事项 9

在高尔夫球场上打球时,穿着高跟鞋践踏在草坪上,将车开到路外去这些都是很失礼的行为。另外注意不要玩得错过时间。

快点—

不要将自助餐带回家 7

可以从吃完自助餐后所剩的食物量看出这个人的品行。虽说可以无限次拿取食物,但是最好量力而为,能吃多少取多少,不要拿得太多。另外,禁止将吃剩的饭菜带回来。还有也要控制索取餐巾的数量。

拿太多的人真是贪得无厌啊

女性不要穿着太暴露 10

夜晚,在酒吧、舞厅这些地方穿着太暴露,会被误认为是卖淫小姐。事实上的确有游客遭受过强奸等性骚扰行为,所以要格外注意。

什么意思

HOW MUCH?

请穿泳衣蒸桑拿 8

在中国,大家都喜欢裸体去蒸桑拿,但是在夏威夷,桑拿浴、泡泡浴、游泳等必须穿着泳衣。所以去这些地方时别忘了带泳衣。

哦,这个……

带着孩子一起出行 11

在美国,法律规定12岁以下的小孩不能单独行动,必须有家长陪同。不要将孩子一人留在房间内。无论什么时候,一定要带着孩子一起出行。

健康信息

这是位于库西欧大街的一家食品店。虽说宾客进进出出，但是店内的冷气一点都没减弱。要是只穿半袖的T恤的话恐怕会冷得起鸡皮疙瘩哦。

冬季是彩虹的季节

早晚因暴风影响会有降雨，也就造成了很多时候出现彩虹。有时还会出现双道彩虹哦。

要是隐形眼镜掉了的话

阿拉莫阿纳购物中心的白木屋里有眼镜店（☎949-7028，可用中文），提供眼镜、有度数太阳镜以及隐形眼镜等服务。因为有检查眼睛的诊所，所以万一丢失了镜片或是隐形眼镜片也不用着急，当日就可以拿到眼镜。视力检查收费115美元，重配镜片70美元，软镜片一副109美元，即抛型软镜片3副25美元起，日抛型软镜片10副30美元，有色软镜片一副240美元，有氧坚硬型一副200美元起等。营业时间9:30～21:00（周日至19:00），店内可说中文。医生检查时间9:30～18:00，周六至13:30，周日休息。

夏威夷的气候

夏威夷一年中平均气温大概是25摄氏度，晴天率约为70%（火奴鲁鲁地区）。一年中都会受到温暖的海面湿度影响，以及受到来自偏西风方向的信风的吹拂，气候相对安定。5～10月左右是夏季（干季），最高气温为29～31摄氏度、最低气温为21～23摄氏度。11月则至次年4月左右是冬季（雨季），最高气温为21～23摄氏度，最低气温为18～21摄氏度。四季不是那么的分明，实际上只有两个季节而已。冬季里，虽然时而有短暂的暴风，也没有早晚一天都在下雨的情况。要是担心的话，出门时可以带着折叠伞。

一天中日照强度渐高，在反射力较强的沙滩上气温会升高，而在刮风的日子里，则会感觉温度降低。

关于饮用水

夏威夷水质优良，自来水都可以直接饮用。而且夏威夷产的矿泉水种类繁多，在超市等地方就可以买到。

怀基基的使用水一大半都来自珍珠港以西的地下水源。然而，西侧（度假村地区）因为降雨较少与东侧比起来有点供水不足。在夏威夷水是珍贵资源。所以在餐厅，只要客人不要求一般是不供应水的。

各种日常场合的注意事项

■ 海滩

在怀基基、阿拉莫阿纳海滩，冬天也是可以游泳的。但是，多云、刮大风的天气里，海水温度较低，可以只在海滩晒晒日光浴，然后到酒店的游泳池去游泳。恐龙湾即使是在夏季海水温度较低，风力也很强，最好早上早点出去，午后尽早回来比较好。另外，冬季水流速较快，所以下海游泳时最好遵循水上救生员的指示。

一年中日照强度高，冬季也会被晒伤，所以千万别忘了涂防晒霜来抵御紫外线的伤害。

冬季是彩虹的季节

■ 在山上

爬到山顶的话，即使是在夏威夷气温也会急剧地下降。所以必须做好防寒的准备。参加徒步旅行时也要穿上到脚踝处的裤子以及长袖衣服，这是基本的要求。也要带上防虫喷雾器等用品防止蚊虫叮咬。

■ 逛街时

餐厅、商店、超市、巴士内的空调温度较低。另外，早晚气温较低，乘游览船观看晚霞时海风吹在身上是很冷的。出去的时候可以带上薄开襟毛衣或是运动衫等可以披上的衣服。另外，这边的紫外线强度较高，出去时也别忘了带上太阳镜、帽子、防晒霜等用品。

生病和受伤的时候

好不容易到夏威夷旅游，如果生病或受伤那就真是太让人扫兴了。这时最重要的莫过于采取快速、切实的措施。

如果是跟团游，首先是要与导游或是旅行社的负责人商量。

自由行的情况，首先是到酒店的服务台去商量，致电你已经加入的医疗保险公司。保险公司的电话大多是免费的，无须担心。他们一定会给你介绍会说汉语的医生或是接受信用卡支付的医院。

夏威夷的医疗费用要比中国高出很多，叫救护车的话大概要花费100美元以上，所以最好还是加入海外旅行意外伤害保险。

■ 不用现金治疗

有的医院，即使加入了保险，也有必须使用现金或是信用卡支付治疗费的情况。但是，要是支付高额费用的话，超过了信用卡限额就难以支付了。关于这些你可以向保险公司咨询。

各种症状的英语单词
肚子疼（Stomachache）
头疼（Headache）
牙疼（toothache）
我有点恶心（I feel sick）
我有点发烧（I have a fever）
我有点头晕（I feel dizzy）
我发冷（I feel chilly）
我痢疾（I have a diarrhea）
我感冒了（I have a cold）
请叫医生来（Call a doctor, please）

值得信赖的医疗服务

24 小时待命的"随叫随到的医生"

身体不舒服或是意外受伤的情况下，无论是半夜还是清晨，无论何时都可以起来看医生。这就是提供 24 小时待命的医疗服务"随叫随到的医生"。怀基基市有 2 所医疗所，总部设在喜来登皇家购物中心一楼的诊所，里面设有 5 个诊察室、处理室、X 射线室、检查室、药店、护士值班室、宽阔的候诊室等。因为是斯特劳布医院的附属诊所，所以立刻就可以入院。各种旅行保险都可以用。挂号处电话☎923-9966。其他的只有护士值班。

■随叫随到的医生
喜来登皇家购物中心内（→参照怀基基地图 -B7）
☎971-6000 24 小时待命
希尔顿·夏威夷度假村内（→参照怀基基地图 -B5）

随叫随到的医生服务是夏威夷旅行的坚定伙伴

旅行中的事故对策

发生意外的时候
紧急电话号码
急救车 Ambulance
警察 Police } 911
消防局 Fire Station

怀基基海滨警察局
Honolulu Police/Waikiki
Branch
（→怀基基地图 -B7）

位于库西欧海滨公园里的怀基基海滨分局是火奴鲁鲁警察局的分局机构。内有警察24小时值班，所以一旦遇到盗窃或是其他问题可以立即联络报警。

　www.honolulupk.org/
patrol

得名于曾作为警察官而活跃于世的卡阿那莫库公爵，建筑的正式名称是：Duke Paoakahanamoku Building

中华人民共和国总领事馆
Consulate General of China
（→火奴鲁鲁地图 -B4）

☎ 543-3111 工作时间外拨打电话听到语音提示后按"1"
⏰ 周一～周五 8:00~11:30、13:00~15:00（申请护照或是证明信 8:00~11:30、13:00~15:00）
休 周六、周日、主要的节假日

海滩上的盗窃事件

发生最多的就是放在海滩上的东西被顺手牵羊。因此去海滩的话就不要带贵重物品去了。另外，大家一起去游泳的时候，必须要留一个人看东西。用毛巾盖住脸晒太阳的人很多，但这样同时也给小偷提供了机会行窃。这时一定要用细绳把东西和人系在一起，如果有人动东西马上就会察觉，也算是一个好对策。

行李的主人去哪儿了？

小心扒手

特别是怀基基到阿拉莫阿纳之间的公交车上，是扒手偷窃事件多发区。在混乱中被盗、被利器划破背包等事件时有发生。双肩包的话要系好带子。腰包的开口要放在前面，一定要注意。

另外，走路时经常会有人从后边在车上直接抢劫。所以走路时不要靠车行的一侧，夜间也不要去人少的地方。

2人以上组成盗窃团伙的很多。一个人和你搭话吸引你的注意力，另一个人伺机行窃，这是一个古老的方法。

发生在租赁汽车里的盗窃

"离开车的一段时间车里的物品被盗"这样的事件屡有发生。即便是只离开一会儿，也不要把贵重物品放在车内。即使是把东西藏在座位下的箱子里，也仍逃不出盗贼的魔掌。特别是购物中心、海滩、公园的停车场等地都是事故多发区。

不要在酒店成为受害者或是加害者

首先不要让陌生人进到房间里面，这是最低限度的防范措施。在听到有人敲门时，先要从门的小孔窥视确认之后再开门。如果是陌生人，即使打开门也不能打开安全链。

另外，只把孩子一个人留在房间内而夫妇一同外出，这就是犯了"保护责任者遗弃罪"。

有些地方，夫妻吵架也会构成犯罪

在公共场所或酒店，即使是把手举起来比画比画，那也有虐待的企图，在美国马上就会有人报案，一定得注意。

另外就是对自己的亲属的暴力行为，即使受害者本人不报案，夏威夷的法律规定这就是犯了虐待罪。

对于卖淫嫖娼法律上也很严格

另一种游客容易被逮捕的就是"嫖娼"。当然卖淫也是违反法律的。也经常发生卖淫女盗窃现金和贵重物品的事件。客人在洗澡时,她偷了东西逃跑。或者是把安眠药放到饮料中,让客人喝了睡着以后行窃。甚至还有杀人事件。

如果被卷到事件中

有许多人被卷到了犯罪等事件中,但是由于在夏威夷停留的时间有限,嫌语言和手续麻烦而不去报案的人很多。但如果不报案,人家会以为"中国游客好欺负",也就会更加猖狂。即便是不大的事情大家也一定要报案。

报案之后的手续:

1 如果是重大案件的证人,有可能回国后还要被召回夏威夷出席作证。这时所需经费由夏威夷方面负担。

2 在夏威夷期间因为犯罪被逮捕,因此必须延长在夏威夷停留的时间,酒店的住宿费和航空公司会给予帮助。

3 对于不会英语的人,一些经济团体会给予必要的帮助。

等等,支援体系很完备。

阿罗哈大使
Aloha Ambassadors

身着明亮绿色T恤的他们,一边巡逻怀基基市,一边给游人引路,警戒海滩安全,保护游人以免受到意外骚扰。

🏠 怀基基海岸步行街一楼草坪上的临时摊位。

☎ 216-5947　🕐 10:00~12:00、15:00~20:00　休 无

🌐 www.waikikibid.org

夏威夷州消费者保护局
State of Hawaii, Office of Consumer Protection

当消费者遭受非法行为或是欺骗性广告、强卖等行为时,可以受理针对各种服务业的投诉。不会说英语的话可以提交中文的投诉书。可以直接向事务所提交,也可以通过传真或是在主页下载投诉书。

☎ 586-2630/587-3222

📠 586-2640　🏠 235 S.Beretania St., #801　🕐 7:45~16:30

休 周六、周日、主要的节假日

🌐 hawaii.gov/dcca/areas/ocp

贵重物品遗失的时候

护照丢失

请向中国总领事馆提交新护照申请。

▼提交护照丢失证明书以及申请新护照所需要的文件

1 护照遗失证明(由当地警察局发行)

2 面部照片一张(长45毫米 × 宽35毫米)

3 遗失一般护照证明书1份★

4 一般护照申请书1份★

5 户籍复印件1份

具体详情请参照外交部网站

信用卡丢失

要赶紧联系信用卡公司在火奴鲁鲁(檀香山)的分店、服务台等,做挂失处理(事前要记下卡号)。另外,也别忘了向当地警察局提交书面说明。

旅行支票丢失

不管是签了字的还是没有签字,马上向发行银行告知你的姓名、旅行支票的号码。

▼在发行所需要的手续是:

1 遗失证明(由夏威夷当地的警察局发行)

2 T/C发行证明(在购买T/C时交给购买者的购买存根)

3 护照以及有本人照片的正式身份证明书

飞机票丢失

要马上跟航空公司联系。

▼需要提交的文件

1 当地警察局发行的遗失 / 被盗证明书

2 飞机票的号码、发行日期等

节庆日以及活动

1月 January

1月1日 ●
新年
New Year's Day

1月的第三个星期一 ●
国王牧师的诞生日
Martin Luther King, Jr's Birthday

1月初~8月 ★
狂欢节
Carnival

每年的1月初至8月，从咖啡杯、快速滑行车等移动游乐园设施出发，走到各地的校园、阿罗哈露天体育场的停车场。届时，会有棉花糖、炸面包圈等流动摊贩，到处充满着人们的欢声笑语。◎咨询 ☎682-5767

2月 February

2月的第三个星期一 ●
大总统日
Presidents' Day

2月的第三个星期一 ★
壮观的阿罗哈长跑
Great Aloha Run

火奴鲁鲁的马拉松运动会在市民之间是一个很有人气的活动。起点是阿罗哈塔，终点是阿罗哈体育馆，距离约为13公里，每年有近2万人参加。◎咨询 ☎528-7388

3月/4月 March/April

3月26日 ●
库希奥王子日
Prince Kuhio Day

复活节前一周的周五 ●
基督教复活节
Good Friday

3月21日之后第一个满月的周日 ●
复活节
Easter

3月最后一个星期六 ★
玩具鸭大赛
Rubber Duckie Race

这是用玩具鸭所进行的带奖金的比赛。本活动的收益全部捐献给美国脑麻痹协会。夏威夷皇家购物中心出售文艺表演以及玩具鸭的赛票。

◎咨询 ☎532-6744

5月 May

5月1日 ★
花环节
Lei Day

在夏威夷各地举办各种各样旨在赞美阿罗哈精神的花环节。在瓦胡岛的卡皮奥拉妮公园有草裙舞和夏威夷音乐的演奏会，介绍花环小姐、开展花环制作比赛等。◎咨询 ☎768-3003

5月的最后一个周一 ●
阵亡将士纪念日
Memorial Day

6月 June

6月11日 ● ★
卡美哈美哈国王日
King Kamehameha Day

这一天，为了纪念夏威夷的英雄卡美哈美哈一世的诞生，在商业区的国王像上挂上数十根5米以上的花环。另外，国王日当周的周六还举行花车游行。◎咨询 ☎586-0333

7月 July

7月4日 ●
美国独立纪念日
Independence Day

7月的第三个星期六 ★
罗特王子草裙舞节庆
Prince Lot Hula Festival

以罗特王子的名字冠名的草裙舞大会。在自夏威夷王朝时代开始就被视为神圣场所的树下特设的舞台上举行的，这是一场可以慢慢享受、和睦气氛的庆典。

◎咨询茂纳鲁亚花园协会 ☎839-5334

※Photos by Miyuki Seto

7月的最后一个星期日 ☆
尤克里里节
Ukulele Festival

这是为孩子们举办的尤克里里音乐会。在卡皮奥拉妮公园的露天音乐舞台举行。每年情况不同，有时候中国也会派人来参加。

7月下旬的周末 ☆
莉莉·卡拉尼女皇凯基少儿草裙舞比赛
Queen Liliuokalani KeikiHula Competition

这是以夏威夷王朝最后即位的莉莉·卡拉尼女皇冠名的草裙舞大会。只能 6~12 岁的儿童参加。他们的舞姿跟大人相比有过之而无不及哦。
◎咨询 ☎ 527-5400

8月　　　　　　August

8月的第三个星期五 ●
加邦日
Admission Day

9月　　　　　　September

9月的第一个星期一 ●
劳动节
Labor Day

9月中旬（持续大约一个月）☆
阿罗哈节
Aloha Festival

这是古代夏威夷在收获时的节日。各岛的日程各不相同，前前后后大约要花 1 个月的时间。瓦胡岛是在 9 月第

三个星期六举行花车游行。用鲜花装饰的车和乐队在怀基基的街道上游行。◎咨询 ☎ 391-8714

10月　　　　　　October

10月的第二个星期一 ●
哥伦布发现美洲纪念日
Columbus Day

10月31日 ☆
万圣节
Halloween

起源于基督教的万圣节的前夜，现在是大人孩子进行的一项有趣的化装节了。节日当天，化好装的人们来到街道、餐厅、阿罗哈塔、商业中心等地举行化装舞会。

11月　　　　　　November

11月中旬~12月中旬
三冠皇杯冲浪比赛
riple Crown of Surfing

这里要举办夏威夷职业杯赛、冲浪世界杯和筒浪大师赛这三大冲浪淘汰赛。
◎咨询 ☎ 596-7873

11月11日 ●
美国老兵日
Veterans' Day

11月的最后一个星期四 ●
感恩节
Thanksgiving Day

12月　　　　　　December

12月中旬 ☆
火奴鲁鲁马拉松
Honolulu Marathon

这场马拉松比赛在中国也广为人知。早上 5:00 从阿拉莫阿纳公园出发，终点是卡皮奥拉公园，全长 42.195 公里。约有 3 万人参加。

◎咨询 ☎ 03-3545-1102

12月中旬的星期六 ☆
雪橇之铃马拉松比赛
Jingle Bell Run

这是一场独特的化装短途比赛，举办于火奴鲁鲁马拉松比赛的下周六的夜晚，在闹市区举行。比赛的时候要在鞋子上系上报名时领到的铃铛，一边听着"丁零丁零"的声音一边赛跑。这不是一场计时赛，而是由 10 人以上的圣诞节赞歌部门人员组成的一场轻松愉快的竞技比赛。

12月25日 ● ☆
圣诞节
Christmas Day

11 月一过，夏威夷到处充满着圣诞节的气氛。街道上到处都装点着圣诞树。特别有名的夜景是闹市区的火奴鲁鲁城市灯光。此时各家商店都在打折，并且有比赛、演出等各种活动。

注：●节庆日　★活动

夏威夷的新禁烟法

夏威夷州于 2006 年 11 月 16 日开始实行新禁烟法。根据法律规定，在公共场所禁止吸烟，爱吸烟的人要格外注意。

主要的禁烟场所
(1) 州郡所有的建筑；
(2) 餐厅、酒吧、夜总会；
(3) 购物中心；
(4) 机场内、公共交通系统（巴士、出租车等）；
(5) 酒店大堂及走廊。

需要注意的是，新的禁烟法规定以禁烟场所的出入口 20 英尺（约 6 米）之内为禁烟区域。新禁烟法实施之前，在禁烟餐厅用餐时，去店外吸烟的人比较多。而新禁烟法规定即使是餐厅入口附近也不允许吸烟。

吸烟场所在哪儿呢？
以下就是主要的吸烟场所
(1) 火奴鲁鲁国际机场外部一片区域；
(2) 海滩、海滩步行公园（恐龙湾除外）；
(3) 酒店等住宿设施里的吸烟室（一般至少 20% 的客房是吸烟客房）、吸烟区域；
(4) 私人住宅等。

火奴鲁鲁国际机场
对于爱吸烟的人来说，在长时间飞行终于抵达机场后抽一口烟是件惬意的事。下面就介绍以下火奴鲁鲁国际机场的具体吸烟场所（只是一部分摘要）。
(1) 岛间候机大厅与国际线抵达大厅的中间，一楼中间部分；
(2) 一楼戴蒙德火山旅行团集合区域（没有屋顶）；
(3) 没有屋顶、围墙的公共停车场以及各租赁汽车公司停车场；
(4) 二楼售票处前面的道路中间。

全面禁烟酒店即将登场
如前所述，一般酒店客房总数的 20% 的客房是可吸烟间房，但以新禁烟法的实施为契机实行全面禁烟的酒店在逐步增加。希望住在吸烟客房的客人，如果不事先要求旅行社或是酒店，你期待的夏威夷旅行有可能会变得很辛苦哦。

另外，在酒店禁烟客房的阳台上也禁止吸烟。

就有人反映说"本以为在阳台上吸烟没关系的，谁知道有人举报了我，前台打来电话提醒我注意"。

还有，有的酒店，你在禁烟室吸烟也会被索取清洁费。

这时候，禁烟？
对于喜爱吸烟的人来说，在抵达夏威夷的较长时间里不能吸烟是件非常痛苦的事情。机场就不用说了，就是在逛街时要不时地找吸烟场所也很痛苦，估计是压力大的人需要吸烟缓解一下压力吧。

但是这时候，试试戒吸烟怎么样呢？最近几年，有各种各样的禁烟辅助剂出售，试一下也许可以帮助你戒烟哦。

尽早办好出国手续

自从 2001 年美国同时发生多起恐怖事件以来，机场的安检就更加严格了。过关的时候要花比平时更多的时间，所以大家最好提前到达机场，留出足够的时间办理手续。

从中国出境（以首都机场为例）
(1) 办理登记手续：随身携带行李的筛选检查。检查时，要分别打开行李箱和手提包，都要接受检查。
(2) 身体检查：办理出国手续之前要接受身体检查。
(3) 登机前：在登机前，要接受行李和身体检查。这是每位乘客必须做的检查，工作人员叫住你的时候请配合。

从美国出国（以火奴鲁鲁机场为例）
(1) 办理登记手续：联邦运输保安局职员称，必须要进行随身携带行李的检查。除了 X 线、CT 扫描等筛选检查，还有使用特殊装置的爆发物探知机检查。不论是哪种检查，请遵循工作人员的指示进行检查。
(2) 办理登机手续后：因为行李是在无人区进行检查的，乘客无法看到，所以不能将行李箱上锁。如果上锁，工作人员会将锁弄坏后进行检查。事后也没有损坏赔偿，全部由乘客个人承担，所以大家一定要注意不要给行李箱上锁。
(3) 身体检查：办理完登机手续后，要进行随身携带行李和身体检查。要事先将笔记本电脑、手机等物品拿出来接受其他检查。
(4) 登机前：必须接受随身携带行李与身体检查。这是每位乘客必须接受的检查，工作人员叫住你的时候请配合。

夏威夷的酒店信息篇

Accommodation Guide

夏威夷的酒店概况

Orientation

住宿设施的种类

夏威夷的住宿设施依据规模、形态、价格等，大致分成四类。

① 都市酒店

不用说这是西洋风格的酒店，当然这是夏威夷最普通的酒店。怀基基的酒店大多是这种类型的。从高层建筑的大型酒店到面积很小的价格便宜的酒店等，价格也是从高到低，差异很大。另外，还有带厨房的房间和布置富有梦幻感的豪华套间。也有经济型酒店那样的紧凑房型，形式各种各样。

② 度假酒店

这是和度假村类似的高档酒店。在酒店的配套设施当中，还会附带有以高尔夫球场为中心的活动设施。不用说有美丽的海滩、购物设施、餐馆等，在广大的酒店区内有全部的生活设施，完全不用走出酒店区。适合经常到海外旅行的人、高尔夫球爱好者、蜜月旅行和年纪大的人。

③ 公寓式酒店

和中国一样，就是带家具的住宅。各个房间都各有房主，房主在不使用这些房间时就把房间委托给经纪公司出租给旅行者。房间比都市酒店的房间宽敞，而且带厨房以及各种家具等，各种家庭生活设施完备，很适合全家旅游和结伴小团体旅游。

此外，还有许多是兼带同酒店一样床罩、前台等服务设施的"公寓式酒店"。

④ 其他的住宿设施

此外，还有和酒店、公寓式酒店不尽相同的其他的住宿设施。青年旅舍、招待所、B&B(床和早餐) 等。价格低廉，而且能和当地人或是其他国家的旅游者交朋友。适合单身旅行和钱不多的旅行者。

旅游旺季和淡季

到访夏威夷的客人并不是一年到头不间断的。一年当中有旺季和淡季之分，在四季如夏的夏威夷岛生活是一件乐事。

夏威夷的旅游旺季，一般是从圣诞节开始到次年的 3 月上旬。这一时期的游客数量占全年总数的 7 成，这时怀基基的

旅游达人喜爱的度假酒店

酒店的出租率是 9 成以上，满员的情况也不稀奇。由于供求关系，这段时期的酒店价格全部上涨 10%~30%。旅行社的团费也会涨价。

由于以上原因，特别是每年的年初年末，最早要提前 3 个月预约，如果是很受人欢迎的酒店，至少要提前 1 年预约才能够确保住得上。

 ## 自由行的预约方法

可以通过各旅行社预约，如果还是不行就只有自己进行预约了。

①用国际电话 / 传真进行预约

只要会说英语，就可以直接打电话到酒店进行预约。这是最快、最奏效的预约方法。

如果打电话对自己的语言没有自信，按照下面的要领发传真也不错。确定有空房间后，就要求对方对问题给予回复。回复的内容包括预约金的金额和支付的期限。可以作为证据放在身边，当遭遇和预约内容不一致的事件时可以有效地处理。

■ 酒店预约书的例文

Dear Hotel Manager   July 13.2012
I Would like to make a reservation for a two bedroom with kitchen for 3 persons(2 adults and 1 infant)from Augest 30th to September 10th. My credit information is as follows.

Wang Yi

I am waiting for your reply.MAHALO!

※在这里签字
Wang Yi
Room 707,Building 2, Jianguomen St.
Beijing, China 100005
TEL(86)-10-123456/FAX(86)-10-123456

②用网络预约

最近有很多酒店都制作了自己的网页。网上预约的话有时候会有折扣，赶上特定时间段的宣传活动会更便宜，对于想要减少旅行费用的人来说千万不可错过。

在酒店的网页里能看到酒店房间的照片、房间的价格表等，是个很好的参考。按照指示进行操作，预约方法非常简单。另外不用考虑时差，这也是预约时的便利所在。

什么时候住酒店比较容易
■ 夏威夷屈指可数的独木舟连锁酒店声称：酒店最空的时候是 5 月 10 日之后到 6 月。这个时期天气情况相对稳定，这个季节也是夏威夷气候最好的季节。此外就是 12 月上旬到中旬，酒店也比较空，很容易预订到房间。

关于保证金
■ 无论是使用上述的哪一种方法，预约之后都要交付保证金 Deposit（有的酒店是支付 1 天的房费）。如果有国际信用卡，只要告诉对方信用卡的号码和有效期限就可以。
■ 这时，为了避免错误，最好是在收到酒店的预约成功答复后再告知对方卡号等信息。另外，想要取消预约时应该会收到附有酒店负责人签名的取消确认书。

预约书上必须写明的事项
■ 姓名
■ 地址、联系电话（如果有传真号也写上）
■ 使用人数
■ 房间的类型
■ 所希望的浴室、厨房等设施
■ 入住和退房的时间

尽可能写明的事项
■ 人员的内容
　　比如是情侣，还是带孩子的，孩子几岁，需要不需要备用床等。
■ 希望要什么样的房间
　　如能够看见海的房间、面对山的房间等。

位置？从房间往外看？
酒店预约提示

选择酒店所处的地理位置

选择酒店的首要因素就是酒店所处的地理位置和规模。

夏威夷的酒店，大体上来说在海滩附近的比较受欢迎。有时被分成"经济型"、"标准型"、"豪华型"3个等级。豪华型的就意味着面对海滩和大海。离海越远价格也就越便宜（当然也有例外的情况）。豪华型的酒店餐厅等各种设施充实。

如果从酒店到大海走几步路就到，那正是酒店的魅力所在。但是，选择酒店除了酒店的级别，还要考虑客房的大小和种类。

客房环境和类型

客房环境和类型分为"标准"、"优秀"、"豪华"3种，此外还有套房，则房间宽敞、装潢豪华这些自然不用说了。

客房环境的划分，是以房间窗外的视野决定的。一般的酒店尽管房间的类型相同，但是随着楼层的升高，房价也不断升高。因为越往上房间的视野越好。此类大体上有以下几种类型。

●直接面向大海的（Oceanfront）

从房间的窗户可以毫无遮挡地眺望一望无际的大海。有这种客房的酒店只限于位于海滨的酒店。

●间接面向大海的（Oceanview）

即使是隔了一条街或是一座楼，也还是能眺望到大海。这是位于内陆的酒店的最好的客房。

●隐约看见大海的（Partial Oceanview）

略微能看见一点大海，眺望大海成为一种奢望。

●观山景（Mountainview）

这是在酒店中位于靠山的一侧的客房，虽然看不见大海，但是没必要失望。要是在怀基基，根据楼层的不同，能够看见美丽的山峰、溪谷也是令人感到惬意的。在房间中眺望马诺阿溪谷夜景的人也不比观海的人少。

根据自己的旅行风格选择酒店

除此之外，还拥有怀基基东侧的眺望钻石头山（Diamond Head View）、西侧的城市景观（City View）客房的酒店。

当然能够眺望到大海和夜景的房间是最好的，但是也不尽如此。比如如果能在房间里待上一天，那这样的房间固然好。但是如果白天几乎都在外面游玩，只有晚上才回到房间，那么选择观山景的房间比较好。所以要与自己的度假方式配合，这是选择客房的基本原则。

如果没有住到位于海滨的酒店也没什么可悲观的。怀基基满打满算东西长3公里、南北宽1公里。所以尽管是位于内陆的酒店，也是可以步行到海滩的。根据预算和旅行目的，选择豪华型酒店的标准间，不如选择中档酒店的豪华间，更能使你的旅行充实。

这就是能够眺望到大海的房间

真是没有任何东西遮挡视线

观山景的房间居然能眺望到如此浪漫的景色

灵活使用酒店

Hotel Services

 挖掘酒店全部功能

如果是初次到海外旅行的人，因为夏威夷的酒店和中国有很大的不同，所以会感觉还是有不少令人感到困惑的地方。为此，我们向大家介绍一下如何更好地使用酒店的各种设施和提供的服务。

大门

无论坐出租车还是开自己租赁的汽车，当车开到酒店的大门时，迎接你的首先是酒店的门童和行李员。他们的工作就是顾客的行李管理。入住的时候是从大堂到客房，离开的时候恰好相反，是从大堂到玄关。行李员的工作就是负责把你的行李运到房间或是从房间运到大堂。你只要把姓名告诉行李员，自己就不用再管行李了。

也有没有门童的酒店，这时只要向服务台提出申请，行李员就会出现来负责管理你的行李。也就是说能有门童为你服务的大多是中档以上的酒店。

另外在公寓式比较便宜的酒店，大多没有行李员，可以用酒店的专业行李车自己搬运。

大堂

办理入住手续的时间大多从 15:00 开始。如果是事先预约好的酒店，在房间准备好的情况下，15:00 之前可以进入房间。如果办理入住手续的时间被大幅推迟（18:00 以后），那就要和酒店取得联系，否则只能取消预约。

在大堂的服务台，首先告诉对方自己的姓名和预约的情况，如果有酒店凭证、预约确认书等要出示给工作人员。接下来是填写入住单。地址、姓名等当然要用英语填写（中文要用汉语拼音），签字可以用汉字。

另外，提示一下国际信用卡的使用方法。假如在中国预订了酒店并附了订金，在支付全款之前必须要出示信用卡。

在支付客房冰箱的饮料费用，以及在酒店内的餐馆就餐时的餐费等是不需要保证金的，因为这时需要考察的是顾客的社会信用度如何。可以说信用卡是如今海外旅行的必需品。当然，除了信用卡，在出发前也必须算好所需的现金和旅行支票的量等，有些时候是不能使用信用卡的。

 停车服务
（ Valet Parking ）

■ 在驾驶租赁汽车的时候，工作人员会根据门童的指示为你把车开到停车场。当然也可以自己开到停车场。但是在办理入住手续时，还是由工作人员来调度更合规则。

给你添麻烦了，门童

 旅游服务处
（ Travel Desk ）

■ 在大堂的附近有旅游服务处，这里摆放着各种有关旅游和餐厅的小册子。可以很方便地找到推荐的旅游信息。

餐馆

■ 在酒店的餐馆要注意自己的服装。参加很难得的宴席时，不要穿 T 恤和拖鞋进入餐馆。男士要穿正式的衬衫和长裤，女性当然是连衣裙。再简单一点，男性穿阿罗哈衬衫，女性穿休闲装，也是可以的。

在餐馆付账

■ 如果住在酒店里，在酒店的餐馆用餐后签字就可以了。在账单上写上房间号和姓名（罗马字），签上字。另外在小费栏（Gratuity 或是 Gratitude）写上 15% 或是 5 美元，最后结账时一起算。不仅是酒店住客，外面的人到酒店餐厅里用餐的人很多，晚餐最好要预约。

自动洗衣房

■ 很多酒店里都有投币式自动洗衣房。有全自动洗衣机和全自动烘干机，对于长期住宿的顾客非常重要，使用方法很简单。
使用全自动洗衣机：
①首先是定水温（Hot 热水、Warm 温水、Cold 冷水），衣物根据面料（Normal 普通、Perm Press 牛仔裤等厚面料、Delicate 内衣等薄面料）进行选择。
②在指定投币口中投入 25 美分的硬币 4 枚（或是 5 枚），扳动扳手，听到一声响，再扳回原来的位置，开始自动洗衣。
■ 自动烘干机同样（一般 25 美分的硬币 4~6 枚）也是根据面料进行选择。有卖洗衣粉的自动贩卖机，需要 50 美分。无论是使用哪种机器，需要事先准备好 25 美分的硬币。

房间钥匙

夏威夷的酒店大多数都是使用卡式钥匙。在房间门把手的旁边有一个专用的钥匙插口，从上向下插入再拔出来，显示灯由红变绿，门就打开了。卡式钥匙便于携带，但是容易丢失，一定得注意。另外，卡式钥匙上没有房间号码，千万不要忘了房间号而急得团团转啊。

从大堂到房间

前面已经说了行李由行李员负责搬运到房间内。规模较小的酒店，行李员会等你办完入住手续之后为你带路。规模较大的酒店，在房间等一会儿之后行李员会把行李送来。这时要给行李员小费，大体上是每件行李最少 1~2 美元。如果行李很重，要适当地多给一些。在离开酒店结账的时候行李员帮你搬运行李也要给小费。

另外有的酒店还有免费的行李管理，非常方便。工作人员写好日期和姓名，给你半张票作凭证。一定要在规定的时间来取行李，小费至少要支付 1 美元（也有的酒店没有此项服务）。

注意锁门

中国人在酒店里发生的意外大多是因为没有锁好门。在房间里时一定要锁好门和上好防盗栓。

当有人敲门时，先要从门镜里看清楚，打开门的时候不要拿下防盗栓，应只开半个门。真的认识来人后再开门。外出时，要检查门是否完全关好锁好，不要稀里糊涂的。

安全管理

护照、现金、机票要好好保管。怀基基各主要的酒店大体上都有室内保险箱。有使用钥匙的、使用卡的，比较有代表性的是使用密码方式的，使用方法很简单。首先拔掉金属柜门上部的一根金属棒，把贵重物品放入柜中，关好门，输入一组自己喜欢的 6 位数字。开保险箱时只要输入同样的 6 位数字就可以了。这样出门时就不必拿着钥匙了，发生什么意外的时候还会有所补偿。但是要收费（2.5~3.5 美元），这是人们大多都使用的设备。

如果没有室内保险柜，在大堂也有贵重物品存放处。在规定的用纸上写上房间号码、签上字，把贵重物品放入一个细长的箱子里就行了。可反复多次使用箱子，大多是免费的。

空调

怀基基的酒店99%以上都装有空调，有温度调节装置。风的强弱（High=强、Medium=中、Low=弱）、温度（华氏度），可以依个人喜好设定。

夏威夷早晚比较凉，晚上睡觉时最好关上空调。

冰箱

大多数的酒店在客房内都有小型冰箱。有的冰箱里什么都没有，也有的在冰箱内放有果汁、啤酒等饮料，还有一些小点心等。

后者叫迷你吧，冰箱内的东西都是收费的。啤酒一罐3.5美元，是比较贵的。很疲倦的时候出去买酒喝嫌麻烦的时候还是很方便的。如果使用了冰箱内的饮料等物品，每天自己要有一个记录，在结账时一起结算。

浴室

在浴室当中一定会备有浴巾和香皂。如果没有可以向服务台或是客房服务员询问。另外中档以上的酒店会配香波、浴液等用品，叫简洁式成套用品。也就是两个人使用1~2天的量，用完了会及时补充。

另外和中国不同，预备牙刷和牙膏的酒店很少。

如果是淋浴和浴缸在一起的浴室，在洗浴时一定要挂好浴帘，不要让水溅到外面，且要把浴帘下摆放到浴缸的内侧。

电视

和中国的酒店一样，电视频道配有收费的有线电视频道（Pay TV），不明所以随便瞎按的话，免不了到最后向你收收视费。这些收费的频道会播放在中国的电影院里还没上映的电影、对电影迷来说真是不错（当然没有翻译字幕）。偶尔有的酒店还播放当地的汉语节目，好好享受吧。

别忘了密码

■ 室内密码保险柜的好处是，如果按错了密码，保险箱就会在30分钟内自动上锁。多次按错密码就会自动报警，表示发生盗窃事件。所以千万不要忘记密码。

首先要检查一下冰箱

■ 常会发生自己明明没喝饮料，却被收饮料费的这种事。原因是在你之前住在这里的人喝的饮料，由于房间服务员没有进行及时的补充，刚住进去的时候冰箱内的饮料供应不足，所以记到你的账上了。也不用太惊讶，到房间之后，打开冰箱进行检查，如果是满的会排列得很整齐，如果有缺少一眼就能看出来。

浴室内用品的提示

■ 各酒店浴室内的用品都是各酒店特制的。香波、香皂等可以带走，作为一种别具特色的小礼品。但是浴室中的浴巾、电吹风等是酒店中的用品，带走的话则视为盗窃，一定要注意。

叫　早

■ 叫早服务要告诉服务台房号、姓名、起床时间。英语是"Please wake me up at 7 o' clock tomorrow morning .This is Mr. Wang Yi,room tenfourteen(1014 号房)。"最近，流行一种语音短信叫早的方法，事先把叫起的时间和电话号码输入就可以了。

网　络

■ 在很多高档酒店，客房内都配备可以自由使用的高速网络。另外，很多酒店在大堂等公共区域配备了无线网络。无论哪一种都需要付费，24 小时 12~15 美元。

关于室内电话

室内电话拨 0 大多是酒店服务台和电话总机，外线大多拨 9。

阳台

作为夏威夷酒店的特征，即便是都市酒店，大多数的房间都带有阳台。在阳台上可以享受海风的吹拂，一边眺望美丽的夜景一边喝着美酒，真是乐趣无穷的享受。

在夏威夷，享受从阳台吹来的风的确心情舒适，但是外出和睡觉的时候，玻璃窗户大开，在安全上还是有问题的。另外，如果有小孩的话也要格外注意，曾经发生过小孩从阳台上掉下去的事件。

有各种各样在阳台上消磨时光的方法

灵活使用厨房的方法

使用方便的拥有全套设备的厨房

一般来说组合式公寓旅馆的厨房有两种。

一种是只有简单的厨房用具的厨房（Kitchenet）。这种厨房里有电炉、水池、小型冰箱。虽然有些狭窄，但是基本能满足生活需求。

再加上烹调台和烤箱等就是一个有比较完整的厨具设备的厨房（Full Kitchen）了。有的还带洗碗机。无论是哪种类型的厨房，都配备

了比较齐全的烹调器具和餐具。要注意的是，客房服务员不负责洗碗，所以要经常保持厨房的清洁。

有机垃圾粉碎机和电炉

中国人也许对有机垃圾粉碎机还不大了解。这是和洗碗槽连在一起的一个机器，随着一边洗菜、洗碗等，那些剩饭剩菜随着进到机器内，一按电钮，垃圾就被粉碎了。但是不要把塑料和坚硬的废弃物放到机器中。

电炉等灶具都是用电的。大厨房使用的灶具有 4 个火口。开关在前面排成一排，开始的时候也许不知道哪个开关管哪个火口。不要担心，上面都写着呢，"Front（前）""Rear(后)""Right(右)""Left(左)"。如果写着"Front Left"是表示前和左两个连动。

结账

　　离开酒店结账的时间大多在正午 12:00。过了正午还不结账退房就要加收超时费用了。一般是到下午 18:00 加收半天的费用。有的酒店在 10:00~11:00 退房，所以事先要确认好。

　　结账的时候，经常会有很多人，要是担心赶不上飞机起飞，最好留有充足时间提早办理。

在酒店的礼仪和注意事项

　　①在酒店除了自己的房间其余都是公共场所。即便是到隔壁的房间也不能只穿睡衣或是内衣走出去。

　　②不要穿着泳装在大堂里晃来晃去，要穿上衣和海滩拖鞋，打赤脚是不礼貌的。

　　③在乘电梯时遵循女士优先的原则。上了电梯以后，要面向门口。看到人以后，至少说句"Hi"，打个招呼。

　　④洗的衣物、泳衣、毛巾等，不要在阳台上晾晒，这是中国客人容易忽视的。

　　⑤在酒店，客房的服务员每天来打扫房间，补充床单、毛巾等各种用品。所以在早上离开房间时，要在枕头下面或床头柜上放上 1 美元的小费（每一张床）。如果想多要毛巾或是茶杯等可拜托客房服务员，放 1~2 美元的小费，留个便条就可以了。

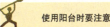
使用阳台时要注意

■ 在阳台上用餐时，会有鸽子、小鸟飞过来乞食，请不要给它们喂食哦。请支持夏威夷的生态系统维护。

放置小费的方法

■ 对于客房服务员老说小费是非常重要的收入，如果你忘记了放小费，对他们来说无疑不是一件愉快的事。最简单的是把小费放在床头柜上。再留个便条写上 "Dear Room Keeper"，那么客房服务员会很愉快地为你打扫房间。

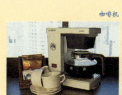
咖啡机

有机垃圾粉碎机的主体部分

　　温度调节在开关上也有表示："Low"、"Medium"、"High" 等。电炉热起来需要时间，对于一下子使用还会有些不习惯的人来说，要适当地调节温度还是比较难的。

　　还有，在使用电炉的时候，一定要开排气扇。一般都在炉灶的上面。如果没打着，一有燃气味儿火灾警报器就会响起来。中国人常会弄响警报器。

　　另外还有的厨房设施是咖啡机和烤面包机等。

电炉、微波炉和烤箱连在一起的灶具

关于酒店的基本介绍

从下页开始，以下述划分的种类逐个介绍各岛的酒店。另外，以下各个酒店的住宿费用，都是2012年度淡季（4月~12月圣诞节前）的住宿费用，没有附加其他特别费用。费用里已经合计了州税（约4.166%、瓦胡岛约4.712%）以及酒店税（9.25%）。

高档酒店

这些酒店基本上都是建在海边或是主大道的沿途等一等地区。因为这里基本上都是豪华酒店，就连想要住在这里的旅行团团费都高得不得了。

公寓式酒店

各个房间都有私有房主，房主在不使用这些房间时，就把这些房间委托给经纪公司出租给旅游者。还带厨房以及各种家具等，家庭生活设施完备，很适合全家旅游和结伴小团体旅游。

中档酒店

团体旅游者经常光顾。客房很多，房间规模、样式也很多，而且各种生活设施也很齐备。遍布各个地区。

经济型酒店

一些不为人知的小规模的酒店。住宿费便宜是它最大的魅力所在。虽然客房比较少，但是可以和店员成为朋友，可以说是其一大优点。

文中符号所代表的内容

室内设施

- 阳台
- 电视
- 带闹钟的收音机
- 冰箱※1
- 咖啡机
- 室内保险柜
- 浴缸
- 吹风机
- 洗发液、香皂、护发素
- 高速网络※2

酒店设施

- 停车场
- 餐厅
- 酒吧
- 客房服务
- 游泳池
- 冲浪浴缸
- 健身房
- 高尔夫球场
- 水疗中心（SPA）
- 网球场
- 烧烤设施
- 投币式洗衣机
- 旅游服务处
- 带厨房的客房
- 残疾人客房

有此符号所表示的设施

没有此符号所表示的设施

部分房间带有设施

※1.包括迷你吧
※2.表示不是拨号上网

在酒店林立的怀基基市，虽说住宿费用很高，但也不是因贵而"高级"。这些酒店里有可以随便使用的完备设施以及舒适的室内装饰，此外还可以眺望辽阔的太平洋、钻石头山的景色。还有，你可以亲身感受酒店职员高品质的服务，这些都使你在下次的夏威夷旅行中还想要住在这里。

高档酒店

Luxury Hotels

怀基基皇家夏威夷豪华度假酒店
The Royal Hawaiian,a Luxury Collection Resort,Waikiki 以聚集了有钱人及名人而闻名的酒店

◆这座酒店建于1927年，被称为"粉红色的宫殿"。那优雅的外观简直可以说是怀基基里程碑式的建筑。这家酒店曾经以上流社会的社交场所而著名，接待过世界名流、王公贵族。西班牙式的建筑风格，格调优雅。有长长的回廊、枝形吊灯等使得其在怀基基拥有别样风情。

位于怀基基中部　　Map 怀基基 -B6

住 2259 Kalakaua Ave.
☎ 923-7311　FAX 931-7098
URL www.royal-hawalian.com
费 双人房 590~920 美元，套房 1225~5800 美元
备 全部 529 间　C/C A D J M V

酒店具有历史感的客房

莫阿纳冲浪者酒店威斯汀度假村
Moana SurfriderA Westin Resort&Spa　　怀基基的"第一夫人"

◆这是在1901年开业的在夏威夷拥有最长历史的酒店。开业当时，因为她那非常现代的造型被人们成为"怀基基第一夫人"。2007年成为威斯汀酒店品牌，并新添了现代化的床铺及洗浴设施。且年年都在逐步升级设施。

位于怀基基中部　　Map 怀基基 -B7

住 2365 Kalakaua Ave.
☎ 922-3111　FAX 924-4799
URL www.moana-sufrider.com
费 双人房 480~799 美元，塔尖套房 1225~5800 美元
备 全部 795 间　C/C A D J M V

纯白圆柱风格的大厅

哈莱库拉尼酒店
Halekulani　　尝尝名流的滋味

◆这是一家有名的夏威夷传统酒店，内装修以灰白色为基调，氛围优雅。几乎所有的客房都能眺望到大海，浴室的洗面台都是大理石的。到达酒店的时候，酒店都会为你送上一块巧克力和水果，晚上睡觉的时候，会在你的枕头上放上一枚漂亮的贝壳，服务得真是仔细周到，使你从心底里产生一种感激之情。

位于怀基基中部　　Map 怀基基 -B6

住 2199 Kalia Rd.
☎ 923-2311　FAX 926-8004
URL www.halekulani.com
费 双人房 425 美元起，套房 875 美元起　备 全部 453 间
C/C A D J M V

卡哈拉度假酒店
The Kahala Hotel & Resort
传说其前身是最高级的度假酒店

◆这是位于高级住宅区卡哈拉那白色沙滩上的老酒店。这里的工作人员以温文尔雅的态度迎接着世界名人和皇室贵族。酒店大堂水晶吊灯闪闪发光，海豚在大水缸中游来游去，餐厅的玻璃窗前就是一望无际的大海，还有美丽的白色沙滩，连沙发都是最高级的。

位于卡哈拉地区　　Map 火奴鲁鲁 -A8

住 5000Kahala Ave.
☎ 739-8888　FAX 739-8800
URL www.kahalaresort.com
费 双人房 515 美元起，套房 1700~10000 美元
备 全部 338 间　C/C A D J M V

大使套房怀基基海滩漫步酒店
Embassy Suites Waikiki Beach Walk
夏威夷超豪华酒店

位于怀基基西部　　Map 怀基基 -B6

◆这是以能在海滩散步为核心的酒店，由"费拉塔"和"阿罗哈塔"两栋组成，所有房间都是套房是这个酒店的特色。

房间分为一张大床的房间和两张床的房间，每个房间都是起居室和卧室分开，让客人可以充分休息。液晶电视、MP3&CD 的播放器是一般的新酒店都会配备的。另外还配备了微波炉、冰箱、水槽等，可以做简单的饭菜。

连接两栋楼的第四层有可以眺望海滩的游泳池和阳台，每天早上为住宿客人准备的免费早餐就是在这里吃的。每晚，还有经理主持的鸡尾酒会，一定不要错过。

以古老夏威夷为主题的房间

形状独特的游泳池。孩子用水池也有配备

住 201 Beachwalk St.
☎ 921-2345
FAX 921-2343
费 1BR$449~569、2BR$649~769
备 全部 369 间
C/C A D J M V

怀基基凯悦酒店 & 水疗馆
Hyatt Regency Waikiki Beach & Spa

怀基基最醒目的双塔

◆ 在怀基基警察局的对面，耸立着40层高的双塔建筑，这就是凯悦酒店。酒店设有租车服务、超多名牌的商场 Pualeilani Shops JP、数目众多的餐厅、Nahoola Spa 等服务设施，这是一家各种设施完备的大型酒店。

几乎所有客房都是统一的沉稳装潢

位于怀基基中部　　Map 怀基基 -B7
住 2424 Kalakaua Ave.
☎ 923-1234　FAX 926-3415
URL www.hyattwaikiki.com
费 双人房 495-619 美元，套房 874-4074 美元　备 全部1229间　C/C A D J M V

怀基基喜来登度假酒店
Sheraton Waikiki Resort

怀基基有代表性的大型酒店

◆ 这是矗立在怀基基海滩上的一栋高达31层、拥有客房数达1600室以上的大型酒店。有2个游泳池、商店街、多家餐厅，还有夏威夷文化节目等，这里拥有夏威夷酒店应有尽有的设施，你会感觉到身处怀基基的社交场所。

位于怀基基中部　　Map 怀基基 -B6
住 2255 Kalakaua Ave.
☎ 922-4422　FAX 923-8785
URL jp.sheraton-waikiki.com
费 双人房 435~755 美元，套房 1225~1500 美元
备 全部 1636 间　C/C A D J M V

奥特雷格礁石海滩酒店
The Outrigger Reef on the Beach

鲜为人知的海滩酒店

重新装潢后客房由 800 间以上缩减到 639 间，多了很多可以悠闲度假的空间

费 套房 369~679 美元，1BR599~1299 美元
备 全部 639 间
C/C A D J M V

◆ 该酒店位于不乏购物中心及餐厅的怀基基海滩步行街一角，而且位于沙滩上，是一家绝对好位置的酒店。

该酒店的设计理念就是"夏威夷式的奢华"。入口处有古董木质的独木舟，大厅里装饰的是历史文化纪念物，这所有的一切无不彰显着酒店的设计理念。

客房内放置着夏威夷王朝时代气息的古典家具，统一的土黄色调。让人感受到古典与现代相融合的沉稳情趣。此外，还有 32 英寸的平板电视、手持淋浴、化妆镜等设施，应有尽有，使用方便。另外还提供免费高速网络、室内保险箱、早报，到店时提供矿泉水等一系列的免费服务。

住 2169 Kalia Rd.
FAX 924-4957
URL www.outrigger.com

 CHECK　上述信息所表示的房费中，STU 表示 1 室（Studio），1BR 表示 1 张床的房间，2BR 表示 2 张床的房间。

怀基基海滩万豪温泉度假酒店
Courtyard by Marriott Waikiki Beach
给人新感觉的艺术酒店

◆位于怀基基市中部，是一家位置绝佳的酒店。2009年6月酒店重新改装，大约25%的套房里都是高雅的装潢风格。在酒店设施中还有意大利餐馆Spada、水疗中心Spa Pure等。

客房全都配备免费高速网络

位于怀基基中部	Map 怀基基 -A6

住 400 Royal Hawaiian Ave.
☎ 954-4000　FAX 954-4047
URL www.waikikicourtyard.com
费 标准间 305 美元，配备豪华小厨房的房间 355 美元
备 全部 401 间　C/C A D J M V

阿斯顿怀基基海滩酒店
Aston Waikiki Beach Hotel
夏威夷风格的大型度假酒店

◆这家酒店面朝大海，距离卡皮奥拉尼公园、火奴鲁鲁动物园都非常近，是一家非常便利的大型酒店。你在这家酒店可以感受名副其实的海边早餐。还提供早餐外卖，你可以将喜欢吃的早餐放入专用饭盒里，带到客房或是公园里吃，真是件乐事哦。

位于怀基基东部	Map 怀基基 -B8

住 2570 Kalakaua Ave.
☎ 922-2511　FAX 923-3656
URL www.astonhotels.co.jp
费 客房 169 美元起，普通套房 291 美元起
备 全部 644 间　C/C A D J M V

怀基基海滩万豪温泉度假酒店
Waikiki Beach Marriott Resort & Spa
设施充足的大型酒店

◆这是一家面对怀基基海滩的大型度假酒店。这是由保罗·布朗建造的，里面设有在本地人中很有人气的餐厅、海鲜餐厅以及寿司酒吧等设施。另外酒店内还有完备的托管儿童的设施。

热带风格的设计风格让人心情格外愉悦

位于怀基基东部	Map 怀基基 -A8

住 2552 Kalakaua Ave.
☎ 922-6611　FAX 921-5255
URL jp.marriottwaikiki.com
费 客房 370~640 美元，套房 750~2500 美元
备 全部 1310 间　C/C A D J M V

怀基基度假酒店
Holiday Inn Waikiki Beachcomber Resort
购物最方便

◆和 Macy's 购物中心同处一地，旁边是国际市场，前面是皇家夏威夷购物中心，真可谓购物黄金地段的酒店。客房简洁干净，很受女性住客的欢迎。晚餐的表演秀也相当受欢迎。

位于怀基基东部	Map 怀基基 -A8

住 2300 Kalakaua Ave.
☎ 1922-4646　FAX 5923-4889
URL www.waikikibeachcomberresort.com
费 套房 $319　389
备 全 496 室　C/C A D J M V

太平洋海滨酒店
Pacific Beach Hotel

物超所值的极好酒店

◆这是在众多的海滨酒店当中以设施完备而受到好评的酒店。这里有24小时营业的健康中心、水疗中心Spa，另外还设有一个拥有室内水族箱的餐厅。你可以一边眺望着水族箱一边用餐，这真是在别的酒店无法欣赏到的景致。这里最适合单身旅行者入住。

拥有巨大水族箱的餐厅海洋水族馆

位于怀基基东部　　　Map 怀基基 -A7
- 2490 Kalakaua Ave.
- ☎ 922-1233　FAX 922-0129
- URL www.pacificbeachhotel.com 或
- www.combridge.com
- 费 双人房 289~469 美元，套房 700~2200 美元
- 备 全部 837 间　C/C A D J M V

怀基基夏威夷王子酒店
Hawaii Prince Hotel Waikiki

怀基基代表性的日资酒店

◆大厅全是由大理石、镜子以及玻璃建造的，营造出多用型的宽敞空间。全部客房都可以看见大海，房间的设计很重视保护个人的私密性，在自己的房间里是看不见别的房间的。你住在这里，可以使用到优良品质的毛巾，感受到细致的待遇。

位于怀基基西部　　　Map 怀基基 -B4
- 100 Holomoana St.
- ☎ 956-1111　FAX 946-0811
- URL www.princehotels.com
- 费 双人房 390~520 美元，套房 610~2250 美元
- 备 全部 521 间　C/C A D J M V

海龟湾度假村
Turtle Bay Resort

随时都能尽情享受瓦胡岛的不同魅力

◆这家度假酒店有 36 洞的高尔夫球场、网球场、约 20 公里的步道、骑马等设施，是一家集众多运动设施的消遣度假酒店。这里四面环绕着热带植物，野鸟在此生息，客房就在这样的环境中，每天听着小鸟和海浪的声音，在这里度假真是棒极了。

木制别墅里有带顶子的床以及亚洲风格的室内装饰，给人一种安宁的感觉

位于瓦胡岛北部　　　Map p.43-A4
- 57-091 Kamehameha Hwy.
- ☎ 293-8811　FAX 293-9147
- URL turtlebayresort.com
- 费 双人房 475~555 美元，木结构别墅 975 美元
- 备 全部 443 间　C/C A D J M V

JW 万豪伊希拉尼度假村和水疗中心
JW Marriott Ihilani Resort & Spa

全是典雅格调的度假酒店

◆这是一个用夏威夷语"天堂之光"来命名的格调高雅的度假酒店。这里有科奥利纳高尔夫俱乐部、6 个网球场等运动设施，还有瓦胡岛最大的温泉，你可以体验到塔拉治疗法（海洋疗法）等各种按摩手法。

位于瓦胡岛西部　　　Map p.38-C1
- 92-1001 Olani St.
- ☎ 679-0079　FAX 679-0080
- URL www.ihilani.com
- 费 双人房 485~750 美元，套房 850~4500 美元
- 备 全部 387 间　C/C A D J M V

奥特雷格怀基基海滩酒店
The Outrigger Waikiki on the Beach
最好的地理位置

◆ 这家酒店建在海滩上，旁边就是夏威夷皇家购物中心，而且对面还有国际商业广场，这里是购物绝对方便的场所。客房以"夏威夷古典美"为主题。古朴的床罩等设施让人随处可以感受到夏威夷古典气息。

几乎所有客房都是统一的沉稳装潢风格

	位于怀基基中部	Map 怀基基 -B7
住 2335 Kalakaua Ave.
☎ 923-0711　FAX 921-9749
URL www.outrigger-japan.com
费 双人房 389~779 美元，1BR
1039~1299 美元
备 全部 524 间　C/C A D J M V

怀基基海滨特朗普国际酒店
Trump International Hotel Waikiki Beach Walk
怀基基诞生的极其奢华的酒店

◆ 国际知名的酒店也在怀基基修建了酒店。所有客房配备高级家电、西式厨房、洗衣干衣机、阳台。客人同时可以体验超级体贴的个人服务和统一的行动性。

称作工作室的房间也保持着 46 平方米的超大空间

	位于怀基基中部	MAP 怀基基 -B6
住 223 Saratoga Rd.
☎ 683-7777　FAX 683-7788
URL www.trumpwaikikihotel.com
费 STU ＄499~749、1BR ＄879~
＄1279、2BT ＄1679~2479
备 全部 462 间　C/C A D J M V

就像在自家一样
公寓式酒店的房间的类型

　　公寓式酒店的房间类型大约有 3 种，分别是 1 室（Studio 一个房间兼作起居室和卧室，带厨房和卫生间）、1 张床房、2 张床房。1 张床房以上的房间大都是卧室和客厅分开，在客厅里都有折叠沙发床。所以 1 张床房的能住 4 个人，2 张床房的能住 6 个人。

　　如果除了卧室还有客厅，可以使度假的氛围更为轻松。要是家人一起来，小孩子还会有地方玩。晚上，全家人围坐在一起吃饭聊天，真是一个共享天伦的好假日。

怀基基阿斯顿日落酒店的客厅兼饭厅

一室（Studio）图例（使用面积 40 平方米）

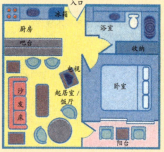

1 张床房图例（使用面积 60 平方米，怀基基日落酒店）

住在公寓式酒店有许多好处。一个是带厨房，而且房间也比较大，防范设施也比较完备。现在酒店犯罪活动多发生在电梯内，而住在公寓式酒店，需要有开电梯的钥匙，所以比较安全。

公寓式酒店

Condominium

怀基基卢瓦纳奥特雷格酒店
Outrigger Luana Waikiki

可以解除疲倦的公寓式酒店景色

◆这家公寓式酒店可以欣赏到令人惊叹的福特戴尔西公园景色。无论是在大堂还是客房，你都可以看到夏威夷风格的家具和日常生活用品。酒店里都是高档用品，却一点都不显得俗气，这里的一切都是专门为成年人度假准备的。全部客房的约50%都配备了最先进的厨房设施，或是全套厨房。

可以看见海景的1BR，你可以赤着脚走来走去

位于怀基基西部　　Map 怀基基 -A5

住 2045 Kalakaua Ave.
☎ 955-6000　FAX 943-8555
URL www.outrigger.com
费 客房 229~239 美元，带厨房的 259~269 美元，1BR409~519 美元
备 全部 215 间　C/C A D J M V

奥特雷格怀基基海岸酒店
Outrigger Waikiki Shore

享受怀基基一等地的生活

◆这是怀基基唯一一家建在海边的公寓式酒店。几乎所有的房间都是面对大海，眺望着蔚蓝的大海、看着福特戴尔西公园的景色保管让你心情舒畅。虽说有 STU 的客房，但向你推荐轻松舒畅的 1BR 的房型。客房里有洗衣机、烘干机等便利电器。

这间卧室让你期待每天心情舒畅地睁开眼

※ 住客可以尽情享用奥特雷格礁石海滩酒店的设施
★ 全部客房配备洗衣机和烘干机

位于怀基基中部　　Map 怀基基 -B6

住 2161 Kalia Rd.
☎ 922-3871　FAX 922-3887
URL www.outrgger.com
费 STU305 美元，1BR355~485 美元，2BR505~695 美元
备 全部 168 间　C/C A D J M V

海岸步行街奥特雷格丽景酒店
Outrigger Regency on Beach Walk

现代设计的豪华公寓

◆这是一家以时髦风格，配备现代化设施为傲的公寓式酒店。全部客房都配备全套厨房设施以及液晶电视。大理石铺砌的浴室使用起来十分舒适。酒店周围聚集了 Arancino、松玄、银座梅林炸猪排等许多高级餐厅。

2BR 的宽敞起居室

※ 住客可以尽情享用奥特雷格礁石海滩酒店的设施

位于怀基基中部　　Map 怀基基 -B6

住 255 Beachwalk.
☎ 922-3871　FAX 922-3887
URL www.outrigger.japan.com
费 1BR 319~369 美元，2BR 419~449 美元
备 全部 48 间　C/C A D J M V

阿斯顿怀基基日落酒店
Aston Waikiki Sunset

现代化的大型公寓式酒店

◆这是一座有 38 层高的公寓式酒店。室内装潢以高雅色调为主，营造出安心舒适的氛围，厨房有大型冰箱、咖啡机、烤箱、电饭煲等，各种设施完备。有能住 6 个人的 2BR 的房型。但是房间数不多，要提早预约。客房已经全部整修完毕，较以往更加明亮。

住在靠山一侧的高层房间，还能眺望到美丽的夜景

位于怀基基东部　　　怀基基 -A8

住 229 Paoakalani Ave.
☎ 922-0511
FAX 923-8580
URL www.astonhotels.com
费 1BR 156 美元 ~，2BR 295 美元 ~
备 全部 435 间　C/C A D J M V

※ 要咨询

阿斯顿怀基基榕树酒店
Aston at the Waikiki Banyan

全家旅行的话一定要到这里来

◆这是一家位于双塔建筑里的大型公寓式酒店。客房只有 1BR 这种类型。当然厨房里厨具一应俱全，还有电饭煲等电器可以自己做饭。这座塔形建筑中央部分的六层是一个休闲空间，有游泳池、桑拿浴池、蒸汽池、烧烤烤架、网球场、小吃店、儿童广场等，相当完备。

重新装潢过的厨房，使用便利，你一定会乐在其中的

位于怀基基东部　　　Map 怀基基 -A8

住 201 Ohua Ave.
☎ 922-0555
FAX 922-0906
URL www.astonhotels.com
费 1BR 224~294 美元
备 全部 876 间　C/C A D J M V

※ 要咨询

皇家库希欧
Royal Kuhio

怀基基代表性的公寓式酒店

◆正像标题上所说的，是位于库希奥大街正中的公寓式酒店。安全保卫措施完备，只有住客和酒店的客人才能够进入电梯。客房有宽敞的 STU 以及 1BR 这两种类型。无论哪种都有完备的厨房设施。

以折叠拉门分割房间的 1BR

位于怀基基中部　　　Map 怀基基 -A6

住 2240 Kuhio Ave.
URL www.royalkuhio.com
费 200 美元 ~（已含税）
备 全部共 63 间　C/C 不接受信用卡

怀基基阿库尔滨海酒店
Aqua Waikiki Marina

距离阿拉莫阿纳最近的高层酒店

◆这是一家建在怀基基西部的 40 层高建筑里的高层公寓式酒店。虽说是紧凑房型，但每个客房都配备小厨房。客房水吧配备了微波炉、电炉、冰箱、咖啡机等设施，在这做顿简单的饭菜是没问题的。如有需要还可以去借电饭煲。

推荐大家住在可以看见游艇港的高层酒店。夜景也十分的漂亮

位于怀基基西部　　　Map 怀基基 -B4

住 1700 Ala Moana Blvd.
☎ 942-7722　FAX 924-1873
费 STU175~250 美元
备 全部共 130 间　C/C A D J M V

阿斯顿怀基基海滩塔酒店
Aston Waikiki Beach Tower
超豪华的优雅假日

◆在怀基基的公寓式酒店当中，这是最优雅、最舒适的酒店。共有40层，每层全都是2BR的套房，每个卧室都配备浴室。从阳台上能眺望到无际的大海。

宽敞的客厅，一流的居住环境。厨房设备中还有电饭煲，使用方便。此外还有洗衣机、烘干机（备有洗衣粉），各种设施非常齐全。

另外还提供免费专业停车场、免费室内高速网络、24小时保安、游泳池、蒸汽、桑拿、每天2次的房间打扫等服务。可以说这是怀基基数一数二的高品质的公寓式酒店。

位于怀基基中部	Map 怀基基 -A7

住 2470 Kalakaua Ave.
☎ 926-6400　FAX 926-7380
URL www.astonhotels.co.jp
费 1BR 376 美元～，2BR 450 美元～
备 全部 140 间
C/C A D J M V

安静的主卧室

能优雅度假的客厅

能快乐做饭的厨房

※ 要咨询　★ 全部客房配备洗衣机与烘干机 ★

阿斯顿太平洋君主酒店
Aston Pacific Monarch
推荐靠边角的 1BR

◆这是一座34层的公寓式酒店。虽说有1室的客厅，但是向你推荐的是1个卧室的房间。厨房设施完备，客厅也十分宽敞，如果使用客厅中的折叠沙发床，那么可以住5个人。安全保卫措施完备，只有本酒店住客才能进入电梯。

一家人住在 1BR 的房间很合适

位于怀基基中部	Map 怀基基 -A7

住 2427 Kuhio Ave.
☎ 923-9805　FAX 924-3220
URL www.astonhotels.com
费 STU146 美元～，1BR 155 美元～
备 全部 216 间　C/C A D J M V

※ 要咨询

怀基基大酒店
Grand Waikikian
最新型的度假公寓式酒店

◆这是一家建在一座38层高的塔形建筑里的公寓式酒店。这里有以"夏威夷的好日子"为主题的1BR（61平方米起）和2BR（93平方米起）这两种房型。客房全部使用天然石装修而成，营造了一种厚重的氛围。这家酒店分属于希尔顿酒店，住客可以随意使用希尔顿酒店的游泳池、餐厅等服务设施，十分方便。

位于怀基基西部	Map 怀基基 -B5

住 1811 Ala Moana Blvd.
☎ 953-2700　FAX 953-2710
URL www.hiltonhawaiianvillage.com
费 1BR 3450 美元～（详细信息参照下面）
备 全部 331 间
C/C A D J M V

现代化的客厅。所幸每个房间都配备了洗衣机和烘干机

阿库尔殖民岛酒店
Aqua Island Colony

以拥有现代化设施自豪的公寓式酒店

◆这是一座 44 层高的公寓式酒店。从酒店的高层能够眺望到怀基基街道、钻石头山的景色以及马诺阿溪谷的夜景，有令人感到惊叹的浪漫色彩。客房有三种类型。特别是一层只有 4 个 1BT 的单元，由于厨房设备完备而受到人们的欢迎。

以淡红色为基调的卧室

位于怀基基中部　　　Map 怀基基 -A6

住 445 Seaside Ave.
☎ 923-2345
FAX 921-7105
URL www.apuaresorts.com
费 酒店式房间 175 美元，公寓式房间 220 美元，1BR 290 美元
备 全部 740 间　C/C A D J M V

怀基基胡奇利公寓酒店
Hokele Suites Waikiki

全部都带有厨房

◆位置便利，走到 DFS 只要 3 分钟，是一家环境非常安静的公寓式酒店。10 层建筑，有 104 间带厨房的客房。有烤炉、微波炉等厨房电器，你可以尽情制作家乡菜。房间类型有 BR、3BR 等 4 种类型。

很舒适的一间卧室

位于怀基基西部　　　Map 怀基基 -A6

住 412 Lewers St.
☎ 923-8882　FAX 924-5888
URL access-jp.com/castle
费 STU 185~215 美元，1BR 255~285 美元，2BR 335~365 美元，3BR 575~605 美元
备 全部 104 间　C/C A D J M V
日：可直接访问 F:0120-046-489

怀基基帝国酒店
The Imperial of Waikiki

布局良好的公寓式酒店

◆这是一家位于沃克大街怀基基海滩的很有人气的公寓式酒店。只有 1BR 的客房里设有折叠床、折叠沙发等，适合一家人和三两好友入住。23:00 以后，要通过对讲机才能进入大堂，安全保障做得不错。

有折叠沙发的套房的客厅

位于怀基基中部　　　Map 怀基基 -B6

住 205 Lewers St.
☎ 923-1827　FAX 923-7848
URL www.combridge.jp
费 STU 195~209 美元，1BR 232~321 美元，2BR 337~351 美元
备 全部 238 间　C/C A D J M V

怀基基大使酒店
Ambassador Hotel of Waikiki

怀基基西部的老酒店

◆位于怀基基西部。连续入住的话还会有折扣优惠活动，最适合单身旅行者。近些年入住的游客特别多，因此还准备了有 3 张床的 3BR。

酒店门口就是去恐龙湾的 22 路公交的始发站

位于怀基基西部　　　Map 怀基基 -A5

住 2040 Kuhio Ave.
☎ 941-7777　FAX 951-3939
费 STU 165~195 美元，1BR 225~255 美元，2BR 825 美元~，3BR 975 美元~
备 全部 296 间　C/C A J M V

 上述信息所表示的房费中，STU 表示 studio1 室，1BR 表示 1 间卧室，2BR 表示 2 间卧室。

在怀基基众多的酒店当中，我们现在给大家介绍一些评价比较高的酒店。这些酒店都配备了现代化的设施以及各种生活用品，这正是很多旅行团选择入住这种酒店的原因。如果你想制订一份有效率的计划表，建议大家仔细对照酒店的特征与自己旅行要求是否相匹配。

中档酒店

Major Hotels

阿斯顿怀基基圆形酒店
Aston Waikiki Circle Hotel

面临卡拉考阿大道的小型酒店

位于怀基基中部	Map 怀基基 -B8

住 2464 Kalakaua Ave.
☎ 923-1571　FAX 926-8024
URL www.astonhotels.co.jp
费 酒店式客房 114 美元～
备 全部共 104 间
C/C A D J M V

◆ 这个圆形的造型非常有个性，在怀基基的海滩十分的引人注目。在海景房你可以看见怀基基海的波浪翻滚的景色，海边长板上放置着可上锁的柜子，供冲浪的人放置物品，这也是住客中绝大多数人是来玩冲浪的缘故啦。都是酒店式客房，你可以体会到城市景观或是海景等各种各样的景色。

感觉像在水族馆一般的大堂

 ※

※ 要咨询

怀基基公园海岸酒店
Park Shore Waikiki

海滩、公园就在眼前的绝佳位置的酒店

位于怀基基东部	Map 怀基基 -B8

住 2586 Kalakaua Ave.
☎ 923-0411　FAX 923-0311
URL www.aquaresorts.com
费 双人间 175~290 美元
备 全部共 226 间
C/C A D J M V

◆ 这是一家位于卡拉考阿大道与卡帕胡卢大道交叉点、位置绝佳的酒店。从海景房看出去，你可以看到怀基基海滩，从山景房看出去，还可以越过卡皮奥拉尼公园看到钻石头山的景色。客房从标准间到海景房，各种房型应有尽有。

怎么说呢，这儿可以看到酒店的绝佳景色

希尔顿怀基基库希欧王子酒店
Hilton Waikiki Prince Kuhio

可以尽情享受度假时光的现代化酒店

位于怀基基东部	Map 怀基基 -A8

住 2500 Kuhio Ave.
☎ 922-0811　FAX 921-5507
费 双人房 220 美元～，商务房 263 美元～
备 全部共 601 间
C/C A D J M V

◆ 这家酒店配备了以人类工程学为基础设计的太湖床，能够让你感受到酒店为你舒适度假的辛苦用心。酒店还提供餐厅、房间服务等 24 小时服务。要是公司管理人员入住，还赠送免费的欧式早餐。

我和好眠有个约会

怀基基阿库尔海边酒店
Aqua Waikiki Beachside

东西方文化交融的精品酒店

◆这家酒店有着中国风格的奢华大厅，客房里还摆放着中国古董式家具。每间客房都有不同的设计风格。窗外就是主大街和沙滩。旅游观光地的热闹，以及东西方文化交融的精品酒店，这两者碰撞在一起，一定会让你有不同的感受。

这是夏威夷之行永不能忘的大厅

住 2452 Kalakaua Ave.
☎ 931-2100
FAX 931-2129
URL www.aquaresorts.com
费 双人间 200~290 美元
备 全部共 60 间
C/C A D J M V

喜来登卡伊乌拉妮公主酒店
Sheraton Princess Kaiulani

缅怀薄命的卡伊乌拉妮公主

◆不幸的卡伊乌拉妮公主只活到23岁，这家酒店建在了卡伊乌拉妮公主幼年时曾经生活过的地方，所以这家酒店就命名为卡伊乌拉妮公主酒店。大厅里有卡伊乌拉妮公主的画像，站在画像前，是否可以想象一下卡伊乌拉妮公主当年是怎么样的一种情景呢？另外，酒店还设有医生24小时待命的诊所。

酒店大堂摆放着公主的肖像画

住 120 Kaiulani Ave.
☎ 922-5811　　FAX 931-4577
URL www.jp.princess-kaiulani.com
费 双人间 260~450 美元
备 全部共 1152 间
C/C A D J M V

※　　　　　　　　　　※

※ 住客可使用喜来登怀基基酒店设施。

阿库尔绿竹温泉酒店
Aqua Bamboo & Spa

时髦的精品酒店

◆这是位于库希欧大街上的时髦酒店。以单人间为主的高档客房全都附带厨房，还有极少数的1BR还配备全套厨房用具。酒店周围全是树，还设有泡泡浴、桑拿泳池，这是一个能让你忘掉城市的喧嚣，愉快度假的地方。

配备厨房设施的单人间卧室

住 2425 Kuhio Ave.
☎ 922-7777　　FAX 922-9473
URL www.aquaresorts.com
费 酒店式客房 235 美元，单人间 280~310 美元，1BR 325 美元
备 全部共 91 间　C/C A J M V

伊丽凯套房酒店
Ilikai Hotel & Suites

沉醉在海港景色里的酒店

◆这家酒店位于阿拉威游艇港，距离阿拉莫阿纳购物中心步行只需5分钟，以其绝佳的地理位置吸引着游客。从高层客房看下去，能将港口与大海的景色一览无余，让人心情舒畅。酒店客房有58平方米，在怀基基的酒店中算是比较大的了，大多数客房还配备了高级全套厨房设施。

在配备厨房设施的房间里，你能度过一个充实的假期

住 1777 Ala Moana Blvd.
☎ 949-3811
FAX 947-4523
费 双人间 250~550 美元，套房 550~1500 美元
备 全部共 202 间　C/C A D J M V

欧哈纳东部酒店
Ohana Waikiki East

什么都很便利的地点

◆ 这是一家配备了餐厅酒吧、游泳池、便利店、干洗店等各种服务设施的非常有人气的酒店。酒店有酒店式客房，但推荐大家选择配备厨房设施的单人间（41间）或是1BR（30间）的客房入住。酒店斜对面有一家食品配餐点，享受一下自己烧菜做饭的乐趣吧。

城市景观房。睡床又大又舒适

位于怀基基中部	Map 怀基基 -A7
住 150 Kaiulani Ave.	
☎ 922-5353　FAX 954-8800	
URL www.outrigger.com	
费 双人间 279 美元 ~、带厨房的 289 美元，1BR 309 美元 ~、2BR 499 美元	
备 全部共 441 间　C/C A D J M V	

怀基基欧哈纳西部酒店
Ohana Waikiki West

能够提供任何需要的好位置

◆ 这里到海滩只隔了 2 条街，距离公交站也非常近，是一家地处绝佳位置的酒店。如果你入住的是附带厨房设施的客房，那你可以自己烧菜做饭，非常方便。酒店里有餐厅、休息室、泳池、干洗店等各种生活设施。适合各种阶层的住客入住。

附带厨房设施的城市景观房

位于怀基基中部	Map 怀基基 -A7
住 2330 Kuhio Ave.	
☎ 922-5022　FAX 924-6414	
URL www.outrigger.com	
费 酒店式客房 209 美元，带厨房的 219~229 美元，1BR 249 美元，2BR 489 美元	
备 全部共 659 间　C/C A D J M V	

怀基基米拉玛酒店
Miramar at Waikiki

能够看到海景的便宜酒店

◆ 这家酒店地处库奥大街沿岸，中国风格的大门让人印象深刻。离海滩只隔 1 条街，但是只有到酒店 15 层以上，一望无际的大海才会展现在你的眼前。该酒店 2007 年重新装修后，客房又大又明亮。这是一家价格合理的不为人知的好酒店。

★要咨询

酒店一层有中国和韩国风味的外卖店，以及 24 小时营业的迪士尼商店

位于怀基基中部	Map 怀基基 -A7
住 2345 Kuhio Ave.	
☎ 922-2077　FAX 926-3217	
URL www.combridge.com	
费 双人间 189~309 美元，套房 359~598 美元	
备 全部共 356 间　C/C A D J M V	

怀基基阿库尔珍珠酒店
Aqua Waikiki Pearl

附带厨房的宽敞 1BR

◆ 这家酒店地处库希奥大街至阿拉瓦伊运河对面的僻静位置。有可供 3 人甚至 4 人住的城市景观房等房型。每个客房都配备了冰箱和微波炉。全家一起旅行的游客，住配备全套厨房设施的 1~2BR 的房间是最合适不过了。

1BR 套房的宽敞生活区，并附带全套厨房设施

位于怀基基中部	Map 怀基基 -A7
住 415 Nahua Ave.	
☎ 922-1616　FAX 922-6223	
URL www.aquaresorts.com	
费 标准间 185~200 美元，城市景观房 225 美元，1BR $325 美元，2BR 415 美元	
备 全部共 126 间　C/C A D J M V	

CHECK　上述信息所表示的房费中，STU 表示 studio1 室，1BR 表示 1 间卧室，2BR 表示 2 间卧室。

怀基基绿波酒店
Aqua Waikiki Wave

时尚精品酒店

◆这是一家建在库希奥大道上的精品酒店。客房装潢以浅棕色为基调，摆放着时尚的台灯、平板电视，以及统一黑白基调的家居生活品，整个房间洋溢着都市时尚气息。此外，全部客房内都配备冰箱、微波炉、咖啡机。还可以免费使用室内无线网络。

客房全部采用了时尚新锐的设计

位于怀基基中部　　Map 怀基基 -A7

住 2299 kuhio Ave.
☎ 922-1262　FAX 922-5048
URL www.aquaresorts.com
费 双人间 240~330 美元
备 全部共 247 间
C/C A D J M V

怀基基欧哈纳玛莉亚酒店
Ohana Waikiki Malia

最适合购物爱好者的酒店

◆这家酒店位于库希奥大道上，有 3 种房型。6~12 层的标准间有两种房型，一种是配备两张床的房型，另一种是配备一张超大床的房型。14~18 层的城市景观房同样是两张床的房型。另外还有配备厨房设施的 1 间卧室的房型。

深受亚洲住客喜爱的整洁客房

位于怀基基中部　　Map 怀基基 -A6

住 2211 kuhio Ave.
☎ 923-7621　FAX 921-4804
URL www.outrigger.com
费 双人间 259~269 美元，1BR（配备厨房）289 美元
备 全部共 327 间
C/C A D J M V

※ 该酒店住客可以免费使用附近奥哈纳酒店的游泳

怀基基最佳西部椰子酒店
Best Western Coconut Waikiki Hotel

德国设计风格的人气精品酒店

◆这是一家每个细节都有独到设计的精品酒店。全部客房都配备了微波炉、冰箱、咖啡机等设施，而且几乎每个房间都有水吧，使用起来十分的方便。每天早晨，酒店大厅还提供免费的欧式早餐。

淡粉色的风格是酒店的个性主张

位于怀基基中部　　怀基基 -A6

住 450 Lewers St.
☎ 923-8828　FAX 923-3473
URL www.aquaresorts.com
费 总统套房 240~275 美元，商务套房 325 美元
备 全部共 81 间
C/C A D J M V

阿斯顿怀基基欢乐酒店
Aston Waikiki Joy Hotel

全部客房都带有喷射淋浴装置及音响装置

◆这是一家给你优雅至极印象的精品酒店。最自豪的是，它拥有博斯牌的 27 英寸大型彩色电视和音响设备，以及所有的客房都配备有喷射式淋浴设备，这也算是它的一大特色吧。客房有酒店式客房、带厨房的小型套房等 4 种类型。

附带开放式厨房的客房，全都配备温水洗净座便器以及淋浴花洒

位于怀基基中部　　Map 怀基基 -A6

住 320 Lewers St.　☎ 923-2300
FAX 924-4010　URL www.astonhotels.com
费 酒店式客房 121 美元~，俱乐部套房 164 美元~，普通套房 225 美元~，1 间卧室 269 美元~
备 全部共 93 间　C/C A D J M V

※ 要咨询

怀基基帕克酒店
Waikiki Parc Hotel

以合理的价格享受高品质的服务

◆该酒店是哈利库拉尼酒店的姐妹酒店。现代化的酒店大堂、高雅完美设计的客房与贴心的服务相映成辉。每周的周二、周五举行的免费葡萄酒酒会获得大家的一致好评。

延伸到每个角落的酒店大堂

位于怀基基中部　Map 怀基基 -B6

住 2233 Helumoa Rd.
☎ 921-7272　FAX 923-1336
URL www.waikikiparc.com
费 双人间 / 标准间 215~415 美元
备 全部共 297 间
C/C A D J M V

※ 预约后可以使用哈莱克拉尼的 Spa

曼利天际广场酒店
Maile Sky Court

享受从高层建筑眺望怀基基美景

◆这是一家建在一座 44 层高楼上的酒店。特别是从 27~44 层的东侧海景客房，可以独占那山海融合的无敌景色，所以推荐大家尽量入住高层客房。有的客房还附带小厨房，除此之外，游泳、商务中心、干洗店、餐厅以及酒吧等设施应有尽有。

虽然比较狭窄，但从高层看下去的景色是无敌的

位于怀基基西部　Map 怀基基 -A5

住 2058 Kuhio Ave.
☎ 947-2828　FAX 943-0504
URL www.aquaresorts.com
费 酒店式客房 195~265 美元，单人间 315 美元，1 间卧室 415 美元
备 全部共 596 间
C/C A D J M V

※ 预约后可以使用的哈莱克拉尼的 Spa

怀基基双树阿拉纳酒店
Double Tree Alana Hotel Waikiki

享受轻松的假期

◆站在通透的酒店大堂，你能感受到夏威夷现代艺术风格的装饰氛围，相信肯定能给你一个轻松愉快的假期。客房里配备着适合睡眠的床、25 英寸的大彩电以及高速网络接口，对于商务人士来说这是一个再合适不过的地方了。酒店还配备了完善的温水泳池以及健身器材。

能让你做个美梦的睡床

位于怀基基西部　Map 怀基基 -A5

住 1956 Ala Moana Blvd.
☎ 941-7275　FAX 949-0996
URL www.alana-doubletree.com
费 双人间 139 美元~，阿拉纳套房 199 美元
备 全部共 313 间
C/C A D J M V

阿库尔棕榈温泉酒店
Aqua Palms & Spa

周到的细节服务

◆这是一家免费提供高速网络、中式早餐等贴心服务的让人心情愉悦的酒店。客房里配备冰箱、微波炉、咖啡机、简单的做饭工具等生活设施。除了泳池、健身房等基础设施，酒店还有一流的 Spa 会所。

以棕榈树为主题的豪华客房

位于怀基基西部　Map 怀基基 -B5

住 1850 Ala Moana Blvd.
☎ 947-7256　FAX 947-7002
URL www.aquaresorts.com
费 双人间 220~270 美元，普通套房 400 美元
备 全部共 262 间
C/C A D J M V

宜奎斯酒店
The Equus

英国绅士风格的酒店

◆这家酒店的第一任老板是把马球介绍到夏威夷的名人，他的儿子就是现在的老板，也是职业马球手。这是一家高雅风格的酒店。每个房间都有不同的设计风格，内部有许多从英国风格到商务风格的物品。它没有大酒店的喧嚣，令人感到安心舒适。

有着舒适卧室的商务套房

位于怀基基西部　　　Map 怀基基 -B4

住 1696 Ala Moana Blvd.
☎ 949-0061　FAX 949-4906
URL www.aquaresorts.com
费 双人间 190~220 美元，商务套房 225 美元
备 全部共 68 间
C/C A D J M V

阿拉莫阿纳酒店
Ala Moana Hotel

想要到阿拉莫阿纳购物，来这家酒店吧

◆这家酒店就在阿拉莫阿纳购物中心的旁边，对于以购物为目的的游客来说是非常方便的。周围有 3 层楼高的餐厅、酒吧、俱乐部、小吃店等设施，应有尽有。酒店还配备了采用最新设施的客房，装修时尚，相信你一定会度过一个愉快舒适的假期的。

位于怀基基塔边的海景房

位于阿拉莫阿纳地区　　Map 怀基基 -A3~4

住 410 Atkinson Dr.
☎ 955-4811　FAX 944-2974
URL www.outrigger.com
费 双人间 249~329 美元，单卧套房 429~579 美元
备 全部共 1063 间
C/C A D J M V

新大谷凯马纳海滨酒店
New Otani Kaimana Beach Hotel

夏威夷获得一致好评的酒店

◆这是一家在夏威夷获得一致好评的酒店。它位于怀基基东部钻石头山侧的卡拉考阿大街。酒店前面就是莫愁海滩，海水的透明度比怀基基海滩还要高。在这样美丽的海滩边，还有诱人的餐厅，边吃早餐边欣赏海景真是无敌的享受。

套房很受人欢迎

位于卡皮奥拉尼地区　　Map 火奴鲁鲁 -C7

住 2863 Kalakaua Ave.
☎ 923-1555　FAX 922-9404
URL www.kaimanabeach.com
费 双人间 175~430 美元，套房 325 美元~
备 全部共 124 间
C/C A D J M V

阿斯顿管理中心酒店
Aston at the Executive Centre Hotel

位于闹市区的商务型酒店

◆这家酒店位于闹市区的商贸区。本来这家酒店的建筑，是作为公寓出售的商品房，所以只有一间卧室的房型，到夏威夷进行商业活动的人，或是为了避开怀基基的喧嚣，都会入住这家酒店。此外，这家酒店采取了 24 小时的保安措施，所以请安心入住。

从地板到屋顶这么大一块窗户，能看到无敌的景色

位于闹市区　　　Map p.96-A2

住 1088 Bishop St
☎ 539-3000　FAX 523-1088
URL www.astonhotels.com
费 双人间 255 美元，1 间卧室 306 美元~
备 全部共 512 间
C/C A D J M V

 ※ 要咨询

CHECK 信息栏里的图形符号，详情请参照 p.582

检查一下，你旅行准备得怎么样了
有效使用酒店的连锁服务

如果是自己预约酒店去旅游，那聪明的办法就是利用各酒店推出的一些配套的服务措施，不仅可以降低住宿费用，而且能得到各种优惠，使你总是沉浸在一种 VIP 的气氛当中。一般主要有以下几种优惠可以选择。

①阿罗哈的免除一天住宿费的优惠

这是一项如果连续住宿几天以上的可以享受第四天或是第五天的免除一天房费的优惠。有时候中午到达的话，还可以办理提前入住。另外，两名成年人入住还可以获得一人的优惠券。

②一周计划

如果连续住在酒店及公寓 7 天以上的，可以享受到最高 25% 的住宿优惠。

③年龄优势

住宿者当中如果有满 50 岁以上的，其住宿费可以享受最高 25% 的优惠。

④儿童入住、娱乐设施 & 免费早餐

办理入住手续时，如果出示身份证明，儿童就可以免费游览夏威夷生湖等景点，另外，去合作餐厅用餐，还可享受儿童费用全免等很多优惠活动。（只限一名成年人携带 12 岁以下

可以免费领取儿童使用的沙滩桶

的儿童享受门票、车费、餐费等优惠）

另外，一些酒店和公寓还有海滨球赛、海滩铁锹比赛、海滨游玩项目等各种名称的策划（策划内容每家酒店各有不同）。另外，还有针对长期住客的"长期住宿方案"以及划算的高尔夫球游等活动。

除怀基基众多的高档酒店，当然更有以合理价格吸引游客的经济型酒店。入住经济型酒店的住客大都是单身游客，而且可以享受优惠的上网费。如果是长期居住，网络费用不能忽视，能省一点儿也是好的。

经济型酒店

Economy Hotels

怀基基沙滩别墅酒店
Waikiki Sand Villa Hotel

别处没有的齐全设施

◆这是一家建在阿拉瓦伊运河边上的12层中等规模的酒店。拥有独立的设施，在旅行者中拥有超高人气。特别是酒店庭园里的21米长的流动游泳池，深受全家旅行者的喜爱。住宿费用很低，要是在网上预约的话还可以享受折扣。

酒店引以为傲的流动泳池

位于怀基基中部　　Map 怀基基 -A7

住 2375 Ala Wai Blvd.
☎ 922-4744　FAX 926-7587
URL www.sandvilla.com
费 双人间 148~282 美元，商务套房 386~415 美元
备 全部共 214 间
C/C A D J M V

激浪
The Breakers

离海边很近而且很有家庭气氛

◆这家酒店位于距怀基基海滩5分钟的距离，是一个非常安静的2层建筑。客人中有7成是来自美国本土和加拿大。全部客房都带有小厨房，让人有好像在自己家里一样的感觉。每年的1~3月基本都满房。

面向泳池的一楼花园套房

位于怀基基中部　　Map 怀基基 -B6

住 250 Beachwalk
☎ 923-3181　FAX 923-7174
URL www.breakers-hawaii.com
费 单人间 120~140 美元，双人间 130~150 美元，花园套房 165~245 美元
备 全部共 64 间　C/C A D M V

怀基基哥特威酒店
Waikiki Gateway Hotel

推荐这家简单、公道价格的酒店给旅行者

◆这家酒店位于怀基基西部，怀基基哥特威公园与卡拉卡瓦国王广场的中间地带。酒店提供免费的"阳台早餐"服务，还有 ABC 商店、泳池、干洗店、美容沙龙等设施。它真是一家价格公道的高档酒店。

现代感的顶楼海景套房

位于怀基基西部　　Map 怀基基 -A5

住 2070 Kalakaua Ave.
☎ 955-3741　FAX 923-2541
URL www.waikikigate way.com
费 双人间 70 美元~，附带厨房的客房 95 美元~
备 全部共 179 间　C/C A D M V

怀基基埃瓦酒店
Ewa Hotel Waikiki

被旅行者所关爱的廉价酒店

◆无论是去海滩还是去卡皮奥拉尼公园，走路只要几分钟。房型除标准间之外，还有带厨房的房间。1BR 的可以住 4 个人，2BR 的大人也能住 6 个人。还有 3 BR 的房间很适合家族旅行的旅行者。

3BR 的客厅。长期住客还能打折

🏠 2555 Cartwright Rd.
☎ 922-1677　FAX 923-8538
🖥 www.ewahotel.com
💰 标准间 115 美元~，高级客房 140 美元，豪华间 160 美元，1BR 215 美元，2BR 310 美元，3BR 480 美元
📋 全部共 92 间　CC A D J M V

宝塔景台酒店
Pagoda Hotel & Terrace

当地人喜爱的本地酒店

◆它位于阿拉莫阿纳购物中心靠山的一边，是一家有年头的老店。酒店有两种房型，一是带电炉、微波炉等厨房设施的 5 层露台客房，还有 13 层建筑的酒店客房。露台客房有 STU 以及 2BR 这两种房型，酒店客房依据层数的不同装修风格也不同。

酒店客房的房间都以粉彩色为基调

🏠 1525 Rycroft St.
☎ 941-6611　FAX 955-5067
🖥 www.pagodahotel.com
🖥 www.combridge.com
💰（酒店）双人间 126 美元~，套房 220 美元~，STU 126 美元~，1BR154 美元~，2BR 192 美元~
📋 全部共 362 间　CC A D J M V

住在被瓦胡岛自然环境包围的郊外公寓里

郊外的公寓最适合推荐给想要远离观光旅行地的喧嚣、欣赏瓦胡岛自然风光、心平气和度假的旅行者。

■ 马卡哈冲浪沙滩酒店 Makaha·Surfside

这是靠近西海岸马卡哈海滨公园的海景公寓。连供孩子使用的泳池共有 3 个，还设烧烤区。配备严密的安全系统。全部客房都可以看见无敌海景，傍晚还能看见夕阳沉入大海的美丽情景。

💰 STU1 周 525 美元，1BR 同样是 1 周 525 美元

■ 马卡哈溪谷塔酒店 Makaha Valley Tower

同样是位于西海岸山丘上的高层公寓。在公寓属地内，你甚至可以看见孔雀、松鼠等野生动物的身影。距离高尔夫球场很近，在房间里就可以将蔚蓝的大海与青绿的马卡哈溪谷一览无余。另外酒店还配备了完善的温水游泳池以及万无一失的安全系统。关于房费请咨询总台。

■ 科奥利纳大道 Ko Olina Fairways

这是位于科奥利纳地区的新开的一家度

科奥利纳大道公寓的 2 张床的房间图例

假公寓。距离科奥利纳海滩及高尔夫球场非常近。联排别墅式的 2 张床房间一周 1250 美元，豪华别墅式的 3 张床房间一周 1300 美元起。

夏威夷还有很多其他的住宿设施

除了酒店和公寓式酒店，在夏威夷还有 YMCA（基督教青年会）、青年旅舍等价格便宜的住宿设施。这些住宿设施的最大好处就是有机会和当地人以及来自其他国家的旅行者交朋友。当然，你不能奢望房间的豪华度、窗外会有什么好的景致以及私密性。可以说这是适合旅行发烧友的住宿设施。

■ 怀基基国际青年旅舍 Hostelling International Waikiki

详细信息请参照→怀基基地图 -A7

这是国际青年旅舍的加盟旅舍，所以请安心入住。怎么说呢，到怀基基海边只有 2 条街的距离，这是这家旅社最大的魅力所在了。

有像普通酒店那样的私人房间，也有上下铺的共用房间。不论哪种房型，都有整洁的床垫，并备有床单，房间干净整洁。另外，厨房和洗衣间都很宽敞。

至于房费，共用房间会员 25 美元，非会员 28 美元，私人房会员 58 美元，非会员 64 美元（全是税前价格）。只限住 1 晚到 1 周的时间。

DATA

🏠 2417 Prince Edward St.
☎ 926-8313　FAX 922-3798　🛏 总共 60 间（总数）、单人间 5 间。办公室工作时间：7:00～次日 3:00。无门禁。※ 旅舍内禁止喝酒

中央 YMCA（Central YMCA）。建筑外观看上去有点陈旧了，但是干洗店、餐厅、24 小时安全系统、每日更换枕巾毛巾（周日、节假日除外）等服务设施一应俱全，为你舒适的入住提供了保障

中央 YMCA（Central YMCA）。附带浴室的私人间图例。开窗的话，汽车噪声有点吵

■ 中央 YMCA（基督教青年会）Central YMCA

详细信息请参照→怀基基地图 -A4

YMCA 同样是经济型旅行者的好伙伴。特别是中央 YMCA 位于阿拉莫阿纳购物中心的步行区域内，非常便利。再加上可以自由使用 YMCA 的各项设施（泳池、健身中心、桑拿等），你可以享受在火奴鲁鲁度假期间运动的乐趣。

客房有附带专用浴室（厕所和淋浴）的单人间、公用淋浴的单人间（只限男性）这两种类型。🛏 单人 52 美元，双人 67 美元，后者单人 42 美元。

怀基基国际青年旅舍的大房间放置了两张上下铺。无论哪个房间都是干净整洁。私人间配有完善的洗浴、厕所设施

策　　划：高　瑞　虞丽华
统　　筹：北京走遍全球文化传播有限公司　http://www.zbqq.com
责任编辑：王欣艳
封面设计：董星辰
责任印制：冯冬青

图书在版编目（CIP）数据

夏威夷/日本大宝石出版社编著；刘东婧等译. ——
北京：中国旅游出版社，2013.7
（走遍全球）
ISBN 978-7-5032-4738-5

Ⅰ.①夏…　Ⅱ.①日…②刘…　Ⅲ.①旅游指南—夏
威夷　Ⅳ.①K971.29

中国版本图书馆CIP数据核字（2013）第106740号

北京市版权局著作权合同登记号　图字：01-2012-0950　01-2012-0951
审图号：GS（2012）1593号　本书插图系原文原图

书　　名：夏威夷

原　　著：大宝石出版社（日本）
译　　者：张　强　贾维沙　李青峰　包立志　武　鹏
　　　　　王一平　刘东婧　邓佳雨
出版发行：中国旅游出版社
　　　　　　　（北京市建国门内大街甲9号　邮编：100005）
　　　　　　　http://www.cttp.net.cn　E-mail: cttp@cnta.gov.cn
　　　　　　　营销中心电话：010-85166503
制　　版：北京中文天地文化艺术有限公司
经　　销：全国各地新华书店
印　　刷：北京金吉士印刷有限责任公司
版　　次：2013年7月第1版　2013年7月第1次印刷
开　　本：889毫米×1194毫米　1/32
印　　张：19.125
印　　数：1-10000册
字　　数：750千
定　　价：118.00元
I S B N　978-7-5032-4738-5